Martin Apolin

Big Bang
Physik 6 RG

www.oebv.at

Inhalt

Vorwort 3

16 Impuls 4
16.1 Der Impulserhaltungssatz 4
16.2 Plastische Stöße 5
16.3 Elastische Stöße 7
16.4 Der Kraftstoß 9

Mechanik* RG 6.1/G 6.1

17 Rotationen* 11
17.1 Drehwinkel und Drehgeschwindigkeit 11
17.2 Die Drehmasse 13
17.3 Das Drehmoment 14
17.4 Drehimpuls und Drehimpulserhaltungssatz 17
17.5 Drehenergie 19
17.6 Kräfte im rotierenden System 20
17.7 Der Kreisel 23

Mechanik 2 RG 6.1/G 6.1

18 Grundlagen der Schwingungen 26
18.1 Das Fadenpendel 26
18.2 Federpendel, Frequenz und Amplitude 29
18.3 Die harmonische Schwingung 32
18.4 Gedämpfte Schwingungen 34
18.5 Angeregte Schwingung und Resonanz 36
18.6 Einfache Überlagerung von Schwingungen 39
18.7 Komplizierte Überlagerung von Schwingungen 41

Schwingungen RG 6.1/G 6.2

19 Wellengrundlagen 1 45
19.1 Wie eine Welle entsteht 45
19.2 Wellenarten und Wellenformen 47
19.3 Wellenlänge und -geschwindigkeit 50
19.4 Überlagerung von Wellen 52
19.5 Stehende Wellen 53

20 Wellengrundlagen 2 56
20.1 Die Prinzipien von Huygens und Fermat 56
20.2 Reflexion, Brechung und Beugung 58
20.2.1 Reflexion 58
20.2.2 Brechung 59
20.2.3 Beugung 61
20.3 Doppler-Effekt 63

Wellen RG 6.1/G 6.2

21 Sprache und Gehör 65
21.1 Die menschliche Stimme 65
21.2 Das menschliche Gehör 67

22 Grundlagen der Elektrizität 1 70
22.1 Ladung und elektrische Kraft 70
22.1.1 Reibungselektrizität 71
22.1.2 Die elektrische Elementarladung 72
22.1.3 Das Coulomb-Gesetz 73
22.1.4 Influenz und Polarisation 74
22.2 Die elektrische Spannung 75
22.3 Batterien als Spannungsquellen 77*

23 Grundlagen der Elektrizität 2 79
23.1 Die Stromstärke 79
23.2 Drehspulgeräte und Elektromotoren 81
23.3 Voltmeter und Amperemeter 83
23.4 Widerstand und spezifischer Widerstand 84
23.5 Serien- und Parallelschaltung 87
23.6 Stromarbeit und Stromleistung 88*

Elektrizitätslehre/Elektrische Energie* RG 6.2/G 6.2

24 Mensch und Elektrizität 90
24.1 Nervenzelle und Reizleitung 90
24.2 EKG und EEG 91
24.3 Stromfluss durch den Körper 92

25 Das elektrische Feld 94
25.1 Der Feldbegriff 94
25.2 Elektrische Feldlinienbilder 96
25.3 Coulomb-Gesetz und elektrische Feldstärke 97
25.4 Spannung und „elektrischer Höhenunterschied" 99
25.5 Faraday-Käfig 101
25.6 Der Kondensator 102

26 Elektrische Ströme und Magnetfelder 104
26.1 Magnetfelder durch Ströme 104
26.2 Lorentz-Kraft und magnetische Induktion 105
26.3 Die Spule 107
26.4 Elektromagnetische Induktion 1 109
26.5 Elektromagnetische Induktion 2 111
26.6 Selbstinduktion 112

Felder RG 6.2/G 7.1

Kompetenzchecks 114
Lösungen zu den Kompetenzchecks 118
Lösungen zu den Fragen 122
Register 128

Kennzeichnung Kompetenzbereiche:
RG = Realgymnasium, G = Gymnasium
„Klasse.Semester" z. B. „6.1" = 6. Klasse, 1. Semester
* Zuordnung dieser Kompetenzbereiche siehe Kennzeichnung am Seitenende

Kennzeichnung der Kompetenzbereiche

Vorwort

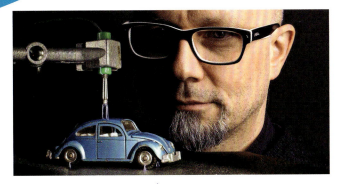

Liebe Schülerin!
Lieber Schüler!

Nimm an, du bekommst einen **Rundstab** und ein **Brett** zum Feuermachen. Nach einer halben Stunde werden zwar deine Hände brennen, aber das Feuer ziemlich sicher nicht. Wenn du dann eine Schachtel **Streichhölzer** bekommst, wirst du dir denken: „Wow! Was für eine tolle Erfindung!" Hättest du sie schon zu Beginn gehabt, hättest du dir **das** nicht gedacht. Was lernen wir daraus? ==Man kann die Lösung eines Problems nur dann würdigen, wenn man das Problem durch und durch kennt!== Das ist einer der Gründe, warum in diesem Buch **zu Beginn eines Kapitels Fragen** gestellt werden. Dabei geht es gar nicht so sehr darum, dass du sie beantworten kannst, sondern dass du über die Probleme nachdenkst oder mit deinen KlassenkollegInnen diskutierst. Je intensiver du vorher nachgedacht hast, desto mehr wirst du die Antworten zu schätzen wissen. Diese Vorgangsweise soll auch helfen, dass du die Inhalte nicht nur auswendig weißt, sondern sie auch verstanden und reflektiert hast. Dann kannst du sie nämlich später bei neuen Problemen anwenden, und das sollte ja der eigentliche Sinn der Schule sein: Dass man etwas fürs Leben lernt.

Angeblich wurde ALBERT EINSTEIN einmal gefragt, woher er seine Begabung habe. Er soll geantwortet haben: „Ich habe keine besondere Begabung, ich bin nur leidenschaftlich neugierig." Hier hat er ziemlich tiefgestapelt, denn tatsächlich war er ein wirklich genialer Physiker. Aber der Punkt ist der: ==Neugierde ist der Motor, um Dinge zu hinterfragen, zu verstehen und Neues zu entdecken.== Das gilt auch für die Physik!

Es gibt **wissenschaftliche Untersuchungen** darüber, wie die Sprache gehalten sein muss, damit ein Text möglichst **verständlich** ist. Einer der Punkte ist, dass er **anregend geschrieben** sein muss, damit er im besten Fall auch freiwillig gelesen wird. Deshalb ist die Sprache in diesem Buch absichtlich etwas flapsig und belletristisch gehalten.

Für **wissenschaftliche Texte** ist dieser Stil allerdings ein schlechtes Vorbild. Daher der ausdrückliche Hinweis für das Verfassen einer vorwissenschaftlichen Arbeit: **Bitte nicht nachmachen!** (Tipps zur vorwissenschaftlichen Arbeit findest du in der Online-Ergänzung.)

Viel Spaß beim Lesen, Nachdenken und Verstehen!

Martin Apolin

i Bedienungsanleitung für dieses Buch

Du kannst mit diesem Buch auf verschiedene Weise arbeiten. Wenn du nur den **Fließtext** liest, kannst du dich auf schnelle Weise über die wesentlichen Gedanken im jeweiligen Abschnitt informieren.

In den **Infoboxen** befinden sich vertiefende Informationen. Aus optischen Gründen sind diese aus dem Fließtext herausgezogen, es befinden sich aber entsprechende Verweise im Text:

→ **Info:** Infobox

Zu Beginn jedes Abschnitts gibt es eine **Fragenbox**. Diese befindet sich in der Nähe der Kapitelüberschrift nach der Einleitung (wie im Kap. 1.1, Seite 4). Die Philosophie des Buches ist, dass es besonders sinnvoll ist, über diese Fragen vor dem Lesen des Textes nachzudenken. Natürlich kannst du sie aber auch nach dem Lesen quasi als Wiederholung beantworten. Generell gilt: Die meisten Fragen werden **direkt im Fließtext** beantwortet, Fragen mit dem Symbol L (etwa F4, Seite 4) im Lösungsteil.

„**e**" bezeichnet **Experimenteboxen**.

Am Ende der meisten Großkapitel befinden sich **Arbeitsboxen**, in denen vertiefende Fragen und Aufgaben zu finden sind (etwa auf Seite 25).

Kennzeichnung der Kompetenzen

Die **Handlungsdimension** ist mit einem Buchstaben (W, E, S) und das **Anforderungsniveau** mit einer Zahl (1, 2; im Kompetenzmodell: A1 bzw. A2) angegeben, z. B. „E2":

Handlungsdimensionen
- W: Wissen organisieren
- E: Erkenntnisse gewinnen
- S: Schlüsse ziehen

Anforderungsniveaus
- 1: Reproduktion und Transferleistungen
- 2: Reflexion und Problemlösung

Eine **Online-Ergänzung** zum Lehrgang (Bilder, Videos, Simulationen, Vertiefung und Kompetenzüberprüfung, Hinweise für die Matura, …) findest du unter **bigbang.oebv.at**.
Direkt zum Material zu einer bestimmten Seite kommst du durch Eingabe des sechsstelligen Online-Codes auf **www.oebv.at**.

sy9sbh

16 Impuls

In diesem Kapitel geht es um den **Impuls**. Ähnlich wie die kinetische Energie ist er eine Bewegungsgröße, aber natürlich gibt es Unterschiede. Gemeinsam mit dem Energieerhaltungssatz ist der **Impulserhaltungssatz** ein sehr mächtiges Instrument, mit dem man viele Probleme der Mechanik lösen kann, etwa erklären was passiert, wenn Gegenstände zusammenprallen.

16.1 Feuerwerk im Weltall
Der Impulserhaltungssatz

In diesem Abschnitt geht es um die Definition des Impulses. Außerdem geht es darum, dass der Gesamtimpuls in einem abgeschlossenen System immer gleich groß ist.

F1 Neujahr im Weltall! Fliegt der Gesamtschwerpunkt der Rakete nach der Explosion weiter (b) oder nicht (a)?
W1

Abb. 16.1

F2 Du drückst dich am Eis von deinem doppelt so schweren Freund ab. Wie schnell bewegt ihr euch relativ zueinander? Und kannst du das begründen?
W2

Abb. 16.2

Im Gegensatz zur kinetischen Energie ist der Impuls ein Vektor. Die (vektorielle) Summe der Impulse in einem abgeschlossenen System bleibt immer erhalten (Impulserhaltungssatz). Mathematisch formuliert bedeutet das:

$$\boldsymbol{p}_1 + \boldsymbol{p}_2 + \boldsymbol{p}_3 + \ldots + \boldsymbol{p}_n = \text{konstant}.$$

In → F2 ist vor dem Abdrücken der Gesamtimpuls null. Es bewegt sich ja nichts. Nach dem Abdrücken gilt:

$$2m \cdot \tfrac{1}{2}\boldsymbol{v} + m \cdot (-\boldsymbol{v}) = 0.$$

Die Summe der Impulse ist null, also gleich geblieben.

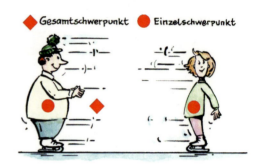

Abb. 16.3: Wenn dein Freund doppelt so schwer ist, bewegt er sich halb so schnell weg.

An diesem Beispiel sieht man etwas sehr Wichtiges: **Ein Objekt alleine** kann seine Geschwindigkeit nicht ändern (siehe Abb. 7.42, Kap. 7.5 in „Big Bang 5"). Es ist unmöglich, dass du dich von deinem Freund abdrückst und der in Ruhe bleibt! Warum? Weil sich dann plötzlich der Gesamtschwerpunkt nach rechts bewegen würde, und das verbietet der **Trägheitssatz**.

Die Rakete zerreißt es zwar in tausend Stücke, aber trotzdem bewegt sich der Gesamtschwerpunkt mit gleicher Geschwindigkeit weiter (→ F1). Auf die einzelnen Teile wirkt **keine Kraft von außen**, und deshalb kann sich auch die Geschwindigkeit nicht ändern (siehe Kap. 7.2, „Big Bang 5").

Bei → F2 ist es ganz ähnlich. Weil auch hier keine Kräfte von außen wirken, muss der **Gesamtschwerpunkt** in Ruhe bleiben (siehe Kap. 7.5, „Big Bang 5"). Wenn dein Freund doppelt so schwer ist wie du, dann bewegt er sich durch das Abdrücken halb so schnell weg. Warum? Nur dann bleibt der **Gesamtschwerpunkt** in Ruhe (Abb. 16.3). Wie schnell sich jeder von euch wegbewegt, hängt also von der Masse ab. Bei doppelter Masse bewegt man sich halb so schnell. Das Produkt aus Masse und Geschwindigkeit ist in beiden Fällen gleich groß und entgegengesetzt gerichtet. Das Produkt von Masse und Geschwindigkeit ist der Impuls!

F3 Wenn du in die Höhe springst und wieder landest, dann hast offensichtlich nur du deine Geschwindigkeit verändert. Wie ist das mit dem Impulserhaltungssatz zu vereinbaren?
E2

F4 Und wie ist das, wenn ein Teller auf den Boden fällt? Woher kommt der vertikale Impuls beim Fallen des Tellers und wohin verschwindet er wieder? Woher kommt der Impuls der auseinanderfliegenden Teile? → L
E2

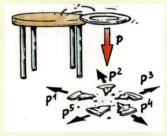

Abb. 16.4: Wie lässt sich das Fallen des Tellers mit dem Impulserhaltungssatz vereinbaren?

F Formel: Impuls

$\boldsymbol{p} = m \cdot \boldsymbol{v}$

p … Impuls	$[p]$ = kg · m/s
m … Masse	$[m]$ = kg
v … Geschwindigkeit	$[v]$ = m/s

Ein Objekt alleine kann seine Geschwindigkeit niemals ändern! Wenn du also in die Höhe springst, dann muss sich auch etwas anderes bewegen (→ F3)! Was? Es klingt unglaublich, aber es ist die **gesamte Erde** (Abb. 16.5)! Nun ist aber die Masse der Erde wirklich sehr groß, und deshalb kannst du ihre Bewegung nicht bemerken. Nicht einmal, wenn ganz viele Menschen auf einmal springen.

→ **Info:** Unvorstellbar klein

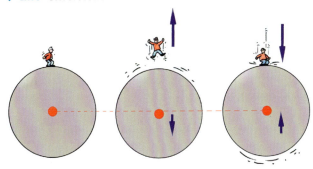

Abb. 16.5: Wenn du springst, dann bewegt sich die Erde – hier sehr übertrieben dargestellt – in die Gegenrichtung!

i Unvorstellbar klein

Nimm mal an, **eine Milliarde Chinesen** springt gleichzeitig 1 m hoch. Wie weit bewegt sich dabei die Erde in die Gegenrichtung? Weniger als du denkst! Wenn die Chinesen durchschnittlich 60 kg haben, dann ist ihre Gesamtmasse $6 \cdot 10^{10}$ kg. Die Masse der Erde beträgt $6 \cdot 10^{24}$ kg, ist also um den Faktor 10^{14} größer! Was bedeutet das?

Der **Gesamtschwerpunkt** muss an derselben Stelle bleiben. Wenn die Chinesen 1 m hoch springen, dann muss sich die Erde um 10^{-14} m in die Gegenrichtung bewegen. Das entspricht dem Durchmesser von nur 10 Protonen!

Wenn du 60 kg hast und allein springst, dann bewegt sich die Erde gar nur mehr um 10^{-23} m in die Gegenrichtung. Das ist noch viel viel weniger als ein Quarkdurchmesser (etwa 10^{-18} m), also wirklich unvorstellbar klein.

Abb. 16.6

Z Zusammenfassung

Der Impuls ist das Ergebnis von Masse mal Geschwindigkeit. In einem abgeschlossenen System bleibt die Summe aller Impulse immer konstant. Ein Objekt kann daher niemals alleine die Geschwindigkeit ändern.

16.2 Bomben aus dem All
Plastische Stöße

Wenn Gegenstände aufeinander prallen, dann nennt man das in der Physik einen Stoß. Bei plastischen Stößen verformen sich die Gegenstände dauerhaft, bleiben aneinander kleben, und es wird Wärme frei.

F5 Ein Auto rollt mit 10 m/s gegen ein gleich schweres
W1 stehendes Auto. Welche Geschwindigkeit haben beide nach dem Crash? Wie viel Prozent der kinetischen Energie wandeln sich dabei in Wärme um?

F6 Der Barringer-Krater in Arizona kam durch einen
E2 Meteoriteneinschlag vor etwa 50.000 Jahren zustande. Wohin ist der Meteorit verschwunden?

Abb. 16.7: Der Barringer-Krater hat einen Durchmesser von 1,2 km und ist 170 m tief.

F7 Sollten Leitschienen neben den Straßen eher plastisch
E2 oder elastisch sein? Kannst du das begründen?

F8 Die Aufsprunghügel von
E2 Skisprungschanzen sehen von ihrem Verlauf her alle sehr ähnlich aus. Warum? Wieso ist die Landung im Flachen gefährlich? Und welchen Punkt markiert die Fahne? → L

Abb. 16.8

Es gibt **keine völlig plastischen** oder **elastischen** Stöße. Aber um das Wesentliche zu verstehen, vereinfachen wir wieder. In diesem Abschnitt nehmen wir an, dass die Objekte 100 % plastisch zusammenstoßen, also völlig verformt bleiben. Wie groß ist dann die Geschwindigkeit nach dem Aufprall der Autos (→ F5)? Überlegen wir einmal ohne Gleichung.

Vor dem Stoß nähert sich das linke Auto mit 10 m/s (siehe Abb. 16.9, S. 6). Der Gesamtschwerpunkt befindet sich immer exakt in der Mitte zwischen den Schwerpunkten der Autos. Bis zum Aufprall legt er also die Hälfte des Weges zurück und bewegt sich daher mit der **halben Geschwindigkeit** des linken Autos, also mit 5 m/s. Weil keine Kräfte von außen wirken, muss der Gesamtschwerpunkt auch nach dem Aufprall seine **Geschwindigkeit beibehalten**.

Daher bewegen sich beide Autos gemeinsam nach dem Crash ebenfalls mit 5 m/s. Natürlich kann man das auch ausrechnen.

→ **Info:** Autocrash

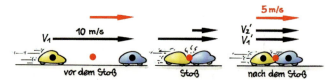

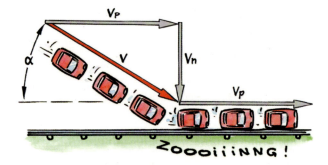

Abb. 16.9: Während des Stoßes verliert das linke Auto Geschwindigkeit und das rechte gewinnt sie dazu. Der Stoß ist abgeschlossen, wenn beide Autos dieselbe Geschwindigkeit haben.

Abb. 16.11: Wenn man die Reibung vernachlässigt, dann bleibt v_p konstant.

Charakteristisch für plastische Stöße ist, dass kinetische Energie in **Wärme** umgewandelt wird (siehe auch → **F9** in „Big Bang 5", Kap. 8.4). Es sind 50%, wenn beide Objekte die gleiche Masse haben, etwa beim Autocrash. Je größer der Massenunterschied, desto mehr Prozent der kinetischen Energie werden umgewandelt (Abb. 16.10).

i Autocrash

Die Summe der Impulse vor und nach dem Crash ist gleich groß. Mathematisch sieht das so aus (' ist nach dem Crash):

$$m_1 v_1 + m_2 v_2 = m_1 v_1' + m_2 v_2' = \text{konstant}$$

Die Masse der beiden Autos ist gleich groß, man kann m_1 und m_2 durch m ersetzen. Außerdem steht ein Auto vor dem Crash, v_2 ist also null. Und nach dem Crash kleben die Autos aneinander, man kann also v_1' und v_2' durch v' ersetzen. Dadurch vereinfacht sich die Gleichung:

$$m v_1 = 2 m v'$$
$$v_1 / 2 = v'$$

Beide Autos zusammen bewegen sich also nur mehr mit der halben Geschwindigkeit. Wie viel kinetische Energie ist dabei in Wärme umgewandelt worden? Vor dem Crash beträgt die kinetische Energie

$$E_k = \frac{m v^2}{2}$$

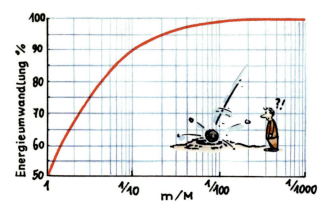

Abb. 16.10: Zusammenhang zwischen Massenverhältnis und umgewandelter E_k. Die x-Achse ist logarithmisch aufgetragen: Von Markierung zu Markierung sinkt der Wert auf ein Zehntel.

Nach dem Crash ist die Masse doppelt so groß. Und die Geschwindigkeit halb so groß. Es gilt daher:

$$E_k' = 2m \frac{\left(\frac{v}{2}\right)^2}{2} = \frac{2m \frac{v^2}{4}}{2} = \frac{m v^2}{4} = \frac{E_k}{2}$$

50% der kinetischen Energie sind also in Wärme umgewandelt worden.

Der Meteorit, der den **Barringer-Krater** schlug, hatte zur Erde ein Massenverhältnis von $1/10^{16}$. Praktisch seine gesamte kinetische Energie wurde in Wärme umgewandelt. Vor dem Einschlag hatte er eine Masse von rund 10^8 kg und etwa 20 km/s drauf. Er hatte daher eine kinetische Energie von rund 10^{16} J. Die frei werdende Energie entsprach etwa **150 Hiroshima-Bomben** und verdampfte den Meteoriten praktisch vollständig (→ **F6**). Dieses Schicksal ereilt generell alle Meteoriten über 100 t.

Gute Leitschienen müssen immer zu **plastischen** Stößen führen (→ **F7**). Erstens würde das Auto sonst wieder auf die Fahrbahn zurückgeworfen. Zweitens ist der Aufprall sanfter als bei einem elastischen Stoß (siehe auch → **F12**, Kap. 16.3, S. 7). Die Wucht des Aufpralls hängt nur von der Geschwindigkeitskomponente **normal zur Leitschiene** ab (v_n).

Die parallele Komponente v_p bleibt auch nach dem Stoß erhalten (wenn wir die Reibung vernachlässigen). Wie viel Prozent der kinetischen Energie in Wärme umgewandelt werden, hängt vom **Aufprallwinkel** ab.

Das gilt auch für den **Skispringer** (→ **F8**). Der Aufsprung entspricht einem plastischen Stoß. Natürlich bleibt der Skispringer nicht dauerhaft verformt, aber es wird Wärme frei. Der Hügel ist so gekrümmt, dass der Springer nahezu parallel zum Hang fliegt und unter einem Winkel von etwa 10° landet. Dann muss er nur rund 3% seiner kinetischen Energie abfangen (Abb. 16.12).

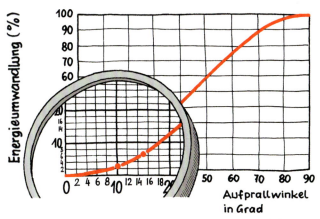

Abb. 16.12: Umwandlung von kinetischer Energie in Wärme bei unterschiedlichem Aufprallwinkel (siehe Lösungsteil zu → F8)

Würde er mit 15° aufsetzen, müsste er bereits die doppelte Energie abfangen und bei 20° schon die vierfache. Je weiter er also ins Flache kommt, desto schwieriger wird der Aufsprung. Die Fahne zeigt den **K-Punkt** an, ab dem der Hang wieder flacher wird. Mathematisch gesehen handelt es sich dabei um den Wendepunkt des Hanges. Heutzutage orientiert man sich nicht mehr am K-Punkt, sondern an der Hillsize (Abb. 16.13).

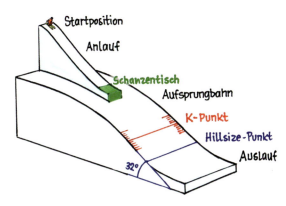

Abb. 16.13: Die Hillsize ist die Strecke zwischen der Kante des Schanzentisches und jenem Punkt im Aufsprunghang, an dem der Schanzenauslauf noch ein Gefälle von 32 Grad aufweist.

Z Zusammenfassung

Bei plastischen Stößen werden die Objekte dauerhaft verformt (außer es handelt sich um Lebewesen) und ein Teil der Bewegungsenergie wird in Wärme umgewandelt. Bei sehr ungleich schweren Objekten können es praktisch 100 % sein.

16.3 Billard- und Fußballstoß
Elastische Stöße

Bei elastischen Stößen bleibt nicht nur der Impuls, sondern auch die kinetische Energie erhalten. Bei einem 100 % elastischen Stoß entstünde keine Wärme. Es würde keine Bewegungsenergie in Wärmeenergie umgewandelt. In der Praxis gibt es so etwas nicht, wir vereinfachen also wieder.

F9 Eine Billardkugel prallt ohne Drall mit 1 m/s zentral
W1 auf eine ruhende. Wie bewegen sich die Kugeln nach dem Stoß?

F10 Welche Mindestmasse relativ zum Meißel sollte ein
E2 Hammer haben: leichter, schwerer oder gleich schwer? Und kannst du das begründen?

F11 Fußballschuss: Wieso sinkt die Geschwindigkeit des
E2 Fußes kurz vor dem Ballkontakt wieder ab? Und wie ist es möglich, dass der Ball eine größere Geschwindigkeit hat (knapp 120 km/h) als die Fußspitze (etwa 105 km/h)?

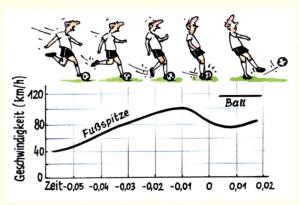

Abb. 16.14

F12 Du wirfst zwei gleich schwere Kugeln, eine aus
E2 Gummi, eine aus Ton, gegen einen Pflock. Mit welcher Kugel kannst du den Pflock eher umwerfen und welche beschädigt ihn eher? → **L**

Um die Geschwindigkeit nach dem Stoß zu berechnen, genügt bei plastischen Stößen der Impulserhaltungssatz. Elastische Stöße sind komplizierter, weil sich die Stoßpartner nach dem Stoß getrennt weiterbewegen. Deshalb braucht man zusätzlich den **Energieerhaltungssatz**, und es ist in diesem Fall praktischer, die Situation mathematisch zu beschreiben. Wir werden aber einen Spezialfall zunächst ohne Gleichungen überlegen, nämlich den Zusammenstoß von zwei gleich schweren **Billardkugeln** (→ F9).

Das Bezugssystem kann beliebig gewählt werden. Zunächst legen wir es in den **Gesamtschwerpunkt** der beiden Kugeln (Abb. 16.15 a, S. 8). Wenn dieser zu Beginn in Ruhe ist, dann muss er in Ruhe bleiben, weil keine Kräfte von außen wirken. Die Kugeln bewegen sich aufeinander zu, stoßen elastisch zusammen und werden in die Gegenrichtung reflektiert. Es ist im Prinzip so, als wäre eine unsichtbare Mauer zwischen den beiden Kugeln. Sie bewegen sich vor und nach dem Stoß mit 0,5 m/s, nur **die Richtung ist umgekehrt**. Diese Bewegung der Kugeln **relativ zum Gesamtschwerpunkt** bleibt auch dann erhalten, wenn wir das Bezugssystem wechseln.

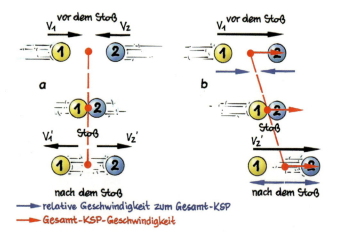

Abb. 16.15: Zwei verschiedene Sichtweisen eines elastischen Stoßes mit 2 gleich schweren Kugeln

Wir wählen das Bezugssystem nun so, dass der Gesamtschwerpunkt mit 0,5 m/s nach rechts fliegt (Abb. 16.15 b; rote Pfeile). Die **relativen Geschwindigkeiten** der Kugeln zum Gesamtschwerpunkt (blaue Pfeile) sind gleich wie im Fall a, also vor und nach dem Stoß 0,5 m/s. Wenn du diese Geschwindigkeiten addierst, dann bekommst du die **Gesamtgeschwindigkeiten der Kugeln** (schwarze Pfeile).

Du siehst, dass die linke Kugel auf die ruhende rechte prallt und dabei ihren gesamten Impuls abgibt. Nach dem Stoß ist die linke Kugel in Ruhe, und genau so ist das auch beim Billard. Auf ähnliche Weise könnte man sich alle möglichen elastischen Stöße überlegen. In diesem Fall ist die mathematische Lösung praktikabler, weil die Gleichungen allgemein gelten und du nicht jedes Mal wieder von vorne zu überlegen beginnen musst.

→ **Info:** 4-mal Wumm

Die Grundaussagen der Gleichungen sind in Tab. 16.1 noch einmal zusammengefasst. Immer dann, wenn man mit einem Stoß etwas in Bewegung versetzen möchte (etwa Meißel, Tennisball oder Fußball), sollte m_1 mindestens so groß sein wie m_2, sonst prallt man ab (→ F10). Besser wäre natürlich eine größere Masse. Die Fußballspieler spannen kurz vor dem Stoß die Beinmuskeln an und erreichen dadurch, dass nicht nur der Unterschenkel, sondern **das ganze Bein** am Stoß beteiligt ist (m_1 wird dadurch größer; → F11).

→ **Experiment:** Münzencrash

Abb. 16.16: Der Ball bewegt sich nachher schneller als die Fußspitze, weil das Bein schwerer ist.

i 4-mal Wumm

Mit Hilfe des Impuls- und Energieerhaltungssatzes kann man allgemeine Gleichungen aufstellen, wie sich Gegenstände nach elastischen Stößen verhalten. Wir nehmen an, dass das zweite Objekt zu Beginn immer in Ruhe ist ($v_2 = 0$). Für die kinetische Energie gilt (' ist nach dem Stoß):

$½ m_1 v_1^2 = ½ m_1 v'_1{}^2 + ½ m_2 v'_2{}^2$ bzw.
$m_1 v_1^2 = m_1 v'_1{}^2 + m_2 v'_2{}^2$

Für den Impuls gilt: $m_1 v_1 = m_1 v'_1 + m_2 v'_2$

Wir haben nun **zwei Gleichungen** mit **zwei Unbekannten**, nämlich den Geschwindigkeiten nach dem Stoß (v'_1 und v'_2). Mit der Substitutionsmethode kann man die Gleichungen auflösen und erhält:

$$v'_1 = \frac{m_1 - m_2}{m_1 + m_2} v_1 \text{ und } v'_2 = \frac{2 m_1}{m_1 + m_2} v_1$$

Mit diesen Gleichungen kann man alle elastischen Stöße mit zwei Objekten berechnen. Nehmen wir **4 Spezialfälle** (rechne nach).

1) $m_1 \ll m_2$: In diesem Fall kannst du m_1 vernachlässigen und bekommst $v'_1 = -v_1$ und $v'_2 = 0$. Das zweite Objekt rührt sich nicht vom Fleck, und die Geschwindigkeit des ersten wird umgekehrt. Das ist etwa der Fall, wenn du einen **Flummi** auf die Erde wirfst (siehe Abb. 8.19, „Big Bang 5").

2) $m_1 = m_2/2$: In diesem Fall erhältst du $v'_1 = -v_1/3$ und $v'_2 = 2v_1/3$. Das erste Objekt prallt also ab und fliegt mit verminderter Geschwindigkeit zurück, während das zweite Objekt etwas langsamer fliegt, als das erste vor dem Stoß.

3) $m_1 = m_2$: Bei gleichen Massen bekommst du $v'_1 = 0$ und $v'_2 = v_1$. Das erste Objekt kommt zur Ruhe und das zweite fliegt mit der Geschwindigkeit des ersten weg (siehe Abb. 16.15 b). Das ist beim **Billardstoß** der Fall.

4) $m_1 = 2 m_2$: In diesem Fall erhältst du $v'_1 = v_1/3$ und $v'_2 = 4v_1/3$. Das erste Objekt kommt also **nicht zum Stillstand**, sondern fliegt mit 1/3 der ursprünglichen Geschwindigkeit weiter. Das zweite, leichtere Objekt hat sogar eine höhere Geschwindigkeit, als das erste zuvor. Das ist zum Beispiel beim **Fußballstoß** der Fall (→ F11).

Massenverhältnis	Geschwindigkeiten: schwarz vor dem Stoß, rot danach	Beispiel
1) $m_1 \ll m_2$	← ● / → ●	Flummi wird auf die Erde geworfen
2) $m_1 < m_2$	→ ● / ← ● →	
3) $m_1 = m_2$	→ ● / ● →	Billardstoß
4) $m_1 > m_2$	→ ● / → ● →	Fußball, Tennis, Hammer auf Meißel

Tab. 16.1: Qualitative Zusammenfassung der Möglichkeiten bei einem elastischen Stoß

e Münzencrash

Du kannst die Angaben in Tab. 16.1 **qualitativ** mit Hilfe von **Münzen** überprüfen. Schieße dazu eine Münze zentral auf eine ruhende. Bei zwei gleich schweren Münzen bleibt die erste stehen und die zweite übernimmt die Geschwindigkeit. Überprüfe auch die Angaben aus der Tabelle, wenn die Münzen **unterschiedlich schwer** sind. Weil die Reibung hier eine recht große Rolle spielt, sollten die Massen der beiden Münzen deutlich unterschiedlich sein. Nimm etwa 1 Cent (2,3 g) und 2 Euro (8,5 g).

Abb. 16.17: Münzen-Crash

Durch das Anspannen sinkt die Fußgeschwindigkeit kurz vor dem Stoß etwas ab, die Ballgeschwindigkeit wird dadurch aber erhöht. Wäre das Bein leichter als der Fußball, dann würde es sich nach dem Stoß wieder in die Gegenrichtung bewegen.

Z Zusammenfassung

Wie viel Geschwindigkeit bei einem elastischen Stoß auf das zweite Objekte übertragen wird, hängt vom Massenverhältnis ab. Ist die Masse des ersten Objekts größer, dann ist v_2' sogar größer als v_1.

16.4 Verdammt alte Technologie
Der Kraftstoß

Oft ist es interessant, die Kräfte zu kennen, die bei einer Impulsänderung auftreten. Die Verbindung zwischen Kraft und Impulsänderung ist die Zeit.

F13 Eine Masse von 1 kg fällt aus 1 m auf den Boden.
W1 Welche Kraft entsteht beim Aufprall? → L

F14 Ein Schwarm voller
E2 Fliegen befindet sich in einem verschlossenen Glas auf einer Waage. Verändert sich das Gewicht, wenn die Fliegen am Boden sitzen bzw. herumfliegen? → L

Abb. 16.18

F15 Wie alt – denkst du – ist die Rückstoßtechnik, mit der
S2 etwa der Raketenantrieb funktioniert? Wer hat sie „erfunden"?

Um einen Gegenstand zu beschleunigen, braucht man eine Kraft (siehe Kap. 7.3, „Big Bang 5"). Weil sich dabei der Impuls ändert, kann man sagen: **Zur Impulsänderung braucht man eine Kraft.** Die Verbindung zwischen Impulsänderung und Kraft ist die Zeit! F13 ist nicht zu beantworten. Nur wenn man die Zeitdauer des Stoßvorganges kennt (oder den „Bremsweg"), kann man die Kraft berechnen (siehe Lösungsteil). Das Produkt von Kraft mal Zeit nennt man den **Kraftstoß** und es ist identisch mit der Impulsänderung des Objekts. Kraft kann man auch als Impulsänderung innerhalb einer bestimmten Zeitspanne auffassen.

F Formel: Kraft und Kraftstoß

$$F = ma = m\frac{\Delta v}{\Delta t} = \frac{\Delta p}{\Delta t}$$

Kraftstoß $= F\Delta t = \Delta p = m\Delta v$

Δp … Impulsänderung	$[\Delta p] = [F \cdot t] = $ Ns $= $ kgm/s
m … Masse	$[m] = $ kg
a … Beschleunigung	$[a] = $ m/s^2
Δv … Geschwindigkeitsänderung	$[\Delta v] = $ m/s

Bei einer Rakete spricht man von der Schubkraft. Sie ist eine Folge des Impulserhaltungssatzes. Zu Beginn steht die Rakete still da, der Impuls ist null. Beim Start strömt das Gas in die eine Richtung, und die Rakete muss sich daher in die andere Richtung bewegen. Impulserhaltung eben! Was für eine Schubkraft erzeugt zum Beispiel die Saturn V beim Start (siehe Abb. 7.14, „Big Bang 5")? Dazu muss man nur wissen, dass pro Sekunde sagenhafte 14 Tonnen Treibstoff verbrannt werden und die Verbrennungsgase mit 2500 m/s durch die Düsen ausströmen. Die Impulsänderung pro Sekunde ist also etwa $35 \cdot 10^6$ N. Wow! Die Schubkraft beträgt 35 Millionen Newton (siehe auch Kap. 7.3, „Big Bang 5")!

Diese Rückstoßtechnik ist übrigens ein sehr alter Hut. Tintenfische bewegen sich schon seit 500 Millionen Jahren so fort, indem sie durch Zusammenziehen des Körpers Wasser mit hoher Geschwindigkeit nach hinten ausstoßen (→ F15). Auch wenn du schwimmst, nutzt du diese Technik. Du drückst dabei das Wasser mit Armen und Beinen nach hinten und erzeugst somit einen Kraftstoß nach vorne.

→ **Info:** Kraftstoß beim Strecksprung | -> Seite 10
→ **Info:** Sotomayor | -> Seite 10

Abb. 16.19: 500 Millionen Jahre alte Technik

i Kraftstoß beim Strecksprung

Mit Hilfe von Kraftmessplatten lässt sich die **Absprunggeschwindigkeit** sehr präzise eruieren. Abb. 16.20 zeigt den Kraftverlauf bei einem Strecksprung. Die Anzeige ist so eingestellt, dass sie beim ruhigen Stehen null zeigt. Die roten Flächen sind Impulse, die den Schwerpunkt nach unten beschleunigen, etwa bei der Auftaktbewegung. Der **Nettoimpuls** ergibt sich aus der Differenz zwischen den roten und den grünen Flächen und beträgt 280 Ns − 102 Ns − 8 Ns = 170 Ns.

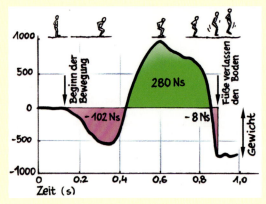

Abb. 16.20: Kraftverlauf bei einem Strecksprung

Das Gewicht des Athleten beträgt 750 N, das bedeutet eine Masse von 76,5 kg. Für die Abfluggeschwindigkeit lassen sich somit 2,22 m/s errechnen, was eine **Schwerpunktshebung** von etwa 25 cm bedeutet.

i Sotomayor

Schätzen wir die Kraft ab, die beim Weltrekordhochsprung über 2,45 m auf das Sprungbein von SOTOMAYOR gewirkt hat. Die Hebung des Körperschwerpunktes (KSP) nehmen wir dabei mit 1,2 m an. Dazu müssen wir zuerst aus der KSP-Hebung von 1,2 m die Absprunggeschwindigkeit ausrechnen:

$$v = \sqrt{2gh} = \sqrt{2 \cdot 9{,}81\,\text{ms}^{-2} \cdot 1{,}2\,\text{m}} = 4{,}85\,\text{m/s}$$

Nun setzen wir in die Gleichung für die Kraft ein (Masse 80 kg, Kontaktzeit 0,13 Sekunden):

$$F = \frac{m\Delta v}{\Delta t} = \frac{80\,\text{kg} \cdot 4{,}85\,\text{m/s}}{0{,}13\,\text{s}} = 3000\,\text{N}$$

3000 N mit nur einem Bein, das ist schon sehr beachtlich. Die Gleichung liefert übrigens nur die **durchschnittliche Kraft**. Die Spitzenkraft ist wesentlich höher!

Z Zusammenfassung

Das Produkt von Kraft mal Einwirkungszeit bezeichnet man als Kraftstoß. Er ist identisch mit der dadurch erzielten Impulsänderung des Objekts. Auf diese Weise kann man sehr einfach die Kräfte bei einer Impulsänderung berechnen.

Impuls

F16 Wie groß ist die Rückstoßkraft bei einem Gewehr, das
W1 eine Kugel mit 20 g mit 900 m/s abschießt? Der Lauf des Gewehrs ist 50 cm lang. → L

F17 Ein offener Wagen rollt im Regen dahin. Die Tropfen
W2 fallen völlig senkrecht. Welche Wirkung hat der sich ansammelnde Regen auf **v** und **p**? Dann hört der Regen auf, und der Abfluss wird geöffnet. Welchen Effekt hat das nun auf **v** und **p**? → L

Abb. 16.21

F18 Ein PKW mit 1 t und 72 km/h und ein LKW mit 3 t und
W1 24 km/h nähern sich im rechten Winkel. In welche Richtung werden sie sich nach dem Aufprall weiterbewegen? → L

F19 Zeige, dass die Einheit des Kraftstoßes (Ns) äquivalent
W1 zur Einheit des Impulses (kgms⁻¹) ist. → L

F20 Hängt das Gewicht einer Sanduhr davon ab, ob der
E2 Sand in Ruhe ist oder gerade rinnt? Müsste die Sanduhr nicht weniger wiegen, wenn sich ein Teil des Sandes im freien Fall befindet? → L

F21 Auch wenn du auf einer genauen Waage vollkommen
W2 ruhig stehst, schwankt der Zeiger leicht um einen Mittelwert. Wieso? → L

F22 Der Kugelstoßapparat ist ein sehr bekanntes physika
W2 lisches Spielzeug. Was passiert, wenn man nicht nur eine, sondern zwei oder drei Kugeln hebt? Warum muss das so sein? → L

Abb. 16.22

17 Rotationen

Wenn bis jetzt von Bewegungen die Rede war, dann nur von geradlinigen. Solche nennt man **Translationen**. In diesem Kapitel geht es um Drehbewegungen, also um **Rotationen**. Du wirst hören, dass Katzen intuitiv eine ganze Menge von Physik verstehen und deshalb immer auf den Pfoten landen. Du wirst hören, wie man sich beim Eislaufen, Gerätturnen oder Turmspringen die Gesetze der Physik zunutze macht und warum Butterbrote fast immer auf der Butterseite landen.

17.1 Ein Pendel am Nordpol
Drehwinkel und Drehgeschwindigkeit

Die geradlinige Geschwindigkeit gibt man in m/s an. Aber wie gibt man an, wie schnell sich ein Gegenstand dreht? Darum geht es in diesem Abschnitt.

F1 W1 Welche Zahl kommt immer raus, wenn du den Umfang eines beliebigen Kreises durch seinen Radius dividierst?

F2 E2 Nimm an, dass die Erdgravitation plötzlich aufhört – das kann Gott sei dank nicht passieren! In welche Richtung würdest du dann wegfliegen? Und kannst du die Geschwindigkeit abschätzen?

Abb. 17.1

F3 E2 Wie lange dauert eine ganze Erdumdrehung? Einen Tag lang? Warum versucht man, Weltraumraketen immer in der Nähe des Äquators zu starten? Warum sollten sie nach Osten starten?

Um die **Drehgeschwindigkeit** zu definieren, brauchen wir ein wenig Mathematik. Der Umfang eines Kreises ist $2r\pi$. Wenn man durch den Radius dividiert, bleiben immer 2π über (→ F1). Bei jedem Kreis! Ein voller Kreisumfang entspricht also einerseits 360° und andererseits 2π. In der Physik gibt man daher den Winkel oft in soundsoviel π an. Das nennt man auch das **Bogenmaß** (siehe Abb. 17.2), das wir im Folgenden verwenden werden. Es hat den Vorteil, dass es sich hier um eine reine Zahl handelt, die SI-konform ist. Um vom Bogenmaß auf Grad zu kommen, musst du mit rund 57 (360°/2π) multiplizieren (genau sind es 57,296°). Diesen Wert nennt man auch einen **Radianten**.

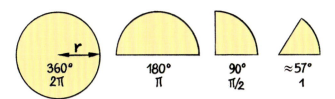

Abb. 17.2: oben die Angabe in Grad, unten in Radianten

Um zu beschreiben, wie schnell sich ein Gegenstand dreht, gibt man den Drehwinkel pro Sekunde an. Das nennt man die Winkelgeschwindigkeit. 2π pro Sekunde entspricht also einer ganzen Umdrehung pro Sekunde.

F Formel: Winkelgeschwindigkeit

$\omega = \Delta\varphi/\Delta t$ $\qquad [\varphi] = 1/s = s^{-1}$

φ… Drehwinkel „phi" im Bogenmaß $\qquad [\varphi] = m/m = 1$

→ **Info:** Mit der rechten Hand | -> S. 12

Es gibt aber noch eine zweite Möglichkeit, die Geschwindigkeit bei einer Drehung anzugeben. Erinnere dich: Wenn du mit einem Auto durch eine Kurve fährst, ohne vom Gas zu gehen, ändert sich trotzdem die Geschwindigkeit, weil sich der Vektor dreht (Kap. 3.1, „Big Bang 5")! Dieser zeigt immer tangential zur Bahn, auf der du dich bewegst (Abb. 17.4). Deshalb nennt man diese Geschwindigkeit auch die **Tangentialgeschwindigkeit**.

F Formel: Tangentialgeschwindigkeit

$v = \omega\, r$ $\qquad [v] = ms^{-1}$

ω … Winkelgeschwindigkeit $\qquad [\omega] = s^{-1}$
r … Abstand von der Drehachse $\qquad [r] = m$

Wenn die Erdgravitation plötzlich weg wäre, würde keine Kraft mehr auf dich wirken. Ab diesem Zeitpunkt bleibt deine Geschwindigkeit unverändert, und du fliegst daher **tangential** weg (→ F2). Das kann man auch sehr gut an den Funken bei einer Schleifscheibe sehen (Abb. 17.4, S. 12) oder wenn ein Auto in einer Kurve auf eine Eisplatte kommt (Abb. 17.3).

→ **Info:** Karussell Erde | -> S. 12

Abb. 17.3: In der Kurve dreht sich der Geschwindigkeitsvektor und steht immer tangential zur Bewegungsbahn.

Die Tangentialgeschwindigkeit der Erde nutzt man bei **Raketenstarts** aus, weil man somit schon eine Startgeschwindigkeit hat, bevor man überhaupt abhebt. Das spart Treibstoff. Man muss aber nach Osten fliegen! Wenn man nach Westen fliegt, startet man quasi mit einer negativen Geschwindigkeit. Je näher man am Äquator ist, desto größer ist natürlich der Effekt (→ F3; Abb. 17.8, S. 12). Der Startplatz der **NASA** ist im Kennedy Space Center in Florida bei etwa 28°, die Raketen der **ESA** starten in Kourou in Französisch-Guyana bei etwa 5° (Abb. 17.5, S. 12).

Abb. 17.4: Die Funken fliegen tangential weg.

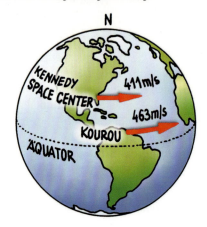

Abb. 17.5: Tangentialgeschwindigkeiten der Startplätze von NASA und ESA

i Mit der rechten Hand

Die Winkelgeschwindigkeit ω, die Geschwindigkeit **v** und der Radius **r** sind Vektoren. Sie stehen alle im rechten Winkel aufeinander. ω ist das Kreuzprodukt von **r** und **v**. Der Vektor ω liegt in der Drehachse. In welche Richtung er zeigt, kannst du mit der rechten Hand bestimmen. Du hältst sie so, dass die gekrümmten Finger in Drehrichtung zeigen. Der weggestreckte Daumen zeigt dann in Richtung ω (Abb. 17.6).

Die Erde dreht sich, vom Nordpol aus betrachtet, gegen den Uhrzeigersinn (Abb. 17.5), daher zeigt ω wie bei a nach oben. In welche Richtung würde ω in Abb. 17.4 zeigen? Nimm deine rechte Hand!

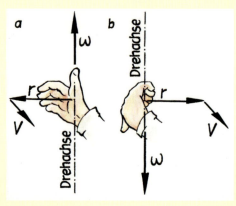

Abb. 17.6: Bestimmung der Richtung des Vektors ω mit Hilfe der rechten Hand

i Karussell Erde

Wie lange braucht die Erde für eine ganze Drehung (→ **F3**)? Vielleicht liegen dir 24 Stunden auf der Zunge, aber das ist falsch. Weil sich die Erde im Laufe eines Tages auch um die Sonne dreht, sind etwa **361°** notwendig, damit die Sonne von uns aus gesehen wieder an derselben Stelle steht (Sonnentag, Abb. 17.7 b). 24 Stunden entsprechen also überraschender Weise etwas mehr als einer Drehung. Für genau eine Drehung (Sterntag) braucht die Erde um 4 Minuten kürzer, also 86.160 Sekunden.

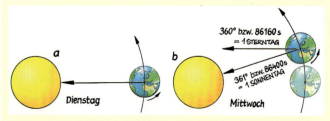

Abb. 17.7: Sonnentag und Sterntag

Die Winkelgeschwindigkeit der Erde ist
$\omega = 2\pi/86.160\,s^{-1} = 7{,}3 \cdot 10^{-5}\,s^{-1}$.
Zugegeben, darunter kann man sich nicht wirklich etwas vorstellen. Rechnen wir uns also die Tangentialgeschwindigkeit am Äquator aus. Der Radius der Erde liegt bei etwa $6{,}37 \cdot 10^6$ m. Daher ist $v = \omega r = 7{,}3 \cdot 6{,}37 \cdot 10$ m/s = 465 m/s (siehe Abb. 17.8). Das entspricht fast **1,5-facher Schallgeschwindigkeit!** Beachtlich!
Weil der Abstand von der Drehachse abnimmt, je weiter man nach Norden kommt, wird auch die Tangentialgeschwindigkeit kleiner. Für den Abstand zur Drehachse gilt:
r = Erdradius · cos (geogr. Breite)
(zum Cosinus siehe Abb. 6.12, Kap. 6.3 in „Big Bang 5").
Österreich liegt zirka am 45° Breitenkreis, und die Tangentialgeschwindigkeit beträgt daher immer noch beachtliche 329 m/s. Das entspricht ziemlich genau der Schallgeschwindigkeit in der Luft, und mit dieser würdest du auch ins All hinausgeschossen werden (→ **F2**).

Abb. 17.8: Am Äquator ist die Tangentialgeschwindigkeit am größten.

Z Zusammenfassung

Die Drehgeschwindigkeit kann entweder als Winkelgeschwindigkeit oder als Tangentialgeschwindigkeit angegeben werden. Manchmal ist die eine Angabe übersichtlicher und manchmal die andere.

17.2 Dornröschens Spinnrad
Die Drehmasse

Die Masse gibt an, wie schwer es ist, einen Gegenstand in Bewegung zu setzen. Aber wovon hängt es ab, wie schwer es ist, einen Gegenstand in Rotation zu versetzen? Darum geht es jetzt.

F4 Ein Vollzylinder und ein
E2 Hohlzylinder mit gleicher Masse rollen eine schiefe Ebene hinunter. Kommen beide gleich schnell an? Und wenn nicht: Welcher ist schneller?

Abb. 17.9

F5 In Abb. 17.10 siehst du zwei
E2 Räder mit gleicher Masse aber unterschiedlicher Verteilung der Masse. Welches eignet sich besser als Schwungrad?

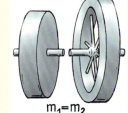

Abb. 17.10

F6 Du hast einen Stab. Ist es
E2 leichter, ihn um die Längsachse oder um die Querachse zu drehen?

F7 Du hängst einen Quader an einer
E2 Schnur auf, so wie in der Abb. 17.11. Was passiert, wenn der Quader in Rotation versetzt wird? → L

Abb. 17.11

Jeder Gegenstand hat klarerweise nur eine Masse. Er kann aber **mehrere Drehmassen** haben, weil diese ja relativ sind und von der Lage der Drehachse abhängen. Ein Stab ist viel leichter in Rotation um die Längs- als um die Querachse zu bringen (→ **F6**; Tab. 17.1). Im ersten Fall liegen die Massenteile wesentlich näher der Drehachse. Mathematisch kann die Drehmasse folgendermaßen definiert werden:

F Formel: Drehmasse (Trägheitsmoment)

$$I = \sum I_{Teil} = \sum_i m_i r_i^2$$

m … Masse
r … Abstand von der Drehachse

$[I]$ = kgm²
$[m]$ = kg
$[r]$ = m

Objekt	Drehmasse
Kugel (2R)	$I = \frac{2}{5} mR^2$
Zylinder, Achse durch Längsachse (R, l)	$I = \frac{1}{2} mR^2$ Bsp.: r = 0,01 m, m = 1 kg $I = 5 \cdot 10^{-5}$ kgm²
Stab, Achse durch Mitte (l)	$I = \frac{1}{12} ml^2$ Bsp.: l = 0,77 m, m = 1 kg $I = 5 \cdot 10^{-2}$ kgm²
Stab, Achse am Ende (l)	$I = \frac{1}{3} ml^2$

Tab. 17.1: Vier Beispiele für durch Integration berechnete Drehmassen bei geometrischen Objekten: Wenn der Stab 77 cm lang ist und einen Radius von 1 cm hat, dann ist es 1000-mal so schwer, ihn in Rotation um die Querachse zu bringen wie um die Längsachse.

Im Prinzip müsste man zur genauen Berechnung der Drehmasse den Gegenstand gedanklich in seine Atome zerlegen und von allen Atomen Masse und Abstand zur Drehachse bestimmen. Natürlich kann man das in der Praxis nicht machen.

Was bestimmt, wie schwer es ist, einen Gegenstand in **Translation** zu versetzen? Die **Masse**! Was bestimmt, wie schwer es ist, einen Gegenstand in **Rotation** zu versetzen? Die **Drehmasse** – sie wird auch Trägheitsmoment genannt. Sie hängt nicht nur von der Masse ab, sondern auch davon, wie weit diese von der Drehachse entfernt ist. Je weiter außen die Masse ist, desto schwerer wird es, den Gegenstand in Rotation zu versetzen.

Deshalb rollt der hohle Zylinder langsamer hinunter als der volle, weil seine Drehmasse größer ist (→ **F4**). Und deshalb eignet sich auch das rechte Rad besser als Schwungrad (→ **F5**). Einmal auf Touren gebracht, ist es schwerer abzubremsen als das linke. Und den Schwung aufrecht zu erhalten, ist ja seine Aufgabe (Abb. 17.12).

Abb. 17.12: Schon Dornröschen wusste, wie ein Schwungrad zu bedienen ist. Das mit dem Fuß angetriebene Spinnrad versetzt die Spindel in eine gleichmäßige Drehung.

Abb. 17.13: Ein langer Stab hat eine sehr große Drehmasse und wird daher oft als Hilfe beim Seiltanzen verwendet.

Bei geometrischen Gegenständen kann man das Problem durch **Integration** lösen (Tab. 17.1; Integration lernst du in der 8. Klasse in Mathematik). Bei nichtgeometrischen Objekten wird die Drehmasse oft im **Experiment** bestimmt. Wie macht man das aber bei komplizierten und beweglichen Körpern wie dem des Menschen?

Es ist unmöglich, die **Drehmasse eines Menschen** zu jedem Zeitpunkt völlig exakt zu bestimmen, weil sich die Teile des Körpers durch die Bewegung pausenlos zueinander verschieben. Man kann aber für biomechanische Untersuchungen gute Abschätzungen vornehmen, wenn man den Körper aus geometrischen Figuren zusammensetzt (Abb. 17.14). Dazu müssen die Körperteile der Person sehr genau vermessen werden. Später kann man die Drehmasse um jede beliebige Achse ausrechnen. Oft ist vor allem die relative Drehmasse des Menschen interessant (Abb. 17.15). Wir werden sie im Kapitel 17.4 noch brauchen.

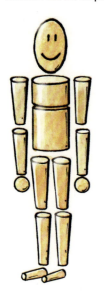

Abb. 17.14: Um Drehmasse und Schwerpunkt eines Menschen in jeder Lage möglichst genau abschätzen zu können, muss man ihn vorher exakt vermessen und dann mit geometrischen Figuren „modellieren".

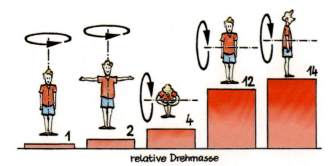

Abb. 17.15: Es ist zum Beispiel doppelt so schwer, einen Menschen mit ausgestreckten Armen in Rotation um seine Längsachse zu bringen, als wenn er die Arme angezogen hat.

Z Zusammenfassung

Die Drehmasse gibt an, wie schwer es ist, einen Gegenstand in Rotation zu versetzen oder abzubremsen. Sie hängt von der Masse und von der Lage der Drehachse ab. Nur für geometrische Objekte kann sie exakt berechnet werden.

17.3 Brote auf der Butterseite
Das Drehmoment

Eine Kraft versetzt einen Gegenstand in Translation. Aber was versetzt einen Gegenstand in Rotation?
Außerdem geht es in diesem Abschnitt um Hebel und um vom Tisch fallende Butterbrote.

F8 Du möchtest eine weggerollte Zwirnrolle am Faden wieder zu dir herziehen. Ist das möglich? Und spielt die Fadenlänge dabei eine Rolle?
E2

Abb. 17.16

F9 Du kriegst eine Schraube nicht auf. Womit kannst du dir helfen: Mit der Schnur oder dem Rohr? Kannst du das auch physikalisch begründen?
E2

Abb. 17.17

F10 Vom Tisch fallende Butterbrote landen angeblich immer auf der Butterseite! Ist da was dran?
E2

Wo die Zwirnspule hinrollt, hängt zunächst von der **Lage des Fadens** ab. Wenn er oben liegt, bewegt sich die Rolle immer zu dir (Abb. 17.18 a). Wenn er unten liegt, rollt sie nur dann zu dir, wenn die gedachte Verlängerung links am Auflagepunkt vorbeigeht (b). Du musst also flach ziehen (→ **F8**). Ziehst du zu steil, rollte sie weg (c). Probier es aus!

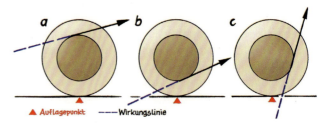

Abb. 17.18

Spielt die Fadenlänge eine Rolle? Nein! Eine Kraft wirkt immer entlang einer Linie, der sogenannten **Wirkungslinie**. Wo auf dieser die Kraft ansetzt, spielt keine Rolle. Deshalb kannst du dir bei der Schraube mit dem Seil nicht helfen (→ **F9**), da es die Wirkungslinie nicht verändert. Mit dem Rohr geht das aber schon (Abb. 17.19). Die Wirkungslinie entfernt sich dabei von der Drehachse, und das Aufdrehen der Schraube wird leichter.

Rotationen 17

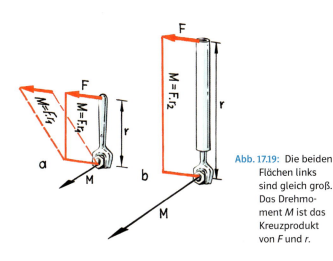

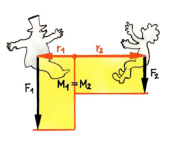

Bei der Translation gilt: Wenn alle Kräfte im Gleichgewicht sind, dann gibt es keine Änderung der Geschwindigkeit. Bei der Rotation gilt: Wenn alle Drehmomente im Gleichgewicht sind, dann gibt es keine Änderung der Winkelgeschwindigkeit. Ein gutes Beispiel dafür ist eine **Wippe**.

Abb. 17.19: Die beiden Flächen links sind gleich groß. Das Drehmoment M ist das Kreuzprodukt von F und r.

Abb. 17.21: ω bleibt null, wenn wie hier die Drehmomente gleich groß sind.

==Das Produkt aus Kraft und Abstand zur Drehachse nennt man das Drehmoment== (Achtung: **das** Moment hat nichts mit **dem** Moment zu tun). Eine Kraft verändert den Impuls, ein Drehmoment verändert den Drehimpuls (Kap. 17.4). Mathematisch drückt man das Drehmoment so aus:

In Abb. 17.21 ist das berühmte **Hebelgesetz** dargestellt, das bereits in der Antike bekannt war. Dieses lautet: ==Kraft mal Kraftarm ist Last mal Lastarm oder – wie in unserem Beispiel – $F_1 r_1 = F_2 r_2$.== Das Hebelgesetz findet in der Technik breite Anwendung. Aber auch viele Belastungen im menschlichen Körper kann man mit seiner Hilfe erklären.

→ **Info:** Der Arm als Hebel
→ **Info:** Der Fuß als Hebel | -> S. 16
→ **Info:** Ein schmerzhafter Vorfall | -> S. 16

F Formel: Das Drehmoment

$M = F \cdot r$ $[M] = [F][r]$ = Nm

F … Kraft $[F]$ = N
r … Abstand zwischen Drehachse und Wirkungslinie der Kraft $[r]$ = m

---

r ist der Abstand zwischen Drehachse und Wirkungslinie der Kraft. Diesen Abstand nennt man **Hebelarm**. Es zählt immer der **Normalabstand**. Wenn du schräg ziehst, so wird der Hebelarm kleiner und kann sogar Null werden (Abb. 17.20). In diesem Fall erzeugst du kein Drehmoment mehr.

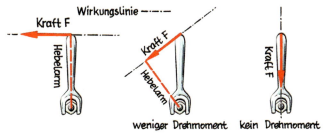

Abb. 17.20

Das Drehmoment kann man auch grafisch darstellen. Es ist die Fläche, die durch Kraft und Radius aufgespannt wird (Abb. 17.19). Daran wird auch ersichtlich, warum es egal ist, wo die Kraft entlang der **Wirkungslinie** ansetzt. Die Flächen des Rechtecks und des Parallelogramms (Abb. 17.19 a) sind gleich groß und somit auch die Drehmomente. Das Drehmoment ist ein Vektor. Seine Richtung kann wie die der Winkelgeschwindigkeit mit der **rechten Hand** bestimmt werden. Die gekrümmten Finger zeigen in Richtung F, und der Daumen zeigt dann in Richtung M.

i Der Arm als Hebel

Unterarm und Ellbogen bilden einen **einarmigen Hebel**, d.h. beide Hebelarme befinden sich auf einer Seite der Drehachse. Ihr Längenverhältnis liegt bei etwa 7:1. Nehmen wir vereinfacht an, dass der Bizeps senkrecht zieht. Um ein Gewicht von 100 N (entspricht 10 kg) ruhig in der Hand zu halten, muss dieser mit 700 N ziehen! Dafür bewegt sich die Hand um 7 cm, wenn sich der Bizeps um 1 cm verkürzt. Der Arm übersetzt auf **Geschwindigkeit**!

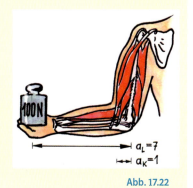

Abb. 17.22

Landen vom Tisch rutschende **Butterbrote** wirklich immer auf der Butterseite (→ F10)? Nicht alle, aber **der Großteil**. Und das hat einen recht einfachen physikalischen Grund. Wenn das Brot von Tisch rutscht, entsteht ein **Drehmoment**, sobald der Schwerpunkt außerhalb der Tischkante liegt (Abb. 17.23). Bei einer alltäglichen Über-die-Kante-Rutschgeschwindigkeit ist die entstehende Drehgeschwindigkeit so groß, dass das Brot tatsächlich meist auf der Butterseite landet.

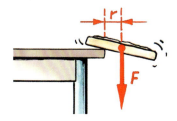

Abb. 17.23

Es gibt allerdings **Abhilfen**: Entweder du frühstückst an einem drei Meter hohen Tisch oder du bevorzugst Toasts mit 2,5 cm Kantenlänge. In beiden Fällen schafft dann das Brot nämlich eine ganze Drehung. Oder du gibst dem vom Tisch rutschenden Toast noch einen kräftigen Stoß – dann schafft er nicht mal eine halbe Drehung.

Abb. 17.24

Der Fuß als Hebel

Die Hebelarme am Fuß verhalten sich etwa wie 2,5 : 1 (Abb. 17.25). Wenn wir vereinfacht annehmen, dass die **Achillessehne** senkrecht nach oben zieht, dann ist die Kraft, die auf sie wirkt, immer 2,5-mal so groß wie die Kraft am Ballen. Dafür gilt aber: Wenn sich der Wadenmuskel um 1 cm verkürzt, bewegt sich der Fußballen um 2,5 cm. Der Fuß übersetzt auf **Geschwindigkeit**!

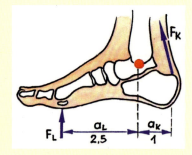

Abb. 17.25: Hebelverhältnisse am Fuß

Abb. 17.26 zeigt die Kraft, die beim Weitsprung am Fuß entsteht. Die erste Spitze ist vom Fersenaufsatz. Dort wo der Pfeil eingezeichnet ist, hebt die Ferse gerade ab. Auf den Fußballen wirken in diesem Moment 4000 N und auf die Achillessehne daher **10.000 N**! Die Sehne hält Maximalbelastungen von sogar **18.000 N** aus. Das ist so, also würdest du 1,8 t an die Sehne hängen!

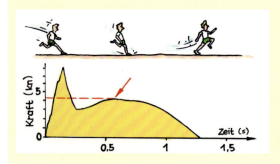

Abb. 17.26

Ein schmerzhafter Vorfall

Die Bandscheiben liegen als Pufferkissen zwischen den Wirbeln. Durch langjährige Überbelastung kann es zur Vorwölbung (Abb. 17.27 oben) oder sogar zum Einreißen der Bandscheibe kommen (Bandscheibenvorfall; Abb. 17.27 unten). In beiden Fällen schmerzhaft für das Rückenmark! Auslöser ist **wiederholt falsches Heben**.

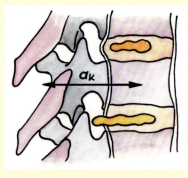

Abb. 17.27: Kraftarm beim Heben von Gewichten

Der **Drehpunkt** liegt in diesem Fall in der Mitte der Wirbelkörper. Die Rückenmuskeln setzen etwa 5 cm entfernt an den Wirbelfortsätzen an (Abb. 17.27). Der Lastarm ist die Entfernung vom Mittelpunkt des Wirbels bis zur Wirkungslinie des Gewichts (Abb. 17.28). Je stärker man den Rücken krümmt und die Beine streckt, desto größer wird der Lastarm und desto ungleichmäßiger wird die Bandscheibe belastet. Durch schlechtes Heben kann die Belastung in der Lendenwirbelsäule auf beinahe das **4fache** ansteigen.

Abb. 17.28: Der Kraftarm entspricht der Entfernung der Rückenmuskeln vom Drehpunkt, ist also nur etwa 5 cm lang (siehe Abb. 17.27). Der Lastarm hängt von der Technik ab.

Zusammenfassung

Wenn ein Drehmoment wirkt, dann wird der Drehimpuls verändert. Zwei Hebel sind dann im Gleichgewicht, wenn die Summe der Drehmomente null ist. Das ist das berühmte Hebelgesetz.

17.4 Wag the cat
Drehimpuls und Drehimpulserhaltungssatz

In diesem Abschnitt geht es um den Drehimpuls, und dass dieser in einem abgeschlossenen System erhalten bleibt. Damit kann man unter anderem viele Phänomene aus dem Sport erklären.

F11 In Abb. 17.29 siehst du eine Eisläuferin, die eine
E2 Pirouette macht. Warum zieht sie dazu beide Arme und ein Bein an?

Abb. 17.29

F12 Kann ein Turmspringer seine Rotation vor dem
E2 Eintauchen ins Wasser völlig abstoppen? Und warum werden beim Turnen gestreckte Salti höher bewertet als gehockte?

F13 Bei extremen Wetterphänomenen wie El Nino oder
S2 nach sehr starken Erdbeben verändert sich manchmal die Drehgeschwindigkeit der Erde. Wie kann das sein?
→ L

Für jede Größe aus der Translation gibt es ein **Gegenstück** bei der **Rotation**. Das Gegenstück zum Impuls ist der **Drehimpuls**. Der Impuls ist Masse mal Geschwindigkeit, der ==Drehimpuls ist Drehmasse mal Winkelgeschwindigkeit==. Der Drehimpuls ist ein Vektor und wird – wie auch Winkelgeschwindigkeit und Drehmoment – mit der rechten Hand bestimmt.

F **Formel: Drehimpuls**

$L = I\omega$

I ... Drehmasse
ω ... Winkelgeschwindigkeit

$[L] = [I][\omega] = kg m^2 s^{-1} = kg m^2 s^{-2} s = Js$
$[I] = kg m^2$
$[\omega] = s^{-1}$

Die Summe der Drehimpulse in einem abgeschlossenen System bleibt immer erhalten. Das nennt man den Drehimpulserhaltungssatz. Man kann es auch anders ausdrücken: ==Der Drehimpuls bleibt erhalten, wenn keine Drehmomente auftreten.==

In Abb. 17.15 (S. 14) siehst du die relativen **Drehmassen** eines Menschen. Wenn man mit gestreckten Armen um die Längsachse rotiert, dann ist die Drehmasse doppelt so groß wie mit angezogenen Armen. Das nutzt man bei einer **Pirouette** aus (→ **F11**). Durch die geringe Reibung zwischen Kufe und Eis tritt praktisch kein Drehmoment auf und der Drehimpuls bleibt erhalten.

Wenn die Eisläuferin die Arme anzieht, halbiert sich die Drehmasse, und die Winkelgeschwindigkeit muss sich verdoppeln. Mathematisch kann man das so formulieren: $L = I\omega = \frac{1}{2}I \cdot 2\omega$ = konstant. Wenn die Eisläuferin zusätzlich ein Bein zu Hilfe nimmt, kann sie den Effekt noch verstärken.

→ **Experiment:** Drehsessel

e **Drehsessel**

Mit drei ganz **einfachen Experimenten** kannst du die Erhaltung des Drehimpulses überprüfen. Du brauchst dazu einen Drehsessel.

Abb. 17.30

1) Nimm zwei Gewichte in die Hand (das verstärkt den Effekt) und lass dich mit ausgestreckten Armen in Drehung versetzen (Abb. 17.30). Dann zieh die Arme an. Durch das Absinken der Drehmasse **erhöht sich die Drehgeschwindigkeit** – wie bei der Eisläuferin. Wenn du die Arme wieder ausstreckst, dann hast du wieder die Ausgangsgeschwindigkeit.

2) Wenn du ruhig auf dem Drehsessel sitzt und in der Hand ein ruhendes Rad hältst, dann ist der **Gesamtdrehimpuls** null und muss das auch bleiben (Abb. 17.31a). Wenn du nun selbst das Rad in Rotation versetzt, dann beginnst du dich in die Gegenrichtung zu drehen. Beide Drehimpulse müssen sich ja aufheben. Weil deine Drehmasse viel größer ist als die des Rades, drehst du dich natürlich langsamer in die Gegenrichtung.

Abb. 17.31

3) Lass das Rad von einem Helfer in Schwung bringen, ohne dass du dich dabei zu drehen beginnst (Abb. 17.32a). Wenn du das Rad nun um 90° **kippst**, beginnt sich der Sessel zu drehen (b). Wenn du das Rad um 180° kippst, dann dreht sich der Sessel sogar doppelt so schnell (c). In allen drei Fällen ist die Summe der vertikalen Drehimpulse immer gleich groß.

Abb. 17.32

Ähnlich ist das bei einem **Turmspringer**, der einen gehockten Salto macht (Abb. 17.33). Die Drehmasse bei gestreckter Position ist 3-mal so groß wie bei gehockter (Abb. 17.15, Kap. 17.2, S. 14). Wenn der Turmspringer den Hocksalto beendet, dann sinkt die Winkelgeschwindigkeit auf ein Drittel ab. Dadurch hast du den Eindruck, als würde die Rotation völlig aufhören. Das ist aber Täuschung des Auges → **F12**.

Abb. 17.33: Die Rotation kann nicht völlig abgestoppt, sondern nur auf 1/3 reduziert werden.

Auch bei Gesamtimpuls null sind Rotationen möglich. Aber jede Drehung hat die Gegendrehung eines anderen Teils zu Folge. Das **Hubble-Teleskop** hat innen vier Schwungräder. Wenn sich eines dieser Räder zu drehen beginnt, dann dreht sich das tonnenschwere Teleskop in die Gegenrichtung (→ **F14**). Der Gesamtdrehimpuls bleibt erhalten (es ist so wie in Abb. 17.31, S. 17). Ein **Hubschrauber** würde sich ohne Heckrotor in Gegenrichtung des Hauptrotors drehen (→ **F17**). Und nach dem Prinzip von Drehung und Gegendrehung können sich auch Astronauten in Schwerelosigkeit um Längs- und Querachse drehen.

→ **Info:** Astronauten-Tricksereien

Astronauten-Tricksereien

In Schwerelosigkeit ruft jede Drehung eines Körperteils eine Gegendrehung des restlichen Körpers hervor. Dadurch bleibt der Gesamtdrehimpuls null. Ein solcher „**drehmomentfreier Salto**" ist für Astronauten wichtig und daher ein fixer Bestandteil der Ausbildung. 2-mal durchgeführt lässt er einen Astronauten Kopfstehen (→ **F15**; Abb. 17.38).

Abb. 17.38

Was für den Salto gilt, gilt auch für die **Schraube**. Die Bildsequenz in Abb. 17.39 zeigt einen Astronauten mit Gesamtdrehimpuls null. Er streckt zunächst seine Beine weg (b) und dreht dann den Oberkörper nach rechts (c). Die Beine antworten wegen ihrer größeren Drehmasse mit einer wesentlich kleineren Gegendrehung. Danach erhöht der Astronaut die Drehmasse der Arme und dreht den Oberkörper wieder zurück (e + f). Diesmal fällt die Gegendrehung der Beine wesentlich geringer aus. In Summe hat er seinen Körper nach rechts gedreht, ohne den Drehimpulserhaltungssatz zu verletzen.

Abb. 17.39

F14 Das Hubble-Teleskop
W2 schwebt etwa 600 km über der Erde. Aber wie kann man es dann drehen und auf Sterne richten, wenn keine Drehmomente auftreten?

Abb. 17.34

F15 Ist es möglich, dass ein
W2 nicht rotierender Astronaut ohne Hilfsmittel von Position a nach b kommt? Würde das den Drehimpulserhaltungssatz verletzen?

Abb. 17.35

F16 Wie schafft es eine Katze immer
W2 auf den Pfoten zu landen, auch wenn sie mit dem Rücken nach unten fällt?

F17 Warum hat ein Hubschrau-
W2 ber immer auch einen Heckrotor? Wozu ist der nötig?

Abb. 17.37

Abb. 17.36

Rotationen 17

Katzen verstehen eine ganze Menge von Mechanik und landen bei einem Sturz immer auf den Pfoten. Auch dann, wenn man sie mit den Pfoten nach oben auslässt – dieses Experiment ist nur im Dienst der Wissenschaft erlaubt! Im Prinzip macht die Katze dabei dasselbe wie der Astronaut in Abb. 17.39.

Nach einer kurzen Orientierung (a) dreht sie zuerst den Vorderkörper (a – c) und dann den Hinterkörper (c – e) in die richtige Richtung. Durch Wegstrecken der Beine und durch Verlagern der Drehachse (in b und d eingezeichnet) **erhöht** sie jeweils die **Drehmasse einer Körperhälfte sehr stark**.

Wichtige Voraussetzung: Die Wirbelsäule muss um die Längsrichtung extrem beweglich sein. Dieser Trick wird zwar durch den Schwanz erleichtert, ist aber auch ohne ihn möglich. Der Beweis: Kaninchen beherrschen ihn ebenfalls.

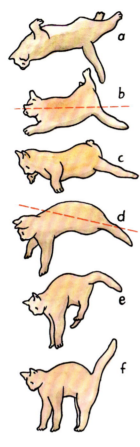

Abb. 17.40

Z Zusammenfassung

Der Drehimpuls ist Drehmasse mal Winkelgeschwindigkeit. In einem abgeschlossenen System ist die Summe aller Drehimpulse konstant. Jede beginnende Drehung hat dann die Gegendrehung eines anderen Teils zur Folge.

17.5 Sehr lange Arbeitstage
Drehenergie

In diesem Abschnitt geht es um die Drehenergie. Sie ist das Gegenstück zur kinetischen Energie bei der Translation.

F18
W2 Ein Hohlzylinder mit gleicher Masse rollt auf der schiefen Ebene langsamer hinunter als ein Vollzylinder (Abb. 17.9, S. 17). Kannst du das auch aus Sicht des Energieerhaltungssatzes erklären?

F19
E2 Durch die Gezeitenreibung verliert die Erde an Drehgeschwindigkeit. Jeder Tag wird im Vergleich zum Vortag um winzige 50 Nanosekunden länger. Wie ist das mit dem Drehimpulserhaltungssatz zu vereinbaren?

Auch die kinetische Energie der Translation hat ein Gegenstück bei der Rotation, nämlich die **Rotationsenergie**. Die Masse wird hierbei durch die Drehmasse und die Geschwindigkeit durch die Winkelgeschwindigkeit ersetzt. Mathematisch formuliert man das so:

F Formel: Rotationsenergie (Drehenergie)

$$E_{rot} = \frac{I\omega^2}{2}$$

I ... Drehmasse
ω ... Winkelgeschwindigkeit

$[E_{rot}] = [I][\omega^2] = kg\,m^2 s^{-2} = J$
$[I] = kg \cdot m^2$
$[\omega] = s^{-1}$

Beide Zylinder haben zu Beginn nur potenzielle Energie (→ F18). Am unteren Ende der schiefen Ebene hat sich diese in E_{kin} und E_{rot} umgewandet. Der **Hohlzylinder** hat eine **größere Drehmasse**. Warum? Weil bei gleicher Masse diese weiter von der Drehachse entfernt ist. Der Hohlzylinder hat also mehr Rotationsenergie. Deshalb muss seine kinetische Energie kleiner sein und somit auch seine Rollgeschwindigkeit.

Die Drehenergie der Erde ist astronomisch groß. Wie ist es aber möglich, dass die Erde durch die Gezeitenreibung langsamer wird? Wird dadurch nicht der **Drehimpulserhaltungssatz** verletzt (→ F19)? Nein! Man darf die Erde nicht isoliert betrachten. Sie bildet gemeinsam mit dem **Mond** ein **System**. Während sich der Drehimpuls der Erde verringert, erhöht sich der des Mondes.

→ **Info:** Erdrotation | -> S. 20
→ **Info:** Das Ende der Gezeiten | -> S. 20

i Erdrotation

Schätzen wir die Drehenergie der Erde ab und nehmen dazu vereinfacht an, dass diese eine homogene Kugel ist. Aus Masse ($6 \cdot 10^{24}$ kg) und Radius ($6{,}37 \cdot 10^6$ m) ergibt sich dann die Drehmasse (siehe Tab. 17.1, S. 13):

$$I = \tfrac{2}{5} mr^2 = 10^{38} \text{ kgm}^2$$

Die **Winkelgeschwindigkeit** der Erde beträgt größenordnungsmäßig 10^{-4} s^{-1}. Das ergibt für die **Drehenergie** astronomische 10^{34} J. Was kann man sich darunter vorstellen? Die **Sonne** strahlt pro Sekunde 10^{26} J ab. Obwohl die Erde also so langsam rotiert, hat sie so viel Drehenergie, wie die Sonne in 10^8 s oder rund 3 Jahren abstrahlt! Das ist sehr erstaunlich! Wie viel Energie geht jeden Tag durch die Gezeitenreibung in Form von Wärme verloren? Wir müssen dazu die Winkelgeschwindigkeit genau ausrechnen.

$$E_{\text{rot}} = \frac{I(\omega_1^2 - \omega_2^2)}{2} = \frac{\tfrac{2}{5} mr^2 (\omega_1^2 - \omega_2^2)}{2}$$

$\omega_1^2 - \omega_2^2$ ist so winzig, dass man eine Näherungsgleichung braucht, nämlich $(8\pi^2 \Delta T)/T^3$. Das gibt etwa $6 \cdot 10^{-21}$ s^{-1}. Für ΔE_{rot} ergibt das dann $3 \cdot 10^{17}$ J. Der Energieverlust durch die Gezeitenreibung an nur einem einzigen Tag ist etwa so groß wie der **jährliche Gesamtenergiebedarf ganz Österreichs**! Leider kann man diese Energie nicht nutzen!

i Das Ende der Gezeiten

Die **Gezeiten** bremsen die **Erdrotation**, und jeder Tag dauert 50 Nanosekunden länger als der Vortag. Die Erde alleine kann aber ihre Rotationsgeschwindigkeit nicht verändern. Sie ist mit dem **Mond** durch die Gravitation verbunden und als Ausgleich muss sich dessen Drehimpuls erhöhen. Der Mond wird beschleunigt und entfernt sich pro Jahr um etwa 3 cm von der Erde. Dieser Vorgang dauert so lange, bis die Erde dem Mond immer dieselbe Seite zuwendet. Dann stehen die Flutberge relativ zur Erde still (nur die kleinere Gezeitenwirkung der Sonne würde übrig bleiben).
Vor etwa 400 Millionen Jahren hatte ein Jahr noch 400 Tage. Erst wenn der Mond 1,5-mal so weit weg ist wie heute, werden die Tage nicht mehr länger. Dann allerdings ist die Erde so langsam geworden, dass sie sich in einem Jahr nur mehr knapp 7-mal um die eigene Achse drehen wird. Das wären verdammt lange Arbeitstage!

Z Zusammenfassung

Die Drehenergie ist eine besondere Form der kinetischen Energie und sie unterliegt, wie auch alle anderen Energieformen, dem Energieerhaltungssatz.

17.6 Der Schein trügt
Kräfte in rotierenden Systemen

In diesem Abschnitt geht es um Kräfte, die bei Rotationen auftreten. Es ist ziemlich schwer, diese Kräfte zu verstehen, weil sie scheinbar unseren Alltagserfahrungen widersprechen.

F20 W1 Was ist ein Inertialsystem und was besagt der Trägheitssatz? Schau noch einmal in den Kapiteln 5.1 und 7.2, „Big Bang 5" nach!

F21 E2 Warum „schneiden" Rennfahrer die Kurven?

F22 E2 ALLO DIAVOLO fuhr 1901 als erster Mensch mit dem Fahrrad durch einen Looping. Wie kann man erklären, dass er am höchsten Punkt nicht runterfiel?

Abb. 17.41

F23 E2 Am Jahrmarkt sieht man manchmal Zylinderkarusselle. Durch die Rotation fühlen sich die Personen gegen die Wand gepresst, und man kann sogar den Boden wegklappen. Welche Kräfte wirken aus deiner Sicht, wenn du von außen deinen Freund betrachtest.

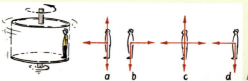

Abb. 17.42

F24 E2 Man sagt ja, dass um die Erde kreisende Astronauten schwerelos sind. Heißt das also, dass es dort keine Schwerkraft mehr gibt? Und gibt es eine Möglichkeit, durch Rotation künstliche Schwerkraft zu erzeugen?

Abb. 17.43

F25 W2 Welche Kurve wird der Ball aus deiner Sicht beschreiben, wenn du auf einer rotierenden Scheibe stehst? Und wie ist das für eine Person, die nicht auf der Scheibe steht?

Abb. 17.44

Die Geschichte von **Zentripetal- und Zentrifugalkraft** ist voll von Missverständnissen. Wir fangen zunächst einmal an, alles aus der Sicht eines **ruhenden Beobachters** zu betrachten, der sich nicht mitdreht. Zur Erinnerung: Wenn ein Gegenstand seine Geschwindigkeit ändert, wenn er also beschleunigt wird, dann wirkt eine Kraft auf ihn. Oder anders formuliert: **F** = m**a**. Das ist die Bewegungsgleichung (Kap. 7.3, „Big Bang 5").

Wenn sich zum Beispiel ein Auto auf einer Kreisbahn bewegt, dann dreht sich der **Geschwindigkeitsvektor** (Abb. 17.45). Das Auto wird beschleunigt, und dazu ist eine Kraft notwendig. Diese Kraft zeigt immer zum Mittelpunkt der Kreisbahn. Man nennt sie **Zentripetalkraft**. Salopp übersetzt bedeutet das „zum Zentrum zeigende Kraft". Um die Kreisbahn des Autos aus der Sicht eines ruhenden Beobachters erklären zu können, ist also eine Kraft notwendig, die nach innen zeigt!

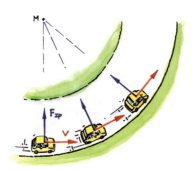

Abb. 17.45: Die Zentripetalkraft F_{ZP} steht immer normal auf **v**. Daher wird **v** bei gleichem Betrag gedreht.

F **Formel: Zentripetalkraft**

$$F_{ZP} = m\frac{v^2}{r} = m\frac{(r\omega)^2}{r} = m\omega^2 r$$

m … Masse	$[F]$ = N
r … Radius der Kreisbahn	$[m]$ = kg
v … Tangentialgeschwindigkeit	$[r]$ = m
ω … Winkelgeschwindigkeit	$[v]$ = m/s
	$[\omega]$ = s^{-1}

→ **Info:** Zentripetalkraft

Die **Zentripetalkraft ist keine spezielle Kraft** wie etwa die Gravitation. Der Name gibt nur an, in welche Richtung sie wirkt. Es kann sich dabei um eine Reibungskraft handeln wie beim Auto, eine Gravitationskraft wie beim Raumschiff im Orbit oder um die Kraft, mit der die Wand des Karussells auf dich drückt. Die **Zentripetalkraft** setzt sich aus den wirklich am Körper angreifenden Kräften zusammen und **ist nicht eine Kraft, die zusätzlich zu diesen wirkt!**

Warum „**schneiden**" Rennfahrer die Kurven (→ **F21**)? Es gibt eine maximale Zentripetalkraft, die durch die **Haftreibung** begrenzt ist. Wird sie überschritten, fliegt man aus der Kurve (Abb. 17.3, S. 11). Durch das Schneiden wird der Radius der Kreisbahn größer, und man kann bei gleicher F_{ZP} schneller fahren (Abb. 17.46). Wenn man den Radius verdoppelt, kann man die Geschwindigkeit um 41% erhöhen. Rechne nach!

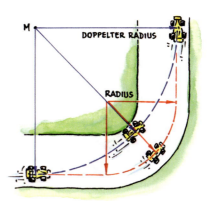

Abb. 17.46: Radiusvergrößerung durch Kurvenschneiden

Wie ist das mit dem **Looping** (→ **F22**)? Überlegen wir einmal qualitativ. Nimm an, dass die rechte Seite des Loopings fehlt (Abb. 17.48, S. 22). Die Geschwindigkeit von ALLO DIAVOLO muss am höchsten Punkt so groß sein, dass seine Flugparabel **außerhalb des Loopings** liegt (grün). Ist die Geschwindigkeit zu klein, dann liegt die Flugparabel **innerhalb des** Loopings (rot), und er würde den Boden über den Rädern verlieren. Er würde zwar wieder gegen den Looping prallen, aber kontrolliert wäre das nicht mehr. Die Minimalgeschwindigkeit kann man natürlich auch berechnen.

i **Zentripetalkraft**

Wie groß ist die **Zentripetalkraft**? Bestimmen wir zuerst geometrisch die **Zentripetalbeschleunigung**. Erinnere dich an Folgendes:
1) Die Tangentialgeschwindigkeit steht immer normal auf den Kurvenradius (Abb. 17.47).

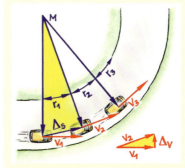

Abb. 17.47

2) $v = \Delta s/\Delta t$ und daher ist $\Delta s = v/\Delta t$
3) Für die Beschleunigung gilt immer: **a** = Δ**v**/Δt

In der Zeit Δt legt das Auto den Weg Δ**s** zurück und ändert dabei die Geschwindigkeit um Δ**v** (Abb. 17.47). Das gelbe Dreieck $r_1 r_2 \Delta s$ und das gelbe Dreieck $v_1 v_2 \Delta v$ sind ähnlich (für das zweite Dreieck wurden die Vektoren parallel verschoben). Daher gilt

$$\frac{\Delta v}{v} = \frac{\Delta s}{r} = \frac{v\Delta t}{r} \Rightarrow \frac{\Delta v}{\Delta t} = \frac{v^2}{r} = a$$

Die Zentripetalbeschleunigung ist also $a_{ZP} = v^2/r$. Da für jede Kraft $F = ma$ gilt, ist die Zentripetalkraft daher $F_{ZP} = mv^2/r$.

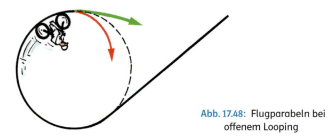

Abb. 17.48: Flugparabeln bei offenem Looping

→ **Info:** Loop the Looping

Die Frage mit dem Zylinderkarussell (→ F23) ist eine harte Nuss. Bedenke: Du betrachtest deinen Freund von außen. Wenn dieser nicht nach unten rutscht, dann muss die **Schwerkraft** durch eine Gegenkraft kompensiert sein. Diese Kraft ist die Reibungskraft. Somit heben sich die vertikalen Kräfte auf und er rutscht nicht. Für die Kreisbahn ist außerdem wieder die nach innen gerichtete **Zentripetalkraft** notwendig. Also ist Abb. 17.42a richtig!

Und jetzt kommen wir zur ominösen **Zentrifugalkraft**. Stell dir vor, auf einer rotierenden Scheibe ist eine Kugel an einer Feder montiert (Abb. 17.50). Der Beobachter außen (a) sagt: „Die Kugel beschreibt eine Kreisbahn. Dazu ist eine Zentripetalkraft notwendig. Sie zeigt nach innen." Diese Sichtweise kennst du schon. Der mitrotierende Beobachter (b) sagt aber: „Scheibe und Kugel sind in Ruhe. Alle Kräfte sind im Gleichgewicht. Die Federkraft wird von einer Kraft ausgeglichen, die von mir wegzeigt." Diese Kraft nennt man Zentrifugalkraft (F_{ZF}). Es gilt: $F_{ZP} = -F_{ZF}$

 Loop the Looping

Die Zentripetalkraft setzt sich aus den wirklich am Körper angreifenden Kräften zusammen. Am höchsten Punkt sind das die **Gravitationskraft G** und die **Normalkraft N**. Die Normalkraft entsteht durch den Druck der Loopingbahn auf das Rad. Beide zusammen ergeben die Zentripetalkraft (Abb. 17.49a). Daher gilt:

$$N + G = F_{ZP} \Rightarrow N + mg = m\frac{v^2}{r}$$

Im Grenzfall ist die Geschwindigkeit so gering, dass die Normalkraft völlig verschwindet. Die Zentripetalkraft kommt dann nur durch G zustande (b).

$$g = \frac{v^2}{r} \Rightarrow v = \sqrt{gr}$$

Wenn wir annehmen, dass der Looping einen Radius von 3 m hat, dann ergibt das eine Grenzgeschwindigkeit von etwa 5,5 m/s. Sonst bewegt sich ALLO DIAVOLO entlang der roten Kurve (Abb. 17.48).

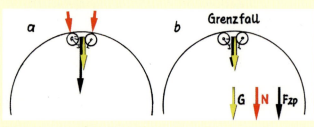

Abb. 17.49

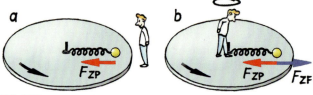

Abb. 17.50

Stell dir nun vor, dass die Befestigung der Kugel abreißt (Abb. 17.51). Der **Beobachter außen** (a) sagt: „Auf die Kugel wirken keine Kräfte und sie fliegt tangential weg". Der **rotierende Beobachter** (b) sagt: „Die Kugel fliegt durch die Zentrifugalkraft nach außen weg."

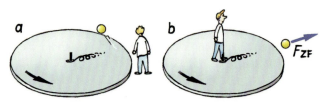

Abb. 17.51

Du siehst, dass die Zentrifugalkraft nur für einen rotierenden Beobachter existiert. In einem Inertialsystem gibt es diese Kraft nicht! Man nennt die Zentrifugalkraft daher auch eine **Scheinkraft**. Damit meint man Kräfte, die nur in bestimmten Bezugssystemen existieren. Damit meint man aber nicht, dass sie gar nicht existieren. Schließlich kannst du sie in einer Kurve tatsächlich spüren. Aber was spürst du da eigentlich? Begeben wir uns jetzt ins rotierende System!

Warum fühlt sich ein **Astronaut** in der Umlaufbahn **schwerelos** (→ F24)? Weil Zentripetalkraft (die Gravitation) und Zentrifugalkraft einander aufheben (Abb. 17.52a). Oder anders erklärt: Im Orbit befindest du dich im freien Fall und dann verschwindet die Gravitation immer (siehe Kap. 6.1, „Big Bang 5").

In Science-Fiction-Filmen sehr beliebt ist die **künstliche Gravitation**. Die einzige technisch machbare Lösung ist eine mit Hilfe von Beschleunigung. Wenn man etwa eine ringförmige Raumstation mit der richtigen Geschwindigkeit dreht, dann kann man 1 g erzeugen und es herrschen Erdverhältnisse (Abb. 17.52b). Aber wie können Schwerelosigkeit und 1 g auf praktisch gleiche Weise zustande kommen? Das ist doch paradox!

Der Unterschied liegt darin, wie die Zentripetalkraft entsteht! Im Fall a greifen Zentrifugalkraft und Zentripetalkraft (Gravitation) an **jedem einzelnen Atom** deines Körpers an und heben einander dort auf (Abb. 17.52a). Das macht dich schwerelos. Im Fall b greift die Zentrifugalkraft zwar auch an jedem Atom deines Körpers an, aber die Zentripetalkraft (Normalkraft) der Raumstation drückt nur auf deine Füße. Dadurch wird dein Körper verformt und das kannst du spüren.

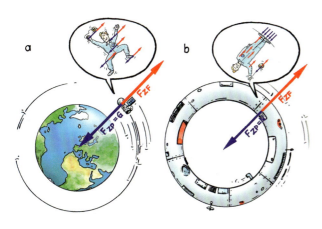

Abb. 17.52: Schwerelosigkeit und 1 g entstehen scheinbar auf gleiche Weise.

Du kannst Kräfte, die an allen Atomen angreifen, nicht spüren. Egal ob es nun die Gravitation ist (etwa im freien Fall), die Zentrifugalkraft (wie bei Abb. 17.51 b) oder eine Kombination von beiden (Abb. 17.53 a). Es klingt absurd, weil du es anders empfindest, aber du spürst in einer Kurve eigentlich, **dass die Zentripetalkraft nicht an derselben Stelle angreift wie die Zentrifugalkraft** (Abb. 17.53 b). Das ist schwer zu verstehen, aber es lohnt sich, ein wenig darüber nachzudenken!

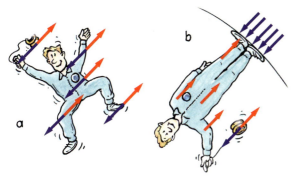

Abb. 17.53: Vergrößerung aus Abb. 17.52

Bei frisch gemolkener Milch setzt sich nach einiger Zeit der Rahm oben ab, weil er leichter ist als die Magermilch. Beim Blut ist es ähnlich: Die leichten, flüssigen Bestandteile steigen auf und die festen sinken ab. Könntest du die Gravitation erhöhen, dann würden diese Vorgänge wesentlich schneller ablaufen. Nach diesem Prinzip funktioniert eine **Zentrifuge**. Durch die Rotation erzeugst du eine **gewaltige Zentrifugalkraft**, die praktisch wie eine künstliche Schwerkraft wirkt (wie in Abb. 17.52 b). So wird zum Beispiel Blut mit 700 g zentrifugiert, um es in seine Bestandteile zu zerlegen.

→ **Info:** Corioliskraft

Z Zusammenfassung

In rotierenden Systemen treten zwei Scheinkräfte auf. Die Zentrifugalkraft zeigt von der Drehachse weg. Die Corioliskraft wirkt auf bewegte Gegenstände und zeigt quer zur Bewegungsrichtung. Beide Kräfte verschwinden, wenn man sich in einem Inertialsystem befindet.

i Corioliskraft

Neben der **Zentrifugalkraft** tritt in rotierenden Systemen noch eine zweite Scheinkraft auf, die so genannte **Corioliskraft**. Sie wirkt auf bewegte Gegenstände und ihre Wirkungsweise kann man mit einem Wurf auf einer rotierenden Scheibe erklären (→ **F25**)? Für die **Person außen** fliegt der Ball geradewegs zur anderen Fahne und somit rechts an deinem Freund vorbei (Abb. 17.54 a).

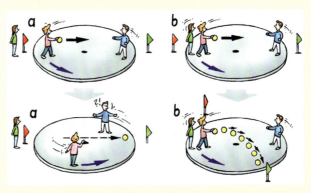

Abb. 17.54

Für **dich auf der Scheibe** drehen sich die Fahnen scheinbar im Uhrzeigersinn. Der Ball fliegt zur Fahne und daher in eine Kurve nach rechts (b). Auf den Ball wirkt also **eine scheinbare Kraft, die quer zur Flugrichtung steht.** Die Corioliskraft spielt auf der Erde meist keine Rolle, weil sich diese so langsam dreht. Nur bei den Winden ist sie zu merken. Durch die Corioliskraft entstehen nämlich die riesigen Wolkenspiralen (Abb. 17.55). Ohne diese Kraft würden die Winde gerade wehen.

Abb. 17.55: Ein spiralförmiges Tiefdruckgebiet über Island

17.7 War einmal ein Bumerang
Der Kreisel

In diesem Abschnitt geht es darum, warum Kreisel sich so eigenartig verhalten. Außerdem geht es um die legendären Bumerangs.

F26 Was passiert mit der Geschwindigkeit eines Gegen-
W2 standes, wenn eine Kraft in Bewegungsrichtung wirkt – beziehungsweise quer dazu?

F27 Pistolen- und Gewehrkugeln bekommen beim
E2 Abschuss einen Drall mit. Warum? → **L**

F28 Stimmt die folgende Behauptung? Der Bumerang ist
S3 eine Jagdwaffe der Aborigines in Australien, die den Vorteil hat, dass sie nach einem Fehlwurf wieder zurückkommt. → **L**

Zur Erinnerung: Die **Winkelgeschwindigkeit** wird durch einen Vektor beschrieben, dessen Richtung mit der rechten Hand bestimmt werden kann (siehe Abb. 17.6, S. 12). Für das **Drehmoment** gilt dasselbe (Abb. 17.19, S. 15). In Abb. 17.56a siehst du den Vektor der Winkelgeschwindigkeit eines rotierenden Kreisels. Bei b siehst du einen nicht rotierenden Kreisel, der schwerkraftbedingt gerade kippt. Zur besseren Übersicht ist nur der Drehmomentvektor eingezeichnet.

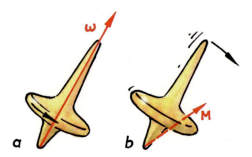

Abb. 17.56: Der Drehmomentvektor M bei b zeigt in die Buchebene hinein.

Um nun das eigenartige Verhalten eines Kreisels zu verstehen, gehen wir noch einmal zur Translation zurück (→ F26). Wenn auf einen Gegenstand eine **Kraft in Bewegungsrichtung** wirkt, dann wird seine **Geschwindigkeit größer**. Das ist zum Beispiel der Fall, wenn du auf einem Tretroller Schwung gibst (Abb. 17.57a).

Wenn auf einen Gegenstand eine **Kraft quer zur Bewegungsrichtung** wirkt, dann dreht sich der **Geschwindigkeitsvektor** bei gleicher Länge.
Das ist zum Beispiel bei einem Auto in der Kurve so (b).

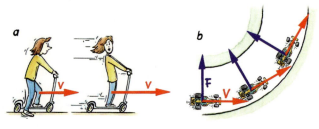

Abb. 17.57

Bei **Drehmoment (M) und Winkelgeschwindigkeit (ω)** ist es ganz ähnlich. Wenn M und ω **parallel** stehen, dann wird die Winkelgeschwindigkeit größer. Das ist der Fall, wenn du auf einem Ringelspiel Schwung gibst (Abb. 17.58).

Abb. 17.58: Die Vektoren der Winkelgeschwindigkeit ω und des Drehmoments M stehen normal aufeinander.

Wenn M und ω aber **normal aufeinander stehen**, dann wird der Vektor der Winkelgeschwindigkeit bei gleicher Länge gedreht. Und das ist eben bei einem Kreisel der Fall. Man würde bei Abb. 11.59 a erwarten, dass die Achse durch die Schwerkraft nach rechts kippt, aber sie kippt im rechten Winkel dazu – in diesem Fall nach hinten. Ein rotierender Gegenstand weicht der erwarteten Bewegung immer im rechten Winkel aus. Oder anders ausgedrückt: <mark>Die Kräfte, die an einem Kreisel angreifen, wirken sich scheinbar um 90° in Rotationsrichtung verdreht aus.</mark> Dadurch entsteht eine kreisende Achsenbewegung, die man **Präzession** nennt (b).

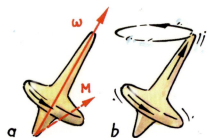

Abb. 17.59: Die Vektoren der Winkelgeschwindigkeit ω und des Drehmoments M stehen normal aufeinander.

Diese Präzession ermöglicht zum Beispiel den Rückkehrflug eines **Bumerangs**.

Dieser wird beinahe senkrecht abgeworfen, dass der sogenannte Startwinkel beinahe 0° beträgt (Abb. 17.60). Ein Bumerang besteht aus zwei oder mehr Tragflächen und ist somit ein Kreisel mit Flügeln (Abb. 17.61a). Wenn er rotierend durch die Luft fliegt, dann strömt diese von den Stirnkanten an und erzeugt an den Tragflächen einen **Auftrieb** (Abb. 17.61b). Weil sich der obere Arm durch die Rotation in Flugrichtung bewegt und der untere dagegen, ist die Anströmgeschwindigkeit der Luft oben größer als unten (in Abb. 17.62a in m/s angegeben). Deshalb erhält der obere Arm auch den größeren Auftrieb (b).

Abb. 17.60: Wie man den Bumerang richtig wirft

Man würde nun erwarten, dass der Bumerang so kippt, wie in Abb. 17.62c dargestellt. Die Kräfte, die an einem Kreisel angreifen, wirken sich aber um 90° in Rotationsrichtung verdreht aus. Daher kippt der Bumerang so wie in Abb. 17.62d. Er lenkt gewissermaßen wie ein Rad ein und beschreibt dadurch seine Kreisbahn.

→ **Experiment:** Zimmerbumerang

Rotationen 17

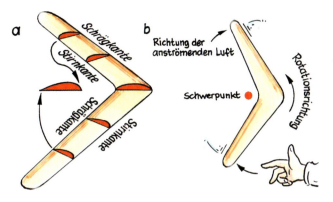

Abb. 17.61: Profil eines Bumerangs und wie die Luft anströmt

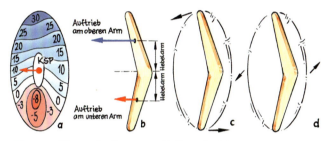

Abb. 17.62: Warum der Bumerang die Kurve kratzt

e Zimmerbumerang

In der Abb. 17.63 siehst du das Modell eines Zimmerbumerangs, Karton mit 350 g/m² wäre ideal. Da du kein Profil einarbeiten kannst, musst du den Karton an den gekennzeichneten Linien nach unten biegen, um eine Art Tragflächenprofil zu erzeugen.

Abb. 17.63

Physik am Ringelspiel

F29 Ein Auto fährt durch eine Kurve, deren engster Radius
W2 15 m beträgt. Welche Zentripetalbeschleunigung wirkt bei einem Tempo von 30, 60, 90 und 120 km/h? Und welche dieser Beschleunigungen ist realistisch? → L

F30 Was macht die Zwirnrolle in Abb. 17.18 (S. 14), wenn
W1 die Wirkungslinie genau durch den Auflagepunkt geht und warum? → L

F31 Die Einheit des Drehmoments ist das Newtonmeter.
W1 Das ist dieselbe Einheit wie die der Arbeit. Ist das Drehmoment daher eine Arbeit? → L

F32 Zeichne in Abb. 17.21 (S. 15) die Drehmomentsvektoren
W1 ein. → L

F33 Früher hieß es, dass farbige Sprinter deswegen so gut
E2 sind, weil sie längere Fersenbeine besitzen. Was ist dazu aus physikalischer Sicht zu sagen? → L

F34 Die Eisläuferin zieht ihre Arme an und erhöht dabei
W2 ihre Winkelgeschwindigkeit. Was ist mit dem Drehimpuls und der Drehenergie? Verändern sie sich? → L

F35 Versuche die Gleichung für die Drehmasse abzuleiten.
W2 Gehe von den Gleichungen für die kinetische Energie und die Bahngeschwindigkeit aus und nimm an, dass sich ein rotierender Gegenstand aus vielen kleinen Massenpunkten zusammensetzt. → L

F36 Um wie viel Meter muss der Anlauf von ALLO DIAVOLO
W1 über dem Looping liegen, damit er diesen schaffen kann? → L

F37 Eine Raumstation
W2 hat einen Radius von 90 m. Wie schnell muss sie rotieren, damit die Zentripetalkraft 1 *g* beträgt? Wie würde sich die künstliche Schwerkraft auswirken? → L

Abb. 17.64

F38 Stimmt es, dass das Wasser aus dem Waschbecken
W2 auf der Nordhalbkugel im Uhrzeigersinn und auf der Südhalbkugel gegen den Uhrzeigersinn ausläuft? Und dass sich Eisenbahnschienen unterschiedlich abnützen und Flussufer durch die Corioliskraft unterschiedliche Erosion aufweisen? → L

F39 Leite die Gleichung für die Tangentialgeschwindigkeit
W2 ab. Gehe dabei von der allgemeinen Gleichung für die Geschwindigkeit aus. → L

18 Grundlagen der Schwingungen

Unter einer Schwingung versteht man einfach gesagt, dass sich etwas pausenlos um einen Ruhepunkt hin und her bewegt. Alles schwingt, jedes einzelne Atom und Molekül in deinem Körper, im Tisch, im Sessel und in diesem Buch. Du merkst bloß in den meisten Fällen nichts davon. Der gesamte Boden, auf dem du stehst oder sitzt, schwingt unentwegt in der Größe von Tausendstel Millimetern. Luftmoleküle schwingen und übertragen dadurch den Schall, der wiederum dein Trommelfell zum Schwingen bringt. Elektromagnetische Wellen schwingen und übertragen Telefonate, Fernseh- und Radioprogramme. Und auch in deiner Uhr schwingt entweder ein Quarz oder eine Unruh. In diesem Kapitel geht es um wichtige Grundlagen und Grundbegriffe zum Thema Schwingungen, von denen wir viele für das Verständnis von Wellen (Kapitel 19) noch brauchen werden.

18.1 Schaukeln am Mond
Das Fadenpendel

Angeblich machte GALILEO GALILEI in der Kathedrale von Pisa eine sehr bedeutende Entdeckung, die in weiterer Folge für die Zeitmessung eine wichtige Rolle spielte: Er entdeckte das Pendel als exakten Zeitmesser.

F1 / E2 Wozu ist ein Pendel in der Pendeluhr? Hat es eine Aufgabe oder soll es nur nett aussehen? Warum ist bei fast allen Uhren das Pendel 25 cm oder 1 m lang?

F2 / S2 Kinderschaukel: Hat deine Masse einen Einfluss auf die Schaukelgeschwindigkeit? Wie verändert sich die Geschwindigkeit, wenn du im Stehen schaukelst? Was passiert mit der Schaukelgeschwindigkeit, wenn du am Mond schaukelst? → L

Abb. 18.1: Wie wäre Schaukeln am Mond?

F3 / E2 Geht eine Pendeluhr, die in Europa gebaut, aber dann am Äquator, am Pol oder am Mond aufgestellt wird, immer noch genau? Versuche zu begründen!

F4 / S2 Kleine Kinder machen viel schnellere Schritte als Erwachsene. Woher kommt das?

F5 / W1 Was versteht man unter der Drehmasse bzw. dem Trägheitsmoment? Lies nach in Kap. 17.2, S. 13!

→ **Experiment:** Fadenpendel

Im Alter von 19 Jahren, also **1583**, beobachtete GALILEO GALILEI in der Kathedrale von Pisa angeblich die schwingenden Kronleuchter (Abb. 18.3) und bemerkte, dass die ==Schwingungsdauer unabhängig von der Schwingungsweite== ist.

e Fadenpendel

Bau dir ein einfaches Pendel aus einem dünnen Faden und einem daran hängenden Gewicht (Abb. 18.2). So etwas nennt man ein **Fadenpendel**. Führe nun folgende **3 Versuche** durch und trage alle Werte in eine Tabelle ein.

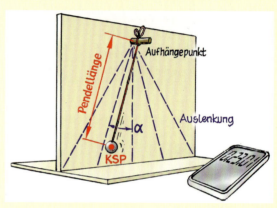

Abb. 18.2

1) Stoppe für 5 **verschiedene Pendellängen** die Zeitdauer für je 10 Schwingungen, also für **10 Hin- und Herbewegungen**. Lass die anderen Werte (Masse und Auslenkung α) gleich. Die Pendellänge misst du vom Aufhängepunkt bis zum Körperschwerpunkt (KSP) des Gewichts (siehe Abb. 18.2). Zeichne deine beobachteten Werte in ein Diagramm. Um welchen Faktor muss man die Pendellänge vergrößern, damit sich die Pendelzeit verdoppelt?
2) Stoppe die Zeitdauer für 10 Schwingungen für 5 **unterschiedliche Startwinkel** (α etwa 5 bis 90°). Verändert sich dabei die Schwingungsdauer?
3) Stoppe die Zeitdauer für 10 Schwingungen für 5 **unterschiedliche Massen**. Verändert sich dabei die Schwingungsdauer? Bedenke, dass die Pendellänge vom Aufhängepunkt bis zum KSP gemessen wird und du vielleicht die Fadenlänge beim Ändern der Gewichte ebenfalls etwas ändern musst.
Fasse nun zusammen, wovon deiner Meinung nach die Schwingugnsdauer abhängt. **Versuche nun ein Pendel zu bauen, mit dem man eine Sekunde möglichst genau messen kann.**

Er unternahm daraufhin eine Reihe von Messungen an Pendeln, um diese Beobachtung auch wissenschaftlich belegen zu können. Dabei entdeckte er, dass die ==Schwingungsdauer==

Grundlagen der Schwingungen 18

unabhängig von der Masse ist. Die mathematische Beschreibung dazu lautet folgendermaßen (zur Herleitung der Gleichung siehe → F43, S. 44):

F Formel: Schwingungsdauer eines Fadenpendels (mathematischen Pendels)

$$T = 2\pi \sqrt{\frac{l}{g}}$$

$$T \sim \sqrt{l} \text{ und } T \sim \frac{1}{\sqrt{g}}$$

T ... Dauer für eine Hin- und Herbewegung (= Schwingungsdauer) in s
l ... Pendellänge in m
g ... Erdbeschleunigung (9,81 m/s²)

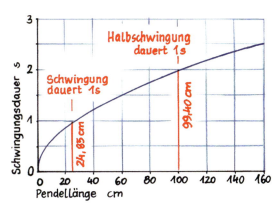

Abb. 18.4: Zusammenhang zwischen Pendellänge und Schwingungsdauer beim Fadenpendel: Vergleiche mit deinen Ergebnisse aus den Experimenten!

Die Schwingungsdauer ist also direkt proportional zur Wurzel der Pendellänge und indirekt proportional zur Wurzel der Erdbeschleunigung. Weil ein genau definiertes Verhältnis zwischen Pendellänge und Schwingungsdauer besteht, kam GALILEI auf die geniale Idee, Pendel zur **Zeitmessung** einzusetzen.

Abb. 18.3: Luster in der Kathedrale von Pisa, der GALILEI zu seinen Pendelexperimenten angeregt haben soll

Um die Zeit gut messen zu können, soll das Pendel auch möglichst im Sekundentakt schwingen. Dafür eignet sich eine Pendellänge von rund **25 cm** oder **1 m** (→ F1; Abb. 18.4). Im ersten Fall dauert die gesamte Schwingung eine Sekunde, im zweiten Fall die Halbschwingung. Du siehst an diesem Beispiel: Eine Vervierfachung der Pendellänge verdoppelt die Schwingungsdauer. Galilei hatte zwar die Idee für die Pendeluhr geboren, konnte sie aber zu Lebzeiten nicht mehr umsetzen. Erst CHRISTIAN HUYGENS (sprich „Heychens") nutzte dieses Wissen Jahrzehnte später zum Bau einer **Pendeluhr**.

→ Info: Pendeluhr

Die **Ganggenauigkeit** einer Pendeluhr hängt, neben vielen anderen Faktoren, natürlich auch von der Erdbeschleunigung ab (siehe Kap. 5.4.1, „Big Bang 5"), und dieser Einfluss ist nicht zu unterschätzen. Wenn du zum Beispiel eine Pendeluhr exakt auf **Graz** abgestimmt hast, dann geht sie in **Wien** pro Tag um 7 Sekunden zu schnell (Tab. 18.1, S. 28). An den **Polen** und am **Äquator** würde die Abweichung im Minutenbereich liegen. Am **Mond** kannst du deine Pendeluhr überhaupt vergessen: Dort dauert die Schwingung jedes Pendels 2,45-mal so lang wie auf der Erde. Schaukeln am Mond wäre daher echt langweilig (→ F2)!

i Pendeluhr

HUYGENS baute um **1660** die erste gut funktionierende Pendeluhr, die eine Abweichung von nur 10 Sekunden pro Tag hatte. Das war ein ganz **wichtiger Schritt in der Genauigkeit der Zeitmessung**, denn die bis dahin gängigen Räderuhren hatten eine tägliche Abweichung von etwa 15 Minuten (siehe Kap. 2.4, „Big Bang 5").

Das Prinzip einer Pendeluhr ist einfach. Mit einem Gewicht wird die Uhr aufgezogen. Das Absinken des Gewichts liefert die Energie für die fortlaufende Pendelbewegung. Am oberen Ende des Pendels befindet sich der so genannte Anker (Abb. 18.5 a). Er verhindert, dass das Gewicht sofort hinunterrasselt. Bei jeder Schwingung gibt der **Anker** das **Ankerrad** kurz frei (Abb. 18.5 b), und dieses kann sich um einen Zahn weiterdrehen. Dabei schubst es den Anker etwas an und gibt ihm somit immer wieder neuen Schwung. Die Uhr läuft so lange, bis das Gewicht ganz abgesunken ist.

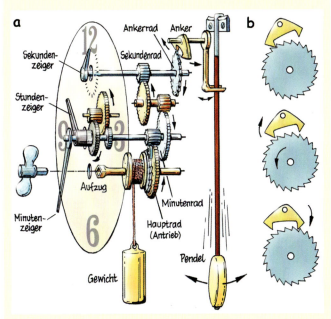

Abb. 18.5: Das Prinzip einer Pendeluhr: Das 1-m-Pendel liefert den genauen Takt, das Gewicht liefert die Energie für die fortlaufende Schwingung. Nach 60 „Zähnen" ist eine Minute vergangen, nach 3600 eine Stunde.

RG 6.1, G 6.2 Schwingungen 27

Ort	g	tägliche Abweichung
Graz	9,8070 m/s²	0 s
Wien	9,8086 m/s²	+7 s
Pol	9,832 m/s²	+110 s
Äquator	9,780 m/s²	−119 s
Mond	1,63 m/s²	−14 h 10 min

Tab. 18.1: Gangungenauigkeit in Abhängigkeit von der Erdbeschleunigung für eine Penduluhr, die auf Graz abgestimmt ist (+ bedeutet schnelleren Gang)

Der große Verdienst GALILEIs war die Erkenntnis, dass die **Pendelmasse** für die Schwingungsdauer **keine Rolle spielt**. Diese Entdeckung ist uneingeschränkt richtig! Aber in einem Punkt irrte Galilei. Er dachte nämlich, dass die Schwingungsweite keinen Einfluss auf die Schwingzeit hat. Das ist aber nicht richtig. Bei kleinen Winkeln, wie etwa bei einem leicht schwingenden Kirchenluster oder beim Pendel einer Uhr ist diese Abweichung winzig und so gut wie nicht zu bemerken (Abb. 18.6 und Tab. 18.2). Das erklärt auch, warum sie dem kritischen Blick Galileis entging. Nur bei wirklich **großen Auslenkungen** kann man eine **Abweichung feststellen**. Was hast du bei deinem Experiment herausgefunden?

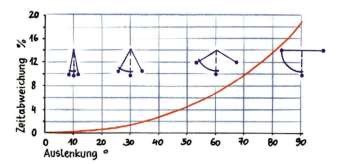

Abb. 18.6: Verlängerung der Schwingungsdauer in Abhängigkeit von der Auslenkung in %: Die Angaben beziehen sich auf ungedämpfte Schwingungen.

Auslenkung in Grad	Abweichung vom berechneten Wert in % und in Sekunden pro Minute	
5°	0,05 %	+0,03 s
10°	0,2 %	+0,1 s
23°	1 %	+0,6 s
68°	10 %	+6 s
90°	19 %	+13 s

Tab. 18.2: Detaildaten zur Abb. 18.6: Bis zu einer Auslenkung von 23° beträgt die Abweichung der Schwingungsdauer weniger als 1 %, was in einer Minute nur einen Fehler von 0,6 s verursacht. Die rechte Spalte bezieht sich auf die Ungenauigkeit pro Minute bei einer ungedämpften Schwingung.

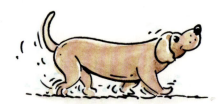

Bummeltempo

Du kannst die Schwingungsdauer **jedes beliebigen Objekts** berechnen. Du musst dazu allerdings die **Drehmasse** (I; siehe Kap. 17.2, S. 13) und den Abstand d zwischen Drehpunkt und Körperschwerpunkt (KSP) kennen. Die Gleichung für die Schwingungsdauer lautet dann folgendermaßen:

$$T = 2\pi\sqrt{\frac{I}{mgd}}$$

Für einen **punktförmigen Gegenstand** ist die Drehmasse md^2. Wenn du das oben einsetzt, dann bekommst du logischer Weise wieder die Gleichung für das mathematische Pendel. Rechne nach! Wie ist es aber, wenn die Masse nicht auf einen Punkt konzentriert ist? Nehmen wir als Beispiel einen **schwingenden Stab** (Länge = l). Dieser hat eine Drehmasse von $(ml^2)/3$ (siehe Tab. 17.1, S. 13). Der KSP eines solchen Stabs befindet sich in der Mitte. d ist daher $l/2$. Das setzen wir oben ein und bekommen:

$$T = 2\pi\sqrt{\frac{I}{mgd}} = 2\pi\sqrt{\frac{ml^2}{3mg\frac{l}{2}}} = 2\pi\sqrt{\frac{\frac{2}{3}l}{g}}$$

Ein Stab von einem Meter Länge hat also dieselbe Schwingungsdauer wie ein mathematisches Pendel mit 2/3 m Länge. Damit können wir das **Bummeltempo** abschätzen (siehe auch Kap. 5.2, „Big Bang 5"). Wenn du bummelst, dann lässt du das Bein **einfach schwingen** und spannst die Muskeln praktisch nicht an. Nehmen wir vereinfacht an, dein Bein verhält sich wie ein 1 m langer Stab. Ein Schritt ist eine halbe Schwingung, und die Schwingungsdauer beträgt daher:

$$T_{Schritt} = \pi\sqrt{\frac{\frac{2}{3}l}{g}} = \pi\sqrt{\frac{2l}{3g}} = 0,8\,s$$

Wenn du das Bein ohne Anstrengung schwingen lässt, dann dauert ein Schritt also 0,8 s. Wenn dein Schritt 0,7 m lang ist, ergibt das eine **Geschwindigkeit** von $v = s/t = 0,7\,m/0,8\,s =$ **0,88 m/s oder rund 3 km/h**.

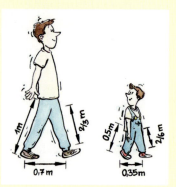

Abb. 18.7: Ein Bein mit 1 m Länge hat eine Schwingungsdauer wie ein mathematisches Pendel mit 2/3 m Länge.

Das Bein eines **kleinen Kinds** hat bei 1/2 m Länge eine Schwingungsdauer von 0,58 Sekunden. Für das Bummeltempo ergibt das 0,6 m/s rund bzw. 2,2 km/h. Rechne nach! Kleine Kinder machen daher schnellere Schritte, kommen aber trotzdem langsamer vorwärts (→ **F4**).

Es gibt aber noch eine zweite Ungenauigkeit in der Schwingungsgleichung. Beim Fadenpendel wird angenommen, dass der Faden keine Masse hat und diese auf einen einzigen Punkt am unteren Ende des Pendels konzentriert ist. Das ist eine Idealisierung, weil es ein solches Pendel in Wirklichkeit nicht geben kann. Man nennt diese idealisierten Pendel auch **mathematische Pendel**, die in der Realität vorkommenden **physikalische Pendel**.

→ **Info:** Bummeltempo

Z Zusammenfassung

Die Schwingungsdauer eines Pendels hängt im Wesentlichen von der Pendellänge und der Erdbeschleunigung ab. Weiters besteht ein kleiner, im Alltag aber vernachlässigbarer Zusammenhang mit der Schwingungsweite. Pendeluhren waren jahrhundertelang für die exakte Zeitmessung unentbehrlich.

18.2 Die Astronautenwaage
Federpendel, Frequenz und Amplitude

Das Federpendel hat nicht sehr viele alltägliche Anwendungen und auch keine kulturhistorische Bedeutung wie das Fadenpendel. Mit seiner Hilfe kann man aber einige Eigenschaften von Schwingungen einfach erklären.

F6 S2 Aufgrund der Schwerelosigkeit können Astronauten sehr leicht Muskelmasse verlieren und müssen sich zur Kontrolle bei längeren Aufenthalten im Orbit wiegen! Aber wie machen sie das ohne Schwerkraft?

F7 W1 Was versteht man unter dem Hooke'schen Gesetz und der Federkonstante k? Schau nach in Kapitel 7.4.3, „Big Bang 5"!

F8 W2 Was versteht man unter dem Treibhauseffekt? Und was könnte dieser Effekt mit einer schwingenden Feder zu tun haben?

F9 E2 Wenn du mit der Hand auf einen Lautsprecher greifst, dann kannst du die Musik sogar spüren. Versuche den Unterschied zwischen leiser und lauter Musik auf diese Weise zu beschreiben.

F10 E2 Das Summgeräusch von Gelsen empfindest du als unangenehm – vor allem in der Nacht, wenn du schlafen willst! Hummeln oder Bienen brummen gemütlich. Woher kommt dieser Höhenunterschied?

F11 W2 Zum Stimmen eines Instruments verwendet man meistens eine Stimmgabel mit 440 Hertz. Was bedeutet diese Angabe?

F12 W1 Welche Sinnesorgane des Menschen können Schwingungen sehr genau messen?

→ **Experiment:** Federpendel

Zwischen **Kraft** und **Dehnung** bei einer Schraubenfeder besteht ein proportionaler Zusammenhang. Was heißt das? Doppelte Kraft → doppelte Dehnung, dreifache Kraft → dreifache Dehnung und so weiter. Diesen wichtigen Zusammenhang beschreibt das **Hooke'sche Gesetz** (siehe Kap. 7.4.3, „Big Bang 5"). Wie leicht oder schwer sich eine Feder dehnen lässt, zeigt die Federkonstante k. Sie gibt an, wie viele Newton notwendig sind, um die Feder um einen Meter zu dehnen. Je größer k, desto härter ist also die Feder.

In deinen Versuchen wirst du bemerkt haben, dass die Federschwingung umso **langsamer** erfolgt, **je größer die Masse** ist. Bei der vierfachen Masse schwingt die Feder doppelt so lange. Es muss als eine Wurzel im Spiel sein. „**Weiche**" Federn (also solche mit kleinem k) **schwingen langsamer** als „**harte**". Bei Federpendeln hat die Auslenkung keinerlei Effekt auf die Schwingungsdauer (außer du ziehst so stark an, dass du statt der Feder nur mehr ein Stück Draht in der Hand hast). Mathematisch lässt sich die Schwingungsdauer so ausdrücken (zur Herleitung der Gleichung siehe → **F13** am Ende des Kapitels):

e Federpendel

Nimm eine harte und eine weiche Feder, ein Stativ und einige Massenstücke und überprüfe dann Folgendes:

1) Wie hängen **Schwingungsdauer und Masse** zusammen? Zähl dazu jeweils 10 volle Schwingungen. Wie muss die Masse verändert werden, damit sich die Schwingungsdauer verdoppelt?

2) Welche Feder schwingt schneller: Die **harte** oder die **weiche**? Gib vorher einen Tipp ab! Welche dieser Federn hat die größere Federkonstante?

3) Überprüfe, ob die **Schwingungsdauer** wie beim Fadenpendel von der **Auslenkung** abhängt.

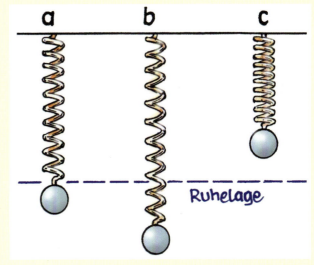

Abb. 18.8: Lenke die Feder aus der Ruhelage aus und stoppe dann die Schwingungsdauer.

> **F** Formel: Schwingungsdauer eines Federpendels
>
> $T = 2\pi\sqrt{\dfrac{m}{k}}$
>
> T ... Schwingungsdauer in s
> m ... Masse an der Feder in kg
> k ... Federkonstante in N/m

→ **Info:** Massenbestimmung im All-Tag
→ **Info:** Federmoleküle

Massenbestimmung im All-Tag

Hier eine Anwendung eines Federpendels, die gewissermaßen aus dem All-Tag stammt. Wie kann die Astronautin in Abb. 18.9 ihre **Masse ohne die Schwerkraft bestimmen?** Mit Hilfe einer Federschwingung (→ F6)! Die Astronautin sitzt dazu in einem Sessel, der sich zwischen zwei Schraubenfedern befindet (Abb. 18.10).

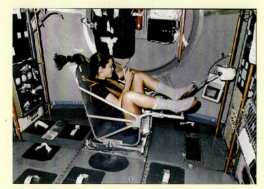

Abb. 18.9: Vorrichtung zum Messen der Masse in Schwerelosigkeit: Die Federn befinden sich unter dem Sessel und sind nicht zu sehen.

Abb. 18.10: Modell des schwingenden Sessels: Dieser befindet sich zwischen zwei Schraubenfedern.

Weil in diesem Fall zwei Schraubenfedern beteiligt sind, muss auch k mit dem Faktor 2 multipliziert werden, und die Gleichung lautet daher:

$T = 2\pi\sqrt{\dfrac{m_{Astronautin} + m_{Sessel}}{2k}}$

Wenn man nach $m_{Astronautin}$ auflöst, bekommt man:

$m_{Astronautin} = \dfrac{2kT^2}{4\pi^2} - m_{Sessel}$

Beispiel: Die Federkonstanten sind jeweils 300 N/m und die Masse des leeren Sessels ist 12 kg. Wenn die Astronautin am Sessel eine Schwingungsdauer von 2 Sekunden hat, beträgt ihre Masse knapp 49 kg. Rechne nach!

Federmoleküle

Alles schwingt! Zum Beispiel schwingen die Atome in Molekülen ganz ähnlich wie mit **Federn verbundene Kugeln** (Abb. 18.11). Natürlich sind sie nicht mit einer Feder verbunden, sondern durch elektrische Kräfte. Bei 2-atomigen Molekülen lässt sich die Schwingungsdauer sogar mit der Gleichung des Federpendels berechnen. k gibt in diesem Fall allerdings die Stärke der elektrischen Bindung an. Mehratomige Moleküle schwingen komplizierter.

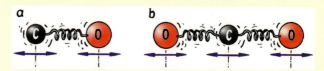

Abb. 18.11: Federmodell für Molekülschwingungen bei CO und CO_2

Was hat das aber mit dem **Treibhauseffekt** zu tun (→ F8)? Das sichtbare Licht der Sonne kann die Atmosphäre ungehindert durchdringen (Abb. 18.12 a). Es regt also deren Atome nicht zum Schwingen an. Wenn es auf die Erde trifft, entsteht teilweise **Infrarotstrahlung** (b). Diese Strahlung wird vom CO_2 in der Atmosphäre absorbiert (c), also geschluckt. Dabei werden die Moleküle wie in Abb. 18.11b zu Schwingungen angeregt. Das schwingende Molekül sendet die Infrarotstrahlung nun aber in alle Richtungen aus, auch zurück zur Erde, und das führt zur Erwärmung.

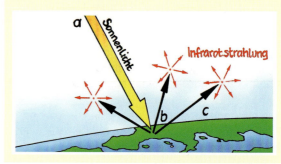

Abb. 18.12

Die Gleichung links oben stellt einen Zusammenhang zwischen Schwingungsdauer, Masse und Federkonstante her. Die Gleichung sagt dir, wie lang die Schwingung dauert. Sie sagt dir aber nicht, wo sich die Masse zu einem bestimmten Zeitpunkt befindet. Dazu brauchst du ein **Zeit-Weg-Diagramm** (siehe Kap. 5.3, „Big Bang 5"). Ein solches Diagramm kann man von jeder beliebigen Schwingung erstellen. Das Prinzip lässt sich aber bei einer Schraubenfeder besonders leicht erklären.

Abb. 18.13

Grundlagen der Schwingungen 18

Stell dir dazu vor, dass sich neben der Feder ein Papierstreifen bewegt, auf dem die Schwingung mit einem Stift aufgezeichnet wird (Abb. 18.14 und 18.15). Am Papier hast du dann ein Diagramm von der **zeitlichen Veränderung** der Auslenkung. Wir sehen uns das qualitativ an.

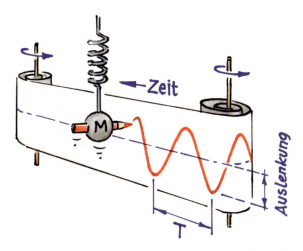

Abb. 18.14: Die Schwingung des Federpendels wird auf das vorbeigezogene Papier aufgezeichnet.

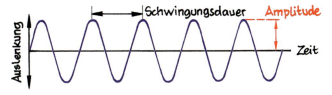

Abb. 18.15: So sieht das Diagramm aus, das die schwingende Masse in Abb. 18.13 erzeugt. Es ist ein Weg-Zeit-Diagramm.

An Hand dieses Diagramms kannst du zwei wichtige Merkmale jeder Schwingung erkennen. Da ist zunächst einmal die **Amplitude**. Sie gibt die maximale Auslenkung aus der Ruhelage an. Das zweite Merkmal ist die dir schon bekannte **Schwingungsdauer**. Sie wird für eine ganze Hin- und Herbewegung gemessen, also zum Beispiel von Berg zu Berg. Vor allem bei sehr schnellen Schwingungen ist es aber praktischer, die **Frequenz** anzugeben. Darunter versteht man die Anzahl der Schwingungen pro Sekunde. Sie ist somit der Kehrwert der Schwingungsdauer. Sie hat die Einheit 1/s. Man hat ihr aber zusätzlich zu Ehren des Physikers HEINRICH HERTZ (1857–1894) die **Einheit Hertz** (Hz) gegeben.

F Frequenz

$$f = \frac{1}{T}$$

f … Frequenz in s^{-1} bzw. Hz (Hertz)
T … Schwingungsdauer in s

Was bedeuten diese beiden Merkmale im Alltag? Nehmen wir dazu die zwei wichtigsten Sinnesorgane, die Schwingungen sehr gut messen können: Augen und Ohren (→ F12)! Beim **Schall** bedeutet eine größere Amplitude einen **lauteren Ton** (Abb. 18.16 a).

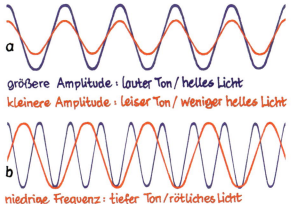

größere Amplitude: lauter Ton / helles Licht
kleinere Amplitude: leiser Ton / weniger helles Licht

niedrige Frequenz: tiefer Ton / rötliches Licht
hohe Frequenz: höher Ton / bläuliches Licht

Abb. 18.16: a) Unterschiedliche Amplitude bei Schall und Licht
b) Unterschiedliche Frequenz bei Schall und Licht

Bei lauter Musik schwingt die Membran des Lautsprechers stärker. Das kannst du sogar mit der Hand direkt am Lautsprecher spüren (→ F9). In der Haut befinden sich Rezeptoren, die mechanische Schwingungen wahrnehmen können. Bei einer **elektromagnetischen Schwingung** wie dem Licht bedeutet eine größere Amplitude **mehr Helligkeit**.

Einen **Ton** mit einer **höheren Frequenz** nimmst du auch höher wahr (Abb. 18.16 b). Die Höhe eines Tons gibt dir sofort Rückschluss, wie schnell die Tonquelle schwingt. Hummeln schlagen zum Beispiel rund 200-mal pro Sekunde mit den Flügeln und erzeugen ein tiefes Brummen (Abb. 18.17). Gelsen machen 400 oder mehr Flügelschläge pro Sekunde (→ F10). Das ergibt das dir bekannte unangenehme, hohe Geräusch. Eine Stimmgabel mit 440 Hz schwingt 440-mal in der Sekunde (→ F11). Beim **Licht** ergibt eine **niedrige Frequenz rotes** Licht, eine **hohe blaues**. Die Frequenz kann so hoch (Ultraschall bzw. Ultraviolett) oder so tief werden (Infraschall bzw. Infrarot), dass du sie nicht mehr mit deinen Sinnesorganen wahrnehmen kannst.

Abb. 18.17: Hummeln erzeugen ein tiefes Brummen, Gelsen ein nerviges hohes Surren.

Z Zusammenfassung

Die Schwingungsdauer eines Federpendels hängt nur von der Federhärte und der schwingenden Masse ab. Die beiden wichtigsten Eigenschaften einer Schwingung sind die Schwingungsdauer bzw. Frequenz und die Amplitude.

RG 6.1, G 6.2 Schwingungen 31

18.3 Alice und das Kaninchenloch 2
Die harmonische Schwingung

Die Königin der Schwingungen ist die harmonische. Das hat zwei Gründe: Erstens kann man mit ihrer Hilfe viele Probleme aus dem Bereich der Mechanik, aber auch aus anderen Bereichen wie etwa der Optik lösen. Zweitens kann man fast jede beliebige Schwingung aus harmonischen Schwingungen zusammensetzen.

F13 Welches der gleichen Federpendel schwingt schneller
E2 in die Ausgangslage zurück, wenn du es auslässt: a, b oder c? Welches der Fadenpendel (rechts) schwingt schneller in die Ausgangslage zurück, wenn du es auslässt: a, b oder c?

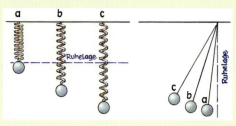

Abb. 18.18

F14 Warum ändert sich die Tonhöhe von Instrumenten
W1 nicht, wenn man lauter oder leiser spielt? → L

F15 Was versteht man unter dem Bogenmaß? Lies nach in
W1 Kap. 17.1, S. 11!

F16 Wenn ein Kaninchen in ein Loch fällt, das vom
S2 Nordpol der Erde zum Südpol führt, dann schwingt es zwischen den Polen hin und her (siehe Kap. 10.3, „Big Bang 5"). Wie lange braucht es für eine Schwingung? Was denkst du? Welche Geschwindigkeit erreicht es in der Mitte? Und wenn gleichzeitig ein Satellit am Nordpol startet, wer ist dann schneller am Südpol?

Abb. 18.19: Wer ist schneller am Südpol: Der Satellit oder das Kaninchen?

F17 Du siehst in der Dunkelheit von vorne einen Radfahrer,
E1 der von einem Autoscheinwerfer beleuchtet wird. Welche Bewegungen führen die beleuchteten Pedale scheinbar aus? Wie könnte man sie beschreiben?

Beim Federpendel hängt die Schwingungsdauer nicht von der Amplitude ab (Kap. 18.2, S. 29). Beim Fadenpendel gilt das auch, aber nur für kleine Auslenkungen (Kap. 18.1, S. 26). Was ist daher die Antwort auf → **F13**? Es ist egal, von welcher Position die Pendel starten, sie brauchen exakt gleich lang, bis sie durch die Ruhelage schwingen. Man könnte → **F13** auch so formulieren: Hängt die Schwingungsdauer von der Amplitude ab? Nein! Das siehst du in Abb. 18.20!

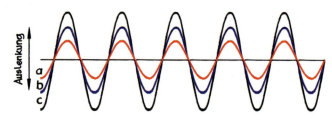

Abb. 18.20: Die Amplitude und somit auch die Startposition haben keinen Einfluss auf die Schwingungsdauer. Daher braucht auch das Pendel aus den Positionen a bis c gleich lang, um die Ruhelage zu erreichen (→ **F13**).

Aber warum ist die Schwingungsdauer nicht von der Amplitude abhängig? Sehen wir uns das Federpendel an. Die Kraft, die auf das Pendel wirkt, ist proportional zur Auslenkung (Abb. 18.21). Es gilt also das **Hooke'sche Gesetz**. Je weiter du das Pendel auslenkst, desto größer wird auch die Federkraft und desto stärker wird das Pendel zur Ruhelage hin beschleunigt. Das gleicht sich immer genau aus, und deshalb dauert das Zurückschwingen in jedem Fall gleich lange. Auch bei einem Fadenpendel gilt bei kleinen Schwingungsweiten das Hooke'sche Gesetz.

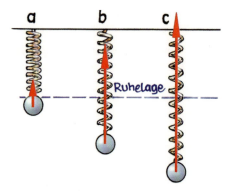

Abb. 18.21: Erklärung für das Zustandekommen der Kurven in Abb. 18.20: Je weiter das Federpendel ausgelenkt wird, desto stärker wird die zurücktreibende Kraft.

Immer dann, wenn die zurücktreibende Kraft proportional zur Auslenkung ist (wenn also das Hooke'sche Gesetz angewendet werden kann), führt ein Pendel eine ganz besondere Schwingung aus, nämlich eine ==harmonische Schwingung. Diese erzeugt im Weg-Zeit-Diagramm immer eine Sinuskurve.==

→ **Info:** Sinusschwingung

Vielleicht ist dir aufgefallen, dass bei allen Schwingungsgleichungen der Faktor 2π auftritt. Dieser lässt sich durch die enge Verwandtschaft zwischen der Kreisbahn und der harmonischen Schwingung erklären.

→ **Info:** Harmonischer Kaninchenflug

Grundlagen der Schwingungen 18

i Sinusschwingung

Machen wir einen kurzen Sinus-Crashkurs:
Wir nehmen dazu einen Kreis mit dem Radius 1 (= **Einheitskreis**). Zeichne nun einen beliebigen Winkel zwischen 0 und $\pi/2$ (= 90°) ein (grüne Linie in Abb. 18.22). Der Sinus dieses Winkels gibt dir dann die Länge der roten Linie an, also des Lots an dieser Stelle. Bei einem Winkel von $\pi/2$ ist die rote Linie so lang wie der Radius. Also ist der **Sinus von $\pi/2$ gleich 1**. Bei einem Winkel von null wird auch die Länge der roten Linie null. Also ist der **Sinus von 0 gleich 0**. Rechne mit dem Taschenrechner nach – du musst ihn dazu auf Radianten einstellen!

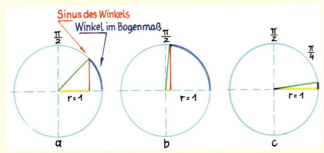

Abb. 18.22: Bei einem Winkel von $\pi/2$ wird der Sinus 1 und bei einem Winkel von null wird der Sinus ebenfalls null. Zur besseren Übersicht ist der Winkel etwas kleiner als $\pi/2$ (b) bzw. etwas größer als null (c) eingezeichnet.

Mathematisch lässt sich die harmonische Schwingung folgendermaßen beschreiben (es wurde dabei angenommen, dass das Pendel zur Zeit null in der Ruhelage ist):

$$y(t) = A \cdot \sin\left(2\pi \frac{t}{T}\right) = A \cdot \sin(2\pi \cdot f \cdot t) = A \cdot \sin(\omega \cdot t)$$

***A* ist die Amplitude, *T* die Schwingungsdauer, *f* = 1/*T* die Frequenz und *ω* die Winkelgeschwindigkeit** (siehe Kap. 17.1, S. 11). Mit dieser Gleichung kannst du ausrechnen, wo sich zu einem **beliebigen Zeitpunkt *t* das schwingende Pendel befindet**, wie groß also seine aktuelle Auslenkung ist. Nehmen wir als Beispiel für die Amplitude 1 m und für die Schwingungsdauer a) eine bzw. b) zwei Sekunden. Das Weg-Zeit-Diagramm dieser beiden Schwingungen sieht dann wie in Abb. 18.23 aus. Versuche dieses Diagramm mit einer Tabellenkalkulation nachzumachen.

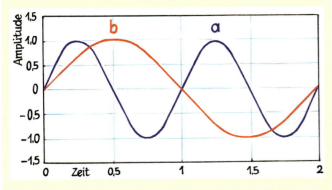

Abb. 18.23: Gleiche Amplitude, verschiedene Schwingungsdauern

i Harmonischer Kaninchenflug

Ein Kaninchen, das in ein Loch zwischen den Polen fällt, führt eine harmonische Schwingung aus! Warum? Weil innerhalb der Erde die Gravitation linear abfällt (Abb. 18.24). Im Erdmittelpunkt ist sie null, weil man dort von allen Seiten gleich stark angezogen wird. Also gilt auch hier das Hooke'sche Gesetz, und das Kaninchen pendelt harmonisch wie an einer Spiralfeder.

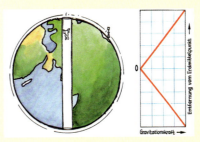

Abb. 18.24: Innerhalb der Erde fällt die Gravitationskraft linear ab. Für das Kaninchen gelten daher dieselben Voraussetzungen wie für ein Federpendel.

Wie lange braucht das Kaninchen bis zum anderen Pol (→ **F16**)? Wenn das Kaninchen und ein Satellit zur selben Zeit am Nordpol starten, dann befinden sie sich immer auf derselben Höhe (Abb. 18.25). Das bedeutet, dass das Kaninchen in der Erdmitte mit 7,9 km/s seine höchste Geschwindigkeit erreicht und für eine volle Schwingung 84 Minuten benötigt, also genau so lange, wie der Satellit für eine volle Umrundung. An der Abbildung kannst du sehr schön sehen, **dass eine harmonische Schwingung** (wie die des Kaninchens) **auf die Projektion einer Kreisbahn zurückgeführt werden kann**. Daher erklärt sich auch der Faktor 2π in den Schwingungsgleichungen.

Abb. 18.25: Satellit und Kaninchen befinden sich immer auf derselben geografischen Breite.

Wenn du in der Nacht einen von Autoscheinwerfern beleuchteten Radfahrer von vorne oder von hinten betrachtest, dann siehst du die Pedalbahn in der Projektion (→ **F17**; Abb. 18.26). Die Pedale beschreiben dann scheinbar eine harmonische Schwingung, die der Bewegung eines Federpendels entspricht. **Eine ganze Umdrehung entspricht einer ganzen Schwingungsperiode**.

Abb. 18.26: Die Projektion einer Kreisbahn (a) ergibt eine 1-dimensionale Auf- und Abbewegung (b), die einer harmonischen Schwingung entspricht (siehe auch Abb. 18.24). Die Bewegung der Pedale (b) und des Pendels (c) sind daher identisch.

Z Zusammenfassung

Wenn bei einem beliebigen schwingenden Gegenstand die Rückstellkraft proportional zur Auslenkung ist, dann schwingt dieser harmonisch. Das Weg-Zeit-Diagramm ergibt dann eine Sinuskurve. Eine harmonische Schwingung lässt sich auch als Projektion einer Kreisbewegung auffassen.

18.4 Schwabbelnde Brücken
Gedämpfte Schwingungen

Bei jeder realen Schwingung treten Reibungskräfte auf, die mit der Zeit die Amplitude verringern. Man spricht dann von einer gedämpften Schwingung. Oft sind diese Dämpfungen unerwünscht, manchmal aber durchaus erwünscht.

F18 In der Abbildung siehst du die Vorderachse eines
W1 Autos. Du siehst zwei sehr dicke Spiralfedern. Wie nennt man diese Teile und welche Aufgabe haben sie?

Abb. 18.27

F19 Überlege dir möglichst viele Beispiele, bei denen die
S2 Dämpfung einer Schwingung von Vorteil oder aber auch von Nachteil ist (siehe dazu auch Abb. 18.28). → L

Abb. 18.28

F20 Nimm zwei Fadenpendel: ein normales und eines mit
E2 einem Stück Karton am Ende. Welches pendelt schneller aus und warum? Versuche in deiner Erklärung das Wort Dämpfung zu verwenden. Was passiert mit der kinetischen Energie?

Bis jetzt haben wir die Reibung außer Acht gelassen. Ohne diese schwingt ein angeschubstes Pendel ewig dahin. Durch die Reibung wandelt sich nun aber pausenlos Bewegungsenergie in für uns **wertlose Wärme** um (siehe auch Kap. 7.4.2, „Big Bang 5"). Wenn man diese Energie nicht laufend ersetzt, dann nimmt die Amplitude der Schwingung mit der Zeit ab (Abb. 18.29). Man spricht dann von einer **gedämpften Schwingung**. Je stärker die Dämpfung, desto mehr Bewegungsenergie wird pro Zeit in Wärme umgewandelt (→ F20). Im Extremfall kann man dann gar nicht mehr von einer Schwingung sprechen, weil das Pendel niemals die Ruhelage überquert (Abb. 18.29 d). Das ist dann ungefähr so, als ob du ein Pendel in Honig „schwingen" lässt.

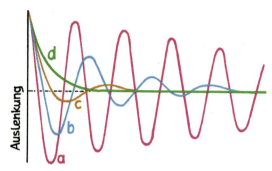

Abb. 18.29: Vier Schwingungen mit unterschiedlich starker Dämpfung (siehe auch Abb. 18.36, S. 36). Bei der stärksten Dämpfung (d) schwingt das Objekt gar nicht durch die Nulllage.

Abb. 18.30: Schematische Darstellung schlechter (a) und guter Stoßdämpfer (b). Es ist die Bahn eines Punktes der Karosserie eingezeichnet.

Die Federn in Abb. 18.27 sollen die Räder möglichst gut auf der Straße halten, indem sie Bodenschläge abfangen. Diese Federn alleine genügen aber nicht für eine sichere Fahrt, denn nach jeder Bodenwelle würde das Auto noch viele Mal hin- und herschwingen (Abb. 18.30 a). **Die Federn sind also keine Stoßdämpfer**, obwohl das viele Leute vermuten (→ F18). Diese liegen innerhalb der Federn (Abb. 18.31).

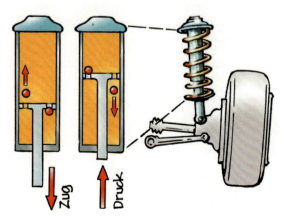

Abb. 18.31: Die Dämpfung für Zug und Druck kann unterschiedlich sein, wenn das Öl jeweils durch ein anderes Ventil strömt. Den Stoßdämpfer und die Feder zusammen nennt man ein **Federbein** (rechts).

Grundlagen der Schwingungen 18

Stoßdämpfer bestehen im Prinzip aus **mit Öl gefüllten Zylindern,** in denen sich bei Zug oder Druck ein Kolben bewegt. Dadurch wird das Öl durch Ventile von einer in eine andere Kammer gedrückt. Es entsteht Wärme, und die Schwingung wird gedämpft. Deshalb ist die Bezeichnung Stoßdämpfer nicht gelungen, es wäre besser von **Schwingungsdämpfern** zu sprechen. Diese Dämpfung ist wichtig, um die Fahrsicherheit zu gewährleisten. Schaukelt das Auto zu sehr (siehe Abb. 18.30a), verlängert sich der Bremsweg und das Kurvenverhalten wird schwammig.

Abb. 18.32: Die Millenium-Brücke in London

Auch in der Architektur spielt die Schwingungsdämpfung eine Rolle. Die **Millenium-Brücke** in **London** musste im Jahr 2000 kurz nach ihrer Einweihung gleich wieder geschlossen werden. Der Grund: Tausende schaulustige Fußgänger versetzten die Brücke in ungewollte Schwingungen. Später wurden unter der Brücke Schwingungsdämpfer eingebaut, die diese Schwingungen fast auf Null reduzierten – die Brücke war allerdings 1½ Jahre gesperrt.

Einer der höchsten **Wolkenkratzer** der Welt in **Taipeh** (508 m) hat in seiner Spitze ein gedämpftes 600-Tonnen-Pendel (Abb. 18.33), das starke Gebäudeschwingungen durch Erdbeben verhindern soll.

→ Info: Schwingkreis

 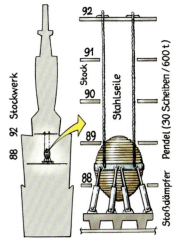

Abb. 18.33: Der „Taipeh 101" war mit 508 m einmal das höchste Gebäude der Welt. Zwischen dem 88. und 92. Stock befindet sich ein gedämpftes Pendel.

Schwingkreis

Mit einem so genannten Schwingkreis kann man **elektromagnetische Schwingungen** erzeugen (siehe Abb. 19.7, S. 47). Mit Hilfe dieser Schwingungen funktioniert zum Beispiel die Informationsübertragung bei Handy, W-LAN, Radio oder Fernsehen. Ein Schwingkreis besteht im Prinzip nur aus einer Spule (Kap. 26.3, S. 108) und einem Kondensator (Kap. 25.6, S. 102). Die Stromstärke in diesem Stromkreis schwingt harmonisch. Ein Schwingkreis ist somit das **elektromagnetische Gegenstück zur mechanischen Schwingung einer Feder** (Abb. 18.34).

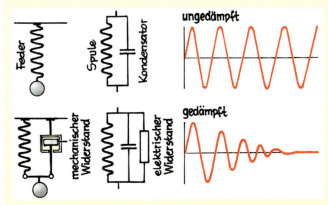

Abb. 18.34: Gegenüberstellung zwischen **mechanischer** und **elektromagnetischer Schwingung**: oben der ideale Fall einer Schwingung ohne Wärmeverluste, unten der reale Fall mit Wärmeverlusten

Eine ungedämpfte Schwingung gibt es in der Realität aber nicht. Genauso wie die Schwingungsamplitude eines Federpendels mit der Zeit abnimmt, nimmt auch die **Stromstärke im Schwingkreis mit der Zeit ab**. Für die Wärmeerzeugung ist hier der elektrische Widerstand (auch Ohm'scher Widerstand genannt; siehe Kap. 23.4, S. 85) verantwortlich.

Zusammenfassung

Unter Schwingungsdämpfung versteht man, dass ein Teil der Schwingungsenergie in Wärme umgewandelt wird. Dadurch verkleinert sich die Schwingungsamplitude. Dieses Prinzip gilt allgemein, egal ob es sich um ein Auto, eine Brücke oder einen elektrischen Schwingkreis handelt.

18.5 Ein schlechter Platz zum Parken
Angeregte Schwingungen und Resonanz

Jede im Alltag vorkommende Schwingung ist gedämpft. Damit man die Amplitude gleich groß halten kann, muss man Energie zuführen. Man spricht dann von einer angeregten Schwingung. Trifft man eine ganz bestimmte Frequenz, dann kommen Objekte besonders stark ins Schwingen. Man spricht dann von der Resonanzfrequenz.

→ **Fragebox**
→ **Experiment:** Federpendel 2

---

e Federpendel 2

Nimm ein Federpendel und bring es in Schwingung, indem du mit der Hand das obere Ende der Feder auf und ab bewegst. Probiere verschiedene Frequenzen aus. Kannst du einen Zusammenhang zwischen der Anregungsfrequenz und der Amplitude feststellen?

Abb. 18.35

Eine schwere Glocke kannst du dann alleine in Schwung versetzen, wenn du den richtigen Rhythmus triffst (→ F21). Es ist wie bei einer Schaukel, du musst immer an einem Umkehrpunkt einen kleinen Schubs geben. Wenn man einer Schwingung Energie zuführt, dann nennt man das eine **angeregte Schwingung**. Du musst den Rhythmus des Schwunggebens an den natürlichen Rhythmus der Glocke oder der Schaukel anpassen. ==In der Physik nennt man den natürlichen Schwingungsrhythmus eines Gegenstandes die Eigenfrequenz oder Resonanzfrequenz.== Für die natürliche Frequenz von Feder- und Fadenpendeln hast du schon einige Gleichungen kennen gelernt.

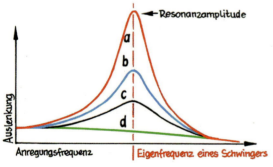

Abb. 18.36: Zusammenhang zwischen Anregungsfrequenz und Amplitude der Schwingung bei verschieden starken Dämpfungen (a = schwache Dämpfung, d = starke Dämpfung; siehe auch Abb. 18.29, S. 34).

Was passiert, wenn man nicht genau in der richtigen Frequenz Schwung gibt? Dann kann man das Objekt zwar auch zum Schwingen bringen, aber die **Amplitude wird nicht so groß** (Abb. 18.36). Je genauer man die Resonanzfrequenz trifft, desto größer wird die maximale Auslenkung.

F21 Ein einziger Mensch kann eine riesengroße Glocke
E1 zum Schwingen bringen. Wie muss er das machen?

F22 Wenn man mit dem Auto im Schnee festsitzt, dann
E2 hilft es manchmal, in einem ganz bestimmten Rhythmus Gas zu geben. Welcher ist das? → L

F23 Wenn du einen Teller Suppe oder eine volle Tasse
S2 trägst, dann kann es passieren, dass die Flüssigkeit immer stärker schaukelt, bis sie schließlich überschwappt. Warum ist das so?

F24 Wie du unten siehst, ist die Bay of Fundy in Kanada
E2 ein wirklich schlechter Platz zum Parken. Der Unterschied zwischen Ebbe und Flut macht dort an bestimmten Tagen bis zu 17 m aus! Wie kommt es aber, dass gerade dort die Flut so hoch ist?

Abb. 18.37: Die Bay of Fundy ist an manchen Tagen ein sehr schlechter Platz zum Parken.

F25 Wenn du über eine Flasche bläst, dann kannst du nur
E1 ganz bestimmte Töne erzeugen, die von der Flaschengröße und der Flüssigkeitsmenge abhängen. Warum kannst du nicht beliebige Töne erzeugen? Und warum hängt die Tonhöhe von der Flüssigkeitsmenge ab?

F26 Kann es einen physikalischen Grund dafür geben,
W2 warum angeblich so viele Leute in der Badewanne singen?

F27 Warum kann man eigentlich in einer Muschel das
W2 Rauschen des Meeres hören? Stimmt es, dass man dabei sein eigenes Trommelfell hören kann? → L

F28 Wolkenkratzer sind bei Erdbeben
S2 sehr stark gefährdet! Stimmt das?

F29 Der „Specht an der Stange" ist ein
E2 uraltes Kinderspielzeug! Aber wie funktioniert es eigentlich? → L

Abb. 18.38

F30 Wenn jemand mit dem Mikrofon in die Nähe
E2 der Lautsprecherbox kommt, dann ergibt das ein sehr unangenehmes Geräusch. Was passiert dabei?

F31 Kann man tatsächlich Gläser „zersingen", und wenn ja,
S2 wie funktioniert das?

Grundlagen der Schwingungen 18

Die praktische Umsetzung dieses Sachverhaltes ist der **Stoßdämpfertest**. Dabei wird das Auto auf eine Vorrichtung gestellt, mit der man Schwingungen erzeugen kann (Abb. 18.39). Dann wird das Auto bei verschiedenen Frequenzen zum Schwingen gebracht und die Amplitude gemessen. Selbst bei der Resonanzfrequenz darf das Auto nicht allzu stark schwingen. Sonst sind die Stoßdämpfer im Eimer und müssen gewechselt werden (Abb. 18.40).

Abb. 18.39: Jeder Stoßdämpfer kann auf dieser Vorrichtung einzeln getestet werden.

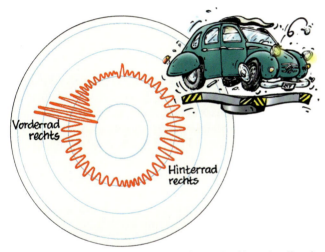

Abb. 18.40: Prüfdiagramm für Stoßdämpfer: Rechts hinten ist alles ok, der rechte vordere Stoßdämpfer schwingt aber bei der Resonanzfrequenz zu stark und muss daher ausgetauscht werden.

Auch **Flüssigkeiten** und **Gase** können schwingen und somit auch in **Resonanz** kommen. Die Luftsäule in einer Flasche hat zum Beispiel eine ganz bestimmte Eigenfrequenz, die von ihrer Länge abhängt. Leer erzeugt die Flasche den tiefsten Ton. Wenn du über die Flasche bläst, dann erzeugst du alle möglichen Frequenzen, aber die Eigenfrequenz der Flasche wird am meisten verstärkt. Deshalb hat man immer den Eindruck einer bestimmten Tonhöhe (→ **F25**; siehe auch Abb. 19.29, S. 54).

Für das freudvolle Singen in der Badewanne gibt es zwei Gründe: **Reflexion** und **Resonanz** (→ **F26**). Erstens wird der Schall zwischen den nahen Wänden viele Male reflektiert und verpufft nicht sofort wie in einem großen Raum. Dazu kommt noch der Resonanzeffekt der schwingenden Luft, der die Stimme verstärkt, ähnlich wie bei der Flasche.

→ **Info:** Gezeitenweltrekord
→ **Info:** Blick in den Körper | -> S. 38

Um eine Schwingung am Schwingen zu halten, brauchst du eine **Energiequelle**. Manchmal sind diese Energiequelle und das schwingende Objekt direkt miteinander verbunden. Die Schwingung steuert sich dann praktisch von selbst.

i Gezeitenweltrekord

Auch eine **Flüssigkeit** kann schwingen und hat daher eine bestimmte Resonanzfrequenz. Wenn deine Schrittfrequenz gerade zufällig diese Resonanzfrequenz trifft, dann kann sich die Wasseroberfläche **aufschaukeln** und die Suppe oder der Kaffee schwappen über (→ **F23**). Du kannst das durch Ändern deiner Schrittfrequenz verhindern. **Die Resonanzfrequenz** einer Flüssigkeit **hängt vom „Behälter" ab**. Das kann ein Teller sein, aber auch eine ganze Bucht. Je kleiner dieser „Behälter" ist, desto größer ist die Resonanzfrequenz.

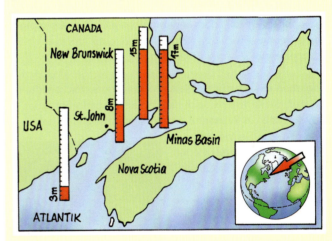

Abb. 18.41: Maximaler Unterschied zwischen Ebbe und Flut an verschiedenen Stellen in der Bay of Fundy

Der Unterschied zwischen Ebbe und Flut am freien Ozean beträgt nur etwa einen halben Meter. In der **Bay of Fundy** in Kanada kann der Unterschied an manchen Tagen aber 17 Meter betragen. Das ist Weltrekord! Der Grund dafür ist, dass sich die Bucht zum Ozean wie ein Teller zur Suppe verhält. Weil die Bucht so groß ist, beträgt die natürliche Schwingungsperiode 13 Stunden. Das entspricht aber beinahe der Zeit zwischen zwei Fluten (12,5 Stunden). Die hohe Flut ist also auf ein **Resonanzphänomen** zurückzuführen (→ **F24**).

Das nennt man in der Technik eine **Rückkopplung**. Das älteste Beispiele für eine Rückkopplung ist die Pendeluhr (siehe Abb. 18.5, S. 27). Das Pendel und der Anker steuern dabei selbst die Energiezufuhr und diese erfolgt zwangsläufig im richtigen Rhythmus. Dadurch erhält man eine ungedämpfte Schwingung – zumindest bis zum nächsten Aufziehen. Auch alle Streichinstrumente und die Autohupe funktionieren nach dem Prinzip der Rückkopplung.

→ **Info:** Tüüüt

Aus dem Alltag ist dir auch eine unangenehme Form der Rückkopplung bekannt: das Pfeifen, das entsteht, wenn man mit dem **Mikro** zu nahe an den **Lautsprecher** kommt (→ **F30**).

Blick in den Körper

Die **Magnetresonanztomographie (MRT)** ist eine diagnostische Technik zur Darstellung der inneren Organe und Gewebe und wird seit Mitte der 1980er angewandt. Die exakte Funktionsweise kann man nur mit Hilfe der Quantenmechanik verstehen, deshalb wird hier nur das grundlegende Prinzip vorgestellt.

Bei der MRT nutzt man die Tatsache aus, dass Protonen und somit auch der gesamte Atomkern einen Eigendrehimpuls (Spin) besitzen – deshalb sagt man zur MRT auch **Kernspintomographie**. Durch den Kernspin wirkt jeder Atomkern, salopp gesagt, wie ein kleiner Magnet.

Legt man ein künstliches, sehr starkes Magnetfeld an, dann können die Kernspins beim Bestrahlen mit elektromagnetischen Wellen in **Resonanz** geraten und absorbieren dabei diese Wellen. Bei welcher Frequenz das passiert, hängt vom Element und somit von der Gewebsart ab. Ähnlich wie beim Schichtröntgen kann man so die **Art des Gewebes** im Körper Schicht für Schicht erkennen und somit virtuelle Schnitte durch den Körper machen (Abb. 18.42). Das Verfahren ist so wichtig, dass schon vier Nobelpreise dafür vergeben wurden. Es darf aber nicht mit dem PET-Scanner verwechselt werden.

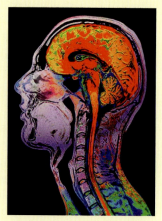

Abb. 18.42: Ein Falschfarbenbild mit Hilfe einer MRT

Auch **Weinliebhaber** können sich freuen. Mit der MRT kann man nämlich ohne Öffnen der Flasche erkennen, ob alte Weine noch in Ordnung sind. Ein verdorbener Wein enthält Essigsäure, und die kann man mit der MRT erkennen. Das ist gut, denn wer möchte schon um 30.000 Euro eine Flasche Essig kaufen?

Tüüüt

Man hört sie ständig, die Autohupen. Aber hast du dir einmal überlegt, wie so eine Hupe funktioniert?

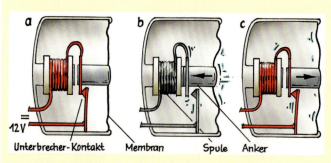

Abb. 18.43: Funktionsweise einer Autohupe

Eine Hupe ist im Prinzip eine **Mischung aus Klingel und Lautsprecher**. Sobald jemand auf die Hupe drückt, beginnt Strom durch die Spule zu fließen (Abb. 18.43 a). Diese erzeugt dadurch ein Magnetfeld und zieht die Membran an (b). Dadurch wird der Stromkreis unterbrochen, es gibt kein Magnetfeld mehr, und die Membran schwingt wieder in die Ausgangsstellung zurück (c). Dadurch schließt sich der Stromkreis und so weiter.

Aber was passiert da eigentlich? Das Mikrofon fängt die Schallschwingungen ein und diese werden verstärkt über den Lautsprecher ausgegeben. Natürlich „hört" das Mikrofon auch diese Schwingungen, verstärkt sie erneut und so weiter. Der Ton würde dadurch eigentlich unendlich laut werden. Gott sei Dank schafft das kein Lautsprecher – wenn es ihm zu viel wird, **übersteuert** er und beginnt zu pfeifen. Der legendäre JIMI HENDRIX war übrigens der erste Musiker, der die Rückkopplung seiner E-Gitarre absichtlich zum Musikmachen eingesetzt hat.

Abb. 18.44: Ein Glas nur mit Hilfe der Stimme kaputt zu machen, ist unter normalen Umständen nicht möglich. Die Leistung der Stimme ist dazu um den Faktor 100 zu gering.

Kann man ein **Glas zersingen** (→ **F31**)? Unter normalen Umständen nicht! Man müsste dazu nämlich mit der Stimme 130 Dezibel (siehe Kap. 21.2, S. 67) erzeugen. Selbst ausgebildete Sänger schaffen aber „nur" 110 Dezibel, was nur 1/100 des Schalldruckpegels entspricht. Es gibt im Internet allerdings Videos, die das Zersingen eines Glases zeigen. Weil es sich dabei aber nicht um wissenschaftliche Versuche handelt, wird vermutet, dass die verwendeten Gläser Vorschäden aufwiesen. Mit einem Lautsprecher kann man ein Glas aber sehr schnell erledigen. Nach einigen Sekunden hat sich die Schwingung so stark aufgeschaukelt, dass das Glas zerspringt. Das nennt man eine **Resonanzkatastrophe**.

Abb. 18.45: Mögliche zeitliche Verläufe der Amplitude einer Schwingung

Grob gesehen gibt es nur **drei Möglichkeiten**, wie sich eine Schwingungsamplitude mit der Zeit verhalten kann (Abb. 18.45). Wenn die zugeführte Energie zu gering ist oder gar keine Energie zugeführt wird, dann sinkt die Amplitude ab. Wenn die zugeführte Energie die Reibungsverluste gerade ausgleicht, hat man eine ungedämpfte Schwingung. Wenn aber die zugeführte Energie sogar höher ist als die Verluste, dann wird die Amplitude immer größer und das endet letztlich in der vorhin erwähnten **Resonanzkatastrophe**.

i Galoppierende Gertie

Eines der bekanntesten Beispiele für eine **Resonanzkatastrophe** ist der Einsturz der **Tacoma-Brücke 1940** in den USA. Im Volksmund war diese Fehlkonstruktion einer Hängebrücke schon vorher **galoppierende Gertie** genannt worden, weil sie zu unkontrollierten Schwingungen neigte.

Vier Monate nach der Eröffnung begann bei einer Windgeschwindigkeit von 60 km/h der Mittelteil heftig zu schwingen. Zuerst gab es Auf- und Abschwingungen mit rund 0,6 Hz und einer Amplitude von 0,5 m. Aber dann setzte eine **Drehschwingung** mit einer Frequenz von 0,2 Hz ein. Und kaum zu glauben: Zeitweise war der rechte Gehweg über 8 m höher als der linke und umgekehrt (siehe Abb. 18.46)! Vor allem diese Schwingung brachte die Brücke zum **Einsturz**. Eine Folge davon war, dass heute alle Hängebrücken vor ihrem Bau als Modell im **Windkanal** getestet werden. Neuere Untersuchungen haben gezeigt, dass neben der Resonanzkatastrophe aber auch noch andere Gründe eine Rolle gespielt haben müssen.

Abb. 18.46: Diese starken Drehschwingungen gaben der Brücke den Rest.

Dann hat man im harmlosesten Fall einen ausgeschütteten Teller Suppe (→ F23). Resonanzkatastrophen können aber auch **Bauten zum Einsturz** bringen. 1985 gab es in Mexiko City ein Beben, bei dem die niedrigen und die hohen Häuser stehen blieben, während die mittelhohen einstürzten. Warum? Ein Haus verhält sich ähnlich wie ein Pendel: **Je höher** es wird, desto **langsamer** ist seine **Eigenschwingung**. Die Erdbebenwellen hatten in diesem Fall eine Frequenz von etwa 0,5 Hz, und das war eben gerade die Resonanzfrequenz der mittelhohen Häuser (→ F28). Es klingt absurd, aber sehr hohe Häuser sind generell bei Beben kaum gefährdet, weil ihre Eigenfrequenz so niedrig ist und damit weit unter der Frequenz von Erdbebenwellen liegt.

→ Info: Galoppierende Gertie

Z Zusammenfassung

Jedes Objekt hat eine natürliche Schwingungsfrequenz, die man auch Resonanzfrequenz nennt. Regt man das Objekt mit genau dieser Frequenz an, dann gerät es in Resonanz, also es schwingt besonders heftig. Durch Rückkopplung kann man diesen Effekt ausnutzen, um eine Schwingung aufrecht zu erhalten. Manchmal schaukeln sich Schwingungen aber zu stark auf. Das nennt man eine Resonanzkatastrophe.

18.6 Lärm + Anti-Lärm = Stille
Einfache Überlagerung von Schwingungen

Schwingungen treten so gut wie nie in Reinform auf, sondern immer in Überlagerungen. Wir sehen uns in diesem Abschnitt einfache Fälle davon an.

F32 Wie kann es sein, dass man Lärm mit Gegenlärm
E1 bekämpft und auf einmal Stille eintritt? Müsste es dann nicht noch lauter sein?

F33 Wie kommt es zu den netten, schillernden Farberscheinungen, wenn Öl auf Wasser schwimmt?
W2

F34 Zwei Töne hört man nicht immer als zwei Töne! Was
S2 hört man, wenn die Frequenz der beiden Töne sehr knapp aneinander liegt?

F35 Vielleicht hast du am Meer einmal bemerkt, dass die
E2 Flut zu Vollmond und Neumond immer am stärksten ist. Woran könnte das liegen?

F36 Hexen und Zauberer schneiden angeblich Kräuter bei
S2 Vollmond, weil sie dann besser wirken sollen. Dafür gibt es tatsächlich eine physikalische Begründung! Welche? → L

Sehen wir uns zunächst an, was passiert, wenn man zwei Schwingungen mit **gleicher Frequenz** überlagert. Wenn diese zu denselben Zeiten den Nulldurchgang haben, dann sagt man, sie schwingen **in Phase** (Abb. 18.47a). Wenn das nicht der Fall ist, dann spricht man von einer **Phasenverschiebung** (Abb. 18.47c bis d). Man kann diese als Zeit angeben oder als Winkel. Bedenke den Zusammenhang zwischen einer harmonischen Schwingung und einer Kreisbewegung (siehe Abb. 18.22f., S. 33). Eine Phasenverschiebung von π entspricht zum Beispiel einer Verschiebung um eine halbe Schwingungsperiode (d).

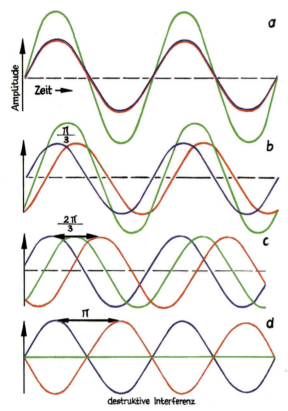

Abb. 18.47: Überlagerung von zwei Schwingungen mit gleicher Amplitude (rot und blau) und die dabei entstehende Schwingung (grün). Bei b bis d ist die Phasenverschiebung als Winkel eingezeichnet. 2π entsprechen 360°.

Die Überlagerung von zwei harmonischen Schwingungen mit gleicher Frequenz gibt in Summe wieder eine harmonische Schwingung. Es gibt zwei Spezialfälle:

Wenn beide Schwingungen in Phase sind, also genau gleich, dann ist die Amplitude der Gesamtschwingung maximal (a). Das nennt man eine **konstruktive Interferenz** (konstruktiv heißt aufbauend).

Wenn die Schwingungen genau gegengleich sind, dann löschen sie einander aus (d). Das nennt man eine **destruktive Interferenz** (destruktiv heißt wörtlich „zerstörend"). Bei jeder beliebigen anderen Phasenverschiebung liegt die Gesamtamplitude irgendwo dazwischen (b und c). Verstärkung und Auslöschung von Schwingungen sind wichtige Phänomene in der Physik und werden dir noch öfters begegnen (→ **F33**).

→ **Info:** Anti-Lärm-Kopfhörer

Wir haben uns angesehen, was passiert, wenn man zwei Schwingungen mit gleicher Frequenz überlagert. Was passiert aber, wenn die Frequenzen leicht unterschiedlich sind? Dann entsteht eine so genannte **Schwebung** (→ **F34**; Abb. 18.48). Die Amplitude der Gesamtschwingung schwillt dabei ständig an und wieder ab. Zwei Töne mit leicht unterschiedlicher Frequenz hörst du daher nicht getrennt, sondern als **einen Ton, der ständig leiser und lauter wird.**

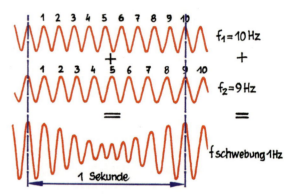

Abb. 18.48: Die Schwebfrequenz ist die Differenz der Einzelfrequenzen. In unserem Beispiel haben die Schwingungen 9 und 10 Hz (so niedrige Frequenzen sind nicht hörbar, aber hier besser darzustellen). Die Schwebfrequenz beträgt daher 1 Hz.

Anti-Lärm-Kopfhörer

Wo es viel Lärm gibt (zum Beispiel am Flughafen), verwendet man manchmal **Anti-Lärm-Kopfhörer.** Sie basieren auf dem Prinzip der destruktiven Interferenz. Diese funktioniert bei jeder Art von Schwingung, auch bei den komplizierten Schallschwingungen, aus denen Lärm besteht.

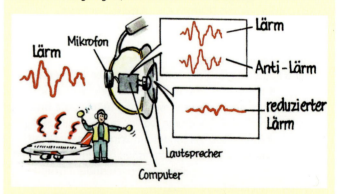

Abb. 18.49: Prinzip der Anti-Lärm-Kopfhörer: Die ankommenden Schallwellen erzeugen Schwingungen, die vom Kopfhörer analysiert und „gespiegelt" werden. Zum Unterschied zwischen Schwingung und Welle siehe Kap. 19.4, S. 52.

Bei diesen speziellen Kopfhörern sitzen winzige Mikrofone in den Hörerschalen. Diese analysieren den Lärm, also die Schallschwingungen, und produzieren einen **Anti-Lärm**, dessen Schwingungen genau gegengleich zum Lärm sind (→ **F32**). Weil das technisch noch nicht zu 100% funktioniert, wird der Lärm zwar sehr deutlich reduziert, aber nicht vollkommen ausgelöscht. Trotzdem ist es eine geniale Erfindung, Lärm mit Gegenlärm zu bekämpfen!

i Spring- und Nippflut

Der **Mond** erzeugt durch die Gezeitenkräfte auf der Erde **zwei Flutberge**, einen auf der ihm zugewandten und einen auf der abgewandten Seite („Mondflut", siehe Abb. 10.32 in Kap. 10.4, „Big Bang 5"). Aber nicht nur der Mond, auch die Sonne übt auf die Erde Gezeitenkräfte aus („Sonnenflut"). Dieser Effekt ist allerdings nur rund **halb so groß**.

Wenn Sonne, Mond und Erde in einer Linie stehen, dann addieren sich beide Effekte und es entsteht eine besonders starke Flut (Abb. 18.50 oben), die **Springflut** (→ F35). Wenn Mond, Erde und Sonne im rechten Winkel stehen, dann schwächen sich beide Effekte gegenseitig ab, und es entsteht die so genannte **Nippflut** (Abb. 18.50 unten).

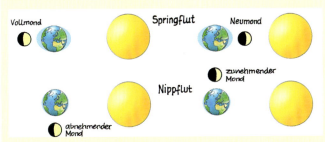

Abb. 18.50: Bei Vollmond und Neumond ist die Flut am stärksten (Springflut), bei Halbmond am schwächsten (Nippflut).

Eine andere Erklärungsmöglichkeit ist mit Hilfe der Überlagerung von Schwingungen. Sowohl der Mond als auch die Sonne erzeugen eine Schwingung der Meeresoberfläche. Die Schwingungsperiode der Sonnenflut liegt bei 12 h (also genau einem halben Tag), die der Mondflut bei 12:26 h (weil sich der Mond um die Erde dreht). Dadurch entsteht eine **Schwebung**, die wir durch Veränderung der Fluthöhe bemerken (Abb. 18.51). Von Nippflut zu Nippflut dauert es knapp 15 Tage, also einen halben Mondmonat (29,52 Tage). Weil beide Schwingungen nicht dieselbe Amplitude haben, sinkt die Gesamtamplitude im Gegensatz zu Abb. 18.48 nie ganz auf null ab.

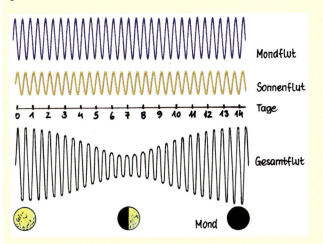

Abb. 18.51: Die Schwebung der Meeresoberfläche zwischen Vollmond und Neumond: Die Schwingung durch die Sonnenflut ist etwas schneller als die durch die Mondflut, und dadurch entsteht eine Schwebung.

Die Schwebfrequenz gibt an, wie oft die Schwingung in einer Sekunde an- und wieder abschwillt. Sie ist die Differenz der Frequenzen der beiden Schwingungen, also $f_1 - f_2 = f_{schw}$. Der Mensch kann übrigens rund 20 Schwebungen pro Sekunde wahrnehmen. Sind zwei Töne in ihrer Frequenz also weniger als 20 Hertz auseinander, hörst du nur einen Ton.

→ **Info:** Spring- und Nippflut

Z Zusammenfassung

Schwingungen gleicher Frequenz können einander maximal verstärken (konstruktive Interferenz) oder völlig auslöschen (destruktive Interferenz). Ist die Frequenz leicht unterschiedlich, dann schwillt die Amplitude ständig an und wieder ab. Das nennt man eine Schwebung.

18.7 Eine Schwingung ohne Hakennase
Komplizierte Überlagerung von Schwingungen

In diesem Abschnitt geht es darum, dass man einzelne Sinusschwingungen zu wirklich komplizierten Schwingungen zusammensetzen, aber auch wieder auseinandernehmen kann. Es geht somit auch um deine Ohren und MP3-Musik.

F37 Was ist eigentlich der Unterschied zwischen einem
W1 Ton, einem Klang und einem Geräusch? Warum sind Geigenstars bereit, für eine Stradivari-Geige Hunderttausende Euro hinzublättern?

F38 Wie schwingt die Lautsprechermembran, wenn sie
E2 mehrere Töne gleichzeitig erzeugt? Kann sie wirklich gleichzeitig mit verschiedenen Frequenzen schwingen?

F39 Mit einem Synthesizer kann man wirklich alle
W1 möglichen Klänge erzeugen und den Klang von beliebigen Instrumenten wie Geige, Flöte oder E-Gitarre nachmachen. Aber wie funktioniert ein Synthesizer technisch?

F40 Abb. 18.52, S. 42 zeigt das Schwingungsverhalten einer
S1 Lautsprechermembran. Was denkst du, welche der drei Schwingungen im Prinzip möglich sind?

F41 Was versteht man eigentlich unter MP3? Und was
E2 ist der Vorteil des MP3-Formats gegenüber dem „normalen" Format auf einer CD?

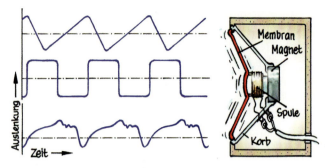

Abb. 18.52: Die waagrechte Achse ist die Zeit-Achse

Sehen wir uns zunächst den Unterschied zwischen Ton, Klang und Geräusch an (→ **F37**). Ein **Ton** ist eine reine Sinusschwingung (Abb. 18.53 a). Er besteht also nur aus einer einzigen Frequenz und klingt langweilig und kalt. Im Alltag kommt ein einzelner Ton praktisch nicht vor. Man kann ihn nur elektronisch erzeugen. Alle Instrumente erzeugen nämlich Klänge.

Ein **Klang** entsteht durch die Überlagerung von mindestens zwei Schwingungen mit verschiedener Frequenz. In Abb. 18.53 siehst du den Klang einer Trompete (b) und eines Klaviers (c) aufgeschlüsselt. Welche Klanghöhe du wahrnimmst, hängt von der tiefsten Frequenz ab. Deshalb hörst du den reinen Ton und die beiden Klänge in unserem Beispiel gleich hoch, weil sie dieselbe Grundfrequenz von 440 Hz haben. Übrigens: Es ist etwas verwirrend, aber Musiker sagen zu den Klängen ebenfalls Ton. In diesem Buch nennen wir aber nur reine Sinusschwingungen Töne.

Jedes Instrument schwingt in vielen verschiedenen Frequenzen. Die tiefste, die sogenannte **Grundfrequenz**, macht die Klanghöhe aus. Alle anderen Frequenzen nennt man

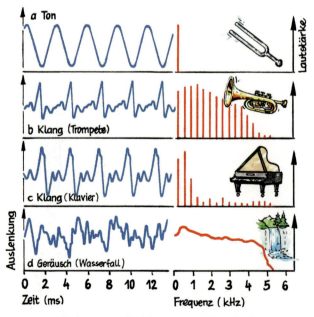

Abb. 18.53: **Schwingungsverlauf** (links) und **Frequenzspektrum** (rechts) eines reinen Tons (a), eines Trompeten- (b) und eines Klavier-Klangs (c) mit jeweils 440 Hz (a1), sowie das Rauschen eines Wasserfalls (d).

Schallschwingung	periodisch/ aperiodisch	Frequenzen	Beispiele
Ton	periodisch	1	elektronisch erzeugte Sinusschwingung
Klang	periodisch	2 – ∞	Klänge von Klavier, Geige, Gitarre oder der Singstimme
Schwebung (sie ist ein spezieller Klang)	periodisch	2	Überlagerung von Tönen mit leicht unterschiedlicher Frequenz
Geräusch	aperiodisch	2 – ∞	Schlagzeug, Percussion, Türknarren, Rauschen, Knall, Rascheln, …

Tab. 18.3: Physikalische Bezeichnung für verschiedene Schallschwingungen und deren Eigenschaften.

Oberfrequenzen, und diese machen die **Klangfarbe** aus. Beim Klavier schwingen zum Beispiel viel weniger höhere Frequenzen mit. Du weißt das intuitiv aus Erfahrung und kannst sofort sagen, ob ein Klang von der Trompete oder dem Klavier stammt. Besonders gute und damit auch teure Instrumente haben ein Frequenzspektrum, das wir als angenehm und ausdrucksstark empfinden. Das geht aber oft ziemlich ins Geld – eine Stradivari-Geige kann sogar einige Millionen Euro kosten!

Ein **Geräusch** (Abb. 18.53 d) besteht wie der Klang aus einem Frequenzgemisch. Die Auslenkungen sind aber nicht periodisch, wiederholen sich also nicht. Es hat daher keine gleichbleibende Grundfrequenz und auch keine bestimmte Klanghöhe (siehe Tab. 18.3).

Wenn du Musik hörst, die ja aus vielen verschiedenen Schwingungen besteht, dann schwingt der Lautsprecher tatsächlich gleichzeitig mit vielen verschiedenen Frequenzen (→ **F38**). Die Lautsprechermembran schwingt dann zum Beispiel so wie in Abb. 18.52. Wie ist das nun, wenn man **elektronisch** einen Klang nachmachen möchte, etwa mit einem **Synthesizer**? Dann muss man eine Schwingung erzeugen, die genauso aussieht wie das Original. Eine der Möglichkeiten ist die durch Überlagerung von Schwingungen.

Wiederholen wir kurz: Wenn du zwei Schwingungen gleicher Frequenz überlagerst, entsteht eine Schwingung mit derselben Frequenz (Abb. 18.47, S. 40). Wenn du zwei Schwingungen mit leicht unterschiedlicher Frequenz überlagerst, dann entsteht eine Schwebung (Abb. 18.48, S. 40). Was passiert aber, wenn du zwei **völlig unterschiedliche** Schwingungen überlagerst? Dann bekommst du alles Mögliche! Exemplarisch siehst du in Abb. 18.54 einige Möglichkeiten!

Grundlagen der Schwingungen 18

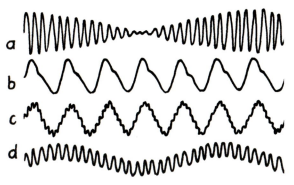

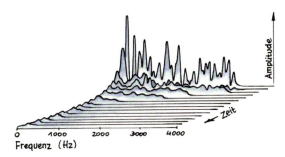

Abb. 18.56: Der Klang einer Trommel wurde auf seine einzelnen Frequenzen hin analysiert. Ein ähnlicher Vorgang läuft im Inneren deines Kopfes ab. Du siehst, dass sich der Klang mit der Zeit verändert, weil die Trommel ausschwingt.

Abb. 18.54: Vier Schwingungen, die durch die Überlagerung von zwei Teilschwingungen entstanden sind: Die Frequenz- und Amplitudenverhältnisse sind a) 9:10 und 1:1 (das ergibt eine Schwebung), b) 1:2 und 3:1, c) 1:10 und 5:1 und d) 1:20 und 1:1.

Je mehr Schwingungen du überlagerst, desto komplexer kann auch die Gesamtschwingung werden. Der Clou ist nun der: **Beinahe jede Schwingung lässt sich durch die Überlagerung von Sinusschwingungen erzeugen.** Dieses Prinzip entdeckte bereits vor fast 200 Jahren der französische Mathematiker FOURIER.

→ **Info:** Fourier-Synthese

Zu jedem Zeitwert darf es aber nur einen Wert für die Auslenkung geben. Klar, die Lautsprechermembran kann ja auch nicht zu einer Zeit an zwei Orten sein. Diese Bedingung ist bei allen drei Schwingungen in Abb. 18.52 gegeben (→ F40) und daher sind diese auch möglich. Ein Profil mit Hakennase (18.55 b) oder die Trickfigur „La Linea" (c) sind jedoch nicht durch die Überlagerung von Sinusschwingungen zu erzeugen.

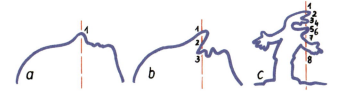

Abb. 18.55: Damit die Erzeugung einer Schwingung durch die Überlagerung von Sinusschwingungen möglich ist, muss diese **einwertig** sein. Wenn du eine senkrechte Linie ziehst, dann darf diese die Schwingung nur einmal schneiden. Das ist bei a der Fall, nicht aber bei b und c.

Die Sache mit der Profil-Schwingung ist nur eine Spielerei. Aber sie zeigt die allgemeine Möglichkeit, wie man durch Überlagerung von Schwingungen zu **jeder beliebigen Schwingung** kommen kann. Manche **Synthesizer** arbeiten nach diesem Prinzip (→ F39). Im Alltag spielt die Fourier-Synthese aber keine besonders große Rolle.

Das Gegenteil ist die **Fourier-Analyse**. Dabei wird ein Klang in seine Einzelschwingungen zerlegt (Abb. 18.56). Das geht nicht nur mit Klängen, sondern auch mit Geräuschen. Und das spielt im Alltag eine unglaublich große Rolle. Du hast nämlich einen Fourier-Analysator in deinem Kopf: deine Ohren und die Schnecken im Innenohr (siehe Abb. 21.12 bis 21.24, S. 69)! Dieses System ist in der Lage, den Schwingungsmix, der ständig auf dich trifft, wieder in die einzelnen Frequenzen zu zerlegen.

i Fourier-Synthese

Der französische Mathematiker JEAN BAPTISTE FOURIER entdeckte um **1820**, dass man **beinahe jede beliebige Schwingung durch die Überlagerung von Sinusschwingungen erzeugen kann**. Nehmen wir als Beispiel die Rechteckschwingung aus Abb. 18.52. In Abb. 18.57 siehst du, wie man durch Addition von bereits 5 Sinusschwingungen eine Schwingung bekommt, die einer Rechteckschwingung schon ziemlich ähnlich sieht.

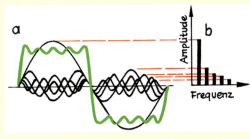

Abb. 18.57: Erzeugung einer Rechteckschwingung durch Überlagerung von Sinusschwingungen

Die mathematische Beschreibung zur Abbildung lautet so ($\omega = 2\pi/T$):

$$y(t) = \sin(\omega t) + \frac{1}{3}\sin(3\omega t) + \frac{1}{5}\sin(5\omega t) +$$

$$+ \frac{1}{7}\sin(7\omega t) + \frac{1}{9}\sin(9\omega t) + \ldots$$

Die einzelnen Schwingungen werden in der Frequenz immer höher und in der Amplitude immer kleiner. **Das Zusammensetzen von Sinusschwingungen nennt man auch Fourier-Synthese.** Synthese bedeutet salopp formuliert, dass man etwas Kompliziertes aus etwas Einfachem zusammenbaut.

Eine **exakte** Rechteckschwingung ist übrigens einer der wenigen Fälle, die sich nicht völlig genau durch die Überlagerung von Sinusschwingungen erzeugen lässt – selbst bei unendlich vielen bleibt immer ein leichtes Überschwingen an den Ecken. Je enger die „Radien" einer Schwingung sein sollen, desto mehr hohe Frequenzen werden benötigt, und „echte Ecken" sind also nicht zu schaffen. Eine etwas abgerundete Rechteckschwingung wie in Abb. 18.52 b ist aber machbar.

Deshalb bist du zum Beispiel in der Lage, die Menschen an ihren **Stimmen zu erkennen,** denn jede Stimme hat ein einzigartiges Frequenzspektrum. Aber noch mehr: Das Hörsystem ist so fein, dass du auch sofort hörst, ob jemand etwas freundlich sagt, ob er verärgert ist oder traurig. Das Frequenzspektrum ist dann immer ein wenig anders. Ohne Fourier-Analyse im Kopf jedes Menschen käme es sicher zu sehr vielen Missverständnissen im Alltag. Dein Hörsystem ist aber nicht perfekt. Das macht man sich bei bei der Komprimierung von Musikdateien zu Nutze.

→ **Info:** MP3

i MP3

Ein MP3-File kann je nach Klangqualität bis auf etwa 1/12 der ursprünglichen Datenmenge komprimiert werden. Es gibt **mehrere Komprimierungsschritte**, und bei einem spielt es eine große Rolle, dass das Hörsystem **nicht** perfekt ist! Es ist nämlich so: Wenn sich in einem Klangspektrum ein lauter Ton befindet, dann kann dieser andere Töne überdecken, so dass sie für dich nicht gleichzeitig zu hören sind. Wenn du sie aber nicht hören kannst, dann musst du sie auch nicht speichern. Das ist einer der Komprimierungs-Tricks bei MP3.

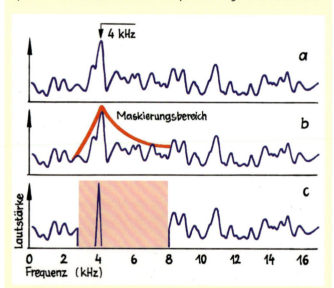

Abb. 18.58: Der rosa Bereich bei c muss in diesem Beispiel nicht gespeichert werden, weil alle Töne darin unter dem Maskierungsbereich liegen und nicht zu hören sind.

Das technische Prinzip funktioniert folgendermaßen: Zunächst wird vom Klang eine **Fourier-Analyse** durchgeführt (Abb. 18.58a). Dann wird geschaut, ob es Töne gibt, die die anderen überdecken oder, wie man auch sagt, maskieren. In unserem Beispiel ist ein lauter Ton bei 4 kHz (4000 Hz), der alle Töne unter der roten Linie überdeckt (b). Die Töne, die unter diesem so genannten Maskierungsbereich liegen, kann man nicht hören, und sie können daher praktisch ohne Qualitätsverlust beim Speichern weggelassen werden (c). Deshalb passen so viele Songs auf einen MP3-Player (→ **F41**).

Z Zusammenfassung

Fast jede einwertige Schwingung lässt sich aus einzelnen Sinusschwingungen zusammensetzen. Das nennt man Fourier-Synthese. Das Gegenteil ist die Fourier-Analyse. Dabei wird ein Klang in seine einzelnen Schwingungen zerlegt, und man kann herausfinden, was ihn so charakteristisch macht. Diese Klang-Zerlegung ist für unsere Kommunikation sehr wichtig und auch für die MP3-Musik.

Alles schwingt

F42 Wie kann man die Gleichung für die Schwingungs-
W1 dauer eines Federpendels herleiten (Kap. 18.2, S. 30)? Versuche mit Hilfe des Lösungsteils Schritt für Schritt nachzuvollziehen. → **L**

F43 Wie kann man die Gleichung für die Schwingungsdau-
W1 er eines Fadenpendels herleiten (Kap. 18.1, S. 27)? Versuche mit Hilfe des Lösungsteils Schritt für Schritt nachzuvollziehen. → **L**

F44 Ein Klavierstimmer stimmt mit Hilfe einer Schwebung.
E2 Er schlägt eine Taste und eine Gabel an und hört auf die Schwebungsfrequenz. Wie lange braucht er, um eine perfekte Stimmung zu bekommen? → **L**

F45 Schaukeltiere sind ein uraltes Kinderspielzeug. Durch
S1 den Zug am Faden beginnen sie wie von selbst zu gehen. Welche Bedingungen müssen erfüllt sein, damit das funktioniert? → **L**

Abb. 18.59

F46 Das originale Foucault'sche Pendel in der Pariser
W1 Sternwarte aus dem Jahr 1850 hatte eine Pendellänge von 67 m. Wie lang war seine Schwingungsdauer? → **L**

F47 Warum fangen manche Autos bei einem bestimmten
W1 Tempo so unangenehm zu „flattern" an? → **L**

F48 Das Pfeifen eines Lautsprechers bei einer Rück-
W2 kopplung ist ein Resonanzphänomen! Richtig oder falsch? Und kannst du deine Antwort begründen? → **L**

F49 Stimmt es, dass Brücken auf Grund der Resonanzfre-
S1 quenz einstürzen, wenn Soldaten im Gleichschritt darübermarschieren? → **L**

F50 Versuche mit einem Tabellenkalkulationsprogramm
W2 Überlagerungen von Schwingungen zu erzeugen. Versuche zu ähnlichen Ergebnissen zu kommen wie in Abb. 18.47, 18.48, S. 40 und 18.54, S. 43. Benutze dazu die Gleichung aus Kap. 18.3, S. 33.

19 Wellengrundlagen 1

Wenn du mit einer Freundin oder einem Freund ausführlich schriftlich kommunizieren möchtest, dann hast du im Prinzip zwei Möglichkeiten: Du kannst entweder einen **Brief** oder – eine der digitalen Möglichkeiten nützend – zum Beispiel eine **E-Mail** schreiben. Das sind sehr gute Beispiele für zwei grundsätzliche Konzepte der Physik.
Der schon sehr aus der Mode gekommene Brief beinhaltet das **Konzept „Teilchen"**. Dabei bewegt sich ein materieller Gegenstand von einem Ort zum anderen, in diesem Fall der Brief.
Die zweite Möglichkeit, die E-Mail, beruht auf dem **Konzept „Welle"**. Dabei wird Information übertragen, ohne dass sich ein materieller Gegenstand bewegt. Deine getippten Buchstaben werden in Zahlen übersetzt, durch elektromagnetische Wellen z. B. durch Glasfaserkabel übertragen und im anderen Computer oder Handy wieder in Buchstaben zurückübersetzt. Du hast somit eine Nachricht überbracht, ohne dass sich etwas Materielles bewegt hätte. Teilchen und Welle sind zwei fundamentale Konzepte der klassischen Physik. In Kapitel 19 und 20 geht es um allgemeine Grundlagen zum Wellenkonzept.

19.1 Korken, Blitze und Orangenbäume

Wie eine Welle entsteht

Etwas unromantisch formuliert kann man sagen: Eine Welle entsteht durch die Ausbreitung einer Störung. Was damit gemeint ist, erfährst du in diesem Abschnitt.

F1 / E1 Du weißt, was passiert, wenn du einen Stein ins Wasser wirfst: Es breiten sich Kreiswellen von der Einschlagstelle in alle Richtungen aus! Warum ist das so?

F2 / S2 Im Wasser befindet sich ein Korken, an dem eine Welle vorüber streicht. Wo befindet sich der Korken, wenn die Welle vorbei ist? Bleibt er an derselben Stelle oder wird er mit der Welle mitbewegt?

F3 / W1 Erdbeben können verheerende Wirkungen haben. Aber wie entstehen die meisten Erdbeben eigentlich?

F4 / W1 Was versteht man unter einem Tsunami und wie entsteht dieser?

F5 / E2 Für uns ist es selbstverständlich: Auf einen Blitz folgt der Donner. Aber wie und warum entsteht dieser?

Um das Prinzip der Entstehung einer Welle zu verstehen, sehen wir uns zunächst drei Beispiele aus dem Alltag an: eine Wasserwelle, eine Schallwelle und eine Erdbebenwelle.

1) Stell dir eine ruhige Wasseroberfläche vor. Ungestört ist sie waagrecht und eben, weil dann die potenzielle Energie minimal ist. Wenn etwas ins Wasser fällt, wird an dieser Stelle die Flüssigkeit nach unten gedrückt und die ruhige Oberfläche dadurch gestört. Eine Flüssigkeit lässt sich aber praktisch nicht zusammendrücken. Deshalb muss sie auf die Seite ausweichen.

Dadurch einsteht eine Kreiswelle (Abb. 19.1), die sich von der Einschlagstelle entfernt (→ **F1**). Die **Wasserwelle** wurde also durch eine Störung verursacht (nämlich die Störung der Oberfläche). Dieses Prinzip gilt allgemein für Wellen, und daher sagt man: Eine Welle ist die Ausbreitung einer Störung.

Abb. 19.1: Die nach unten gedrückte Wasseroberfläche kann nur auf die Seite ausweichen. Dadurch entstehen Kreiswellen. Der Tropfen wird, bevor er untergeht, noch einmal – wie auf einem Sprungtuch – in die Höhe geschleudert.

Das Eindrücken der Wasseroberfläche erfordert Energie. Diese Energie wandert mit der Welle nach außen weg. Was passiert mit einem Korken, an dem die Welle vorbeistreift? Der Korken tanzt hin und her, aber wenn die Welle vorbei ist, ist er wieder in Ruhe und noch immer an derselben Stelle (→ **F2**). Warum? Eine Welle ist keine Strömung! In einer Welle wird zwar Energie, nicht aber Materie transportiert. Daher kann man auch sagen: Eine Welle ist die Ausbreitung von Energie ohne Materietransport.

2) Auch **Erdbebenwellen** entstehen durch Störungen. Bei einem Erdbeben verschieben sich die Kontinentalplatten ruckartig (→ **F3**). Diese Bewegung ist eine Störung, bei der unglaubliche Energie freigesetzt wird. Die Erdbebenwellen sind der Abtransport dieser Energie. Findet das Beben unter Wasser statt, dann können zusätzlich große und verheerende Wasserwellen entstehen, die **Tsunamis** (→ **F4**). Diese zeigen auf eindrucksvolle, aber auch tragische Weise den Energietransport in einer Welle (Abb. 19.5, S. 46).

→ **Info:** Orangenbäume in San Francisco | → S. 46

i Orangenbäume in San Francisco

Abb. 19.2: Der rote Pfeil zeigt San Francisco, der grüne den Entstehungsort des Tsunamis von 2004 (Sumatra).

Die Erdoberfläche besteht aus sechs großen und zahlreichen kleinen **Kontinentalplatten** (Abb. 19.2). Erdbeben entstehen fast immer dort, wo zwei Platten zusammenstoßen. Diese verschieben sich nämlich jedes Jahr um **ein paar Zentimeter**. Zwischen den zerklüfteten Kanten besteht aber eine sehr große Reibung. Die Platten haben sich oft schon mehrere Meter verschoben, aber die Ränder haften immer noch. Irgendwann wird die Belastung für das Gestein zu groß und die Ränder rutschen nach. Das ist die Störung, die die Bebenwelle auslöst.

Diese Erkenntnis verdanken wir einer Orangenbaumreihe, die **1851** in **San Francisco** gepflanzt wurde. Diese Stadt liegt an der Grenze zwischen Pazifik- und Nordamerika-Platte (Abb. 19.2), und die Bäume wurden zufällig quer darüber gepflanzt (Abb. 19.3a). Im Laufe der Jahre bewegten sich die Platten, aber die Ränder hafteten (b + c). **Bei einem großen Beben 1906** verschoben sie sich dann in kurzer Zeit um mehrere Meter (d). Die gut dokumentierte Verschiebung diese Baumreihe über den Zeitraum von 55 Jahren war der Grundstein zur modernen Erdbebenforschung.

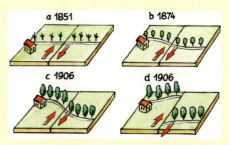

Abb. 19.3: Verlauf der Baumreihe: c ist vor dem Erdbeben 1906, d unmittelbar danach. Da die Erdbewegung schon vor dem Pflanzen begonnen hatte, war die Baumreihe nach dem Beben gekrümmt.

3) Bleibt noch als drittes Beispiel die **Schallwelle** eines Donners. Im Inneren eines Blitzes kann es unglaublich heiß werden, bis rund 30.000 °C! Das ist etwa 5-mal so heiß wie auf der Sonnenoberfläche! Die heiße Luft dehnt sich extrem schnell aus und wird nach außen hin zusammengedrückt. Diese Dichteschwankung der Luft ist die Störung, die die Schallwelle erzeugt. Diese hörst du dann als Donner (→ **F5**).

Abb. 19.4: Im Inneren des Blitzkanals können die Temperaturen bis auf 30.000 °C steigen. Seeehr heiß!

Z Zusammenfassung

Eine Welle ist die Ausbreitung einer Störung und somit von Energie ohne Materietransport. Die Störung kann zum Beispiel das Eindrücken der Wasseroberfläche sein (Wasserwelle), das Rutschen der Kontinentalplatten (Erdbebenwelle) oder eine Dichteschwankung der Luft (Schallwelle).

Abb. 19.5: Ausbreitung des Tsunamis vom 26.12.2004, der bei **Sumatra** seinen Ursprung hatte (siehe auch Abb. 19.2). Die Bilder zeigen die Welle im Abstand von je einer Stunde. Der Farbcode gibt den Wasseranstieg in Metern an. Die mittransportierte Energie führte an den Küsten zu unglaublichen Verwüstungen, auch wenn diese zum Teil Tausende Kilometer entfernt waren. Ein Tsunami transportiert nur Energie, keine Materie!

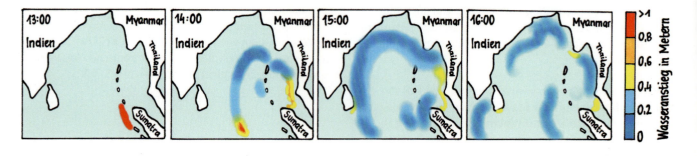

Wellengrundlagen 1   19

19.2 Der ganze Wellenzoo
Wellenarten und Wellenformen

In diesem Abschnitt verschaffen wir uns einen Überblick darüber, welche Arten von Wellen es generell gibt und welche Schwingungsrichtungen sie haben können.

F6 E1 In Abb. 19.6 siehst du eine Reihe von Fadenpendeln, die durch Federn verbunden sind. So etwas nennt man gekoppelte Pendel! Was, meinst du, passiert mit den anderen Pendeln, wenn du dem ersten einen kleinen Stups in Richtung a bzw. b gibst?

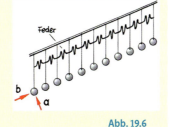
Abb. 19.6

F7 E1 Was haben das Licht, eine flatternde Flagge und eine knallende Peitsche gemeinsam? Was haben eine kriechende Raupe und eine Schallwelle in der Luft gemeinsam?

F8 W2 Die tiefste Erdbohrung ist bloß schlappe 12 km tief. Woher weiß man dann, dass der äußere Erdkern flüssig ist? Dieser beginnt 2900 km unter der Oberfläche!

F9 S1 Im Wasser schwimmt ein Korken und eine Welle zieht vorbei. Wie schwingt der Korken: a) senkrecht, b) waagrecht oder c) auf einer Kreisbahn?

F10 S2 Es gibt keine Wasserwelle ohne Wasser, keine Erdbebenwelle ohne Erde und keine Dauerwelle ohne Haare. Daher gibt es auch keine Lichtwelle ohne … was? → L

Es gibt viele verschiedene Arten von Wellen und auch viele verschiedene Einteilungsmöglichkeiten. Wir werden hier die Wellen in **vier Arten** einteilen (Tab. 19.1, S. 48), wobei wir uns vor allem mit den ersten beiden beschäftigen werden.

1) Da sind zunächst einmal die **mechanischen Wellen**. Diese sind dir aus dem Alltag sehr vertraut, denn dazu gehören die drei Einleitungsbeispiele: Schallwellen, Wasserwellen und Erdbebenwellen (falls du die schon einmal erlebt hast). Bei dieser Art von Welle schwingt Materie, also zum Beispiel die Luft, die Wasseroberfläche oder der Boden. Es schwingt also etwas, was du angreifen und sehen kannst. Mechanische Wellen beruhen auf den Newton'schen Gesetzen (siehe Kap. 7, „Big Bang 5"). Diese Wellen sind dir am besten bekannt und deshalb werden wir uns mit ihnen im Folgenden am häufigsten beschäftigen.

2) Dann gibt es die **elektromagnetischen Wellen**. Diese sind dir weniger vertraut, obwohl sie ebenfalls alltäglich sind (Abb. 19.7). Das liegt daran, dass du nur einen winzigen Teil davon körperlich wahrnehmen kannst, nämlich sichtbares Licht und Infrarot. Den überwiegenden Teil kannst du nicht direkt spüren. Im Folgenden wirst du immer wieder Beispiele zu den elektromagnetischen Wellen finden, aber im Wesentlichen werden diese in der 7. und 8. Klasse besprochen.

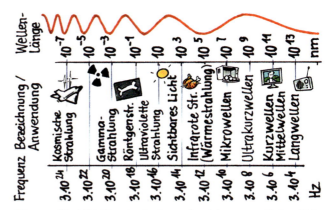
Abb. 19.7: Überblick über das Spektrum der elektromagnetischen Wellen. Nur einen winzigen Bruchteil davon kannst du wahrnehmen, sichtbares Licht und Infrarot.

3) + 4) Es gibt noch zwei weitere Arten von Wellen, die hier aufgezählt sind, damit der Überblick komplett ist: **Gravitationswellen** und **Materiewellen**. Wir werden diese Wellenformen aber erst viel später genauer besprechen („Big Bang 7 und 8").

→ **Info:** Etwas Science Fiction| -> S. 48

Mit Hilfe von **gekoppelten Pendeln** (→ F6) kann man zwei Dinge sehr schön zeigen: erstens, dass eine Welle die Ausbreitung einer Störung ist, und zweitens, dass es zwei mögliche Schwingungsrichtungen gibt: **transversal** und **longitudinal**.

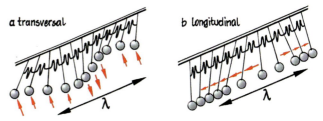
Abb. 19.8: Transversal- und Longitudinalwelle und ihre Wellenlänge (siehe Kap. 19.3, S. 50)

Nimm an, du stupst das erste Pendel quer zur Aufhängung an (Abb. 19.8 a). Weil die Pendel verbunden sind, wird auch das nächste Pendel ausgelenkt, dieses lenkt das übernächste aus und so weiter, immer mit einer kleinen Verzögerung. Die Störung der Ruhelage des ersten Pendels breitet sich also als Welle nach rechts aus. ==Wenn die Pendelkörper quer zur Ausbreitungsrichtung schwingen, dann spricht man von einer Transversalwelle== (lat. transversus = quer). Wenn die Pendelkörper auf einer Sinuskurve liegen, dann spricht man zusätzlich von einer harmonischen Schwingung. Die für uns im Alltag wichtigsten Transversalwellen sind die elektromagnetischen Wellen und somit auch das Licht (Abb. 19.11, S. 48).

Etwas Science Fiction

Die allgemeine Relativitätstheorie von ALBERT EINSTEIN aus dem Jahr 1916 sagt voraus, dass ein im Gravitationsfeld bewegter Körper Gravitationswellen aussendet. Das sind Änderungen in der Struktur der Raumzeit, die sich mit Lichtgeschwindigkeit ausbreiten. Klingt das nicht nach Star Trek? Niemand zweifelte an der Existenz der **Gravitationswellen**, aber erst 2016 gelang der experimentelle Nachweis. Das liegt daran, dass nur bei außergewöhnlichen Ereignissen, etwa der Kollision zweier Schwarzer Löcher, Gravitationswellen mit so viel Energie entstehen, dass wir diese direkt messen könnten.

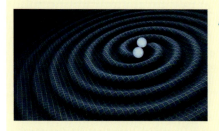

Abb. 19.9: Computersimulation der Gravitationswellen, wenn zwei sehr massive Objekte einander umkreisen.

Seit etwa 1925 weiß man, dass auch kleinste Teilchen wie Elektronen Welleneigenschaften haben. Man nennt sie **Materiewellen** und sie gehören zum schweren Brocken **Quantenmechanik** (siehe „Big Bang 7"). In Abb. 19.10 siehst du das Muster, das entsteht, wenn man einen Röntgen- (links) und einen Elektronenstrahl (rechts) durch Aluminumpulver schießt. Beide Strahlen werden abgelenkt und erzeugen am Schirm dahinter ein fast gleiches Muster, ein Beleg für die Welleneigenschaften der Elektronen. Wären diese nur „kleine Kugeln", würde das Muster nämlich ganz anders aussehen. Auf den Welleneigenschaften der Elektronen basiert das Elektronenmikroskop.

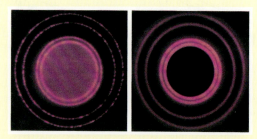

Abb. 19.10: Beugungsmuster (siehe Kap. 20.2.3, S. 61) einer elektromagnetischen Welle (links) und einer Materiewelle

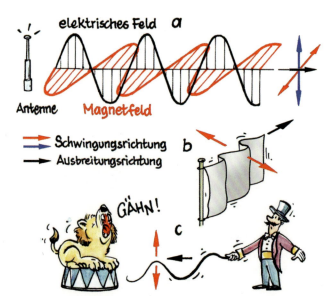

Abb. 19.11: Drei weitere Beispiele für Transversalwellen: a) elektromagnetische Welle: Hier schwingen elektrisches und magnetisches Feld; b) Flagge im Wind; c) Welle in einer geschwungenen Peitsche (→ F7).

Wenn du das erste Pendel parallel zur Aufhängung anstupst (Abb. 19.8 b), dann breitet sich eine Welle nach rechts aus, die durch „Verdichtungen" und „Verdünnungen" gekennzeichnet ist. Wenn die Pendelkörper in Ausbreitungsrichtung schwingen, dann spricht man von einer Longitudinalwelle (lat. longitudo = Länge). Die im Alltag wichtigste Longitudinalwelle ist der Luftschall (Abb. 19.12 b).

Abb. 19.12: Beispiele für Longitudinalwellen: a) kriechende Raupe; b) Schallwelle in der Luft (→ F7).

Wellenart	Was schwingt?	Beispiel	Schwingungsrichtung	Medium nötig	v
mechanische Wellen	Materie	Schall-, Wasser- und Erdbebenwellen, …	longitudinal und transversal	ja	< c
elektromagnetische Wellen	Kraftfeld (elektromagnetisches Feld)	Licht, Radiowellen, Handywellen, …	nur transversal	nein	c
Gravitationswellen	Kraftfeld (Gravitationsfeld)	Wellen in der Raum-Zeit	nur transversal	nein	c
Materiewellen	Wahrscheinlichkeitsdichte	Atome, Moleküle, Elektronen, Protonen, …	longitudinal und transversal	nein	< c

Tab. 19.1: Überblick über die verschiedenen Arten von Wellen. In der Quantentheorie werden elektromagnetische Wellen, Gravitationswellen und Materiewellen als „Quantenfelder" beschrieben. Aber das ist eine andere Geschichte… („Big Bang 7 und 8"). Die farbig hervorgehobenen Wellen werden in den entsprechenden Kapiteln besprochen.

Mechanische Longitudinalwellen können sich in allen Medien ausbreiten, also in festen, flüssigen und gasförmigen. **Mechanische Transversalwellen** können sich aber nur in festen Stoffen und an der Oberfläche von Flüssigkeiten ausbreiten. Diese Tatsache hilft uns bei der Erforschung der inneren Struktur der Erde.

→ **Info:** Wasserwellen
→ **Info:** „Röntgen" für die Erde

i Wasserwellen

Wenn du an das ständige Auf und Ab eines Schiffes denkst, dann liegt die Vermutung nahe, dass Wasserwellen **transversal** schwingen. Das ist aber nur die halbe Wahrheit, denn sie schwingen zusätzlich auch **longitudinal**. Die Überlagerung beider Bewegungen ergibt eine **Kreisbahn** (→ **F9**, Abb. 19.13 a). Je höher die Wasserwelle wird (b), desto größer wird der Durchmesser der Kreisbahn.

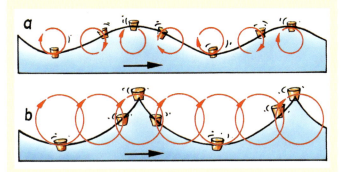

Abb. 19.13: Wenn sich die Wasserwelle nach rechts ausbreitet, dann bewegen sich die Korken im Uhrzeigersinn.

Eine Welle ist also keine Strömung! Die in der Praxis auftretenden Wasserströmungen kommen zum Beispiel durch Winde zustande, die das Wasser quasi in eine bestimmte Richtung schieben oder durch Dichte-Unterschiede wie beim Golfstrom.

Z Zusammenfassung

Wir unterscheiden vier Arten von Wellen: mechanischen und elektromagnetischen Wellen, Gravitations- und Materiewellen. (Wir werden uns hier mit den ersten beiden Arten beschäftigen.) Weiters kann man die Wellen nach ihrem Schwingungsverhalten in Transversal- und Longitudinalwellen einteilen.

i „Röntgen" für die Erde

Erdbebenwellen sind hochkompliziert. Die beiden häufigsten Formen sind aber „normale" Longitudinal- und Transversalwellen (Abb. 19.14). Erstere haben die höchsten Geschwindigkeiten (etwa 8 km/s). Sie kommen daher an entfernten Orten am schnellsten an und heißen demnach auch **Primär- oder P-Wellen** (a). Die Transversalwellen sind langsamer (4,5 km/s) und heißen **Sekundär- oder S-Wellen** (b).

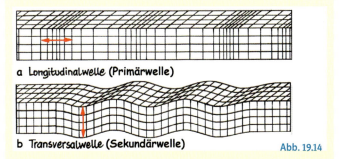

Abb. 19.14

Dass man durch Anwendung physikalischer Grundlagen oft neue Erkenntnisse gewinnen kann, zeigt folgendes Beispiel: Nach einem Beben gibt es auf der **gegenüberliegenden** Seite der Erde einen sehr großen Bereich, in dem keine S-Wellen auftreten, die so genannte Schattenzone (Abb. 19.15). Man wusste früher nicht, warum das so ist. Dann kam aber RICHARD D. OLDHAM **1906** auf die richtige Idee, dass der **Erdkern flüssig** sein muss, weil sich in Flüssigkeiten keine Transversalwellen ausbreiten können – es ist gut, wenn man in Physik aufgepasst hat (→ **F8**). Dass der innere Teil des Kerns wieder fest ist, konnte man 1936 ebenfalls durch die Auswertung von Erdbebenwellen herausfinden.

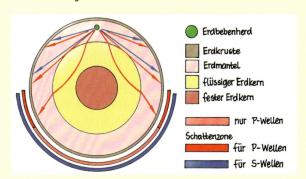

Abb. 19.15: Vereinfachte Darstellung, wie Bebenwellen durch die Erde laufen. Weil durch den flüssigen Bereich keine S-Wellen laufen können, liegt dahinter eine riesige Schattenzone für S-Wellen.

19.3 Ozean und Wasserpfütze
Wellenlänge und -geschwindigkeit

In diesem Abschnitt geht es um weitere Grundeigenschaften von Wellen: Länge und Geschwindigkeit. Wir werden uns diese am Beispiel Licht, Schall und Wasserwellen anschauen.

F11 W1 Was versteht man unter den Begriffen Amplitude, Schwingungsdauer und Frequenz? Lies nach in Kap. 18.2, S. 31.

F12 E1 Wenn du einen Stein ins Wasser wirfst und den ersten Ring beobachtest, wirst du sehen, dass sich dieser bald in mehrere Ringe aufteilt. Warum?

F13 W2 Wie schnell ist eine Tsunami-Welle? Und welche Wellenlänge hat sie? Was denkst du?

F14 S1 Wenn man die Sekunden zwischen Blitz und Donner zählt – und dann irgendwie rechnet – weiß man, wie weit der Blitz weg war! Wie geht das genau?

F15 S2 Wie lange dauert es, bis wir auf der Erde eine Änderung in Licht und Gravitation spüren, wenn ein Megasuperheld die Sonne plötzlich entfernt?

F16 S2 Bei Sprintstarts in der Leichtathletik hat jeder Teilnehmer hinter seinem Startblock einen eigenen Lautsprecher. Das ist vor allem beim 400-m-Lauf sehr wichtig! Warum? → L

F17 E2 Ein Sandskorpion kann einen Käfer aus einigen Dezimetern Entfernung exakt orten, ohne dass er ihn dazu sehen oder hören muss. Wie geht das? Es hat mit den Wellengeschwindigkeiten zu tun! → L

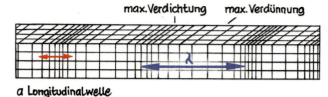

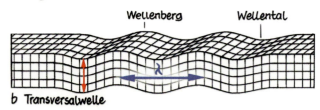

Abb. 19.16: Definition der Wellenlänge am Beispiel einer longitudinalen und transversalen Erdbebenwelle

Und die **Schwingungsdauer** der Welle ist der Kehrwert der Frequenz (siehe Kap. 18.2, S. 31). Zwischen Wellengeschwindigkeit, Frequenz und Wellenlänge besteht ein fundamentaler Zusammenhang, der immer gültig ist. Kennst du zwei Größen, kannst du die dritte sofort berechnen (siehe Tab. 19.2):

F Formel: allgemeine Wellengeschwindigkeit

$$v = f \cdot \lambda \quad \text{oder} \quad v = \frac{\lambda}{T}$$

v … Geschwindigkeit in m/s
f … Frequenz in Hertz
λ … Wellenlänge in m
T … Schwingungsdauer in s

Welle	λ [m]	v [m/s]	f [s^{-1}]	T [s]
grünes Licht	$5 \cdot 10^{-7}$	$c \approx 3 \cdot 10^8$	$6 \cdot 10^{14}$	$1{,}7 \cdot 10^{-5}$
„Kammerton" 440 Hz	0,77	≈ 340	440	$2{,}3 \cdot 10^{-3}$
10.000 Hz	0,034	≈ 340	10.000	10^{-4}
Trägerwellen Ö3	3,003	$c \approx 3 \cdot 10^8$	99,9	$1{,}001 \cdot 10^{-9}$
Tsunami	$2 \cdot 10^5$	200	0,001	1000

Tab. 19.2: Fünf Beispiele für Wellenlängen: Licht hat eine extrem kurze Wellenlänge. Schall- und Radiowellen liegen im Zentimeter- bzw. Meterbereich. Tsunamis haben Wellenlängen von rund 200 km!

Bei der Beschreibung von Wellen treten zwei neue Begriffe auf: **Wellenlänge** und **Wellengeschwindigkeit**. Die Wellenlänge wird immer zwischen zwei Punkten gemessen, die gleich stark ausgelenkt sind. Man sagt dazu, dass sie in „gleicher Phase" sind. Welche Punkte du nimmst, ist im Prinzip egal. Meistens misst man aber zwischen zwei Wellenbergen (Abb. 19.16 b) bzw. zwischen Punkten maximaler Verdichtung (a). Die Wellenlänge trägt immer den Buchstaben λ (Lambda), das ist ein kleines griechisches L. ==Die Wellengeschwindigkeit (v) ist die Geschwindigkeit, mit der sich die Welle ausbreitet.== Diese kann maximal so groß sein wie die Lichtgeschwindigkeit (c) (siehe auch Tab. 19.1, S. 48).

Weiters gelten für Wellen drei Begriffe, die du schon von den Schwingungen kennst: Die **Amplitude** gibt an, wie stark die Welle ausgelenkt ist. Die **Frequenz** gibt an, wie viele Wellenberge oder Stellen maximaler Verdichtung an einem Beobachter pro Sekunde vorüberziehen.

Wovon kann die Geschwindigkeit einer Welle generell abhängen? 1) Von der Art der Welle, 2) von der Beschaffenheit des Mediums, 3) von der Schwingungsart der Welle und 4) von der Wellenlänge. Diese Kriterien treffen allerdings nicht immer alle gleichzeitig zu! Sehen wir uns exemplarisch ein paar Beispiele an.

1) Die Wellengeschwindigkeit hängt von der Art der Welle ab (Tab. 19.1, S. 48). Die Lichtgeschwindigkeit c ist die Obergrenze aller Geschwindigkeiten im Universum. Licht, Funksignale und Gravitationswellen bewegen sich mit dieser Maximalgeschwindigkeit. Wäre die Sonne in diesem Moment weg, dann würdest du das Verschwinden des Lichts und der Gravitation erst rund 8 Minuten später merken (→ F15).

Wellengrundlagen 1 **19**

2) Die Wellengeschwindigkeit hängt von der Beschaffenheit des Mediums ab. Schallwellen bewegen sich zum Beispiel in der Luft mit rund 340 m/s, in Wasser 1500 m/s und in Stahl fast 6000 m/s. Aber auch in der Luft sind Schallwellen nicht immer gleich schnell, sondern v hängt von der Lufttemperatur ab (Abb. 19.17). Über den Daumen kann man aber sagen, dass die Schallgeschwindigkeit bei normalen Temperaturen rund 1/3 km/s beträgt. Daher muss man die Sekunden zwischen Blitz und Donner durch 3 dividieren, damit man die Blitzentfernung in Kilometern erhält (→ F14).

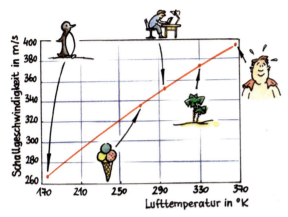

Abb. 19.17: Die Schallgeschwindigkeit in Luft (in m/s) kann man mit der Gleichung $v_{Luft} = 20 \cdot \sqrt{T}$ berechnen. T ist die Temperatur in Kelvin (≈ Grad Celsius + 273).

3) In Festkörpern hängt die Wellengeschwindigkeit von der Schwingungsrichtung der Welle ab. Longitudinalwellen breiten sich in ein und demselben Festkörper schneller aus als Transversalwellen. Deshalb sind die P-Wellen eines Erdbebens schneller als die S-Wellen (siehe auch **Infobox** Röntgen für die Erde, S. 49). Das nutzen die Menschen aus, um die Entfernung eines Erdbebens zu messen, und der Sandskorpion, um die Entfernung zu seinem Abendessen zu ermitteln (Lösung zu → F17, S. 123).

4) Die Wellengeschwindigkeit kann von der Wellenlänge abhängen. Das bezeichnet man in der Physik als **Dispersion**. Diese tritt zum Beispiel bei Tiefwasserwellen auf (**Infobox** Wasserwellen – etwas genauer). Je größer die Wellenlänge, desto größer die Geschwindigkeit. Das kannst du sehr schön sehen, wenn etwas ins Wasser fällt (→ F12). Es entsteht zunächst ein schmaler Wellenring um die Einschlagstelle. Dieser besteht aber aus überlagerten Wellen mit verschiedenen Wellenlängen und wird daher mit der Zeit immer breiter (Abb. 19.18). Die größte Rolle spielt die Dispersion bei der **Aufspaltung des weißen Lichts in seine Spektralfarben** (siehe Abb. 20.15, S. 60).

→ **Info:** Wasserwellen – etwas genauer

Abb. 19.18: Der Wellenberg, den ein Stein im Wasser erzeugt (links), besteht aus mehreren Wellen mit unterschiedlicher Wellenlänge. Deshalb läuft dieses „Wellenpaket" mit der Zeit auseinander.

i Wasserwellen – etwas genauer

Von einer **Tiefwasserwelle** spricht man, wenn die Wassertiefe mindestens 1/6 der Wellenlänge beträgt. Der Begriff Tiefwasser ist somit relativ. Bei einer 100 m langen Welle muss die Tiefe rund 17 m sein. Für eine 10-cm-Welle ist aber schon eine Pfütze mit 1,7 cm Tiefe Tiefwasser. Bei diesen Wellen tritt Dispersion auf (weißer Bereich in Abb. 19.19). Was aber, wenn das Wasser seichter ist als 1/6 der Wellenlänge? Dann wird die Welle durch den Boden gebremst und man spricht von **Flachwasserwellen** (gelber Bereich in Abb. 19.19). Bei diesen tritt **keine Dispersion** auf, und die Wellengeschwindigkeit hängt nur von der Wassertiefe ab. Ozeane haben im Schnitt eine Tiefe von 4000 m. Deshalb können sich Wellen mit maximal 200 m/s ausbreiten! Tsunamis haben Wellenlänge bis 200 km, für sie sind Ozeane Flachwasser (→ **F13**).

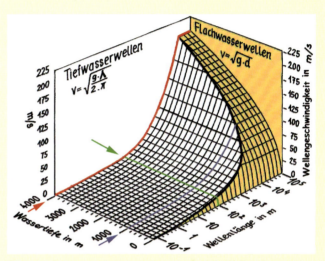

Abb. 19.19: Zusammenhang zwischen Wassertiefe, Wellenlänge und Wellengeschwindigkeit: weißer Bereich Dispersion, gelber Bereich keine Dispersion. An den Seiten die Gleichungen zur Berechnung von v (d = Wassertiefe).

Die rote Linie in Abb. 19.19 zeigt die möglichen Geschwindigkeiten bei 4000 m Wassertiefe. Bis zu einer Wellenlänge von rund 24.000 m steigt sie an (Dispersion), dann knickt die Kurve. Noch längere Wellen werden durch den Boden gebremst und daher nicht mehr schneller (keine Dispersion). Bei einer Wassertiefe von 1000 m erfolgt der Knick schon bei einer Länge von rund 6000 m. Die grüne Linie zeigt, was passiert, wenn eine Welle aus dem Ozean an die Küste rollt. Wird das Wasser zu seicht, wird die Welle gebremst.

Z Zusammenfassung

Die Ausbreitungsgeschwindigkeit hängt von der Art der Welle, vom Medium und von der Schwingungsart ab. Hängt sie von der Wellenlänge ab, so spricht man von Dispersion.

19.4 Wellen tun einander nichts
Überlagerung von Wellen

In diesem Abschnitt geht es darum, was bei der Überlagerung von Wellen passiert, und dass Wellen einander im Prinzip nicht stören. Und es geht um eine besondere Form einer Welle, die sich salopp gesagt nicht vom Fleck bewegt.

F18 Was versteht man unter Überlagerung von Schwin-
W1 gungen? Lies ab S. 39 in Kap. 18.6 und 18.7 nach!

F19 Welcher Zusammenhang besteht eigentlich zwischen
W2 Schwingungen und Wellen? Überlege mit Hilfe der gekoppelten Pendel in Abb. 19.8, S. 47.

F20 Zwei gekreuzte Lichtstrahlen beeinflussen einander
E2 nicht! Zwei gekreuzte Tischgespräche auch nicht! Was kann man daraus schließen?

F21 Es gibt Teile an einem Waggon, die sich pausenlos
E2 gegen die Fahrtrichtung bewegen! Wie kann das sein?

Alles, was du über Überlagerungen von Schwingungen gehört hast, gilt auch für Überlagerung von Wellen. Warum? **Weil sich eine Welle aus unzähligen einzelnen Schwingungen zusammensetzt** – denk an die gekoppelten Pendel (Abb. 19.8, S. 47). Eine Überlagerung von Wellen ist somit nichts anderes als eine Überlagerung unzähliger Schwingungen (→ **F19**). Um aus den Einzelwellen auf die Gesamtwelle zu kommen, muss man bloß an jeder Stelle die Amplituden addieren. Auch bei Wellen kann es daher zu konstruktiver und destruktiver Interferenz kommen (Abb. 19.20). Und durch das Zusammensetzen von Sinuswellen (Fourier-Synthese) kann man komplizierte Wellenformen erzeugen.

→ **Info:** Schwingung – Welle

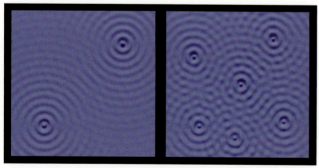

Abb. 19.20: Überlagerung von 2 bzw. 6 Kreiswellen: Man kann sehr gut die Stellen konstruktiver und destruktiver Interferenz erkennen.

Warum beeinflussen einander gekreuzte Gespräche oder Lichtstrahlen nicht (→ **F20**)? **Weil Wellen einander ungestört durchlaufen.** Bei ihrer Überlagerung kommt es zu Interferenzen, ohne dass dabei jedoch die einzelnen Wellen beeinflusst werden. Das nennt man das **Superpositionsprinzip** (superponieren = überlagern).

 Schwingung – Welle

Um den Zusammenhang zwischen Schwingung und Welle besser zu verstehen, sehen wir uns eine 1-dimensionale transversale Sinuswelle an (grüne Welle in Abb. 19.21), die sich nach rechts ausbreitet. Um das grafisch darzustellen, brauchen wir eine zusätzliche Zeitachse.

Welche Schwingung beschreibt ein einzelner Punkt, während die Welle an dir vorbeizieht? Um das festzustellen, brauchst du ein Weg-Zeit-Diagramm. Du musst also das Diagramm nach hinten durchschneiden (orange Linie). Es ergibt sich dabei eine Sinusschwingung. Das kannst du an jeder beliebigen Stelle machen. Daraus folgt: **Durch die Überlagerung von vielen harmonischen Schwingungen entsteht eine harmonische Welle.**

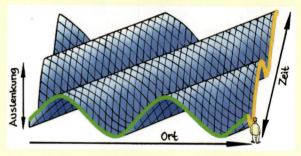

Abb. 19.21: Eine Transversalwelle breitet sich nach rechts aus.

Man kann das natürlich auch mathematisch formulieren. Die harmonische Schwingung (siehe Kap. 18.3, S. 32) wird so beschrieben:

$$(1)\ y(t) = A \cdot \sin\left[2\pi \cdot \left(\frac{t}{T}\right)\right]$$

und eine 1-dimensionale harmonische Welle so:

$$(2)\ y(x, t) = A \cdot \sin\left[2\pi \cdot \left(\frac{t}{T} - \frac{x}{\lambda}\right)\right]$$

Bei der Schwingung hängt die Auslenkung nur von der **Zeit**, bei der Welle **von Zeit und Ort** ab. (1) erhalten wir, wenn wir in (2) einen festen Ort x wählen. Wählen wir eine feste Zeit t, erhalten wir den momentanen Zustand der Welle. Der Zusammenhang zwischen Wellenform und Schwingungsform gilt übrigens für alle gleichförmigen Wellen (Abb. 19.22).

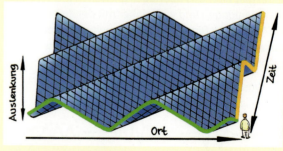

Abb. 19.22: Eine Dreieckswelle (grün) wird durch die Überlagerung von Dreiecksschwingungen (orange) erzeugt. Weil für „eckige" Schwingungen hohe Frequenzen nötig sind, sind auch für eckige Wellen hohe Frequenzen nötig.

Wenn die Wellen aneinander vorbeigelaufen sind, haben sie daher wieder die ursprüngliche Form (Abb. 19.23). Das Superpositionsprinzip gilt für alle Wellen – mit ganz wenigen Ausnahmen.

→ **Info:** Wasserwellenbruch

i Wasserwellenbruch

Eine der wenigen Ausnahmen vom Superpositionsprinzip sind hohe Wasserwellen. Diese haben generell die Form von umgedrehten **Rollkurven** (Zykloiden; siehe auch Abb. 19.13, S. 49). Darunter versteht man die Bahnen von Punkten auf rollenden Rädern. Je nach deren Lage entstehen dabei mehr oder weniger spitze Bahnen (Abb. 19.24). Befindet sich der Punkt außerhalb des Rollradius (das kann z. B. bei Eisenbahnrädern der Fall sein), dann haben die Rollkurve Schleifen (e). Punkte unter dem Rollniveau bewegen sich also tatsächlich **gegen** die Rollrichtung (→ F21)!

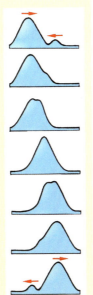

Abb. 19.23: Zwei gegenläufige Wellen überlagern sich. Die Amplituden addieren sich, aber die Wellen beeinflussen einander nicht.

Wenn du das Buch umdrehst, dann zeigen a bis d mögliche Formen einer Wasserwelle. Höher als bei d kann die Welle natürlich nicht werden, weil dann müssten die Wasserteilchen einen Looping machen. Wellenhöhe (Kreisdurchmesser) und Wellenlänge (Kreisumfang) verhalten sich wie $1:\pi$ (siehe d). **Eine Wasserwelle kann also nur rund 1/3 so hoch wie lang werden.** Würde sich durch Überlagerung von Wasserwellen eine größere Höhe ergeben, bricht die Welle – das Superpositionsprinzip gilt also nicht mehr.

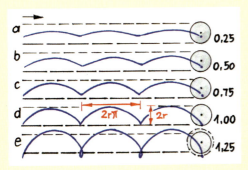

Abb. 19.24: Beispiele für Rollkurven: Die Zahl gibt die Entfernung des beobachteten Punktes vom Mittelpunkt in Radien an. Eine Zahl größer als 1 ist nur auf Schienen möglich.

Z Zusammenfassung

Wellen setzen sich aus Schwingungen zusammen. Alles, was für die Überlagerung von Schwingungen gilt, gilt daher auch für die Überlagerung von Wellen. Wellen tun einander nichts. Sie durchlaufen einander ungestört, und die Schwingungsamplituden addieren einander. Das nennt man das Superpositionsprinzip.

19.5 Marshmallows in der Mikrowelle
Stehende Wellen

Durch Überlagerung von Wellen entsteht auch eine ganz besondere Form, nämlich die stehenden Wellen. Warum diese in der Musik eine wichtige Rolle spielen, erfährst du hier.

F22 Nimm den Drehteller aus
E2 der Mikrowelle, leg Backpapier auf den Boden und fülle ihn mit Marshmallows. Wenn du einschaltest, dann blähen sich diese unterschiedlich stark auf (Abb. 19.25). Warum?

Abb. 19.25: Marshmallows in der Mikrowelle

F23 Was versteht man unter Resonanz bzw. Klangfarbe?
W1 Lies ab S. 36 in Kap. 18.5 und ab S. 42 in Kap. 18.7 nach!

F24 Wenn du über eine Flasche bläst, dann kannst du – je
E2 nach Höhe der Luftsäule – durch Resonanz einen ganz bestimmten Ton erzeugen. Woher weiß aber die Flasche, welche ihre Resonanzfrequenz ist? → L

F25 Wenn du Wasser in eine Flasche füllst, dann hörst du
E2 dabei ein Geräusch, das immer höher wird! Warum?

F26 Eine gezupfte Geigensaite klingt viel härter als eine
E2 gestrichene. Was könnte der Grund sein? Hilf dir mit der Infobox Fourier-Synthese (Kap. 18.7, S. 43). → L

F27 In einem Film siehst du eine Maus, die wie ein Löwe
S1 brüllt. Kann das sein? Versuche zu begründen!

F28 Am Bodensee kann man beobachten, dass sich der
E2 Wasserspiegel machmal im Lauf einer Stunde um einen Meter hebt und wieder senkt. Wie kommt das?

Eine besondere Form von überlagerten Wellen sind die **stehenden Wellen** (Abb. 19.26, S. 54). Am besten kann man das anhand einer schwingenden Saite erkennen (Abb. 19.27a, S. 54). Bei dieser bilden sich an den Enden Schwingungsknoten und in der Mitte ein Schwingungsbauch aus. Knoten und Bäuche bleiben immer an derselben Stelle. Deshalb spricht man von einer stehenden Welle. Stehend bedeutet aber nicht statisch! Die Saite schwingt ja pausenlos. Eine Sanddüne zum Beispiel ist keine stehende Welle.

Wie entsteht eine stehende Welle? Wenn zwei gleiche Wellen in die Gegenrichtung laufen! Wenn du eine Saite zum Schwingen bringst, dann breiten sich in beide Richtungen Transversalwellen aus. Diese werden an den Enden reflektiert, laufen wieder durch die Saite bis zum anderen Ende und so weiter. Durch die Überlagerung der gegenläufigen Wellen entsteht dann eine stehende Welle (Abb. 19.28).

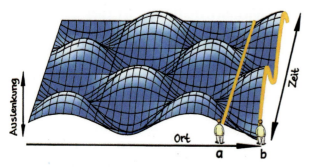

Abb. 19.26: *t-x*-Diagramm einer stehenden Welle. Bei a befindet sich ein Schwingungsknoten, bei b ein Schwingungsbauch. Vergleiche mit Abb. 19.21, S. 52.

Auch im **Mikrowellenherd** bilden sich durch Reflexionen stehende elektromagnetische Wellen aus. Das bedeutet, dass die Speisen an manchen Stellen stark erhitzt werden (Schwingungsbauch) und an anderen gar nicht (Schwingungsknoten). Deshalb dehnen sich auch die Marshmallows unterschiedlich stark aus (→ F22). Damit die Speisen gleichmäßig erwärmt werden, gibt es eben den Drehteller!

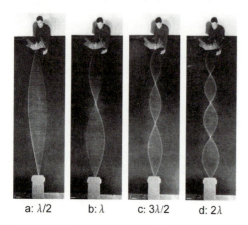

a: $\lambda/2$ b: λ c: $3\lambda/2$ d: 2λ

Abb. 19.27: Grundwelle und drei Oberwellen bei einer schwingenden Saite: Die Saitenlänge ist dabei immer ein ganzzahliges Vielfaches von $\lambda/2$.

Eine stehende Seilwelle kann sich nur bei **ganz bestimmten Verhältnissen** von Wellenlänge und Seillänge ausbilden (Abb. 19.27). Bei der Grundwelle (a) passt genau eine halbe Wellenlänge auf die Saite.

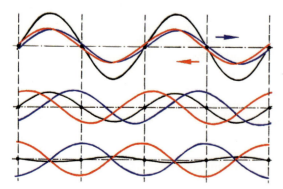

Abb. 19.28: Eine stehende Welle (unten) entsteht durch die Überlagerung von zwei gleichen, aber gegenläufigen Wellen (oben). Du siehst, dass Bäuche und Knoten immer an derselben Stelle bleiben.

Weil nur ganz bestimmte Wellenlängen auf eine Saite passen, kann diese auch nur ganz bestimmte Frequenzen erzeugen. Bei **Longitudinalwellen** in Blasinstrumenten und Orgelpfeifen ist das im Prinzip genauso, es gibt aber einen wesentlichen Unterschied. Weil bei einer Saite die Enden eingespannt sind und nicht schwingen können, entstehen dort natürlich immer Knoten. Bei einer schwingenden Luftsäule entstehen an geschlossenen Enden ebenfalls **Knoten**, denn wie sollten die Luftteilchen direkt an der Wand schwingen? An offenen Enden entstehen aber **Bäuche**. Wenn die Röhre beidseitig offen ist, beträgt ihre Länge $\lambda/2$ des Grundtons (Abb. 19.29). Wenn sie aber einseitig geschlossen ist, muss sie nur $\lambda/4$ lang sein.

→ **Info:** Hohlmaus

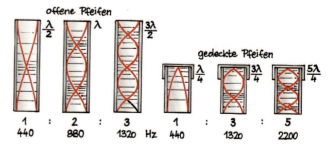

Abb. 19.29: Grund- und Oberwellen in offenen und gedeckten Orgelpfeifen am Beispiel eines Grundtons mit 440 Hz (Kammerton a). Die Schwingungen sind longitudinal, aber zur besseren Übersicht ist auch die Schwingungsamplitude eingezeichnet. Die Schwingungsbäuche sind dort, wo die Luft am dünnsten ist.

i Hohlmaus

Der Grundton einer Luftsäule hängt von ihrer Länge ab und ob sie gedeckt ist oder nicht. Auch für stehende Wellen gilt die Gleichung $v = f \cdot \lambda$ (siehe Kap. 19.3, S. 50). Die Schallgeschwindigkeit bei Zimmertemperatur beträgt 342 m/s. Eine Schallwelle mit 440 Hz hat eine Länge von 0,77 m. Eine offene 440-Hz-Pfeife muss daher rund 39 cm hoch sein und eine gedeckte 19 cm (siehe Abb. 19.29). Eine Glasflasche ist wie eine unten gedeckte Pfeife (also oben offen und unten geschlossen). Es passt eine Viertelwelle in sie hinein. Ist sie 26 cm hoch, so kannst du einen Ton mit rund 330 Hz erzeugen. Je höher die Flüssigkeit in ihr ist, desto höher ist auch der erzeugte Ton. Das ist der Grund, warum beim Füllen einer Flasche das Geräusch immer höher wird (→ F25).

Abb. 19.30: Welche ist die tiefste Resonanzfrequenz einer Hohlmaus mit 8 cm Länge?

Eine Maus kann niemals so brüllen wie ein Löwe (→ F27)! Selbst wenn sie völlig hohl wäre, würde nur eine Viertelwelle von 8 cm in sie hineinpassen. Die tiefste Frequenz, die sie dann verstärken kann, ist rund 1070 Hz. Auch eine Hohlmaus hätte also eine Fistelstimme.

Daher sind manche Orgelpfeifen auf einer Seite geschlossen. Man nennt sie dann **gedeckte Pfeifen.** Man spart zwar die Hälfte des Materials, dafür haben sie aber einen völlig anderen Klang, weil sich in ihnen nur ungeradzahlige Obertöne ausbilden können (siehe Abb. 19.29). Erinnere dich: Die Höhe, die du von einem Klang wahrnimmst, kommt von der Grundfrequenz, die Klangfarbe hängt von seinem Frequenzspektrum ab, also von Anzahl und Intensität der Obertöne (siehe Abb. 18.52, S. 42 und Abb. 21.7, S. 67).

→ **Info:** Die Sonne ist ein Riesengong

i Die Sonne ist ein Riesengong

Auch in Seen können stehende Wellen mit rund 1 m Höhe entstehen. Man nennt sie **Seiches** (sprich „bäsch"). Diese werden aber nicht durch die Gezeiten ausgelöst (→ F28), sondern durch Wind, Druckschwankungen oder Bebenwellen. Aus allen Frequenzen verstärkt der See nur bestimmte – wie bei der Flasche.

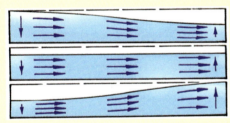

Abb. 19.31: Stehende Welle in einem See: In diesen passt eine halbe Welle, wie bei einer offenen Orgelpfeife. In der Seemitte befindet sich ein Knoten.

Die **Schwingungsdauer** eines Seiches lässt sich einfach abschätzen. Der Bodensee ist rund 50 km lang und hat eine durchschnittliche Wassertiefe von 90 m. Eine Flachwasserwelle kann sich daher mit 30 m/s (= 108 km/h) ausbreiten (siehe Abb. 19.19, S. 51). Für einmal Hin- und Zurückschaukeln benötigt die Welle daher etwas weniger als eine Stunde.

Auch die Sonne wirkt als Resonanzkörper für Schallwellen, die durch die Konvektion (siehe Big Bang 5, Kap. 12.2) im Sonneninneren erzeugt werden und eine verwirrende Vielfalt von Mustern stehender Wellen bilden (Abb. 19.32). Die Sonne ist also eine Art 3-dimensionaler Riesengong.

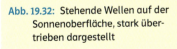

Abb. 19.32: Stehende Wellen auf der Sonnenoberfläche, stark übertrieben dargestellt

Z Zusammenfassung

Zwei gleiche, aber gegenläufige Wellen erzeugen eine stehende Welle. Wellenknoten und -bäuche befinden sich dann immer an denselben Stellen. Im Alltag spielt das vor allem in der Akustik eine Rolle – und im Mikrowellenherd, wenn der Drehteller kaputt ist.

Wellengrundlagen 1

F29 Kurz vor 1900 suchte man beinahe verzweifelt nach
W2 einem Medium, das das Licht transportiert. Braucht Licht ein Medium? Warum suchte man nach einem solchen Medium? → L

F30 Wie kann man zwischen den Erdwellen von einem
S1 illegalen Atomtest und einem normalen Erdbeben unterscheiden? → L

F31 Hast du eine Erklärung dafür, warum sich mechani-
E1 sche Transversalwellen nur in Festkörpern und an der Oberfläche von Flüssigkeiten ausbreiten können? → L

F32 Wenn man eine Glocke anschlägt und mit einem
S2 Stethoskop am Rand hört, was findet man dabei heraus? → L

F33 Welche Reiter springen, wenn
E2 du die Saite so wie in der Abbildung anzupfst? → L

Abb. 19.33

F34 Die Geschwindigkeit einer Wasserwelle hängt von
E2 ihrer Wellenlänge ab. Hängt sie aber auch von ihrer Höhe ab? → L

F35 Hat eine Wasserwelle Energie? Und besitzt sie einen
W1 Impuls? → L

F36 Hast du eine Erklärung dafür, warum in warmer Luft
W2 die Schallgeschwindigkeit größer ist als in kalter? → L

F37 Wenn du einen Stein auf dünnes Eis wirfst, dann hörst
W2 du eine Art „Piuuuu", also ein Geräusch, dessen Höhe sehr schnell abnimmt. Warum ist das so? → L

F38 Wie schnell wäre ein Tsunami, wenn er sich in Tiefwas-
E2 ser bewegen würde? Wie tief müsste das Wasser dazu sein? Die Gleichung findest du in Abb. 19.19, S. 51. → L

F39 Die Töne einer Grille kann man 800 m weit hören!
E2 Dieses kleine Insekt bringt daher die Luft in einer Halbkugel mit dem Durchmesser von 1.600 m zum Schwingen. Das entspricht einer unglaublichen Masse von 1 Milliarde kg! Wie kann so ein winziges Tier so viel Masse bewegen? → L

F40 Welche Frequenzen verstärkt ein Badezimmer mit 3 m
S2 Höhe? → L

F41 Was weißt du Spezielles über Wasserwellen? Fasse
E2 zusammen und verwende dabei Abb. 18.40, 19.1, 19.5, 19.13, 19.18, 19.19, 19.20, 19.24, 19.31.

F42 Was weißt du Spezielles über Erdbebenwellen?
E2 Fasse zusammen und verwende dabei 18.32, → F28, Kap. 18.5, S. 36, 19.2, 19.3, 19.14, 19.15.

20 Wellengrundlagen 2

Wenn sich eine Welle in einem gleichförmigen Medium ohne Hindernisse ausbreitet, dann tut sie das geradlinig. Das ist langweilig! Spannend wird es, wenn sich das **Medium** in irgendeiner Weise **ändert**, weil dann die Welle ihre Richtung ändert. Um solche Richtungsänderungen geht es in diesem Kapitel. Vorher ist aber noch von zwei wichtigen Prinzipien die Rede, mit deren Hilfe man diese Richtungsänderungen einfach erklären kann. Wenn man mehrere Darstellungsmöglichkeiten kennt, dann versteht man eine Sache nicht nur tiefer, sondern kann sich auch die beste für die jeweilige Situation heraussuchen.

20.1 Wieso die Welle den Weg weiß
Die Prinzipien von Huygens und Fermat und die Interferenz

In diesem Abschnitt ist von zwei wichtigen Prinzipien die Rede, mit deren Hilfe wir die Richtungsänderungen von Wellen einfach erklären können.

F1 W2 Wie breitet sich eine 2-dimensionale Welle aus, die an einem Punkt ausgelöst wird – etwa eine Wasserwelle? Wie breitet sich eine 3-dimensionale Welle aus – etwa der Luftschall?

F2 W1 Was versteht man in Physik und Chemie unter einem Element?

F3 W1 Was passiert eigentlich, wenn sich zwei Wellen überlagern – zum Beispiel zwei Wasserwellen?

F4 E1 Eine ungestörte Welle breitet sich geradlinig aus. Woher weiß aber die Welle, in welche Richtung das ist?

F5 E2 Drei Lichtstrahlen gehen gleichzeitig von der Flamme aus (Abb. 20.1). Welcher kommt zuerst am Schirm an? Und woher wissen die Wellen, welchen Weg sie nehmen müssen?

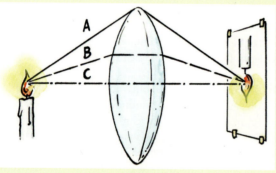

Abb. 20.1: Welcher ist der schnellste Weg?

Wenn ein Tropfen ins Wasser fällt, dann entstehen rund um die Einschlagstelle konzentrische Kreise (→ **F1**, Abb. 19.1, S. 45). Eine solche Welle nennt man **Kreiswelle**. Wenn ein Knallkörper in der Luft explodiert, dann breitet sich der Schall kugelförmig aus. Das nennt man eine **Kugelwelle**. Beide sind so genannte **Elementarwellen**.

Elementar bedeutet grundlegend. Ein Element ist zum Beispiel ein mit chemischen Methoden nicht mehr zerlegbarer Stoff (→ **F2**). Ein Element ist also ein grundlegender Stoff. Eine Elementarwelle ist eine Welle, die nicht mehr weiter zerlegt werden kann. Sie ist eine grundlegende Welle. Genau genommen kommen solche Wellen im Alltag nicht vor, denn sie werden durch eine punktförmige Störung verursacht, und weder der Tropfen noch der Knallkörper sind wirklich punktförmig. Aber es geht hier ums Prinzip!

Der niederländische Physiker CHRISTIAN HUYGENS (1629–1695) formulierte um **1680** ein nach ihm benanntes Prinzip, das für alle Arten von Wellen gilt. ==Das **Huygens-Prinzip** lautet: Jeder Punkt, der gerade von einer Welle erfasst wird, sendet eine neue Elementarwelle aus. Die Überlagerung all dieser Wellen ergibt die sichtbare Welle.==

Welche Belege gibt es für seine Behauptung? Wenn etwa eine Wasserwelle durch ein Loch geht, dann entsteht dahinter eine Kreiswelle, also eine Elementarwelle. Dabei ist es völlig egal, wie die ursprüngliche Welle aussieht (Abb. 20.2). So kann man eine neu entstandene Elementarwelle isolieren. Das ist ein Beleg für den ersten Teil des Prinzips.

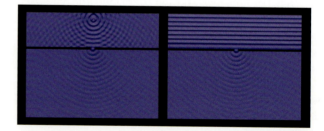

Abb. 20.2: Simulation der Entstehung einer Elementarwelle an einem Loch: Es spielt dabei keine Rolle, ob die ursprüngliche Welle eine Kreiswelle (links) oder eine ebene Welle ist (rechts).

Nun entstehen also zu **jeder Zeit** an **jedem Punkt der Wellenfront** neue Elementarwellen. Ein Tohuwabohu von unendlich vielen Wellen! Und jetzt kommt die Interferenz ins Spiel (S. 40). Alle diese Wellen überlagern sich und verstärken einander oder löschen einander aus. Und dadurch entsteht genau die „simple" Welle, die du dann siehst. Jede beliebige Welle lässt sich also aus unendlich vielen Elementarwellen zusammensetzen. Beispiele dafür kannst du in Abb. 20.3 und 20.4 sehen. Das ist der Beleg für den zweiten Teil des Prinzips.

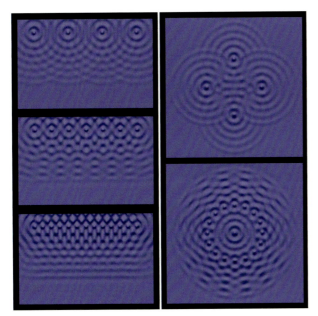

Abb. 20.3: Links: Erzeugung einer ebenen Welle aus 4, 7 und 13 Elementarwellen. Rechts: Erzeugung einer Kreiswelle aus 4 und 16 Elementarwellen. Die Wellenfront wird umso glatter, je mehr Elementarwellen man überlagert. In Wirklichkeit sind es unendlich viele. Rechts unten sieht man sogar die virtuelle Quelle in der Mitte.

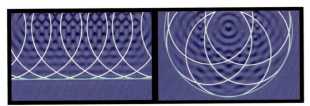

Abb. 20.4: Die Wellenfront (türkis) ist immer die Einhüllende aller Elementarwellen (weiß). Es sind exemplarisch nur ein paar Elementarwellen eingezeichnet.

Woher weiß eine Welle, in welche Richtung sie muss (→ F4)? Die Welle hat keine Ahnung! Tatsächlich „probiert" sie ständig alternative Wege und schickt Elementarwellen aus. Aber die Wellen auf den Irrwegen interferieren in Summe destruktiv, nur auf dem geraden Weg bleiben sie über (siehe Abb. 20.5). Eine Linie, die normal auf die Wellenfront steht, nennt man übrigens allgemein einen **Wellenstrahl**! Den Begriff **Lichtstrahl** kennst du aus dem Alltag!

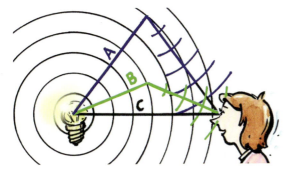

Abb. 20.5: Nach dem Huygens-Prinzip sind auch die Wege über A und B möglich. Aber diese Lichtstrahlen löschen einander aus – sonst würdest du die Lampe von überall sehen! (Anm.: Das Licht ist natürlich einfärbig, aber zur besseren Übersicht hier farbig dargestellt.)

Warum gibt man zuerst etwas dazu (die Elementarwellen), wenn es nachher durch Interferenz sowieso wieder weg ist und nur die **ursprüngliche Welle** übrig bleibt? Solange die Welle an kein Hindernis kommt, ist dieses Prinzip wirklich nicht sonderlich sinnvoll. Zur Erklärung von Phänomenen wie Brechung oder Beugung ist es aber enorm praktisch, wie du im nächsten Abschnitt sehen wirst.

Ein zweites wichtiges Prinzip stammt von einem Zeitgenossen Huygens', dem französischen Mathematiker PIERRE DE FERMAT (1608–1665). ==Das Fermat-Prinzip lautet: Eine Welle läuft zwischen zwei Punkten auf jenem Weg, für den sie am wenigsten Zeit benötigt.== Warum macht das eine Welle? Weil sie sich auf allen anderen Wegen durch destruktive Interferenz auslöscht! Hier siehst du den Zusammenhang zwischen den beiden Prinzipien.

Wenn sich das Medium nicht ändert, dann ist der **zeitlich kürzeste Weg** zwischen zwei Punkten natürlich auch der räumlich kürzeste. Die Wellenfront bewegt sich dann geradlinig. Wenn sich aber das Medium ändert und somit die Geschwindigkeit der Welle, dann ist der **zeitlich** kürzeste Weg **nicht gerade**.

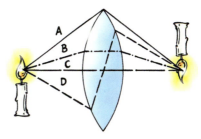

Abb. 20.6: Wenn sich das Medium ändert, dann ändert sich auch die Ausbreitungsgeschwindigkeit, und die Strahlen knicken. Strahl D ist nicht möglich, weil das Licht über diesen Weg länger braucht.

Die Lichtstrahlen A bis C in Abb. 20.6 kommen alle gleichzeitig an (→ F5)! Wieso? Nach dem Fermat-Prinzip nimmt **jede** Welle den zeitlich kürzesten Weg. Wäre also eine der drei Wellen schneller, so müssten alle Strahlen diesen Weg nehmen. Natürlich ist Weg A viel länger als C. Dafür hat aber A den kürzesten Weg durch das bremsende Glas. Und das gleicht sich genau aus. Würde eine Welle früher oder später ankommen, dann wäre sie phasenverschoben und es käme zur destruktiven Interferenz. Ein Bild kann aber nur durch konstruktive Interferenz entstehen, und deshalb müssen alle Strahlen die gleiche Zeit benötigen. Man kann also sagen: Wenn zwischen zwei Punkten mehrere Wege möglich sind, dann braucht die Welle auf allen diesen Wegen gleich lange!

Z Zusammenfassung

Das Huygens-Prinzip besagt, dass jeder Punkt einer Wellenfront eine Elementarwelle aussendet. Das Fermat-Prinzip besagt, dass eine Welle zwischen zwei Punkten den Weg wählt, für den sie am wenigsten Zeit benötigt. Bei der Überlagerung von Wellen (Interferenz), werden die Amplituden einfach addiert.

20.2 Eine Welle biegt ab
Reflexion, Brechung und Beugung

Richtig Biss bekommen diese Prinzipien, wenn eine Welle zu einem anderen Medium oder zu einem Hindernis kommt. In diesem Abschnitt sehen wir uns die Wellen-Phänomene Reflexion, Brechung und Beugung genauer an.

20.2.1 Mit den Ohren sehen
Reflexion

F6 Wenn ein Taucher unter Wasser spricht, hörst du in der
E1 Umgebung kaum etwas. Warum nicht? Wasser leitet den Schall doch viel besser als Luft!

F7 Glas ist einerseits durchsichtig, spiegelt andererseits
E2 aber auch etwas. Was muss daher mit dem Licht an der Grenze zwischen Luft und Glas passieren?

F8 Wie funktionieren Radar, Sonar der U-Boote, Ultra-
W2 schall in der Medizin und das Ortungssystem der Fledermäuse?

F9 Du willst so
S2 schnell wie möglich von A nach B und musst dabei die Linie berühren. Welchen Weg nimmst du? Und welchen Weg nimmst du, wenn

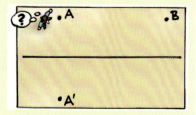

Abb. 20.7

du von A' nach B willst? Fällt dir dabei etwas auf?

Wenn eine Welle abrupt an die Grenze zu einem anderen Medium kommt, dann gibt es nur zwei Möglichkeiten: Entweder wird die gesamte Energie zurückgeworfen (reflektiert) oder nur ein Teil, und der Rest läuft weiter. Je mehr sich Dichten und Wellengeschwindigkeiten der Medien unterscheiden, desto mehr Energie wird reflektiert. Dazu drei Beispiele:

1) Ein **Spiegel** reflektiert fast 100 % der Energie des Lichts (wie in Abb. 20.10 links).

2) Wenn ein Taucher **unter Wasser** spricht, dann werden an der Grenzfläche zum Wasser mehr als 99 % der Schallenergie reflektiert (→ F6). Deshalb ist es praktisch unmöglich, jemanden unter Wasser zu verstehen.

3) Wenn Licht senkrecht auf **Glas** trifft, dann werden nur etwa 5 % der Energie reflektiert. Ein klitzekleiner Teil wird absorbiert, und der Löwenanteil von etwa 95 % wird durchgelassen. Deshalb ist Glas durchsichtig und spiegelt nur ganz wenig (→ F7). Zur Reflexion von Wellen gibt es zahlreiche Beispiele aus Alltag, Natur und Technik.

→ **Info:** Radar und Ultraschall

---

i Radar und Ultraschall

Radar, **Sonar** und das **Ultraschallverfahren** in der Medizin funktionieren so wie das Ortungssystem der **Fledermäuse**: durch Auswertung von Echos (→ F8)! Radar wird nicht nur im Straßen-, sondern auch im Flugverkehr eingesetzt. Dabei wird ein elektromagnetischer Puls ausgesendet. Aus der Zeit bis zur Rückkehr des reflektierten Signals kann man auf die Entfernung des Flugzeugs schließen. Ist dieses zum Beispiel 150 km (= s) entfernt, dann ist der reflektierte Puls nach $t = 2s/c = 0{,}001$ s wieder da. Die Intensität gibt zusätzlich Aufschluss über Art und Größe des Objekts.

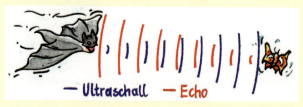

Abb. 20.8: Ortung mit Hilfe eines Ultraschallechos: Genauso funktioniert Radar, allerdings nicht mit Schall, sondern mit elektromagnetischen Wellen.

In den anderen drei Fällen werden **Schallwellen** verwendet. Das U-Boot-**Sonar** arbeitet mit Hörschall (siehe Kap. 21.2, S. 67). **Fledermäuse** arbeiten mit Ultraschall von 20 bis 200 kHz und „brüllen" quasi ihre Beute an (Abb. 20.8). Beachtlich: Mit ihrer inneren Uhr können sie Zeitunterschiede bis etwa $5 \cdot 10^{-5}$ s erkennen. Sie können daher Entfernungen auf weniger als **1 cm** genau abschätzen! Fledermäuse „sehen" mit den Ohren! Ihr Gehirn fügt die Echos in den beiden Ohren zu einem 3d-„Bild" zusammen. Das „innere Bild" von Fledermäusen muss ähnlich plastisch sein wie jenes, das man durch **3d-Ultraschallverfahren** in der **Medizin** bekommt (siehe Abb. 20.9).

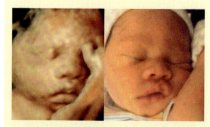

Abb. 20.9: Das Ultraschallverfahren in der Medizin funktioniert nach demselben Prinzip wie das Ortungssystem der Fledermäuse.

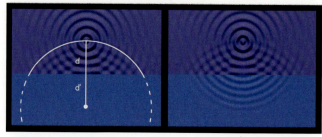

Abb. 20.10: Links wird die Welle wie beim Spiegel komplett reflektiert, rechts kann wie beim Glas ein Teil ins untere Medium eindringen. Das scheinbare Zentrum der reflektierten Welle ist in jedem Fall genau so weit von der Grenzlinie entfernt (d'), wie das tatsächliche (d).

Was ist, wenn ein Wellenstrahl nicht senkrecht, sondern schräg gegen eine Wand prallt? Dann gilt das **Reflexionsgesetz: Einfallender und reflektierter Stahl haben zum Lot denselben Winkel** (siehe Abb. 20.11). Aber warum ist das so? Am übersichtlichsten lässt sich das mit dem Fermat-Prinzip erklären. Erinnere dich: Ein Wellenstrahl nimmt immer den schnellsten Weg. Wenn sich das Medium nicht ändert, dann ist der schnellste Weg auch der kürzeste (→ F9)!

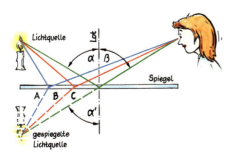

Abb. 20.11: α und β sind gleich groß, weil das der kürzeste Weg zum Auge ist. Über A und B sind die Wege länger. Das gilt auch für die scheinbaren Lichtstrahlen vom Spiegelbild.

Sieh dir Abb. 20.11 an. Die Strahlen der Lichtquelle gelangen auf dem schnellsten – also kürzesten – Weg in dein Auge, und das ist immer der, bei dem α und β gleich groß sind (siehe auch Abb. 20.5, S. 57). Das kannst du mit einem Lineal ganz einfach nachprüfen. Noch logischer erscheint die Erklärung, wenn du das Spiegelbild betrachtest. Auch der Weg vom Spiegelbild in dein Auge ist immer der schnellste, also gerade! Aus geometrischen Gründen muss somit α' so groß sein wie β. Ein Spiegelbild befindet sich scheinbar immer so weit hinter dem Spiegel wie das Objekt vor dem Spiegel (siehe auch Abb. 20.10). Und deshalb muss α' gleich α sein. Daher gilt: $\alpha' = \alpha = \beta$. Voilà!

Z   Zusammenfassung

An einer Grenzfläche werden bis zu 100 % der Energie einer Welle reflektiert. Einfallender und reflektierter Strahl haben zum Lot immer denselben Winkel. Das gilt für alle Wellen.

20.2.2 Wellen schlagen an den Strand
Brechung

→ **?: Fragebox**

Brechung bedeutet, dass eine Wellenfront beim Eintritt in ein anderes Medium die Richtung ändert. Der Grund dafür ist immer ein **Geschwindigkeitsunterschied** in den beiden Medien. Beginnen wir die Erklärung mit dem Fermat-Prinzip und somit mit den Rettungsschwimmern (→ F10). Der Mensch ist am Sand schneller als im Wasser. Deshalb ist der schnellste Weg über C. Beim Pinguin ist es umgekehrt, und sein schnellster Weg führt über A. B wäre für beide zwar kürzer, aber langsamer. Genauso ist es bei einer Welle. Diese nimmt immer den schnellsten Weg und muss daher die Richtung ändern, wenn sich ihre Geschwindigkeit ändert.

F10 Ein Mensch und ein Pinguin sind Rettungsschwimmer.
E1 Welchen Weg müssen sie nehmen, damit sie so schnell wie möglich bei der Schwimmerin in Seenot sind und warum?

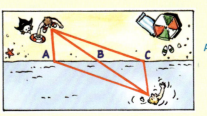

Abb. 20.12: Welche sind die jeweils schnellsten Wege?

F11 Du gehst eingehakt in einer Gruppe. In welche
E1 Richtung wird diese im Fall a und b schwenken, wenn sich der Boden ändert? Versuche zu begründen!

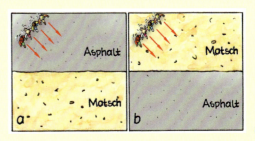

Abb. 20.13

F12 Du weißt, dass man weißes Licht mit einem Prisma in
W1 seine Spektralfarben zerlegen kann. Hast du eine Idee, warum das so ist?

F13 Die Wellenberge, die an den Strand rollen, verlaufen
S2 immer parallel zur Küstenlinie. Aber woher wissen die Wellen, welche Richtung die Küste hat?

F14 Unsichtbar sein, das wär' sehr fein! Die Sache hat aber
S2 einen großen Haken! Welchen?

Wie stark der Knick ist und in welche Richtung er erfolgt, hängt ausschließlich von den Geschwindigkeiten in den beiden Medien ab.

Trifft ein Strahl auf ein Medium, in dem er sich **langsamer** bewegt, dann wird er **zum Lot gebrochen** (Abb. 20.14, S. 60). Damit meint man, dass nach der Brechung der Winkel zum Lot kleiner ist. Trifft ein Strahl auf ein Medium, in dem er sich **schneller** bewegt, dann wird er **vom Lot gebrochen**. Damit meint man, dass nach der Brechung der Winkel zum Lot größer ist.

Einer der ersten, der das **Brechungsgesetz** formuliert hat, war der Niederländer WILLEBRORD SNELL VAN ROJEN (kurz SNELLIUS) um etwa 1620. Es gilt für alle Wellen und gibt einen Zusammenhang zwischen den Winkeln und den Geschwindigkeiten an. Am einfachsten kann man das Brechungsgesetz mit dem Huygens-Prinzip ableiten.

→ **Info:** Brechungsmathematik

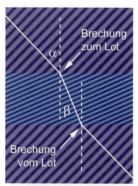
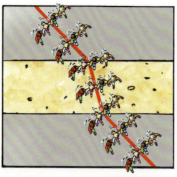

Abb. 20.14: Links: Brechung eines Strahls: Im mittleren Medium ist die Geschwindigkeit kleiner. Deshalb kommt es zuerst zu einer Brechung zum Lot und dann zu einer vom Lot. Rechts: Analogie mit der Menschenkette (→ F11): Weil man sich im Matsch langsamer bewegt, schwenkt die Kette zuerst zum Lot, dann wieder vom Lot.

F Formel: Brechungsgesetz von Snellius

$$\frac{\sin \alpha}{\sin \beta} = \frac{v_1}{v_2}$$

α und β … Winkel des einfallenden und des gebrochenen Strahls zum Lot
v_1 und v_2 … Geschwindigkeiten der Welle in Medium 1 und 2

Sehen wir uns exemplarisch noch drei Beispiele zur Brechung an:
1) Die für uns Menschen **wichtigste Auswirkung der Brechung** ist die der Lichtstrahlen in unseren **Augen**. Gäbe es sie nicht, dann wären wir Menschen unendlich weitsichtig und somit praktisch blind.

→ **Info:** Unsichtbarkeit |

2) Ein zweites Beispiel ist die **Aufspaltung der Lichtstrahlen** in einem Prisma (Abb. 20.15). Der Brechungswinkel der austretenden Strahlen ist unterschiedlich. Daraus folgt, dass die Lichtstrahlen je nach Farbe unterschiedliche Geschwindigkeiten im Glas haben müssen. Wie kommt das?

Abb. 20.15: In Flintglas ist das rote Licht etwa 3% schneller als das blaue. Das nennt man Dispersion. Durch diese kommt es wiederum zur unterschiedlich starken Brechung.

Rote Lichtwellen ($\lambda_R = 7{,}5 \cdot 10^{-7}$ m) sind etwa doppelt so lang wie blaue ($\lambda_B = 4 \cdot 10^{-7}$ m)! Die Wellengeschwindigkeit kann aber in bestimmten Fällen von der Wellenlänge abhängen. Diesen Effekt nennt man Dispersion (siehe Kap. 19.3, S 51). Er tritt zum Beispiel auf, wenn eine elektromagnetische Welle das Vakuum verlässt.

i Brechungsmathematik

Nimm an, dass eine Wellenfront mit v_1 auf ein anderes Medium trifft, in dem die Geschwindigkeit kleiner ist (v_2). Der linke Strahl ist bereits bei A' eingetroffen und hat dabei im neuen Medium eine Elementarwelle erzeugt (rot). Der rechte Strahl hat gerade die Grenze bei B' erreicht. Seine „Elementarwelle" ist daher noch ein Punkt. Die neue Wellenfront ist die Einhüllende und somit die Tangente von B' an die Elementarwelle (Abb. 20.16).

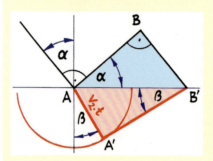

Abb. 20.16: Alte Wellenfront (schwarz) und neue Wellenfront (rot), nachdem die Zeit t vergangen ist

Jetzt brauchen wir nur noch drei Dinge:

1) Der Weg ist allgemein $v \cdot t$. Deshalb können wir die Wege BB' und AA' durch folgenden Ausdruck ersetzen:

$$AA' = v_2 t, \quad BB' = v_1 t.$$

2) Aus geometrischen Gründen kann man die **Winkel zum Lot** auch in den Dreiecken ABB' und AA'B' einzeichnen.

3) Der Sinus eines Winkels ist Gegenkathete durch Hypotenuse. Und nun setzen wir ein:

$$\frac{\sin \alpha}{\sin \beta} = \frac{\frac{BB'}{AB'}}{\frac{AA'}{AB'}} = \frac{v_1 t}{v_2 t} = \frac{v_1}{v_2}$$

Rotes Licht ist in Glas um ein paar Prozent schneller als blaues und daher wird es nicht so stark gebrochen (→ **F12**). Aber sagt man nicht, die Lichtgeschwindigkeit ist immer gleich groß? Ja, aber das gilt nur im Vakuum.

3) Und schließlich kann man mit der Brechung auch erklären, warum **Wellen** immer **parallel zur Küste** an den Strand laufen (Abb. 20.17 rechts). Die Geschwindigkeit von Wasserwellen hängt im Flachwasser von der Wassertiefe ab (siehe Abb. 19.19, S. 51): je flacher, desto langsamer. Erfolgt die Änderung der Wassertiefe sprunghaft (Abb. 20.17 links), dann knicken die Wellenfronten scharf ab – praktisch eine „normale" Brechung. Wenn aber an einem flachen Strand die Tiefe kontinuierlich abnimmt, dann kommt es auch zu einer kontinuierlichen Brechung. Die Wellenkämme drehen sich so lange, bis sie parallel zum Strand verlaufen (→ **F13**). Das Brechen von Wasserwellen, also das Überschlagen, hat mit dem physikalischen Begriff Wellenbrechung übrigens nichts zu tun.

Wellengrundlagen 2 20

 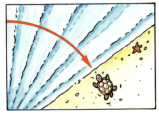

Abb. 20.17: Links: abrupte Richtungsänderung bei sprunghafter Verringerung der Wassertiefe. Rechts: Kontinuierliches Drehen der Wellenkämme

20.2.3 Um die Ecke sehen
Beugung

F15 Welche Wellenlänge haben Licht- und Schallwellen
W1 etwa? Schau nach in Tab. 19.2, S. 50.

F16 Warum kann man um die Ecke hören, aber nicht um
W2 die Ecke sehen? Und warum gibt es hinter einem Baum einen Lichtschatten, aber keinen Schallschatten?

F17 Warum kannst du eine Person sprechen hören, auch
W2 wenn sie nicht in deine Richtung spricht? Und warum kann man sich eigentlich selber sprechen hören?

F18 Warum kannst du eine Schallquelle auch mit dem
S1 abgewandten Ohr hören? Wieso kann der Schall um deinen Kopf herum eine Kurve machen?

i Unsichtbarkeit

Die Augenlinse bündelt durch Brechung die einfallenden Lichtstrahlen auf deiner **Netzhaut** (Abb. 20.18). Ist das Auge aber zum Beispiel weitsichtig, dann treffen einander die Strahlen erst hinter der Netzhaut (strichlierte Linie) und du siehst unscharf.

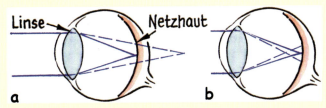

Abb. 20.18: Normaler Strahlengang (durchgezogene Linie) und Strahlengang bei Weitsichtigkeit (a) und bei Kurzsichtigkeit (b) (strichlierte Linie)

Abb. 20.20: Ein Buddha-Tempel in Myanmar

F19 Wenn eine Welle an eine kleine Öffnung kommt,
S2 dann entsteht eine neue Elementarwelle (siehe Abb. 20.2, S. 56). Wenn aber ein Lichtstrahl durch ein kleines Loch geht, dann breitet er sich gerade aus (Abb. 20.20)? Gilt das Huygens-Prinzip nicht für Licht?

Und genau hier liegt das Problem der **Unsichtbarkeit**. Unsichtbar zu sein bedeutet, dass alle Lichtstrahlen deinen Körper völlig gerade und **ungehindert** durchdringen. Dann sieht man nicht dich, sondern den Hintergrund. Das bedeutet aber auch, dass dann die Linsen in deinen Augen das Licht nicht mehr brechen. Du wärst unendlich weitsichtig, also in gewisser Weise blind (→ F14; Abb. 20.19). Genauso wäre es auch, wenn es den Effekt der Brechung gar nicht gäbe.

Unter Beugung versteht man, dass ein Teil einer Welle an einem Hindernis die Richtung ändert (siehe Abb. 20.21 und Abb. 20.22). Das kann man mit dem Huygens-Prinzip erklären. Die an der Wellenfront entstehenden Elementarwellen können auch **hinter** ein Hindernis laufen. Der springende Punkt ist nun aber der: Es wird nur jener Teil der Welle gebeugt, dessen Abstand zum Hindernis **etwa eine Wellenlänge** beträgt (Abb. 20.21 rechts). Der Rest läuft geradlinig weiter. Darin liegt der Grund des unterschiedlichen Verhaltens von Schall und Licht im Alltag.

Abb. 20.19: So würde die Erde aus der Sicht von Aliens aussehen, wenn diese gerade ihre Tarnvorrichtung aktivieren. Wenn sie vollkommen unsichtbar sind, dann verschwimmt das Bild so, dass alles dieselbe Farbe hat.

Z Zusammenfassung

Unter Brechung von Wellen versteht man eine Richtungsänderung, die durch eine Änderung der Ausbreitungsgeschwindigkeit entsteht. Die für uns im Alltag wichtigste Brechung ist die der Lichtstrahlen in unseren Augen.

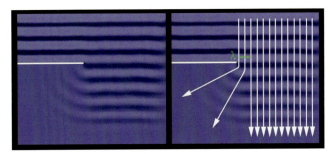

Abb. 20.21: Eine Welle läuft gegen eine Kante. Es wird nur der Teil der Welle gebeugt, dessen Abstand zum Hindernis innerhalb der Wellenlänge liegt.

RG 6.1, G 6.2 Wellen **61**

Stell dir vor, ein Freund steht hinter einer Ecke und spricht mit dir (→ F16). Die **Wellenlänge von Luftschall** liegt im Bereich von **einigen Dezimetern** (Tab. 19.2, S. 50). Deshalb werden all jene Schallwellen gebeugt, die bis zu einem Abstand von einigen Dezimetern an der Kante vorbeilaufen. Es wird somit genug Energie abgelenkt, dass du den Freund tatsächlich ums Eck hören kannst. Im Alltag erweist sich die Beugung somit als sehr praktischer Effekt!

Lichtwellen haben aber bloß eine **Wellenlänge von** etwa **einem Millionstel Meter** (→ F15). In diesem Abstand zur Kante kommt es auch tatsächlich zur Beugung – das Huygens-Prinzip gilt für alle Wellen! Es wird dabei aber nur ein winzig kleiner Teil abgelenkt, den niemand bemerken kann. Die Wellenlänge ist also der Grund, warum man um die Ecke hören, aber nicht um die Ecke sehen kann. Stell dir vor, mit den Wellenlängen von Schall und Licht wäre es genau umgekehrt. Dann könntest du ums Eck sehen, dafür nicht ums Eck hören.

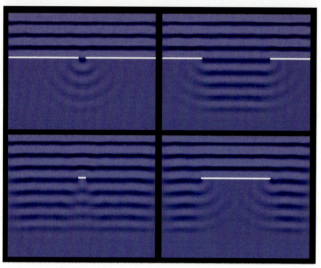

Abb. 20.22: Eine Welle läuft auf eine Öffnung bzw. ein Hindernis. Links (Modell für Schallwellen) wird ein Großteil der Welle gebeugt, rechts (Modell für Lichtwellen) geht der Großteil gerade weiter.

Abb. 20.22 gibt dir noch einmal einen Überblick über das Beugungsverhalten von Wellen. Links liegen Spalt und Hindernis in der Größe der Wellenlänge. Dadurch entsteht an einem Spalt eine vollständige Beugung oder die Welle läuft ziemlich unbeeindruckt um das Hindernis herum. Diese Verhältnisse liegen bei **Schallwellen** im Alltag vor. Damit kann man erklären, warum man Menschen auch von der Seite sprechen hören kann und warum du dich selbst hören kannst (→ F17).

Beim Austritt der Schallwellen aus dem Mund tritt eine sehr starke Beugung auf. Diese Beugung ermöglicht auch, dass Schallwellen um deinen Kopf zum abgewandten Ohr laufen (→ F18). Du siehst also, wie wichtig die „richtige" Schallwellenlänge für unsere Kommunikation ist.

i Lichtwellenbeugung

Aufgrund der kleinen Wellenlängen ist die Lichtbeugung im Alltag nur selten zu beobachten. Einer der wenigen Effekte ist das imposante Schillern einer CD oder DVD (Abb. 20.23). Wodurch kommt es zustande?

Abb. 20.23

Die Information wird bei optischen Speichermedien in Form von **Pits**, die in die Oberfläche eingepresst oder eingebrannt werden, gespeichert (Abb. 20.24). Der Spurabstand ist winzig und liegt in Größenordnung der Lichtwellenlänge. Daher wird das einfallende Licht stark gebeugt. Weil die **Beugung aber von der Wellenlänge abhängt**, wird das Licht dabei in seine einzelnen Farben zerlegt.

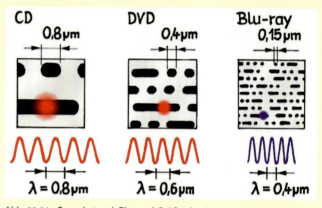

Abb. 20.24: Spurabstand, Pits und Größe des Laserpunktes im Vergleich: Bei einer CD wird ein Infrarot-Laser verwendet, dessen Licht du nicht sehen kannst. Bei einer Blu-ray ist der Abstand zwischen den Pits so klein, dass das Licht kaum gebeugt wird. Deshalb schillern Blu-rays nicht.

In Abb. 20.22 rechts sind Spalt und Hindernis viel größer als die Wellenlänge. Solche Verhältnisse liegen bei **Lichtwellen** vor, nur noch viel viel extremer. Du siehst, dass hinter dem Spalt ein Großteil der Welle gerade weiterläuft.

Deshalb geht auch der Lichtstrahl in Abb. 20.20 gerade (→ F19). Die Öffnung ist einfach viel größer als die Wellenlänge des Lichts. Wäre sie zum Beispiel 1 cm breit, würden rund 99,98 % der Energie unbeeindruckt gerade weiterlaufen. Hinter einem Hindernis läuft auch nur ein kleiner Teil der Welle zusammen. Deshalb gibt es hinter einem Baum einen Lichtschatten, aber keinen Schallschatten (→ F16).

→ **Info:** Lichtwellenbeugung

Z Zusammenfassung

Bei einer Beugung ändert ein Teil einer Welle an einem Hindernis seine Richtung. Die Stärke des Effekts hängt von Wellenlänge und Hindernis ab. Im Alltag spielt fast nur die Schallbeugung eine Rolle.

20.3 Autoraser und Schwarze Löcher
Doppler-Effekt

Zum Schluss geht es darum, wie man die Geschwindigkeit von Autorasern messen kann, Schwarze Löcher entdeckt und warum ein Überschallflugzeug knallt!

F20 Jeder kennt es, aber wie funktioniert eigentlich das Geschwindigkeitsradar im Straßenverkehr? → **L**
W2

F21 Das Geräusch eines schnell vorbeifahrenden Autos, etwa in der Formel-1, klingt irgendwie so: iiiiiiuuuuu. Kannst du das Geräusch genauer mit Worten beschreiben? Und wie kommt es dazu?
W2

F22 Wie kann man Schwarze Löcher entdecken, wenn sie doch unsichtbar sind?
S1

F23 Was versteht man unter der Schallmauer und was ist ein Überschallknall?
W2

Ein vorbeirasendes Auto macht iiiiiiuuuuuu. Beim Annähern ist das Geräusch hoch, beim Entfernen plötzlich tief (→ **F21**). Warum das so ist, kann man mit der Hilfe von Kreiswellen im Wasser gut verstehen.

Abb. 20.25: Wasserläufer

Stell dir einen Wasserläufer vor (Abb. 20.25), der im Dienste der Wissenschaft mit den Beinen zappelt. Bleibt er dabei an der Stelle, entstehen Kreiswellen wie in Abb. 20.26 a. Bewegt er sich aber nach rechts, schieben sich die Wellenberge rechts zusammen und links auseinander (b). Für einen Beobachter rechts würde daher die Wellenfrequenz zunehmen und für einen links abnehmen.

Diesen Effekt nennt man nach seinem Entdecker CHRISTIAN DOPPLER den **Doppler-Effekt**: Bewegen sich Quelle und Beobachter aufeinander zu, dann erhöht sich die Wellenfrequenz im Vergleich zur Ruhe, bewegen sie sich voneinander weg, dann sinkt sie. Dieser qualitative Zusammenhang gilt auch, wenn sich der Beobachter bewegt, und er gilt für alle Wellen. Den quantitativen Zusammenhang siehst du in Tab. 20.1, S. 64.

Zwei besondere Fälle treten nur bei mechanischen Wellen auf und wenn sich die Quelle bewegt: Bewegt sich der Wasserläufer genau mit Wellengeschwindigkeit, dann können die Wellen nach rechts nicht mehr entkommen (Abb. 20.26 c) und bilden dort eine so genannte **Stoßwelle**.

Bewegt sich der Wasserläufer noch schneller, dann entsteht ein **Kegel**, aus dem die Wellen nicht nach außen dringen können (d). Beide Fälle spielen vor allem bei Flugzeugen eine Rolle (→ **Info:** Mach 1). Zur Herleitung der Gleichung für den Doppler-Effekt: Siehe → **F24** (S. 64).

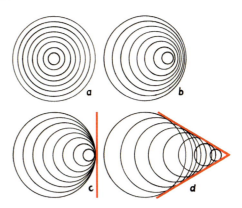

Abb. 20.26: Effekte bei mechanischen Wellen mit bewegter Quelle

Der Doppler-Effekt hat zahlreiche Anwendungen in der Astronomie. Wenn sich eine Lichtquelle entfernt, verschieben sich alle Frequenzen ins Rote und man spricht von **Rotverschiebung**. Bei Annäherung kommt es zu einer **Blauverschiebung**. Das Spektrum mancher Sterne wechselt ständig zwischen Rot- und Blauverschiebung. Das lässt sich nur so erklären, dass diese mit anderen, nicht sichtbaren Objekten um einen gemeinsamen Schwerpunkt rotieren, etwa um ein schwarzes Loch (→ **F22**).

i Mach 1

Wenn ein Flugzeug Schallgeschwindigkeit erreicht (wie in Abb. 20.26 c), dann spricht man von **Mach 1**, benannt nach dem österreichischen Physiker ERNST MACH. Durch die dabei erzeugte Stoßwelle erhöht sich der Luftwiderstand sehr stark. Erst wenn das Flugzeug Mach 1 überschreitet, sinkt der Widerstand wieder ab. Deshalb gibt es den bildlichen Begriff der **Schallmauer** (→ **F23**), die aber nicht wirklich existiert. Über Mach 1 bildet sich ein **Mach'scher Kegel** aus (Abb. 20.26 d). Man kann das Flugzeug erst dann hören, wenn der Kegelmantel den Boden erreicht hat. Dann treffen sehr viele Wellen auf einmal in deine Ohren, und das nennt man den **Überschallknall**.

Abb. 20.27: Diese F/A 18 durchbricht gerade die Schallmauer. Hinter der Stoßfront sinkt der Luftdruck stark ab. Dadurch kondensiert der Wasserdampf zu einem netten Wölkchen.

Mechanische Wellen	
bewegter Beobachter $+v_B$ nähernd $-v_B$ entfernend	$f_B = f_Q \left(1 \pm \dfrac{v_B}{v}\right)$
bewegte Quelle $-v_Q$ nähernd $+v_Q$ entfernend	$f_B = f_Q \dfrac{1}{1 \pm \dfrac{v_Q}{v}}$
Elektromagnetische Wellen	
Bei Annäherung muss v_{BQ} im Zähler und Nenner mit -1 multipliziert werden v_{BQ} = Relativgeschwindigkeit zwischen Quelle und Beobachter c = Lichtgeschwindigkeit	$f_B = f_Q \sqrt{\dfrac{1 - \dfrac{v_{BQ}}{c}}{1 + \dfrac{v_{BQ}}{c}}}$

Tab. 20.1: Doppler-Frequenzveränderungen in Abhängigkeit von Bewegungsform und Wellenart: Elektromagnetische Wellen benötigen zur Ausbreitung kein Medium (siehe Tab. 19.1, S. 48). Daher kommt es nur auf die Relativgeschwindigkeit zwischen Beobachter und Sender an.

→ **Info:** Doppel-Doppler-Effekt

i Doppel-Doppler-Effekt

Geschwindigkeitsmessungen von Autos auf der Straße und von Blut in den Adern funktioniert nach demselben Prinzip: dem Doppler-Effekt. Beim **Auto-Radar** trifft eine elektromagnetische Welle ($f = 2 \cdot 10^9$ Hz) aufs Auto. Das Auto ist also zunächst der „Beobachter". Wenn das Signal reflektiert wird, wird das Auto aber zur Quelle. Es kommt also zu einem doppelten Doppler-Effekt. Die Frequenzveränderung beträgt $\Delta f \approx 2f \cdot (v_{Obj}/c)$, also in unserem Beispiel pro 0,27 km/h 1 Hz (→ **F20**, siehe Lösungsteil)!

Beim **Doppler-Ultraschall** gilt haargenau dasselbe Prinzip. Allerdings handelt es sich hier um eine mechanische Welle ($f = 10^7$ Hz, $v \approx 1500$ m/s). Außerdem muss man berücksichtigen, dass der Schallkopf sehr schräg aufgesetzt wird (Anm.: Auch das Auto-Radar ist etwas schräg). Die Frequenzveränderung beträgt daher $\Delta f = 2f \cdot (v_{Obj}/v) \cdot \cos \alpha$. In einer gesunden Arterie beträgt die Blutgeschwindigkeit rund 0,1 m/s. Δf liegt daher bei $\alpha = 45°$ bei knapp 10^3 Hz. Rechne nach!

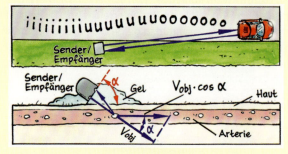

Abb. 20.28

Z Zusammenfassung

Für alle Wellen gilt: Bei Annäherung zwischen Wellenquelle und Beobachter erhöht sich die Frequenz, bei Entfernung sinkt sie. Das ist der Doppler-Effekt.

Wellengrundlagen 2

F24 Wie kann man die Gleichungen zum Doppler-Effekt in
W2 Tab. 20.1 herleiten? Versuche mit Hilfe des Lösungsteils Schritt für Schritt nachzuvollziehen. → **L**

F25 Es heißt immer, dass ein Spiegel Links und Rechts
W1 vertauscht! Stimmt das überhaupt? → **L**

F26 Überlege dir ein paar Argumente, warum dieses Stück
S1 Glas (Abb. 20.29) nicht wie eine Lupe wirken kann! → **L**

F27 Zum Reflektieren eines
W1 Lichtstrahls braucht man einen Spiegel. Bei Radarwellen genügt aber eine gitterartige Antenne. Warum? → **L**

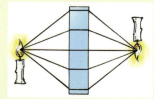

Abb. 20.29

F28 Bei Schallwellen gibt es
S1 eine Schallmauer. Gibt es bei Licht eine „Lichtmauer"? → **L**

F29 Miss die Winkel in Abb. 20.16, S. 60 und berechne mit
W2 dem Brechungsgesetz, wie sich die Geschwindigkeiten in den Medien verhalten. → **L**

F30 Konstruiere den Übergang einer Welle in ein anderes
E2 Medium mit Hilfe des Huygens-Prinzips wie in Abb. 20.16. Nimm als Verhältnis der Geschwindigkeiten 1:0,6, 1:0,8, 1:1,2 und 1:1,4 und als Winkel α immer 45°.

F31 Wie **F30**! Nimm aber diesmal ein fixes Geschwindig-
W2 keitsverhältnis von 1:0,7 und variiere α von 10° bis 80°. → **L**

F32 Warum knallt es, wenn eine Zirkuspeitsche geschwun-
W1 gen wird? → **L**

F33 Du weißt, wie ein Kuckuck ruft! Das entspricht einer
E2 kleinen Terz und somit einem Frequenzverhältnis von 6:5. Auf der Autostraße fährt ein Auto vorbei, und du nimmst eine kleine Terz wahr. Wie schnell war das Auto? Welches Intervall schaffen **F1**-Boliden? Schaffen sie eine Oktave (2:1)? → **L**

F34 Warum spielt es beim optischen Doppler-Effekt keine
W2 Rolle, wer sich bewegt?

F35 Die Enterprise fliegt mit 60% von c (also 0,6 c) von dir
S2 weg und schickt nach hinten einen blauen Strahl aus. In welcher Farbe siehst du diesen? → **L**

F36 Was sind Echo und Hall und wie entstehen sie? → **L**
W2

21 Sprache und Gehör

In diesem letzten Wellen-Kapitel geht es um jene Wellen, die bei deiner Kommunikation die größte Rolle spielen: die Schallwellen. Gäbe es sie nicht, dann könntest du dich nur sehr schwer verständigen und die Menschheit hätte sich niemals in dieser Weise entwickeln können. In diesem Kapitel erfährst du, wie deine Stimme und dein Gehör funktionieren und wie viele Hunde doppelt so laut bellen wie einer.

F1 Was weißt du bereits über Schallwellen? Fasse
W1 zusammen und verwende dabei Abb. 18.15 und 18.16, **F26** und **F31** (S. 36), Abb. 18.47, Tab. 18.3, Abb. 19.4 und 19.12, Tab. 19.2, Abb. 19.17, 19.31 und 19.33, **F6** (S. 58), Abb. 20.8 und 20.10, **F15** bis **F18** (S. 61), sowie Abb. 20.22, 20.26 und 20.29.

21.1 Das Instrument, das jeder spielt
Die menschliche Stimme

Der Stimmapparat ist das komplizierteste motorische System im gesamten Körper, denn beim Sprechen und Singen sind rund 100 Muskeln in Brust und Hals zu koordinieren. Noch längst sind nicht alle Rätsel der Stimme gelöst, aber wir machen hier auch nur einen Crashkurs.

F2 Was passiert, wenn du zwischen zwei hängenden
E1 Papierblättern durchbläst oder durch einen Trichter mit Papierhütchen (Abb. 21.1)? Probiere es aus! Was könnte beides mit einer im Luftzug zufallenden Tür zu tun haben?

Abb. 21.1

F3 Wenn du aus einem aufgeblasenen Ballon die Luft
W1 rausdrückst und das Öffnungsstück in die Breite ziehst, dann entsteht so ein seltsames Geräusch! Wieso?

F4 Die Saiten einer Gitarre sind unterschiedlich. In
W2 welcher Weise und warum? Und was passiert physikalisch gesehen, wenn du eine Gitarre stimmst?

F5 Warum haben Frauen höhere Stimmen als Männer?
W2 Warum ist die Stimme in der Früh tiefer als sonst? Und was passiert im Stimmbruch?

F6 A, E, I, O, U! Jeder kann diese Vokale sofort erkennen.
W2 Aber wodurch unterscheiden sie sich physikalisch?

F7 Affen haben keine Sprechstimme wie wir Menschen.
S2 Und das hat einen physikalischen Grund! Welchen?

Die Schallwellen, die beim Sprechen oder Singen entstehen, werden im **Kehlkopf** erzeugt (Abb. 21.2). Dieser besteht aus einigen Knorpeln und den eigentlichen schwingenden Teilen: den **Stimmbändern**. Diese können durch Muskeln bewegt und gespannt werden und somit die Stimmritze verschließen. Die Stimmbänder können viele 100-mal pro Sekunde schwingen. Das schafft kein Muskel. Der Körper muss deshalb zu einem Trick greifen!

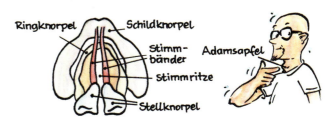

Abb. 21.2: Aufsicht auf die Stimmbänder, die von einigen Knorpeln gehalten werden: Der größte ist der Schildknorpel, den du vorne am Kehlkopf ertasten kannst und der bei manchen Männern als Adamsapfel vorsteht.

Eigentlich würde man ja erwarten, dass die Blätter in Abb. 21.1a auseinandergedrückt werden (→ **F2**). Strömende Luft erzeugt aber verblüffender Weise einen **Unterdruck**. Deshalb sagt man dazu auch **aerodynamisches Paradoxon**. Und dieses bewirkt, dass die Blätter zueinander gesaugt werden. Auch das Hütchen (b) wird nicht etwa hinausgedrückt, sondern in den Trichter gesaugt. Und eine Tür im Luftzug wird nicht zugedrückt, sondern zugesaugt. Diesem Effekt hast du es auch zu verdanken, dass du sprechen und singen kannst.

Um die Stimmbänder zum Schwingen zu bringen, werden sie zunächst geschlossen. Dann erhöhen die **Lungen** den Druck um etwa 1%. Das genügt, um die Stimmbänder wieder aufzudrücken. Die durchströmende Luft erzeugt dann aber einen Unterdruck, die Stimmbänder werden wieder zueinander gesogen und so weiter. Das gleiche Prinzip liegt vor, wenn du aus einem aufgeblasenen Luftballon die Luft entweichen lässt und dabei das Öffnungsstück verengst: Frrrrzzzzz (→ **F3**).

Wie kommt es zu den unterschiedlichen Stimmlagen? Man kann die Stimmbänder vereinfacht als **Saiten** auffassen. Eine Saite schwingt umso schneller, je geringer ihre Masse ist, je kürzer sie ist und je stärker sie gespannt ist. Erhöhen die **Stellknorpel** den Zug auf die Stimmbänder, dann wird deren Frequenz höher. Wenn die Stimmbänder ganz entspannt sind, dann wird der tiefstmögliche Ton erzeugt. Dieser hängt dann von Masse und Länge der Stimmbänder ab.

→ **Info:** Gitarre | → S. 66

Die Stimmbänder von **Männern** sind 17 bis 25 mm lang, die der **Frauen** 13 bis 18 mm und außerdem dünner. Deshalb ist ihre Stimme in Summe etwa eine Oktave höher als die der Männer (→ **F5**; Abb. 21.6). In der Früh ist die Stimme generell immer etwas tiefer, weil sich durch das Liegen die Stimmbänder mit mehr Flüssigkeit füllen. Dadurch haben sie mehr Masse und somit eine niedrigere Frequenz. Im **Stimmbruch** beginnen die Stimmbänder plötzlich stark zu wachsen, und dadurch ist die Muskulatur des Stimmapparates schlichtweg koordinativ überfordert.

→ Info: **Stimmbruch**

Die Stimmhöhe wäre also geklärt. Aber wie erzeugen wir die Vokale (→ **F6**)? Um das zu verstehen, muss man zwei Fakten miteinander verknüpfen:

1) Die Stimmbänder schwingen **nicht sinusförmig** (Abb. 21.3 b) und erzeugen daher auch jede Menge Oberfrequenzen bzw. **Obertöne** (siehe S. 42).

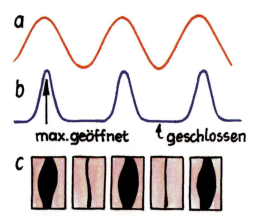

Abb. 21.3: a: Sinusschwingung, die einen reinen Ton erzeugt (siehe Abb. 18.53 a, S. 42). Die Stimmbänder schwingen aber so wie in b. Dadurch entstehen auch viele Obertöne.

2) Mund- und Rachenraum bilden gemeinsam einen Resonanzkörper, den man **Vokaltrakt** nennt (Abb. 21.4). Man kann ihn vereinfacht als Röhre betrachten, in der sich nur bei bestimmten Frequenzen stehende Wellen bilden.

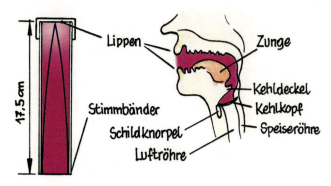

Abb. 21.4: Man kann sich den Vokaltrakt vereinfacht als Röhre vorstellen, in der sich stehende Wellen ausbilden – ähnlich wie in einer gedeckten Orgelpfeife (siehe auch Abb. 19.30, S. 55)!

Gitarre

Die Frequenz f einer **schwingenden Saite** kann mit folgender Gleichung beschrieben werden (zur Herleitung der Gleichung siehe **F14**, S. 69):

$$f = \frac{1}{2l} \cdot \sqrt{\frac{F}{\rho \cdot A}}$$

F(N) ist die Kraft, mit der die Saite gespannt ist, ρ die Dichte (kg/m³), A die Querschnittsfläche (m²) und l die Länge der Saite (m). Die hohen, leichten Saiten einer **Konzertgitarre** sind aus Nylon oder Darm, während die tiefen, schweren Saiten mit Metall umwickelt sind (→ **F4**; Abb. 21.5). So haben alle etwa die gleiche Spannung. Im Prinzip könnte man auch 6-mal die tiefste Saite nehmen (82,5 Hz) und einfach stärker spannen. Die höchste Saite ist aber 2 Oktaven höher (330 Hz) und müsste deshalb 16-mal so stark gespannt sein. Das hält keine Gitarre aus!

Abb. 21.6: Je tiefer die Saite klingen soll, desto schwerer muss sie sein. Die drei tiefsten Saiten sind deshalb dicker und zusätzlich mit Metall umwickelt.

Stimmbruch

Durch die Ausschüttung des Hormons **Testosteron** beginnt der männliche Körper in der Pubertät sehr schnell zu wachsen. Natürlich wachsen auch die **Stimmbänder**. Sie werden fast 10 mm länger und auch etwas dicker. Beide Effekte bewirken in Summe, dass die Sprechstimme rund eine Oktave absinkt (Abb. 21.6). Die „Software" im Gehirn, die die Sprachmuskeln steuert, ist darauf aber nicht vorbereitet, und die Stimme kippt in dieser Zeit oft zwischen tiefer und hoher Lage hin und her – Stimmbruch eben. Dieser ist also ein koordinatives Problem! Bei Mädchen ist die Testosteronproduktion viel geringer. Ihre Stimmbänder wachsen nur leicht, und der Stimmbruch verläuft ziemlich unauffällig.

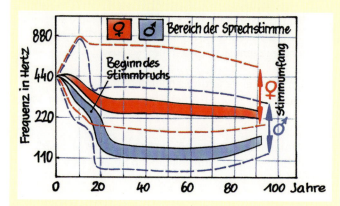

Abb. 21.7: Veränderung von Sprechstimme und Stimmumfang bei Frauen und Männern (die Frequenzen sind nur exemplarisch eingezeichnet): Im Stimmbruch sinkt die Männerstimme sehr stark ab, die Frauenstimme kaum.

Und jetzt verknüpfen wir diese beiden Fakten. Die Stimmbänder erzeugen jede Menge **Obertöne** (Abb. 21.7a). Der Vokaltrakt verstärkt aber nur seine Resonanzfrequenzen. Diese nennt man **Formanten** (b). Dadurch werden ganz bestimmte Obertöne besonders gut verstärkt (c). Der Clou ist nun der: Unser Mundraum ist sehr flexibel und deshalb können wir die Formantenfrequenzen verändern. Durch diesen Trick erzeugen wir die Vokale.

→ **Info:** Vokale

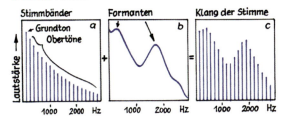

Abb. 21.8: Schematische Darstellung der Entstehung des Stimmklangs

Vokale

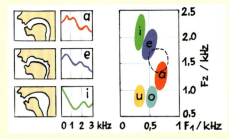

Abb. 21.9: Links: Form des Vokaltraktes bei drei Vokalen und dazugehöriges Frequenzspektrum. Rechts: In diesen Bereichen liegen die ersten beiden Formanten bei den Vokalen. Strichliert: Ungefährer Formantenbereich der Affen

Du kannst etwas, was eine Orgelpfeife nicht kann, nämlich die Form des Resonanzraumes verändern. Dadurch kannst du die Frequenz des ersten Formanten (F_1) zwischen 250 und 700 Hz variieren und die des zweiten (F_2) zwischen 700 und 2500 Hz. So erzeugst du die **Vokale**. Wenn du nacheinander „a", „e" und „i" sprichst, kannst du eine Verschiebung deiner Zunge bemerken. In der Abbildung 21.8 links siehst du das Frequenzspektrum dieser drei Vokale (also die Einhüllende wie in Abb. 21.7c). Vor allem F_2 verschiebt sich sehr stark. Zur Charakterisierung eines Vokals genügen im Wesentlichen die ersten beiden Formanten (Abb. 21.8 rechts).

Warum können **Affen** nicht sprechen? Bei ihnen hat der Vokaltrakt aus anatomischen Gründen kaum Variationsmöglichkeiten. Sie können daher die Formantenfrequenz praktisch nicht variieren (→ **F7**; Abb. 21.8 rechts).

Z Zusammenfassung

Die Stimmbänder erzeugen viele Obertöne, die vom Vokaltrakt unterschiedlich verstärkt werden. Durch Verschiebung der Resonanzfrequenzen können wir Vokale erzeugen.

21.2 Hundert Hunde und doppelter Ohrtrick
Das menschliche Gehör

Die Schwingungen der Luftmoleküle, die du hören kannst, sind dermaßen winzig, dass es an ein Wunder grenzt, dass du überhaupt etwas hören kannst. In diesem Abschnitt geht es um die enorme Leistung unseres Gehörs.

F8 Wenn sich der Schall mit 340 m/s ausbreitet dann
W2 bedeutet das, dass die Luftmoleküle mit dieser Geschwindigkeit schwingen! Ist das richtig oder falsch?

F9 Die Schwinggeschwindigkeit der Luftmoleküle beim
W2 Vorbeiziehen einer Schallwelle ist größer als die Geschwindigkeit, die sie auf Grund ihrer Temperatur besitzen. Ist das richtig oder falsch?

F10 Was versteht man unter den Einheiten Joule (J) und
W1 Watt (W)? Lies nach in „Big Bang 5", Kap. 8.1 und 8.5!

F11 Wie viel Energie transportiert der Schall? Ist es genug,
S1 um auf diese Weise technisch sinnvoll Energie über die Luft zu transportieren? Und wie sieht es mit elektromagnetischen Wellen aus?

F12 Es gibt einen physikalischen Grund, warum unsere
W2 Ohren nicht empfindlicher sein können. Welcher ist das?

F13 Zwei Hunde bellen doppelt so laut wie einer! Ist das
S2 richtig oder falsch?

Die Schallgeschwindigkeit beträgt bei Zimmertemperatur 342 m/s. Das ist aber **nicht** die Geschwindigkeit, mit der sich die Moleküle bewegen, sondern die, mit der sich die Störung in der Luft ausbreitet (→ **F8**; siehe Kap. 19.1, S. 45). Mit welcher Geschwindigkeit bewegen sich aber die Moleküle? Zunächst gibt es die **thermische Bewegung** (siehe Kap. 11.1, „Big Bang 5"). Bei Zimmertemperatur bewegen sich die Moleküle über den Daumen mit 500 m/s, also weit über Schallgeschwindigkeit! Diese Bewegung ist aber völlig ungeordnet, also jedes Teilchen bewegt sich anders. Deshalb merkst du davon nichts.

Wenn eine Schallwelle vorbeizieht, beginnen die Moleküle zusätzlich zu schwingen. Die durchschnittliche Schwinggeschwindigkeit bezeichnet man mit dem etwas eigenartig klingenden Begriff **Schallschnelle**. Bei Geräuschen, die du gerade noch wahrnehmen kannst, liegt diese bei unglaublich winzigen 0,1 mm/h – also bei rund $3 \cdot 10^{-8}$ m/s (→ **F9**)! Mit diesem Tempo bräuchtest du von Wien nach Salzburg über 300.000 Jahre – eine Schnecke ist dagegen ein Sportwagen! Natürlich schwingen die Moleküle hin und her und nicht in eine Richtung. Warum du diese winzige Geschwindigkeitsdifferenz hören kannst, liegt daran, dass diese Bewegung **geordnet** ist, also viele Teilchen gleichzeitig betrifft.

Trotzdem ist es enorm verblüffend, dass du Geschwindigkeitsdifferenzen in der Größenordnung von 10^{-10}, also einem Zehnmilliardstel, hören kannst. Das entspricht einer Höhenveränderung des Mount Everest um weniger als 1/1000 mm. Eine solche Genauigkeit überfordert jedes GPS-System um Längen!

Wärme bedeutet immer ungeordnete Bewegung von Teilchen (siehe Kap. 14.1). Auch die Luftmoleküle bewegen sich wärmebedingt und prallen deshalb ständig auf das Trommelfell. Dieses zittert daher immer leicht. Das nennt man die **Brown'sche Bewegung**. Sehen wir uns dazu ein paar Zahlen an!

Die Luft hat durch ihre Wärmebewegung bereits eine **Schallintensität** von etwa 10^{-13} W/m² (siehe Abb. 21.9, rechte Skala). Du siehst, dass die **Hörschwelle** bei 4000 Hz nur mehr ganz knapp darüber liegt. Es wäre daher sinnlos besser zu hören, weil wir dann die Brown'sche Bewegung des eigenen Trommelfells als Rauschen wahrnehmen würden (→ **F12**). Unser Gehirn könnte das wahrscheinlich wegfiltern, aber leisere Geräusche würden trotzdem in diesem Rauschen untergehen. Jeder Mensch besitzt also praktisch ein Supergehör: Besser geht es (fast) nicht!

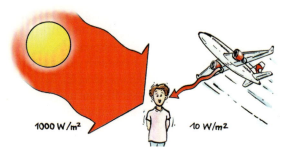

Abb. 21.11: Die Lichtwellen der Sonne, die auf die Erde gelangen, transportieren rund 100-mal so viel Energie pro Zeit und Fläche wie eine schmerzende Schallwelle.

Die Angabe der Schallintensität in W/m² ist im Alltag etwas sperrig. Da gibt es zwei andere Maße. Einerseits gibt es die Einheit **Dezibel (dB)**. 0 dB hat man mit einer Intensität von 10^{-12} W/m² einfach festgelegt. Die Fühlschwelle liegt dann bei 120 dB oder 1 W/m². Vergleiche linke und rechte Achse in Abb. 21.9. Eine Erhöhung um 10 dB nehmen wir immer als **Verdopplung der Lautstärke** wahr, völlig egal ob von 3 auf 13 dB, von 57 auf 67 dB oder von 80 auf 90 dB. Das bedeutet aber gleichzeitig eine Verzehnfachung der Schallintensität! Du hörst daher 10 bellende Hunde nur doppelt so laut wie einen (→ **F13**, Abb. 21.11)! Verblüffend, oder?

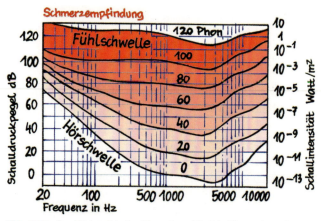

Abb. 21.10: Der Hörbereich des Menschen: Die Schallintensität gibt an, wie viel Energie pro Sekunde durch eine Fläche von 1 m² transportiert wird (1 W = 1 J/s). Entlang einer Phon-Kurve hörst du alles gleich laut.

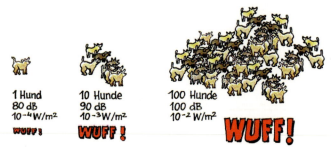

Abb. 21.12: Zu Verdopplung der Lautstärke sind +10 dB bzw. eine 10fache Schallintensität notwendig. 10 Hunde bellen doppelt so laut wie einer, 100 viermal so laut.

Eine Schallwelle transportiert erstaunlich wenig Energie (→ **F11**)! Selbst wenn uns bereits die Ohren schmerzen – also bei 120 Dezibel –, werden nur 10 Joule Energie pro Sekunde durch einen Quadratmeter transportiert (siehe Abb. 21.9, rechte Skala). **Energietransport** durch Schall bringt's also nicht wirklich. Vergleichen wir es mit der Lichtenergie der Sonne. Pro Quadratmeter und Sekunde treffen auf der Erde rund 1000 J Sonnenenergie auf. Das ist um den Faktor 100 mehr (Abb. 21.10)!

Die Angabe in dB ist in der Technik sinnvoll, weil sie objektiv ist. Im Alltag ist sie nicht praktikabel, weil unsere Ohren für verschiedene Frequenzen unterschiedlich empfindlich sind. So ist ein Ton mit 60 dB bei 1000 Hz ganz schön laut, aber bei 20 Hz gar nicht zu hören. Deshalb hat man das **Phon** eingeführt! Entlang einer Phonkurve hörst du alle Frequenzen gleich laut (Abb. 21.9). Man hat festgelegt, dass bei 1000 Hz Phon und Dezibel zahlenmäßig gleich sind. Der Vorteil des Phons ist gleichzeitig sein Nachteil: Die Angabe ist subjektiv und jeder Mensch hat eigentlich eine eigene Phonkurve.

Wie funktioniert das Hören? Die Schallwellen werden in der Ohrmuschel gesammelt und durch den Gehörgang zum **Trommelfell** weitergeleitet. Die Schallanalyse erfolgt in der **Schnecke** im Innenohr (Abb. 21.12). Diese ist mit Flüssigkeit gefüllt. Wäre das Trommelfell ein Teil der Schnecke, dann würde an der Grenze zwischen Luft und Flüssigkeit praktisch die ganze Schallenergie reflektiert (siehe → **F6**, S. 58). Dieses Problem wird durch einen doppelten Trick im Mittelohr gelöst!

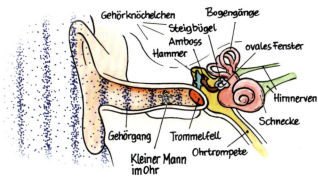

Abb. 21.13: Für das Hören wichtige Teile im Ohr: Der Steigbügel (ein Gehörknöchelchen; siehe auch Abb. 21.14 a) setzt am ovalen Fenster an, das bereits ein Teil der Schnecke ist.

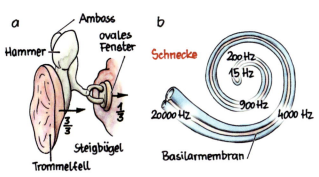

Abb. 21.14: a) Verringerung der Amplitude durch die Gehörknöchelchen b) Je tiefer der Ton, desto weiter läuft die Welle in die Schnecke hinein. Du hörst von etwa 15 Hz bis 20.000 Hz.

Erstens bilden Hammer, Amboss und Steigbügel ein **Hebelsystem**, das die Amplitude der Schwingungen vom Trommelfell bis zum Steigbügel auf ein Drittel verringert (Abb. 21.14 a). Dadurch steigt nach dem Hebelgesetz (siehe Kap. 17.3, S. 15) die Kraft am Steigbügel auf das 3fache. Zweitens verhalten sich die Flächen von Trommelfell und ovalem Fenster wie 20:1. Druck ist Kraft pro Fläche. Weil sich die Kraft verdreifacht und die Fläche auf 1/20 sinkt, wird somit der Schalldruck, der zunächst auf das Trommelfell wirkt, um den Faktor 60 verstärkt. Dieser verstärkte Druck wirkt auf das ovale Fenster. Diese Druckerhöhung ist für den Übergang einer Schallwelle von Luft in Wasser optimal. Durch diesen Doppel-Trick im Ohr wird also erreicht, dass ein Minimum an Schallenergie reflektiert wird.

Der Steigbügel setzt am ovalen Fenster an (Abb. 21.13 a), das bereits ein Teil der Schnecke ist. In dieser wird analysiert, aus welchen Frequenzen sich der Schall zusammensetzt. Die Schnecke ist aufgerollt etwa 3 cm lang und wird der Länge nach von der **Basilarmembran** durchzogen. Durch den Druck des Steigbügels laufen Wellen der Membran entlang. Sie laufen umso weiter, je tiefer ihre Frequenz ist (siehe Abb. 21.13 b und Abb. 21.14). Auf der Membran befinden sich feinste Sinneshärchen, die messen, an welcher Stelle diese am stärksten schwingt. Diese Information wird über Nervenbahnen zum Gehirn geleitet – du hörst!

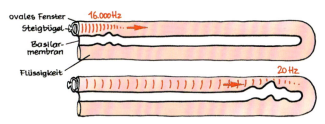

Abb. 21.15: Die entrollte Schnecke: Je tiefer der Ton, desto weiter läuft die Welle der Membran entlang.

Sprache und Gehör

F14 Kannst du die Gleichung der Frequenz einer schwingenden Saite qualitativ erklären? Warum hängt f zum Beispiel von l, ρ und A ab und warum sind sie diese Größen im Nenner? → **L**
S2

F15 Wie kann man die Gleichung für die Schwingungsfrequenz einer Saite herleiten? Versuche mit Hilfe des Lösungsteils Schritt für Schritt nachzuvollziehen. → **L**
S2

F16 Was passiert beim Flüstern? Was passiert bei Heiserkeit? Haben Frauen höhere Formantenfrequenzen als Männer? Wie entstehen die Konsonanten? Und warum klingt die eigene Tonbandstimme so seltsam? → **L**
S2

F17 Was macht den Unterschied zwischen Sprechen und Singen aus? → **L**
S2

F18 Wenn du Helium einatmest und sprichst, klingt deine Stimme wie die von Mickey Maus. Kannst du dir vorstellen, warum? → **L**
S2

F19 Was könnte es für einen Grund haben, dass wir tiefe Frequenzen relativ schlecht hören? → **L**
S2

F20 Besorge dir eine Gitarre und miss die Länge der frei schwingenden Saiten ab. Miss dann mit einer Schublehre (Kap. 2.3, „Big Bang 5") die Dicke der höchsten drei Saiten und besorge dir Informationen über deren Schwingungsfrequenzen. Die Dichte von Nylon liegt bei 1150 kg/m³. Berechne mit diesen Angaben die Spannung auf diesen Saiten. Verwende dazu die Gleichung aus Kap. 21.1, S. 66. → **L**
S2

22 Grundlagen der Elektrizität 1

Ohne Elektrizität geht gar nichts! Die Festigkeit von Materie ist zum Beispiel auf die elektrische Anziehung der Atome zurückzuführen. Im Inneren deines Körpers würde nichts funktionieren, denn das gesamte Nervensystem beruht auf Elektrizität (Abb. 22.1 links). Ohne sie könntest du nichts hören, nichts sehen, nichts spüren, du könntest dich nicht bewegen und das Herz würde nicht schlagen. Dass unser Alltag ohne elektrische Geräte nicht mehr vorstellbar ist, ist noch mal eine andere Geschichte. Wir spannen in diesem Kapitel einen sehr weiten Bogen. Wir beginnen vor rund 2600 Jahren, als man die ersten elektrischen Experimente mit Bernstein machte und enden in der heutigen Zeit. Dabei lernst du wichtige Grundlagen zum Thema Elektrizität kennen, und wir werden uns auch mit Nervenzellen und Blitzen (Abb. 22.1 rechts) beschäftigen.

Abb. 22.1: Links: Die Leitung in Nervenzellen funktioniert elektrisch. Details dazu erfährst du in Kap. 24.1 ab S. 90. Rechts: Ein Blitz ist nichts anderes, als durch die Luft fließende Ladungen. Details dazu gibt es in Kap. 23.1 ab S. 79.

22.1 Das Bernsteinexperiment
Ladung und elektrische Kraft

Schon vor etwa 2600 Jahren entdeckte der griechische Mathematiker THALES VON MILET (den kennst du vielleicht vom Thales-Kreis) angeblich, dass man mit einem Bernstein (Abb. 22.2) kleine Objekte anziehen kann, wenn man ihn vorher mit einem Tuch gerieben hat. Das war wohl eines der ersten Experimente mit Elektrizität. Bernstein wurde von den Römern „electrum" und von den Griechen „elektron" genannt und somit zum Namensgeber für die Elektrizität und das Elementarteilchen Elektron.

Abb. 22.2: Bernstein ist nichts anderes als uraltes Baumharz, das sich im Laufe der Zeit verfestigt hat. Es kann bis zu 260 Millionen Jahre alt sein, und manchmal findet man darin eingeschlossene Insekten.

Du kannst das „Bernsteinexperiment" auch mit heutigen Alltagsgegenständen durchführen. Es scheint irgendwie klar zu sein, dass Elektrizität im Spiel ist. Aber hast du eine genaue Erklärung dafür? Es spielen nämlich mehrere Effekte zusammen! Du wirst diese in den kommenden Abschnitten genauer kennen lernen. Zum Schluss werden wir noch einmal auf diese Experimente zurückkommen.

→ **Experiment:** Löffel, Kamm und Luftballon

e Löffel, Kamm und Luftballon

Wenn du einen **Kunststofflöffel** an einem **Wollpullover** reibst, dann kannst du mit ihm kleine **Papierschnipsel** oder gemahlenen **Pfeffer** anziehen (Abb. 22.3). Das entspricht dem „Bernsteinexperiment". Es muss natürlich kein Löffel sein, es kann irgendetwas aus Kunststoff oder Gummi sein, also auch ein Lineal, ein Kamm oder ein Ballon.

Abb. 22.3

Mit dem geriebenen Löffel kannst du auch einen **Wasserstrahl** ablenken (Abb. 22.4a). Und wenn du **Ballons** am Pullover reibst, dann kannst du sie an die Decke kleben (b). Wie kommt es aber zu dieser Anziehungskraft?

Abb. 22.4

Grundlagen der Elektrizität 1 **22**

22.1.1 Wenn Pullover knistern
Reibungselektrizität

Wenn man bestimmte Dinge aneinander reibt – etwa einen Löffel und einen Wollpullover – dann kann man Elektrizität erzeugen. Aber wie funktioniert das genau?

F1 Du kennst das: Wenn du bestimmte Pullover aus-
E2 ziehst, dann knistert es ziemlich (Abb. 25.13, S. 97), und wenn du dann etwas berührst, kannst du sogar einen Mordsstromschlag bekommen. Ähnliches ist möglich, wenn du über einen Teppich gehst und dann eine Türschnalle berührst oder wenn du beim Aussteigen die Autotür berührst. Woher kommen die elektrischen Ladungen?

F2 Wenn du in einem offenen PC den Arbeitsspeicher
E2 (RAM) berührst, dann solltest du vorher auf eine Metallfläche greifen. Warum?

Dass man einen Gegenstand durch Reibung elektrisch aufladen kann, weiß man seit etwa 2600 Jahren durch den Bernstein. Diesen Effekt nennt man **Reibungselektrizität**. Man kann die Stoffe danach ordnen, ob sie sich beim Reiben eher positiv oder negativ aufladen (siehe Abb. 22.5 a). Das liegt daran, dass manche Stoffe die Ladungen leichter abgeben als andere. Wenn du Bernstein mit Wolle reibst, dann lädt sich die Wolle positiv auf und der Bernstein negativ. Wenn du einen Pullover aus Kunstfaser auszieht, dann laden sich dein Baumwollhemd und deine Haare positiv auf und der Pullover negativ.

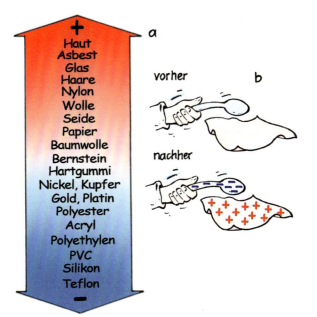

Abb. 22.5: a) Einige Stoffe aus der reibungselektrischen Reihe (auch triboelektrische Reihe genannt); b) Durch Reibung werden keine Ladungen erzeugt, sondern nur getrennt. Im Bild sind nur die überschüssigen Ladungen dargestellt.

Woher kommen aber die Ladungen (→ **F1**)? Werden sie durch das Reiben erzeugt? Nein, die Ladungen werden nicht erzeugt, sondern **getrennt**. Der Löffel in Abb. 22.5 b nimmt durch das Reiben negative Ladungen auf, die dann natürlich im Wolltuch fehlen. Wolle und Löffel sind nachher gleich stark, aber gegengleich geladen. Generell gilt: ==In einem abgeschlossenen System ist die Gesamtladung immer gleich groß.==

→ **Info:** Ladung aus dem Nichts

Wenn du mit Gummisohlen über einen Wollteppich gehst, dann laden sich diese und somit auch dein ganzer Körper negativ auf und der Boden positiv. Wenn du dann die Türschnalle berührst, fließen die Ladungen wieder ab und es funkt. Dasselbe kann auch passieren, wenn du Teile in deinem **Computer** berührst – diese könnten dabei sogar beschädigt werden. Deshalb solltest du vorher immer auf einen Leiter greifen, damit deine überschüssigen Ladungen abfließen können (→ **F2**).

i Ladung aus dem Nichts

Durch Reibung werden keine Ladungen erzeugt, sondern bereits vorhandene getrennt. Es kann aber tatsächlich vorkommen, dass **Ladungen aus dem Nichts** erzeugt werden. Wenn zum Beispiel zwei Röntgenstrahlen kollidieren, können dadurch ein **Elektron** und sein Antiteilchen, das **Positron** erzeugt werden (Abb. 22.6 links). Wo kommen aber in diesem Fall die Ladungen her?

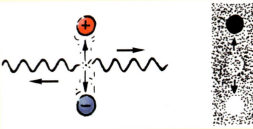

Abb. 22.6

Nimm an, das Vakuum ist „grau", also elektrisch neutral. Nun nimmst du aus einem bestimmten Bereich das Grau heraus und schiebst es an eine andere Stelle. Dadurch kannst du eine Stelle weiß machen und die andere schwarz (Abb. 22.6 rechts). Du hast aber nicht weiß und schwarz erzeugt, sondern aus dem Grau herausgetrennt. Ähnlich ist es mit dem Elektron und dem Positron. Ändert sich dabei die Gesamtladung des Universums? Nein. Man kann zwar Ladungen aus dem Nichts erzeugen, aber man kann immer nur gleich viele positive und negative Ladungen erzeugen. **Die Gesamtladung des Universums bleibt auch in diesem Fall gleich groß.**

Z Zusammenfassung

Durch Reibung können Ladungen von einem Gegenstand auf den anderen übertragen werden. Es können sogar Ladungen aus dem Nichts erzeugt werden, aber immer nur gleich viel positive wie negative. Die **Gesamtladung** des Universums ist **konstant**.

GG 6.2/G 6.2 Elektrizitätslehre/Elektrische Energie **71**

22.1.2 Ein Quäntchen Elektrizität
Die elektrische Elementarladung

In diesem Abschnitt geht es um eine der interessantesten Eigenschaften der elektrischen Ladung. Welche das ist, wird noch nicht verraten.

F3 Was weißt du über die Geschichte des Atommodells?
W1

F4 Können durch Reibung beliebig kleine Ladungen
W2 übertragen werden, oder gibt es eine kleinste Ladung? Und wenn ja, woher weiß man, wie groß diese kleinste Ladung ist? Kann man sie berechnen?

F5 Welche Ladungen werden durch das Reiben eigentlich
W2 übertragen? Positive, negative oder beide? Und woher wissen wir eigentlich, dass die negativen Ladungen negativ sind und die positiven positiv?

Materie hat eine sehr interessante Eigenschaft: Wenn man sie teilt und teilt, dann stößt man irgendwann einmal auf etwas Unteilbares. Man spricht dann von **Elementarteilchen**. Für uns sind hier die Bestandteile der Atome interessant: Neutronen, Protonen und Elektronen. Erstere sind zwar theoretisch noch einmal teilbar, aber im Alltag spielt das keine Rolle.

→ **Info:** Quarks

Mit der Ladung ist es wie mit der Materie: Man stößt irgendwann einmal auf etwas Unteilbares (→ F4). Die kleinste, frei vorkommende Ladung haben das **Proton** (+) und das **Elektron** (−). Sie sind gleich stark, aber gegengleich geladen. Dass die Elektronen negativ geladen sind, ist reine Definitionssache. Man hätte es auch umgekehrt festlegen können (→ F5).

Die Ladung der Protonen und Elektronen nennt man die **elektrische Elementarladung e**. Sie entspricht $1{,}6 \cdot 10^{-19}$ C (Coulomb; siehe S. 73). Jede in der Natur vorkommende Ladung ist ein ganzzahliges Vielfaches von e. Diesen Wert kann man nicht berechnen, sondern nur im Experiment bestimmen. Das gelang 1907 als erstem ROBERT MILLIKAN, der dafür 1923 den Nobelpreis für Physik bekam.

→ **Info:** Der Millikan-Versuch

---

i Der Millikan-Versuch

In langwierigen Experimenten gelang es ROBERT MILLIKAN, die Einheitsladung zu bestimmen. Mit einem Zerstäuber werden dazu winzige Öltröpfchen erzeugt, negativ geladen und zwischen zwei geladene Platten gebracht (Abb. 22.8). Auf jedes Tröpfchen wirken dann die **Gravitationskraft** nach unten sowie der **Luftauftrieb** und die **elektrische Kraft** nach oben. Nun verändert man die Spannung der Platten so lange, bis das Teilchen schwebt. Das kann man mit dem Mikroskop beobachten. Aus allen messbaren Parametern kann man dann die Ladung der Tröpfchen bestimmen.

Abb. 22.8: Schematischer Versuchsaufbau

Auf die Öltröpfchen werden beim Aufladen unterschiedlich viele Elektronen übertragen. Millikan konnte aber zeigen, dass die Gesamtladung der Tröpfchen immer ein **Vielfaches einer bestimmten Ladung** ist, die wir heute als Elementarladung e bezeichnen (Abb. 22.9).

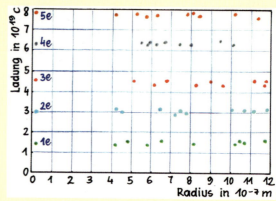

Abb. 22.9: Versuchsprotokoll: Die Ladung der Öltröpfchen ist immer ein Vielfaches der Elementarladung.

---

i Quarks

Das Elektron ist nicht mehr weiter teilbar. Neutronen und Protonen bestehen noch einmal aus kleineren Teilchen, den so genannten **Quarks** (Abb. 22.7). Die elektrische Ladung der Quarks beträgt entweder $-1/3$ oder $+2/3$ der Elementarladung e. Quarks können aber niemals einzeln auftreten, sondern sie sind immer so vereint, dass ihre **Gesamtladung ganzzahlig** ist. Die Quarks im **Proton** haben zum Beispiel die Ladungen $+2/3e$, $+2/3e$ und $-1/3e$. Macht in Summe die Ladung $+e$. Die Quarks im **Neutron** haben die Ladungen $+2/3e$, $-1/3e$ und $-1/3e$. Deshalb ist dieses nach außen hin neutral.

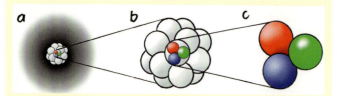

Abb. 22.7: Elektronen sind nicht mehr weiter teilbar und daher wirkliche Elementarteilchen. Neutronen und Protonen bestehen aber aus Quarks (bei c im Detail sichtbar). Diese treten allerdings niemals einzeln auf. Deshalb ist die kleinste in der Natur vorkommende Ladungsgröße $+/-e$.

Grundlagen der Elektrizität 1   **22**

Welche Ladungen werden beim Reiben **übertragen** (→ F5)? Nur negative! Warum? Weil es durch Reiben unmöglich ist, Protonen aus dem Kern herauszulösen. Elektronen können aber relativ leicht aus der Hülle abgelöst werden. Der Löffel in Abb. 22.5b, S. 71 hat also einen Elektronenüberschuss und das Tuch einen Elektronenmangel. Du siehst, dass sich etwas positiv aufladen kann, auch wenn nur Elektronen fließen.

Z   Zusammenfassung

Wie die Materie ist auch die Ladung nicht beliebig teilbar. Die kleinste, frei vorkommende Ladung haben Protonen und Elektronen, und man nennt sie die **Elementarladung**.

22.1.3 Trillionen Elektronen
Das Coulomb-Gesetz

In diesem Abschnitt geht es um das Gesetz, das die Kräfte zwischen Ladungen beschreibt: das Coulomb-Gesetz.

F6   Wie lautet das Gravitationsgesetz von NEWTON?
W1   Recherchiere und schlage nach!

F7   Mit welcher elektrischen Kraft ziehen einander das
W2   Proton und das Elektron im Wasserstoffatom an? Mit welcher Kraft stoßen einander die zwei Protonen in einem Heliumkern ab? Könntest du mit Muskelkraft das Elektron ablösen und die Protonen zusammenhalten? Gib einen Tipp ab! → L

F8   Zwei Elektronen befinden sich im Abstand von einem
W1   Meter. Durch die Gravitationskraft ziehen sie einander an, durch die elektrische Kraft stoßen sie einander ab. Welche Kraft gewinnt?

F9   Wie funktioniert ein Laserdrucker? Werden dabei mit
S2   einem Laser die Buchstaben aufs Papier gebrannt?

Bevor wir uns die Kräfte zwischen Ladungen ansehen, noch ein kurzer Blick auf die Ladung selbst. Die Einheit der Ladung ist das Coulomb (C). Sie ist im Alltag nicht gebräuchlich und es ist nicht leicht, sich etwas darunter vorzustellen. Man kann aber so sagen: Eine **volle Batterie** hat eine Ladung von einigen bis vielen Tausend Coulomb (siehe Abb. 22.10 und Tab. 22.4, S. 76). Weil die Elementarladungen so winzig sind, ist es nicht praktikabel, die Zahl der einzelnen Ladungen anzugeben.

→ **Info:** 6 Trillionen Elektronen

Obwohl es mehreren Forschern gelang, ein **Gesetz für die elektrische Kraft** aufzustellen, wird es dem Franzosen CHARLES AUGUSTE DE COULOMB zugeschrieben, nach dem auch die Einheit der Ladung benannt ist. Er hat es um etwa 1776 formuliert, und es gilt zwischen zwei punktförmigen oder kugelförmigen Ladungen. Die Gleichung ist dem Gravitationsgesetz sehr ähnlich, das 1686 von SIR ISAAC NEWTON veröffentlicht wurde.

i   6 Trillionen Elektronen

Wie viele Elektronen braucht man auf einem Haufen, damit man eine Ladung von **einem Coulomb** bekommt? Oder anders formuliert: Mit welcher Zahl muss ich die Einheitsladung e multiplizieren, damit ich 1C herausbekomme? $N \cdot e = 1\,C$. Daraus folgt $N = 1\,C/e$. N ist also zahlenmäßig der Kehrwert der Elementarladung und somit rund $6{,}2 \cdot 10^{18}$. Wow! **Für ein Coulomb brauchst du mehr als 6 Trillionen Elektronen**. Kein Wunder also, dass man nicht die Zahl der Elektronen angibt.

Abb. 22.10:   Eine Alkaline-Batterie Typ AA hat in aufgeladenem Zustand rund 4000 Coulomb.

F   Formel: elektrische Kraft (Coulomb-Gesetz)

$$F_E = k \frac{Q_1 Q_2}{r^2}$$

F_E … elektrische Kraft [N]
Q_1 und Q_2 … Ladung der Gegenstände [C]
r … Abstand der Ladungen [m]
k … Proportionalitätskonstante
$k = 8{,}99 \cdot 10^9\ \mathrm{Nm^2/C^2}$

Trotz vieler Gemeinsamkeiten zwischen den beiden Gesetzen gibt es aber auch **zwei wesentliche Unterschiede** (siehe Tab. 22.1). Erstens ist die elektrische Kraft viel, viel größer als die Gravitationskraft. Sie ist die zweitstärkste der vier Kräfte im Universum, die Gravitationskraft hingegen die schwächste. Der zweite große Unterschied: Während sich Massen nur anziehen können, können sich Ladungen auch abstoßen.

elektrische Kraft	Gravitationskraft
$F_E = k \frac{Q_1 Q_2}{r^2}$	$F_G = G \frac{m_1 m_2}{r^2}$
proportional zu $1/r^2$; wirkt daher unendlich weit	proportional zu $1/r^2$; wirkt daher unendlich weit
proportional zum Produkt der beiden Ladungen	proportional zum Produkt der beiden Massen
k kann nur experimentell ermittelt werden ($8{,}99 \cdot 10^9\ \mathrm{Nm^2/C^2}$)	G kann nur experimentell ermittelt werden ($6{,}67 \cdot 10^{-11}\ \mathrm{m^3/(kgs^2)}$)
ungleiche Ladungen ziehen einander an, gleiche Ladungen stoßen einander ab	Massen können einander nur anziehen
relative Stärke 10^{-2}	relative Stärke 10^{-38}

Tab. 22.1:   Ähnlichkeiten und Unterschiede zwischen F_E und F_G: Die relative Stärke gilt im Vergleich mit der starken Kraft, die die Quarks in den Neutronen und Protonen zusammenhält (siehe Tab. 10.1, Kap. 10.1, „Big Bang 5").

→ **Info:** Wer ist stärker? | -> S. 74
→ **Experiment:** Elektroskop und Co. | -> S. 74
→ **Info:** Laserdrucker | -> S. 74

i Wer ist stärker?

Vergleichen wir die Stärke der **elektrischen Kraft** und der **Gravitationskraft** am Beispiel von zwei Protonen. Generell fällt dabei der Faktor $1/r^2$ weg.

$$\frac{F_E}{F_G} = \frac{k\frac{Q_1 Q_2}{r^2}}{G\frac{m_1 m_2}{r^2}} = \frac{k Q_1 Q_2}{G m_1 m_2}$$

Du musst jetzt nur noch wissen, welche **Masse ein Proton** hat, nämlich $1{,}7 \cdot 10^{-27}$ kg. Das ergibt dann:

$$\frac{F_E}{F_G} = \frac{8{,}99 \cdot 10^9 \cdot (1{,}6 \cdot 10^{-19})^2}{6{,}67 \cdot 10^{-11} \cdot (1{,}7 \cdot 10^{-27})^2} \approx 1{,}2 \cdot 10^{36}$$

Die elektrische Kraft ist also um den Faktor 10^{36} größer als die Gravitationskraft! Daher würden auch zwei Elektronen mit Karacho auseinanderfliegen (→ **F8**).

e Elektroskop und Co.

Qualitativ kann man das Coulomb-Gesetz mit einfachen Mitteln überprüfen. Du brauchst dazu Glasstab und Seidentuch, Gummistab und Wolltuch sowie ein **Elektroskop**. Letzteres ist ein Gerät zum Messen der Ladung. Es gibt professionelle Geräte, aber man kann sie auch mit einfachen Mitteln selbst herstellen. Es genügt, zwei Metallstreifen auf einen Metallbügel zu hängen und das ganze von der Umgebung zu isolieren (Abb. 22.11).

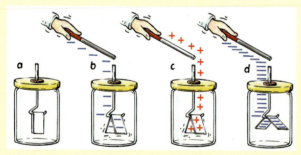

Abb. 22.11: Überprüfung der Ladungen mit einem Elektroskop

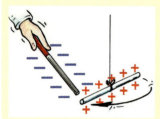

Abb. 22.12: Überprüfung der Anziehung ungleichnamiger Ladungen

Der geriebene **Glasstab** lädt sich **positiv**, der **Gummistab negativ** auf (siehe Tab. 22.1). Die Ladungen streifst du am Elektroskop ab: je mehr Ladungen, desto weiter werden die Metallstreifen auseinandergedrückt (b und d). Mit dem Elektroskop kannst du zwar die Stärke der Ladung, nicht aber die Art unterscheiden (b und c). Um die **Anziehung ungleichnamiger Ladungen** zu überprüfen, musst du einen der Stäbe aufhängen (Abb. 22.12).

i Laserdrucker

Ein Laserdrucker arbeitet mit Hilfe der **elektrischen Anziehungskraft**. Zuerst wird die Außenfläche der Trommel negativ aufgeladen (Abb. 22.13 a). Der Laserstrahl brennt nicht die Buchstaben ins Papier (→ **F9**), sondern er belichtet quasi die Trommel! Dort, wo er auftrifft, verliert die Trommel ihre negative Ladung (b). Der **Toner** ist positiv geladen und bleibt nur dort haften, wo der Laser vorher nicht auf die Trommel getroffen ist (c). Um den Toner schließlich auf das Papier zu bekommen, wird das ebenfalls negativ geladen. Diese Ladung muss aber höher sein als die der Trommel, weil sonst der Toner auf ihr kleben bleiben würde.

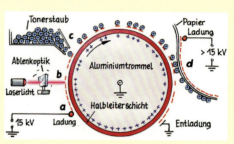

Abb. 22.13: Ein Laserdrucker arbeitet mit der elektrischen Anziehungskraft.

Z Zusammenfassung

Das **Coulomb-Gesetz** beschreibt die Kräfte zwischen zwei Ladungen. Es ist dem Gravitationsgesetz sehr ähnlich. Die elektrische Kraft ist jedoch viel größer und außerdem können Ladungen einander auch abstoßen.

22.1.4 Des Rätsels Lösung
Influenz und Polarisation

In diesem Abschnitt klären wir endlich die Fragen, warum ein Bernstein kleine Objekte anzieht und wieso man mit einem Kamm einen Wasserstrahl ablenken kann.

F10 Wenn du einen geladenen
E2 Gegenstand in die Nähe eines Elektroskops bringst, ohne es damit zu berühren, dann schlägt dieses bereits aus (Abb. 22.14). Wie kannst du das erklären?

F11 Wie kannst du erklären,
E2 dass ein geladener Löffel ungeladene Papierschnipsel oder sogar einen Wasserstrahl anziehen kann (siehe Abb. 22.3 und 22.4, S. 70)?

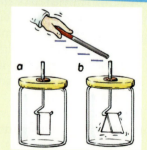

Abb. 22.14: Das Elektroskop schlägt bereits aus, bevor du es berührst! Warum?

F12 Sind Atome nach außen hin neutral oder nicht?
E2

Grundlagen der Elektrizität 1 **22**

Warum schlägt das Elektroskop in Abb. 22.14 aus, obwohl es vom Stab noch gar nicht berührt wird (→ **F10**)? Das liegt daran, dass der geladene Stab bereits vor der Berührung die Elektronen im Haken und in den Metallstreifen verschiebt. Diesen Effekt nennt man **Influenz**, und er tritt nur in **elektrischen Leitern** (siehe Kap. 23.4, S. 86) auf. Egal, wie der Stab geladen ist, durch die Verschiebung der Elektronen laden sich die Metallstreifen gleich auf und stoßen einander ab (Abb. 22.15).

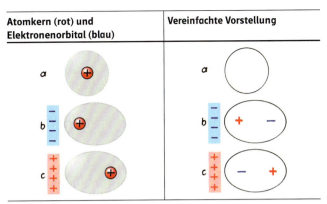

Tab. 22.2: Polarisation eines Isolator-Atoms (linke Spalte) und vereinfachte Darstellung (rechts): Die Orbitale sind die Aufenthaltswahrscheinlichkeiten der Elektronen und werden im Rahmen der Quantenmechanik (siehe „Big Bang 7") beschrieben.

Z Zusammenfassung

Durch ein elektrisches Feld werden die Elektronen in einem Leiter verschoben. Das nennt man **Influenz**. In einem Isolator können die Ladungen zwar nicht frei verschoben werden, aber die Ladungsmittelpunkte verschieben sich ein wenig. Das nennt man **Polarisation**.

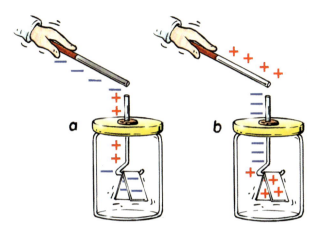

Abb. 22.15: Influenz im Elektroskop: Es sind nur die Überschussladungen eingezeichnet. Wichtig: Es werden nur die Elektronen verschoben und keine positiven Ladungen.

Wir haben einen weiten Bogen vom Bernstein über das Quark zur elektrischen Kraft gespannt und kommen jetzt zu den Lösungen der eingangs gestellten Fragen (Abb. 22.3 und 22.4, S. 70). Wieso kann man mit einem geladenen Löffel Papierschnipsel anziehen und sogar einen Wasserstrahl verbiegen? In beiden Fällen handelt es sich doch um ungeladene **elektrische Isolatoren** (siehe Kap. 23.4, S. 84)!

Auch Isolatoren werden in der Nähe eines geladenen Objekts beeinflusst. Allerdings können in ihnen die Ladungen nicht frei fließen. Trotzdem kommt es zu einer Art „Ladungstrennung". Normalerweise fallen die Mittelpunkte der positiven und negativen Ladungen im Atom zusammen. Nach außen hin ist es dann elektrisch neutral (Tab. 22.2 a). In der Umgebung eines geladenen Körpers werden aber die Elektronenorbitale verzerrt, und es verschieben sich die Ladungsmittelpunkte (Tab. 22.2 b und c). Aus dem neutralen Atom wird dadurch ein **elektrischer Dipol** (→ **F12**). Diesen Effekt nennt man **Polarisation**. Wenn du dich mit dem geladenen Bernstein oder Löffel einem Papierschnipsel näherst, dann werden die Papier-Atome zuerst polarisiert und den Rest übernimmt die elektrische Anziehungskraft (→ **F11**).

Die Tatsache, dass ein geladener Gegenstand einen ungeladenen Isolator anziehen kann, ist ein indirekter Beleg dafür, dass dessen **Atome** durch die elektrische Kraft **verzerrt** werden. Sonst wären sie nach außen hin neutral und würden nicht angezogen werden. Du siehst also, dass die Erklärung des „Bernsteinexperiments" nicht ganz so simpel ist. Beim Wasserstrahl ist es etwas anders, weil die Wassermoleküle von vornherein polarisiert sind.

22.2 Ein Kilogramm am Everest
Die elektrische Spannung

Eine kleine Batterie hat etwa 1,5 V und das Netz im Haushalt 230 V. Die Spannung und ihre Einheit Volt sind dir aus dem Alltag also bestens bekannt. Aber was versteht man unter Volt eigentlich genau?

F13 Was versteht man unter Hebearbeit und potenzieller
W1 Energie? Schau nach in Kap. 8.2, „Big Bang 5".

F14 In Abb. 22.16 siehst du vier gängige Batterieformate.
E2 Sie haben alle 1,5 V. Besteht – außer in der Größe – irgendein Unterschied zwischen den Batterien?

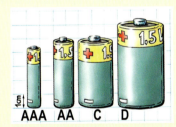

Abb. 22.16: Verschiedene Alkaline-Batterien

F15 Welche Spannung haben die Plus-Pole (die Knöpfe)
W1 der Batterien in Abb. 22.16?

F16 Der Großglockner ist 3798 m hoch und der Stephans-
W2 dom in Wien 137 m. Diese beiden Höhen-Angaben unterscheiden sich wesentlich. Wodurch?

Zwischen dem Gravitationsgesetz und dem Coulomb-Gesetz gibt sehr viele Gemeinsamkeiten (siehe Kap. 22.1.3, S. 73). Auch die gespeicherten Energien lassen sich gut vergleichen. Wenn du eine Masse im Gravitationsfeld der Erde hebst, dann musst du dazu Arbeit aufwenden (Tab. 22.3 links). Diese Arbeit ist in Form von **potenzieller mechanischer Energie** in der Masse gespeichert und kann später wieder freigesetzt werden. Nach diesem Prinzip funktionieren der Aufzug einer Räderuhr und Wasserspeicherkraftwerke.

Ganz ähnlich ist das beim elektrischen Feld. Wenn du eine negative Ladung gegen das elektrische Feld verschiebst, dann musst du Arbeit aufwenden. Diese Arbeit wird in Form von **potenzieller elektrischer Energie** gespeichert und kann später wieder freigesetzt werden (Tab. 22.3 rechts). Zwischen Arbeit, Ladung und Spannung besteht dabei folgender Zusammenhang:

F Formel: elektrische Spannung

$$U = \frac{W}{Q} \Rightarrow W = Q \cdot U$$

U ... elektrische Spannung [V]
W ... Arbeit [J]
Q ... Ladung [C]

potenzielle mechanische Energie	potenzielle elektrische Energie
$W = E_p = m \cdot g \cdot h$	$W = E_p = Q \cdot U$
Um eine Masse von 1 kg im Schwerefeld der Erde um 0,1 m zu heben, ist die Arbeit von einem Joule nötig.	Um eine Ladung von 1 C im Spannungsfeld von 1 V zu transportieren, ist die Arbeit von einem Joule nötig.

Tab. 22.3: Vergleich zwischen der Hebearbeit im Schwerefeld und der Verschiebearbeit im elektrischen Feld

Die Spannung ist der „elektrische Höhenunterschied". Sie gibt an, wie viel Energie man benötigt, um eine Ladung in einem elektrischen Feld zu verschieben. Wenn man Spannung und Ladung einer Batterie kennt, kann man ihre potenzielle elektrische Energie ausrechnen. Die Batterien in Abb. 22.16 (S. 75) haben zwar alle 1,5 V, aber mit zunehmender Größe auch eine größere Ladungsmenge und somit mehr gespeicherte Energie (→ F14, Tab. 22.4). In der größten Batterie ist 15-mal so viel Energie gespeichert wie in der kleinsten. Sie entspricht ziemlich genau der potenziellen Energie einer Masse von 1 kg auf die Spitze des Mount Everest (8848 m) in Bezug zum Meeresspiegel! In einer kleinen Batterie steckt also überraschend viel Saft!

→ **Info:** Wie hoch ist der Stephansdom
→ **Info:** Elektronvolt

Alkaline 1,5 V	Ladung/Typ	Energie $E_p = Q \cdot U$	relative Energie	„Hebehöhe" von 1 kg
	4000 C AAA	6 kJ	1	600 m
	9400 C AA	14,1 kJ	2,4	1410 m
	28000 C C	42 kJ	7	4200 m
	59500 C D	89,3 kJ	15	8930 m

Tab. 22.4: Batterie-Typen, Ladungen und berechnete potenzielle elektrische Energie: In der rechten Spalte siehst du die Höhe, in der sich ein 1 kg-Stück über dem Meeresniveau befinden müsste, um dieselbe potenzielle Energie zu haben.

i Wie hoch ist der Stephansdom?

Welche Spannung ein einzelner Pol besitzt, lässt sich niemals beantworten (→ **F15**). Das wäre etwa so, als ob du fragst: „Wie hoch ist die Spitze des Stephansdoms?" Von wo aus gemessen? Sie liegt 137 m über dem Stephansplatz. Wenn du sie aber wie eine Bergspitze über dem Meeresspiegel angibst (→ **F16**), dann würde sie bei 308 m Höhe liegen. Und vom Erdmittelpunkt gemessen wäre sie sogar rund 6.370.137 m hoch!

Der springende Punkt ist der: Wie hoch **ein** bestimmter Punkt liegt, ist reine Definitionssache und hängt von der **Wahl des Nullpunktes** ab. Aber egal, wo du diesen Nullpunkt legst, der Unterschied zwischen Basis und Spitze des Doms beträgt immer 137 m (Abb. 22.17). Bei einer Batterie ist es genauso. Egal, welche Spannung du den Polen zuordnst, die Differenz beträgt immer 1,5 V.

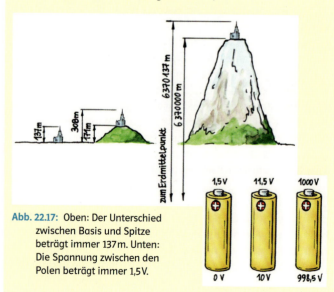

Abb. 22.17: Oben: Der Unterschied zwischen Basis und Spitze beträgt immer 137 m. Unten: Die Spannung zwischen den Polen beträgt immer 1,5 V.

i Elektronvolt

Um aus einem Wasserstoffatom das **Elektron abzulösen** (Abb. 22.18), braucht man eine Energie von $2{,}2 \cdot 10^{-18}$ J. Erstens kann man sich darunter wirklich nichts vorstellen und zweitens ist die Zahl sehr unhandlich.

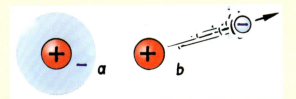

Abb. 22.18: a) Das Elektron des Wasserstoffs befindet sich als „Wolke" um das Proton. b) Das Elektron wird vom Atomkern abgelöst. Dazu braucht man 13,6 eV.

Um sehr kleine Energien angeben zu können, wie sie in der Quantenmechanik oft vorkommen, hat man daher die Einheit **Elektronvolt** (eV) erfunden. Darunter versteht man die potenzielle Energie eines einzigen Elektrons, wenn dieses im Spannungsfeld von 1V verschoben wird (wie in Tab. 22.3 rechts). Seine Energie beträgt dann
$E_P = 1{,}6 \cdot 10^{-19}\,C \cdot 1V = 1{,}6 \cdot 10^{-19}\,J = 1\,eV$.
Um aus einem Wasserstoffatom das **Elektron abzulösen**, braucht man eine Energie von 13,6 eV. Auch darunter kann man sich nichts vorstellen, aber die Einheit ist jetzt viel handlicher.

Z Zusammenfassung

Die **Spannung** ist der „elektrische Höhenunterschied". Sie gibt an, wie viel Energie man benötigt, um eine Ladung in einem elektrischen Feld zu verschieben. Spannung kann immer nur zwischen zwei Punkten angegeben werden.

22.3 Froschschenkelbatterie
Batterien als Spannungsquellen

In diesem Abschnitt geht es darum, wie vor über 200 Jahren eine zufällige Entdeckung zur Entwicklung der Batterie geführt hat.

F17 In getrennten Ladungen ist ähnlich wie in gehobenen
W2 Gewichten Energie gespeichert. Aber wie schafft man diese Ladungstrennung in Batterien?

F18 Es gibt ein sehr einfaches Mittel, um zu testen, wie
E2 viel Saft eine 4,5-V-Flachbatterie oder eine 9-V-Blockzelle noch hat! Welches?

F19 Was versteht man unter einem Elektronen-Gas?
W1

F20 In vielen elektrischen Geräten befinden sich mehrere
E2 Batterien. Sie sind immer so angeordnet, dass Plus- und Minus-Pol einander berühren. Was hat das für einen Sinn?

LUIGI GALVANI war Professor für Anatomie in Bologna und machte um 1790 beim Sezieren von Fröschen eine sehr sonderbare Entdeckung. Wenn er einen Froschschenkel gleichzeitig mit zwei verschiedenen zusammenhängenden Metallen berührte, begann dieser heftig zu zucken (Abb. 22.19 links). Man verstand diesen Effekt damals noch nicht, aber im Prinzip hatte Galvani durch Zufall eine Batterie erfunden.

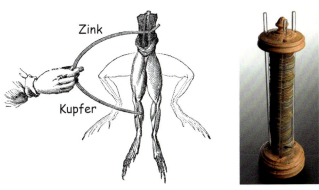

Abb. 22.19: Links: Ein Froschschenkel zuckt, wenn man ihn mit zwei verschiedenen Metallen berührt; Rechts: Nachbau einer Volta-Säule aus übereinander geschichteten Zink- und Kupferscheiben, zwischen denen sich jeweils ein elektrolytgetränktes Lederscheibchen befindet.

Der Italiener ALESSANDRO VOLTA hörte von diesen Experimenten und stellte eigene Versuche an. Er entdeckte, dass man zur Erzeugung von Spannung nur **zwei verschiedene elektrische Leiter** und einen **Elektrolyten** benötigt. Darunter versteht man einen meist flüssigen Leiter, in dem der Ladungstransport durch Ionen erfolgt. Volta kombinierte verschiedene Metalle und erstellte eine Spannungsreihe – und zwar anhand der Intensität der Geschmacksempfindung, die die Metallkombinationen an seiner Zunge hervorriefen (Tab. 22.5). Um **1800** stellt er seine bedeutendste Erfindung vor: die **Voltasäule**, die Mutter aller Batterien (Abb. 22.19 rechts)! Bis heute nennt man Batterien „galvanische Elemente", und die Einheit der Spannung wurde das Volt!

→ **Experiment:** Auf Voltas Spuren
→ **Info:** Blick ins Innere | -> S. 78
→ **Experiment:** Kartoffelbatterie | -> S. 78

e Auf Voltas Spuren

Es gibt zwei Typen von Batterien, bei denen man auch ohne Akrobatik beide Pole gleichzeitig mit der Zunge berühren kann: die 4,5-V-Flachbatterien und die 9-V-Blockzellen. Eine 9-V-Batterie brennt ziemlich auf der Zunge, aber du kannst dabei auf einfache Art und Weise überprüfen, wie viel Saft noch in ihr steckt (→ F18; Abb. 22.20). Auf ähnliche Weise hat Volta seine Spannungsreihe erstellt.

Abb. 22.20: Eine Batterie „kosten"

Blick ins Innere

Die genauen Vorgänge in einer Batterie sind ziemlich kompliziert, aber die grundlegenden Prinzipien sind recht einfach (→ **F17**). Du musst dazu nur zwei Sachen wissen:

1) Elektronen bewegen sich in Metallen praktisch frei. Deshalb spricht man vom **Elektronengas** (→ **F19**). Die fixen **Atomrümpfe** sind daher positiv geladen.

2) Je **unedler** ein Metall, desto stärker **löst** es sich in einem Elektrolyten auf. Dabei gehen nur die Atomrümpfe (also die positiven Ionen) in den Elektrolyten über, die Elektronen bleiben im Metall.

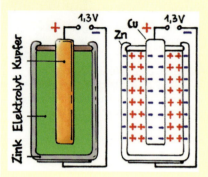

Abb. 22.21: Prinzip einer Batterie

Nimm an, du tauchst **Zink** (Zn) und **Kupfer** (Cu) in einen Elektrolyten (Abb. 22.21). Aus dem Zink lösen sich mehr positive Ionen als aus dem Kupfer. Deshalb bleiben im Zink mehr Elektronen zurück. Das unedlere Metall, in diesem Fall Zink, bildet daher immer den negativen Pol. Der Elektrolyt ist notwendig, damit der Stromkreis geschlossen ist. In ihm bewegen sich positive Ladungen.

Alle Batterien funktionieren nach diesem Prinzip. Allerdings verwendet man nicht immer zwei Metalle, sondern manchmal auch **Kohle** (in der **Alkali-Batterie**) oder **Bleioxid** (bei **Akku** im Auto) für den zweiten Pol.

Stoff	Spannung	Stoff	Spannung
Gold (Au)	0 V	Blei (Pb)	–1,82 V
Platin (Pt)	–0,57 V	Eisen (Fe)	–2,14 V
Silber (Ag)	–0,89 V	Zink (Zn)	–2,45 V
Kohle (C)	–0,94 V	Aluminium (Al)	–4,03 V
Kupfer (Cu)	–1,17 V	Lithium (Li)	–4,73 V

Tab. 22.5: Spannungsreihe einiger Metalle und von Kohle. Volta erstellte seine Spannungsreihe ohne Angabe der Spannung. Der Nullpunkt wurde hier beim edelsten Metall gewählt. Die Spannung zwischen zwei Stoffen ist die Differenz der angegebenen Werte (bei Zink und Kupfer sind es knapp 1,3 V).

Z Zusammenfassung

Die Oberfläche von Metallen löst sich in einem **Elektrolyten** auf. Weil sich unedle Metalle stärker auflösen, kannst du zwischen zwei verschiedenen Metallen eine elektrische Spannung erzeugen. Das ist das Prinzip jeder **Batterie**.

 Kartoffelbatterie

Mit folgenden Dingen kannst du selbst eine Batterie herstellen: Erdäpfel, Cent-Stücke (weil diese mit Kupfer überzogen sind), Beilagscheiben (die sind meist aus Eisen oder Zink), Draht und Büroklammern

Abb. 22.22: Diese Anordnung ist eine Serienschaltung. Dabei addieren sich die Spannungen (→ **F20**).

Du steckst in jeden Erdapfel eine Cent-Münze und eine Beilagscheibe und verbindest diese mit Drähten, so wie in Abb. 22.22. Mit dieser Kartoffelbatterie kannst du deutlich über 2 V erzeugen und eine Leuchtdiode (LED) schwach zum Leuchten bringen – du musst den Versuch im Dunkeln durchführen. Der Grund für das schwache Leuchten liegt in der geringen Stromstärke (Kap. 23.1) von knapp 0,2 mA, die du auf diese Weise erzielen kannst. Beachte: Die LED leuchtet nur, wenn du sie richtig polst! Du kannst mit dieser Batterie auch einen Kopfhörer zum Knacken bringen, wenn du mit den Polenden über den Anschluss streichst.

Grundlagen der Elektrizität 1

F21 Besteht ein Unterschied zwischen dem Erzeugen von
E2 Ladungen „aus dem Nichts" und der Reibungselektrizität (Abb. 22.5 und Abb. 22.6, S. 71)? Es klingt doch sehr ähnlich! → **L**

F22 Wenn nur negative Ladungen fließen können, wie ist
E2 es dann möglich, dass man die positiven Ladungen von einem Glasstab abstreift (Abb. 22.11c, S. 74)? → **L**

F23 Wenn man beim Essen von Schokolade zufällig auf
E2 ein Stück Alufolie beißt, dann fühlt sich das manchmal unangenehm an. Wann und warum? → **L**

F24 Rechne die Angaben in Tab. 22.4, S. 76 nach.
W1

F25 Wie viel Energie benötigt man mindestens, um ein
W2 Elektron-Positron-Paar zu erzeugen? Du brauchst dafür die berühmte Gleichung $E = mc^2$. Die Masse von Elektron und Positron beträgt je $9{,}1 \cdot 10^{-31}$ kg und die Lichtgeschwindigkeit c liegt bei $3 \cdot 10^8$ m/s. → **L**

23 Grundlagen der Elektrizität 2

Bis jetzt war von elektrischen Kräften die Rede, von Ladungen und Spannungen. Richtig interessant wird es aber, wenn die Ladungen zu fließen beginnen. Das nennen wir **elektrischen Strom**. Wenn man es genau nimmt, dann war schon in Kapitel 22 indirekt vom Strom die Rede. Denn wenn sich etwas durch Reibung auflädt, dann müssen sich Ladungen bewegt haben und somit muss Strom geflossen sein. Auch Batterien können die gespeicherte Energie nur durch bewegte Ladungen abgeben.
Der Stromfluss weist viele Ähnlichkeiten mit dem Wasserfluss auf. Deshalb werden wir in diesem Kapitel zum besseren Verständnis immer wieder auf das Modell von fließendem Wasser zurückgreifen. Es wird fast immer vom **Gleichstrom** die Rede sein. Darunter versteht man, dass die Ladungen immer in dieselbe Richtung fließen, wie das bei einer Batterie der Fall ist.

Abb. 23.1: Wasserfluss kommt durch den Höhenunterschied zu Stande, Stromfluss durch den „elektrischen Höhenunterschied", also die Spannung.

23.1 Was für ein Gedränge!
Die Stromstärke

In diesem Abschnitt lernst du eine neue Basiseinheit kennen: das Ampere. Sie gibt die Stärke des elektrischen Stroms an.

F1 W1 Welche Basis-Einheiten kennst du bereits? Schau nach in Tab. 2.1, Kap. 2.1, „Bing Bang 5".

F2 W1 In welche Richtung fließt eigentlich der Strom: a) von + zu – oder b) von – zu +?

F3 W2 Und mit welcher Geschwindigkeit bewegen sich die elektrischen Ladungen dabei? Gib einen Tipp ab!

F4 W2 Wenn du eine Taschenlampe einschaltest, dann leuchtet die Birne ohne Verzögerung auf. Heißt das, dass die fließenden Elektronen zu diesem Zeitpunkt die Birne bereits erreicht haben? → L

F5 E2 Die maximale Stromstärke im Haushalt beträgt etwa 15 Ampere. Was meinst du, wie groß die Stromstärke in einem Blitz ist?

F6 W2 Was denkst du, wie viele Elektronen jährlich ungefähr durch Österreichs Haushalte fließen: a) 10^{20}, b) 10^{30}, c) 10^{40}, d) noch mehr, e) gar keine. → L

Was macht man, um die **„Stromstärke" von Wasser** anzugeben, zum Beispiel in einem Rohr oder in einem Fluss? Man misst, wie viel Wasser pro Sekunde an einer bestimmten Stelle vorbeifließt (Tab. 23.1 links). Diese Werte kann man gut vergleichen. Man könnte die Anzahl der Moleküle pro Sekunde angeben, aber das ergäbe astronomische Zahlen. In der Praxis erfolgt die Angabe daher in m³/s. Ein paar Beispiele: Im Speicherkraftwerk Kaprun fließen knapp 7 m³/s durch die Rohre. In der Donau fließen in Österreich rund 2000 m³/s und bei der Mündung ins Schwarzen Meer 6500 m³/s. Und der Amazonas als mächtigster Fluss der Welt hat an manchen Tagen bei der Mündung eine „Stromstärke" von 200.000 m³/s.

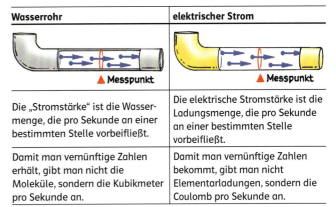

Wasserrohr	elektrischer Strom
Die „Stromstärke" ist die Wassermenge, die pro Sekunde an einer bestimmten Stelle vorbeifließt.	Die elektrische Stromstärke ist die Ladungsmenge, die pro Sekunde an einer bestimmten Stelle vorbeifließt.
Damit man vernünftige Zahlen erhält, gibt man nicht die Moleküle, sondern die Kubikmeter pro Sekunde an.	Damit man vernünftige Zahlen bekommt, gibt man nicht Elementarladungen, sondern die Coulomb pro Sekunde an.

Tab. 23.1: Vergleich zwischen der „Stromstärke" von Wasser und der von elektrischen Strom

Beim Messen der **elektrischen Stromstärke** gilt dasselbe Prinzip. Man misst, wie viel Ladung pro Sekunde an einer Stelle vorbeifließt (Tab. 23.1 rechts). Die Einheit der elektrischen Stromstärke ist das Ampere. ==Die Stromstärke beträgt ein Ampere, wenn durch einen Leiter pro Sekunde die Ladung von einem Coulomb fließt.== Erinnere dich: Ein Coulomb sind rund 6 Trillionen Elektronen (Kap. 22.1.3, S. 73). Bei einem Ampere fließen also pro Sekunde 6 Trillionen Elektronen an der Messstelle vorbei. Was für ein Gedränge! Die Geschwindigkeit, mit der sich die Elektronen in Richtung Pluspol bewegen, ist aber überraschend winzig.

→ **Info:** Bummeltempo | -> S. 80

F Formel: elektrische Stromstärke

$$I = \frac{\Delta Q}{\Delta t} \Rightarrow \Delta Q = I \cdot \Delta t$$

I ... elektrische Stromstärke [A]
Q ... Ladung [C]
t .... Zeit [s]

In welche Richtung fließt der Strom? Oder genauer gefragt: In welche Richtung bewegen sich die Ladungen, wenn Strom fließt? Wir haben es in den meisten Fällen mit Metallen und somit mit Elektronen zu tun, und diese bewegen sich vom Minus- zum Pluspol (→ F2). Diese Richtung nennt man **Elektronenflussrichtung** oder auch physikalische Stromrichtung (Abb. 23.4). Als man im 19. Jahrhundert die Richtung des Stromes definierte, wusste man das noch nicht und legte diese willkürlich von Plus nach Minus fest. Obwohl man es dann später besser wusste, änderte man die Definition nicht mehr. Die Richtung von Plus nach Minus nennt man heute **technische Stromrichtung**, und wenn im Folgenden kurz von Stromrichtung die Rede ist, dann ist immer die technische gemeint.

→ **Info:** Blitz

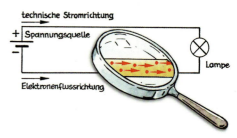

Abb. 23.4: Elektronen bewegen sich gegen die „technische Stromrichtung". Schaltzeichen siehe Tab. 23.2, S. 83.

Z Zusammenfassung

Allgemein bedeutet **Stromfluss Bewegung von Ladungen**. In Leitern bewegen sich Elektronen. Strom bedeutet dann, dass zur enorm hohen, aber ungeordneten Geschwindigkeit der Elektronen eine zusätzliche Driftgeschwindigkeit dazukommt.

i Bummeltempo

Die Elektronen in einem Metall sind wie Gasmoleküle in ständiger, ungeordneter Bewegung. Ihre Geschwindigkeit liegt in der Größe von unglaublichen 10^5 m/s, oder etwa 2800 km/h (Abb. 23.2a)! Liegt eine Spannung an, beginnen sich **alle Elektronen zusätzlich** in Richtung Plus-Pol zu bewegen (b). Man spricht von der **Driftgeschwindigkeit**. In Tab. 23.1 rechts ist nur diese eingezeichnet. Wie groß ist sie etwa?

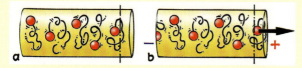

Abb. 23.2: a) Ungeordnete Bewegung eines Elektrons in einem Leiter, wenn kein Strom fließt. b) Wenn eine Spannung anliegt, dann driften zusätzlich alle Elektronen langsam in Richtung Pluspol.

Nimm an, 1 A fließt durch ein Kupferkabel mit 0,5 mm Radius. Pro Sekunden müssen also 1 C oder rund 10^{19} Elektronen an der Messstelle vorbei. Diese Elektronen befinden sich im farbig markierten Zylinder (Abb. 23.3a). Dieser muss sich pro Sekunde um seine eigene Höhe verschieben, damit alle Elektronen am Beobachter vorbeikommen. Wir müssen uns also die Höhe dieses Zylinders ausrechnen.

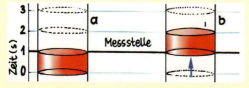

Abb. 23.3: a) Zu Beginn der Messung; b) Nach einer Sekunde: Im Zylinder befindet sich 1 C an Ladung. Die Höhe des Zylinders ist stark übertrieben dargestellt.

In Kupfer befinden sich etwa 10^{29} freie Elektronen pro m^3. Der Zylinder muss also ein Volumen von $10^{19}/10^{29}$ $m^3 = 10^{-10}$ m^3 besitzen. Das Kabel hat einen Querschnitt von $A = r^2\pi \approx 10^{-6}$ m^2. Das Volumen des Zylinders ist $V = A \cdot h$ und seine Höhe daher $h = V/A = 10^{-4}$ m. Weil sich der Zylinder in einer Sekunde um seine eigene Höhe verschiebt, ergibt sich für die **Driftgeschwindigkeit** der Elektronen 10^{-4} m/s oder 0,1 mm/s. Erstaunlich, aber die Elektronen bewegen sich im extremen Bummeltempo in Richtung Plus-Pol (→ **F3**)!

i Blitz

Die genauen Mechanismen bei der Blitzentstehung sind noch immer nicht völlig klar. Grundsätzlich haben **Blitze** ihren Ursprung in den **elektrisch geladenen Gewitterwolken**. Durch die starken Aufwinde im Inneren kommt es zu einer Ladungstrennung. Die Wolke lädt sich oben positiv und unten negativ auf (Abb. 23.5a). Und dann geht's los.

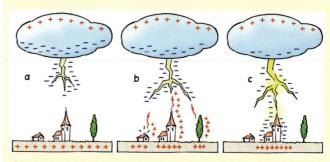

Abb. 23.5: Negativer Wolke-Erde-Blitz. Mehr als 90 % aller Blitze laufen so ab.

Zuerst bewegt sich ein negativ geladener **Leitblitz** in Verästelungen von der Wolke zur Erde (a). Wenn er sich ihr auf einige 10 m genähert hat, dann „wachsen" ihm positive **Fangladungen** von hohen Objekten entgegen (b). Eine gewinnt das Rennen, und wenn sie mit dem Leitblitz zusammentrifft, dann kommt es zur **Hauptentladung** (c). Das ist das, was wir dann den **Blitz** nennen. Bei der Hauptentladung fließen im Wesentlichen die negativen Ladungen aus dem Leitblitz zur Erde ab, und diese erzeugen das Licht, das wir dann sehen. Wie hoch ist dabei die Stromstärke?

Nehmen wir einen wirklich fetten Blitz! Bei diesem fließt eine Ladung von etwa 10 C. Das ist überraschend wenig, hat doch eine kleine Batterie einige tausend Coulomb. Allerdings fließt die Ladung auch blitzschnell ab, nämlich innerhalb von rund 10^{-4} s. Und das ergibt für die Stromstärke $I = Q/t$ beachtliche 100.000 A (→ **F5**).

Grundlagen der Elektrizität 2 23

23.2 Die Entdeckung des Herrn Ørsted
Drehspulgeräte und Elektromotoren

In diesem Abschnitt geht es um Geräte, mit denen man die Stromstärke messen kann. Sie sind wichtige Hilfsmittel für spätere Versuche.

F7 / E2 Was passiert mit dem Leiter zwischen den Polen eines Hufeisenmagneten, wenn Strom durch ihn fließt (Abb. 23.6)? Welche Erklärung gibt es dafür? Und wofür könnte man diesen Effekt verwenden?

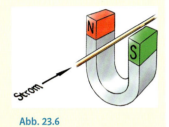
Abb. 23.6

F8 / S2 Was denkst du, wodurch das Magnetfeld der Erde zu Stande kommt?

e Kurzer Kurzschluss 1

Nimm eine Flachbatterie (4,5 V), ein kurzes Kabel und einen Kompass (Abb. 23.7a). Was passiert mit der Kompassnadel, wenn du die Batterie kurzschließt (b)? Macht es einen Unterschied, ob das Kabel unter oder über dem Kompass liegt? Hast du eine Erklärung dafür? Du darfst die Batterie nur kurz kurzschließen, weil sie dabei schnell leer wird!

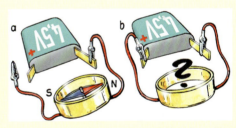
Abb. 23.7: Was passiert mit der Kompassnadel bei Stromfluss?

Um das Jahr **1820** machte der dänische Physiker CHRISTIAN ØRSTED eine enorm wichtige Entdeckung, die zu Anwendungen wie Elektromotoren oder Strommessgeräten führte. Er entdeckte nämlich, dass eine Magnetnadel abgelenkt wird, wenn in der Nähe Strom durch einen Leiter fließt (→ **Experiment:** Kurzer Kurzschluss 1). Diese Entdeckung schlug in der wissenschaftlichen Welt wie eine Bombe ein, denn sie belegte, was man schon lange vermutet hatte: **Elektrizität und Magnetismus** hängen irgendwie **zusammen**.

Es ist nämlich so: Um den Leiter herum entsteht durch den Stromfluss ein **Magnetfeld**. Die magnetischen Feldlinien sind immer geschlossen. In diesem Fall sind sie kreisförmig und winden sich um den Leiter herum. Ohne Erdmagnetfeld würde sich eine Magnetnadel exakt in Richtung dieser Feldlinien ausrichten, also quer zur Flussrichtung des Stroms (Abb. 23.8). Durch die zusätzliche Wirkung des Erdmagnetfeldes bleibt aber immer eine gewisse Abweichung übrig.

→ **Info:** Erdmagnetfeld

Elektrischer Strom erzeugt also ein magnetisches Feld. In Abb. 23.8 bewirkt das die Ablenkung eines Permanent-Magneten, in diesem Fall der Kompassnadel. Wenn sich der Permanent-Magnet nicht bewegen kann, dann bewegt sich

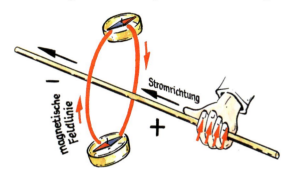

Abb. 23.8: Die Richtung der magnetischen Feldlinien kannst du mit der rechten Hand bestimmen. Wenn du den Leiter so umgreifst, dass der Daumen in (technische) Stromrichtung zeigt, dann geben dir die Finger die Richtung des magnetischen Feldes an. In diese Richtung zeigt dann der Nordpol der Nadel (rot).

i Erdmagnetfeld

Die Erde hat im Inneren höllische 6000 °C, das entspricht der Oberflächentemperatur der Sonne. Aufgrund des hohen Drucks ist der innere Kern trotzdem fest. Die Temperatur des äußeren Kerns liegt immerhin auch noch bei satten 3000 bis 5000 °C. Dieser Teil besteht aus einer zähflüssigen Eisen-Nickel-Mischung, die auf Grund der Hitze aufsteigt, sich abkühlt, wieder absinkt und so weiter. Man nennt das **Konvektion**. Nun gibt es aber in der Erdkruste Erzlager, die leicht magnetisch sind, und sie erzeugen im fließenden Metall **elektromagnetische Induktion** (siehe Kap. 26.4, S. 109). Dadurch entsteht das magnetische Feld der Erde, das vereinfacht wie das eines Stabmagneten aussieht (Abb. 23.9, → **F8**).

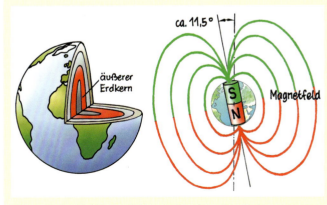

Abb. 23.9: Das Erd-Magnetfeld entspricht dem eines Stabmagneten. Der magnetische Südpol befindet sich im Norden und umgekehrt. Die magnetischen Pole sind um 11,5° zur Erdachse geneigt (Stand 2016).

der Leiter (Abb. 23.10 a). In welche Richtung, das kannst du mit der rechten Hand bestimmen (b). Eine stromdurchflossene **Leiterschleife** beginnt sich daher im Feld eines Permanent-Magneten zu drehen (c).

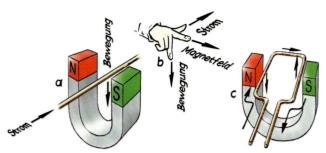

Abb. 23.10: Die Richtung der Bewegung eines stromdurchflossenen Leiters in einem Magnetfeld kannst du mit der rechten Hand bestimmen (b). Der Daumen muss dabei in (technische) Stromrichtung zeigen und der Zeigefinger in Richtung des Magnetfeldes (von Nord- zu Südpol). Der Mittelfinger gibt dir dann die Bewegungsrichtung des Drahtes an.

Dieser Effekt wird bei der Strommessung ausgenutzt. Statt einer einzelnen Schleife verwendet man hier aber viele Schleifen, also eine Spule (Abb. 23.11 a), weil dadurch die Genauigkeit erhöht wird. Fließt Strom durch den Leiter, dann dreht sich die Spule, und zwar umso stärker, je größer die Stromstärke ist. Solche Geräte nennt man **Drehspulgeräte**, und wenn diese sehr genau messen, dann nennt man sie **Galvanometer** (→ F7).

→ **Info:** Digitale Messgeräte

Zum **Elektromotor** (Abb. 23.11 b) ist es nur mehr ein Katzensprung. Du musst dazu nur die Stromrichtung nach jeder halben Drehung der Leiterschleife umkehren. Das schafft man mit Hilfe von Schleifkontakten. Dadurch kannst du eine gleichmäßige Rotation erzeugen (→ F7).

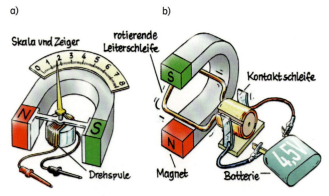

Abb. 23.11: a) Ein einfaches Drehspulgerät zur Messung der Stromstärke; b) Vereinfachte Darstellung eines Gleichstrommotors

Z Zusammenfassung

Fließende Ladungen erzeugen ein **magnetisches Feld**. Auf diesem Prinzip beruhen sowohl Drehspulmessgeräte als auch **Elektromotoren**. Moderne Strommessgeräte sind digital und arbeiten mit dem Laden und Entladen von Kondensatoren.

i Digitale Messgeräte

Die klassischen Drehspulgeräte (Abb. 23.11 und Abb. 23.12 links) sind – zumindest in der freien Wildbahn, also außerhalb von technischen Labors und Physiksammlungen – eher vom Aussterben bedroht. Heutzutage werden vor allem **digitale Messgeräte** verwendet (Abb. 23.12 rechts). Dabei erfolgt die Messung auf verschiedensten Arten. Wir schauen uns die am weitesten verbreiteten Geräte an. Sie bieten einen guten Kompromiss zwischen Genauigkeit und Kaufpreis. Außerdem kann man ihre Funktionsweise auch ohne Elektrotechnik-Studium verstehen.

Abb. 23.12: Links ein analoges Drehspulgerät: Die Anzeige erfolgt dabei immer über einen Zeiger (siehe Abb. 23.11 a). Rechts ein digitales Messgerät mit Kondensator

In diesen Geräten erfolgt die Messung mit Hilfe eines Kondensators. Darunter versteht man ein elektrisches Bauelement zum Speichern von Ladungen. Dieser Kondensator wird durch die zu messende Spannung geladen (U_{mess}). Je größer diese ist, desto stärker lädt sich der **Kondensator** auf (Abb. 23.13, siehe auch Kap. 25.6, S. 102). Anschließend wird er mit einer genau bekannten Spannung, die das Gerät selbst liefert, wieder entladen. Diese so genannte **Referenzspannung** (U_{ref}) muss dazu umgekehrt am Kondensator angelegt werden. Die **Entladezeit** (t_2) wird mit der **Ladezeit** (t_1) verglichen und damit die Messspannung nach der Gleichung $U_{mess} = U_{ref} \cdot (t_2/t_1)$ errechnet. Nach dieser Methode kann man auch die Stromstärke messen, weil bei konstantem Widerstand Spannung und Stromstärke proportional sind (siehe Abb. 23.22; S. 86). Obwohl diese Geräte völlig anders arbeiten als Drehspulgeräte, gelten für Strom- und Spannungsmessungen dieselben Prinzipien (Kap. 23.3; S. 83).

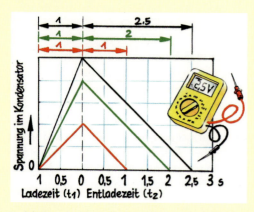

Abb. 23.13: Arbeitsweise eines digitalen Messgeräts: Je größer die Messspannung, desto stärker lädt sich der Kondensator in der Ladezeit auf und desto länger dauert daher das Entladen. Bei der roten Linie sind Lade- und Entladezeit gleich groß und daher auch die Spannungen. Bei der schwarzen Linie ist die Messspannung 2,5-mal so groß wie die Referenzspannung.

23.3 Straßensperre auf der Autobahn
Voltmeter und Amperemeter

Im Prinzip kann man mit jedem Gerät, das den Strom messen kann, auch die Spannung messen und umgekehrt. Wie das funktioniert und was man dabei beachten muss, erfährst du in diesem Kapitel.

F9 W2 Welche der Aussagen ist richtig? a) Spannungsmessung beruht auf Strommessung! b) Strommessung beruht auf Spannungsmessung!

F10 W2 Wie musst du das Messgerät (Abb. 23.14) anschließen, wenn du den Strom bzw. die Spannung in diesem Stromkreis messen möchtest? Seriell oder parallel? Und was hat das für einen Grund?

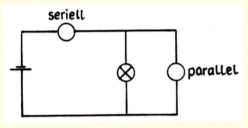

Abb. 23.14

F11 E2 Welche der beiden Methoden ist sinnvoller, wenn du die Anzahl der Autos wissen möchtest, die pro Stunde auf einer bestimmten Autobahn fahren? a) Die Autos vom Rand aus zählen. b) Eine Straßensperre errichten, die Autos einzeln anhalten und dabei zählen.

F12 W2 Eine Flachbatterie hat 4,5 V. Was passiert mit der Spannung, wenn die Batterie Strom liefert? a) Sie sinkt. b) Sie steigt. c) Sie bleibt gleich.

Spannungsmessgeräte nennt man **Voltmeter** und Strommessgeräte **Amperemeter**. Damit du deren Funktionsweise verstehst, vorher noch ein paar Worte zum **elektrischen Widerstand** (Details siehe Kap. 23.4; S. 84). Dieser gibt einfach gesagt an, wie stark der Fluss der Ladungen in einem Leiter behindert wird. Je größer der elektrische Widerstand, desto geringer der Stromfluss.

Leitung verbunden (a) kreuzend (b)	(a)(b)	Erdung	⏚
Batterie (Gleichspannungsquelle)	+∣−	Wechselspannungsquelle	∿
Amperemeter	(A)	Kondensator	⊣⊢
Voltmeter	(V)	Spule	▬⌇
Lampe	⊗	Widerstand	▭
Schalter	⌿	Diode (a) Transistor (b)	(a)(b)

Tab. 23.2: Einige wichtige Schaltzeichen

Wir stellen die folgenden Überlegungen am Beispiel der Drehspulgeräte an (Abb. 23.11 a und Abb. 23.12 links), weil dort das Prinzip offensichtlicher wird. Sie gelten aber auch für digitale Messgeräte. Generell kann man sagen: ==Damit eine Messung sinnvoll ist, darf dabei die zu bestimmende Größe nicht – beziehungsweise so wenig wie möglich – beeinflusst werden.== Wenn du etwa die Frequentierung einer Autobahn wissen willst und dazu eine Straßensperre errichtest, dann bremst du damit den Verkehr gewaltig und bekommst eine unrealistisch geringe Autozahl heraus (→ F11).

Bei der **Strommessung** ist es ganz ähnlich: Der Stromfluss darf dabei nicht verringert werden. Das geht nur dann, wenn der Widerstand des Amperemeters sehr klein ist. Damit der gesamte Strom durch das Gerät fließen kann, muss es **seriell** im Stromkreis platziert werden (→ F10; Tab. 23.3 links oben). Damit meint man, dass der Strom **nacheinander** durch Amperemeter und Birne fließt. Je größer die Stromstärke, desto stärker das Magnetfeld der Spule und desto stärker der Zeigerausschlag.

Es ist ähnlich, wie wenn du die Wasserstromstärke in einem Rohr mit Hilfe einer Turbine misst (Tab. 23.3 links unten). Das Wasser muss dazu zur Gänze an der Turbine vorbei. Deren Drehzahl gibt dir Aufschluss über die Wassermenge pro Zeit. Die Turbine darf aber bei der Messung den Wasserfluss nicht bremsen.

Bei der **Spannungsmessung** muss man sich einen Trick einfallen lassen, weil ein Drehspulmessgerät ja nur den Stromfluss anzeigen kann. Du musst die Spannung also irgendwie in Strom „übersetzen". Außerdem darf die Messung den Stromfluss nicht verändern, weil sich dadurch wiederum die Spannung verändern würde.

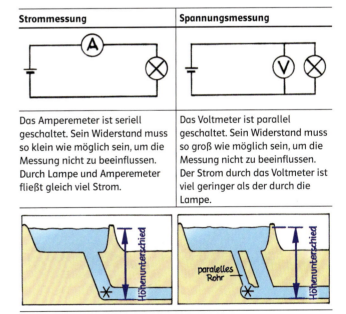

Strommessung	Spannungsmessung
Das Amperemeter ist seriell geschaltet. Sein Widerstand muss so klein wie möglich sein, um die Messung nicht zu beeinflussen. Durch Lampe und Amperemeter fließt gleich viel Strom.	Das Voltmeter ist parallel geschaltet. Sein Widerstand muss so groß wie möglich sein, um die Messung nicht zu beeinflussen. Der Strom durch das Voltmeter ist viel geringer als der durch die Lampe.

Tab. 23.3: Strom- und Spannungsmessung im Vergleich und Analogien mit dem Wasserfluss

Die Lösung des Problems: Das Voltmeter wird **parallel** geschaltet (→ F10). Damit meint man, dass der Strom **gleichzeitig** durch Birne und Voltmeter fließt. Das Voltmeter muss aber einen sehr hohen Widerstand haben (Tab. 23.3 rechts). Dann fließt ein sehr kleiner Strom durch das Voltmeter, der die Spannung der Batterie praktisch nicht beeinflusst. Dieser Strom wird vom Messgerät dann in eine Voltzahl „übersetzt".

→ **Experiment:** Kurzer Kurzschluss 2

Die Spannung, also der „elektrische Höhenunterschied", ist nur indirekt messbar. Vergleichbar ist das damit, dass du den Höhenunterschied zwischen einem Stausee und der Station misst, indem du die Fließgeschwindigkeit des Wassers in einem sehr dünnen, parallelen Rohr feststellst und diese dann in den Höhenunterschied „übersetzt". Das funktioniert sogar dann, wenn gar kein Wasser durch das dicke Rohr fließt. Dieser Fall entspricht der **Leerlaufspannung** bei einer Batterie.

Du siehst also, dass im Gerät selbst immer der Strom gemessen wird (→ F9). In der Praxis verwendet man Multimeter, mit denen man durch Umschalten Strom und Spannung messen kann.

→ **Info:** Multimeter

e Kurzer Kurzschluss 2

Miss zunächst die Spannung einer Flachbatterie in unbelastetem Zustand. Der Wert sollte dann, je nachdem wie neu die Batterie ist, um 4,5 V liegen (Abb. 23.15 a). Weil sie in diesem Fall kein Gerät betreibt, spricht man von **Leerlaufspannung**. Wenn du jetzt die Batterie kurz schließt, dann sinkt die Spannung fast auf null ab (b). Du darfst die Batterie nur kurz kurzschließen, weil sie dabei schnell leer wird. Das Wesentliche ist: Wenn sich der Stromfluss einer Batterie ändert, dann ändert sich auch ihre Spannung! Das liegt am Innenwiderstand, den jede Batterie besitzt (siehe auch → F32, S. 89). Deshalb darf bei der Spannungsmessung auch der Stromfluss in einer Schaltung nicht beeinflusst werden. Die Spannung, die die Pole einer Batterie im Betrieb aufweisen, nennt man übrigens die **Klemmenspannung**.

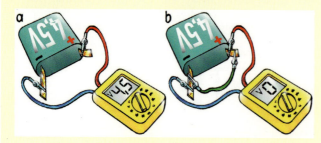

Abb. 23.15: a) Leerlaufspannung; b) Bei einem Kurzschluss fällt die Spannung der Batterie praktisch auf null ab.

i Multimeter

Die beiden Messgeräte in Abb. 23.12 (S. 82) sind sogenannte **Multimeter**, also Vielfachmesser. Durch Umschalten kannst du den Innenwiderstand des Gerätes verändern und aus ihm je nach Bedarf ein Amperemeter (kleine Widerstände von 0,001 bis 100 Ω) oder ein Voltmeter (große Widerstände von 9 kΩ bis 100 MΩ) machen.

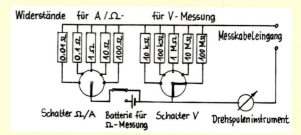

Abb. 23.16: Schaltplan eines analogen Multimeters: Der Messbereich ist mit 100 MΩ auf das Messen sehr hoher Spannungen eingestellt (zur Einheit Ω siehe Kap. 23.4).

Z Zusammenfassung

Die zu bestimmende Größe darf durch die Messung nicht beeinflusst werden. Deshalb muss ein **Amperemeter** seriell geschaltet werden und einen möglichst kleinen Widerstand haben. Ein **Voltmeter** muss parallel geschaltet werden und sollte einen möglichst großen Widerstand haben.

23.4 Kühe leben gefährlich
Widerstand und spezifischer Widerstand

In diesem Abschnitt geht es um den elektrischen Widerstand. Er gibt den Zusammenhang zwischen Spannung und Stromstärke an.

F13 Was versteht man unter der Driftgeschwindigkeit der
W1 Elektronen? Schau nach in Kap. 23.1, S. 80!

F14 Warum sind elektrische
W2 Leitungen im Haushalt fast immer aus Kupfer? Warum sind Überlandleitungen (Abb. 23.17) aus Aluminium?

F15 Warum sind Griffe von
W2 Werkzeugen und Leitungskabel im Haushalt mit Kunststoff überzogen? Warum befinden sich zwischen Überlandleitungen und Masten lange Aufhängungen aus Glas- oder Porzellan (Abb. 23.17)?

Abb. 23.17: Überlandleitungen bestehen aus Aluminium und die Aufhängungen aus Glas oder Porzellan.

Grundlagen der Elektrizität 2   23

F16 Wo ist in dieser Schaltung der größere Widerstand
E2 (Abb. 23.18): in der Zuleitung oder in der Glühlampe? Und kannst du das begründen? → L

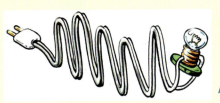
Abb. 23.18

F17 Zwei Vögel sitzen auf
E2 blankem Draht (Abb. 23.19). Was passiert, wenn der Strom eingeschaltet wird? → L

Abb. 23.19

F18 Wieso ist es auch gefährlich, wenn ein Blitz in deiner
E2 Nähe in den Boden einschlägt? Und warum soll man sich, wenn man von einem Gewitter überrascht wird, so hinhocken, dass nur die Füße am Boden sind?

F19 Warum ist der Begriff „Stromverbrauch" eigentlich
W2 schlecht gewählt?

→ **Experiment:** Auf Ohm's Spuren

 Auf Ohm's Spuren

Welcher Zusammenhang besteht zwischen Spannung und Stromstärke. Bau dazu die Versuchsanordnung in Abb. 23.20 auf. Verändere dann die Spannung und trage die Werte in einem Diagramm ein (Spannung x-Achse, Stromstärke y-Achse). Führe dieselben Messungen mit anderen Drähten durch. Was fällt dir auf?

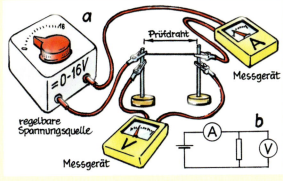
Abb. 23.20: a) Versuchsaufbau; b) Schaltplan

Beim Anlegen einer Spannung driften die Elektronen in Richtung Plus-Pol (Abb. 23.2, S. 80). Diese Bewegung wird durch die Atomrümpfe behindert (Abb. 23.21). Salopp kann man sagen, dass sich die Elektronen an den Atomrümpfen vorbeizwängen müssen. Dadurch entsteht der **elektrische Widerstand**. Dass bei gleichem Widerstand die Stromstärke von der Spannung abhängt, kann man sich mit Hilfe von fließendem Wasser überlegen (Tab. 23.4).

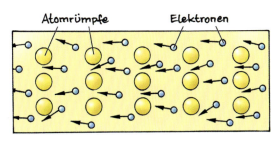
Abb. 23.21: Die Elektronendrift wird durch die Atomrümpfe behindert. Es ist nur die Driftgeschwindigkeit der Elektronen eingezeichnet.

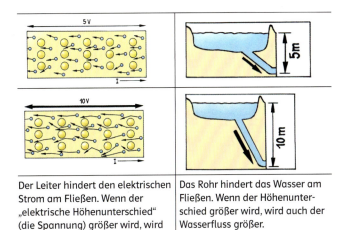

Der Leiter hindert den elektrischen Strom am Fließen. Wenn der „elektrische Höhenunterschied" (die Spannung) größer wird, wird auch der Stromfluss größer. | Das Rohr hindert das Wasser am Fließen. Wenn der Höhenunterschied größer wird, wird auch der Wasserfluss größer.

Tab. 23.4: Qualitativer Zusammenhang zwischen Spannung sowie Stromfluss und Vergleich mit fließendem Wasser. Beachte: Die technische Stromrichtung zeigt gegen den Elektronendrift.

Den genauen Zusammenhang zwischen Spannung, Stromstärke und Widerstand entdeckte der deutsche Physiker GEORG SIMON OHM im Jahr **1826**, und man nennt es daher das **Ohm'sche Gesetz**. Das Verhältnis von Spannung und Strom ist für einen Widerstand immer gleich groß. Anders gesagt: I ist proportional zu U (siehe Abb. 23.22, S. 86). Wird die Spannung verdoppelt, so verdoppelt sich auch die Stromstärke. ==Der Quotient von Spannung und Stromstärke ist der elektrische Widerstand R. Er hat die Einheit Ohm (Ω).==

F **Formel: Ohm'sches Gesetz**

$$R = \frac{U}{I} \Rightarrow I = \frac{U}{R} \Rightarrow U = R \cdot I$$

R ... Ohm'scher Widerstand [Ω]
U ... Spannung [V]
I ... Stromstärke [A]

Wovon hängt der elektrische Widerstand ab? Erstens hängt er vom **Material ab** (Tab. 23.5, S. 86). Zweitens ist der Widerstand indirekt proportional zur **Querschnittsfläche** des Leiters. Auch ein dünnes Wasserrohr bietet einen größeren Widerstand als ein dickes. Drittens ist der Widerstand proportional zur **Länge** des Leiters. Auch hier hilft der Vergleich mit dem Wasserrohr. Ein langes Wasserrohr hat einen größeren Widerstand als ein kurzes. Formelmäßig lassen sich diese Einflussfaktoren so ausdrücken:

F Formel: elektrischer Widerstand

$$R = \rho \frac{l}{A}$$

Ω ... spezifischer Widerstand [$\Omega m^2/m$] = [Ωm]
l ... Länge des Leiters [m]
A ... Querschnitt des Leiters [m^2]

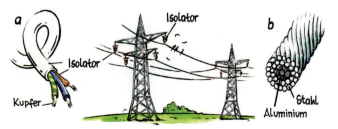

Abb. 23.23: a) Leitungen sind aus Kupfer und von Isolatoren umgeben. b) Überlandleitungen bestehen aus einem Stahlkern, der von Aluminium umgeben ist.

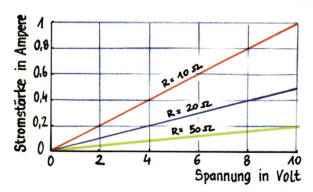

Abb. 23.22: Grafische Darstellung des Ohm'schen Gesetzes für drei Widerstände: Je größer der Widerstand, desto flacher der Anstieg! Etwas Ähnliches solltest du bei deinen Experimenten herausbekommen haben (→ **Experiment:** Auf Ohm's Spuren, S. 85).

Man kann die Materialien in drei Gruppen einteilen, deren spezifischer Widerstand sich um viele Zehnerpotenzen unterscheidet. Der Widerstand von **Leitern** ist deshalb so gering, weil nur diese frei bewegliche Elektronen haben (Abb. 23.21, S. 85). In **Halbleitern** können sich bei höheren Temperaturen einige Elektronen ablösen, und sie beginnen schwach zu leiten – aber trotzdem rund eine Milliarde Mal schlechter als Leiter. Sie werden vor allem beim Bau von Mikrochips eingesetzt. In **Isolatoren** (Nichtleitern) gibt es praktisch keine freien Elektronen. Daher eignen sie sich hervorragend, um unerwünschte Stromflüsse zu unterbinden (→ F15).

Material	spezifischer Widerstand [$\Omega m^2/m$]	spezifischer Widerstand [$\Omega mm^2/m$]	
Silber	$1{,}6 \cdot 10^{-8}$	$1{,}6 \cdot 10^{-2}$	
Kupfer	$1{,}7 \cdot 10^{-8}$	$1{,}7 \cdot 10^{-2}$	
Gold	$2{,}4 \cdot 10^{-8}$	$2{,}4 \cdot 10^{-2}$	**Leiter** geringer Widerstand = große Leitfähigkeit
Aluminium	$2{,}8 \cdot 10^{-8}$	$2{,}8 \cdot 10^{-2}$	
Stahl	$14 \cdot 10^{-8}$	$14 \cdot 10^{-2}$	
Kohlenstoff	$3{,}5 \cdot 10^{-5}$	35	
Germanium	0,42	$4{,}2 \cdot 10^{5}$	**Halbleiter**
Silizium	640	$6{,}4 \cdot 10^{8}$	
Glas	$2 \cdot 10^{12}$	$2 \cdot 10^{18}$	**Isolatoren (Nichtleiter)** großer Widerstand = geringe Leitfähigkeit
Porzellan	$5 \cdot 10^{12}$	$5 \cdot 10^{18}$	
Gummi	10^{13} bis 10^{15}	10^{19} bis 10^{21}	

Tab. 23.5: Spezifischer Widerstand bei 20 °C: Die Gradangabe ist wichtig, weil sich der Widerstand mit der Temperatur verändert.

Tab. 23.5 zeigt den **spezifischen Widerstand** einiger Materialien. Je größer dieser ist, desto geringer ist umgekehrt die elektrische Leitfähigkeit. Kupfer ist einer der besten Leiter und wird daher für **elektrische Leitungen** verwendet (Abb. 23.23 a). Silber leitet einen Tick besser, aber stell dir mal die Kosten vor (→ F14)! **Überlandleitungen** sind großteils aus Aluminium (Abb. 23.23 b). Sein Widerstand ist 60 % größer als der von Kupfer, und deshalb müssen bei gleichem Widerstand die Leitungen dicker sein. Auf der anderen Seite hat Aluminium aber nur ein Drittel Kupferdichte. Deshalb sind die dickeren Aluleitungen immer noch leichter als die dünnen Kupferleitungen, und das ist viel weniger aufwändig.

Die Spannung gibt an, welche Energie in einer Ladung steckt, die sich in einem Spannungsfeld befindet (siehe Kap 22.2, S. 76). Wenn die Ladung von selbst zum anderen Pol fließt, dann gibt sie diese Energie wieder ab. Je größer der Widerstand im Leiter, desto mehr Energie verliert die Ladung an dieser Stelle. Mit der Energie verliert sie aber auch an Spannung, weil U proportional W ist. Deshalb spricht man vom **Spannungsabfall** im Widerstand (Abb. 23.24). Dieser Spannungsabfall ergibt einen „elektrischen Höhenunterschied", den du dann mit dem Voltmeter messen kannst. ==Der gesamte Spannungsabfall== (in diesem Fall die Spannung zwischen den Polen der Batterie) ==entspricht immer der Summe der einzelnen Spannungsabfälle== (in diesem Fall in den Kupferkabeln und dem Prüfdraht).

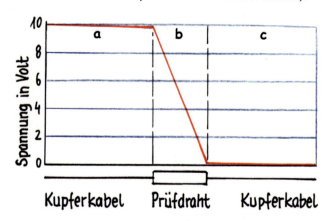

Abb. 23.24: „Aufgebogener" Schaltkreis aus Abb. 23.20 b, S. 85. Die Klemmspannung beträgt 10 V. Der Spannungsabfall in den dicken Kupferkabeln (a + c) ist fast zu vernachlässigen, im Prüfdraht ist er sehr groß (b).

Grundlagen der Elektrizität 2   23

→ Info: Kühe leben gefährlich

i Kühe leben gefährlich

Auch wenn ein Blitz nur in deiner Nähe einschlägt, kann das extrem gefährlich sein (→ F18). Das liegt am Spannungsabfall im Boden. Weil die Ladungen in alle Richtungen fließen, erfolgt dieser nicht linear, und man spricht von einem **Spannungstrichter** (Abb. 23.25). Die Spannung zwischen deinen Füßen – die sogenannte **Schrittspannung** – kann mehrere hundert Volt betragen! Je weiter du vom Einschlag weg bist, desto geringer ist die Schrittspannung und somit auch die Gefahr (vergleiche a + b). Am besten ist es, wenn du dich auf den Boden hockst (c), weil du dann keine Erhöhung bietest und der Spannungsabfall am geringsten ist. Kühe leben bei Blitzen sehr gefährlich, weil ihre Schrittspannung generell sehr groß ist (d).

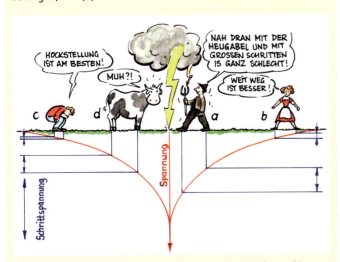

Abb. 23.25: Spannungstrichter in Folge eines Blitzeinschlages: Die Spannung ist negativ aufgetragen, weil an der Einschlagstelle ein Elektronenüberschuss herrscht.

Wir sagen im Alltag, dass Strom „verbraucht" wird. Das ist irreführend, weil der Ladungsfluss an jeder Stelle im Stromkreis gleich groß ist (→ F19). Was wird „verbraucht"? Die elektrische Energie der Ladungen! Am anderen Pol angekommen, ist ihre potenzielle Energie weg. Du kannst das gut mit einem Fluss vergleichen. Seine Wasserstromstärke ist ohne Zufluss überall gleich groß. Am tiefsten Punkt angekommen, ist die potenzielle Energie des Wassers „verbraucht". Weil kein Strom verbraucht wird, sollte man daher auch besser von **Strombedarf** sprechen!

Z Zusammenfassung

Der **elektrische Widerstand** kommt durch die Behinderung der fließenden Ladungen zu Stande. Dabei verlieren diese Energie und das führt zu einem Spannungsabfall. Nach dem Widerstand kann man Materialien in **Leiter, Halbleiter und Nichtleiter** einteilen.

23.5 Eine Insel im Strom
Serien- und Parallelschaltung

Bis jetzt war immer nur von einem einzigen Widerstand die Rede. Was passiert aber, wenn man mehrere Widerstände in einem Stromkreis hat?

F20 Nimm an, du hast zwei Widerstände mit 100 Ω. Wie
W1   groß ist der Gesamtwiderstand, wenn du diese seriell bzw. parallel schaltest (Abb. 23.26)?

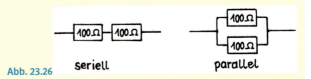

Abb. 23.26

F21 An der Lichterkette am Weihnachtsbaum wird eine
W2   Lampe kaputt. An den Halogenlampen an der Decke wird eine Lampe kaputt (Abb. 23.27). Was passiert mit den anderen Lampen in beiden Fällen und warum?

Abb. 23.27

F22 Wie sind elektrische Geräte im Haushalt geschaltet:
W1   seriell oder parallel?

Wenn man **Widerstände in Serie** schaltet, dann addieren sich diese. In unserem Beispiel hätten die Widerstände dann 200 Ω (→ F20). Das klingt naheliegend, weil durch den zweiten Widerstand der Stromfluss ja zusätzlich behindert wird. Wie ist das aber bei einer **Parallelschaltung**? Dann wird der Gesamtwiderstand sogar kleiner! In unserem Beispiel wären es dann in Summe 50 Ω (→ F20). Das klingt zunächst vielleicht paradox. Aber überlege einmal: Wenn du parallel zu einem Wasserrohr ein zweites legst, dann wird doch der Wasserfluss in Summe weniger behindert.

→ Info: Parallelschaltung | -> S. 88
→ Info: Serienschaltung | -> S. 88

Wie sind elektrische Geräte im **Haushalt** geschaltet (→ F22)? Immer parallel! Das kannst du sehr gut bei Halogenlampen sehen (Abb. 23.27) oder bei einem Verteilerstecker (Abb. 23.31, S. 88)! Bei einer Serienschaltung müssten immer alle Geräte in Betrieb sein. Wäre an irgendeiner Stelle der Stromkreis unterbrochen, würden auch die anderen Geräte nicht gehen, wie das bei der Lichterkette der Fall ist (→ F21). Und würdest du noch ein Gerät dazuhängen, dann würde sich der Gesamtwiderstand erhöhen und der Stromfluss verringern. Wenn du also ein zusätzliches Licht aufdrehen würdest, würden alle anderen Lichter schwächer werden. Bei einer Parallelschaltung treten diese Probleme nicht auf.

GG 6.2/G 6.2   Elektrizitätslehre/Elektrische Energie   **87**

Parallelschaltung

Wie groß ist der Widerstand bei einer **Parallelschaltung**? Überlegen wir wieder anhand von fließendem Wasser.

Abb. 23.29: Die Margareteninsel in Budapest

1) Das Wasser teilt sich bei der Insel auf (Abb. 23.29). Weil nichts zu- oder abfließt, muss die Summe der Teilströme ($I_1 + I_2$) so groß sein, wie der Gesamtstrom vor der Insel (I).

2) Der Höhenunterschied der beiden Teilströme zwischen Verzweigung und Zusammenfluss muss gleich groß sein – sonst würde das Wasser ja in zwei Etagen weiterfließen.

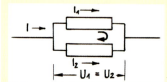

Abb. 23.30: Die Summe von U_1 und U_2 in dieser Leiterschleife ist null. (Vorzeichen beachten!)

Auch bei der Parallelschaltung (Abb. 23.30) teilt sich der Strom auf und es gilt: $I = I_1 + I_2$. Was für den Höhenunterschied des Wassers gilt, gilt auch für den „elektrischen Höhenunterschied". Der Spannungsabfall in den beiden Widerständen muss gleich groß sein. Es gilt $U_1 = U_2 = U$. Es gilt übrigens generell, auch bei komplizierten Schaltungen, dass die Summe der Spannungen in einer geschlossenen Leiter-Masche immer null ist. Das nennt man die **zweite Kirchhoff'sche Regel**. Und jetzt wieder das Ohm'sche Gesetz:

$$I = I_1 + I_2 \Rightarrow \frac{U}{R} = \frac{U}{R_1} + \frac{U}{R_2}$$
$$\frac{1}{R} = \frac{1}{R_1} + \frac{1}{R_2}$$

Bei einer Parallelschaltung ist der Kehrwert des Gesamtwiderstandes die Summe der Kehrwerte der Einzelwiderstände.

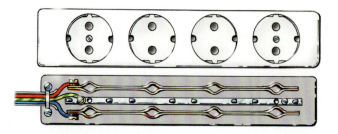

Abb. 23.31: Bei einem Verteiler ist das Prinzip der Parallelschaltung besonders gut zu sehen.

Serienschaltung

Wie groß ist der Widerstand bei einer **Serienschaltung**? Wenn Wasser hintereinander über zwei Stufen hinunterfällt, ist der gesamte Höhenunterschied natürlich die Summe der beiden Gefälle. Beim Strom ist es genauso. Der gesamte Spannungsabfall ist immer so groß, wie die Summe der einzelnen Spannungsabfälle: $U = U_1 + U_2$.

Auf der anderen Seite fließt durch beide Widerstände derselbe Strom, weil ja nicht irgendwo Ladungen aus dem Leiter tröpfeln. Daher gilt $I = I_1 = I_2$.

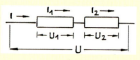

Abb. 23.32

Dieser Zusammenhang ist als die **erste Kirchhoff'sche Regel** bekannt. Und jetzt müssen wir nur mehr das Ohm'sche Gesetz anwenden:

$$U = U_1 + U_2 \Rightarrow I \cdot R = I_1 \cdot R_1 + I_2 \cdot R_2 = I \cdot R_1 + I \cdot R_2$$
$$R = R_1 + R_2$$

Bei einer Serienschaltung ist der Gesamtwiderstand die Summe der Einzelwiderstände.

23.6 Fünfzig Milliarden Watt
Stromarbeit und Stromleistung

Elektrische Energie kann in andere Energieformen umgewandelt werden. Hier erfährst du, welcher Zusammenhang zwischen Spannung, Stromstärke und Leistung elektrischer Geräte besteht. Wir sehen uns Fälle an, in denen nur Ohm'sche Widerstände vorkommen.

F23 Welcher Zusammenhang besteht zwischen Spannung und Arbeit (Kap. 22.2, S. 76)? Welcher Zusammenhang besteht zwischen Arbeit und Leistung? Schau nach in Kap. 8.5, „Big Bang 5".

F24 Die Stromabrechnung für den Haushalt erfolgt in Kilowattstunden. Was meint man damit? Und wie hoch ist die Spannung im Hausnetz?

F25 Wie viele Ampere fließen durch einen PC bei 100 W? Und durch ein E-Backrohr bei 3000 W?

F26 Wie viele Liter Wasser könnte man mit der Energie eines großen Blitzes zum Kochen bringen:
a) 15, b) 150, c) 1500 oder d) 15.000?

Die in den Ladungen gespeicherte elektrische Energie wird beim Stromfluss wieder frei und in andere Energieformen umgewandelt, etwa in **Bewegung**, **Licht** und **Wärme**. So wird zum Beispiel bei Elektroherd, Wasserkocher, Bügeleisen oder Heizstrahler die gesamte elektrische Energie in Wärme umgewandelt (Abb. 23.33).

Grundlagen der Elektrizität 2

Abb. 23.33: Links: Schematischer Aufbau eines Wasserkochers
Rechts: Das glühende Heizelement eines E-Herdes mit Ceranfeld

Warum erwärmt sich ein Leiter immer durch Stromfluss? Die driftenden Elektronen stoßen gegen die Atomrümpfe (Abb. 23.21, S. 85) und diese beginnen stärker zu schwingen. Das bedeutet eine Erhöhung der Temperatur.

F Formel: Stromarbeit und Stromleistung

$W = Q \cdot U \Rightarrow W = I \cdot U \cdot t$

$P = \dfrac{W}{t} \Rightarrow P = U \cdot I$

W ... Arbeit [J] I ... Stromstärke [A] P ... Leistung [W]
Q ... Ladung [C] U ... Spannung [V] t ... Zeit [s]

Die Netzspannung im Haushalt beträgt 230 V (→ F24). Wenn man die Leistung eines Gerätes kennt, kann man mit $I = P/U$ sofort den Stromfluss ausrechnen. Über den Daumen gilt, dass **pro 100 W durch ein Gerät 0,4 A fließen** (genau sind es 0,43; → F25). Bei einem E-Backrohr wären das dann immerhin 13 A! Die Angabe der Stromarbeit (also des „Stromverbrauchs") erfolgt in Kilowattstunden.

→ **Info:** Strommathematik
→ **Info:** Blitzableiterwasserkocher

i Strommathematik

Der Zusammenhang zwischen Spannung, Arbeit und Ladung lautet $W = Q \cdot U$. Auf der anderen Seite gilt für die Stromstärke $I = Q/t$ und daher $Q = I \cdot t$. Wenn man das einsetzt, bekommt man für die **Stromarbeit** $W = U \cdot I \cdot t$. Da Leistung Arbeit pro Zeit ist ($P = W/t$), ergibt sich für die **Stromleistung** $P = U \cdot I$.

Die Energie, die im Strom steckt, wird in **Kilowattstunden** (kWh) angegeben. Darunter versteht man die Energie, die ein Gerät mit der Leistung von **einem Kilowatt** (1000 W) **in einer Stunde** umsetzt. Also gilt:

$1\,\text{kWh} = 1000\,\text{W} \cdot 3600\,\text{s} = 3{,}6 \cdot 10^6\,\text{J}$

3,6 Millionen Joule! Es steckt also unglaublich viel Energie im Strom. Deshalb verwundert es, dass eine kWh nur etwa 20 Cent kostet (Stand 2016). Um die Energie von 1 kWh durch Muskelarbeit freizusetzen, müsstest du etwa 10 Stunden lang schuften (siehe Kap. 8.5, „Big Bang 5").

i Blitzableiterwasserkocher

Wie viel **Energie** steckt in einem **starken Blitz**? Nimm an, dass die Spannung in einem Blitz 500.000 V beträgt und eine Ladung von 10 C fließt. Die Blitzenergie beträgt daher $5 \cdot 10^6$ J (rechne nach). Das sind bloß 1,4 kWh – enttäuschend wenig. Du könntest damit zwei Autobatterien aufladen, ein Backrohr (3000 W) rund eine halbe Stunde betreiben oder 15 l Wasser von 20 °C zum Kochen bringen (→ **F26**; Abb. 23.34). Warum ist ein Blitz dann so spektakulär? Das liegt nicht an seiner Energie, sondern an seiner **Leistung**. Weil die Ladung in bloß 10^{-4} s abfließt, leistet ein Blitz sagenhafte $5 \cdot 10^{10}$ W, also 50 Milliarden Watt!

Abb. 23.34: Mit der Energie eines Blitzes könnte man zwar nur 15 l Wasser zum Kochen bringen, aber dafür in einer Zehntausendstel Sekunde! Sehr flott!

Grundlagen der Elektrizität 2

F27 Vergleiche die thermische Geschwindigkeit der
W2   Elektronen mit ihrer Driftgeschwindigkeit! In welcher Größenordnung liegt der Unterschied? → L

F28 Ist die Driftgeschwindigkeit immer gleich groß oder
W2   hängt sie von verschiedenen Faktoren ab? → L

F29 Man hört manchmal, dass der Blitz von unten nach
W2   oben einschlägt. Ist das richtig? Und wie hoch ist die Geschwindigkeit eines Blitzes? → L

F30 Wie ist es möglich, dass die Straßenbahn nur einen
W2   einzigen Stromabnehmer hat? → L

F31 Beantworte → F17 in Kap. 23.4 (S. 85) aus Sicht einer
W1   Parallelschaltung. → L

F32 Für genauere Betrachtungen muss man berücksichti-
W2   gen, dass Stromquellen einen Innenwiderstand besitzen. Man kann sich die reale Stromquelle als Hintereinanderschaltung von widerstandsfreier Stromquelle und ihrem Innenwiderstand denken. Zwischen Klemmenspannung und Stromfluss einer Batterie besteht folgender Zusammenhang:

Klemmenspannung U_{kl} in V	5,3	4,9	4,5	3,5	2,5
Strom I in A	0	0,12	0,30	0,60	0,80

Drücke die Klemmenspannung durch die Leerlaufspannung, die Stromstärke und den Innenwiderstand der Quelle allgemein aus. Zeichne mit obigen Messwerten ein I-U_{kl}-Diagramm und ermittle mit Hilfe des Diagramms den Innenwiderstand der Quelle und den Kurzschlussstrom I_k. → L

24 Mensch und Elektrizität

Es gäbe auf dieser Erde keine höheren Lebewesen, also auch keine Menschen, gäbe es keine Elektrizität. Denn die Nerven (Abb. 22.1, S. 70) funktionieren mit Hilfe von elektrischer Ladung und somit auch alle deine Sinne, das Denken und deine Muskeln. Diese Tatsache nutzt man in der Medizin, indem man die elektrischen Spannungen im Körper sichtbar macht, etwa die des Herzens oder des Gehirns.

24.1 Nervenzündschnur
Nervenzelle und Reizleitung

Der Mensch hat unvorstellbare 100 Milliarden Nervenzellen! Hier geht's in aller Kürze darum, wie diese Nervenzellen Informationen weiterleiten.

F1 S2 Wenn du etwa durch Laufen einige Minuten aufwärmst, dann verbessert sich dadurch deine Reaktion! Hast du eine physikalische Erklärung dafür?

F2 S2 Man hört immer wieder, dass der Stromfluss in den Nervenfasern mit Gleichstrom vergleichbar ist. Ist das richtig oder falsch?

Nervenzellen leiten Informationen mit Hilfe elektrischer Impulse weiter (Abb. 24.1). Wenn du diese Zeilen liest, dann trifft Licht deine Netzhaut, wird dort in elektrische Signale umgewandelt und durch den Sehnerv an dein Gehirn gesendet. Alle **Sinnesorgane** funktionieren nach diesem Prinzip. Die Farbe Rot, der Geruch von Vanille oder fetzige Musik: Nüchtern betrachtet besteht deine „Wirklichkeit" immer aus **elektrischen Reizen**, die dein Gehirn interpretiert. Umgekehrt sendet dein Gehirn elektrische Reize aus, damit sich deine Muskeln zusammenziehen und du dich bewegen kannst. Wie funktioniert diese Reizweiterleitung?

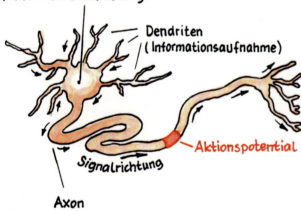

Abb. 24.1: Aufbau einer Nervenzelle: Über die Dendriten bekommt die Zelle elektrische Signale (also Informationen), über das Axon sendet sie welche aus. Die rote Stelle markiert das Aktionspotenzial.

Die genaue Funktionsweise ist extrem kompliziert, aber das Prinzip einfach zu verstehen. In Ruhe besteht zwischen Innen- und Außenseite der Nervenzelle eine Spannung von etwa −70 mV. Das nennt man das **Ruhepotenzial** (Abb. 24.2). Das Minus deutet an, dass die Innenseite gegenüber der Außenseite negativ geladen ist. Wenn die Nervenzelle einen Reiz weiterleitet, dann kehrt sich an dieser Stelle die Spannung um, und es herrschen dann für kurze Zeit rund +50 mV. Das nennt man das **Aktionspotenzial**. Es läuft also eine positiv geladene Stelle durch eine sonst negativ geladene Nervenfaser (Abb. 24.1 und 24.2).

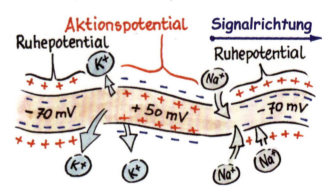

Abb. 24.2: Ausbreitung eines elektrischen Reizes in der Nervenfaser: Die Änderung der Spannung erfolgt durch die Diffusion von Na^+ und K^+. An der Vorderfront strömt Na^+ ein und an der Hinterfront K^+ aus. Die Voltangaben geben die Spannung zwischen Innen und Außen an.

Die Spannungsänderung kommt durch die Diffusion von Natrium- und Kaliumionen durch die Zellwände des Nervs zu Stande. Du kannst also tatsächlich physikalisch erklären, warum in aufgewärmtem Zustand deine Reaktion besser ist. Wenn nämlich die Körpertemperatur steigt, dann ist die thermische Bewegung aller Teilchen schneller. Außerdem laufen dann chemische Vorgänge schneller ab und erhöhen in Summe somit die Nervenleitgeschwindigkeit (→ **F1**).

Wichtig: Die Ladungen und somit auch der Strom fließen quer zur Ausbreitungsrichtung des Signals. Es ist also anders als bei einem Gleichstromkreis, bei dem der Stromfluss parallel zum Leiter erfolgt (→ **F2**). Man kann die Nervenleitung recht gut mit dem Abbrennen einer Zündschnur vergleichen. Wenn das Aktionspotenzial eine Muskelzelle erreicht, dann zieht sich diese zusammen. Darin liegt die große Gefahr, wenn man einen Stromschlag bekommt (siehe Kap. 24.3, S. 92).

→ **Info:** Herzelektrik

Mensch und Elektrizität **24**

i Herzelektrik

Nach dem Prinzip der Reizweiterleitung erfolgt auch die **Steuerung des Herzschlages**. Im Herzen befinden sich zwei natürliche Schrittmacher, die in regelmäßigen Abständen ein Aktionspotenzial auslösen. Dieses läuft dann durch die Muskelzellen. Dort, wo gerade das Aktionspotenzial herrscht, ziehen sich die Muskelfasern zusammen (Abb. 24.3).

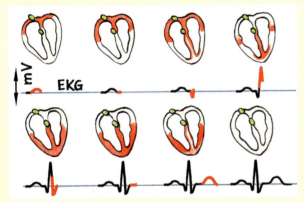

Abb. 24.3: Ausbreitung des Aktionspotenzials (dunkelrot) im Herzmuskel und dazugehörige Kurve im EKG (siehe auch Abb. 24.4 und Abb. 24.6): Die grünen Punkte markieren die beiden Nerven, die den Herzschlag steuern. Weil die Reizweiterleitung eine gewisse Zeit dauert, schlägt zuerst die Vor- und dann die Hauptkammer.

Z Zusammenfassung

Im Ruhezustand ist die Innenseite der Nervenfasern negativ geladen. Wird ein Signal übertragen, dann läuft ein positiver Bereich durch die Nervenfasern. So wird Information übertragen.

24.2 Spannungsmessung im OP
EKG und EEG

Wenn Nerven- oder Muskelzellen gerade aktiv sind, dann ändert sich kurzfristig ihre Spannung. Diese Änderungen kann man sichtbar machen und damit medizinische Diagnosen erstellen.

F3 Warum braucht man zum Aufzeichnen der Herztätigkeit mindestens zwei Elektroden? Warum reicht nicht **W2** eine?

Bei einem der wichtigsten medizinischen Aufzeichnungsverfahren wird im Prinzip ein aufgemotztes Voltmeter verwendet: bei der **Elektrokardiografie**, kurz **EKG** (gr. kardia = Herz). Dabei misst man Spannungsänderungen an der Hautoberfläche und zeichnet sie auf (Abb. 24.3 und Abb. 24.4). Weil man nicht direkt am Herzen misst, sind diese Änderungen aber nur winzig und liegen in der Größenordnung von 1 mV.

Spannungsmessung ist immer eine Vergleichsmessung. Man braucht also mindestens zwei Punkte auf der Haut, zwischen denen man misst (→ F3), zum Beispiel die Arme. Um den **Herzrhythmus** zu beurteilen, ist das vollkommen ausreichend (Abb. 24.4 und Abb. 24.6, S. 92). Will man es genauer wissen, dann nimmt man zusätzliche Elektroden an den Beinen oder am Brustkorb. Zwischen je zwei dieser Punkte kann dann die Spannung gemessen werden, und man erhält auf diese Weise viele, leicht unterschiedliche Kurven, die die Diagnose erleichtern. Neben dem EKG gibt es weitere Aufzeichnungsverfahren, bei denen Spannungsänderungen auf der Haut gemessen werden, zum Beispiel die **Elektroenzephalografie** (EEG).

→ **Info:** Hirnrhythmus

Abb. 24.4: Im Prinzip reichen für ein einfaches EKG bereits zwei Messpunkte an den Armen aus.

i Hirnrhythmus

Unter **Elektroenzephalografie**, kurz **EEG**, versteht man die Aufzeichnung der Spannungsänderungen der Kopfhaut. Diese geben dann Rückschlüsse auf die Arbeitsweise des Gehirns. Weil dieses unglaublich kompliziert aufgebaut ist, braucht man auch viele Elektroden. Den Personen wird dazu eine nicht sehr elegant aussehende Mütze übergezogen, an der die Elektroden montiert sind (Abb. 24.5). Die messbaren Spannungsänderungen liegen bei etwa 0,1 mV, sind also um den Faktor 10 kleiner als beim EKG.

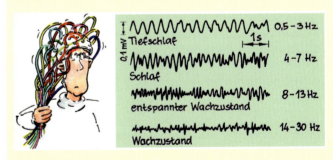

Abb. 24.5: Links: „EEG-Mütze"; Rechts: EEG zwischen zwei Punkten bei verschiedenem Aktivierungsgrad

Ein EEG wird nicht nur verwendet, um Störungen in der Arbeitsweise des Gehirns zu erkennen. Das Gehirn hat nämlich, ähnlich wie das Herz, ebenfalls einen gewissen Rhythmus, in dem die Spannung schwankt. Dieser hängt von der Aktivität des Menschen ab, und deshalb kann man mit einem EEG auch die Entspannung oder die Schlaftiefe messen (Abb. 24.5 rechts).

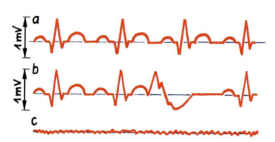

Abb. 24.6: Drei Kurven, die zwischen zwei Punkten gemessen wurden: a) Normales Ruhe-EKG, b) Herzrhythmusstörung, c) Herzflimmern

Z Zusammenfassung

EKG und EEG sind Aufzeichnungsverfahren, bei denen die Spannungsänderungen zwischen bestimmten Hautpunkten gemessen werden. Das erlaubt einen Rückschluss auf die Arbeitsweise von Herz und Gehirn.

24.3 James Bond lässt grüßen
Stromfluss durch den Körper

Stromfluss durch den Körper kann tödlich sein. Andererseits schickt man aber unter bestimmten Umständen absichtlich dosierte Ströme durch den Körper. Darum geht es in diesem Abschnitt.

F4 Warum ist Strom für uns eigentlich gefährlich? Was
W2 passiert dabei im Körper? Ist Gleichstrom oder Wechselstrom gefährlicher?

F5 Was versteht man unter einem FI-Schalter? Wo kann
W2 man diesen finden und was bewirkt er? → L

F6 Miss mit einem Multimeter den elektrischen Wider-
E2 stand zwischen deinen Händen. Mach dann die Finger nass und miss noch einmal. Was kannst du feststellen? Und was kann man daraus schließen?

F7 Manchmal kann es lebensrettend sein, wenn man
W2 Strom durch das Herz fließen lässt! Wann?

F8 Wie funktioniert ein Lügendetektor?
W2

Warum ist Strom für den Menschen gefährlich (→ F4)? Es kann zu Verbrennungen der Haut kommen. Wesentlich drastischer ist aber die Tatsache, dass der **künstliche Stromfluss** unsere **natürlichen Stromflüsse** im Körper vollkommen durcheinander bringt. Wenn bei einer Muskelfaser das Aktionspotenzial ausgelöst wird (Kap. 24.1, S. 90), dann zieht sie sich zusammen. Deshalb werden manchmal Menschen, die in den Stromkreis geraten, weggeschleudert, weil sich ihre Beinmuskeln unkontrolliert zusammenziehen, oder sie können den Leiter aufgrund eines Muskelkrampfes gar nicht mehr loslassen.

→ **Info:** Waschbrettbauch

Das mit Abstand gefährdetste Organ ist der **Herzmuskel**. Bereits bei einem Fluss von **50 bis 100 mA** durch den Körper (rund 1/1000 fließt davon durchs Herz) können die natürlichen Schrittmacher im Herz aus dem Rhythmus kommen (Abb. 24.3, S. 91). Besonders groß ist die Gefahr bei Wechselstrom, wie er im Haushaltsnetz vorkommt, weil bei diesem die angelegte Spannung 100-mal pro Sekunde umgepolt wird. Das kann **Herzflimmern** verursachen. Dabei ziehen sich die verschiedenen Gebiete des Herzmuskels völlig unkontrolliert zusammen und es wird kein Blut mehr transportiert (Abb. 24.6 c). Herzflimmern ist die **häufigste Todesursache** bei Elektrounfällen.

Ironischer Weise kann man in diesem Fall das Herz meistens durch einen gezielten Gleichstromstoß wieder zum normalen Schlagen bringen (→ **F7**). Warum? Die Muskelfasern brauchen nach jedem Zusammenziehen eine kurze Pause. Durch den Stromstoß ziehen sich **alle Herzmuskelfasern gleichzeitig** zusammen, sie werden quasi „auf null gestellt", und das Flimmern hört auf. Seit 2002 ist in Österreich der Einsatz von Defibrillatoren auch durch Laien gestattet, und sie befinden sich an vielen öffentlichen Orten – etwa in Schulen. Beim Herzschrittmacher arbeitet man ebenfalls mit gezielten, allerdings viel geringeren künstlichen Stromstößen.

→ **Info:** Defibrillator
→ **Info:** Pacemaker

Der **Mensch** ist kein Stück Draht, und sein **Körperwiderstand** ist von extrem vielen Faktoren abhängig. Je höher die angelegte Spannung, je größer die Kontaktfläche mit dem Leiter und je länger die Dauer des Stromflusses, desto kleiner ist der Körperwiderstand. Außerdem sinkt der Widerstand ab,

i Waschbrettbauch

Mit dosierten Stromflüssen durch die Haut kann man Muskeln zum Zusammenziehen bringen, ohne sich dabei anzustrengen. Man nennt das **elektrische Muskelstimulation**. Man klebt Elektroden auf die Haut und ein Gerät schickt gepulste Ströme in der Größenordnung einiger mA durch den Muskel. Diese Methode wird in der Rehabilitation angewendet und zur Unterstützung im Kraftsport. Es gibt aber auch Geräte für gesunde Nichtsportler. In der Werbung wird versprochen, dass man damit, quasi ohne Anstrengung neben dem Fernsehen, einen Waschbrettbauch auftrainieren kann. Das ist natürlich vollkommener Blödsinn!

Abb. 24.7: Muskeltraining für Couchpotatoes – funktioniert nur in der Werbung!

Defibrillator

Wer kennt ihn nicht aus diversen Arztserien: den **Defibrillator** (Abb. 24.8), kurz **Defi**. Er wird bei Herzflimmern (Abb. 24.5c, S. 92) eingesetzt, indem man der betroffenen Person einen gezielten Elektroschock erteilt. Das Kernstück ist ein Kondensator, der zunächst aufgeladen wird. Es wird dabei nicht die Spannung, sondern die **Ladeenergie** angegeben, die maximal 360 J beträgt. Erstaunlich wenig! Der Trick ist, dass sie in extrem kurzer Zeit abgegeben wird. Dadurch entsteht eine extrem hohe Stromleistung.

Abb. 24.8: Durch einen gezielten Gleichstromstoß kann man das Herzflimmern beenden.

Beim Umlegen des Schalters fließen die Ladungen in rund 5 ms ab. Für die **Stromleistung** $P = W/t$ ergeben sich dann 72.000 W! Damit könnte man ein ganzes Fußballstadion beleuchten – aber nur 5 ms lang. Die Spannung an den Elektroden beträgt etwa 2000 V. Es fließen daher $I = P/U = 36$ A durch den Körper.

Pacemaker

Manche Menschen haben zwar einen völlig gesunden Herzmuskel, aber die natürlichen Herzschrittmacher funktionieren nicht mehr richtig. Das Herz schlägt dann zu langsam. Für diese Fälle hat man **künstliche Herzschrittmacher** entwickelt (Abb. 24.9). Für jeden Herzschlag liefern sie einige Millisekunden lang eine Spannung von rund 3 V, die den Herzmuskel zum kontrollierten Zusammenziehen bringen. Die verwendete Spannung ist somit rund um den Faktor 1000 kleiner als die eines Defibrillators.

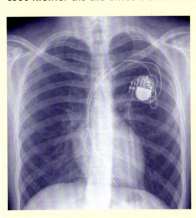

Abb. 24.9: Ein implantierter Herzschrittmacher. Die ins Herz reichenden Elektroden sind gut zu sehen. Herzschrittmacher werden meistens unter dem Brustmuskel implantiert und die Elektroden durch eine Vene in das Herz geschoben.

wenn die Haut feucht ist (→ F6). Deshalb ist es besonders gefährlich, elektrische Geräte oder Schalter mit nassen Händen zu berühren. Auf der anderen Seite macht man sich gerade diesen Umstand beim Lügendetektor zu Nutze.

→ **Info:** True Stories

True Stories

Der **Lügendetektor** ist dir aus einschlägigen Agentenfilmen sicher bekannt. Man kann damit natürlich nicht direkt das Lügen messen, sondern nur die körperlichen Reaktionen auf bestimmte Fragen (→ F8). Alle Lügendetektoren basieren nämlich auf der Annahme, dass Menschen beim Lügen zumindest geringfügig nervös werden, und das versucht man zu messen. 100%ig ist dieses Verfahren nicht und daher auch umstritten. Für uns ist hier vor allem interessant, dass neben der Messung Atmung, Puls und Blutdruck ein wichtiger Bestandteil die Aufzeichnung der **Änderung des Hautwiderstandes** an den Fingern ist (Abb. 24.10). Lügt man, so beginnen die meisten Menschen vor allem an den Händen stärker zu schwitzen. Dadurch sinkt der Hautwiderstand ab – und zwar innerhalb des Bruchteiles einer Sekunde!

Abb. 24.10: Um den Hautwiderstand der Hand zu ermitteln, misst man bei bekannter Spannung zwischen den beiden Elektroden den dabei entstehenden Stromfluss.

Mensch und Elektrizität

F9 Warum müssen die Elektroden eines Defibrillators so großflächig sein? → L
W2

F10 Wie viele Coulomb hat ein voll aufgeladener Defibrillator? Verwende dazu die Angaben in der Infobox. → L
W1

F11 Warum verbrennt bei einem Stromschlag fast immer nur die Haut und nicht auch irgendetwas anderes im Körper? → L
W2

F12 Etwa 25 % der Menschen, die vom Blitz getroffen wurden, werden ohne äußere Spuren leblos aufgefunden. Wie ist das zu erklären? → L
W2

F13 Berechne aus den Angaben für den Defibrillator den Widerstand des Körpers zwischen den beiden Elektroden. → L
W1

F14 Welche Schutzmaßnahmen gibt es im Umgang mit elektrischem Strom? → L
W2

25 Das elektrische Feld

In der Physik tauchen immer wieder neue Fachbegriffe auf. Die meisten sind dir aus dem Alltag nicht bekannt, wie zum Beispiel der Begriff Interferenz (siehe Kap. 18.6, S. 40). Besonders schwierig ist es aber mit physikalischen Begriffen, die du aus dem Alltag mit einer anderen Bedeutung kennst. Der in der Physik sehr wichtige Begriff „Feld" ist ein Beispiel dafür. Im Alltag spricht man etwa von einem Fußballfeld, einem Weizenfeld oder von einem Feld in einem Formular. **In der Physik hat das Wort aber eine andere Bedeutung. Dort versteht man unter einem Feld, dass man jedem Punkt eines Raumes eine bestimmte Eigenschaft zuordnen kann.** Weil das ziemlich abstrakt klingt, schauen wir uns zuerst zwei konkrete Beispiele für Felder an, bevor wir uns das elektrische Feld vornehmen.

25.1 Hochdruck über Österreich
Der Feldbegriff

In diesem Abschnitt geht es darum, den Begriff Feld anhand einiger Beispiele besser verstehen zu lernen. Und wir werfen auch einen kurzen Blick auf die „Kraftfelder" in Science-Fiction-Filmen und PC-Games.

F1 Abbildungen wie die unten kennst du aus dem
S2 Wetterbericht. Aber was ist da eigentlich genau dargestellt? Und was könnte diese Wetterkarte mit dem physikalischen Feldbegriff zu tun haben?

Abb. 25.1: Die Zahlen auf den Linien geben den Druck in hPa an, die Farben die Temperatur.

F2 Was versteht man unter den Begriffen Vektor und
W1 Skalar? Lies nach in Kap. 3.1, „Big Bang 5".

F3 Woher weiß zum Beispiel ein Satellit, wie er um die
E2 Erde fallen muss? Warum ist die Bahn unter gleichen Bedingungen immer gleich? Versuche mit Hilfe des Feldbegriffs zu antworten.

F4 In Science-Fiction-Filmen und PC-Games gibt es
S2 künstliche „Kraftfelder", mit denen man sich schützen oder etwas absperren kann. Könnte das aus physikalischer Sicht funktionieren und wenn ja, wie?

Abb. 25.2: Ein aktiviertes „Kraftfeld"

In der Wetterkarte (Abb. 25.1) sind jedem Ort eine bestimmte Temperatur und ein bestimmter Druck zugeordnet. Physikalisch gesehen sind also in der Karte übereinander zwei Felder dargestellt, nämlich ein **Temperatur-** und ein **Druckfeld** (→ **F1**). In beiden Fällen handelt es sich um ein **Skalarfeld** (→ **F2**; Tab. 25.1). Klar, in welche Richtung sollte die Temperatur auch zeigen?

Ein dir bereits bekanntes Feld ist das **Gravitationsfeld** (siehe Kap. 10.2, „Big Bang 5"). Es handelt sich dabei um ein **Kraftfeld**. Nehmen wir mal die Erde. An jedem Punkt in ihrer Umgebung hat die Gravitationskraft eine exakt bestimmbare Richtung und Größe. Es gibt keinen Punkt, an dem es eine unbestimmbare Kraft gibt. Jeder Satellit fällt somit durch ein exakt bestimmbares Gravitationsfeld, und deshalb kann man seine Bahn auch exakt berechnen (→ **F3**; Abb. 25.3). Weil eine Kraft durch einen Vektor dargestellt wird, handelt es sich beim Gravitationsfeld um ein **Vektorfeld**.

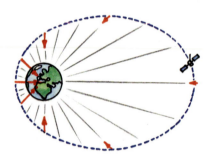

Abb. 25.3: Die Ellipsenbahn eines Satelliten im Gravitationsfeld der Erde: Die Feldlinien geben die Richtung der Kraft an. An einigen Punkten sind zusätzlich die Kraftvektoren eingezeichnet.

Es gibt verschiedene Möglichkeiten, Kraftfelder darzustellen. Oft zeichnet man die **Feldlinien** ein (Abb. 25.3). Das sind gedachte Linien, die die Richtung der Gesamtkraft an jedem Punkt des Raumes anzeigen. Die **Dichte** der Feldlinien gibt die **Stärke** der Kraft an. In der Nähe der Erdoberfläche sind sie dichter, und dort ist somit auch die Gravitationskraft größer. Wie viele Feldlinien man in eine Abbildung einzeichnet, ist reine Geschmackssache und ändert nichts an den Kraftverhältnissen. Warum? Verdoppelt man die Linienanzahl, dann verdoppeln sie sich **an jeder Stelle** des Feldes, wodurch die relativen Verhältnisse gleich bleiben.

Um jede Masse befindet sich ein Gravitationsfeld und um jede Ladung ein **elektrisches Feld**. Auch bei diesem handelt es sich um ein Kraftfeld (Tab. 25.1). Das kann man mit Grießkörnern im Hochspannungsfeld sehr schön zeigen (Abb. 25.4).

94 Felder

Analog zum Gravitationsfeld gilt auch hier: Sind die Feldlinien enger, also in der Nähe der Ladungen, ist auch das elektrische Feld stärker (Abb. 25.6). Es gibt nur eine Art von Masse, aber es gibt zwei Arten von Ladungen, nämlich **positive** und **negative.** Man hat sich darauf geeinigt, dass die Feldlinien von Plus zu Minus laufen. Sie geben also die Richtung der Kraft an, die auf eine positive Probeladung wirkt.

→ Info: Grießkörner-Feldlinienbilder

Tab. 25.1 gibt dir einen Überblick über verschiedene Felder. Die „Kraftfelder" in der Science-Fiction sind zwar faszinierend, haben aber eher mit Fiction und weniger mit Science zu tun.

→ Info: Scifi-Kraftfelder

Art des Feldes	Vektor/Skalar	Beispiel
Temperaturfeld	Skalarfeld	Wetterkarte (Abb. 25.1)
Druckfeld	Skalarfeld	Wetterkarte (Abb. 25.1)
Gravitationsfeld	Vektorfeld	Gravitationsfeld der Erde (Abb. 25.3)
elektrisches Feld	Vektorfeld	Feld unter einer Gewitterwolke (siehe Abb. 25.23, S. 100)
magnetisches Feld	Vektorfeld	Magnetfeld der Erde (siehe Abb. 26.9, S. 106)

Tab. 25.1: Beispiele für Felder

i Grießkörner-Feldlinienbilder

Mit **Grießkörnern** in **Rizinusöl** kann man die elektrischen Feldlinien sehr schön zeigen (Abb. 25.4). Die Spannung zwischen den Elektroden muss dazu im Bereich von 10.000 V liegen. Warum richten sich aber ungeladene Grießkörner in einem elektrischen Feld aus? Weil es durch die elektrische Kraft zuerst innerhalb der Körner zu einer Ladungsverschiebung kommt. Das nennt man Polarisation (→ F4; siehe Kap. 22.1.4, S. 75). Dadurch werden diese zu kleinen elektrischen Dipolen und richten sich im elektrischen Feld aus (Abb. 25.5).

Abb. 25.4

Abb. 25.5

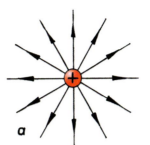
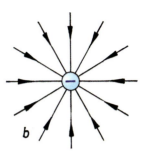

Abb. 25.6: Die Richtung der Feldlinien

i Scifi-Kraftfelder

Wie könnte man Kraftfelder in der Praxis erzeugen (→ **F4**)? Es gibt **vier bekannte Kräfte** in diesem Universum (siehe Tab. 10.1, Kap. 10.1, „Big Bang 5"). Schwache und starke Wechselwirkung haben extrem kurze Reichweiten von einem Protonendurchmesser oder weniger und eignen sich daher nicht, um weitläufige Kraftfelder zu erzeugen. Außerdem braucht man eine **abstoßende Kraft,** damit das Kraftfeld nicht durchquert werden kann.

Die einzigen bekannten abstoßenden Kräfte sind die elektrische und die magnetische Kraft, welche aber eine Folge der elektrischen ist. Trotzdem wären Kraftfelder auch damit schwer umzusetzen. Denn erstens reicht das Feld jeder Ladung bis ins Unendliche und man könnte das Kraftfeld nicht auf einen dünnen Vorhang beschränken. Außerdem könnte man dann nur gleich geladene Objekte abblocken, aber keine neutralen wie Menschen oder einen Laserstrahl.

Abb. 25.7: Die Schutzschilde der Voyager in Aktion

Anders sieht es bei den Schutzschilden der Raumschiffe aus (Abb. 25.7). Im Star-Trek-Universum funktionieren diese Schilde zumindest mal theoretisch so, dass die gesamte **Raumzeit** um das Raumschiff herum gekrümmt wird. Dass das im Prinzip möglich ist, hat bereits EINSTEIN im Rahmen seiner **Allgemeinen Relativitätstheorie** entdeckt, und wir werden in „Big Bang 8" noch einmal darauf zurückkommen.

Z Zusammenfassung

Wenn man jedem Punkt eines Raumes eine bestimmte Eigenschaft zuordnen kann (etwa eine Temperatur oder ein Kraft), dann spricht man von einem Feld. Kraftfelder kann man durch Feldlinien darstellen. Sie zeigen Größe und Richtung der Gesamtkraft an jedem Ort an. Die elektrischen Feldlinien führen per Definition von Plus zu Minus und geben die Kraftrichtung auf eine positive Probeladung an.

25.2 Was Feldlinien verboten ist
Elektrische Feldlinienbilder

In diesem Abschnitt kannst du dein Wissen über elektrische Felder vertiefen und erfährst mehr über den Verlauf der elektrischen Feldlinien.

F5 Der Energieerhaltungssatz ist einer der Eckpfeiler der
W1 Physik. Was besagt er? Was versteht man unter einem Perpetuum mobile und warum kann es nicht existieren? Lies nach in Kap. 8.6, „Big Bang 5".

F6 Es ist unmöglich, dass sich elektrische Feldlinien
S2 schneiden (Abb. 25.8 a)! Kannst du das mit Hilfe des Feldbegriffs begründen? Es ist unmöglich, dass die Feldlinien einer Ladung geschlossen sind (Abb. 25.8 b)! Kannst du das mit Hilfe des Energieerhaltungssatzes begründen?

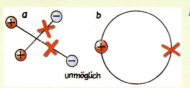

Abb. 25.8: a) Elektrische Feldlinien kreuzen einander nie!
b) Elektrische Feldlinien sind nie geschlossen!

F7 Versuche, ohne unten weiterzulesen, den Verlauf
E2 der Feldlinien zwischen einer positiven und einer negativen sowie zwischen zwei positiven Ladungen aufzuzeichnen. Und wie könnte das Feldlinienbild zu Abb. 25.8 a aussehen?

Gleichnamige Ladungen stoßen einander ab, ungleichnamige Ladungen ziehen einander an. Das kann man im Feldlinienbild sehr gut erkennen (Abb. 25.9). Benachbarte gleichnamige Ladungen sind niemals durch Feldlinien verbunden. Das gilt auch bei komplizierten Feldern (Abb. 25.11). Aber warum können einander elektrische Feldlinien niemals kreuzen (→ F6)?

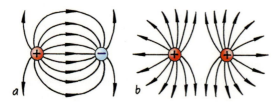

Abb. 25.9: Feldlinien (→ F7) bei Anziehung (a) und Abstoßung (b)

Erinnere dich: Die Feldlinien geben die Richtung der **Gesamtkraft** an jedem Punkt des Raumes an. Würden Linien einander kreuzen, dann würden auf eine Ladung an diesem Punkt zwei Gesamtkräfte gleichzeitig wirken. Absurd, denn die Gesamtkraft ist ja schon eine Summe aller Kräfte! Das wäre genauso, als hätte eine Addition zwei Ergebnisse. Deshalb heißt es auch bei der Definition des Feldes: Jedem Punkt des Raumes kann **eine** bestimmte Eigenschaft zugeordnet werden. Daher können die Feldlinien einander niemals kreuzen (Abb. 25.10 und 25.11).

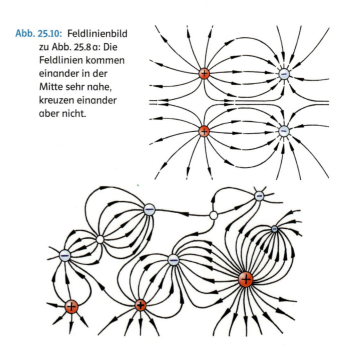

Abb. 25.10: Feldlinienbild zu Abb. 25.8 a: Die Feldlinien kommen einander in der Mitte sehr nahe, kreuzen einander aber nicht.

Abb. 25.11: Feldlinienbild einer komplizierten Anordnung von Ladungen: Die Größe der Scheibchen entspricht der Größe der elektrischen Ladungen. Größere Ladungen haben natürlich auch eine größere Feldliniendichte.

Außerdem sind elektrische Feldlinien niemals in sich geschlossen (Abb. 25.8 b). Sie führen also niemals direkt wieder zur selben Ladung zurück. Man sagt daher, **das elektrische Feld ist wirbelfrei.** Das gilt auch für komplizierte Anordnungen von Ladungen (Abb. 25.11). Es klingt zunächst verblüffend, aber man kann diese Tatsache aus dem Energieerhaltungssatz ableiten.

i Perpetuum mobile 1

Elektrische Feldlinien, die von Ladungen ausgehen, können deshalb niemals geschlossen sein, weil dann der **Energieerhaltungssatz verletzt** wäre. Man könnte nämlich ein **Perpetuum mobile** erzeugen (→ F5). Warum? Nimm an, du hast eine große sowie eine kleine positive Ladung und die kleine Ladung würde von der großen abgestoßen und beschleunigt werden (Abb. 25.12). Wenn die Feldlinie geschlossen wäre, dann würde sie wieder zur großen Ladung zurückfliegen (c), könnte eine neue Runde beginnen (a) und würde weiter beschleunigt werden. Die Ladung würde von selbst immer schneller werden und sich der **Lichtgeschwindigkeit** annähern. Auf diese Weise könnte man beliebig viel Energie aus dem Nichts gewinnen. Der Energieerhaltungssatz sagt uns aber, dass das leider nicht möglich ist.

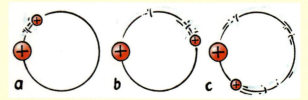

Abb. 25.12: Geschlossene Feldlinien wie in diesem Bild sind **unmöglich**, weil sie den Energieerhaltungssatz verletzen.

Gäbe es nämlich geschlossene Feldlinien, dann könnte man ein Perpetuum mobile erzeugen, und das ist ja leider unmöglich.

→ **Info:** Perpetuum mobile 1

Z Zusammenfassung

Gleichnamige Ladungen stoßen einander ab, ungleichnamige ziehen einander an. Elektrische Feldlinien kreuzen einander niemals. Und sie sind niemals geschlossen, weil das den Energieerhaltungssatz verletzen würde.

25.3 Geraubte Elektronen
Coulomb-Gesetz und elektrische Feldstärke

Du weißt jetzt schon einiges über das elektrische Feld. Aber wie kann man die Kräfte zwischen Ladungen exakt berechnen? Darum geht es in diesem Abschnitt. Wir werden dabei die Ideen aus Kap. 22.1.3 (S. 73) erweitern.

F8 Was versteht man unter der Einheit Coulomb (C)?
W1 Welches ist die kleinste freie Ladung im Universum? Wie viele Elektronen ergeben zusammen 1C? Wie viele Coulomb hat eine Batterie? Lies nach in Kap. 22.1.2 und 22.1.3 ab S. 72 unten.

F9 Würde sich die Welt sehr ändern, wenn es die elektrische Kraft nicht gäbe? Was wird von dieser Kraft und
E2 durch diese Kraft beeinflusst?

F10 Die Kraftgesetze für zwei Massen bzw. für zwei Ladungen sind sehr ähnlich (siehe Tab. 22.1, S. 73) und
E2 haben im Nenner den Faktor r^2. Wieso?

F11 Nimm an, du könntest einem Kilogramm Eisen alle Elektronen entziehen und diese auf den Mond
S1 befördern (durchschnittliche Entfernung 384.000 km). Tippe, welche Kraft dann zwischen den beiden Teilen wirken würde: a) weniger als 1 Millionstel Newton, b) etwa 1 N, c) etwa 10.000 N oder d) mehr als 100 Millionen N?

Wenn du was auslässt, fällt es runter – dein Alltag wird von der Wahrnehmung der Gravitationskraft geprägt. Die **elektrische Kraft** nimmst du dagegen kaum wahr. Und wenn, dann empfindest du sie wahrscheinlich als störend, etwa beim Ausziehen eines Pullovers (Abb. 25.13). Aber die elektrische Kraft wird sowohl in ihrer Wichtigkeit als auch in ihrer Stärke enorm unterschätzt. Die elektrische Kraft bewirkt zum Beispiel, dass Elektronen und Protonen

Abb. 25.13: Eine der wenigen Situationen, in denen man die elektrische Kraft direkt bemerken kann

einander anziehen und somit **Atome** entstehen (→ **F9**). Ohne elektrische Kraft gäbe es also gar keine **Elemente**. Außerdem beruhen auf ihr generell die Kräfte zwischen den Atomen (siehe Abb. 25.14) und somit die **Festigkeit der Materie**, also auch des Sessels, auf dem du sitzt, und des Bodens, auf dem du stehst.

Abb. 25.14: Die Kraft zwischen den Wassermolekülen (Kohäsionskraft), die die Tropfen rund macht, ist eine elektrische Kraft. Die Kraft zwischen Tropfen und Blatt (Adhäsionskraft) ist ebenfalls elektrisch.

Die elektrische Kraft hat zwar auf den ersten Blick für dich keine direkte Bedeutung, aber ohne sie wäre das Universum nur eine Ansammlung **chaotisch umherschwirrender Elementarteilchen oder Materieklumpen.**

Wie groß die Kraft zwischen zwei punktförmigen Ladungen ist, konnte der französische Physiker CHARLES AUGUSTE COULOMB um **1776** auf experimentellem Weg ableiten. Nach ihm ist auch die Einheit für die elektrische Ladung benannt. Je nach Ladung können die Kräfte anziehend oder abstoßend sein.

F Formel: elektrische Kraft (Coulomb-Gesetz)

$$F_E = \frac{1}{4\pi \varepsilon_0} \cdot \frac{Q_1 Q_2}{r^2}$$

F_E ... elektrische Kraft [N]
Q_1 und Q_2 ... Ladung der Gegenstände [C]
r ... Abstand der Ladungen [m]
ε_0 ... elektrische Feldkonstante
$\varepsilon_0 = 8{,}8542 \cdot 10^{-12}$ As/Vm

In Tab. 22.1, S. 73 siehst du die **Gegenüberstellung** von **elektrischer Kraft** und **Gravitationskraft**. Dort ist $4\pi\varepsilon_0$ zur Konstanten k zusammengefasst, um die Gegenüberstellung noch offensichtlicher zu machen. Es bestehen sehr viele Gemeinsamkeiten, unter anderem auch die Abhängigkeit vom Abstand. Der große Unterschied: Ladungen können einander auch abstoßen, und die elektrische Kraft ist im Vergleich mit der Gravitation unfassbar groß.

→ **Info:** Umhüllte Ladung | -> S. 98
→ **Info:** Geraubte Elektronen | -> S. 98

Die elektrische Kraft zwischen zwei Ladungen hängt von der Größe beider Ladungen ab. Oft will man aber die Stärke des elektrischen Feldes **einer einzigen Ladung** angeben. Deshalb hat man den Begriff der **elektrischen Feldstärke**

i Umhüllte Ladung

Wie kann man den **Faktor $1/r^2$** im Coulomb-Gesetz erklären? Geometrisch! Dazu umhüllen wir in Gedanken eine Ladung mit einer Kugel (Abb. 25.15 a). Durch diese läuft eine bestimmte Anzahl von Feldlinien. Wenn du die Kugel vergrößerst (b), muss dieselbe Anzahl durch die Oberfläche laufen. Feldlinien enden ja nicht einfach im Nichts, sondern immer an entgegengesetzten Ladungen.

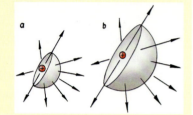

Abb. 25.15: Gedachte Kugeloberflächen um eine Ladung – zur besseren Darstellung aufgeschnitten

Erinnere dich: Die **Feldliniendichte** ist ein Maß für die elektrische Kraft (Kap. 25.2, S. 96). Man kann nun folgende Zusammenhänge aufstellen:
F_E ~ Feldliniendichte = Feldlinienzahl/Kugeloberfläche
Weil die Feldlinienzahl immer konstant bleibt, gilt:
F_E ~ Feldliniendichte ~ 1/Kugeloberfläche ~ $1/4\pi r^2$ (→ F10)
Man kann also sogar den Faktor 4π geometrisch ableiten. Die Ableitung beim **Gravitationsgesetz** verhält sich ganz ähnlich. Wo ist bei diesem aber der Faktor 4π? Er ist in der Gravitationskonstante G versteckt.

i Geraubte Elektronen

Mit welcher Kraft ziehen einander die geraubten Elektronen am Mond und das auf der Erde zurückgebliebene Massestück an (→ F11)? Um das zu berechnen, müssen wir zuerst die Gesamtladung der Elektronen ermitteln.

Abb. 25.16: Wie groß ist die elektrische Kraft?

Eisen hat eine **Atommasse** von 55,8 u. Ein Mol Eisen (= $6 \cdot 10^{23}$ Teilchen) hat daher eine Masse von 55,8 g. Somit besteht 1 kg Eisen aus 17,9 Mol und hat $1{,}08 \cdot 10^{25}$ Atome. Eisen hat im Periodensystem die **Ordnungszahl 26** und daher auch ebenso viele Elektronen. 1 kg Eisen hat daher $2{,}8 \cdot 10^{26}$ Elektronen.
Ein einzelnes Elektron hat eine Ladung von $1{,}6 \cdot 10^{-19}$ C. Die Elektronen, die man 1 kg Eisen entnehmen kann, haben daher eine Gesamtladung von $4{,}5 \cdot 10^7$ C. Und diese Ladung können wir nun ins Coulomb-Gesetz einsetzen.
Der Abstand zwischen Erde und Sonne beträgt im Mittel 384.000 km oder $3{,}84 \cdot 10^8$ m. Wenn man ins Coulomb-Gesetz einsetzt, erhält man unfassbare $1{,}2 \cdot 10^8$ N. Das sind also mehr als **100 Millionen Newton!** Wer hätte das gedacht? Die elektrische Kraft ist um den Faktor 10^{36} größer als die Gravitationskraft (Tab. 22.1, S. 73)!

eingeführt. Die Gleichung ist ganz ähnlich wie das Coulomb-Gesetz, aber es kommt nur eine Ladung vor, nämlich die, deren Feldstärke man angeben will. Der Vorteil daran: Diese Angabe ist unabhängig von einer zweiten Ladung. Wir kommen auf den Begriff der elektrischen Feldstärke noch ein paar Mal zurück.

→ **Info:** ISS

F Formel: elektrische Feldstärke

$$E = \frac{1}{4\pi\varepsilon_0}\frac{Q_1}{r^2}$$

$$E = F_E/Q_2$$

E ... elektrische Feldstärke [N/C] = [V/m]
F_E ... Kraft auf die Probeladung
Q_1 ... Zentralladung
Q_2 ... „Testladung"

Z Zusammenfassung

Die Kraft zwischen zwei Ladungen lässt sich mit dem Coulomb-Gesetz berechnen. Es ist dem Gravitationsgesetz sehr ähnlich. Die elektrische Kraft ist allerdings unglaublich groß. In der Gleichung der elektrischen Feldstärke kommt nur eine Ladung vor. Das Ergebnis ist daher unabhängig von der Größe einer möglichen zweiten Ladung.

i ISS

Nehmen wir als konkretes Zahlenbeispiel eine Ladung von 1000 C auf der Erdoberfläche. Wie groß ist die elektrische **Feldstärke** in 350 km Abstand, das entspricht der Flughöhe der internationalen Raumstation **ISS?** Die dort noch spürbare Feldstärke beträgt 73 N/C. Rechne nach. Diese Angabe ist allgemein, also **unabhängig von einer möglichen zweiten Ladung.**
Wenn wir nun die Kraft auf eine Ladung auf der ISS berechnen, müssen wir nur die Feldstärke mit der Ladung multiplizieren, also $F_E = E \cdot Q_2$. 1 C würde mit 73 N angezogen, 2 C mit 146 N und so weiter. Die Angabe der elektrischen Kraft ist also von der zweiten Ladung abhängig. Das ist der Unterschied zwischen E und F_E.

Abb. 25.17: Wie stark machen sich 1000 C auf der Erdoberfläche in der ISS in 350 km Abstand bemerkbar?

98 Felder

25.4 Rauf auf den Berg
Spannung und „elektrischer Höhenunterschied"

In diesem Abschnitt beleuchten wir das elektrische Feld aus Sicht der Spannung, und du lernst andere grafische Darstellungsmöglichkeiten für elektrische Felder kennen.

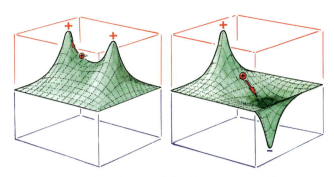

Abb. 25.19: Darstellung der potenziellen Energie einer positiven Testladung im elektrischen Feld

F12 S2 Die elektrische Spannung kann man auch als „elektrischen Höhenunterschied" bezeichnen? Was ist damit gemeint? Lies nach in Kap. 22.2, S. 76.

F13 S2 Zwischen einer Gewitterwolke und dem Boden kann es kurz vor dem Blitz zu Spannungen von 100 Millionen Volt kommen! Ist die Wolke einen Kilometer über dem Boden, bedeutet das eine Feldstärke von 100.000 Volt pro Meter. Herrscht dann zwischen Kopf und Füßen eines Menschen eine Spannung von fast 200.000 V? Warum überlebt man das?

F14 W1 Um die kleine Ladung von a nach b zu schieben, (Abb. 25.18) ist Arbeit nötig, um sie von a nach c zu schieben aber nicht. Warum?

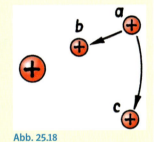

Abb. 25.18

F15 E2 Viele Wassertiere, wie etwa Haie, können unter dem Meeressand verborgene Futterfische ausmachen, ohne dass sie diese sehen oder riechen können. Wie machen sie das?

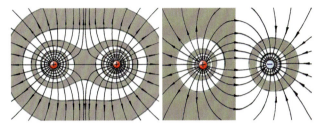

Abb. 25.20: Hier sind die Berge und Täler als Höhenlinien dargestellt. Es ist quasi Abb. 25.19 von oben gesehen. Zusätzlich sind auch die elektrischen Feldlinien eingezeichnet.

Wenn du eine Masse im Gravitationsfeld der Erde hebst, musst du Arbeit aufwenden. Diese ist dann als **potenzielle mechanische Energie** in ihr gespeichert (Tab. 22.3, S. 76). Wenn du eine Ladung gegen ein elektrisches Feld verschiebst, dann musst du ebenfalls Arbeit aufwenden. Diese ist dann als **potenzielle elektrische Energie** in der Ladung gespeichert. Die elektrische Spannung ist daher als Arbeit pro Ladung definiert, also $U = W/Q$ (siehe S. 76).

In Abb. 25.19 sind zwei gleiche und zwei ungleiche Zentralladungen dargestellt. Die Berge und Täler entsprechen der **potenziellen elektrischen Energie** einer kleinen positiven Testladung, die du in diesem Feld herumschiebst. Wenn du die Testladung an eine positive Zentralladung heranschiebst, musst du Energie aufwenden. Es ist genau so, als würdest du etwas einen Berg hinaufrollen. Deshalb werden **positive Zentralladungen** als **Berge** dargestellt.

Wenn sich die Testladung in Richtung einer negativen Ladung bewegt, wird Energie frei. Es ist so, als würdest du etwas einen Berg hinunterrollen. Deshalb sind **negative Zentralladungen** als **Senken** eingezeichnet. Man versteht an dieser Darstellung sofort, warum man die Spannung als „**elektrischen Höhenunterschied**" bezeichnet. Die Energieverhältnisse beim Verschieben einer Ladung im elektrischen Feld sind ganz ähnlich wie beim Verschieben einer Masse in einer Hügellandschaft.

Oft wird das elektrische Feld auch so wie in Abb. 25.20 dargestellt. Die potenzielle Energie ist dann in Form von „Höhenlinien" eingezeichnet, ganz ähnlich wie auf einer geografischen Karte. Diese Linien verbinden Orte mit gleicher (= äquivalenter) potenzieller Energie. Man spricht daher von **Äquipotenziallinien** oder, in drei Dimensionen, von **Äquipotenzialflächen**. Diese stehen immer normal zu den elektrischen Feldlinien. Um eine Ladung entlang einer Linie mit gleicher potenzieller Energie zu verschieben, benötigt man keine Energie (Abb. 25.21, → F14). Das ist damit vergleichbar, dass man eine Masse auf gleicher Höhe um einen Berg herumrollt.

→ **Info:** Gewitterwolke

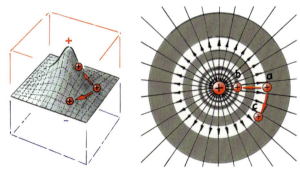

Abb. 25.21: Zwei verschiedene Darstellungen, um → F14 aufzulösen: Um die Ladung von a nach b zu schieben, muss ein „elektrischer Höhenunterschied" überwunden werden. c liegt aber auf demselben Energieniveau wie a. Die Ladung wird also quasi auf gleicher Höhe um den Berg geschoben.

In Kap. 25.3 (ab S. 97) hast du gehört, dass man die **elektrische Feldstärke** in N/C angibt. Eine andere Möglichkeit ist die Angabe in V/m. Beide Angaben sind überraschender Weise gleichwertig. Je größer die elektrische Feldstärke ist, desto mehr Kraft ist notwendig, um eine Ladung eine bestimmte Strecke gegen das Feld zu verschieben. Auch das kann man am besten mit dem „elektrischen Höhenunterschied" erklären (siehe Abb. 25.22).

→ **Info:** Jongliere mit Einheiten
→ **Info:** schlecht rasierte Haie

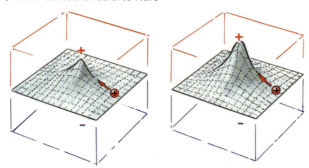

Abb. 25.22: Je größer die Zentralladung, desto höher der Potenzialberg, desto größer der „elektrische Höhenunterschied", desto steiler den Anstieg (entspricht V/m), desto mehr Kraft wird benötigt (entspricht N/C).

Gewitterwolke

Warum kann sich ein Mensch unter einer Gewitterwolke befinden, ohne dass ihm etwas passiert? Das Feld zwischen Wolke und Erde ist nahezu homogen und ähnelt dem eines Plattenkondensators (Abb. 25.30 a; siehe S. 102). Weil aber die Haut des Menschen ein elektrischer Leiter ist, verzerrt sich das elektrische Feld, und auf ihr bildet sich eine Äquipotenzialfläche (b). Zwischen Füßen und Kopf besteht daher keine Spannung (→ F13)!

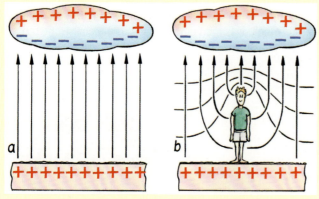

Abb. 25.23: Das elektrische Feld wird durch den Menschen verzerrt, weil seine Haut ein Leiter ist. Die Feldlinien stehen normal zur Hautoberfläche (siehe auch Kap. 25.5).

Jonglieren mit Einheiten

Die elektrische Feldstärke kann sowohl in **N/C** als auch in **V/m** angegeben werden. Verblüffend! Um das nachzuvollziehen, brauchen wir folgende Größen und Einheiten:

Kraft $\quad F = m \cdot a \quad\quad [F] = N = kgm/s^2$
Arbeit $\quad W = F \cdot s \quad\quad [W] = J = kgm^2/s^2$
Ladung $\quad Q = W/U \quad\quad [Q] = C = J/V = kgm^2/(s^2 V)$

Jetzt braucht man nur noch einzusetzen und wegzukürzen:

$$[E] = \frac{N}{C} = \frac{\frac{kgm}{s^2}}{\frac{kgm^2}{s^2 V}} = \frac{V}{m}$$

Schlecht rasierte Haie

Das Nervensystem aller höheren Tiere basiert auf Elektrizität (siehe Kap. 24, S. 90). Haie können Futterfische anhand deren **elektrischer Felder** ausmachen. Hammerhaie sind etwa in der Lage, 0,5 µV/m wahrzunehmen. Das entspricht der Feldstärke einer 1,5-V-Batterie, deren Pole sich unfassbare 3000 km auseinander befinden! Mit diesen feinen Sinnen spüren Haie im Meeressand verbuddelte Fische auf – aber auch mit Begeisterung alte Batterien (→ F15).

Wie machen die Haie das? Sie besitzen viele winzige Poren am Kopf (Abb. 25.24), unter denen sich kleine Röhren befinden, die mit einer Art Gel gefüllt sind. Diese Sinnesorgane sind nach dem italienische Mediziner STEFANO LORENZINI benannt, der sie bereits um 1680 entdeckte. Diese Dinger sind in der Lage, extrem kleine Spannungen zu messen.

Abb. 25.24: Keine Bartstoppeln, sondern **Lorenzinische Ampullen** um das Maul eines Hais

Z Zusammenfassung

Spannung ist der „elektrische Höhenunterschied" und gibt die benötigte Energie an, um eine Ladung in einem elektrischen Feld zu verschieben. Spannung kann immer nur zwischen zwei Punkten angegeben werden.

25.5 Miniblitz und Spielzeugauto
Faraday-Käfig

MICHAEL FARADAY (Abb. 26.24, S. 109) gilt als einer der besten Experimentalphysiker aller Zeiten. Um den nach ihm benannten „Käfig" geht es in diesem Abschnitt.

F16 Was versteht man unter elektrischer Influenz?
W1 Lies nach in Kap. 22.1.4, S. 74.

F17 In elektrostatischen Feldern stehen die Feldlinien
S2 immer normal auf die Leiteroberfläche, so wie beim Menschen und beim Boden in Abb. 25.23 b, S. 100. Kannst du das begründen?

F18 Angeblich ist für einen Menschen im Auto ein Blitzein-
E2 schlag ungefährlich. Stimmt das wirklich? Und wie ist das in einem Zug, einem Flugzeug und einem Cabrio?

Im Auto ist man tatsächlich vor **Blitzen** geschützt (→ **F18**)! Um das zu verstehen, muss man drei Puzzlesteine zusammenlegen: **Influenz**, **Äquipotenzialflächen** und **Energieerhaltungssatz**. Zunächst schauen wir uns an, was mit einem Leiter im elektrischen Feld passiert (Abb. 25.25). Erinnere dich: In Leitern sind nur die **Elektronen** beweglich.

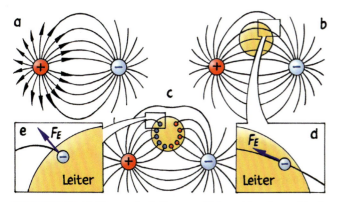

Abb. 25.25: Die Elektronen des Leiters verschieben sich so lange, bis die Außenseite eine Äquipotenzialfläche wird (a bis c). Situation b dient zur besseren Verdeutlichung, tritt aber in Wirklichkeit nicht auf, weil sich die Elektronen schon verschieben, während man den Leiter ins Feld bringt. d und e sind vergrößerte Ausschnitte von b bzw. c.

Die elektrische Kraft wirkt tangential zu den Feldlinien (d) und verschiebt die Elektronen im Leiter. Dadurch verändert sich aber das elektrische Feld und mit diesem wiederum die Feldlinien. Die Elektronen werden so weit verschoben, bis alle Feldlinien senkrecht zur Leiteroberfläche stehen (d und e). Dann ist Endstation, weil die Elektronen den Leiter ja nicht verlassen können (→ **F17**). Diese Ladungsverschiebung nennt man übrigens **Influenz** (→ **F16**).

Es fließt also für kurze Zeit Strom, bis sich außen eine **Äquipotenzialfläche** einstellt (c und e). Diese ist ja dadurch gekennzeichnet, dass sie normal auf alle Feldlinien steht (siehe auch Abb. 25.20, S. 99). Dass das Innere nun feldfrei ist, kann man mit dem **Energieerhaltungssatz** erklären. Wäre das nicht so, könnte man aus dem Nichts Energie erzeugen, und das geht ja leider nicht.

→ **Info:** Perpetuum mobile 2

Weil die Außenseite eine Äquipotenzialfläche ist, könnte man in Abb. 25.25 e den Innenraum des Leiters weglassen, ohne dass sich das Feld verändert. Der Leiter könnte sogar aus einer Art Gitter bestehen und wäre innen immer noch feldfrei. So ein geschlossenes Gitter nennt man einen **Faraday-Käfig**. Jedes Auto und jeder Zug schützen daher vor einem Blitzeinschlag (Abb. 25.26).

Abb. 25.26: Ein „Miniblitz" schlägt in ein Spielzeugauto ein. Die elektrische Feldstärke dieser Anordnung beträgt 800.000 V/m. Die Ladungen fließen über die Karosserie ab und überspringen die Gummireifen. Der Innenraum des Käfers bleibt feldfrei und sicher.

---

i Perpetuum mobile 2

Nimm an, durch das Innere eines Leiters führt doch eine Feldlinie (Abb. 25.27). Ein **Elektron** würde durch die elektrische Kraft von 1 nach 2 beschleunigt und Energie gewinnen (a und b). Weil außen eine Äquipotenzialfläche ist, könnte man die Ladung ohne Energieaufwand wieder zurückschieben (c) und so weiter. Man könnte somit aus dem Nichts beliebig viel Energie gewinnen, und das verbietet (leider) wieder einmal der **Energieerhaltungssatz** (siehe auch Infobox Perpetuum mobile 1, S. 96).

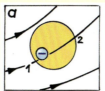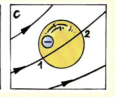

Abb. 25.27: Wäre das Innere nicht feldfrei, könnte man beliebig viel Energie gewinnen.

Auch in Flugzeugen sind die Menschen geschützt. Allerdings fließt bei einem Einschlag in der Außenhaut Strom, und dieser könnte im schlimmsten Fall die Bordelektronik lahm legen. Moderne Flugzeuge sind aber sehr gut abgesichert. Je größer die Löcher des Käfigs werden, desto schlechter der Schutz. Ein offenes Cabrio schützt daher kaum. (→ F18)

Z Zusammenfassung

Bringt man einen Leiter in ein elektrisches Feld, entsteht an seiner Außenseite eine Äquipotenzialfläche, wodurch das Innere feldfrei wird. Deshalb schützen geschlossene Metallkäfige zuverlässig vor Blitzen.

25.6 Ein gerollter Sandwich
Der Kondensator

Energie lässt sich auf verschiedene Arten speichern. Du kannst eine Metallfeder oder einen Bogen spannen oder dieses Buch in die Höhe heben. Auch in Kondensatoren kann man Energie speichern, und zwar elektrische. Sie sind aus dem Alltag gar nicht wegzudenken.

F19 Was besitzt etwa 100 Kondensatoren und wird von dir
S1 jeden Tag benützt?

F20 Was versteht man unter elektrischer Polarisation?
W1 Lies nach in Kap. 22.1.4, S. 74.

F21 Ein Defibrillator (S. 93) hat nur einen Akku. Trotzdem
W2 hat er eine Leistung von unglaublichen 70.000 W! Wie geht das?

F22 Du hast eine positiv und eine negativ geladene Platte
E2 und entlädst diese mit einem Funken (Abb. 25.28a). Nun lädst du die Platten noch mal gleich stark auf, ziehst sie aber vor dem Entladen auseinander (b). Ist der Funke nun gleich stark, stärker oder schwächer? Und warum?

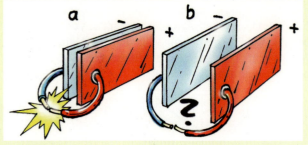

Abb. 25.28

Die einfachste Bauform eines Kondensators ist der **Plattenkondensator**. Er besteht aus zwei parallelen leitenden Platten (wie in Abb. 25.28). In der Praxis verwendet man ein Art Sandwich aus Metallfolien und Isolatoren und rollt ihn zu einer handlichen Form zusammen (Abb. 25.29). Neben den Ohm'schen Widerständen (S. 85) sind solche Bauteile am häufigsten in allen elektronischen Geräten zu finden.

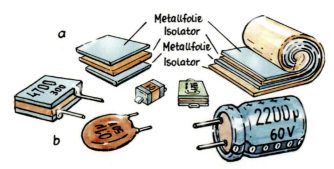

Abb. 25.29: a) Um Platz zu sparen, werden Plattenkondensatoren meisten eingerollt. b) gängige Kondensatorformen

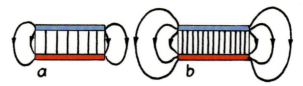

Abb. 25.30: Das elektrische Feld zwischen den Platten eines Kondensators: Je mehr Ladungen auf den Platten sind, desto größer wird die Spannung zwischen diesen.

Das **Feld** zwischen den geladenen Platten ist mit Ausnahme des Randes **homogen** und die Feldlinien sind senkrecht zur Oberfläche (Abb. 25.30 a). Weil der Rand im Vergleich mit der Plattenfläche nicht ins Gewicht fällt, können wir ihn bei unserer Überlegung vernachlässigen. Wenn man die Anzahl der Ladungen auf den Platten verdoppelt, dann verdoppelt sich die Anzahl der Feldlinien (b) und somit auch die Spannung. Der Quotient von Ladung und Spannung ist also für einen bestimmten Kondensator immer gleich groß. Man nennt ihn die **Kapazität** des Kondensators, das bedeutet **Speichervermögen**. Sie trägt zu Ehren MICHAEL FARADAYS (Abb. 26.24, S. 109) die Einheit **Farad.**

F Formel: elektrische Kapazität

$$C = \frac{Q}{U}$$

C ... elektrische Kapazität in Farad [F]
Q ... Ladung [C]
U ... Spannung [V]

In Schaltkreisen hat man natürlich nur eine begrenzte Spannung zum Aufladen der Platten. Nehmen wir als Beispiel 1V an. Hat ein Kondensator 1 Farad und bringt man die Platten auf 1V, dann ist in ihm eine Ladung von 1 C gespeichert; hat er 2 Farad, sind 2 C gespeichert und so weiter. ==Je größer das Speichervermögen, desto mehr Ladungen kann man bei gleicher Spannung speichern.== Ein Farad ist eine enorm große Einheit. Die Angaben erfolgen meistens in Mikro-, Nano- oder sogar Picofarad.

102 Felder

Jede Menge Tasten

In einer **Computertastatur** befindet sich unter jeder Taste ein Kondensator (Abb. 25.31a; → F19). Die Platten sind auf zwei Kunststoffschichten quasi „aufgedruckt". Der Abstand zur unteren Schicht und somit zur zweiten Platte wird durch den Tastendruck verringert und somit auch die Spannung des betreffenden Kondensators. So weiß der PC, welche Taste du gedrückt hast. Ganz ähnlich funktioniert auch eine **Sensortaste** (b). Bei ihr fungiert aber der Finger als zweite Platte.

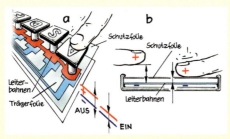

Abb. 25.31: a) Die Scheibchen unter den Tasten sind die Platten der Kondensatoren. b) Eine Sensortaste ist eine durch Kunststoff isolierte Platte. Gemeinsam mit dem Finger wird diese zu einem Kondensator.

Ganz ähnlich wie bei der Sensortaste ist es auch bei den **kapazitiven Touchscreens**, die bei den meisten **Smartphones** und **Tablets** verwendet werden (→ F19). Hier befinden sich unter dem Display aber rund 100 Platten, wodurch die Position des Fingers sehr genau bestimmt werden kann (Abb. 25.32).

Abb. 25.32: Bei Smartphone und Tablet befinden sich unter dem eigentlichen Display Platten, die bei Berührung wie die unteren Hälften von Plattenkondensatoren wirken.

Durch einen **Isolator** zwischen den Platten kann man die Kapazität erhöhen. Warum? Durch dessen Polarisation sinkt bei gleicher Ladung die Feldliniendichte und somit die Spannung zwischen den Platten ab (Abb. 25.33), nehmen wir an von 1 auf 0,5 V. Wenn du die Platten wieder auf 1 V bringst, dann sind sie nun doppelt so stark geladen wie vorher. Doppelte Ladung bei gleicher Spannung bedeutet doppelte Kapazität. Manche Materialien können die Kapazität um den Faktor 10^5 erhöhen!

Was passiert, wenn man die **Platten** eines geladenen Kondensators auseinander zieht? Es ist verblüffend, aber dabei steigt die Spannung. Warum? Zum Auseinanderziehen benötigt man Energie, weil die Platten gegengleich geladen

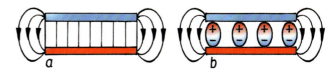

Abb. 25.33: Bringt man einen Isolator zwischen die Platten, wird dieser polarisiert (b). Dadurch enden manche der Feldlinien an seiner Außenseite, und das Feld zwischen den Platten wird abgeschwächt. Dadurch verringert sich auch die Spannung.

sind. Die Energie kann nicht verloren gehen, sondern sie steckt dann im elektrischen Feld. Weil sich die Ladung nicht verändert, muss sich die Spannung erhöhen. Deshalb wäre bei einem Kurzschluss nach dem Auseinanderziehen der Funke stärker (→ F22). Umgekehrt sinkt die Spannung, wenn man die Platten aneinander schiebt. Das nützt man zum Beispiel bei PC-Tastatur und Touchscreen aus.

→ **Info:** Jede Menge Tasten

In einem Kondensator ist relativ wenig **Energie gespeichert.** Wenn man diese aber in einer sehr kurzen Zeit entlädt, lassen sich beinahe unglaubliche Leistungen produzieren. Auf diesem Prinzip basieren der Defibrillator oder ein Kamerablitz (→ F21; siehe auch → F27).

Z Zusammenfassung

Die Kapazität eines Kondensators gibt an, wie viele Ladungen sich bei gleicher Spannung speichern lassen. Diese kann durch den Abstand und durch Einbringen eines Isolators verändert werden.

Das elektrische Feld

F23 Könnten in einem unbekannten Universum geladene
S1 Körper ohne elektrisches Feld existieren? → L

F24 Mit welcher Kraft ziehen einander Proton und
S2 Elektron im Wasserstoffatom an? Mit welcher Kraft stoßen einander die zwei Protonen in einem Heliumkern ab? Könntest du mit Muskelkraft das Elektron ablösen und die Protonen zusammenhalten? → L

F25 Berechne für folgende Batterietypen (alle haben
W2 1,5 V) die in ihnen enthaltene Energiemenge und wie hoch man 1 kg damit heben könnte: AAA 4000 Coulomb, AA 9400 C, C 28.000 C, D 59.500 C. → L

F26 Wie könnte man eine Gleichung für die in einem
W2 Kondensator gespeicherte Energie ableiten? Du brauchst dazu nur die Gleichung $W = Q \cdot U$ und eine prinzipielle Überlegung. → L

F27 Welche Leistung und Stromstärke tritt beim Entladen
W2 eines Defibrillators auf? Nimm als Entladezeit 5 ms an, für die Ladeenergie 360 J und für die Spannung 2000 V. Wie groß muss die Kapazität des Kondensators mindestens sein? → L

26 Elektrische Ströme und Magnetfelder

Dass von einem geriebenen **Bernstein** (Abb. 26.1, links) elektrische Kräfte ausgehen, wusste man schon in der Antike (siehe Kap. 22.1, S. 70). Auch die magnetischen Kräfte von Magneteisenstein (Magnetit; Abb. 26.1 rechts) waren bekannt. Chinesische Seefahrer benutzten dieses Material bereits vor über 2000 Jahren für Kompassnadeln. Lange Zeit war man sich nicht sicher, ob und wie diese beiden Phänomene zusammenhängen. Anfang des 19. Jahrhunderts machte aber der dänische Physiker CHRISTIAN ØRSTED eine Entdeckung, die einen Zusammenhang zwischen Magnetismus und Elektrizität herstellte. Wir werden hier die Überlegungen aus Kap. 23.2, S. 81 erweitern und vertiefen.

Abb. 26.1: Links: Mit geriebenem Bernstein kann man kleine Objekte anziehen, weil er dann elektrisch geladen ist (siehe Kap. 22.1). Rechts: Magneteisenstein bildet magnetische Kristalle und zieht zum Beispiel Eisen an.

26.1 Ørsteds wichtige Entdeckung
Magnetfelder durch Ströme

Bis jetzt war von ruhenden Ladungen die Rede. Diese erzeugen elektrische Felder. Bewegte Ladungen erzeugen zusätzlich magnetische Felder. Hier zunächst einmal ein qualitativer Blick.

F1 Was entdeckte CHRISTIAN ØRSTED eigentlich genau?
W2 Und was versteht man unter der technischen Stromrichtung? Lies auf S. 80 und S. 81 nach.

F2 Was passiert mit zwei parallelen Leitern, durch die
E2 Strom fließt? a) Sie ziehen einander an; b) Sie stoßen einander ab; c) Es passiert gar nichts.

F3 Einen Permanentmagneten darf man nicht fallen
S1 lassen, weil sich der Magnetismus sonst abschwächt. Warum ist das so?

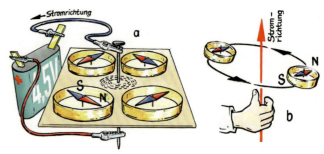

Abb. 26.2: a) Ablenkung von Magnetnadeln durch elektrischen Strom: Das Magnetfeld kann man auch sehr schön durch Eisenspäne sichtbar machen. b) Die Richtung der Feldlinien kann man auch ohne Magnetnadel mit der rechten Hand bestimmen. Wenn der Daumen in technische Stromrichtung zeigt, dann zeigen die Finger die Richtung des Magnetfeldes an, in diesem Fall gegen den Uhrzeigersinn.

Um das Jahr **1820** machte CHRISTIAN ØRSTED die Entdeckung, dass eine Magnetnadel abgelenkt wird, wenn in der Nähe Strom fließt (→ F1; Abb. 26.2). Das schlug wie eine Bombe ein, denn es belegte endlich die Vermutung, dass **Elektrizität und Magnetismus zusammenhängen**.

Zunächst war nicht ganz klar, wie dieser Effekt entsteht. Heute wissen wir, dass der Stromfluss ein **Magnetfeld** erzeugt. Dieses kann man mit Eisenspänen sehr schön zeigen. Im Gegensatz zu elektrischen sind magnetische Feldlinien in sich geschlossen. Im Falle eines geraden Leiters liegen sie kreisförmig um diesen herum. Die Richtung der Feldlinien ist reine Definitionssache und wurde so festgelegt: Das Magnetfeld zeigt in die Richtung, in die der Nordpol einer Magnetnadel zeigt beziehungsweise zeigen würde (Abb. 26.2).

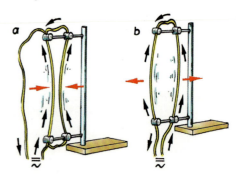

Abb. 26.3: Parallele Ströme (a) führen zur Anziehung, antiparallele (b) zur Abstoßung. Antiparallel bedeutet: parallel, aber in die Gegenrichtung verlaufend.

Was passiert mit zwei stromdurchflossenen Leitern (→ F2)? Weil jeder ein Magnetfeld erzeugt, müssen zwischen ihnen magnetische Kräfte wirken. Die Kraftrichtung hängt von der Stromrichtung ab: Parallele Ströme ziehen einander an, antiparallele stoßen einander ab (Abb. 26.3).

Dieser Unterschied zeigt sich auch sehr schön im Feldlinienbild (Abb. 26.4).

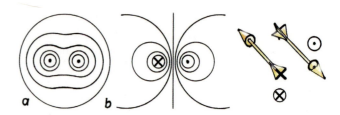

Abb. 26.4: Parallele (a) und antiparallele (b) Ströme: Die Symbole für „Spitze" oder „Schaft" deuten an, ob der Strom die Bildebene hinein- oder hinausfließt.

104 Felder

Elektrische Ströme und Magnetfelder **26**

i Die kleinsten Magneten der Welt

Wo entstehen **Permanentmagnete**? Jedes **Elektron** in der Atomhülle hat einen Spin, den sich leider niemand bildlich vorstellen kann (siehe "Big Bang 7"). Dadurch wirkt jedes Elektron wie ein **kleiner Magnet**. Bei den meisten Atomsorten löschen sich die Magnetfelder der Elektronen gegenseitig aus, und sie sind nach außen hin nichtmagnetisch. Manche Atome wirken aber wie **sehr schwache Magnete**

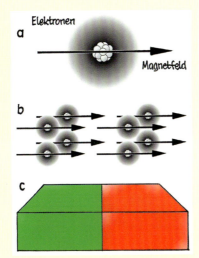

Abb. 26.5: Vom magnetischen Atom (a) zum Elementarmagneten (c)

(Abb. 26.5). Bei **ferromagnetischen** Stoffen stellen sich viele dieser „Atommagnete" von selbst parallel **(b)**. Solche Bereiche wirken wie kleine Stabmagnete **(c)** und man nennt sie auch **Elementarmagnete**. Mit diesem stark vereinfachten Bild kannst du eine Menge Effekte sofort verstehen. Wenn du zum Beispiel einen Magneten (Abb. 26.6 b) fallen lässt, dann kommen die Elementarmagnete in Unordnung (Abb. 26.6 a), und er verliert empfindlich an Stärke (→ F3).

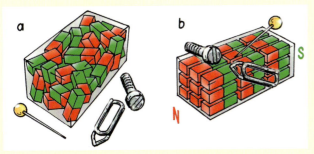

Abb. 26.6: a) Sind die Elementarmagnete ungeordnet, ist der Stoff nach außen hin unmagnetisch. b) Sind die Elementarmagnete geordnet, ist der Stoff magnetisch.

Im Folgenden wird auch immer wieder von **Permanentmagneten** die Rede sein. Eine Kompassnadel aus Eisen ist zum Beispiel ein solcher. Der Magnetismus entsteht hier durch die Elektronenspins und bleibt auch erhalten, wenn kein Strom fließt.

→ **Info:** Die kleinsten Magneten der Welt

Z Zusammenfassung

Bewegte elektrische Ladungen erzeugen Magnetfelder. Daher wirken zwischen zwei Strom führenden Leitern magnetische Kräfte. Das Feld von Permanentmagneten kommt durch die Elektronenspins zu Stande.

26.2 Von Polarlichtern und Neutronensternen
Lorentz-Kraft und magnetische Induktion

In diesem Abschnitt werfen wir einen quantitativen Blick auf die auftretenden Kräfte, wenn sich Ladungen in einem Magnetfeld bewegen.

F4 Ein Polarlicht ist schon eine sehr eindrucksvolle
S2 Erscheinung (Abb. 26.7). Wie entsteht es, und warum ist es nur bei den Polen zu sehen?

Abb. 26.7: Das eindrucksvolle Polarlicht

F5 In Teilchenbeschleunigern werden Elektronen oder
W2 Protonen auf beinahe Lichtgeschwindigkeit beschleunigt. Wie schafft man es, sie dabei auf Kreisbahnen zu halten?

F6 Was ist deiner Meinung nach stärker: das Magnetfeld
W1 der Erde oder das eines Permanentmagneten?

Beim Ørsted-Versuch (Abb. 26.2) kommt es zu einer Wechselwirkung zwischen dem Magnetfeld eines Leiters und dem des Permanentmagneten. Ähnlich ist es in Abb. 26.8. Allerdings ist der Magnet so schwer, dass er sich nicht bewegen kann, wohl aber bewegt er die Leiterschaukel.

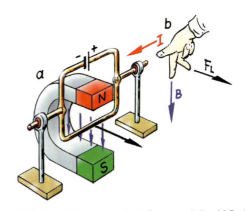

Abb. 26.8: a) Kraft auf einen stromdurchflossenen Leiter b) Drei-Finger-Regel: Der Daumen zeigt in technische Stromrichtung, der Zeigefinger in Richtung des Magnetfeldes, also von N nach S. In diese Richtung würde der Nordpol einer Kompassnadel zeigen. Der Mittelfinger gibt nun die Richtung der Lorentz-Kraft an. F_L entspricht dem Kreuzprodukt von I und B.

Felder **105**

Wenn Strom fließt, dann bewegt sich die Schaukel bei dieser Anordnung nach außen. Die Kraft, die das bewirkt, nennt man nach dem holländischen Physiker HENDRIK ANTOON LORENTZ die **Lorentz-Kraft.** Sie steht immer normal zur Bewegungsrichtung der Ladungen und normal zum Magnetfeld. Ihre Richtung kann man mit der **Drei-Finger-Regel** bestimmen (siehe Abb. 26.8 b, S. 105).

Man kann nun im Experiment zeigen, dass die Lorentz-Kraft proportional zur Stromstärke, zur Stärke des Magneten und zur Länge des Leiterstücks im Magnetfeld ist. Wenn der Strom wie hier normal zum Magnetfeld fließt, kann man den Zusammenhang so darstellen (siehe S. 107):

Polarlicht

Das Polarlicht kommt durch den **Sonnenwind**, den Strom geladener Teilchen, der von der Sonne wegfliegt, zu Stande (→ **F4**). Er besteht überwiegend aus Elektronen und Protonen. Auch auf ein einzelnes geladenes Teilchen wirkt die Lorentz-Kraft. Die Stromstärke ist definiert durch $I = Q/t$ (siehe Kap. 23.1, S. 79). Weil weiters $v = s/t$ gilt, ergibt sich:

$$F_L = I \cdot s \cdot B = \frac{Q}{t} \cdot s \cdot B = Q \cdot v \cdot B$$

Durch diese Lorentz-Kraft werden einzelne geladene Teilchen vom Erdmagnetfeld auf spiralförmige Bahnen gezwungen und pendeln zwischen den Polen hin und her (Abb. 26.9). Ihren Aufenthaltsbereich nennt man den **Van-Allen-Gürtel.** Bei starkem Sonnenwind können Teilchen mit besonders hoher Energie in die Atmosphäre eindringen und diese zum Leuchten bringen, ähnlich wie in einer Leuchtstoffröhre. Auf Grund des Feldlinienverlaufs ist der Atmosphäreneintritt nur in der Umgebung der Pole möglich (Abb. 26.9 b und 26.10).

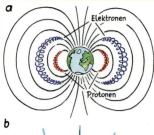
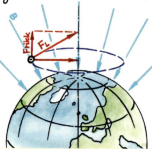

Abb. 26.9: **a)** Der Van-Allen-Gürtel besteht aus einem inneren und einem äußeren Teil. **b)** Die Feldlinien laufen an den Polen zusammen. Weil die Lorentz-Kraft normal zur lokalen Feldlinie steht, entsteht dadurch eine rücktreibende Komponente, die zur Reflexion der Teilchen führt.

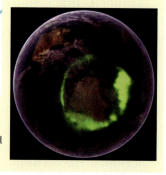

Abb. 26.10: Der Südpol vom All aus gesehen

Teilchenbeschleuniger

Am Europäischen Zentrum für Teilchenphysik **CERN** befindet sich der größte je gebaute Teilchenbeschleuniger: der **LHC**, der **Large Hadron Collider** (Abb. 26.11). Zu den Hadronen gehören zum Beispiel Protonen. Im LHC lässt man diese aufeinander prallen und untersucht die dabei neu entstandenen Teilchen. Der ringförmige Tunnel hat einen Radius von 4,3 km. Schätzen wir die benötigte magnetische Induktion ab, um die Protonen auf der Kreisbahn zu halten (→ **F5**).

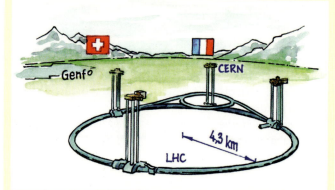

Abb. 26.11: Der größte Teilchenbeschleuniger der Welt an der Grenze zwischen der Schweiz und Frankreich

Wir gehen von der Gleichung der Lorentz-Kraft aus: $F_L = I \cdot s \cdot B$. Für den Strom gilt $I = Q/t$. Jedes Proton bewegt sich in der Zeit t um die Strecke $s = v \cdot t$. Man erhält daher:

$$I \cdot s = \frac{Q}{t} \cdot v \cdot t = Q \cdot v$$

Für die **Lorentz-Kraft**, die auf ein **einzelnes, geladenes Teilchen** wirkt, ergibt sich daher $F_L = Q \cdot v \cdot B$. Damit das Teilchen auf einer Kreisbahn bleibt, muss die Lorentz-Kraft als **Zentripetalkraft** (siehe Kap. 17.6, S. 20) wirken. Man kann diese beiden Kräfte daher gleichsetzen:

$$\frac{mv^2}{r} = QvB \rightarrow B = \frac{mv}{Qr}$$

Was muss man jetzt noch beachten? Nach der speziellen Relativitätstheorie („Big Bang 8") erhöht sich die Masse eines Objekts, wenn man Energie zuführt. Das kann man mit der berühmtesten Gleichung der Welt berechnen: Aus $\Delta E = \Delta m c^2$ folgt $\Delta m = \Delta E/c^2$. Den Teilchen im LHC werden beim Beschleunigen $7 \cdot 10^{12}$ eV zugeführt, das macht eine Energie von $7 \cdot 10^{12} \cdot 1{,}6 \cdot 10^{-19}$ J = $1{,}1 \cdot 10^{-6}$ J. Für Δm ergibt das dann $1{,}2 \cdot 10^{-23}$ kg. Die Protonenmasse ($1{,}67 \cdot 10^{-27}$ kg) hat sich durch die Beschleunigung auf etwa den 7370-fachen Wert erhöht! Sehr beachtlich.

Wenn man für die Endgeschwindigkeit c einsetzt, die die Teilchen ja so gut wie erreichen, erhält man für die **benötigte magnetische Induktion 5,4 T.** Tatsächlich liegt sie sogar bei 8 T. Das ist deshalb so, weil die Bahn keine Kreisbahn ist, sondern eher einem Vieleck gleicht. Durch die Knicke werden etwas stärkere Felder benötigt.

Elektrische Ströme und Magnetfelder 26

F Formel: Lorentz-Kraft

$F_L = I \cdot s \cdot B \Rightarrow B = \dfrac{F}{I} \cdot s$

F_L ... Lorentzkraft [N]
I ... Stromstärke [A]
s ... Länge des Leiters [m]
B ... magnetische Induktion [T] (Tesla)

→ **Info:** Polarlicht
→ **Info:** Teilchenbeschleuniger

In der Gleichung für die Lorentz-Kraft kommt die **magnetische Induktion B** vor. Sie **ist ein Maß für die Stärke des Magnetfeldes** und somit das Gegenstück zur elektrischen Feldstärke E (siehe Tab. 26.2, S. 110). Dass man B nicht als magnetische Feldstärke bezeichnet, hat historische Gründe und ist zugegeben ziemlich verwirrend. Die Einheit der magnetischen Induktion ist nach dem kroatischen Physiker NICOLA TESLA benannt. Beim Hufeisenmagneten kann man B bestimmen, wenn man die Kraft auf den Leiter bei bekanntem Stromfluss misst. In der Praxis verwendet man eine andere, handlichere Technik (Abb. 26.12), aber das Prinzip bleibt dasselbe: **Im Magnetfeld bewegte Ladungen werden durch die Lorentz-Kraft abgelenkt. Die Stärke der Ablenkung ist ein Maß für die Stärke des magnetischen Feldes.**

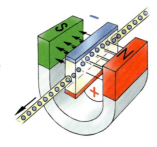

Abb. 26.12: In der Praxis misst man die Magnetfeldstärke mit einer **Hall-Sonde**. Durch die Ablenkung der Elektronen entsteht zwischen Ober- und Unterkante der Sonde eine Spannung, die Aufschluss über die Stärke des Magnetfeldes gibt. Überprüfe die Ablenkung mit der Drei-Finger-Regel.

In Tab. 26.1 siehst du einen Vergleich der Stärke von verschiedenen Magnetfeldern. Das **Erdmagnetfeld** ist im Vergleich zu einem **Permanentmagneten** unglaublich schwach (→ **F6**). Dass es wesentlich schwächer sein muss, kann man aber ganz einfach belegen: Das Feld eines Permanentmagneten kann man sehr schön mit Eisenspänen darstellen. Wäre das Erdmagnetfeld vergleichbar groß, dann müsste man dieses ja ebenfalls durch das Ausstreuen von Eisenspänen sichtbar machen können.

	B in Tesla
Gehirnströme	10^{-15}
äußeres Erdmagnetfeld	$\approx 5 \cdot 10^{-5}$
Sonnenoberfläche	0,01
Hufeisenmagnet	0,1
Schreib-/Lesekopf einer Festplatte	0,15–0,3
Sonnenflecken	0,3
Supermagnete (Neodymmagnete); Maximalwert	1,5
Elektromagnete im Dauerbetrieb	45
Neutronensterne	10^8

Tab. 26.1: Einige Magnetfelder im Vergleich

Obwohl das Erdmagnetfeld so schwach ist, können es zum Beispiel Zugvögel spüren und zur Orientierung nutzen.

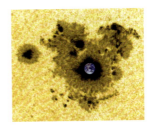

Abb. 26.13: Die Sonne hat eine Oberflächentemperatur von etwa 5500 °C. Die Sonnenflecken sind etwa 1500 °C kühler und somit auch dunkler. An diesen Stellen ist das Magnetfeld wesentlich stärker. Zum Größenvergleich ist auch die Erde dargestellt.

Du siehst in der Tabelle auch, dass das Magnetfeld in den **Sonnenflecken** (Abb. 26.13) etwa 30-mal so stark ist wie außerhalb. **Neutronensterne** haben die mit Abstand stärksten Magnetfelder. Sie sind einige Billionen Mal stärker als das Erdmagnetfeld! Neutronensterne sind ausgebrannte Sterne, die sich auf Grund ihrer eigenen Masse extrem verdichtet haben. Dabei werden die Elektronen in die Kerne gedrückt und verbinden sich mit den Protonen zu Neutronen (und Elektron-Neutrinos werden frei). Dichter gepackt sind nur noch Schwarze Löcher.

Z Zusammenfassung

Im Magnetfeld bewegte Ladungen werden durch die Lorentz-Kraft abgelenkt. Diese Ablenkung ist ein Maß für die magnetische Induktion. Die Lorentz-Kraft wird z. B. in Teilchenbeschleunigern ausgenutzt.

26.3 Magnet im Tiefflug
Die Spule

Hier geht es darum, wie man mit Hilfe von Spulen Magnetfelder erzeugen kann. Spulen sind unverzichtbare Bestandteile in der Elektrotechnik.

F7
W2 In Abb. 26.14 siehst du die geöffnete Festplatte eines PCs. Hast du schon einmal überlegt, wie das Lesen und Schreiben der Daten funktioniert?

Abb. 26.14: Offene Harddisk eines PCs

F8
W2 Du weißt, wie das Magnetfeld eines geraden Leiters aussieht (Abb. 26.15 a). Wie könnte das Magnetfeld einer Leiterschleife aussehen, also quasi eines Kreisstroms (b)?

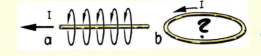

Abb. 26.15

Das Magnetfeld eines geraden Leiters ist dir bekannt. Die Richtung der Feldlinien kannst du mit der rechten Hand bestimmen (siehe Abb. 26.2 b, S. 104). Stell dir nun vor, dass der Leiter zu einer **Schleife** gebogen wird (Abb. 26.16 a). An der Windungsrichtung der Feldlinien ändert sich nichts, allerdings sind sie in der Mitte der Schleife sehr dicht gedrängt (b). Das Feld (→ F8) ist ganz ähnlich wie das eines Stabmagneten beziehungsweise das der Erde (Abb. 26.9, S. 106). Dass letzteres auf einen Kreisstrom im Inneren zurückgeführt wird, erscheint dadurch sehr schlüssig.

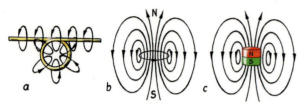

Abb. 26.16: Das Feld einer Leiterschleife (→ F8) von oben (a) und von der Seite (b). Es ähnelt dem eines kurzen Stabmagneten (c) bzw. dem Erdmagnetfeld (Abb. 26.9, S. 106).

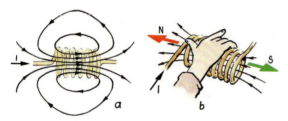

Abb. 26.17: a) Feldlinienverlauf in einer Spule b) Wenn man die Finger der rechten Hand in technischer Stromrichtung auf eine Spule legt, dann zeigt der Daumen zum Nordpol der Spule.

Von einer **Spule** spricht man, wenn zumindest mehrere solcher Schleifen hintereinander aufgewickelt sind. Im Inneren verlaufen die Feldlinien dann annähernd parallel: das magnetische Feld ist dort also so gut wie homogen (Abb. 26.17 a). Die Polung einer Spule lässt sich mit der rechten Hand bestimmen (b). Die magnetische Induktion im Inneren einer langen Spule kann man folgendermaßen berechnen:

F Formel: Magnetische Induktion einer langen Spule

$$B = \mu_0 \cdot \frac{N \cdot I}{l}$$

B … magnetische Induktion [T]
μ_0 … magnetische Feldkonstante
$\mu_0 = 4 \cdot \pi \cdot 10^{-7}$ Vs/Am
N … Anzahl der Windungen
I … Stromstärke [A]
l … Länge der Spule [m]

Die **magnetische Feldkonstante** μ_0 ist, wie auch die elektrische (Kap. 25.3, S. 97), eine Naturkonstante und kann nur experimentell bestimmt werden. Beide spielen bei der Ausbreitungsgeschwindigkeit von elektromagnetischen Wellen eine bedeutende Rolle (siehe „Big Bang 7").

Man kann die Stärke eines Elektromagneten wesentlich erhöhen, indem man in seinen Innenraum einen **Eisenkern** gibt (Abb. 26.18). Durch das Magnetfeld der Spule richten sich dann dessen Elementarmagnete (Abb. 26.6 b, S. 105) aus, bis sie im Extremfall alle in Richtung des äußeren Magnetfeldes zeigen. Durch diesen Trick kann man die Stärke eines Elektromagneten um einen Faktor 100 bis 1000 erhöhen.

Abb. 26.18: Ohne Eisenkern (a) wird die Magnetnadel nur leicht abgelenkt, mit Eisenkern sehr stark (b).

→ **Info:** Relative Permeabilität

i Relative Permeabilität

Es gibt ein Maß für die Magnetisierbarkeit eines Stoffes, das man etwas sperrig als **relative Permeabilität** μ_r bezeichnet. Die Gleichung für die magnetische Induktion einer Spule mit Kern lautet dann so:

$$B = \mu_r \cdot \mu_0 \cdot \frac{N \cdot I}{l}$$

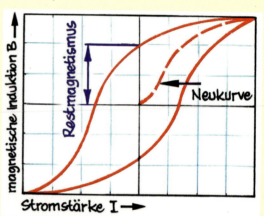

Abb. 26.19: Zusammenhang zwischen Stromfluss und magnetischer Induktion einer Spule mit Kern. Man spricht von einer Hysteresiskurve. Unter **Hysterese** (griech.: hysteros = hinterher) bezeichnet man allgemein das Fortdauern einer Wirkung nach Wegfall der Ursache. In diesem Fall sinkt etwa die magnetische Induktion nicht auf null, wenn die Stromstärke auf null sinkt.

In Abb. 26.19 siehst du, dass die magnetische Induktion in diesem Fall nicht linear von der Stromstärke abhängt. Außerdem bleibt nach dem Abschalten ein **Restmagnetismus** über. Du siehst also, dass μ_r keine Konstante sein kann, und daher werden auch immer nur die Maximalwerte angegeben. Die höchste relative Permeabilität besitzt Eisen, sie liegt in der Größenordnung von 10^5. Das ist aber die theoretische Obergrenze. In der Praxis erreicht man ein μ_r von 10^2 bis 10^3.

Zu den kleinsten und **schwächsten Elektromagneten** gehören die Schreib-/Leseköpfe in den Festplatten von PCs, Digitalkameras oder tragbaren Musikgeräten. Sie erzeugen nur Bruchteile von 1 T. Die **stärksten Elektromagnete** der Welt liefern momentan (Stand 2017) 45 T im Dauerbetrieb. Sie sind damit rund 2 Millionen Mal stärker als das Erdmagnetfeld (siehe Tab. 26.1, S. 107)!

→ **Info:** Magnet im Tiefflug

i Magnet im Tiefflug

Über jeder Festplatte befindet sich ein Schreib-/Lesekopf mit einem winzigen **Elektromagneten** an der Spitze (**F7**; Abb. 26.20). In PCs haben diese rund 0,15 bis 0,3 T und magnetisieren beim Schreiben die Bereiche der **ferromagnetischen Oberfläche** unterschiedlich, was dann beim Lesen als 0 oder 1 interpretiert wird. Eine PC-Festplatte rotiert mit bis zu 15.000 U/min, und der Kopf schwebt dabei bloß 5–6 nm über der Platte (Stand 2017). Zum Vergleich: Ein Haar ist etwa 10.000-mal dicker! Unvorstellbar!

Abb. 26.20: Der schwarze Quader an der Spitze des Lese-/Schreibkopfs ist ein winziger Elektromagnet.

Auch die **Datendichte** ist unvorstellbar. Jede der beiden übereinander liegenden Magnetscheiben in der Laptop-Festplatte in Abb. 26.21 hat einen Durchmesser von nur 2 Zoll (50,8 mm) und daher eine Fläche von etwa 2000 mm². Auf die Platten passen satte 2 Terabyte ($2 \cdot 10^{12}$ Byte), also 1 Terabyte pro Scheibe. Ein Byte besteht aus 8 bit, also aus 8 1ern oder 0ern. Jede Scheibe muss daher $8 \cdot 10^{12}$ magnetisierte Stellen haben, also unglaubliche 4 Milliarden pro mm²!

Abb. 26.21

Z Zusammenfassung

Mit Hilfe einer stromdurchflossenen Spule kann man Magnetfelder erzeugen. Die magnetische Induktion lässt sich enorm verstärken, wenn man in die Mitte der Spule einen Eisenkern bringt.

26.4 Faradays Entdeckung
Elektromagnetische Induktion 1

In diesem Abschnitt geht es um eine wichtige Entdeckung Faradays, die die Grundlage der Stromerzeugung ist. Ohne diese Entdeckung gäbe es keinen Strom aus der Steckdose.

F9 In Abb. 26.22 siehst du eine einfache Spule mit
S1 Eisenkern. Welche der folgenden Aussagen ist richtig: a) Fließt Strom durch den Draht, wird das Eisen magnetisch. b) Ist das Eisen magnetisch, fließt Strom durch den Draht. c) Beides ist richtig. d) Beides ist falsch.

Abb. 26.22

F10 Beim Schreiben von Daten auf eine Festplatte, wird
W2 diese mit Hilfe eines kleinen Elektromagneten (Abb. 26.20) unterschiedlich magnetisiert. Wie funktioniert aber das Lesen der Daten?

F11 Eine E-Gitarre (Abb. 26.23)
W2 hat keinen Resonanzkörper. Wie funktioniert dann aber die Verstärkung der Töne? Klar, elektrisch, aber wie?

Abb. 26.23

Strom erzeugt ein Magnetfeld! Das entdeckte CHRISTIAN ØRSTED 1820 (Kap. 26.1, S. 104). Es wäre nur allzu logisch, dass auch umgekehrt Magnetismus Strom erzeugt. Das ist aber nicht so – die richtige Antwort auf → **F9** ist daher a). Viele Physiker zerbrachen sich über diese scheinbare Paradoxie den Kopf, unter anderem auch MICHAEL FARADAY (Abb. 26.24). 1831 konnte er das Rätsel lösen: Man kann schon Strom in der Spule erzeugen, aber nur dann, wenn sich dabei das **Magnetfeld** im Inneren **verändert**, etwa wenn man den Magneten bewegt (Abb. 26.25, S. 110). Kurz gesagt: **Ein veränderliches Magnetfeld erzeugt Strom.**

Abb. 26.24: MICHAEL FARADAY, der oft als bedeutendster Experimentalphysiker aller Zeiten bezeichnet wird

Und hier betritt man einen historisch bedingten Terminologie-Dschungel: Den Effekt, dass ein veränderliches Magnetfeld einen Strom hervorruft, nennt man nämlich **elektromagnetische Induktion** oder kurz **Induktion.** Und das kann leicht zu einer Verwechslung mit der magnetischen Induktion führen (siehe Kap. 26.3, S. 107).

Um diesen gordischen Begriffsknoten etwas zu lockern, sind einige der Fachausdrücke in Tab. 26.2 gegenübergestellt.

elektrische Feldstärke E Einheit V/m oder N/C	Gibt die **Stärke des elektrischen Feldes** an.
magnetische Induktion B Einheit Tesla	Gibt die **Stärke des magnetischen Feldes** an und ist das Gegenstück zu E. Besser wäre somit der Begriff magnetische Feldstärke. Die unglückliche Begriffswahl ist historisch bedingt.
elektromagnetische Induktion	Allgemeiner Ausdruck für die **Veränderung des Stroms bzw. der Spannung**, wenn sich ein Magnetfeld in irgendeiner Weise ändert.
Induktionsstrom Einheit A	Durch ein **veränderliches Magnetfeld** hervorgerufener **Strom**.
Induktionsspannung Einheit V	Durch ein **veränderliches Magnetfeld** hervorgerufene **Spannung**.
Magnetischer Fluss Φ Einheit Weber (Kap. 26.5)	Produkt der magnetischen Induktion B und der Fläche A, die davon durchsetzt wird, also $B \cdot A$.
Induktivität L Einheit Henry (Kap. 26.6)	Ähnlich wie die Kapazität das **wichtigste Merkmal eines Kondensators** ist, ist die Induktivität L das wichtigste Merkmal einer Spule. Je größer L, desto größer die Selbstinduktionsspannung (Kap. 26.6, S. 112).

Tab. 26.2: Gegenüberstellung einiger Fachausdrücke zum Elektromagnetismus

e Induktionsspannung

Im Originalexperiment verwendete FARADAY einen Transformator (siehe „Big Bang 7"). Wir verwenden eine Spule und einen Magneten (Abb. 26.25), aber das Prinzip bleibt gleich: Ein veränderliches Magnetfeld erzeugt eine **Induktionsspannung.** Versuche folgende Fragen zu beantworten:

Was passiert mit der Spannung, wenn du …
1) … die Windungszahl der Spule veränderst?
2) … den Magneten unterschiedlich schnell bewegst?
3) … unterschiedlich starke Magnete verwendest?
4) … den Magneten ruhig hältst, und die Spule bewegst?

Abb. 26.25: Messung der Induktionsspannung

Deine Versuche werden dich zu folgenden Erkenntnissen gebracht haben: Die Induktionsspannung ist proportional zur **Windungszahl** (N), zur **Geschwindigkeit des Magneten** (v) und zur **Stärke des Magneten** (B). Ob du den Magneten bewegst oder die Spule, spielt allerdings keine Rolle. Formelmäßig würde man das so anschreiben: $U_{ind} \sim N \cdot v \cdot B$

i Tonabnehmer

Unter jeder Saite der E-Gitarre befinden sich **Tonabnehmer** (Abb. 26.26), kleine Spulen mit einem Magnetkern (Abb. 26.27). An der Stelle darüber werden dadurch die Saiten leicht magnetisiert. Durch die Saitenschwingungen entsteht dann ein veränderliches Magnetfeld und somit ein **Induktionsstrom** in der Spule, der an Verstärker und Lautsprecher weitergeleitet wird (→ F11).

Abb. 26.26: Unter jeder Saite befinden sich Elektromagnetische Tonabnehmer. Je nachdem, an welcher Stelle die Tonabnehmer aktiviert werden, verändert sich der Klang der Gitarre.

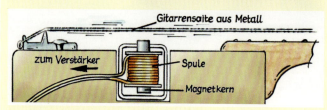

Abb. 26.27: Seitenansicht eines Tonabnehmers

Man sagt auch, Strom wird durch ein veränderliches Magnetfeld **induziert**. Das bedeutet so viel wie ausgelöst oder hervorgerufen. Man spricht daher vom **Induktionsstrom**. Hand in Hand mit diesem geht auch immer eine **Induktionsspannung**, und meistens wird diese in den Gleichungen angegeben beziehungsweise gemessen.

→ **Experiment:** Induktionsspannung

Faradays Entdeckung war der Schlüssel für die Erzeugung von Strom durch **Generatoren** (siehe „Big Bang 7"). Angeblich kam der Premierminister von England in Faradays Labor, um diese erzeugte Elektrizität zu sehen. Nach der Demonstration fragte er, wofür das gut sei. Faraday antwortete, dass er das noch nicht wisse. Er sei sich aber sicher, dass der Premierminister eines Tages eine Steuer darauf einheben werde. Wie wahr!

Es gibt noch eine Menge anderer Anwendungen der Induktion, unter anderem bei **Antennen** zum Empfang von Radio- oder Fernsehprogrammen (siehe „Big Bang 7"), bei **Mikrofonen**, beim **Lesen** einer Festplatte (→ F10) oder bei der **E-Gitarre**.

→ **Info:** Tonabnehmer

Z Zusammenfassung

Strom erzeugt ein Magnetfeld. Umgekehrt erzeugt ein veränderliches Magnetfeld Strom. Diese Entdeckung Faradays ist die Grundlage der Stromversorgung.

26.5 Ein ziemlicher Lenz
Elektromagnetische Induktion 2

Ein veränderliches Magnetfeld erzeugt einen elektrischen Strom. Wir schauen uns hier diesen Induktionsstrom noch etwas genauer an.

F12 Wenn du einen Stabmagneten in einer Spule bewegst (Abb. 26.28), dann entsteht ein Induktionsstrom (siehe auch Abb. 26.25) und sie wird zum Elektromagneten. Wo sind aber Nord- und Südpol? Überlege mit Hilfe des Energieerhaltungssatzes.

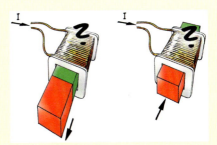

Abb. 26.28: Wie polen sich die Spulen?

F13 Der Münzprüfer in einem Automaten, der Tachometer eines Autos und die Bremsen von Zügen und Straßenbahnen nutzen alle dasselbe physikalische Prinzip. Welches könnte das sein?

Man kann in einer Leiterschleife beziehungsweise einer Spule eine elektromagnetische Induktion auslösen, wenn sich das Magnetfeld im Inneren ändert (Kap. 26.4, S. 109). Man kann dieses Prinzip jedoch noch etwas allgemeiner fassen. Dazu brauchen wir aber eine neue Größe, nämlich den **magnetischen Fluss** (Abb. 26.29; Tab. 26.2), der mit einem großen griechischen Phi (Φ) bezeichnet wird. Wenn das Magnetfeld normal auf die Fläche steht, kann man den magnetischen Fluss so berechnen:

F **Formel: magnetischer Fluss**

$\Phi = B \cdot A$

Φ ... magnetischer Fluss [Wb] Weber
B ... magnetische Induktion [T]
A ... von B durchdrungene Fläche [m²]

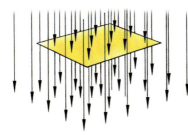

Abb. 26.29: Der magnetische Fluss ist das Produkt von magnetischer Induktion und davon durchsetzter Fläche.

Allgemein kann man nun sagen: Wenn sich in einer Leiterschleife irgendwie der magnetische Fluss verändert, dann wird in ihr eine Spannung induziert. Das kann sein, weil sich der Magnet bewegt (siehe Abb. 26.25), oder weil sich sein Magnetfeld verändert – was natürlich nur bei einem Elektromagneten möglich ist. Es kann aber auch sein, dass sich die Fläche der Leiterschleife verändert, oder es kann eine Kombination von allem sein. Je schneller sich der magnetische Fluss verändert, desto größer ist die induzierte Spannung.

→ **Info:** Induktionsgesetz

F **Formel: Induktionsgesetz für eine Schleife**

$U_{ind} = -\dfrac{\Delta \Phi}{\Delta t}$

U_{ind} ... Induktionsspannung [V]
Φ ... magnetischer Fluss [Wb] [Weber]

Wie kommt das Minus in die Gleichung? Das ist eine Übereinkunft. Man möchte damit ausdrücken, dass das induzierte Magnetfeld immer so gerichtet ist, dass es seiner Ursache entgegenwirkt. Man nennt das die **Lenz'sche Regel** und sie ergibt sich aus dem Energieerhaltungssatz. Warum? Nimm an, du ziehst den Stabmagneten aus der Spule heraus (Abb. 26.33 a, S. 112). Würde sich das Magnetfeld in der Spule umgekehrt einstellen, dann würde der Stabmagnet von ihr abgestoßen und zusätzlich beschleunigt werden. Damit könnte man aus dem Nichts Energie gewinnen, was eben nicht geht (→ F12).

Induktionsgesetz

Nimm an, dass der bewegliche Bügel der Leiterschleife in der Zeit Δt mit der Geschwindigkeit v um die Strecke Δs verschoben wird (Abb. 26.30). Dadurch ändert sich der magnetische Fluss:
$\Delta \Phi = B \cdot \Delta A = B \cdot l \Delta s = B l v \Delta t$

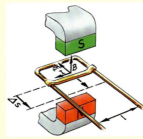

Abb. 26.30

In der Schleife wird die Spannung U induziert, die wiederum einen Strom I zur Folge hat. Der Induktionsstrom verrichtet eine **elektrische Arbeit** $\Delta W = -U \cdot I \cdot \Delta t$. Das Minuszeichen deutet an, dass man diese Arbeit im Prinzip dem System entziehen könnte.

Da nun Strom fließt, wirkt auf den Bügel die Lorentz-Kraft $F_L = B \cdot I \cdot l$. Um den Bügel gegen diese Kraft zu verschieben, muss eine **Verschiebearbeit** aufgewendet werden:
$\Delta W = F \cdot \Delta s = B \cdot I \cdot l \cdot \Delta s$

Diese hat ein positives Vorzeichen, weil sie ins System hineingesteckt wird. Nach dem Energieerhaltungssatz müssen elektrische Arbeit und Verschiebearbeit gleich groß sein.
$-U \cdot I \cdot \Delta t = B \cdot I \cdot l \cdot \Delta s \Rightarrow -U \cdot \Delta t = B \cdot l \cdot \Delta s = B \cdot \Delta A = \Delta \Phi$
Und daraus folgt das **Induktionsgesetz**:
$U = -\Delta \Phi / \Delta t$

Wenn man ein Metallpendel zwischen den Polen eines Magneten schwingen lässt, dann entstehen in seinem Inneren **Wirbelströme.** Diese elektrischen Ströme werden deshalb so genannt, weil sie wie Wirbel in sich selbst geschlossen sind. Sie erzeugen Magnetfelder, die so gerichtet sind, dass sie die Bewegung des Pendels bremsen (Abb. 26.34a). Auf dem Prinzip der Wirbelströme beruhen die Bremsen von Zügen und Straßenbahnen, aber auch die Münzprüfung und der Tachometer (→ F13).

i Münzenprüfer und Tachometer

Bei der **Münzprüfung** werden zuerst auf einer Halterung (Abb. 26.31a) Gewicht und elektrischer Widerstand gemessen. Dann rollt die Münze an Magneten vorbei (b) und wird durch **Wirbelströme** gebremst. Die Stärke der Bremsung ist materialabhängig. Wenn die Merkmale nicht zusammenpassen, spuckt der Automat die Münze aus.

Beim **Tachometer** dreht sich ein Permanentmagnet unter einem Speichenrad aus Metall (Abb. 26.32), das an einer Spiralfeder befestigt ist. Durch die Wirbelströme entsteht eine Kraft, die das Rad und den auf ihr montierten Zeiger verdreht. Je schneller das Auto fährt, desto schneller dreht sich der Magnet und desto stärker sind die Wirbelströme. Das vom Speichenrad auf die Spiralfeder ausgeübte Drehmoment steigt an und der Zeigerausschlag wächst.

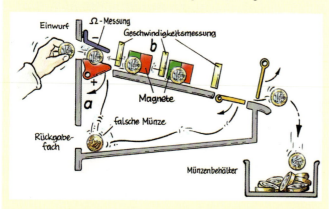

Abb. 26.31: Schematische Darstellung der Münzprüfung: Bei b wird die elektromagnetische Induktion überprüft.

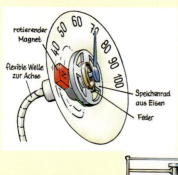

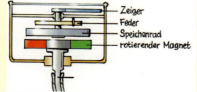

Abb. 26.32: Wirbelströme drehen die Tachonadel. Oben: Ansicht von der Seite; unten: Ansicht von oben.

Abb. 26.33: Das induzierte Magnetfeld in der Spule wirkt immer gegen seine Ursachen, in diesem Fall gegen die Bewegung des Stabmagneten.

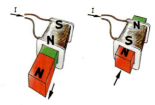

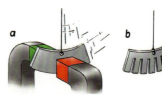

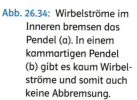

Abb. 26.34: Wirbelströme im Inneren bremsen das Pendel (a). In einem kammartigen Pendel (b) gibt es kaum Wirbelströme und somit auch keine Abbremsung.

Z Zusammenfassung

Wenn sich in einer Leiterschleife irgendwie der magnetische Fluss verändert, dann wird in ihr eine Spannung induziert. Das induzierte Magnetfeld wirkt seiner Ursache entgegen.

26.6 Das verspätete Lämpchen
Selbstinduktion

Ein- und Ausschalten des Stroms führen zu einem paradoxen Effekt, den man Selbstinduktion nennt. Ohne diesen würde ein Benzinauto nicht fahren.

F14 Die Zündkerzen in einem Ottomotor brauchen mindestens 15.000 V, damit sie Funken erzeugen können. Die Batterie liefert aber nur 12 V. Wie geht das?
W2

F15 Bau eine Schaltung wie in Abb. 26.35 auf. Wie leuchten
S2 die beiden Lampen auf, wenn du den Strom einschaltest? Was könnte der Grund dafür sein?

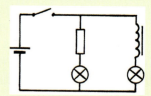

Abb. 26.35: Links ein Ohm'scher Widerstand; rechts eine Spule mit Kern

Wenn man den Stromkreis in der Schaltung schließt (Abb. 26.35), dann passiert etwas Paradoxes. Der plötzliche Stromfluss bewirkt eine Änderung des Magnetfeldes der Spule. Das erzeugt wiederum eine **Induktionsspannung** in der Spule (Kap. 26.5, S. 111). Nach der Lenz'schen Regel muss diese aber gegen ihre Ursache wirken, also gegen die von außen angelegte Spannung. Diesen Effekt nennt man **Selbstinduktion,** und durch ihn wird das Ansteigen des Stroms gebremst (Abb. 26.36). Daher leuchtet die rechte Lampe verzögert auf (→ F15).

Beim Ausschalten ist die Änderung des Stromflusses noch abrupter und daher auch die Induktionsspannung. Mit Hilfe dieses Effektes kann man sehr hohe Spannungen erzeugen, etwa beim Starter einer Leuchtstoffröhre oder für die Zünd-

112 Felder

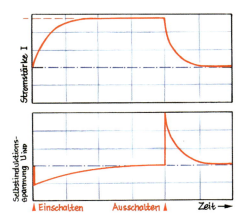

Abb. 26.36: Stromstärke und die Selbstinduktionsspannung in der Spule beim Ein- und Ausschalten des Stroms

kerzen im Benzinmotor. Die Selbstinduktionsspannung ist umso größer, je größer die so genannte Induktivität der Spule ist. ==Ähnlich wie die Kapazität das wichtigste Merkmal eines Kondensators ist, ist die Induktivität das wichtigste Merkmal einer Spule.==

→ **Info:** Zündspule
→ **Info:** Induktivität

F **Formel: Selbstinduktionsspannung**

$$U_{ind} = -L \cdot \frac{\Delta I}{\Delta t}$$

U_{ind} .... Induktionsspannung [V]
L ... Induktivität einer Spule [H] (Henry)
I ... Stromstärke [A]
t ... Zeit [s]

 Zündspule

Wie schafft man es, mit einer Ausgangsspannung von 12 V 15.000 V zu erzeugen (→ **F14**)? Mit Hilfe der **Selbstinduktion!** Ein Unterbrecher schließt und öffnet dabei den Stromkreis pausenlos (Abb. 26.37). Beim Ausschalten entstehen sehr hohe Induktionsspannungen, die noch zusätzlich von der als Transformator (siehe „Big Bang 7") wirkenden Zündspule verstärkt werden. Auf diese Weise kann man die Batteriespannung um weit mehr als das 1000fache erhöhen, aber natürlich nur für kurze Funken, nicht im Dauerbetrieb.

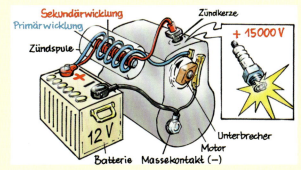

Abb. 26.37: Die Unterbrechung des Stroms führt zu hohen Induktionsspannungen in der Primärwicklung, die in der Sekundärwicklung noch weiter verstärkt werden.

i **Induktivität**

Die magnetische Induktion im Inneren einer Spule kann man so berechnen (zu μ_r siehe S. 108):

$$B = \mu_r \cdot \mu_0 \cdot \frac{N \cdot I}{l} \quad \text{Weiters gilt: } U_{ind} = -N \cdot \frac{\Delta \Phi}{\Delta t}$$

(siehe Kap. 26.5, S. 111). Das N in der Gleichung steht für die **Windungszahl einer Spule**, da es ja in jeder einzelnen Wicklung zur selben Induktionsspannung kommt. Aus beiden Gleichungen zusammen ergibt sich dann:

$$U_{ind} = -N \cdot \frac{A \Delta B}{\Delta t} = -\frac{\mu_r \cdot \mu_0 \cdot N^2 \cdot A}{l} \cdot \frac{\Delta I}{\Delta t}$$

Der Proportionalitätsfaktor $-\frac{\mu_r \cdot \mu_0 \cdot N^2 \cdot A}{l}$

wird kurz als **Induktivität L** bezeichnet und hat die **Einheit Henry [H]**. Er hängt im Wesentlichen nur vom Aufbau der Spule samt Eisenkern ab und ist für ihre induktiven Eigenschaften kennzeichnend.

Z **Zusammenfassung**

Die Größe der Selbstinduktionsspannung einer Spule beim Ein- und Ausschalten wird von ihrer Induktivität bestimmt. Diese ist die wichtigste Eigenschaft einer Spule, vergleichbar mit der Kapazität eines Kondensators.

Elektrische Ströme und Magnetfelder

F16 Elektrische Ladungen treten auch einzeln auf. Wie ist
W2 das bei magnetischen Polen? → **L**

F17 Es gibt Verschwörungstheorien, nach denen die
E2 Mondlandungen gar nicht stattgefunden haben. Ein Argument ist, dass die Strahlung beim Durchfliegen des Van-Allen-Gürtels die Astronauten töten würde. Stimmt das? Besorge dir Daten aus dem Internet. → **L**

F18 Was versteht man unter einem Induktionsherd? → **L**
W1

F19 Warum wird ein unmagnetisches Stück Eisen von
W2 einem Magneten angezogen (Abb. 26.6, S. 105)? → **L**

F20 Definiere in Worten, wann eine Spule eine Induktivität
W1 von 1 H hat. → **L**

F21 Nimm an, im LHC könnte man magnetische Monopole
S2 erzeugen (siehe Lösung zu **F16**). Wie groß müsste der Radius des Beschleunigers sein, damit man mit 10 T auskommt? → **L**

F22 Wie funktioniert der Starter einer Leuchtstoffröhre?
E2 Stimmt es, dass das Einschalten sehr viel Strom verbraucht? → **L**

Kompetenzcheck

Weitere Kompetenzchecks und Maturafragen auf
bigbang.oebv.at!

Kompetenzbereich Mechanik 2

16 Impuls
Impulssatz allgemein

A1 S2 Mit welchem physikalischen Problem hätte prinzipiell jeder Superheld der fliegen kann zu kämpfen?

A2 S2 In vielen Filmen kann man in vielen Variationen folgende Situation sehen: Der Held schießt mit einer Waffe auf den Bösewicht (oder auch umgekehrt), und dieser fliegt, vom Projektil getroffen, einige Meter nach hinten. Was ist an dieser Darstellung falsch?

Plastische und elastische Stöße, Kraftstoß

A3 W2 Der Meteorit, der den Barringer-Krater schlug, hatte eine Masse von etwa $3 \cdot 10^8$ kg und schlug mit geschätzten 20 km/s ein. Wie weit hat sich die Erde bis heute dadurch bewegt? Nimm dazu vereinfacht an, dass der Meteorit senkrecht eingeschlagen ist. Die Masse der Erde beträgt $6 \cdot 10^{24}$ kg.

A4 E2 In Abb. 16.14, S. 7 siehst du die Geschwindigkeitsverläufe von Fußspitze und Ball bei einem Fußballschuss. Nimm an, der Stoß ist zu 100% elastisch, das Bein wird während des Stoßes nicht mehr aktiv beschleunigt, und die Masse des Fußballs beträgt 380 g. Wie groß ist dann die „wirksame Masse" des Beines?

17 Rotationen
Allgemein

A1 W1 Ein Käfer fährt auf dem Rand einer Scheibe Karussell. Nun krabbelt er in Richtung des Mittelpunktes der Scheibe. Nehmen folgende Größen des Systems Insekt-Scheibe dabei zu oder ab oder bleiben sie gleich: a) Drehmasse, b) Drehimpuls, c) Winkelgeschwindigkeit?

Drehwinkel, Drehgeschwindigkeit, Drehmasse

A2 W1 Der Durchmesser unserer Galaxis beträgt rund 100.000 Lichtjahre (LJ). Die Sonne ist etwa 25.000 LJ von Zentrum unserer Galaxis entfernt. Sie bewegt sich mit etwa 220 km/s um das Zentrum. Wie lange dauert ein voller Umlauf? Wie oft ist die Erde seit ihrer Entstehung schon um das Zentrum der Milchstraße gelaufen? (Lichtgeschwindigkeit $3 \cdot 10^8$ m/s).

Drehmoment

A3 W1 Die Einheit der Arbeit ist Nm. Das Drehmoment hat auch die Einheit Nm. Ist das Drehmoment eine Arbeit?

Drehimpulserhaltung

A4 W2 Bei ihrem Vorbeiflug am Planeten Uranus 1986 begann die Raumsonde Voyager 2 immer dann zu rotieren, wenn an Bord ein Kassettenrekorder eingeschaltet war. Wie kann man diesen eigenartigen Effekt erklären?

Drehenergie

A5 W2 Du hast zwei gleich große und gleich schwere Eier: Eines ist gekocht, das andere roh. Du lässt sie eine schiefe Ebene runterrollen. Welches kommt schneller unten an? Begründe mit der Rotationsenergie sowie mit der Drehmasse.

Kräfte in rotierenden Systemen

A6 W2 Wie kann man die geringere Fallbeschleunigung am Äquator aus der Sicht eines außenstehenden, nichtrotierenden Beobachters erklären? Für diesen gibt es ja keine Zentrifugalkraft!

Kompetenzbereich Schwingungen

18 Grundlagen der Schwingungen

A1 W2 Du möchtest eine Penduhr bauen, die du bei deinem Aufenthalt am Mars ins Wohnzimmer stellen willst. Welche Pendellänge solltest du sinnvoller Weise wählen? Die Fallbeschleunigung am Mars beträgt 3,69 m/s². Schätze zunächst im Kopf mit Hilfe von Proportionen ab und führe dann eine exakte Rechnung durch.

Frequenz und Amplitude

A2 S2 Wie verändert sich die Frequenz eines Federpendels, wenn du zwei gleiche Federn aneinander hängst? Wie verändert sich die Frequenz, wenn du zwei Federn parallel hängst?

A3 W1 Eine Astronautin wiegt sich in Schwerelosigkeit mit Hilfe eines Sessels, der sich zwischen zwei Schraubenfedern befindet. Die Frequenz der Schwingung beträgt $0{,}45\,\text{s}^{-1}$. Der Sessel alleine hat eine Masse von 12 kg, die Astronautin 52 kg. Wie groß ist die Federkonstante einer einzelnen Feder? Hilf dir mit der Infobox *Massenbestimmung im All-Tag* auf S. 30.

Harmonische Schwingung

A4 S1 Die Schwingungen bei Musikinstrumenten, die verschiedene Tonhöhen erzeugen können, sind immer harmonisch, egal ob es sich dabei um Saiten, Luftsäulen oder sonst irgendetwas anderes handelt. Welche Konsequenz hätte es für die Musik, wenn das *nicht* so wäre, wenn also die Frequenz von der Auslenkung abhängig wäre?

Gedämpfte Schwingung

A5 E2 Schätze grafisch ab, um wie viel Prozent die Amplitude in den Fällen a bis d nach einer Schwingung abgenommen hat (Abb. 1).

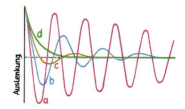

Abb. 1: Vier Schwingungen mit unterschiedlich starker Dämpfung

Resonanz

A6 E2 Wenn du eine Flasche ausleerst, ertönt dabei das bekannte Gluck, Gluck, Gluck. Wie verändert sich die Frequenz dieses Geräusches während des Ausleerens und warum?

A7 W1 Wo spielt Resonanz am Spielplatz eine Rolle?

Überlagerung von Schwingungen

A8 S1 Ein Klavierstimmer stimmt mit Hilfe einer Schwebung. Er schlägt eine Taste und eine Stimmgabel an und hört auf die Schwebungsfrequenz. Wie lange braucht er, um eine perfekte Stimmung zu bekommen? Begründe mit Hausverstand und mathematisch.

Kompetenzbereich Wellen

19 Wellengrundlagen 1
Wellenentstehung und -ausbreitung

A1 W2 Hat eine Wasserwelle Energie? Und besitzt sie einen Impuls? Ist es überhaupt möglich, dass eine Welle Energie hat, aber keinen Impuls?

Wellenarten und Wellenformen

A2 W1 Kurz vor 1900 suchte man verzweifelt nach einem Medium, das das Licht transportiert. Braucht Licht ein Medium? Warum suchte man nach einem solchen?

A3 W1 Es gibt keine Wasserwellen ohne Wasser, keine Erdbebenwellen ohne Erde und keine Dauerwellen ohne Haare. Daher gibt es auch keine Lichtwellen ohne …?

Wellenlänge und -geschwindigkeit

A4 / W2 Um welchen Faktor ist die Lichtgeschwindigkeit größer als die Schallgeschwindigkeit in Luft? Rechne für Schallgeschwindigkeiten zwischen 260 und 400 m/s.

A5 / S2 Tritt bei Schallwellen Dispersion auf? Überlege dazu, wie du laute Musik aus der Ferne hörst!

Überlagerung von Wellen

A6 / S2 Eine gezupfte Saite klingt viel härter als eine gestrichene. Welchen Grund könnte das haben? Hilf dir mit den Infoboxen *Fourier-Synthese* (S. 43) und *Schwingung – Welle* (S. 52).

Stehende Wellen

A7 / E1 Welche Reiter werden springen, wenn du die Saite so wie in Abb. 2 bei C berührst und bei B anzupfst?

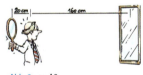

Abb. 2

A8 / W1 Orgeln haben heutzutage im Extremfall einen Tonumfang von C_2 (16,35 Hz) bis c^6 (8372 Hz). Welcher Pfeifenlänge würde das entsprechen?

20 Wellengrundlagen 2
Die Prinzipien von Huygens und Fermat

Reflexion

A1 / S2 Du denkst dir vielleicht, das ist eine blöde Frage, aber kann man Spiegel eigentlich sehen?

A2 / S2 Ein Physikprofessor betrachtet betrübt mit Hilfe eines Handspiegels in einem Garderobenspiegel seine sich langsam aber sicher lichtende Stelle am Hinterkopf. In welcher Entfernung sieht er diese (Abb. 3)?

Abb. 3: zu A2   Abb. 4

Brechung

A3 / W1 Eine Luftblase befindet sich unter Wasser und du beleuchtest sie mit einer Taschenlampe. Wie werden die vorher parallelen Lichtstrahlen nach der Luftblase weiterlaufen: Konvergierend, divergierend oder parallel?

A4 / W2 Warum sieht man durch eine Taucherbrille unter Wasser alles größer? Versuche dazu, den Strahlengang beim Übergang vom Wasser durch die Luft zum Auge aufzuzeichnen.

Beugung

A5 / W1 Versuche qualitativ folgende Fragen zu begründen: Warum kannst du jemanden im Nebenraum sprechen hören, auch wenn du ihn nicht siehst? Warum kannst du dich selbst sprechen hören? Warum kannst du Geräusche auch mit abgewandtem Ohr hören? Welche Eigenschaft der Schallwellen ist dafür verantwortlich?

A6 / E2 Warum klingt die eigene Stimme so seltsam, wenn man sie in einer Aufzeichnung hört? Die Antwort wird dir vielleicht nicht gefallen!

Doppler-Effekt

A7 / W2 Dein Raumschiff wird von einem Meteor verfolgt. Wie verändern sich dessen Relativgeschwindigkeit und Energie, wenn du das Raumschiff beschleunigst? Dein Raumschiff wird von einem Photon verfolgt. Wie ist es nun in diesem Fall?

21 Sprache und Gehör
Stimme und Stimmbänder

A1 / W1 Was passiert bei Heiserkeit? Welchen Einfluss hat diese auf die Erzeugung hoher Frequenzen? Welche Vokale werden bei Heiserkeit als erste bei der Aussprache beeinflusst?

Schallausbreitung und Schallwahrnehmung

A2 / W2 Denk mal darüber nach, wieso du in der Lage bist, die Richtung eines Geräusches zu lokalisieren!

A3 / W2 Warum klingen offene und geschlossene Orgelpfeifen ziemlich unterschiedlich, auch wenn sie genau dieselbe Tonhöhe erzeugen? Sieh dir dazu Abb. 19.30, S. 55 an.

A4 / S1 Bei Handy und Funk werden in der Praxis meistens Frequenzen bis 4,5 kHz übertragen. Warum kann man deshalb alle Vokale, aber nicht die Konsonanten gut unterscheiden (vor allem Zischlaute wie „s" oder „f")?

Kompetenzbereich Elektrizitätslehre / Elektrische Energie

22 Grundlagen der Elektrizität 1
Ladung und elektrische Kraft

A1 / S2 Warum stehen dem Mädchen in Abb. 5 die Haare zu Berge? Welche zwei Effekte sind daran beteiligt? Kann man sagen, welche Ladung die Haare haben?

Abb. 5

A2 / E2 Die Elektronenaffinität ist ein Maß dafür, wie stark ein neutrales Atom oder Molekül ein zusätzliches Elektron binden kann. Welcher Zusammenhang besteht zwischen der reibungselektrischen Reihe (Abb. 22.5, S. 71) und der Elektronenaffinität?

Das Coulomb-Gesetz

A3 / W1 Was versteht man unter einem Feld? Wie kann man ein Kraftfeld grafisch darstellen? Welche Gemeinsamkeiten bestehen zwischen dem elektrischen Feld und dem Gravitationsfeld?

A4 / S1 Würde sich die Welt sehr ändern, wenn es die elektrische Kraft nicht gäbe? Was wird von dieser Kraft und durch sie beeinflusst?

Influenz und Polarisation

A5 / E2 Mit einem geriebenen Kunststoff-Löffel kannst du sowohl einen dünnen Wasserstrahl ablenken als auch Papierschnipsel anziehen. Es gibt dabei eine Gemeinsamkeit, aber auch einen großen Unterschied. Welche sind das?

Elektrische Spannung

A6 / S1 Begründe mit Hilfe von Abb. 6, warum keine Energie notwendig ist, um die kleinere Ladung kreisförmig um die große Zentralladung herumzuschieben.

A7 / W2 a) Was versteht man unter einem Elektronvolt?

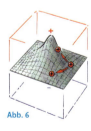

Abb. 6

b) Welche Spannung herrscht zwischen dem Proton und dem Elektron in einem Wasserstoffatom?

c) Wie groß ist die Feldstärke in V/m zwischen dem Proton und dem Elektron in einem Wasserstoffatom? Nimm den Abstand des Elektrons zum Proton mit 10^{10} m an.

d) Die elektrische Feldstärke zwischen einer Gewitterwolke und dem Boden beträgt etwa 100.000 V/m. Vergleiche diese Feldstärke mit der zwischen Elektron und Proton im Wasserstoffatom.

Batterie

A8 W2
a) Stelle einen Zusammenhang zwischen den Einheiten Milliamperestunden (mAh) und Coulomb (C) her. Es gilt: Stromstärke ist Ladung pro Zeit.

b) Auf einem Handy-Akku steht folgende technische Angabe: Li-Ionen Batterie, 3,7 VDC, 750 mAh, 2,8 Wh. Was bedeuten diese Angaben? Sind eigentlich alle Angaben nötig? Verwende für deine Antwort das Ergebnis von A8a. Weiters gilt: Leistung ist Arbeit pro Zeit, also $P = W/t$. Vergleiche die Werte des Akkus mit denen der Batterien in Tab. 22.4, S. 76.

A9 E2 Begründe mit Hilfe von Tab. 22.5 (S. 77), warum man in den Akkus heutzutage Lithium verwendet.

23 Grundlagen der Elektrizität 2
Die Stromstärke

A1 W2
a) Überlege, wie die Driftgeschwindigkeit der Elektronen in einem Leiter von folgenden Faktoren abhängt: 1) Leitungsquerschnitt, 2) Stromstärke und 3) Dichte der freien Elektronen.

b) In Kupfer befinden sich $8,5 \cdot 10^{28}$ freie Elektronen pro Kubikmeter, in Silber sind es $5,9 \cdot 10^{28}$. Um welchen Faktor ist die Driftgeschwindigkeit in Silber daher höher als in Kupfer? Verwende dein Ergebnis aus A1a.

A2 E2 Mit welcher einfachen Überlegung kannst du abschätzen, wie viele Elektronen jährlich durch Österreichs Haushalte fließen?

Ørsted-Versuch und Lorentz-Kraft

A3 E2 Elektrischer Strom erzeugt ein magnetisches Feld. In welche Richtung sich dadurch ein stromdurchflossener Leiter in einem Magnetfeld bewegt, kannst du mit der rechten Hand bestimmen (Abb. 7 links). Der Daumen muss dabei in technische Stromrichtung zeigen und der Zeigefinger in Richtung des Magnetfeldes (vom Nord- zum Südpol). Der Mittelfinger gibt dir dann die Bewegungsrichtung des Drahtes an. Überlege mit Hilfe dieser Drei-Finger-Regel, in welche Richtung die Leiterschleife in Abb. 7 rechts abgelenkt wird.

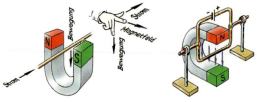

Abb. 7: Links: Bestimmung der Bewegungsrichtung mit der rechten Hand. Rechts: In welche Richtung bewegt sich die Leiterschleife?

A4 S2 Im Film „Alien versus Predator" betrachtet der Wissenschaftler Graeme Miller ein Polarlicht und sagt dann: „Es ist in der oberen Atmosphäre. Protonenströme und Elektronen von der Sonne werden vom Magnetfeld der Erde abgelenkt, was einen Sonnensturm zur Folge hat." Kommentiere dieses Zitat.

Voltmeter und Amperemeter

A5 E2 Du hast die Wahl zwischen zwei Voltmetern zum gleichen Preis. Beide Geräte haben denselben Messbereich, aber ein Gerät hat einen Innenwiderstand von 15 kΩ, das andere von 30 kΩ. Welches Gerät solltest du kaufen?

Widerstand und spezifischer Widerstand

A6 E2 Der menschliche Körper hat einen Widerstand von etwa 1000 Ω. Ein Stromfluss von 40 mA durch den Körper kann bereits lebensgefährlich sein. Ab welcher Spannung muss man daher bereits sehr aufpassen?

A7 W2 Zwei Vögel sitzen auf blankem Draht (siehe Abb. 8). Was passiert, wenn der Strom eingeschaltet wird? Verwende für deine Erklärung den Begriff Schrittspannung (siehe Abb. 23.25, S. 87)

Abb. 8

A8 E2 Du hast einen Kupferdraht mit 2 mm Durchmesser und einer Länge von 1 m. Nun ziehst du den Draht bei gleichem Volumen so in die Länge, dass er nur mehr 1 mm Durchmesser hat. Wie groß ist dann der Querschnitt? Wie verändert sich der elektrische Widerstand dadurch? Rechne mit Hilfe von Proportionen.

A9 E2 Eine Straßenbahn hat einen Stromabnehmer, ein Oberleitungsbus (O-Bus) jedoch zwei. Warum ist das so?

Serien- und Parallelschaltung

A10 E1 Leite die Formel für den Widerstand einer Serienschaltung ab: $R = R_1 + R_2$. Überlege zuerst mit Hausverstand, in welchem Verhältnis U, U_1 und U_2 sowie I, I_1 und I_2 stehen. Überlege mit Hilfe der Analogie von fließendem Wasser und beziehe das Ohm'sche Gesetz mit ein.

A11 W1 Leite die Formel für den Widerstand einer Parallelschaltung ab: $1/R = 1/R_1 + 1/R_2$. Verwende dazu das Ohm'sche Gesetz und den „elektrischen Höhenunterschied" und hilf dir mit Abb. 23.29, S. 88.

A12 E2 Die Scheinwerfer deines Auto haben über Nacht gebrannt und die Batterie ist leer. Du bittest einen Autofahrer, dir Starthilfe zu geben. Wie müssen die Kabel angeschlossen werden? Werden gleichnamige Pole verbunden oder ungleichnamige?

A13 W1 Erkläre A7 links unten mit Hilfe einer Parallelschaltung.

Stromarbeit und Stromleistung

A14 E2 Ein Autofahrer vergisst beim Aussteigen das Licht abzuschalten. Es leuchten beide Scheinwerfer mit einer Leistung von je 50 W, die beiden Rücklichter (je 5 W) und die Nummerntafelbeleuchtung (6 W). Die Autobatterie hat eine Spannung von 12 V und ist voll aufgeladen (45 Ah). Hält die Batterie über Nacht durch oder muss der Fahrer am Morgen den Pannendienst rufen?

A15 W1 Der Leistung wird im Allgemeinen die Einheit Joule pro Sekunden oder Watt zugewiesen. Andererseits gilt für den Strom $P = U \cdot I$, wodurch sich für die Leistung die Einheit VA ergibt. Zeige, dass sich diese beiden Einheiten ineinander überführen lassen.

24 Mensch und Elektrizität
EKG und EEG

A1 E1 Ein Elektrokardiograph beruht im Prinzip auf einem sehr bekannten Gerät, das auch im Physikunterricht verwendet wird. Welchem?

Stromfluss durch den Körper

A2 S1 Wieso ist es auch gefährlich, wenn ein Blitz in deiner Nähe in den Boden einschlägt? Warum soll man sich, wenn man von einem Gewitter überrascht wird, so hinhocken, dass nur die Füße am Boden sind? Warum leben Kühe bei einem Gewitter relativ gefährlich?

Kompetenzbereich Felder

25 Das elektrische Feld
Der Feldbegriff

A1 S1 Die Dichte von Feldlinien gibt generell die Stärke einer Kraft an. In Abb. 9 siehst du dreimal eine positive Ladung und die dazugehörigen Feldlinien. Die Anzahl der Feldlinien wurde variiert. Begründe, dass diese Darstellungen reine Geschmackssache sind und nichts an den Kraftverhältnissen ändern. Verwende für deine Erklärung die Begriffe absolut und relativ!

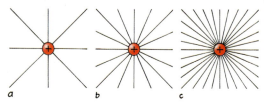

Abb. 9: Drei gleich große positive Ladungen: Die Anzahl der Feldlinien wurde jedoch verändert.

Kompetenzcheck

Elektrische Feldlinienbilder

A2 S1 Die Feldlinien geben die Richtung der Gesamtkraft an jedem Punkt des Raumes an. Begründe damit, warum sich generell Feldlinien nicht schneiden können!

A3 E1 Gibt es auch eine Kraft zwischen den Kraftlinien? Begründe mit Hilfe von A1!

Coulomb-Gesetz und elektrische Feldstärke

A4 W1 Berechne allgemein, um welchen Faktor die elektrische Kraft größer ist als die Gravitationskraft. Nimm dazu ein Proton p^+ und ein Anti-Proton p^-. Beide haben die Elementarladung von $\pm 1{,}6 \cdot 10^{-19}$ C und die Masse $1{,}673 \cdot 10^{-27}$ kg. Die Gravitationskonstante G hat den Wert $6{,}67 \cdot 10^{-11}$ m^{3}kg^{-1}s^{-2}, k hat den Wert $8{,}99 \cdot 10^9$ Nm^{2}C^{-2}. Sowohl die Gravitation als auch die elektrische Kraft führen zu einer Anziehung. In welchem Verhältnis stehen diese Kräfte?

A5 W1 ε_0 aus dem Coulomb-Gesetz bezeichnet man als die elektrische Feldkonstante. Zeige, dass die Einheit von ε_0 As/Vm ist. Dafür musst du Folgendes wissen: $W = Q \cdot U$, $I = \Delta Q/\Delta t$ und $W = F \cdot s$.

A6 E2 Würde sich die Welt sehr ändern, wenn es die elektrische Kraft nicht gäbe? Was wird von dieser Kraft und durch sie beeinflusst?

Spannung und „elektrischer Höhenunterschied"

A7 W1 a) Welche Spannung haben die Plus-Pole (die Knöpfe) der Batterien?
b) Der Großglockner ist 3798 m hoch und der Stephansdom in Wien 137 m. Diese beiden Höhen-Angaben unterscheiden sich wesentlich. Wodurch? Wie hängen der Höhenunterschied und der „elektrische Höhenunterschied" zusammen?

Faraday-Käfig

A8 E2 Ein Auto ist ein Faraday'scher Käfig. Deshalb ist man im Inneren vor Blitzen sicher. Wie ist es aber möglich, dass man im Auto einen Telefonanruf empfängt? Wieso kann die elektromagnetische Welle in den Faraday'schen Käfig eindringen? Man kann übrigens sogar Handys anrufen, die in einem Mikrowellenherd liegen. Wieso?

Der Kondensator

A9 W1 Wenn ein Gas flüssig wird, spricht man vom Kondensieren. Hat ein Kondensator auch etwas damit zu tun?

26 Elektrische Ströme und Magnetfelder
Magnetfelder durch Ströme, Lorentz-Kraft und magnetische Induktion

A1 W1 Wie wird die Kompassnadel in Abb. 10 abgelenkt, wenn der Strom eingeschaltet wird?

Bestimme mit Hilfe der rechten Hand und beachte den eingezeichneten Pluspol. Anm.: Die technische Stromrichtung zeigt von Plus zu Minus!

Abb. 10

A2 E2 Welche stromdurchflossene Freilandleitung wird mehr durch die Kraft des Erdmagnetfeldes abgelenkt: eine, die in Nord-Süd-Richtung, oder eine, die in West-Ost-Richtung verläuft?

Die Spule

A3 E2 In Abb. 11 siehst du eine sogenannte Tauchspule, die etwa in Lautsprechern verwendet wird. Die Spule kann frei schwingen. Ihre Windungen laufen um den Nordpol der Anordnung herum. Überlege mit Hilfe der Lorentzkraft, warum man mit dieser Anordnung einen Wechselstrom in mechanische Schwingungen rückverwandeln kann und in welche Richtung die Spule in Abhängigkeit von der Stromrichtung gezogen wird.

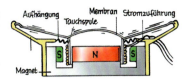

Abb. 11: Querschnitt durch eine Tauchspul-Anordnung, wie sie in elektrodynamischen Lautsprechern, Kopfhörern und Mikrofonen verwendet wird

Elektromagnetische Induktion

A4 S2 Wie würde die Welt ohne Faradays Entdeckung der elektromagnetischen Induktion aussehen?

A5 W1 a) Zerlege die Einheit Tesla mit Hilfe der Formel der Lorentzkraft $F_L = I \cdot s \cdot B$ in ihre SI-Einheiten.
b) Zerlege die Einheit Weber mit Hilfe der Formel $\Phi = B \cdot A$ in ihre SI-Einheiten. Verwende dazu A5a.

Selbstinduktion

A6 W1 Die Formel für die Selbstinduktionsspannung lautet $U_{ind} = -\dfrac{L \cdot \Delta I}{\Delta T}$.

Überlege mit Hilfe dieser Formel, wann eine Spule die Induktivität von 1 Henry besitzt.

A7 W1 Überlege mit Hilfe der Formel in A6, wann in einer Spule eine Selbstinduktionsspannung auftritt!

A8 E2 In der Formel der Selbstinduktionsspannung (A6) ist auf der rechten Seite ein Minus. Was bedeutet das? Warum ist es völlig ausgeschlossen, dass dort ein Plus steht?

Lösungen zu den Kompetenzcheck-Fragen
16 Impuls

Hilfe zu A1: Auch der Flug von Superhelden unterliegt dem Rückstoßprinzip. Er muss etwas nach unten beschleunigen, um die Schwerkraft zu kompensieren, und etwas gegen die Flugrichtung, um nach vorne zu beschleunigen. Er braucht also eine Art Treibstoff und würde dabei im Flug ständig an Masse verlieren.

Hilfe zu A2: Es gilt die Impulserhaltung. Der Impuls muss vom Schützen zuerst auf das Projektil übertragen werden, und dieses überträgt ihn dann wieder auf den Getroffenen. Wenn dieser wegfliegt, dann muss der Impuls des Projektils so groß gewesen sein, dass vorher auch der Schütze beim Abschuss nach hinten geflogen ist. In Filmen stehen die Schützen aber immer wie angewurzelt herum. Die Impulserhaltung verbietet solche Szenen.

Hilfe zu A3: Wir nehmen an, dass die Erde zunächst ruht, v_2 also null ist. Es gilt dann $m_1 \mathbf{v} = (m_1 + m_2) \mathbf{v}'$. Weil die Masse des Meteoriten nach dem Stoß nicht ins Gewicht fällt, können wir m_1 weglassen und bekommen vereinfacht: $m_1 \mathbf{v} = m_2 \mathbf{v}'$ bzw. $\mathbf{v}' = \mathbf{v}_1 m_1/m_2$. Für m_2 setzen wir die Erdmasse ein: $6 \cdot 10^{24}$ kg. Der Impuls des Meteoriten ist: $3 \cdot 10^8$ kg $\cdot 2 \cdot 10^4$ m/s $= 6 \cdot 10^{12}$ kgms^{-1}. $\mathbf{v}'$, also die Geschwindigkeit der Erde nach dem Aufprall, ist daher rund 10^{-12} m/s. Seit dem Einschlag sind 50.000 Jahre oder $1{,}6 \cdot 10^{12}$ s vergangen. Die Erde hat sich durch den Aufprall inzwischen also um etwa 1,6 m weiterbewegt.

Hilfe zu A4: In der Infobox „4-mal Wumm" auf S. 8 findest du für die Geschwindigkeit des vorher ruhenden Objekts (in unserem Fall der Ball) nach einem elastischen Stoß $\mathbf{v}_2' = \dfrac{2m_1}{m_1 + m_2}\mathbf{v}_1$.

In dieser Gleichung sind alle Variablen bis auf m_1, die „wirksame" Masse des Beines, bekannt. Die Geschwindigkeit des Balles nach dem Aufprall ($\mathbf{v}_2'$) ist knapp 120 km/h (rund 33 m/s). Die Geschwindigkeit des Fußes bei Beginn des Aufpralls ($\mathbf{v}_1$) ist 80 km/h oder rund 22 m/s. Die Masse des Balles ist 0,38 kg. Wenn man einsetzt, bekommt man 33 m/s $= \dfrac{2m_1}{m_1 + 0{,}38\text{ kg}} 22$ m/s.

Daraus kann man für m_1 1,14 kg berechnen. Ein Fuß hat tatsächlich etwa die Masse von 1 kg. Das bedeutet, dass beim Fußballschuss die „wirksame Masse" praktisch nur die des Fußes ist und nicht die des gesamten Beins.

17 Rotationen

Hilfe zu A1: **a)** Die Drehmasse nimmt ab, weil sich die Massenpunkte der Drehachse nähern. **b)** Der Drehimpuls muss konstant bleiben, weil keine Drehmomente von außen einwirken. **c)** Weil die Drehmasse sinkt, muss bei konstantem Drehimpuls die Winkelgeschwindigkeit steigen.

Hilfe zu A2: Ein Lichtjahr entspricht einer Entfernung von $3 \cdot 10^8$ m/s $\cdot 60 \cdot 60 \cdot 24 \cdot 365$ s = $9{,}46 \cdot 10^{15}$ m. 25.000 LJ sind daher $2{,}4 \cdot 10^{20}$ m. Der Umfang der Kreisbahn ums galaktische Zentrum ist daher $1{,}5 \cdot 10^{21}$ m. Bei einer Geschwindigkeit von 220 km/s (= $6{,}9 \cdot 10^{12}$ m pro Jahr) braucht die Sonne daher etwa $217 \cdot 10^6$ Jahre (217 Millionen Jahre) für einen vollen Umlauf. Wenn wir annehmen, dass es unsere Erde seit etwa 4,6 Milliarden Jahren gibt, dann hat sie in dieser Zeit rund 21 Umläufe absolviert.

Hilfe zu A3: Nein. Arbeit ist Kraft in Wegrichtung mal Weg. F und s zeigen also in dieselbe Richtung. Beim Drehmoment stehen aber die Kraft und der Radius r im rechten Winkel aufeinander.

Hilfe zu A4: Die Erklärung liegt in der Erhaltung des Drehimpulses. Durch die Drehung der Bänder in der Kassette kam es zu einer Gegendrehung der gesamten Sonde. Das Bodenpersonal musste den Bordcomputer so umprogrammieren, dass gleichzeitig mit dem Ein- oder Ausschalten des Recorders ein kurzer Schub der Triebwerke ausgelöst wurde, der die Rotation ausglich.

Hilfe zu A5: Das rohe Ei ist schneller unten. Weil es innen noch flüssig ist, rotiert nicht die gesamte Masse. Daher nimmt es auch weniger Rotationsenergie auf, wodurch die Translationsenergie und somit auch die Geschwindigkeit größer sein müssen. Andere Erklärung: Weil es innen flüssig ist und nicht die gesamte Masse rotiert, ist die Drehmasse des rohen Eies geringer. Daher setzt es sich bei gleichem Drehmoment schneller in Bewegung.

Hilfe zu A6: Aus der Sicht eines nicht rotierenden Beobachters wirkt auf einen Punkt am Äquator auf Grund der Erdrotation eine Zentripetalbeschleunigung von 0,034 m/s². Der Boden wird mit diesem Wert von den Füßen weg beschleunigt. Daher muss man diese zusätzliche Beschleunigung von g abziehen.

18 Grundlagen der Schwingungen

Hilfe zu A1: Aus $T = 2\pi\sqrt{\frac{l}{g}}$ folgt durch Umformen $l = g \cdot T^2/(4\pi^2)$. Bei gleicher Schwingungsdauer ist also $l \sim g$. Schätzen wir einmal grob ab. Die Fallbeschleunigung am Mars beträgt über den Daumen 1/3 der Erdbeschleunigung. Daher muss die Pendellänge rund 1/3 m betragen (für ein Pendel, das in 1s eine Halbschwingung macht) oder rund 8 cm (für ein Pendel, das in 1s eine komplette Schwingung durchführt).
Wenn man exakt rechnet und in der Formel oben für T zwei bzw. eine Sekunde einsetzt, erhält man 37,3 cm und 9,3 cm. Pendeluhren am Mars wären also ziemlich kompakt!

Hilfe zu A2: Wenn du zwei Federn hintereinander hängst, ändert sich die Frequenz nicht. Du erhältst damit quasi eine doppelt so lange Feder mit demselben k. Wenn du jedoch zwei Federn parallel hängst, verdoppelt sich der Wert von k, weil sich die Federkonstanten addieren. Was bedeutet das für die Frequenz? $T \sim 1/\sqrt{k}$ und $f = 1/T$. Somit gilt $f \sim \sqrt{k}$. Eine Verdopplung von k führt zu einer Erhöhung der Frequenz um den Faktor $\sqrt{2}$ oder rund 1,4.

Hilfe zu A3: Eine Frequenz von $0{,}45\,\text{s}^{-1}$ bedeutet eine Schwingungsdauer von $T = 1/0{,}45\,\text{s}^{-1} = 2{,}22$ s. Die Formel für die Schwingung einer Masse zwischen zwei Federn lautet $T = 2\pi\sqrt{\frac{m}{2k}}$. Wenn man nach k auflöst, erhält man $k = 2\pi^2 m/T^2$. Das Einsetzen der Werte liefert ein k von etwa $256\,\text{Nm}^{-1}$.

Hilfe zu A4: Wären die Schwingungen nicht harmonisch, würde eine größere Amplitude die Schwingungsdauer verändern. Dadurch würde sich aber auch die Tonhöhe verändern. Fazit: Wenn ein Musiker *forte* spielt, hätten die Töne eine anderen Höhe als bei *piano*. Das würde scheußlich klingen, vor allem, wenn mehrere Instrumente zusammen spielen.

Hilfe zu A5: Die Amplituden haben in den Fällen a bis c nach einer Schwingung um etwa 12, 58 und 92 % abgenommen (siehe Abb. 12). Bei d beträgt die Abnahme 100 %, aber man kann eigentlich nicht mehr von einer Schwingung sprechen, weil kein Nulldurchgang erfolgt.

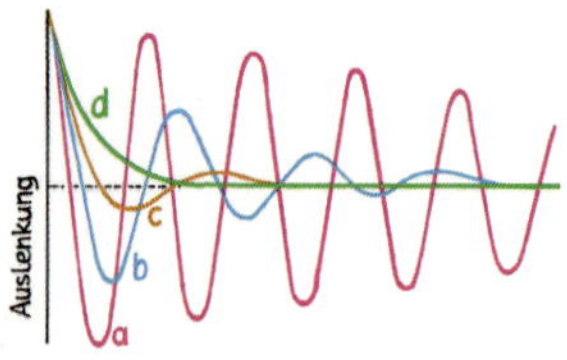

Abb. 12

Hilfe zu A6: Durch das Auslaufen der Flüssigkeit werden Schwingungen angeregt. Die Flasche verstärkt immer ihre Resonanzfrequenz. Diese sinkt mit zunehmender Länge der Luftsäule ab. Es ist wie bei den Orgelpfeifen: Die tiefen sind lang, die hohen kurz. Weil der Luftraum länger wird, wird die Frequenz beim Ausleeren somit tiefer.

Hilfe zu A7: Zum Beispiel bei einer Schaukel. Das Schwunggeben muss genau in der Eigenfrequenz erfolgen, damit man die Schaukel aufschaukeln kann. Eine Schaukel ist mit einem Fadenpendel zu vergleichen und hat daher eine Resonanzfrequenz.

Hilfe zu A8: Ewig lange! Je besser die Übereinstimmung ist, desto weiter auseinander liegen die Schwebungen. Auch wenn die Schwebungen eine Minute auseinander liegen, sind sie immer noch da. Um eine perfekte Stimmung zu bekommen, braucht man ewig lang Zeit. Mathematisch kann man das so begründen:
$|f_1 - f_2| = f_{schw} = 1/T_{schw}$. Die Zeitdauer zwischen zwei Lautstärkemaxima bei einer Schwebung ist indirekt proportional zur Schwebungsfrequenz. Geht diese gegen null, geht T_{schw} gegen unendlich.

19 Wellengrundlagen 1

Hilfe zu A1: Man kann sagen: Eine Welle ist die Ausbreitung von Energie ohne Materietransport. Diese Definition macht klar, dass eine Wasserwelle daher Energie besitzt. Auf sehr dramatische Weise kann man das bei einem Tsunami sehen, der die Küste erreicht. Die mittransportierte Energie führt dort zu unglaublichen Verwüstungen. Eine Wasserwelle kann aber einen Korken nicht verschieben, er bewegt sich nur im Kreis. Wenn die Welle vorüber ist, ist der Kork noch immer an derselben Stelle. Eine Wasserwelle hat daher keinen Nettoimpuls. Was bedeutet das? Der Nettoimpuls, also die Summe der Impulse in den Einzelteilen der Welle, ist bei einer Wasserwelle in Summe null. Gleiches gilt auch für den Schall.
Wie ist es möglich, dass die Welle Energie hat, aber keinen Nettoimpuls? Der Grund ist, dass Energie ein Skalar ist, der Impuls aber ein Vektor. Wenn man alle Teilimpulse einer Wasserwelle addiert, kommt in Summe null heraus, weil diese in verschiedene Richtungen zeigen und daher auch unterschiedliche Vorzeichen haben. Kinetische Energien können sich aber in Summe niemals auf null addieren, weil diese immer positive Werte haben müssen.

Hilfe zu A2: Um 1900 nahm man an, dass Licht eine Welle ist. Alle Wellen brauchten nach der damaligen Vorstellung jedoch ein Medium, wie eben Wasserwellen das Wasser brauchen und Erdbebenwellen die Erde. Deshalb suchte man nach einem Medium, das die Lichtwellen transportiert und nannte dieses den Äther. 1905 konnte ALBERT EINSTEIN aber zeigen, dass Licht und elektromagnetische Wellen allgemein kein Medium zur Ausbreitung brauchen. Das ist deshalb möglich, weil man sie als Welle und Teilchen zugleich betrachten kann, und fliegende Teilchen brauchen kein Medium. Die Erkenntnis, dass Licht kein Medium zur Ausbreitung braucht, ist eine der Grundlagen der Relativitätstheorie.

Hilfe zu A3: Licht und elektromagnetische Wellen allgemein brauchen kein Medium zur Ausbreitung (siehe A2 oben).

Hilfe zu A4: Die Lichtgeschwindigkeit ist um den Faktor $7{,}5 \cdot 10^5$ bis $1{,}2 \cdot 10^6$ größer als die Schallgeschwindigkeit in Luft. Wenn man auf die Größenordnung rundet, kommt man auf 10^6. Das Licht ist also rund eine Million Mal schneller als der Luftschall. Schon sehr beachtlich.

Hilfe zu A5: Bei Luftschall tritt keine Dispersion auf. Wenn du schon einmal laute Musik aus etwas größerer Entfernung gehört hast, dann weißt du, dass diese im Prinzip ganz normal klingt. Würden Schallwellen dispergieren, dann würden die tiefen Töne schneller durch die Luft fliegen und eher bei deinen Ohren ankommen. Die Musik wäre dann quasi komplett durcheinander.

Hilfe zu A6: Eine gezupfte Saite schwingt viel eckiger als eine gestrichene, hat also quasi einen scharfen Knick. Weil für „eckige" Schwingungen hohe Frequenzen nötig sind, sind auch für eckige Wellen, wie bei einer gezupften Saite, hohe Frequenzen nötig. Daraus folgt, dass bei einer gezupften Saite wesentlich mehr hohe Frequenzen beteiligt sein müssen als bei einer gestrichenen, und das hört sich dann ziemlich hart im Klang an.

Hilfe zu A7: Bei A und G, also an den Enden, befinden sich natürlich immer Knoten. Wenn du bei C niederdrückst, erzeugst du dort, aber auch bei E einen Knoten. Bei B, D und F bilden sich Bäuche aus.

Hilfe zu A8: Ein C_2 hat 16,35 Hz, und dafür ergibt sich eine Wellenlänge von 20,79 m. Wenn du die Pfeife offen baust, wäre sie über 10 m groß, gedeckt etwas über 5 m. Früher gab es Orgeln, die sogar bis zum C_3 mit etwa 8 Hz hinunterreichten. Diese Pfeifen sind sogar über 20 m groß und gedeckt über 10 m. Der Ton aus diesen Pfeifen ist nicht mehr zu hören, löst aber ein mulmiges Gefühl im Bauch aus. Diese nicht hörbaren Pfeifen nannte man „Demutspfeifen". Ein c^6 hat 8372 Hz, was einer Wellenlänge von 4,06 cm entspricht. Eine gedeckte c^6-Pfeife wäre also nur mehr 1 cm groß! Orgelpfeifen können also 1 cm bis über 10 m hoch sein.

20 Wellengrundlagen 2

Hilfe zu A1: Auf diese Frage antworten die meisten mit „ja". Das ist ein Beweis dafür, dass wir oft eine völlig ungenügende Kenntnis der alltäglichsten Dinge haben. Ein guter, sauberer Spiegel ist nämlich völlig unsichtbar. Man kann den Rahmen des Spiegels sehen, das schützende Glas oder die Gegenstände, die sich in ihm spiegeln. Aber den Spiegel selbst, also wo das Licht reflektiert wird, sieht man nicht. Jede reflektierende Oberfläche ist zum Unterschied von einer zerstreuenden Fläche als solche völlig unsichtbar.

Hilfe zu A2: Da ein Spiegel die normal auf ihn stehende Achse vertauscht, befindet sich jedes Spiegelbild genauso weit hinter dem Spiegel wie das dazugehörige Objekt davor. Das Spiegelbild des Hinterkopfs befindet sich dadurch 20 cm hinter dem Handspiegel und somit wiederum 200 cm hinter dem Wandspiegel. Die Augen des Professors befinden sich etwa 20 cm vor seinem Hinterkopf, also 140 cm vor dem Spiegel. Somit sieht er seine sich lichtende Stelle in 340 cm Entfernung (Abb. 13).

Abb. 13

Hilfe zu A3: Du kannst die Frage mit der Wasserblase lösen, indem du das Brechungsgesetz anwendest und du überlegst, wie die Lichtstrahlen bei den Übergängen gebrochen werden. Zuerst erfolgt eine Brechung vom Lot und dann eine zum Lot. Beide Brechungen führen dazu, dass der Lichtstrahl nach außen abgelenkt wird.
Du kannst das Problem aber auch ganz allgemein anpacken. Was macht ein großer Wassertropfen mit parallelem Licht? Er wirkt wie eine dicke Sammellinse und wird es bündeln. Was passiert mit parallelem Licht, wenn du unsere Luftblase mit diesem großen Wassertropfen ganz ausfüllst? Weil sich das Licht nur in Wasser bewegt, läuft es gerade weiter. Die kombinierte Wirkung der Luftblase und des Tropfens ist daher ein gerader Strahl. Welche Wirkung führt kombiniert mit dem Zusammenlaufen der Strahlen zu keiner Wirkung? Auseinanderlaufen! Also muss die Luftblase alleine dazu führen, dass die Strahlen divergieren. Und genau das macht sie.

Hilfe zu A4: Das Licht wird beim Übergang vom Wasser zur Luft vom Lot gebrochen und täuscht uns dadurch einen größerer Sehwinkel vor, d.h. der Öffnungswinkel der beiden Strahlen ist größer als an Luft. Daher erscheinen uns Objekte größer (Abb. 14).

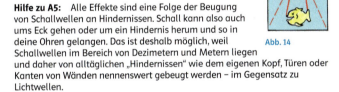

Abb. 14

Hilfe zu A5: Alle Effekte sind eine Folge der Beugung von Schallwellen an Hindernissen. Schall kann also auch ums Eck gehen oder um ein Hindernis herum und so in deine Ohren gelangen. Das ist deshalb möglich, weil Schallwellen im Bereich von Dezimetern und Metern liegen und daher von alltäglichen „Hindernissen" wie dem eigenen Kopf, Türen oder Kanten von Wänden nennenswert gebeugt werden – im Gegensatz zu Lichtwellen.

Hilfe zu A6: Du hörst deine Stimme nicht nur durch Beugung über die Luft, sondern auch durch deinen Schädelknochen. Dieser überträgt aber fast nur tiefe Frequenzen bis etwa 300 Hz, und dieser zusätzliche tieffrequente Schall verleiht deiner eigenen Stimme ihren fülligen Klang. Vom Aufzeichnungsgerät, das natürlich nur den Luftschall aufnimmt, hörst du deine Stimme normal, also höher und dünner – aber eben so, wie dich alle anderen Menschen hören.

Hilfe zu A7: Wenn du von einem Meteor verfolgt wirst und deine Geschwindigkeit erhöhst, dann sinkt die Relativgeschwindigkeit und mit ihr die Energie des Meteors. Wie ist das aber, wenn du von einem Photon verfolgt wirst? Ein Photon hat immer c! Aber Licht hat nicht nur Teilchen-, sondern auch Welleneigenschaften. Wenn du Licht als Welle betrachtest und du beschleunigst, dann muss sich auf Grund des Doppler-Effekts die Frequenz verringern, weil sich die Relativgeschwindigkeit zwischen dir und der Lichtquelle erhöht. Die Frequenz des Photons verschiebt sich in Richtung des roten Bereichs des Spektrums, und man spricht daher von Rotverschiebung. Dadurch wird die Energie des Photons trotzdem geringer (weil $E = h \cdot f$), obwohl seine Geschwindigkeit gleich bleibt. Das ist schon erstaunlich!

21 Sprache und Gehör

Hilfe zu A1: Heiserkeit kann verschiedene Ursachen haben, aber es treten in jedem Fall bei der Tonerzeugung zusätzliche Geräusche auf. Bei leichter Heiserkeit sind diese in einem Bereich um 3000 Hz und können daher vor allem das „i" beeinflussen (siehe Abb. 21.8, S. 67). Bei einer sehr starken Heiserkeit können die Störfrequenzen aber bis auf 500 Hz absinken und sogar die ersten Formanten von „a" und „o" beeinflussen.

Hilfe zu A2: Es stehen uns verschiedene Mechanismen zur Richtungsbestimmung zur Verfügung, zunächst einmal der Zeitunterschied und die Phasenlage eines Signals. Das funktioniert nur im unteren Frequenzbereich, weil nur diese Wellen lang genug sind, dass sie um den Kopf herum gebeugt und mit beiden Ohren gleich laut gehört werden. Liegen die Frequenzen höher, dann tritt eine merkliche Abschattung durch den Kopf ein. Daher wird bei höheren Frequenzen vor allem der Intensitätsunterschied gemessen. Schließlich spielen auch noch die asymmetrischen Ohrmuscheln eine große Rolle. Ändert sich die Richtung einer Schallquelle, so entsteht aus diesem Grund ein geringer Klangfarbenwechsel, den du aus Erfahrung als Richtungswechsel umzudeuten gelernt hast.

Hilfe zu A3: In einer offenen Pfeife können sich alle Obertöne ausbilden, in einer gedeckten aber nur die ungeradzahligen. Nachdem der Klang eines Instruments nur vom Obertonspektrum abhängt, erzeugen die beiden Pfeifentypen sehr unterschiedliche Klänge.

Hilfe zu A4: Um Vokale unterscheiden zu können, muss man die ersten beiden Formanten übertragen, also bis etwa 2500 Hz. Wenn die Übertragungsfrequenz 4,5 kHz (4500 Hz) beträgt, kann man also alle Vokale gut unterscheiden. Zischlaute erzeugen aber auch viele höhere Frequenzen. Deshalb kann man übers Handy „s" und „f" schwer auseinanderhalten, weil sich diese beiden Konsonanten vor allem im höherfrequentigen Bereich unterscheiden.

22 Grundlagen der Elektrizität 1

Hilfe zu A1: Durch das Rutschen wurden das Mädchen und somit auch seine Haare durch Reibung elektrisch aufgeladen. Die Haare des Mädchens haben daher einen Ladungsüberschuss. Weil gleichnamige Ladungen einander abstoßen, entfernen sich die Haare so weit wie möglich voneinander und stehen dadurch ab. Es ist ein ähnlicher Effekt wie bei den Blättchen eines Elektroskops. Welche Ladung die Haare haben, kann man an Hand dieses Bildes nicht erkennen. Dazu müsste man das Material der Rutsche und der Kleidung des Mädchens kennen.

Hilfe zu A2: Stoffe, die sich eher negativ aufladen, haben eine hohe Elektronenaffinität. Stoffe, die sich eher positiv aufladen, haben eine geringere Elektronenaffinität.

Hilfe zu A3: Wenn man jedem Punkt eines Raumes eine bestimmte Eigenschaft zuordnen kann (etwa eine Kraft), dann spricht man von einem Feld. Kraftfelder kann man durch Feldlinien darstellen. Sie zeigen Größe und Richtung der Gesamtkraft an jedem Ort an. Sowohl das elektrische Feld als auch das Gravitationsfeld kann man durch radial verlaufende Feldlinien darstellen.

Hilfe zu A4: Die elektrische Kraft bewirkt zum Beispiel, dass Elektronen und Protonen einander anziehen und somit Atome entstehen. Ohne elektrische Kraft gäbe es also gar keine Elemente. Außerdem beruhen auf ihr alle chemischen Bindungen und somit die Festigkeit der Materie, also auch des Sessels, auf dem du sitzt, und des Bodens, auf dem du stehst. Die elektrische Kraft hat zwar auf den ersten Blick für dich keine direkte Bedeutung, aber ohne sie wäre das Universum nur eine Ansammlung chaotisch umherschwirrender Elementarteilchen oder Materieklumpen.

Hilfe zu A5: Wasser besteht bereits aus Dipolmolekülen. Diese ordnen sich durch das elektrische Feld des Löffels lediglich um. Man nennt das auch Ordnungspolarisation. Dann werden die ausgerichteten Moleküle vom Löffel angezogen. Die Atome und Moleküle im Papier sind aber nicht polarisiert. In der Umgebung des Löffels werden jedoch die Elektronenorbitale verzerrt, und es verschieben sich die Ladungsmittelpunkte. Aus den neutralen Atomen werden dadurch elektrische Dipole. Diesen Effekt nennt man auch Verschiebungspolarisation. Den Rest übernimmt dann wieder die elektrische Anziehungskraft.

Hilfe zu A6: Es ist keine Energie notwendig, weil sich die kleine Ladung quasi immer auf derselben Höhe des Potenzialberges befindet. Diese entspricht einer Äquipotenzialfläche.

Hilfe zu A7 a: Darunter versteht man die potenzielle Energie eines einzigen Elektrons, wenn dieses im Spannungsfeld von 1 V verschoben wird. Seine Energie beträgt dann $E_p = 1{,}6 \cdot 10^{-19}\,\text{C} \cdot 1\,\text{V} = 1{,}6 \cdot 10^{-19}\,\text{J} = 1\,\text{eV}$.

b: Man kann ohne Rechnung überlegen: 1 eV ist die Energie, die nötig ist, um 1 Elektron im Spannungsfeld von 1 V zu verschieben. Wenn für die Ablösung des Elektrons 13,6 eV notwendig sind, muss das Spannungsfeld auch 13,6 V betragen.

Oder rechnerisch: Zum Ablösen des Elektrons ist eine Energie von 13,6 eV notwendig. Aus $E_p = Q \cdot U$ folgt daher $U = E_p/Q = 13{,}6\,\text{eV}/1\,\text{e} = 13{,}6\,\text{V}$.

c: Es gilt $F_E = k\frac{Q_1 Q_2}{r^2}$. Die elektrische Feldstärke wird in N/C angegeben. Du musst also die Kraft des Protons auf 1 C berechnen. $F_E = 8,99 \cdot 10^9 \frac{1 \cdot 1,6 \cdot 10^{-19}}{(10^{-10})^2}$ N = $1,4 \cdot 10^{11}$ N. Die Feldstärke kann aber auch in V/m angegeben werden. Die elektrische Feldstärke beträgt daher $1,4 \cdot 10^{11}$ N/C bzw. V/m.

d: Die elektrische Feldstärke zwischen einer Gewitterwolke und dem Boden beträgt etwa 100.000 V/m oder 10^5 V/m. Die Feldstärke zwischen Proton und Elektron (A7c) ist daher um den Faktor 10^6, also um eine Million Mal größer.

Hilfe zu A8 a: Stromstärke ist Ladung pro Zeit, also $I = \Delta Q/\Delta t$. Daraus folgt $\Delta Q = I \cdot \Delta t$. Stromstärke mal Zeit (Einheit Amperesekunden oder As) ergibt also die insgesamt geflossenen Ladungen in Coulomb. Ein Ampere entspricht 1000 mA, eine Stunde hat 3600 Sekunden. Die Umrechnung zwischen Coulomb und mAh lautet daher:
1 mAh = 0,001 Ah = $0,001 \cdot 3600$ As = 3,6 C oder umgekehrt
1 C = 1/3,6 mAh = 0,28 mAh.

b: Es handelt sich um eine Batterie, die mit Lithium-Ionen funktioniert. Die Spannung beträgt 3,7 V. DC steht für direct current, also für Gleichstrom. Diese Angabe ist nicht nötig, weil eine Batterie immer fixe Pole hat und daher immer nur Gleichstrom liefern kann. 750 mAh bedeutet 750 Milliamperestunden. Nachdem 1 mAh = 3,6 C gilt, befinden sich im aufgeladenen Akku 2700 C. Dieser Handyakku hat also weniger Ladungen als eine Batterie vom Typ AAA.
Nachdem die gespeicherte Energie $E_p = Q \cdot U$ entspricht, sind in diesem Handy-Akku $2700 \cdot 3,7$ J = 9990 J ≈ 10 kJ gespeichert. Aufgrund der höheren Spannung ist also trotz der geringeren Ladung die gespeicherte Energie höher als in einer Batterie vom Typ AAA.
Was hat es mit der Angabe 2,8 Wh auf sich? Die Abkürzung Wh bedeutet Wattstunden. Aus $P = W/t$ folgt $W = P \cdot t$ (verwechsle nicht die Größe W für Arbeit mit der Einheit W für Watt). Eine Angabe in Wattstunden ist daher eine Angabe der in der Batterie gespeicherten Energie. Nachdem ein Watt 1J/1s ist, sind 2,8 Wh gleich $(2,8 \text{ J/s}) \cdot 3600$ s = 10 080 J ≈ 10 kJ. Die Angabe in Wh auf dem Akku ist also eigentlich nicht notwendig, weil sie sich aus den beiden anderen Angaben berechnen lässt.

Hilfe zu A9: Die Energie, die man in einem Akku speichern kann, wird mit $E_p = Q \cdot U$ berechnet. Sie hängt also von der Anzahl der gespeicherten Ladungen und der Spannung zwischen den Polen ab. Mit Lithium kann man hohe Spannungen erzielen, und daher wird es in modernen Akkus eingesetzt.

23 Grundlagen der Elektrizität 2

Hilfe zu A1 a: Die Driftgeschwindigkeit entspricht der Verschiebung des „Zylinders" mit den Elektronen: $v = h/s = (V/A)/s$. Daraus folgt:
1) Bei gleichem Volumen (also bei gleich viel freien Ladungsträgern pro Volumen) ist die Driftgeschwindigkeit indirekt proportional zum Leiterquerschnitt: $v \sim 1/A$. Je kleiner der Leiterquerschnitt, desto schneller müssen die Ladungen bei der Stromstärke von 1 Ampere driften.
2) Je größer die Stromstärke, desto größer muss das Volumen werden, das sich verschiebt. Bei 2 Ampere muss sich das doppelte Volumen verschieben, weil sich auch 2 C/s verschieben müssen. Die Driftgeschwindigkeit ist daher in diesem Fall proportional zu V und somit zur Stromstärke I: $v \sim V \sim I$.
3) Bei gleicher Stromstärke und bei gleichem Leiterquerschnitt hängt die Driftgeschwindigkeit von der Anzahl der freien Elektronen n im Material ab: $n \sim 1/V \sim 1/v$. Daher gilt $v \sim 1/n$. Je kleiner die Anzahl der freien Elektronen ist, desto größer wird die Driftgeschwindigkeit bei derselben Stromstärke.
Man kann also zusammenfassen: Die Driftgeschwindigkeit v ist umso größer, je kleiner der Leiterquerschnitt ($v \sim 1/A$), je größer die Stromstärke ($v \sim I$) und je kleiner die Anzahl der freien Elektronen pro Kubikmeter ist ($v \sim 1/n$).

b: Es gilt $v \sim 1/n$ und daher $v_{Silber}/v_{Kupfer} = n_{Kupfer}/n_{Silber}$.
Daraus folgt $v_{Silber} = v_{Kupfer} \cdot n_{Kupfer}/n_{Silber}$. Die Driftgeschwindigkeit in Silber ist daher um den Faktor $8,5 \cdot 10^{28}/5,9 \cdot 10^{28} = 1,44$ größer.

Hilfe zu A2: Im Haushalt gibt es Wechselstrom. Deshalb zittern die Elektronen nur hin und her – kein einziges fließt durch den Haushalt.

Hilfe zu A3: Es ist dabei zu beachten, dass der Daumen in die technische Stromrichtung zeigt, also von + zu –. In unserem Fall ist die technische Stromrichtung innerhalb des Magneten von rechts nach links, und daher wird die Leiterschleife nach außen abgelenkt (Abb 15).

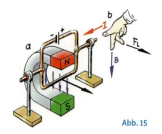

Abb. 15

Hilfe zu A4: Mit dem Anfang hat er Recht. Allerdings *sind* diese Protonenströme und Elektronen von der Sonne bereits der Sonnensturm (oder Sonnenwind). Sinngemäß sagt er also, dass der Sonnenwind einen Sonnenwind verursacht, was natürlich Quatsch ist.

Hilfe zu A5: Das Gerät mit 30 kΩ! Voltmeter werden ja parallel geschaltet. Je größer der Innenwiderstand, desto kleiner der Stromfluss durch das Gerät, desto weniger werden die ursprünglichen Verhältnisse durch die Messung verändert, und das ist ja das Ziel der Messung.

Hilfe zu A6: Das Ohm'sche Gesetz lautet $R = U/I$, und somit gilt $U = I \cdot R = 0,04$ A $\cdot 1000$ Ω = 40 V. Ab dieser Spannung sollte man lieber vorsichtig sein.

Hilfe zu A7: Nimm an, am Draht liegt eine Spannung von 10 V an, und der Spannungsabfall erfolgt praktisch ausschließlich in der Lampe (Abb. 16). Der „elektrische Höhenunterschied" zwischen den Füßen des linken Vogels (die Schrittspannung) beträgt dann 10V. Deshalb bekommt er einen Stromschlag. Die Schrittspannung beim rechten Vogel beträgt aber praktisch 0V. Daher können Vögel ohne Gefahr auf Überlandleitungen sitzen.

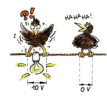

Abb. 16

Hilfe zu A8: Für das Volumen des Drahtes gilt $V = A \cdot l = r^2 \cdot \pi \cdot l$. Daraus folgt $r = \sqrt{\frac{V}{\pi \cdot l}} \sim \sqrt{\frac{1}{l}}$ und $l = \frac{V}{r^2 \cdot \pi} \sim \frac{1}{r^2}$. Wenn der Draht so gezogen wird, dass sein Radius und somit auch sein Durchmesser auf die Hälfte sinken, steigt daher die Länge um den Faktor 4. Der spezifische Widerstand ist $R = \rho \frac{l}{A} \sim \frac{l}{r^2}$. Weil aber wiederum $l \sim \frac{1}{r^2}$ gilt, gilt weiters $R \sim \frac{l}{r^2} \sim \frac{1}{r^4}$. Wenn der Draht also auf die Hälfte des Radius verkleinert wird, steigt sein Widerstand auf das 16fache an.

Hilfe zu A9: Für einen geschlossenen Stromkreis braucht man zwei Pole, die miteinander verbunden sind. Beim O-Bus stellen die beiden Oberleitungen die Pole dar. Bei der Straßenbahn sind die Schienen der zweite Pol. Das ist nur dann gefährlich, wenn man gleichzeitig Schienen und Oberleitung berührt. Das kommt im Normalfall nicht vor, höchstens wenn man eine lange Metallstange trägt.

Hilfe zu A10: Der Spannungsabfall an den beiden Widerständen muss in Summe so groß sein wie die Spannung zwischen den beiden Polen (Klemmenspannung), also es muss $U = U_1 + U_2$ gelten. Für Wasser ausgedrückt: Der gesamte Höhenunterschied muss der Summe der beiden Höhenunterschiede entsprechen. Der Stromfluss durch die beiden Widerstände muss dem gesamten Stromfluss entsprechen. Es muss also $I = I_1 = I_2$ gelten. Für Wasser ausgedrückt: Der gesamte Wasserfluss muss natürlich beide Höhenunterschiede durchfließen, weil ja kein Tropfen verloren geht. Das Ohm'sche Gesetz lautet $U = I \cdot R$. Wenn man beide Gleichungen oben berücksichtigt, erhält man aus $U = U_1 + U_2$ die Gleichung $I \cdot R = I_1 \cdot R_1 + I_2 \cdot R_2$ und somit $R = R_1 + R_2$.

Hilfe zu A11: Das Wasser teilt sich bei der Insel auf. Weil nichts zu- oder abfließt, muss die Summe der Teilströme ($I_1 + I_2$) so groß sein wie der Gesamtstrom vor der Insel (I). Im Parallelkreis gilt dasselbe, weil der elektrische Strom nicht verloren gehen kann.
Jeder Fluss hat ein leichtes Gefälle. Der Höhenunterschied der beiden Teilströme zwischen Verzweigung und Zusammenfluss muss gleich groß sein – sonst würde das Wasser ja in zwei Etagen weiterfließen. Was für den Höhenunterschied des Wassers gilt, gilt auch für den „elektrischen Höhenunterschied". Der Spannungsabfall in den beiden Widerständen muss gleich groß sein. Es gilt also $U_1 = U_2 = U$. Nun brauchen wir noch das Ohm'sche Gesetz: $I = U/R$. Aus $I = I_1 + I_2$ folgt $U/R = U/R_1 + U/R_2$ und somit $1/R = 1/R_1 + 1/R_2$.

Hilfe zu A12: Es müssen die gleichnamigen Pole verbunden werden. Die leere Batterie ist dann wie zum Aufladen angeschlossen. Diese Schaltung entspricht einer Parallelschaltung.

Hilfe zu A13: In beiden Fällen bilden Vogel und Draht eine Parallelschaltung. Im ersten Fall ist der Widerstand der Birne relativ groß, daher wird ein nicht unbeträchtlicher Strom durch den Vogel fließen. Im zweiten Fall hat das Stück Draht einen zu vernachlässigenden Widerstand. Daher wird fast der gesamte Strom durch den Draht fließen und der Vogel kommt ungeschoren davon.

Hilfe zu A14: Eine Ladung von 45 Ah bedeutet, dass die Batterie 45 Stunden lang eine Stromstärke von 1 Ampere liefern kann. Die Leistung der Lampen beträgt in Summe 116 W. Aus $P = I \cdot U$ folgt $I = P/U = 116$ W/12 V = 9,7 A. Nun kann man ganz einfach ausrechnen: 45 Ah/9,7 A = 4,6 h. Nach rund viereinhalb Stunden ist die Batterie also leer. Wenn der Fahrer nicht eine sehr kurze Nacht hat, muss er also in der Früh den Pannendienst rufen.

Hilfe zu A15: Du benötigst $I = \Delta Q/\Delta t$ bzw. $\Delta Q = I \cdot \Delta t$ und $W = Q \cdot U$. Nun kannst du einsetzen: $P = \dfrac{W}{t} = \dfrac{Q \cdot U}{t} = \dfrac{I \cdot U \cdot \Delta t}{t} = I \cdot U$.
Daraus folgt $[P] = J/s = W = VA$.

24 Mensch und Elektrizität

Hilfe zu A1: Ein Elektrokardiograph zeichnet die Spannungsänderungen der Hautoberfläche auf. Es handelt sich daher im Prinzip um ein Voltmeter. Allerdings sind die zeitliche Auflösung und die Messgenauigkeit des EEG sehr gut, und es zeichnet die Spannungsänderungen auf einen Papierstreifen auf.

Hilfe zu A2: Wenn ein Blitz einschlägt, entsteht ein Spannungstrichter (Abb. 23.25, S. 87). Die Spannung zwischen deinen Füßen (die Schrittspannung) kann mehrere hundert Volt betragen! Je weiter du vom Einschlag weg bist, desto geringer ist die Schrittspannung und somit auch die Gefahr. Am besten ist es, wenn du dich auf den Boden hockst, weil du dann keine Erhöhung bietest und der Spannungsabfall am geringsten ist. Kühe leben bei Blitzen sehr gefährlich, weil ihre Schrittspannung so groß ist.

25 Das elektrische Feld

Hilfe zu A1: Die absolute Anzahl der Feldlinien spielt keine Rolle. Verdoppelt man die Linienanzahl, dann verdoppelt sie sich an jeder Stelle des Feldes, wodurch die relativen Verhältnisse gleich bleiben.

Hilfe zu A2: Würden sich Linien kreuzen, dann würden auf eine Ladung an diesem Punkt *zwei* Gesamtkräfte gleichzeitig wirken. Absurd, denn die Gesamtkraft ist ja schon eine Summe aller Kräfte! Das wäre genauso, als hätte eine Addition zwei Ergebnisse. Deshalb heißt es auch bei der Definition des Feldes: Jedem Punkt des Raumes kann *eine* bestimmte Eigenschaft zugeordnet werden. Daher können sich die Feldlinien niemals kreuzen. Man kann auch so argumentieren: Die Feldlinien geben an, in welche Richtung sich eine freie Ladung bewegt. Und in welche Richtung soll sie sich bewegen, wenn ihr zwei Möglichkeiten offen stehen?

Hilfe zu A3: Natürlich! Wie viele Feldlinien man einzeichnet, ist ja schließlich Geschmackssache (A1). Sonst „wüsste" ja eine Probeladung in einem elektrischen Feld nicht, in welche Richtung die Kraft wirkt, so wie etwa in Abb. 6/1.

Hilfe zu A4: $\dfrac{F_E}{F_G} = \dfrac{k\dfrac{Q_1 Q_2}{r^2}}{G\dfrac{m_1 m_2}{r^2}} = \dfrac{k Q_1 Q_2}{G m_1 m_2}$. Wenn du nun die bekannten Werte einsetzt, erhältst du $\dfrac{F_E}{F_G} = \dfrac{k Q_1 Q_2}{G m_1 m_2} = \dfrac{8{,}99 \cdot 10^9 \cdot (1{,}6 \cdot 10^{-19})^2}{6{,}67 \cdot 10^{-11} \cdot (1{,}673 \cdot 10^{-27})^2}$. Die elektrische Kraft ist also rund um den Faktor 10^{36} größer als die Gravitationskraft.

Hilfe zu A5: Aus $F_E = \dfrac{1}{4\pi\varepsilon_0} \dfrac{Q_1 Q_2}{r^2}$ folgt $\varepsilon_0 = \dfrac{1}{4\pi F_E} \dfrac{Q_1 Q_2}{r^2}$. Es gilt daher $[\varepsilon_0] = \dfrac{1}{N}\dfrac{C^2}{m^2}$.
Nun gilt $W = F \cdot s$ und $F = W/s$ und somit $[F] = N = J/m$. Weiters gilt $W = Q \cdot U$ und somit $[W] = J = C \cdot V$. Und schließlich gilt $I = \Delta Q/\Delta t$ bzw. $\Delta Q = I \cdot \Delta t$ und somit $[Q] = C = A \cdot s$. Wenn man das alles berücksichtigt, ergibt sich $[\varepsilon_0] = \dfrac{1}{N}\dfrac{C^2}{m^2} = \dfrac{C^2}{Jm} = \dfrac{C^2}{CVm} = \dfrac{C}{Vm} = \dfrac{As}{Vm}$.

Hilfe zu A6: Die elektrische Kraft bewirkt zum Beispiel, dass Elektronen und Protonen einander anziehen und somit Atome entstehen. Ohne elektrische Kraft gäbe es also gar keine Elemente. Außerdem beruhen auf ihr alle chemischen Bindungen und somit die Festigkeit der Materie, also auch des Sessels, auf dem du sitzt, und des Bodens, auf dem du stehst. Die elektrische Kraft hat zwar auf den ersten Blick für dich keine direkte Bedeutung, aber ohne sie wäre das Universum nur eine Ansammlung umherschwirrender Elementarteilchen oder Materieklumpen.

Hilfe zu A7 a und b: Welche Spannung ein einzelner Pol besitzt, lässt sich niemals beantworten. Das wäre etwa so, als ob du fragst: „Wie hoch ist die Spitze des Stephansdoms?" Von wo aus gemessen? Sie liegt 137 m über dem Stephansplatz. Wenn du sie aber wie eine Bergspitze über dem Meeresspiegel angibst, dann würde sie bei 308 m Höhe liegen. Und vom Erdmittelpunkt gemessen wäre sie sogar rund 6370 km hoch!
Der springende Punkt ist der: Wie hoch ein bestimmter Punkt liegt, ist reine Definitionssache und hängt von der Wahl des Nullpunkts ab. Aber egal, wo du diesen Nullpunkt legst, der Unterschied zwischen Basis und Spitze des Doms beträgt immer 137 m. Bei einer Batterie ist es genauso. Egal, welche Spannung du den Polen zuordnest, die Differenz beträgt immer 1,5 V.

Hilfe zu A8: Die Beispiele zeigen ganz klar, dass elektromagnetische Wellen in einen Faraday'schen Käfig zumindest teilweise eindringen können. Dieser schützt nämlich nur vor statischen elektrischen Feldern perfekt. Elektromagnetische Wellen werden nur gedämpft. Die Stärke der Dämpfung hängt unter anderem von der Maschenweite des Gitters und der Wellenlänge ab (rund 15 cm bei „Handywellen", etwa 10 cm bei Mikrowellen) und ist sogar beim engen Gitter des Mikrowellenherdes nicht perfekt.

Hilfe zu A9: Nein, aber der Wortursprung ist derselbe. Er leitet sich vom Lateinischen condensare ab, was „dicht zusammendrängen" bedeutet. Wenn Wasserdampf kondensiert, drängen sich nachher die Moleküle dicht zusammen und im Kondensator sind es die Ladungen, die sich dicht drängen. Trotz des selben Wortursprungs sind es aber technisch gesehen zwei völlig unterschiedliche Vorgänge.

26 Elektrische Ströme und Magnetfelder

Hilfe zu A1: Bei der Bestimmung des Magnetfeldes mit der rechten Hand zeigt der Daumen in technische Stromrichtung, also von Plus zu Minus, und in unserem Fall daher von links nach rechts. Oberhalb des Leiters zeigen die Finger daher von hinten nach vorne, und somit wird der Nordpol der Nadel (rot) ebenfalls aus der Bildebene herausschauen.

Hilfe zu A2: Das Magnetfeld der Erde zeigt von Süden nach Norden. Wenn der Strom parallel oder antiparallel fließt, fließen die Ladungsträger entlang der magnetischen Feldlinien und werden daher nicht ausgelenkt. Wenn die Leitung in West-Ost-Richtung liegt, dann liegt sie quer zum Magnetfeld. Die Auslenkung ist in diesem Fall wesentlich größer.

Hilfe zu A3: Die Richtung des Magnetfeldes läuft vom Nord- zum Südpol. Betrachten wir zunächst den linken Teil der Spule und wenden wir die Rechte-Hand-Regel für die Lorentz-Kraft an. Wenn der Strom herausfließt (Daumen), und das Magnetfeld von der Mitte nach links zeigt (Zeigefinger), dann entsteht eine Lorentzkraft (Mittelfinger) nach unten. Im rechten Teil der Spule ist sowohl die Stromrichtung umgedreht (Daumen zeigt hinein), als auch die Richtung des Magnetfeldes (Zeigefinger zeigt nach rechts). Daher entsteht auch in diesem Fall eine Lorentzkraft nach unten. Wenn sich die Stromrichtung ändert, wird die gesamte Spule hinaufgehoben. Deshalb kann man auf diese Weise Wechselstrom in mechanische Schwingungen umwandeln.

Hilfe zu A4: Die Welt wäre ohne Strom – zumindest ohne Strom aus der Steckdose! Dass ein veränderliches Magnetfeld einen Stromfluss hervorruft, ist die Grundlage der Versorgung mit elektrischer Energie, denn auf diesem Prinzip basieren die Generatoren in den Kraftwerken.

Hilfe zu A5 a: Aus $F_L = I \cdot s \cdot B$ folgt $B = \dfrac{F}{I \cdot s}$. Daher gilt $[B] = \dfrac{N}{Am} = \dfrac{\frac{kgm}{s^2}}{Am} = \dfrac{kg}{As^2}$.
b: $[\Phi] = [B][A] = \dfrac{kg}{As^2} \cdot m^2 = \dfrac{kgm^2}{As^2}$.

Hilfe zu A6: Die Formel ist zum Beispiel dann richtig, wenn alle Variablen den Wert 1 haben. Eine Spule hat in diesem Fall eine Induktivität von 1 H, wenn sie bei der Änderung von 1 A pro Sekunde eine Selbstinduktionsspannung von 1 V erzeugt.

Hilfe zu A7: Eine Selbstinduktionsspannung tritt nach $U_{ind} = -L \cdot \dfrac{\Delta I}{\Delta t}$ nur dann auf, wenn sich der Stromfluss in der Spule ändert. Wenn $\dfrac{\Delta I}{\Delta t} = 0$ ist, also der Stromfluss konstant ist, dann tritt auch keine Selbstinduktionsspannung auf.

Hilfe zu A8: Das Minus gibt an, dass die entstehende Selbstinduktionsspannung nach der Lenz'schen Regel ihrer Ursache entgegenwirkt. Das ist ein spezieller Fall des Energieerhaltungssatzes. Würde dort ein Plus stehen, dann würde die Ursache verstärkt, etwa bei Einschalten die Stromstärke. Die Verstärkung der Stromstärke hätte wiederum eine Verstärkung der Selbstinduktionsspannung zur Folge und so weiter. In Summe könnte man dann also Energie gewinnen, und das schließt der Energieerhaltungssatz kategorisch aus.

Lösungen zu den Aufgaben in den Kapiteln

16 Impuls

F4 Ein Gegenstand allein kann seine Geschwindigkeit nicht ändern. Die Erde bewegt sich dabei unmerklich in die Gegenrichtung. Der Gesamt-KSP Teller-Erde bleibt bei diesem Vorgang an derselben Stelle. Der horizontale Impuls ist vor dem Aufprall null. Die Summe der horizontalen Einzelimpulse p_1 bis p_5 nach dem Aufprall muss daher ebenfalls null sein.

F8 Es geht nur die Energie verloren, die in der Normalkomponente steckt (E_n). Allgemein gilt für den Energieverlust in Abhängigkeit vom Aufprallwinkel:
$$v_n = v \sin \alpha \Leftrightarrow \frac{E_n}{E} = \left(\frac{v_n}{v}\right)^2 = (\sin \alpha)^2$$

F12 Die Gummikugel wird den Pflock eher umwerfen! Wenn du eine Tonkugel gegen eine unbewegliche Wand wirfst, dann ist die Geschwindigkeitsänderung $\Delta v = v' - v = 0 - v = -v$. Wenn du einen Flummi gegen die Wand wirfst, dann kehrt sich die Geschwindigkeit um und die Geschwindigkeitsänderung ist $\Delta v = v' - v = (-v) - v = -2v$. Δv und somit auch Δp sind im zweiten Fall also doppelt so groß. Weil sich der Pflock bewegt, ist der Effekt geringer als Faktor 2. Trotzdem überträgt die elastische Kugel mehr Impuls und wirft den Pflock daher leichter um.

v	→	
v'	•	plastisch
Δv	←	
v	→	
v'	←	elastisch
Δv	←	

F13 Das Gewicht erhält durch den freien Fall einen Impuls von
$p = mv = m\sqrt{2gh} \approx 4,5\,\text{kgms}^{-1}$

Wenn es weich fällt und der Stoßvorgang 0,5 Sekunden dauert, dann entsteht (zusätzlich zum Gewicht von 10 N) eine Kraft von 9 N. Fällt es aber hart, etwa auf einen Steinboden, und der Stoßvorgang dauert nur 10^{-2} Sekunden, dann entstehen 450 N!

F14 Wenn eine Fliege die Luft mit den Flügeln nach unten drückt, erfährt sie nach dem Gegenwirkungsgesetz eine gleich große Gegenkraft nach oben. Wenn diese Gegenkraft und die Gewichtskraft gleich groß sind, dann bleibt die Fliege an derselben Stelle. Die Luft strömt nach unten, bekommt also einen Impuls. Am Boden wird die Luft wieder abgebremst. Der Impuls sinkt wieder auf null ab und erzeugt einen Kraftstoß. Die entstehende Kraft ist so groß wie das Gewicht der Fliege.

F16 Berechnen wir zuerst den Impuls der Patrone: $mv = 0,02\,\text{kg} \cdot 900\,\text{m/s} = 18\,\text{kgms}^{-1}$. Um die Kraft berechnen zu können, braucht man die Abschussdauer. Wir nehmen vereinfacht an, dass die Kugel gleichförmig beschleunigt wird. Die Durchschnittsgeschwindigkeit ist daher 450 m/s. $v = s/t$ und daher ist $t = s/v$. Deshalb benötigt die Patrone für 0,5 m $1,1 \cdot 10^{-3}$ s. $F = \Delta p/\Delta t$. Auf den Schützen wirken daher beachtliche 16 200 N! Das entspricht dem Gewicht einer Limousine. Allerdings wirkt die Kraft aber extrem kurz. Wenn der Schütze eine Masse von 75 kg hat, dann bekommt er eine Geschwindigkeit $\Delta v = \Delta p/m = 0,24\,\text{m/s}$ in die Gegenrichtung. Also fest hinstellen!

F17 Der rollende Wagen hat nur einen horizontalen Impuls, der Regen nur einen vertikalen. Daher kann der Regen den Impuls des Wagens nicht beeinflussen. Es erhöht sich jedoch mit der Zeit die Masse, und nach dem Impulserhaltungssatz muss sich die Wagengeschwindigkeit dadurch verringern.
Das ausfließende Wasser kann keinen Einfluss auf die Geschwindigkeit des Wagens haben, weil es ja hier keine Wechselwirkung gibt. Das Wasser stößt sich ja nicht ab. Die Geschwindigkeit muss daher gleich bleiben. Gleiche Geschwindigkeit und kleinere Masse bedeuten kleineren Impuls. Der Impuls wird letztlich auf die Erde übertragen.

F18 Die Impulse sind $p_\text{PKW} = 1000\,\text{kg} \cdot 20\,\text{m/s} = 2 \cdot 10^4\,\text{kgm/s}$ und $p_\text{LKW} = 3000\,\text{kg} \cdot 6,67\,\text{m/s} = 2 \cdot 10^4\,\text{kgm/s}$. Die Impulse sind somit genau gleich groß. Das bedeutet, dass sich der Gesamtschwerpunkt unter 45° der Kreuzung nähert. Weil der Impuls erhalten

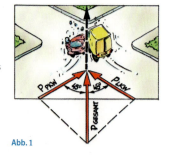

Abb. 1

bleibt, werden die beiden Autos nach dem Aufprall auch in diese Richtung weiter rutschen.

F19 $[F \cdot t] = \text{Ns} = \text{kgms}^{-2}\text{s} = \text{kgms}^{-1}$

F20 Das Gewicht ist sogar einen Tick größer! Es ist ähnlich wie beim Glas voller Fliegen (Frage 14). Zwar befindet sich ein Teil des Sandes im freien Fall, aber es entsteht eine zusätzliche Kraft beim Aufprallen des Sandes. Das gleicht sich aus. Zusätzlich wird aber der Gesamtschwerpunkt des Sandes nach oben beschleunigt, und dadurch wächst die angezeigte Kraft ein wenig.

F21 Die Zeigerbewegung kommt von der Impulsänderung des Blutes, die durch den Rhythmus des Herzens verursacht wird.

F22 Es fliegen immer genau so viele Kugeln weg, wie auf der anderen Seite aufprallen. Würden 2 Kugeln aufprallen und auf der anderen Seite nur 1 Kugel wegfliegen, muss aufgrund der Impulserhaltung $v' = 2v$ gelten. Für die kinetische Energie gilt daher:
$$E_k = \frac{2mv^2}{2} = mv^2$$

und

$$E'_k = \frac{m(2v)^2}{2} = \frac{m4v^2}{2} = 2mv^2$$

Die kinetische Energie würde sich dann verdoppeln, und der Apparat wäre ein Perpetuum mobile!

17 Rotationen

F7 Kleine Störungen führen zu Kräften, die den Körper noch weiter von seiner Ausgangsposition auslenken. Nur die Position mit der größten Drehmasse (c) ist stabil.

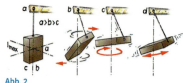

Abb. 2

F13 El Nino bremst die Erde ab! Das Verlagern des Meerwassers in die Regenwolken erhöht die Drehmasse der Erde, so als würde die Eisläuferin ihre Arme bei der Pirouette wieder ausstrecken. Der Effekt liegt nur in der Größenordnung von 1/10.000 Sekunde pro Tag. Ähnliches passiert, wenn sich die Kontinentalplatten bei einem Erdbeben nach oben oder unten verschieben. Im zweiten Fall erhöht sich die Rotationsgeschwindigkeit der Erde ein wenig.

F27 Durch den Drall bleiben die Geschosse im Flug stabil, d.h., dass die Spitze während des Flugs auch wirklich nach vorne zeigt. Je größer der Drall, desto weniger wirken sich angreifende Drehmomente aus.

F28 Der Mythos des zurückkehrenden Jagdbumerangs setzt sich aus zwei – für sich alleine richtigen – Tatsachen zusammen. Es gibt nämlich zwei Arten von Bumerangs: 1) solche, die für die Jagd geeignet sind, aber nicht zurückkehren (Nicht-Rückkehrer, Jagdbumerangs). 2) solche, die für Sport und Spiel geeignet sind und zurückkehren (Rückkehrer, Sportbumerangs), aber wiederum nicht für die Jagd geeignet sind. Aus der Vermischung dieser beiden Bumerangformen wurde der große Mythos, der bis heute bestehen blieb.

F29 Aus $a = v^2/r$ ergeben sich für a folgende Werte: $4,6\,\text{m/s}^2$, $18,5\,\text{m/s}^2$, $41,7\,\text{m/s}^2$ und $74\,\text{m/s}^2$. Die letzten beiden Werte entsprechen über $4g$ bzw. $7g$ und sind nicht mehr realistisch.

F30 Sie rutscht, aber dreht sich nicht, weil in diesem Fall kein Drehmoment erzeugt wird.

F31 Nein! Worin liegt dann der Unterschied? Arbeit ist Kraft in Kraftrichtung mal Weg (siehe Kap. 8.1, „Big Bang 5"). Die Kraft zeigt also in diesem Fall in Wegrichtung. Das Drehmoment ist aber definiert als Kraft mal Normabstand zur Drehachse (siehe Kap. 17.3). In diesem Fall zeigt die Kraft immer normal auf r.

F32 F, r und M stehen unter 90° aufeinander. M_1 zeigt aus der Buchebene heraus, M_2 zeigt hinein.

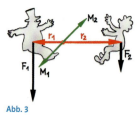

Abb. 3

F33 Bei Afrikanern ist das Fersenbein tatsächlich oft länger als bei Europäern. Für einen Sprinter ist das allerdings sogar ein Nachteil! Warum? Der Wadenmuskel muss zwar die 2,5fache Kraft aufbringen, dafür bewegt sich aber auch der Fußballen 2,5-mal so schnell wie das Fersenbein. Der Sinn der Fußkonstruktion ist es daher, auf Geschwindigkeit zu übersetzen. Für einen Sprinter ist es daher eher von Vorteil, ein kurzes Fersenbein zu besitzen – vorausgesetzt, er kann mit dem Wadenmuskel die dann erforderliche höhere Kraft erzeugen. Die Dominanz der farbigen Sprinter ist wohl auf den hohen Prozentsatz an schnell zuckenden Muskelfasern zurückzuführen. Ein längeres Fersenbein hat nur dann Sinn, wenn man es nicht eilig hat, aber – wie in Afrika – große Strecken zurücklegen muss. Der Kraftaufwand pro Schritt wird dadurch geringer und die Ökonomie größer.

F34 Wenn sich die Drehmasse halbiert, dann verdoppelt sich die Winkelgeschwindigkeit. Der Drehimpuls bleibt dadurch gleich. Was bedeutet das für die Drehenergie? Diese ist proportional zu $I\omega^2$. Eine Halbierung von I und Verdopplung von ω bedeutet daher eine Verdopplung der Gesamtenergie. Wo kommt die zusätzliche Energie her? Aus der chemischen Energie in den Muskeln der Läuferin!

F35 Um die Drehmasse zu berechnen, nimmt man zunächst an, dass der rotierende Gegenstand aus vielen kleinen Teilen besteht. Seine kinetische Energie ist dann
$$E_k = \frac{m_1 v_1^2}{2} + \frac{m_2 v_2^2}{2} + \frac{m_3 v_3^2}{2} \ldots$$
Nun ersetzt man die Tangentialgeschwindigkeit durch $v_i = \omega \cdot r_i$ und erhält
$$E_k = \frac{m_1 \omega^2 r_1^2}{2} + \frac{m_2 \omega^2 r_2^2}{2} + \frac{m_3 \omega^2 r_3^2}{2} \ldots$$
Wenn man heraushebt, ergibt sich
$$E_k = \frac{1}{2} \sum m_i r_i^2 = \frac{1}{2} I \omega^2$$
I ist daher
$$\sum m_i r_i^2$$

F36 Die erforderliche Mindestgeschwindigkeit am höchsten Punkt beträgt
$v = \sqrt{gr}$
Die Geschwindigkeit hängt aber gleichzeitig immer von der Fallhöhe h ab, und zwar mit der Gleichung
$v = \sqrt{2gh}$
Man kann daher gleichsetzen und nach h auflösen: $h = r/2$. Generell muss also mindestens 0,5 Radien über dem Looping gestartet werden. Im konkreten Fall sind das 1,5 m über dem Looping bzw. 7,5 m über dem Boden.

F37 Für die Winkelgeschwindigkeit ergibt sich
$m\omega^2 r = mg \Leftrightarrow 90\omega^2 = 10\,\text{ms}^{-2} \Leftrightarrow \omega = \sqrt{\frac{10}{90}}\,\text{s}^{-1} = \frac{1}{3}\,\text{s}^{-1}$
Das bedeutet für die Umlaufzeit T:
$\omega = \frac{2\pi}{T} \Rightarrow T = \frac{2\pi}{\omega} = 18{,}85\,\text{s}$
Die Winkelgeschwindigkeit muss zur Erzeugung einer normalen Schwerkraft $1/3\,\text{s}^{-1}$ sein, das ergibt eine Umlaufzeit von knapp 19 Sekunden. Die Schwerkraft wäre aber anders, als in der Fernsehserie Star Trek dargestellt, weil sie nach außen wirken würde. Die Köpfe der Insassen würden also zueinander zeigen (wie in Abb. 17.52 rechts, S. 22). Außerdem würden bei Bewegung unangenehme Corioliskräfte auftreten.

F38 Je nach Geschwindigkeit beträgt die Coriolisbeschleunigung nur 10^{-5} bis $10^{-3}\,g$, ist also verschwindend klein. Einige Leute schwören darauf, dass sich die Wirbel in allen Abflüssen auf der nördlichen Hemisphäre gegen den Uhrzeigersinn drehen. Tatsache ist aber: Das Wirbeln in eine Richtung ist bedingt durch so unkontrollierbare Faktoren wie Form des Abflusses oder die Richtung, in die der Stöpsel herausgezogen wird, restliche Wirbel vom Einlaufen des Wassers, Luftströmungen über dem Wasser oder Form und Lage des Beckens, sodass die Corioliskraft selbst wohl kaum einen Einfluss hat. Auch bei der asymmetrischen Abnutzung von Eisenbahnschienen handelt es sich um eine Ente. Die geringste Abweichung der Gleisverlegung von der Horizontalen (um 0,1 mm) oder die leiseste Kurve (Kurvenradius etwa 200 km!) haben einen stärkeren Effekt auf die Asymmetrie der Abnutzung.
Bei der Erosion der Flussufer gehen die Meinungen auseinander. Immerhin kann das Wasser eines 1 km breiten, in N-S-Richtung fließenden Stroms tatsächlich am rechten Ufer bis zu 1 cm höher stehen als am linken. Sind Bodenwellen vorhanden, so wäre es denkbar, dass sich der Fluss nach rechts an sie heranarbeitet und die Flussufer somit asymmetrisch erodieren.

F39 Die Gleichung für die Geschwindigkeit lautet allgemein $v = \Delta s/\Delta t$. Bei einer Kreisbewegung entspricht der zurückgelegte Weg dem Kreisbogen Δb, also $v = \Delta b/\Delta t$. Der Kreisbogen berechnet sich aus $\Delta b = r \cdot \Delta\varphi$ (siehe Abb.). Außerdem gilt $\omega = \Delta\varphi/\Delta t$. Daraus folgt:
$v = \frac{\Delta s}{\Delta t} = \frac{\Delta \varphi}{\Delta t} = r\omega$

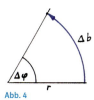
Abb. 4

18 Grundlagen der Schwingungen

F2 Die Masse hat keinen Einfluss. Wenn du stehst, dann wird aber die effektive Pendellänge geringer, und du schaukelst schneller. Am Mond wäre auf Grund der geringeren Anziehung das Schaukeln relativ langweilig.

F14 Weil die Frequenz (fast) nicht von der Auslenkung abhängig ist.

F19 Es scheint eigentlich so, als wäre es im Alltag viel wichtiger, dass Schwingungen gedämpft sind, bei Schwingtüren, Autos, Zügen, Straßenbahnen oder bei Gebäuden aller Art. Eine ungedämpfte Schwingung wäre bei einer mechanischen Uhr günstig, weil man diese dann niemals aufziehen müsste.

F22 Wenn man stark Gas gibt, führt das nur dazu, dass sich die Räder noch tiefer eingraben. Man kann aber das Auto aus den Mulden „schaukeln". Man gibt kurz Gas, das Auto rollt ein wenig aus der Mulde und wieder zurück. Am tiefsten Punkt gibt man wieder Gas und so weiter. Wenn das Gasgeben in der Eigenfrequenz der Schaukelbewegung erfolgt (Resonanzfrequenz), kann man die Bewegung immer mehr verstärken – bis man frei ist.

F27 Das Rauschen des Meeres in einer Muschel kommt nicht vom Meer (und auch nicht vom eigenen Trommelfell), sondern von den Geräuschen der Umgebung. Die Muschel verstärkt jene Geräusche, die in ihrer Resonanzfrequenz schwingen. Du kannst auch in einem Staubsaugerrohr das Meer rauschen hören. Wenn du die Länge des Rohres veränderst, dann verändert das Rauschen seine Höhe: Je länger das Rohr, desto tiefer der Ton. Die Schwingung des Trommelfells kann man nicht hören, weil diese einfach viel zu leise ist.

F29 In der Position in Abb. 17.37 ist der Ring verkantet und die Reibung zwischen Ring und Stange so groß, dass der Specht haftet. Wenn man ihn in Schwingungen versetzt, dann kippt der Ring hin und her und kann für kurze Zeit rutschen, ehe er wieder haftet. Dadurch ruckelt der Specht langsam die Stange hinunter.

F36 Durch die Gezeitenkraft wird bei Springflut tatsächlich mehr Flüssigkeit in die Pflanzen gezogen – allerdings auch bei Neumond!

F42 Harmonische Schwingungen entstehen, wenn die rücktreibende Kraft proportional zur Auslenkung (x) ist. In diesem Fall gilt das Hooke'sche Gesetz $F = k \cdot x$ (siehe Kap. 7.4.3, „Big Bang 5"), wobei k die Federkonstante ist. Weiters gilt das 2. Newton'sche Axiom $F = m \cdot a$ (siehe Kap. 7.3, „Big Bang 5"). Die Beschleunigung a ist wegen der engen Verwandtschaft zur Kreisbahn der harmonischen Schwingung die Zentripetalbeschleunigung $a = \omega^2 \cdot x$ (siehe Kap. 17.6). Dabei ist $\omega = 2\pi/T$. Wenn man nun gleichsetzt, erhält man $k \cdot x = m \cdot \omega^2 \cdot x$ und für die Schwingungsdauer einer harmonischen Schwingung gilt:
$$T = 2\pi \sqrt{\frac{m}{k}}$$
Diese Gleichung gilt allgemein und auch speziell für das Federpendel.

F43 Bei einer Auslenkung φ wirkt auf die Pendelmasse eine rücktreibende Kraft $F_T = mg \cdot \sin\varphi$ (siehe Abb.). Bei kleinen Auslenkungen gilt $\sin\varphi \approx \varphi$ und somit
$$F_T = mg \cdot \varphi = mg\frac{x}{l} = kx \text{ mit } k = \frac{mg}{l}$$
Die rücktreibende Kraft ist bei kleiner Schwingungsweite proportional zur Auslenkung. Das Pendel führt daher eine harmonische Schwingung aus (siehe Kap. 18.3). Wenn man nun für k einsetzt, erhält man für die Schwingungsdauer eines Fadenpendels
$$T = 2\pi\sqrt{\frac{m}{\frac{mg}{l}}} = 2\pi\sqrt{\frac{l}{g}}$$

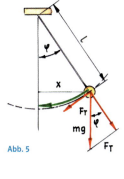
Abb. 5

F44 Ewig lange! Je besser die Übereinstimmung ist, desto weiter auseinander liegen die Schwebungen. Auch wenn die Schwebungen eine Minute auseinander liegen, sind sie immer noch da. Um eine perfekte Stimmung zu bekommen, braucht man ewig lang Zeit.

F45 Erstens darf die Reibung nicht zu gering sein, weil das Spielzeug sonst rutscht. Die zweite Bedingung ist die, dass die Pendelfrequenz der Beine mit der Links-Rechts-Bewegung des gesamten Tiers übereinstimmt.

F46 16,4 Sekunden!

F47 Liegt der Körperschwerpunkt eines rotierenden Teiles nicht genau in der Drehachse, beginnt er zu schwingen. Das kannst du manchmal bei Deckenventilatoren sehen. Diese Schwingung ist umso stärker, je genauer die Drehzahl mit der Eigenfrequenz übereinstimmt. Und diese Eigenfrequenz wird eben bei einer bestimmten Drehzahl erreicht. Was kann man dagegen tun? Man kann den Reifen wuchten lassen. Dabei werden zusätzliche Massenstücke angebracht.

F48 Das Pfeifen des Lautsprechers hat zwar mit Rückkopplung, nicht aber mit Resonanz zu tun. Der Lautsprecher verstärkt alle Frequenzen, nicht nur eine bestimmte! Resonanzphänomene sind aber immer mit einer bestimmten Frequenz verbunden.

F49 Stimmt nicht! Zwar ist es üblich, dass Soldaten beim Überqueren von Brücken normal marschieren, jedoch gibt es keinen dokumentierten Fall, in dem eine Brücke durch die Resonanz der Schritte eingestürzt ist. Die Millenium-Brücke in London (Abb. 18.31, S. 35) hat aber gezeigt, dass Brücken zumindest sehr stark zu schwingen anfangen können.

19 Wellengrundlagen 1

F10 Eine Lichtwelle benötigt kein Medium! Siehe Antwort zu → **F29**!

F16 Beim 400-m-Lauf sind die Startblöcke um jeweils rund 7,5 m versetzt. Der Startblock auf Bahn 8 ist daher etwa 50 m von Bahn 1 entfernt. Wenn der Starter direkt hinter Bahn 1 die Pistole abschießen würde, dann bräuchte der Schall zu Bahn 8 rund 15/100 Sekunden. Ähnliches gilt natürlich auch für den 100-m-Lauf, obwohl bei diesem die Zeitverzögerung nicht so groß ist.

F17 Ein krabbelnder Käfer erzeugt Wellen im Sand, quasi ein Mini-Erdbeben. Diese Wellen nützt der Sandskorpion zur Ortung im Dunkeln, denn er hat „Seismographen" in den Füßen. Die Richtung zur Beute kann er leicht feststellen, je nachdem welches seiner 8 Beine zuerst die Wellen wahrnimmt (siehe Abb.). Woher weiß er aber die Entfernung? Weil sich Longitudinalwellen im Sand 3-mal so schnell ausbreiten wie Transversalwellen (v_l etwa 150 m/s, v_t etwa 50 m/s) und sie daher zu unterschiedlicher Zeit bei ihm auftreffen. Es gilt: $v=s/t$ und daher $t = s/v$

Abb. 6: Das rechte hintere Bein nimmt die erste Welle wahr. Das zeigt dem Skorpion die Richtung zum Käfer. Der zeitliche Abstand zwischen den Wellenfronten gibt Aufschluss über die Entfernung der Beute.

Für die Zeitdifferenz bis zum Eintreffen der beiden Wellen ergibt sich dann (rechne nach):

$$\Delta t = \frac{s}{v_t} - \frac{s}{v_l} = s\left(\frac{v_l - v_t}{v_l v_t}\right) \Rightarrow s = (75\,\text{m/s})\Delta t$$

Ist die Zeitdifferenz zum Beispiel 4 ms, dann ist der Käfer 0,3 m oder 30 cm entfernt. Mahlzeit! Nach derselben Methode kann man auch mit einem wirklichen Seismographen feststellen, wie weit ein Erdbeben entfernt war.

F24 Durch das Anblasen werden zwar alle möglichen Frequenzen erzeugt, es „überleben" aber nur die Wellen, die in die Flasche passen. Alle anderen löschen sich durch destruktive Interferenz aus.

F26 Eine gezupfte Saite schwingt mit einem starken Knick (siehe Abb.). Für einen solchen Knick sind aber sehr viele Obertöne notwendig, und das hört man sofort am Klang.

Abb. 7

F29 Die Antwort auf diese Frage war lange ein großes Rätsel. 1905 konnte ALBERT EINSTEIN aber zeigen, dass Licht und elektromagnetische Wellen allgemein kein Medium zur Ausbreitung brauchen. Das ist deshalb möglich, weil man sie als Welle und Teilchen zugleich betrachten kann, und fliegende Teilchen brauchen kein Medium. Diese Erkenntnis ist eine der Grundlagen der Relativitätstheorie.

F30 Die Erdbebenwellen eines Atomtests schwingen nur longitudinal.

F31 Für Transversalwellen ist eine Bindung zwischen den Teilchen nötig (wie bei den Pendeln in Abb. 19.8 a, S. 47). In Flüssigkeiten und Gasen sind die Teilchen aber nicht untereinander verbunden.

F32 Wenn der Klöppel an die Glocke schlägt, wird der Rand zu einer Ellipse verbogen. Die Glocke beginnt dann, von einer Ellipsenform zu einer anderen zu schwingen – es bildet sich also eine stehende Welle aus. An vier Punkten schwingt die Glocke daher gar nicht, und dort ist auch nichts zu hören.

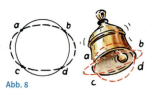

Abb. 8

F33

Abb. 9

F34 Nein! Sieh dir die Gleichungen in Abb. 19.19 (S. 51) an!

F35 Trägt eine Wasserwelle Energie? Ja! Eine Welle bedeutet ja den Transport von Energie. Eine Wasserwelle kann aber einen Korken nicht verschieben. Sie hat keinen Nettoimpuls. Was bedeutet das? Der Nettoimpuls, also die Summe der Impulse in den Einzelteilen der Welle, ist bei einer Wasserwelle null. Gleiches gilt auch für den Schall.

F36 Die Schallgeschwindigkeit entspricht der Ausbreitung der Kompressionswelle. Wie erfährt ein Luftmolekül von diesem Luftüberdruck? Nur durch Zusammenstoß mit den anderen Luftteilchen. Die Ausbreitungsgeschwindigkeit des Schalls hängt also davon ab, wie schnell die Moleküle von ihren Nachbarn „informiert" werden. Weil bei höheren Temperaturen die thermische Geschwindigkeit größer ist, ist auch die Schallgeschwindigkeit größer.

F37 Aufgrund der Dispersion der Schallwellen im Eis: Die hohen Frequenzen breiten sich schneller aus.

F38 Bei einer Wellenlänge von 200 km müsste das Meer rund 33 km tief sein, damit der Tsunami nicht durch den Boden gebremst wird. Der Tsunami hätte dann rund 570 m/s (über 2000 km/h)!

F39 Das demonstriert eindrucksvoll, dass sich nur eine Störung ausbreitet. Die Luftmasse schwingt ja nicht gleichzeitig.

F40 Weil sich an Decke und Boden Wellenknoten ausbilden, entspricht die Höhe der halben Wellenlänge. Eine 6-m-Schallwelle hat bei Zimmertemperatur eine Frequenz von 57 Hz. So tief kann kein Mensch singen. Aber auch bei 114 Hz, 171 Hz, ... kannst du Resonanz erzeugen, also bei allen Obertönen.

20 Wellengrundlagen 2

F20 **Infobox Doppel-Doppler-Effekt:** Zunächst ist das Blutkörperchen der „Beobachter". Daher gilt (v_{Obj} ist die Geschwindigkeit des Blutkörperchens, v die des Schalls):

$$\Delta f = f' - f = f\left(1 - \frac{v_{obj}}{v}\right) - f = f\frac{v_{obj}}{v}$$

Dann ist das Blutkörperchen der „Sender" und es gilt:

$$\Delta f = f' - f = f\frac{1}{1 + \frac{v_{obj}}{v}} - f = f\frac{v_{obj}}{v + v_{obj}} \approx f\frac{v_{obj}}{v}$$

Weil die Schallgeschwindigkeit v viel größer ist als die des Blutkörperchens, kann man den vorletzten Term vereinfachen. Durch den doppelten Doppler-Effekt ergibt sich daher $|\Delta f_{ges}| \sim 2f(v_{Obj}/v)$.

Straßenverkehr: Im Falle von elektromagnetischen Wellen sind die Gleichungen für Bewegung von Sender und Empfänger gleich.

Daher gilt: $\Delta f = f\dfrac{1 - \dfrac{v_{obj}}{c}}{1 + \dfrac{v_{obj}}{c}} - f$ und die Näherung $1 - \dfrac{1-x}{1+x} \approx 2x$

Deshalb ergibt sich auch in diesem Fall $|\Delta f_{ges}| \sim 2f(v_{Obj}/v)$.

Martin Apolin

Big Bang
Physik 5 RG

www.oebv.at

Inhalt

Vorwort 3

1 Die Arbeitsweise der Physik 4
1.1 Wissenschaft und Hypothesen 4
1.2 Hypothese, Theorie und Experiment 5
1.3 Das Prinzip der Induktion 5
1.4 Newton und die Deduktion 6
1.5 Relativitätstheorie und freier Fall 7

2 Die sieben SI-Einheiten 9
2.1 Das Internationale Einheitensystem 9
2.2 Größenordnungen in der Physik 10
2.3 Längenmessung 12
2.4 Zeitmessung 14
2.5 Massenmessung 16
2.6 Dichte und Dichtemessung 17

3 Tooltime 19
3.1 Vektor und Skalar 19
3.2 Einfache Vektoroperationen 21
3.3 Zerlegung von Vektoren 23

4 Gedachte Singularität 25
4.1 Der Körperschwerpunkt (KSP) 25
4.2 Drei Beispiele aus dem Sport 27
4.3 Die drei Arten des Gleichgewichts 29
4.4 Vergrößerung der Stabilität 30
4.5 Auftrieb aus Sicht des KSP 32

5 Geradlinige Bewegungen 34
5.1 Gleichförmige Bewegung 34
5.2 Beschreibung der Geschwindigkeit 36
5.3 Geschwindigkeitsdiagramme 38
5.4 Gleichmäßig beschleunigte Bewegungen 39
5.5 Ungleichmäßig beschleunigte Bewegungen 45
5.6 Momentan- und Durchschnittsgeschwindigkeit 47

6 Zusammengesetzte Bewegungen 50
6.1 Das Unabhängigkeitsprinzip 50
6.2 Horizontale Würfe 51
6.3 Schiefe Würfe 53
6.4 Schiefe Würfe im Sport 54

7 Newton mal drei 56
7.1 Erscheinungsformen der Masse 56
7.2 Das Trägheitsgesetz 57
7.3 Die Bewegungsgleichung 59
7.4 Beispiele für Kräfte 61
7.5 Actio est reactio 67

8 Arbeit und Energie 69
8.1 Definition der Arbeit 69
8.2 Hebearbeit und Lageenergie 70
8.3 Beschleunigungsarbeit und Bewegungsenergie 71
8.4 Verformung und Wärmeenergie 73
8.5 Die Leistung 74
8.6 Energieerhaltungssatz und Entropie 77
8.7 Beispiele zum Energieerhaltungssatz 79
8.8 Der Energieerhaltungssatz und der Mensch 81

9 Von Aristoteles bis Kepler 84
9.1 Das geozentrische Weltbild 84
9.2 Das heliozentrische Weltbild 85
9.3 Die Kepler'schen Gesetze 88
9.4 Unser Sonnensystem 91
9.5 Das moderne Weltbild 94

10 Newtons Gravitationsgesetz 96
10.1 Das Gravitationsgesetz 96
10.2 Das Gravitationsfeld 100
10.3 Satelliten 102
10.4 Wie Ebbe und Flut entstehen 105
10.5 Grenzen des Gravitationsgesetzes 107

11 Grundlagen zur Thermodynamik 109
11.1 Thermische Bewegung 109
11.2 Temperatur 110
11.3 Wärme und spezifische Wärmekapazität 112
11.4 1. Hauptsatz der Thermodynamik 114
11.5 Entropie und 2. Hauptsatz 115

12 Formen der Wärmeübertragung 117
12.1 Wärmeleitung 117
12.2 Konvektion 119
12.3 Wärmestrahlung 120
12.4 Wärmehaushalt von Lebewesen 121

13 Ausdehnung, Diffusion und Phasenübergänge 123
13.1 Ausdehnung durch Erwärmung 123
13.2 Diffusion 124
13.3 Phasendiagramme 126
13.4 Latente Wärme 128
13.5 Schmelzen und Erstarren 129
13.6 Verdampfen und Kondensieren 130
13.7 Sublimieren und Kondensieren 132

14 Die Gasgesetze 134
14.1 Der Gasdruck 134
14.2 Gasgesetze für spezielle Bedingungen 136
14.3 Die allgemeine Gasgleichung 139
14.4 Adiabatische Zustandsänderung 140

15 Kältetechnik und Wärmekraftmaschinen 142
15.1 Der Eiskasten 142
15.2 Klimaanlage und Wärmepumpe 143
15.3 Tieftemperaturphysik 144
15.4 Wärmemotoren 145

Kompetenzcheck 149
Lösungen zu den Kompetenzchecks 152
Lösungen zu den Fragen 155
Register 160

Kompetenzbereich **RG:** 5. Klasse / **G:** 6. Klasse, 1. Semester
Kompetenzbereich **RG:** 5. Klasse
* „Energie" im **RG5** im Kompetenzbereich „Thermodynamik"

Kennzeichnung der Kompetenzbereiche

Vorwort

Liebe Schülerin!
Lieber Schüler!

Nimm an, du bekommst einen **Rundstab** und ein **Brett** zum Feuermachen. Nach einer halben Stunde werden zwar deine Hände brennen, aber das Feuer ziemlich sicher nicht. Wenn du dann eine Schachtel **Streichhölzer** bekommst, wirst du dir denken: „Wow! Was für eine tolle Erfindung!" Hättest du sie schon zu Beginn gehabt, würdest du dir beim Anzünden nichts denken. Was lernen wir daraus? ==Man kann die Lösung eines Problems nur dann würdigen, wenn man das Problem durch und durch kennt!== Das ist einer der Gründe, warum in diesem Buch **zu Beginn eines Kapitels Fragen** gestellt werden. Dabei geht es gar nicht so sehr darum, dass du sie beantworten kannst, sondern dass du über die Probleme nachdenkst oder mit deinen KlassenkollegInnen diskutierst. Je intensiver du vorher nachgedacht hast, desto mehr wirst du die Antworten zu schätzen wissen. Diese Vorgangsweise soll auch helfen, dass du die Inhalte nicht nur auswendig weißt, sondern sie auch verstanden und reflektiert hast. Dann kannst du sie nämlich später bei neuen Problemen anwenden, und das sollte ja der eigentliche Sinn der Schule sein: Dass man etwas fürs Leben lernt.

Angeblich wurde ALBERT EINSTEIN einmal gefragt, woher er seine Begabung habe. Er soll geantwortet haben: „Ich habe keine besondere Begabung, ich bin nur leidenschaftlich neugierig." Hier hat er ziemlich tiefgestapelt, weil tatsächlich war er ein wirklich genialer Physiker. Aber der Punkt ist der: ==Neugierde ist der Motor, um Dinge zu hinterfragen, zu verstehen und Neues zu entdecken.== Das gilt auch für die Physik!

Es gibt **wissenschaftliche Untersuchungen** darüber, wie die Sprache gehalten sein muss, damit ein Text möglichst **verständlich** wird. Einer der Punkte ist, dass er **anregend geschrieben** sein muss, damit er im besten Fall auch freiwillig gelesen wird. Deshalb ist die Sprache in diesem Buch absichtlich etwas flapsig und belletristisch gehalten.

Für **wissenschaftliche Texte** ist dieser Stil allerdings ein schlechtes Vorbild. Daher der ausdrückliche Hinweis für das Verfassen einer vorwissenschaftlichen Arbeit: **Bitte nicht nachmachen!** (Tipps zur vorwissenschaftlichen Arbeit findest du in der Online-Ergänzung.)

Viel Spaß beim Lesen, Nachdenken und Verstehen!

> **i Bedienungsanleitung für dieses Buch**
>
> Du kannst mit diesem Buch auf verschiedene Weise arbeiten. Wenn du nur den **Fließtext** liest, kannst du dich auf schnelle Weise über die wesentlichen Gedanken im jeweiligen Abschnitt informieren.
>
> In den **Infoboxen** befinden sich vertiefende Informationen. Aus optischen Gründen sind diese aus dem Fließtext herausgezogen, es befinden sich aber entsprechende Verweise im Text:
>
> → **Info:** Infobox
>
> Zu Beginn jedes Abschnitts gibt es eine **Fragenbox**. Diese befindet sich in der Nähe der Kapitelüberschrift nach der **Einleitung** (wie im Kap. 1.1, Seite 4). Die Philosophie des Buches ist, dass es besonders sinnvoll ist, über diese Fragen vor dem Lesen des Textes nachzudenken. Natürlich kannst du sie aber auch nach dem Lesen quasi als Wiederholung beantworten.
>
> Generell gilt: Die meisten Fragen sind **direkt im Fließtext** beantwortet, Fragen mit dem Symbol **L** (etwa F2, Seite 10) im Lösungsteil.
>
> Am Ende der meisten Großkapitel befinden sich **Arbeitsboxen**, in denen vertiefende Fragen und Aufgaben zu finden sind (etwa auf Seite 25).

Kennzeichnung der Kompetenzen

Die **Handlungsdimension** ist mit einem Buchstaben (W, E, S) und das **Anforderungsniveau** mit einer Zahl (1, 2; im Kompetenzmodell: A1 bzw. A2) angegeben, z. B. „E2":

Handlungsdimensionen
- W: Wissen organisieren
- E: Erkenntnisse gewinnen
- S: Schlüsse ziehen

Anforderungsniveaus
1: Reproduktion und Transfer
2: Reflexion und Problemlösung

Eine **Online-Ergänzung** zum Lehrgang (Bilder, Videos, Simulationen, Vertiefung und Kompetenzüberprüfung, Hinweise für die Matura, …) findest du unter **bigbang.oebv.at**.
Direkt zum Material zu einer bestimmten Seite kommst du durch Eingabe des sechsstelligen Online-Codes auf **www.oebv.at**.

sy9sbh

1 Die Arbeitsweise der Physik

Es gibt eine Anekdote über einen Schauspieler, dem die Souffleuse verzweifelt – aber ohne Erfolg – den Text zuflüstert. Der Schauspieler geht zum Souffleurkasten und fleht: „Keine Details, welches Stück?"
Manchmal ist eben der Überblick wichtiger als das Detail. Deshalb gibt es vor jedem Kapitel immer einen **Prolog**, also ein Vorwort, damit du nicht einfach so in die jeweiligen Kapitel hineinstolperst. In diesem erfährst du etwas über das „Stück", also in einigen Worten, worum es in diesem Kapitel geht. Ähnlich ist es vor jedem einzelnen Unterkapitel (Abschnitt).
In diesem Kapitel ist von der **Arbeitsweise der Physik die Rede**. Wir werden dabei einen Streifzug vom 4. Jh. v. Chr. bis in die Gegenwart machen und ein paar berühmte Persönlichkeiten der Wissenschaft kennen lernen.

1.1 Im Falle eines Falles
Wissenschaft und Hypothesen

In diesem Abschnitt geht es darum, dass man in der Wissenschaft alle Behauptungen experimentell überprüfen muss. Sonst kann es passieren, dass eine falsche Behauptung nicht erkannt wird und sogar Tausende von Jahren geglaubt werden kann. Der freie Fall eignet sich sehr gut, um sich einige grundlegende Gedanken über die Physik zu machen.

F1 Ein Stein fällt schneller zu Boden als eine Feder. Wie
W2 ist es aber mit zwei ungleich schweren Steinen? Fallen diese gleich schnell oder nicht? Und wie wäre das am Mond?

F2 Ein Blatt Papier
E2 fällt langsamer zu Boden als wenn du es zusammenknüllst. Warum ist das so?

F3 Abb. 1.1 zeigt eine
E1 Spirale! Es ist doch eine Spirale, oder? Oder doch besser nachmessen?

Abb. 1.1: „Wades Spirale"

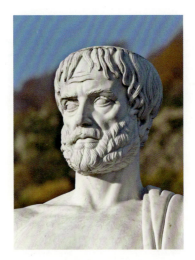

Abb. 1.2: ARISTOTELES (384–323 v. Chr.)

Der große ARISTOTELES (Abb. 1.2) behauptete vor beinahe 2400 Jahren, dass **schwere** Gegenstände **schneller** fallen als leichte. Klar, ein Stein fällt schneller als eine Feder. Aber das hat mit dem Luftwiderstand und nicht mit der Masse zu tun. Weil der Luftwiderstand stärker bremst, fällt ja auch ein Blatt Papier langsamer als ein Papierknäuel (→ **F2**).

Es dauerte etwa 2000 Jahre, bis GALILEO GALILEI (Abb. 1.3) experimentell nachweisen konnte, **dass alle Gegenstände gleich schnell fallen**, wenn man den Luftwiderstand vernachlässigt.

Wenn man grad zufällig am Mond ist, könnte man das sofort nachprüfen (→ **F1**). **1971** ließ der amerikanische Astronaut DAVID SCOTT am Mond zwar keinen Stein, aber einen Hammer und eine Adlerfeder gleichzeitig fallen. Und weil es am Mond keine Atmosphäre gibt, kamen sie auch gleichzeitig am Boden an. Gut, sehr wissenschaftlich war die Sache nicht, weil die Videoaufnahme davon so schlecht ist, dass man mit Mühe gerade mal den Astronauten erkennen kann (Abb. 1.4). Aber die Idee war schon sehr gut.

 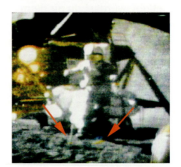

Abb. 1.3: (links): GALILEO GALILEI (1564–1642)
Abb. 1.4: (rechts): DAVID SCOTT lässt Hammer und Feder am Mond fallen.

Am Beispiel des freien Falls kann man ein wichtiges Prinzip der Physik bzw. aller Wissenschaften erkennen: Man darf nicht einfach nur etwas behaupten, man muss diese Behauptung auch **durch Experimente überprüfen**. In der Wissenschaft nennt man eine unüberprüfte Behauptung eine Hypothese. Man kann also so sagen: Aristoteles stellte die **Hypothese** auf, dass schwere Gegenstände schneller zu Boden fallen. Weil er einer der ganz großen und einflussreichen Denker seiner Zeit war, hat man an seiner Hypothese nicht gezweifelt und deshalb 2000 Jahre lang nicht einmal den Versuch unternommen, sie zu überprüfen. Sonst hätte man schon vorher gemerkt, dass sie nicht stimmen kann. Naja, auch große Denker irren hin und wieder!

Die „Spirale" in Abb. 1.1 ist übrigens keine Spirale, sondern es handelt sich dabei um konzentrische Kreise (→ **F3**). Die **Behauptung**, dass es sich um eine Spirale handelt, kannst du ganz leicht widerlegen, indem du einen der Kreise mit einem Stift nachfährst.

1.2 Galilei wiegt die Zeit
Hypothese, Theorie und Experiment

In diesem Abschnitt geht es darum, wie aus einer Hypothese eine Theorie werden kann, wenn sie durch Experimente bestätigt wird. Weiters geht es darum, dass man nur dann genaue Wissenschaft betreiben kann, wenn man auch genau messen kann.

F4 Nimm einmal an, Aristoteles hätte recht gehabt und
S2 schwere Gegenstände würden tatsächlich schneller fallen. Der kleine Ziegel (1) in Abb. 1.5 würde dann also langsamer zu Boden fallen als der große (2). Was würde aber passieren, wenn man den kleinen Ziegel unter den großen legt (3)? Würden beide zusammen schneller oder langsamer fallen?

Abb. 1.5

F5 Galilei hat die Fallgesetze entdeckt, indem er Kugeln
W1 vom Schiefen Turm von Pisa hinuntergeworfen hat! Stimmt das, oder nicht?

GALILEI kam zunächst durch rein logische Überlegungen zu dem Schluss, dass sich ARISTOTELES geirrt haben muss. Wenn nämlich der kleine Ziegel unter dem großen liegt, dann würde er diesen bremsen, und beide gemeinsam müssten langsamer fallen als der große alleine (→ F4). Auf der anderen Seite sind beide Ziegel zusammen schwerer als der große und daher müssten sie eigentlich schneller fallen als der große alleine.

Aber beide Ziegel zusammen können doch nicht gleichzeitig schneller **und** langsamer fallen als der große Ziegel alleine! Das ist ein Widerspruch, oder wie man auch sagt, eine **Paradoxie**. Daher kann die Annahme nicht stimmen. Galilei zog daraus den Schluss, dass alle Gegenstände gleich schnell fallen müssen. Dann nämlich löst sich diese Paradoxie auf.

Galilei ist für die Physik deshalb ein so wichtiger Mann, weil er wesentlich dazu beigetragen hat, dass diese zu einer exakten Naturwissenschaft wurde. Er war der Auffassung, dass alle **Hypothesen** durch **Experimente** überprüfbar sein müssen (das haben wir gerade besprochen). Diese Experimente sollten möglichst einfach sein, damit man ganz spezielle Fragen gezielt untersuchen kann.

Galilei brauchte also ein Experiment, mit dem er den freien Fall ohne Luftwiderstand überprüfen konnte. Und das bringt uns nun zum Schiefen Turm von Pisa. Stimmt die Geschichte? Nein (→ F5)! Aber du wirst immer wieder solche Geschichten über die Entdeckung von Gesetzen hören. Warum? Weil wir Menschen solche Geschichten einfach lieben!

Es wäre völlig sinnlos gewesen, Kugeln vom Schiefen Turm zu werfen, weil es damals keine Uhren gab, die genau genug gewesen wären, um kleine Zeitunterschiede zu messen. GALILEI ließ deshalb Kugeln über eine **schiefe Ebene** rollen. Dadurch entsteht praktisch eine **„Fallbewegung in Zeitlupe"**, und der Luftwiderstand spielt keine Rolle. Als Zeitmesser hatte er einen Eimer voll Wasser. Ein kleiner Wasserstrahl wurde mit einem Becher aufgefangen und die Wassermenge dann auf einer genauen Waage gewogen. Galilei hat also sozusagen die Zeit gewogen, und der Spruch von der „verrinnenden Zeit" bekommt hier noch eine zusätzliche Dimension. Man muss sich nur zu helfen wissen!

Von Galilei stammt der Ausspruch: ==„Alles, was messbar ist, messen, alles was nicht messbar ist, messbar machen."== Galilei konnte durch seine Messungen zeigen, dass leichte und schwere Kugeln gleich schnell rollen und bestätigte somit seine eigene Hypothese (und widerlegte damit natürlich die des Aristoteles). Das führte ihn zur Theorie des freien Falls. War das nun wirklich eine Theorie? Ja, weil sie nicht nur einfach so dahingesagt, sondern durch viele Experimente überprüft worden war.

Eine Hypothese wird also dann zur Theorie, wenn sie sich durch wiederholte Experimente erhärten lässt, und sie erweist sich als falsch, wenn auch nur ein einziges Experiment zu anderen Ergebnissen führt. Eine Hypothese wie die des Aristoteles zu widerlegen, nennt man in der Wissenschaft **Falsifizieren**. Davon ist im nächsten Kapitel genauer die Rede.

1.3 Der schwebende Stein
Das Prinzip der Induktion

In diesem Abschnitt geht es darum, wie sicher man sich sein kann, dass eine Theorie richtig ist. Und wir lernen die wissenschaftlichen Prinzipien der Verallgemeinerung und des Falsifizierens kennen und wie dadurch die Theorien immer besser und sicherer werden.

F6 Was kann man mit einem Experiment machen: eine
S2 Theorie beweisen, belegen oder widerlegen (mehrere Antworten sind möglich)?

F7 Du stellst die Hypothese auf, dass ein losgelassener
S2 Stein immer zu Boden fällt und überprüfst sie, indem du einen Stein 99-mal fallen lässt. Du findest, dass das Beweis genug ist und erhebst deine Hypothese zur Theorie: „Ein losgelassener Stein fällt immer zu Boden!" Kannst du völlig sicher sein, dass deine Theorie stimmt?

Fangen wir einmal mit → F7 an. Die Antwort lautet: Leider nein! Niemand kann **ganz sicher** sein, dass der Stein beim 100sten Mal nicht plötzlich in der Luft schweben bleibt. Warum?

Man kann immer nur eine endliche Anzahl von Experimenten durchführen. Irgendwann muss schließlich einmal Schluss sein. Und dann kommt man an einer Sache nicht vorbei: Man muss verallgemeinern und in diesem Beispiel von 99 Experimenten auf „es ist immer so" schließen. In der Wissenschaft nennt man eine solche Verallgemeinerung **Induktion**. Und sie bereitet das Problem, dass man sich eben niemals zu 100 % sicher sein kann, ob eine Theorie wirklich stimmt. Darauf hat bereits der englische Philosoph DAVID HUME (1711–1776) im 18. Jh. hingewiesen.

Dass es niemals völlig sicheres Wissen von der Welt geben kann, heißt aber nicht, dass wir gar nichts wissen. Die Sicherheit, dass der Stein auch beim 100sten Versuch zu Boden fällt, ist auf jeden Fall beruhigend groß! Aber der springende Punkt ist: Wir können uns **niemals völlig sicher** sein!

Können Experimente Theorien beweisen (→ F6)? Nein, Experimente können Theorien **niemals beweisen!** Warum? Ein Beweis ist 100%ig. Dazu wären aber unendlich viele Experimente notwendig. Deswegen sollte man nie von einem experimentellen Beweis, sondern von einem Beleg sprechen. Ein Beleg ist ein guter Hinweis, aber nicht 100%ig.

Experimente können aber Theorien widerlegen, denn bleibt der Stein tatsächlich einmal schweben, dann wäre die Theorie, dass er immer zu Boden fällt, für immer erledigt. Es ist also ironisch: Experimente können eine Theorie nicht beweisen, sondern **nur widerlegen**. Diese Argumentation geht auf den in Österreich geborenen Philosophen SIR KARL POPPER (Abb. 1.6) zurück.

Auf Popper geht auch noch eine andere, ganz wichtige Auffassung zurück: ==Eine Hypothese ist nur dann sinnvoll, wenn sie sich überprüfen und somit auch widerlegen lässt.== Die Hypothese muss Vorhersagen (Prognosen) erlauben, die sich experimentell überprüfen lassen. Man spricht dann von Falsifizieren, also für falsch befinden.

Abb. 1.6: SIR KARL POPPER (1902–1994)

Es hat keinen Sinn, eine Hypothese so schwammig zu halten, dass man sie nicht falsifizieren kann. Die Aussage „Irgendwann gibt es vielleicht irgendwo im Weltall einen Planeten, auf dem der Stein schweben bleibt" ist – weil sie sehr schwammig ist – praktisch nicht zu widerlegen und daher auch wissenschaftlich völlig unbrauchbar. Die Aussage „Morgen um 17:21 wird die Schwerkraft auf der Erde für exakt 5 Sekunden aufgehoben sein und der Stein deshalb schweben bleiben" ist zwar eine etwas seltsame Hypothese, sie lässt sich aber leicht überprüfen, indem wir ein wenig warten.

Widerlegt zu werden, ist keine Schande, sondern ein **Nebeneffekt** aller wissenschaftlichen Arbeit. Dadurch werden falsche Theorien verworfen und richtige genauer, zuverlässiger und vollständiger.

1.4 Die Sache mit dem Apfel…
Newton und die Deduktion

Die Sache mit den Fallgesetzen ist aber noch lange nicht zu Ende. Jetzt kommt einer der genialsten Physiker aller Zeiten ins Spiel: SIR ISAAC NEWTON. Und wir lernen noch ein weiteres wissenschaftliches Prinzip kennen: die Deduktion. Dabei schließt man von einer bereits fertigen, allgemeinen Theorie wieder auf etwas Spezielles zurück.

F8 Angenommen, du besitzt Superkräfte. Du stehst auf
E2 dem Mount Everest und wirfst einen Apfel mit enormer Geschwindigkeit ab. Ist es möglich, dass du ihn einmal um die ganze Erde wirfst (wenn wir den Luftwiderstand vernachlässigen)?

F9 Wieso fällt ein Apfel vom Baum zu Boden, der Mond
S1 aber nicht vom Himmel? Gilt das Gravitationsgesetz nur für den Apfel?

Abb. 1.7: SIR ISAAC NEWTON (1643–1727)

Früher glaubte man, dass **am Himmel** ganz **andere Gesetze** herrschen als auf der Erde. Wie konnte man sonst erklären, dass auf der Erde alles zu Boden fällt, während der Mond unablässig um die Erde kreist? NEWTON hatte aber eine geniale Idee. Und hier kommt der berühmte Apfel ins Spiel (das ist wieder eine von den gut erfundenen Geschichten).

Newton beobachtete angeblich unter einem Apfelbaum liegend den Mond am Himmel, als ihm besagter Apfel auf den Kopf fiel (→ F9). Er empfand in diesem Augenblick die Bewegung des Mondes als ein „**Fallen um die Erde**" und kam zu dem Schluss, dass die Umlaufbahn des Mondes und der Fall des Apfels auf dieselben Gesetzmäßigkeiten zurückzuführen sind. Diese Erkenntnis hatte er so um das Jahr **1660**.

Die Arbeitsweise der Physik 1

Wie kann man sich das vorstellen? Wenn du auf einem Berg einen Apfel waagrecht immer schneller abwirfst, wird er auch immer weiter um die Erde herum fallen (Abb. 1.8). Bei einer Abwurfgeschwindigkeit von fast **8 km/s** fliegt ein abgeworfener Apfel auf einer Kreisbahn um die Erde (→ **F8**, der Luftwiderstand wird dabei vernachlässigt). Er befindet sich zwar immer noch im freien Fall, aber weil er so schnell ist, fliegt er genau parallel zur Erdoberfläche. Wie nennt man Gegenstände, die sich so bewegen, allgemein? Satelliten! Sie sind, so wie auch der Mond, im Prinzip also eine Art sauschneller Apfel. Weil sie außerhalb der Atmosphäre fliegen, gibt es dort auch keinen Luftwiderstand, der sie bremsen könnte.

Diese Vereinheitlichung war, im wahrsten Sinn des Wortes, ein genialer Wurf von Newton. Indem er erkannte, dass die Gesetze der Mechanik überall gelten, konnte er die Bahnen des Mondes und der Planeten mit denselben Gesetzen erklären wie auch den „normalen" freien Fall auf der Erde. Dieser freie Fall ist also nichts anderes als eine **spezielle Anwendung** der Gesetze der Mechanik, die Newton selbst vorher aufgestellt hatte.

Galilei überprüfte seine Hypothesen und kam dann durch Induktion zu den Fallgesetzen, er kam also vom Speziellen zum Allgemeinen. Newton kam quasi aus der anderen Richtung. Er konnte den Spezialfall des freien Falls auf der Erde aus den allgemeinen Gesetzen der Mechanik ableiten. Diesen Weg vom Allgemeinen zum Speziellen nennt man **Deduktion**. Dadurch war die Theorie des freien Falles wieder verbessert worden, denn nun konnte man zum Beispiel auch den freien Fall des Mondes berechnen.

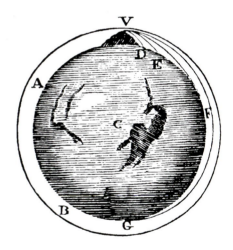

Abb. 1.8: Flugbahnen bei verschiedenen Abwurfgeschwindigkeiten: Es handelt sich hier um eine Originalzeichnung Newtons.

1.5 Einsteins Zwillingsbruder
Relativitätstheorie und freier Fall

Unser erster Streifzug durch die Physik ist damit aber noch nicht ganz zu Ende. Ein weiterer Gigant unter den Physikern betritt die Bühne: ALBERT EINSTEIN. Mit ihm kommt die Relativitätstheorie ins Spiel und ein Effekt, der erst im Jahre 2004 experimentell bestätigt werden konnte.

F10 Nehmen wir einmal an, Einstein hätte einen Zwillingsbruder gehabt. Als beide 20 Jahre alt waren, bestieg der eine ein Raumschiff und machte eine Weltallreise. Er war für seine Begriffe ein paar Jahre mit beinahe Lichtgeschwindigkeit unterwegs. Als er wieder zurückkehrte, war sein Zwillingsbruder Albert bereits ein alter Mann (Abb. 1.9). Diese Geschichte ist erfunden, aber wäre sie im Prinzip möglich?

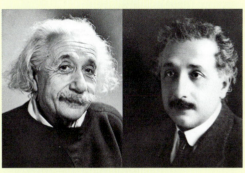

Abb. 1.9: ALBERT EINSTEIN (1879–1955, links) und sein weniger gealterter (fiktiver) Zwillingsbruder

F11 Welche der Satellitenbahnen in Abb. 1.10 sind möglich und welche unmöglich?

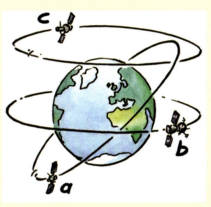

Abb. 1.10: Welche Satellitenbahnen sind möglich?

Die berühmte Relativitätstheorie hat zwei Teile. Der erste wurde **1905** veröffentlicht und wird heute als **spezielle Relativitätstheorie (SRT)** bezeichnet. Der zweite Teil ist aus dem Jahr 1916 und heißt **allgemeine Relativitätstheorie (ART)**. Zugegeben, die Theorien sind ziemlich schwere Kost und werden daher erst in der 8. Klasse genau besprochen. Wir werden uns hier deshalb nur zwei Details herausgreifen. Das erste führt uns noch einmal zu POPPER zurück, und das zweite schließt das Kapitel des freien Falls ab.

Die SRT macht kuriose Voraussagen, unter anderem die, dass die Zeit umso langsamer vergeht, je schneller man sich bewegt! Die Sache mit den Zwillingen könnte also im Prinzip tatsächlich klappen (→ **F10**). Die Geschichte ist sehr bekannt und wird auch **Zwillingsparadoxon** genannt. Dieser Effekt wurde mit sehr hoher Genauigkeit im Experiment nachgewiesen, allerdings nicht mit Zwillingen, sondern mit zerfallenden Elementarteilchen, den **Myonen**.

Größenordnungen 7

Denken wir noch einmal an Popper zurück. Er meinte, dass eine Theorie umso sinnvoller ist, je leichter sie widerlegt, also **falsifiziert** werden kann. Ist die Relativitätstheorie in diesem Sinne eine gute Theorie? Ja, sie ist sogar sehr gut! Sie ist nicht nur in sich völlig schlüssig, sie macht vor allem sehr konkrete und dadurch leicht widerlegbare Aussagen. Hätte man seit 1905 auch nur ein einziges Experiment entdeckt, das nicht mit der Theorie übereinstimmt, so wäre die gesamte Theorie widerlegt. Alle durchgeführten Experimente führten jedoch zu einer grandiosen Bestätigung. Und das bringt uns zur ART und einem Experiment aus dem Jahr 2004.

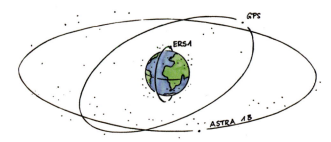

Abb. 1.12: Maßstabsgetreue Darstellung von Satellitenpositionen: Jeder der Punkte stellt einen Satelliten dar. Besonders viele befinden sich in einigen 100 km Entfernung von der Erde (Beispiel: der Radar-Satellit ERS-1). Die **GPS-Satelliten** fliegen in einer Höhe von etwa **20.000 km** (eine Bahn ist exemplarisch eingezeichnet), die **geostationären Satelliten** in einer Höhe von 36.000 km (Beispiel: Astra 1B, einer der TV-Satelliten). Alle diese Satelliten kreisen so, dass der Erdmittelpunkt in ihrer Bahnebene liegt (siehe auch Abb. 10.25, S. 104).

In einer umfangreichen Theorie steckt oft sehr viel drinnen, was erst nach und nach entdeckt wird. Zum Beispiel sagt die ART die Möglichkeit von **schwarzen Löchern** voraus. Diese sind so eine Art kosmischer Staubsauger, deren Anziehungskraft so stark ist, dass nicht einmal das Licht entweichen kann. Daher kommt auch der Name. Tatsächlich wurde die Existenz von schwarzen Löchern bereits indirekt belegt.

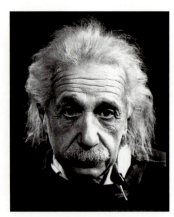

Abb. 1.11: ALBERT EINSTEIN (1879–1955)

Abb. 1.13: Durch den **Thirring-Lense-Effekt** zieht die rotierende Erde den Raum mit sich herum und die Satellitenbahnen sind nicht geschlossen.

Die ART sagt auch – vereinfacht gesagt – voraus, dass sich der Raum um einen Planeten wie die Erde wie **klebriger Sirup** verhält und mit der **Drehung mitgezogen** wird. Dieser Effekt ist ebenfalls eine Ableitung (also eine Deduktion) aus der ART. Er wurde von den österreichischen Physikern THIRRING und LENSE bereits **1918** vorhergesagt.

Manchmal muss man sehr viel Geduld haben, bis eine Vorhersage tatsächlich auch im Experiment belegt werden kann. Denn in diesem Fall gelang das erst 86 Jahre später, nämlich **2004**.

Erinnere dich: Newton hat festgestellt, dass sich Satelliten im freien Fall um die Erde befinden. Wie können diese Bahnen aussehen? Nehmen wir der Einfachheit halber an, es handle sich um Kreisbahnen (es könnten nämlich auch Ellipsen sein). Der Mittelpunkt dieser Kreisbahnen muss mit dem Massenzentrum der Erde zusammenfallen (→ F11; siehe auch Abb. 1.12). Bahn c (Abb. 1.10) ist also nicht möglich. Außerdem hätte Newton gesagt, dass die Bahnen geschlossen sein müssen, dass also ein Satellit nach einer Umrundung wieder genau an derselben Stelle ist wie zuvor.

Und jetzt kommt Einstein mit seiner ART ins Spiel. Aus dieser lässt sich ableiten, dass der Raum um die Erde durch die Drehung wie Sirup etwas mitgezogen wird. Was bedeutet das für den freien Fall des Satelliten? Dass seine Kreisbahn nicht ganz geschlossen ist! Das sieht dann so aus wie in der Abb. 1.13.

Dieser Effekt wurde ab dem Jahr 2004 mit Hilfe von zwei Satelliten auf 5 % genau belegt. Die **Abweichungen** sind im Übrigen **winzig**. Sie machen in einem ganzen Jahr nur etwa 1 m aus und werden von vielen anderen Effekten überlagert. Die Messung war also eine technische Meisterleistung.

Die Newton'sche Mechanik sagt diesen Effekt nicht voraus. Die Theorie des freien Falls eines Satelliten um die Erde kann nur mit der ART wirklich exakt berechnet werden. Damit endet die Geschichte des freien Falls, die vier Jahrhunderte v. Chr. begonnen hat - zumindest für den Moment.

Z   Zusammenfassung

Wenn man in der Wissenschaft eine **Hypothese** aufstellt, muss man diese auch durch **Experimente** absichern. Nur dann kann diese zu einer **Theorie** werden. Weil man nur eine endliche Anzahl von Experimenten machen kann, ist der Vorgang der **Induktion** leider nicht zu 100 % sicher. Deshalb können Experimente eine Theorie zwar widerlegen, aber niemals beweisen. Weiters ist eine Theorie nur dann sinnvoll, wenn sie auch **falsifizierbar** ist. Aus einer fertigen Theorie lassen sich wieder Spezialfälle **deduzieren**, etwa der freie Fall aus den allgemeinen Gesetzen der Mechanik. Dass sich eine **Theorie** als völlig falsch herausstellt, kommt selten vor. Meist wird sie durch neue Erkenntnisse **verbessert** und **genauer**.

2 Die sieben SI-Einheiten

Im ersten Kapitel hast du erfahren, dass das Messen eine wichtige und elementare Rolle in der Physik spielt. Denn nur durch das Messen kann man Hypothesen belegen. Was braucht man aber zum Messen? **Größen und Einheiten!** Und davon handelt dieses Kapitel.

2.1 Die Entwirrung des Einheitenchaos
Das Internationale Einheitensystem

In diesem Abschnitt geht es um das Chaos, das es früher beim Messen gegeben hat. Jeder verwendete andere Einheiten. Den Franzosen haben wir zu verdanken, dass es heute geordneter zugeht.

F1 S2 Im Jahr 1999 verglühte der Mars Climate Orbiter (Abb. 2.1) in der Atmosphäre unseres Nachbarplaneten. Was war der Grund dafür? a) Das Sonnensegel war verklemmt. b) Der Treibstoff war verbraucht. c) Er stieß mit einem Meteorit zusammen. d) Die Ingenieure hatten sich verrechnet.

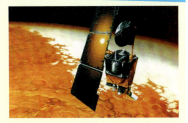

Abb. 2.1: Der Mars Climate Orbiter

F2 W1 Zur Längenmessung werden im angloamerikanischen Raum auch heute noch folgende Einheiten verwendet: Zoll (= Inch), Yard und Fuß. Weißt du, wie viel das in cm oder m wäre? → L

F3 W1 Die Auflösung eines Druckers beträgt zum Beispiel 600 dpi! Weißt du, was damit gemeint ist? → L

F4 S1 Kannst du dich aus dem Geschichteunterricht erinnern, welche Einheiten früher einmal in Österreich verwendet wurden? → L

F5 W2 Ein Dutzend sind 12 Stück. Weißt du, wie man früher 144 Stück bezeichnet hat? → L

F6 W2 Neben dem Riesentor beim Stephansdom in Wien befinden sich zwei Eisenstangen an der Wand (Abb. 2.2). Welchen Zweck erfüllten diese früher?

Abb. 2.2: Welchen Zweck erfüllten die Metallstäbe am Eingang des Stephansdomes?

F7 W1 Wiederhole noch einmal, was Galilei über das Messen gesagt haben soll! Warum ist dieses Prinzip für die Physik so wichtig?

Die Geschichte vom **Mars Climate Orbiter** zeigt sehr gut, wie wichtig einheitliche Messsysteme sind. Der Orbiter sollte in etwa 140 km Höhe in eine Umlaufbahn um den Mars einschwenken. Durch eine Schlamperei wurden aber Meter mit Fuß (das sind etwa 0,3 m) vertauscht (→ F1). Die Sonde flog viel zu nah an den Mars heran und verglühte in der Atmosphäre – und mit ihr über 100 Millionen Euro!

Erinnere dich, was GALILEI über das Messen gesagt hat (→ F7)! „Alles, was messbar ist, messen, alles was nicht messbar ist, messbar machen." Damit die Physiker auf dieser Welt eine „einheitliche Sprache" sprechen, sind zwei **Dinge notwendig**: Erstens müssen die Einheiten exakt sein und zweitens müssen alle dieselben Einheiten verwenden.

Die historischen Einheiten waren oft äußerst unexakt. Ein **Morgen** war ursprünglich die mit einem Ochsen an einem Vormittag pflügbare Fläche, ein **Rieß** die Menge Papier, die ein Esel schleppen konnte, und eine **Elle** die Länge vom Ellbogen bis zur Spitze des Mittelfingers. Ein Glück für kleine Schneider! Später wurden die Einheiten zwar genormt und zum Beispiel die große und kleine Wiener Elle am Stephansdom zum Nachmessen angebracht (→ F6; Abb. 2.2), aber damit blieb immer noch das zweite Problem: Überall verwendete man andere Maßeinheiten.

Die Entwirrung des Einheitenchaos wurde in Frankreich eingeleitet. Dort wurde nach der Französischen Revolution um etwa **1800 das Meter** erfunden (mehr dazu in Kapitel 2.3). Auch die Unterteilung in Zentimeter oder Millimeter stammt aus dieser Zeit. Die ist deswegen praktisch, weil es sich immer um glatte Zehnerpotenzen handelt und man leichter umrechnen kann, was bei Yard (0,91 m) und Inch (2,54 cm; siehe Kap. 2.3, S. 12) nicht der Fall ist.

Das System breitete sich langsam auf die Nachbarländer aus, und **1875** fand die **Meterkonvention** statt, die viele Staaten unterzeichneten. Ein unglaublich wichtiger Schritt, denn dadurch wurde das Messwesen endgültig neu geordnet und vereinheitlicht. Ohne diese Maßnahme wäre die weitere Entwicklung der industrialisierten Welt wahrscheinlich unmöglich gewesen.

Außerdem war die Meterkonvention der Grundstein für die Entwicklung des modernen Internationalen Einheitensystems, das **1960** entstand. Das so genannte **SI** (Systeme International d'Unites) wird heute von nahezu allen Staaten der Welt angewendet.

Das Tolle daran: Man kommt mit nur 7 „Bausteinen" aus. Man nennt diese die **Basiseinheiten** (Tab. 2.1), aus denen sich alle anderen Einheiten ableiten lassen. Für uns sind momentan drei Basiseinheiten wichtig: **Meter, Sekunde und Kilogramm**.

Basisgröße und Formelbuchstabe	Basiseinheit
Länge l	m (Meter)
Zeit t	s (Sekunde)
Masse m	kg (Kilogramm)
Stoffmenge n	mol (Mol)
Temperatur T	K (Kelvin)
Stromstärke I	A (Ampere)
Lichtstärke I_V	cd (Candela)

Tab. 2.1: Hier siehst du die 7 Basiseinheiten nach dem SI. Wenn man die Einheiten angibt, dann setzt man die Größe in Klammer. Statt „Die Einheit der Länge ist das Meter" schreibt man also kurz und bündig $[l]$ = m.

2.2 Astronomische Zahlen
Größenordnungen in der Physik

Bevor wir uns mit den Basisgrößen genauer beschäftigen, müssen wir noch darüber sprechen, wie man in der Physik große und kleine Zahlen darstellen kann, ohne dabei vollkommen den Überblick zu verlieren.

F8 W2 Wie groß ist die Masse der Erde? Und der Durchmesser eines Atoms? Tippe einmal!

F9 W2 Ist die Masse der Erde eigentlich konstant? Oder ändert sie sich irgendwie mit der Zeit? → L

F10 W1 Vom PC kennst du die Größen Kilo-, Mega-, Giga- und Terrabyte. Was versteht man aber darunter? Und was ist ein Teraflop? → L

F11 W1 Was meint man, wenn man von einer astronomischen Summe Geld spricht?

F12 W1 Was versteht man unter einem Lichtjahr? Ist das eine Zeit- oder eine Entfernungsangabe?

In der Physik kommen manchmal absurd große oder kleine Zahlen vor. Diese haben dermaßen viele Nullen vor oder hinter dem Komma, dass man leicht den Überblick verlieren kann. Nehmen wir als Beispiel die Masse der Erde (→ F8)! Was hast du getippt? Die Masse der Erde beträgt unfassbare 5.973.600.000.000.000.000.000.000 kg. Und der Durchmesser eines Atoms beträgt etwa 0,000.000.000 1 m. Verdammt viele Nullen!

→ **Info:** Umwandlung in Zehnerpotenzen
→ **Info:** Rechnen mit Zehnerpotenzen

Um den Überblick bei solch extremen Zahlen nicht zu verlieren, hat man beschlossen, diese in **Zehnerpotenzen** zu schreiben. Die Masse der Erde beträgt demnach $5{,}9736 \cdot 10^{24}$ kg oder gerundet $6 \cdot 10^{24}$ kg und der Durchmesser eines Atoms 10^{-10} m. Man kann sich zwar unter dieser Darstellung noch immer nicht wirklich etwas vorstellen, aber du musst zugeben, dass die Schreibweise übersichtlicher ist.

Vielfaches der Einheit	Vorsilbe	Abkürzung	Beispiele
10^{12}	Tera	T	16 TB Festplatte (seit 2019 erhältlich)
10^{9}	Giga	G	Lichtgeschwindigkeit $3 \cdot 10^8$ m/s = 0,3 Gm/s
10^{6}	Mega	M	700 MB CD-Rohling: für 80 min. Spielzeit
10^{3}	Kilo	k	Kilometer, Kilogramm
10	Deka	da	wird nur für 10 g = 1 dag benutzt
10^{-1}	Dezi	d	wird z. B. für Dezimeter und Deziliter benutzt
10^{-2}	Centi	c	wird z. B. für cm benutzt
10^{-3}	Milli	m	z. B. Millimeter
10^{-6}	Mikro	μ	Dicke von Blattgold oder kleines Bakterium: ca. 1μm
10^{-9}	Nano	n	Haarwuchs: 4 nm pro Sekunde
10^{-12}	Pico	p	Der Durchmesser eines Atomkerns liegt um 0,01 pm

Tab. 2.2: Eine Auswahl von Vorsilben, die in Physik und Alltag vorkommen. Die Tabelle geht in beide Richtungen noch viel weiter, das ist aber vor allem für Wissenschaftler bedeutsam.

Umwandlung in Zehnerpotenzen

Wie wandelt man eine Zahl in eine Zehnerpotenz um? Anstelle von 100 schreibt man $1 \cdot 10^2$, statt 1000 schreibt man $1 \cdot 10^3$ und so weiter. Die Hochzahl (der Exponent) gibt also an, wie viele Stellen das Komma nach rechts verschoben wird. $1{,}5 \cdot 10^3$ ist zum Beispiel 1500.

Diese Schreibweise kann auch bei Zahlen angewendet werden, die kleiner als 1 sind. Ein Zehntel oder 0,1 sind $1 \cdot 10^{-1}$, ein Hundertstel oder 0,01 sind $1 \cdot 10^{-2}$, ein Millionstel oder 0,000 001 sind $1 \cdot 10^{-6}$. Der negative Exponent gibt an, wie viele Stellen das Komma nach links verschoben wird. $1{,}5 \cdot 10^{-3}$ ist zum Beispiel 0,0015.

Rechnen mit Zehnerpotenzen

Bei einer Multiplikation werden die Exponenten addiert:
z. B. $10^5 \cdot 10^2 = 10^{(5+2)} = 10^7$

Bei einer Division werden die Exponenten subtrahiert:
z. B. $10^5 / 10^2 = 10^{(5-2)} = 10^3$

Wird eine Zehnerpotenz nochmals potenziert, multipliziert man die Exponenten:
z. B. $(10^2)^3 = 10^{2 \cdot 3} = 10^6$

Zieht man die Wurzel aus einer Potenz, dividiert man die Exponenten:
z. B. $\sqrt[2]{10^6} = 10^{6/2} = 10^3$

Die sieben SI-Einheiten 2

Wenn man in der Physik oder Chemie eine **Stoffmenge** angibt, dann macht man das in **Mol**. Dieser Begriff ist vom lateinischen „moles" abgeleitet, was man etwas frei mit „gewaltiger Haufen" übersetzen kann. Und das ist eigentlich noch stark untertrieben, denn ein Mol (**Einheit mol**) eines Stoffes hat die unvorstellbare Anzahl von $6 \cdot 10^{23}$ Teilchen (ganz exakt sind es $6{,}0221409 \cdot 10^{23}$).

Außerdem hat man sich darauf geeinigt, dass einige der Zehnerpotenzen eine bestimmte Vorsilbe bekommen (Tab. 2.2). Du kennst manche von ihnen aus dem Alltag, z. B. **Kilo**meter, **Kilo**gramm und **Milli**meter, oder vom Computer, zum Beispiel **Mega-**, **Giga-** und **Tera**byte. Weil in der Astronomie so große Zahlen vorkommen (denk bloß mal an die Masse der Erde), spricht man auch im Alltag von **astronomischen Zahlen**, wenn man unvorstellbar große Zahlen meint (→ **F11**). Wer kann sich schon ein Budgetdefizit von 5 Milliarden Euro vorstellen? Niemand!

Wenn man eine knifflige Berechnung macht (etwa die Eintrittshöhe des Mars Climate Orbiter), dann ist Exaktheit natürlich oberstes Gebot. Du weißt ja, was damals passiert ist! Manchmal will man sich aber bloß einen zahlenmäßigen **Überblick** verschaffen.

Dabei interessiert man sich nur für die Größenordnung, also die Zehnerpotenz, und nicht für die genaue Zahl davor. Dieses Rechnen in Größenordnungen nennt man **Abschätzen**. Man rundet mal ein bisschen auf, mal ein bisschen ab und kann das Ergebnis dann im Kopf berechnen. Lass also den Rechner in der Schultasche! Wir wollen nur die **Größenordnung** wissen!

→ **Info:** Andromedanebel

F13 Schreibe folgende Zahlen als Zehnerpotenzen auf
W1
a) 3,7 Millionen
b) 52 Milliarden
c) Zweihunderttausend
d) Zwölftausend
e) 2 Millionstel
f) 7 Milliardstel
g) sieben Hundertstel
h) drei Tausendstel
i) 0,000 000 5 m (Wellenlänge des grünen Lichts)
j) 6,37 Mm (Erdradius)
k) 0,37 Gm (Abstand Erde–Mond)
l) 0,3 nm (Durchmesser eines Wassermoleküls)

 Andromedanebel

Hier werden wir einmal gemeinsam eine Abschätzung machen, damit du das Prinzip kennenlernst.
Die erste Frage lautet: **Wie viele Sekunden hat ein Jahr?**
Gib zuerst einen Tipp ab! Und jetzt die Abschätzung:
1. Schritt: Wie viele Sekunden hat eine Stunde?
Eine Minute hat 60 Sekunden und eine Stunde hat 60 Minuten, also $60 \cdot 60 \text{ s} = 3600 \text{ s} = 3{,}6 \cdot 10^3$ s. Da ist noch nichts gerundet.
2. Schritt: Wie viele Sekunden hat ein Tag?
Ein Tag hat 24 Stunden, also $24 \cdot 3{,}6 \cdot 10^3$ s! Und hier runden wir einmal ein bisschen auf und rechnen $25 \cdot 4 \cdot 10^3 \text{ s} = 100 \cdot 10^3 \text{ s} = 10^2 \cdot 10^3 \text{ s} = 10^5$ s. Ein Tag hat also größenordnungsmäßig 10^5 oder 100.000 s.
3. Schritt: Wie viele Sekunden hat ein Jahr?
Ein Jahr hat 365 Tage, macht also $3{,}65 \cdot 10^2 \cdot 10^5$ s oder aufgerundet $4 \cdot 10^7$ s. Die Sekunden in einem Jahr liegen also in der Größenordnung von einigen Zehnmillionen Sekunden! Was hast du getippt?

Die zweite Frage lautet: **Welche Strecke legt das Licht in einem Jahr zurück?** Diese Strecke nennt man übrigens ein Lichtjahr (Abkürzung LJ oder ly). Tippe wieder zuerst!
Und jetzt die Abschätzung in Größenordnungen:
Die Lichtgeschwindigkeit beträgt etwa $3 \cdot 10^8$ m/s (Tab. 2.2). Wir müssen also noch die Geschwindigkeit mit der Zeit multiplizieren.

$4 \cdot 10^7 \text{ s} \cdot 3 \cdot 10^8 \text{ m/s} = 12 \cdot 10^{15} \text{ m} \approx 10^{16}$ m
Das Licht legt also in einem Jahr die unvorstellbare Strecke von etwa 10^{16} m zurück. Im Alltag würden wir sagen, das sind 10 Billiarden Meter. Wie du siehst, liegt das sogar außerhalb von Tab. 2.2. Der Gesamtfehler bei unserer Abschätzung ohne Taschenrechner ist nur 6 %, weil wir zweimal aufgerundet und zum Schluss wieder abgerundet haben. So schätzt man eben in Größenordnungen ab. In der Umgangssprache wird die Einheit Lichtjahr auch gerne fälschlicherweise für lange Zeiten benutzt („... es ist Lichtjahre her, dass ..."). Das ist natürlich Quatsch (→ **F12**). Wie weit ist übrigens ein LJ aus der Sicht des Universums? Gar nicht weit! Der uns nächste Fixstern, **Proxima Centauri**, ist bereits 4,2 LJ von der Erde entfernt. Und die nächsten großen Galaxien (etwa der majestätische **Andromedanebel**, Abb. 2.3) bereits ein paar Millionen Lichtjahre!

Abb. 2.3: Der **Andromedanebel**, eine unserer Nachbargalaxien

2.3 Das Maß der Welt
Längenmessung

In diesem Kapitel geht es darum, wie schwierig es war und wie lange es dauerte, bis man auf eine möglichst exakte Definition des Meters kam. Und du erfährst, was man unter einem Naturmaß und einem Kunstmaß versteht.

F14 **Miss einmal die Breite deines Daumens ab!** Und dann
E1 miss von deiner Nasenspitze bis zum Daumen deines waagrecht ausgestreckten Armes (wie in Abb. 2.4)! Wie weit ist das?

F15 Stell dir einmal vor, es gibt noch kein einheitliches
E2 Längenmaß. Gibt es etwas in der Natur, das sich nicht verändert und das es überall gibt, sodass du es für eine Definition einer Längeneinheit verwenden könntest?

F16 Wie ändern sich Gegenstände aus Metall, wenn sie
W2 wärmer oder kälter werden? Warum kann das zu Problemen bei der Längenmessung führen? → L

F17 Gibt es eine größte und eine kleinste Länge? → L
W2

Ein Problem der früheren Längenmessungen war, dass praktisch jeder Herrscher seine eigenen Einheiten hatte. **Yard** und **Inch**, die heute noch in vielen englischsprachigen Ländern verwendet werden (etwa in den USA), sollen zum Beispiel auf den englischen König HEINRICH I. zurückgehen (etwa um **1100 n. Chr.**). Ein Yard war der Abstand von seiner Nasenspitze bis zum Daumen seines ausgestreckten Armes und ein Inch die Breite seines Daumens (→ **F14**; Abb. 2.4). Was aber machen, wenn grad kein König zum Nachmessen da ist? Wie groß sind etwa dein Yard und dein Inch?

Abb. 2.4: Yard (0,91 m) und Inch (2,54 cm) nach König HEINRICH I

Um das Problem der individuellen Maße zu umgehen, versuchte man in Frankreich, das Maß der Länge über den **Erdumfang** zu definieren. Der bleibt ja schließlich immer gleich! Die Einheit **Meter** wurde 1793 „geboren". LUDWIG XVI. erließ ein Dekret, in dem diese neue Längeneinheit als der **zehnmillionste Teil** der Strecke vom Nordpol zum Äquator definiert wurde (Abb. 2.5). Ein Viertel des Erdumfangs sind 10^7 m. Das Meter (in der Technik verwendet man tatsächlich den etwas schrägen Artikel „das") wurde daher zum **Naturmaß**. Zur genauen Vermessung wählte man das Teilstück des Meridians aus, das zwischen Barcelona und Dünkirchen durch Paris verläuft.

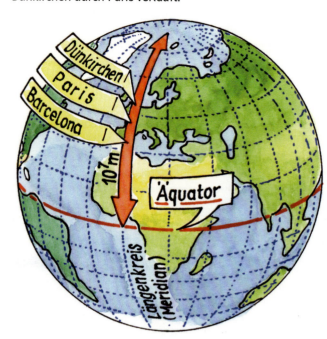

Abb. 2.5: Definition des Meters aus dem Jahr **1793**

Die Forscher waren zur Vermessung des Meridians 7 Jahre unterwegs, und es wäre unglaublich aufwändig gewesen, diese Messung zu wiederholen! Deshalb wurde **1799** das **Naturmaß** durch ein **Kunstmaß** ersetzt, nämlich einen Maßstab aus einer Platin-Legierung. Der eigentliche Urmeterstab (Abb. 2.6) wurde 1889 aus einer Platin-Iridium-Mischung gefertigt und wird bis heute in Paris aufbewahrt. Er war bis 1960 das Maß aller Dinge. Die Länge des Meters wurde zwischen den Mittelstrichen an beiden Enden (Abb. 2.6) bei 0 °C mit einer Genauigkeit von 0,01 mm gemessen.

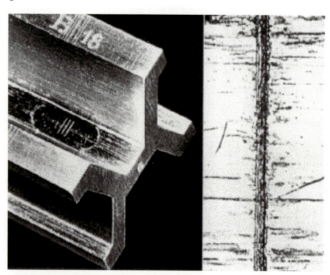

Abb. 2.6: Ein Ende des Urmeterstabs. Die Abmessung erfolgt beim mittleren der drei Striche. In der Vergrößerung sieht man, dass der Strich natürlich etwas „ausgefranst" ist, was Ungenauigkeiten hervorruft.

Die sieben SI-Einheiten **2**

a Schublehre

Das Messen mit Maßband (Genauigkeit etwa 1 cm) und Lineal (Genauigkeit etwa 0,5 mm) ist dir bekannt. Hier geht es um ein Gerät, mit dem man ohne Aufwand noch viel genauer messen kann: die **Schublehre** (Genauigkeit etwa 0,1 mm).

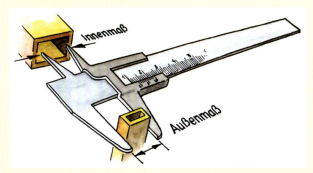

Abb. 2.8: Schublehre

Die Schublehre ist eine Art Lineal mit Zusatzmaßstab, den man **Nonius** nennt. Das Geheimnis des Nonius: Er hat etwas engere Striche als der übliche Zentimetermaßstab, denn die 10 Teilstriche ergeben nur 9 mm. Die Millimeter werden an der oberen Skala abgelesen, die 1/10 mm an der unteren.

Und so geht's: Zuerst schaut man, wo sich der Nullpunkt des unteren Maßstabes auf der Skala des oberen befindet. In unserem Beispiel (Abb. 2.8) ist das zwischen 0,2 und 0,3. Wir wissen also bereits, dass das vermessene Objekt zwischen 2 und 3 mm dick ist. Und jetzt die 1/10 mm!

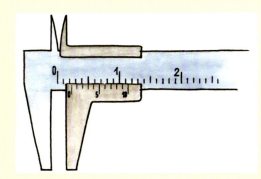

Abb. 2.9: Die Schublehre zeigt eine Länge von 2,3 mm!

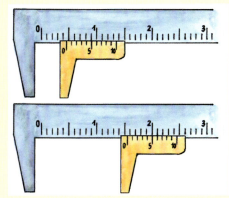

Abb. 2.10: Welche Längen zeigen die Schublehren?

Weil die unteren Striche enger beieinander sind, liegen an irgendeiner Stelle die **Striche der beiden Skalen in einer Linie**. Das ist hier bei 3 auf der unteren Skala der Fall. Das gibt also zusätzliche 3/10 mm. Unser Gegenstand ist daher 2 mm und 3/10 mm bzw. 2,3 mm dick!

F18 Lies jetzt selbstständig die angezeigten Längen in
E1 Abb. 2.10 ab. → L

Mit zunehmendem technischem Fortschritt war aber auch diese Meterfestlegung nicht mehr genau genug. Daher vereinbarte man **1960**, dass 1 Meter ein bestimmtes Vielfaches der Wellenlänge des Lichts ist, das von einem **Krypton-86-Atom** ausgesandt wird (es ist genau das 1.650.763,73-fache dieser Wellenlänge; Abb. 2.7). Dabei handelt es sich wieder um ein Naturmaß.

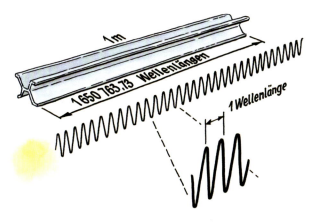

Abb. 2.7: Definition des Meters mit Hilfe der Wellenlänge von Krypton-86 aus dem Jahr **1960**

Am genauesten ist die momentan gültige Definition, die aus dem Jahr **1983** stammt. Dabei gibt man die Zeit an, die das Licht benötigt, um die Strecke von einem 1 Meter im Vakuum zurückzulegen. Diese Zeit ist unglaublich kurz, nämlich 1/299.792.458tel einer Sekunde (also etwa der 300 millionste Teil einer Sekunde). Was war der Grund für diese Neudefinition? Die Zeit konnte damals wegen der Atomuhren bereits wesentlich genauer gemessen werden als die Länge.

→ **Arbeitsbox:** Schublehre
→ **Experiment:** Dicke eines Blatts Papier

e Dicke eines Blatts Papier

Miss nun mit Hilfe einer Schublehre die **Dicke eines Blatts** aus diesem Buch. Natürlich ist ein einziges Blatt zu dünn für eine genaue Messung. Nimm deshalb möglichst viele Blätter und dividiere nach der Messung. Beachte: 100 Seiten sind zum Beispiel 50 Blatt Papier. Mache mehrere Messungen an verschiedenen Stellen des Buches und ziehe dann das arithmetische Mittel. Vergleiche diese Werte mit denen deiner MitschülerInnen.

Größenordnungen **13**

2.4 Gezähmte Zeit
Zeitmessung

Was ist Zeit? Warum können wir uns an die Vergangenheit erinnern, aber nicht an die Zukunft? Gab es Zeit bereits vor dem Urknall? Leider wissen wir wenig über das Wesen der Zeit, und die oben gestellten Fragen lassen sich auch nicht befriedigend beantworten. Es ist ironisch: Obwohl uns komplett unklar ist, was Zeit eigentlich ist, können wir sie extrem genau messen.

F19 Diskutiere mit deinem Nachbarn darüber, was für dich
E2 Zeit ist! Wie könnte man sie beschreiben?

F20 Seit **1983** kann man die Lichtgeschwindigkeit nicht
S2 mehr messen. Klingt komisch, ist aber so! Warum? Es hat mit der Definition des Meters zu tun! → L

F21 Stell dir vor, du lebst vor 10.000 Jahren und willst eine
E2 Uhr bauen. Was würde sich zum Messen der Zeit am besten eignen?

F22 Um wie viel Grad bewegt sich die Sonne in einer
W2 Stunde am Himmel? Versuche im Kopf abzuschätzen!
→ L

F23 Wie viele Sekunden hat ein Tag genau? Und bleibt
W1 diese Anzahl gleich groß, oder haben die Tage unterschiedlich viele Sekunden?

F24 Gibt es eine längste und eine kürzeste Zeit? → L
E2

Werfen wir zuerst einmal einen Blick auf die **Geschichte der Zeitmessung**. Die Sonne war das allererste Hilfsmittel, um die Zeit zu bestimmen. Die ersten **Sonnenuhren** sind wahrscheinlich bereits vor einigen tausend Jahren gebaut worden. Man steckte im einfachsten Fall einen Stab in die Erde, und sein Schatten lief im Laufe eines Tages um ihn herum. Mittag war dann, wenn der Schatten am kürzesten war, also die Sonne am höchsten stand. Später wurden die Sonnenuhren trickreicher und genauer (Abb. 2.11)! Aber das Prinzip blieb immer dasselbe: Zeitmessung mit Hilfe der Erddrehung!

Abb. 2.11: Die große Sonnenuhr in Jaipur. Die Rampe links (über 30 m hoch) wirft den Schatten, der auf der runden Skala (Ausschnitt Bild rechts) entlangläuft und mit einer Genauigkeit von 2 Sekunden abgelesen werden kann.

→ **Experiment:** Sonnenuhr

14 Größenordnungen

e Sonnenuhr

Wir bauen nun eine recht einfache **Sonnenuhr**. Wenn sie fertig ist, dann sieht sie so aus:

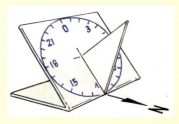

Abb. 2.12: Die fertige Sonnenuhr

Du brauchst dazu eine Scheibe, auf der du die Stunden einträgst. Der Abstand zwischen den einzelnen Stundenstrichen beträgt 15° (→ F22). Damit die Uhr richtig funktioniert, muss der Schattenwerfer parallel zur Erdachse stehen. Das ist dann der Fall, wenn der Winkel α (Abb. 2.13) der **geografischen Breite** deines Wohnortes entspricht. Wenn du diese nicht weißt, dann musst du schätzen oder im Atlas nachsehen. Der südlichste Punkt Österreichs liegt bei etwa 46°, der nördlichste bei 49°.

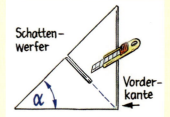

Abb. 2.13: (links) Der Schattenwerfer. Der Winkel sollte der geografischen Breite entsprechen. Den Karton 5 cm einschneiden.

Abb. 2.14: (rechts) Auch auf der Scheibe den Karton einschneiden.

Nun musst du Scheibe (Abb. 2.14) und Schattenwerfer (Abb. 2.13) nur mehr einschneiden, zusammenstecken und 12 Uhr genau nach Norden ausrichten – und hoffen, dass gerade die Sonne scheint. Wundere dich nicht, wenn die Uhr nicht ganz genau geht. Erstens zeigt sie **deine Ortszeit** an. Auf der Erde gibt es aber **Zeitzonen** (Abb. 2.15). Österreich liegt mit den grün markierten Ländern in einer Zeitzone. Alle diese Länder haben zur selben Zeit 12 h, egal, ob die Sonne grad wirklich am höchsten steht oder nicht. Außerdem sind die Tage nicht gleich lang, und Sonnenuhren kennen keine Sommerzeit!

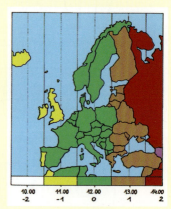

Abb. 2.15: Die Zeitzonen (Zeitunterschiede gegenüber der Mitteleuropäischen Zeit)

Die sieben SI-Einheiten 2

Später versuchte man, von der Sonne unabhängig zu werden und entwickelte Wasseruhren, Kerzenuhren und Sanduhren. Diese hatten aber alle einen großen Nachteil: Man musste auf sie aufpassen, also Wasser nachfüllen, sie umdrehen oder neu anzünden.

Um **1300** wurde eine Erfindung von enormer kulturhistorischer Reichweite gemacht: die Räderuhr (Abb. 2.16). Beim Absinken des Gewichts wickelt sich ein Seil langsam ab und bewegt dadurch die Zeiger. Die **Räderuhr** verbreitete sich rasant über ganz Europa, weil sie ein Symbol für Reichtum und Tatkraft war. Viele Städte beschafften sich deshalb eine Uhr, weil andere auch schon eine hatten. Die Räderuhr war noch ziemlich ungenau, zuerst etwa 1 bis 2 Stunden, später etwa 15 Minuten pro Tag.

Abb. 2.16: Eine alte Räderuhr mit Gewichten

Um etwa 1660 gelang es dem Holländer CHRISTIAN HUYGENS die Zeitmessung wieder entscheidend zu verbessern. Er nutzte Galileis Idee, ein **Pendel** als Taktgeber für Uhren einzusetzen, und konnte die Ganggenauigkeit auf etwa 1 Sekunde pro Tag steigern. Pendeluhren wurden damit zu einer unentbehrlichen Hilfe bei astronomischen Beobachtungen (siehe auch „Schwingungen", Big Bang 6).

→ **Experiment:** Pendel

Huygens fand also im Pendel einen sehr genauen Taktgeber für seine Uhren. Eine Halbschwingung dauert genau eine Sekunde. Heutige Taschenuhren sind da wesentlich genauer, weil diese bis zu 8 Halbschwingungen in der Sekunde haben. Es gibt aber noch zwei weitere Meilensteine in der Genauigkeit der Zeitmessung.

1927 wurde die **Quarzuhr** erfunden. Bei ihr ist ein elektromagnetischer Schwingkreis der Taktgeber, der eine Frequenz von knapp 33.000 Schwingungen pro Sekunden hat! Ein Quarz hilft dabei, dass diese Frequenz ganz genau eingehalten wird. Quarzuhren gehen in einem Monat nur etwa 1 Sekunde falsch. Das ist schon verdammt gut! Es gibt aber eine Uhr, die noch mal um Weltklassen genauer geht: Die **Atomuhr**! Die erste wurde **1948** gebaut. Heute (Stand 2016) sind die besten dieser Uhren so genau, dass sie in **20 Milliarden Jahren nur um 1 Sekunde** falsch gehen! Sie gehen also länger richtig, als das Universum selbst alt ist (13,8 Milliarden Jahre). Beeindruckend, oder?

Vereinfacht gesagt nutzt man bei diesen Uhren die Eigenschaft von Atomen aus, beim Übergang zwischen zwei Energiezuständen **elektromagnetische Wellen** mit einer ganz bestimmten Frequenz abstrahlen oder aufnehmen zu können. Der Taktgeber sind Mikrowellen oder Lichtwellen, die zumindest einige Milliarden Mal, manchmal sogar einige hundert Billionen Mal pro Sekunde schwingen. Atome wie Cäsium-133 oder Strontium-87 dienen dazu, dass diese vorgegebene Frequenz so genau wie möglich eingehalten wird. Und das führt uns zur Definition der Sekunde.

Ein Tag hat im Prinzip 86.400 Sekunden (→ F23). So wurde die Sekunde früher auch definiert. Das Problem ist aber: Das ist ein Durchschnittswert, denn der Zeitraum zwischen 2 Sonnenhöchstständen (also von Mittag zu Mittag) schwankt im Laufe eines Jahres um ein paar Sekunden. Das hat damit zu tun, dass die Erde eine Ellipse um die Sonne beschreibt und die Erdachse um 23,5° auf diese Bahn geneigt ist. So kommt es, dass Sonnenuhren mal nach- und mal vorgehen, im Extremfall bis zu 16 Minuten (Abb. 2.17).

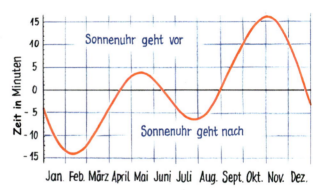

Abb. 2.17: Summe der Gangungenauigkeiten von Sonnenuhren

---

e **Pendel**

Bau dir ein einfaches Pendel aus einem dünnen Faden und einem kleinen Gewicht. Das nennt man ein **Fadenpendel**. Führe nun folgende Versuche durch:

F25 Wovon hängt es ab, wie schnell ein Pendel schwingt?
E1 Vom Gewicht? Vom Grad der Auslenkung? Von der Länge? Finde es durch Experimente heraus! → L

F26 Versuche ein Fadenpendel zu konstruieren, das für eine
E2 halbe Schwingung (Mitte bis Mitte) eine Sekunde braucht (somit für hin und her 2 Sekunden). Verwende dazu eine Stoppuhr. → L

Größenordnungen **15**

Aus diesem Grunde kam es **1967** zu einer neuen Definition, die unabhängig von der Bewegung der Himmelskörper ist. Seit damals definiert man die SI-Sekunde über die Schwingungen jener Mikrowellen, die von den Cäsium-133-Atomen geschluckt werden. Es genügt, wenn du weißt, dass es über 9 Milliarden Schwingungen pro Sekunde sind (genau sind es 9.192.631.770).

Du hast übrigens auch im Alltag etwas davon. Funkuhren werden über Signale aus Frankfurt am Main mit der supergenauen Zeit einer Atomuhr gesteuert - quasi Atomzeit am Handgelenk! Und auch beim GPS haben Atomuhren, die sich in jedem der rund 30 Satelliten befinden, ihre Finger im Spiel. Aus der Laufzeit der Signale bis zu dir lässt sich deine Position metergenau bestimmen.

2.5 Die Letzte ihrer Art
Massenmessung

Die SI-Einheit der Masse ist etwas Besonderes. Es ist nämlich die letzte Basiseinheit, die noch nicht über Naturkonstanten definiert ist. Aber es wird daran gearbeitet.

F27 Du kennst die Bilder von den am Mond wie in Zeitlupe
W1 springenden Astronauten. Das kommt daher, weil am Mond a) ihr Gewicht geringer ist, b) ihre Masse geringer ist, c) beides, d) keines von beiden. → **L**

F28 Welcher Unterschied besteht eigentlich zwischen
E2 Masse und Gewicht? Und was genau ist Masse? (Siehe Kap. 7.1, S. 56 und 7.4, S. 61!)

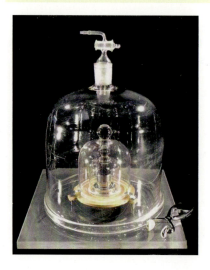

Abb. 2.18: Eine der Kopien des Pariser Urkilogramms

Die Einheit Kilogramm lässt sich indirekt mit Hilfe von Wasser vom Meter ableiten und wurde gemeinsam mit diesem im Zuge der Meterkonvention eingeführt (siehe Kapitel 2.1, S. 9). 1 kg war nach dieser Definition nämlich die Masse eines **Kubikdezimeter reinsten Wassers** bei 4 °C. Aber dann fand man, das sei nicht genau genug und schuf neben dem Urmeterstab **1889** auch das Urkilogramm, das in einem Tresor in Paris unter drei „Käseglocken" aufbewahrt wird (Abb. 2.18) – bis zum heutigen Tag. 1 kg galt seit dieser Zeit als exakt jene Masse, die das Urkilogramm besaß.

Die 42 Duplikate des Urkilogramms waren auf der ganzen Welt verstreut. Bei Vergleichsmessungen wurde nach der Jahrtausendwende jedoch festgestellt, dass das Urkilogramm im Schnitt um 50 µg leichter geworden war als alle Kopien. Es hatte also um den Faktor $5 \cdot 10^{-8}$ an Masse verloren. Die Experten rätselten, niemand wusste warum. Vielleicht wurde es nur zu stark poliert?

Der Verlust mag zwar winzig erscheinen, aber sehr unangenehm. **Jede Waage**, egal ob im Badezimmer, beim Juwelier oder im Supermarkt, verdankte ihre Anzeige indirekt dem Urkilogramm. Und deshalb sollte 1 kg eben genau 1 kg sein. Und sollte der Pariser Metallzylinder gar mal runterfallen und eine Schramme bekommen wie die deutsche Kopie im Zweiten Weltkrieg, wäre das ein Waagen-GAU. Deshalb wurde heftig daran gearbeitet, das Kilogramm – wie auch alle anderen 6 Basiseinheiten – mit Hilfe von Naturkonstanten zu definieren.

→ **Info:** Aliens in Paris
→ **Info:** Wettlauf um das neue Kilogramm

Aliens in Paris

Konstant bedeutet unveränderlich! Eine **Naturkonstante** beschreibt eine Eigenschaft der Natur, die sich **nicht verändert**, zum Beispiel die **Lichtgeschwindigkeit**. Es gibt Einheiten, die sich von solchen Naturkonstanten direkt oder indirekt ableiten lassen. Die Sekunde etwa oder das Meter. Du willst einem Alien mitteilen, wie lang deine Sekunde ist? Du musst ihm nur sagen, dass sie 9.192.631.770 Schwingungen der elektromagnetischen Welle entspricht, die ein Cäsium-133-Atom schluckt. Damit kann das Alien, ohne die Erde jemals zu besuchen, „deine" Sekunde ganz exakt „nachbauen". Ähnlich ist es mit dem Meter. Aber ein Kilogramm konnte das Alien bis 2019 nicht exakt nachbauen! Warum? Dazu hätte es nach Paris kommen müssen, denn ein Kilogramm war nach der damaligen Definition immer noch die Masse des Urkilogramms und nicht durch Naturkonstanten definiert.

Die sieben SI-Einheiten **2**

2.6 Ein Loch von extremer Dichte
Dichte und Dichtemessung

In der Physik kommt man mit 7 Basiseinheiten aus (die drei wichtigsten haben wir schon genauer kennen gelernt). Alle anderen Einheiten lassen sich aus diesen ableiten. Wir greifen exemplarisch ein paar heraus.

F29 Welche Masse hat eine Korkkugel mit einem Radius
E2 von einem Meter? Rate zuerst und schätze dann ab.
→ L

F30 Versuche möglichst einfach zu begründen, warum du
E2 im Wasser untergehst! Warum geht ein Eisberg nicht unter? Und warum geht ein Dampfer nicht unter, obwohl er aus Stahl ist?

F31 Schätze die Masse der Luft im Physiksaal ab. Verwen-
E2 de dazu Tab. 2.4. → L

Ein einfaches Beispiel für eine abgeleitete Größe ist die **Geschwindigkeit**. Sie hat die Einheit m/s (oder km/h, aber das ist keine SI-Einheit). Eine andere abgeleitete Größe ist die **Dichte**. Sie gibt die Masse pro Volumen an und hat daher die SI-Einheit kg/m³.

→ **Experiment:** Dichtemessung

e Dichtemessung

Die Dichte hat in der Physik den griechischen Buchstaben „rho" (ρ).

$$\rho = \frac{m}{V} = \frac{Masse}{Volumen}; [\rho] = 1\frac{kg}{m^3}$$

Bestimme die Dichte einiger Gegenstände. Sie sollten durch und durch aus einem Material sein. Verwende für das Bestimmen des Volumens eine **Schublehre**. Wichtig: Achte darauf, dass du **SI-Einheiten** verwendest, also kg und m. Schätze die Richtigkeit deiner Ergebnisse mit Hilfe der Tabellen Tab. 2.3 und Tab. 2.4 ab.

i Wettlauf um das neue Kilogramm

Im Streit um den Nachfolger gab es ein technisches Wettrüsten begonnen. Da gibt es einmal die Methode mit einer reinen **Siliziumkugel**, in der sich eine bestimmte und möglichst genau abgezählte Anzahl von Atomen befindet (Abb. 2.19). Diese Kugeln sind gewissermaßen die „rundesten Kugeln" der Welt. Wären sie so groß wie die Erde, dann wären die höchsten Berge nur ein paar Meter hoch – der Mount Everest ist 8848 m hoch!

Abb. 2.19: Eine solche 1-kg-Silizium-Kugel ersetzt seit 2019 gemeinsam mit der Watt-Waage das Urkilogramm.

Dann gibt es die Methode des „**elektrischen Kilogramms**" („Watt-Waage"). Dabei ermittelt man die Gewichtskraft einer kg-Kopie mit Hilfe eines Elektromagneten, also mit Hilfe von elektrischem Strom. Wenn man Strom und Spannung kennt, kann man daraus die Leistung, also die Watt-Zahl berechnen.

Beide Methoden wurden parallel entwickelt, um die Genauigkeit bei der Neudefinition zu erhöhen. Weil die Sachen mit der Siliziumkugel seeeehr aufwändig ist, wird in der Praxis meistens die Watt-Waage verwendet. Der wichtige Punkt: Endlich ist auch das Kilogramm über Naturkonstanten definiert.

	ungefähre Dichte in kg/m³
Helium	0,18
Luft, 20 °C, Normaldruck	1,20
Kohlenstoffdioxid	1,98
Olivenöl	910
Eis 0 °C	917
Mensch, eingeatmet	940–990
Wasser, 4 °C	1000
Mensch, ausgeatmet	1010–1100
Meerwasser normal	1025
Totes Meer	1170
Quecksilber	13.546

Tab. 2.3: Beispiele für Dichten verschiedener Flüssigkeiten und Gase

	ungefähre Dichte in kg/m³
Styropor	20–60
Kork	120–550
Holz	450–900
Aluminium	2700
Eisen	7860
Kupfer	8920
Blei	11.340
Gold	19.320
Erde als Schwarzes Loch	10^{30}

Tab. 2.4: Beispiel für Dichten verschiedener Festkörper. Naturstoffe und Stoffe mit Hohlräumen haben je nach Beschaffenheit ziemlich schwankende Dichten.

Generell kann man sagen: Hat ein Stoff eine geringere Dichte als ein anderer, dann steigt er auf (außer es sind beides Festkörper). Auf Wasser schwimmen daher Kork, Holz, Öl oder Eis (Tab. 2.3 und Tab. 2.4). Wenn der **Mensch** eingeatmet hat, geht er nicht unter, weil seine Dichte dann geringer ist als die von Wasser (→ **F30**). Ähnlich ist das mit einem Dampfer: Er ist zwar aus Stahl, aber drinnen ist viel Luft und im Schnitt ist die Dichte geringer als die von Wasser. Helium steigt in Luft auf und eignet sich daher für Ballons. Kohlenstoffdioxid sinkt zu Boden und kann in einem Silo tödlich sein. Im **Toten Meer** ist das Wasser auf Grund des extremen Salzgehalts so dicht, dass man dort niemals untergehen kann (Abb. 2.20).

Abb. 2.20: Schwimmen im Toten Meer

Bei großem Volumen versagt unsere Intuition, dann läppert sich die Masse auch bei geringer Dichte ganz schön zusammen. Denn hättest du gedacht, dass eine Korkkugel mit 1 m Radius eine Masse von weit über 1000 kg hat (→ **F29**)? Die größte Dichte im gesamten Universum haben übrigens **Schwarze Löcher**. Das sind wirklich faszinierende Objekte.

→ Info: Schwarze Löcher

Wie schwer war es wohl vor etwa 150 Jahren, als im Zuge der Meterkonvention von Elle und Zoll auf das metrische System umgestellt wurde? Eine Ahnung davon kannst du bekommen, wenn du weißt, dass die Einheiten **Kalorie** (cal) und **Pferdestärke** (PS) seit **1978** in Österreich eigentlich nicht mehr verwendet werden sollten. Die neuen SI-Einheiten, die sie ersetzten, sind **Joule** (J) und **Watt** (W). Während nach wie vor der Nährwert auf Lebensmitteln auch in Kalorien angegeben ist (Abb. 2.21), ist zumindest seit einiger Zeit das PS aus den Zulassungsscheinen für Autos verschwunden.

→ Info: Ein Würfel aus Zeit

Abb. 2.21: Nährstoffangabe auf einem Molkeprodukt

i Schwarze Löcher

Ein **Schwarzes Loch** entsteht, wenn ein massenreicher Stern von einigen Sonnenmassen ausbrennt und in sich zusammenstürzt. Seine Dichte wird dann so unglaublich groß, dass nicht einmal Licht entweichen kann, daher auch der Name. Die Erde wird zwar niemals in sich zusammenstürzen, aber nehmen wir mal an, jemand presst sie auf ein Schwarzes Loch zusammen, dann hätte sie nur mehr einen Radius von 9 mm (Abb. 2.22). Daraus kann man eine Dichte von mindestens 10^{30} kg/m³ abschätzen. Unvorstellbar! Schwarze Löcher sind die dichtesten **Objekte im Universum** und sie stecken nach wie vor voller Rätsel.

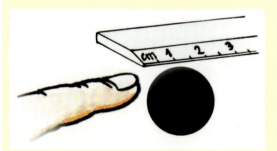

Abb. 2.22: Originalgröße der Erde, wenn sie ein Schwarzes Loch wäre – was sie zu unserem Glück niemals sein kann!

i Ein Würfel aus Zeit

Alle SI-Einheiten lassen sich durch eine Kombination der 7 Basiseinheiten ausdrucken. 1 Joule ist 1 kg · m²/s², und 1 Watt ist 1 kg · m²/s³. Und daraus lernst du etwas Wichtiges. Oft kann man sich von Einheiten kein Bild machen. Denn was soll man sich unter einer Quadrat- oder gar unter einer Kubiksekunde vorstellen? Ein Quadrat oder einen Würfel aus Zeit?

Wie werden die alten Einheiten in die neuen umgerechnet? **1 Kalorie sind rund 4,2 Joule und 1 PS rund 736 Watt** oder, wie man bei der Leistung von Autos oft liest, 0,736 Kilowatt.

Z Zusammenfassung

Damit die Physiker auf dieser Welt eine einheitliche Sprache sprechen, müssen alle dieselben und exakt definierten Einheiten verwenden. Erst seit **1960** gibt es das **SI-System**, das mit nur **7 Basiseinheiten** auskommt (etwa kg, m oder s). Alle anderen Einheiten sind daraus abgeleitet. Bis auf das Kilogramm werden heutzutage alle Basiseinheiten mit Hilfe von **Naturmaßen beziehungsweise Naturkonstanten** beschrieben. Außerdem schreibt man in der Physik die Zahlen in **Zehnerpotenzen** an und einige davon haben bestimmte Vorsilben.

3 Tooltime

Das ist ein Aufwärmkapitel zur **Mechanik**, in dem du einige Tools (also Werkzeuge) kennen lernst, mit deren Hilfe du physikalische Probleme lösen kannst. Du lernst einige Fachbegriffe kennen und auch, dass man in der Physik Begriffe oft anders verwendet als im Alltag, vor allem aber exakter. Und das ist leider manchmal etwas verwirrend.

3.1 Was misst ein Tacho?
Vektor und Skalar

In diesem Abschnitt lernst du Vektoren und Skalare kennen. Besonders ausführlich werden wir uns mit dem Geschwindigkeitsvektor beschäftigen.

F1 W1 Was haben folgende Größen gemeinsam: Masse, Mol, Dichte und Energie? Und diese: Gewicht, Kraft, Geschwindigkeit und Beschleunigung?

F2 E2 Welche physikalische Größe zeigt eigentlich ein Tachometer an?

F3 W1 Wie nennt man eine Geschwindigkeitsänderung in der Physik ganz allgemein?

F4 E2 Du fährst mit konstant 80 km/h durch eine Kurve. Ändert sich dabei die Geschwindigkeit?

F5 W2 Was kannst du spüren, wenn du im Auto oder auf der Achterbahn eine scharfe Kurve fährst? Was ist der Grund dafür?

F6 E2 Es gibt eine Beschleunigung, bei der man gleich schnell bleibt. Kannst du dir vorstellen, was damit gemeint ist?

Masse, Mol, Dichte und Energie haben eines gemeinsam (→ **F1**): Man kann sie mit nur **einer Zahl** beschreiben (verwechsle nicht Zahl und Ziffer!). Das Urkilogramm hat klarer Weise 1 kg und ein Mol hat $6 \cdot 10^{23}$ Teilchen. Größen, die man mit nur einer Zahl beschreiben kann, nennt man Skalare. Sie haben keine Richtung.

Gewicht, Kraft, Geschwindigkeit und Beschleunigung haben auch eines gemeinsam: Sie haben nämlich eine **Richtung**. Es macht ja einen großen Unterschied, ob dich dein Gewicht auf den Boden drückt oder an die Decke. Dein Gewicht zeigt immer in Richtung Erdmitte. Daran siehst du schon einen großen Unterschied zur Masse, die leider immer mit Gewicht verwechselt wird: Die Masse hat keine Richtung (siehe Kap. 7.4.1, S. 61)!

Auch bei der Geschwindigkeit spielt die Richtung eine Rolle. Wenn du von Wien aus nach Westen willst, musst du über die Westautobahn. Größen mit Richtung nennt man Vektoren. Zu ihrer Beschreibung braucht man mehrere Zahlen. Grafisch werden sie als Pfeile dargestellt.

→ **Info:** Vektoren

Sind Kraft oder Geschwindigkeit Vektoren? Nein, sie können so **dargestellt** werden, das ist ein Unterschied! Wir wissen nicht, was die Kraft wirklich ist, aber wir können sie als Vektor darstellen. Die Formulierungen „Kraft ist ein Vektor" und „Kraft kann als Vektor dargestellt werden" sind zwar nicht ganz gleich, werden aber oft gleich verwendet, weil es die Sprache einfacher macht. Auch in diesem Buch ist das so.

Nehmen wir mal zwei praktische Beispiele zu Vektoren. In Abb. 3.2 siehst du die **Geschwindigkeitsvektoren** von zwei Autos auf der Westautobahn. Die Vektoren geben Richtung und Größe der Geschwindigkeiten an. Je höher die Ge-

Vektoren

In der Physik kommen meistens **2- oder 3-dimensionale Vektoren** vor. In diesem Buch sind Vektoren fett gedruckt. Die Kraft ist also zum Beispiel so dargestellt: **F**. Es gibt Spalten- und Zeilenform – Geschmackssache. Die Kraft **F** in drei Dimensionen kann man so darstellen:

$$\mathbf{F} = \begin{pmatrix} F_x \\ F_y \\ F_z \end{pmatrix} \text{ oder } \mathbf{F} = (F_x \mid F_y \mid F_z)$$

Eine solche Darstellungsform nennt man übrigens **Matrix** (bitte deutsch aussprechen). Damit meint man allgemein tabellenartig angeschriebene Zahlen. Die Vektoren oben nennt man 3x1- bzw. 1x3-Matrizen. Die Matrix im gleichnamigen Film ist seeeehr kompliziert und noch dazu in 3D (siehe Abb. 3.1).

Abb. 3.1: Hollywoodversion einer (bzw. „der") Matrix

Für unsere Abschätzungen und Berechnungen ist meist die Länge der Vektoren wichtig, also der **Betrag**. Man berechnet ihn mit Hilfe des Satzes von Pythagoras:

$$|\mathbf{F}| = \sqrt{F_x^2 + F_y^2 + F_z^2}$$

Wichtig: Der Betrag eines Vektors ist ein Skalar und hat dann natürlich keine Richtung mehr! Man kann es auch so schreiben:

$|\mathbf{F}| = F$

schwindigkeit, desto länger der Vektor. Frau Mayer fährt auf der Strecke von Wien nach Salzburg gerade mit 100 km/h bei St. Pölten vorbei. Dort führt die Autobahn genau nach Westen. Herr Müller kommt aus Salzburg und bolzt mit seinem neuen Sportwagen mit 200 km/h (das ist natürlich viel zu schnell) am Mondsee vorbei. Dort führt die Autobahn in Richtung Nordosten.

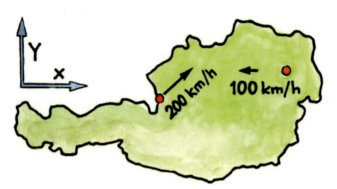

Abb. 3.2: Beispiel für zwei zweidimensionale Geschwindigkeitsvektoren

In Abb. 3.3 siehst du die Gewichtskraft, mit der Herr Müller und Frau Mayer von der Erde angezogen werden. Der gewichtige Herr Müller befindet sich am Nordpol, die schlanke Frau Mayer am Südpol. Die Einheit der Kraft ist das **Newton (N)**, aber dazu kommen wir noch später (Kap. 7.3, S. 59).

Abb. 3.3: Beispiel für zwei dreidimensionale Kraftvektoren

Wann sind zwei **Skalare** gleich? Wenn beide Zahlenwerte gleich groß sind! Also 1 kg ist logischerweise 1 kg. Wann sind zwei **Vektoren** gleich? Wenn sie in allen ihren Zahlen übereinstimmen. Wie sieht das grafisch aus? Zwei Vektoren sind dann gleich groß, wenn du sie durch Verschieben zur Deckung bringen kannst. Wichtig: nur schieben, nicht drehen! Nur dann bleiben nämlich alle Koordinaten des Vektors gleich. In Abb. 3.4 ist das nur bei a der Fall. Bei b und e sind die Vektoren zwar gleich lang (haben also den gleichen Betrag), aber es handelt sich trotzdem um verschiedene Vektoren.

→ **Info:** Pfeilvergleich

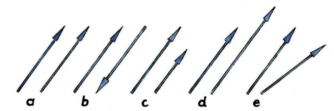

Abb. 3.4: Nur bei a sind die Vektoren gleich! Fall a nennt man **parallel**, Fall b **antiparallel**.

Was zeigt ein **Tachometer** an (→ F2)? Die Geschwindigkeit? Die Antwort ist verblüffenderweise: Nein! Er zeigt ja nicht an, in welche Richtung ein Auto fährt. Der Tachometer zeigt dir den Betrag der Geschwindigkeit an, und das ist etwas anderes. Denn der Betrag der Geschwindigkeit, den man auch Tempo nennt, ist ein Skalar. Du wirst dir vielleicht denken, dass das eine Spitzfindigkeit ist. Aber warte mal ab!

==Jede Änderung der Geschwindigkeit nennt man in der Physik eine Beschleunigung.==

→ **Info:** Fachchinesisch

Fachchinesisch

In der Physik kommen viele Fachwörter vor, die du aus dem Alltag nicht kennst. **Skalar** ist so eines. Es kommen aber auch Wörter aus dem Alltag vor, die in der Physik eine andere Bedeutung haben. Das ist schwierig, weil es dadurch zu Missverständnissen kommen kann.

In diesem Abschnitt kommt das Wort **Beschleunigung** vor. Im Alltag meint man damit, dass etwas schneller wird. In der Physik meint man damit aber **jede Änderung der Geschwindigkeit** (→ F3), also auch Kurvenfahrten oder Abbremsen (das wäre eine negative Beschleunigung). Denn denk daran: Die Geschwindigkeit ist ein Vektor. Die Kurvenfahrt ist daher eine Beschleunigung, bei der man jedoch nicht schneller wird (→ F6)!

Pfeilvergleich

Der Betrag eines Vektors ist ein Skalar. In der Abb. 3.5 siehst du 4 Vektoren mit gleichem Betrag, nämlich 5 (weil

$$\sqrt{3^2 + 4^2} = \sqrt{9 + 16} = \sqrt{25} = 5$$

ist). Alle Vektoren haben zwar die gleiche Länge, aber nur die Vektoren a und b sind gleich. Sie haben die Koordinaten (3,4). c hat die Koordinaten (0,5) und d (3,4). Zwei Vektoren sind nur dann gleich, wenn sie in **allen Merkmalen** übereinstimmen. Dann kannst du sie durch reines Verschieben zur Deckung bringen.

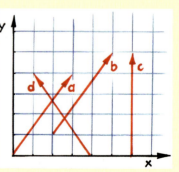

Abb. 3.5: Vier gleich lange Vektoren!

Wann ändert sich die Geschwindigkeit? Wenn man langsamer (Abb. 3.4 c) oder schneller wird (d) oder die Richtung ändert (e). Wenn du mit 80 km/h durch eine Kurve fährst, dann ändert sich die Geschwindigkeit, weil sich die Richtung des Geschwindigkeitsvektors ändert (Abb. 3.6; → F4). Die Geschwindigkeitsänderung kannst du als **Beschleunigung** spüren. Im Fall einer Kurve tritt eine Zentripetalbeschleunigung auf (siehe Kap. 7.4.4, S. 66; → F5). Auf Grund der Trägheit (siehe Kap. 7.2, S.57) drückt es dich scheinbar nach außen.

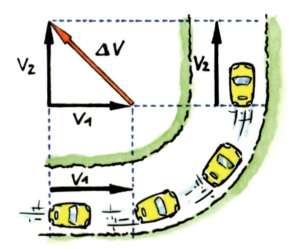

Abb. 3.6: Der Fahrer fährt durch die Kurve, ohne vom Gas zu gehen. Trotzdem ändert sich die Geschwindigkeit, weil sich der Geschwindigkeitsvektor dreht! Diese Beschleunigung kann der Fahrer spüren.

Du siehst also: Wäre die Geschwindigkeit ein Skalar, dann würde in der Kurve **keine** Beschleunigung auftreten, und dann könntest du beliebig schnell durch Kurven fahren, ohne von der Straße abzukommen.

Zum Schluss noch eine wichtige, nichtphysikalische Frage: Ist die Intelligenz eines Menschen besser mit einem Vektor oder einem Skalar zu beschreiben? Nun, der **Intelligenzquotient** (IQ) ist auf jeden Fall ein Skalar, er hat ja keine Richtung. Zwei Menschen mit IQ 120 sollten demnach dieselbe Intelligenz haben. Aber Intelligenz kann man in Wirklichkeit nur mit einem sehr komplizierten Vektor beschreiben. Denk dran, wie unterschiedlich begabt zwei Menschen mit einem IQ von 120 sein können! Und wie ist das mit den Schulnoten? Vektor oder Skalar? Dadurch gerecht oder eher ungerecht? Überlege!

Z Zusammenfassung

Skalare haben keine Richtung und werden mit nur einer Zahl beschrieben (z. B. die Masse). **Vektoren** haben eine Richtung und werden mit mindestens 2 Zahlen beschrieben (z. B. die Kraft). Die Unterscheidung zwischen Vektor und Skalar ist wichtig. Wir werden bei unseren späteren Berechnungen meistens mit dem Betrag des Vektors auskommen. In manchen Fällen ist es aber wichtig, auch die Richtung zu kennen.

3.2 Wolkenbruch und Fahrradboten
Einfache Vektoroperationen

In diesem Abschnitt geht es um einfache Vektoroperationen. Viele Probleme lassen sich grafisch lösen. Und wir werden ein paar wichtige Dinge aus späteren Kapiteln bereits vorwegnehmen.

F7 W2 Du fährst mit dem Bus mit 1 m/s gemächlich von der Schule nach Hause und gehst mit 0,5 m/s nach hinten. Du schiebst dir das Mittags-Baguette mit 0,05 m/s (5 cm/s) in den Mund (du bist sehr hungrig). Auf dem Baguette läuft eine Ameise mit 0,1 m/s (10 cm/s) um ihr Leben. Wie schnell ist die Ameise relativ zur Straße?

Abb. 3.7

F8 W2 Welchen Weg legt ein Stück Zucker zurück, das du in einem Flugzeug aus 10 cm Höhe in die Tasse fallen lässt?

F9 W2 Ein Zeitungsbote fährt mit seinem Rad mit 10 m/s und wirft die Zeitung mit ebenfalls 10 m/s quer zur Fahrtrichtung. Wie schnell fliegt die Zeitung relativ zum Boden, und wo muss er sie wegwerfen, damit er genau die Tür trifft?

F10 W2 Wolkenbruch! Die Tropfen fallen senkrecht mit 8 m/s zu Boden und du beginnst mit 6 m/s zu laufen. Wie fällt dann aus deiner Sicht der Regen zu Boden? Wie musst du den Schirm halten?

Wie werden Vektoren addiert? Du kannst einen Vektor beliebig verschieben, ohne dass sich seine Koordinaten verändern. Du schiebst also einfach an das Ende des ersten Vektors den Anfang des zweiten, und der Summenvektor zeigt dann vom Anfang des ersten Vektors zum Ende des zweiten (Abb. 3.8).

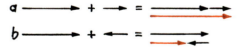

Abb. 3.8: Grafische Addition von parallelen und antiparallelen Vektoren. Der Summenvektor ist rot dargestellt.

Lösen wir → F7 grafisch auf (Abb. 3.9). Hier überlagern sich vier Geschwindigkeiten. Zur besseren Übersicht sind die Vektoren untereinander gezeichnet! Die Ameise bewegt sich mit 0,45 m/s **relativ zum Boden**.

→ **Info:** Bezugssysteme | -> Seite 22

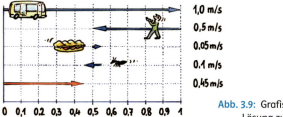

Abb. 3.9: Grafische Lösung zu → F7

In → **F7** waren die Vektoren alle parallel, das Problem also **1-dimensional** (wie auch in Abb. 3.8). So richtig Biss bekommt die Methode erst, wenn du dich in mindestens 2 Dimensionen begibst. Das Prinzip bleibt aber immer das gleiche: Vektoren aneinander legen!

Stell dir mal vor, drei Leute ziehen an Schnüren in drei Richtungen, so wie in Abb. 3.10 a. Es handelt sich also diesmal um Kraftvektoren. Die Winkel zwischen den Kräften sind 120°. Wie groß ist die Gesamtkraft? Um das grafisch zu lösen, schiebst du F_2 an die Spitze von F_1 und F_3 an die Spitze von F_2 ... und dann bist du wieder am Ausgangspunkt angelangt (Abb. 3.10 c). Was bedeutet das?

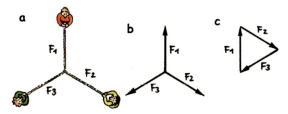

Abb. 3.10: Addition von drei 2-dimensionalen Vektoren

Das bedeutet, dass die Gesamtkraft null ist. ==Wenn alle Kräfte in einem System einander die Waage halten (wenn sie sich also aufheben), dann treten keine Beschleunigungen auf.== In diesem Fall bedeutet das, dass keiner der drei Leute es schafft, die anderen wegzuziehen.

Wie ist es mit dem **Zeitungsboten** (→ **F9**)? Auch hier gibt es wieder eine grafische Lösung (Abb. 3.11). Die Darstellung ist ein bisschen anders gewählt, weil die Vektoren mit Hilfslinien zu einem Quadrat ergänzt wurden. Du siehst: Die Geschwindigkeit der Zeitung ist gleich der Diagonale des Quadrats, also etwa 14,1 m/s. Und obwohl der Junge **aus seiner Sicht** die Zeitung quer zur Fahrtrichtung wegwirft, fliegt diese vom **Boden aus gesehen** unter 45° nach vorne. Alles eine Frage des Bezugssystems! Er darf die Zeitung also nicht erst auf Höhe der Tür schmeißen, sonst landet sie im Gebüsch.

Abb. 3.11: Diese Art der Darstellung nennt man **Vektorparallelogramm**. Die Diagonale eines Quadrats ist Seitenlänge mal $\sqrt{2} \approx 1{,}41$.

i Bezugssysteme

Zur Angabe von Bewegungen braucht man **Bezugssysteme**, also einen Anhaltspunkt, zu dem man die **Bewegungen relativ misst**. Normalerweise ist dieses die gesamte Erde. Wenn du sagst, „ich fahre mit 10 m/s", dann meinst du eigentlich „mit 10 m/s relativ zum Boden".

Die Ameise in Frage 7 bewegt sich (relativ zur Straße) mit 0,45 m/s. Zum Baguette bewegt sie sich aber mit −0,1 m/s, zu deinem Mund mit −0,05 m/s und zum Bus mit 0,55 m/s. Alle diese Angaben sind möglich und richtig. Du siehst also, wie wichtig es ist, das **Bezugssystem** dazu zu sagen, sollte es einmal nicht die Erde sein (siehe dazu auch Abb. 3.11 und Abb. 3.13)!

Abb. 3.12: Fall des Zuckerstücks aus deiner Sicht (a) und eines Beobachters am Boden (b)

Wenn du im Flugzeug aus 10 cm Höhe ein Stück Zucker in den Tee fallen lässt (→ **F8**), dann legt es für einen Beobachter auf der Erde dabei **35 m in horizontaler Richtung** zurück (Abb. 3.12 b). Weil alles gleich schnell fliegt, funktioniert für dich im Flugzeug aber alles „normal" (a). Für dich ist es sinnvoller, als Bezugssystem das **Flugzeug** zu nehmen.

Wie fallen **Regentropfen** aus deiner Sicht, wenn du läufst (→ **F10**, Abb. 3.13 a)? Es addieren sich wieder zwei Geschwindigkeiten. In Summe kommen die Tropfen dadurch mit 10 m/s schräg von vorne. Deshalb musst du den Schirm kippen (b).

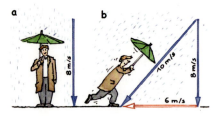

Abb. 3.13: Wenn du läufst, addieren sich die Geschwindigkeiten. Weil es sich um ein rechtwinkeliges Dreieck handelt, kannst du mit **Pythagoras** rechnen: $\sqrt{6^2 + 8^2} = \sqrt{36 + 64} = \sqrt{100} = 10$. Eine solche Konstruktion nennt man **Vektordreieck**.

Z Zusammenfassung

Vektoren werden addiert, indem man sie aneinander legt. Der Summenvektor zeigt dann vom Anfang des ersten bis zum Ende des letzten Vektors und kann auch null sein. Es ist wichtig, welches Bezugssystem man zur Beschreibung einer Bewegung wählt. Wenn man es nicht dazu sagt, ist der Erdboden gemeint.

3.3 Gespannter Zwirn
Zerlegung von Vektoren

Im letzten Abschnitt haben wir Vektoren addiert bzw. zusammengesetzt. In diesem Abschnitt lernst du, wie man Vektoren wieder in einzelne Komponenten zerlegt. Auch das ist ein unglaublich wichtiges Tool für später, aber schon hier lernst du ein sehr verblüffendes Beispiel dazu kennen. Wir lösen alle Probleme grafisch.

F11 Wieso beschleunigt eine Kugel an einem steilen
E2 Abhang schneller als an einem flachen (probier das an einem geneigten Tisch aus)? Das Gewicht ist doch in beiden Fällen gleich groß! Und warum erzeugt eine schiefe Ebene eine Fallbewegung in Zeitlupe?

F12 Du hältst ein Gewicht von 10 N (das entspricht einer
E2 Masse von 1 kg) an einer Schnur. Mit wie viel Newton musst du an den Enden ziehen, damit sie wirklich völlig gespannt ist?

Abb. 3.14: Wie viel Kraft ist nötig, um das Seil völlig zu spannen?

In Kapitel 1.2 ist davon die Rede, dass GALILEO GALILEI zum Überprüfen der Fallgesetze Kugeln über schiefe Ebenen rollen ließ. Dadurch entsteht eine „Fallbewegung in Zeitlupe". Aber warum? So, wie man einen Summenvektor aus zwei Vektoren zusammensetzen kann, kann man jeden **Vektor** auch wieder „auseinander nehmen", also in seine zwei Bestandteile (Komponenten) **zerlegen**.

→ **Info:** Vektorzerlegung

Das Gewicht eines Gegenstandes ist die Kraft, mit der er von der Erde angezogen wird (siehe Kap. 7.4.1, S. 61). Diese Gewichtskraft F_G kann man in zwei Komponenten zerlegen: in eine, die **parallel** zum Hang zeigt (F_{GH}), und in eine, die **normal** zum Hang zeigt (F_{GN}) (Abb. 3.16).

Welche Komponente ist für die Beschleunigung der Kugel verantwortlich? Ausschließlich F_{GH}! Weil aber F_{GH} immer kleiner ist als F_G, entsteht dadurch die Zeitlupenbewegung, mit der Galilei die Fallgesetze überprüft hat.

Vektorzerlegung

In Abbildung 3.15 siehst du x- und y-Komponente des Vektors (3|4). Wo du die Komponenten einzeichnest, also auf den Hauptachsen oder vom Beginn des Vektors, spielt keine Rolle, weil du ihn ja parallel verschieben kannst. Die Vektorzerlegung funktioniert auch dann, wenn die Hauptachsen keinen rechten Winkel einschließen (Abb. 3.18 f).

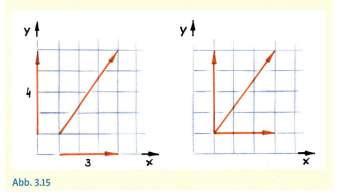

Abb. 3.15

Wie du in Abb. 3.17 siehst, ist F_{GH} umso kleiner, je flacher die Ebene ist, und wird sogar null, wenn diese horizontal ist. Deshalb beschleunigt auf einem steilen Abhang eine Kugel schneller als auf einem flachen (→ **F11**).

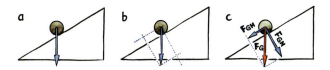

Abb. 3.16: Zerlegung des Gewichtsvektors in die Hangabtriebskraft F_{GH} und in die Kraft normal zum Hang F_{GN}. F_{GH} ist immer kleiner als F_G und daher ist auch die Beschleunigung der Kugel nicht so groß wie im freien Fall.

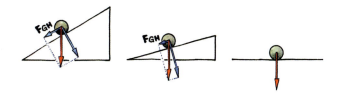

Abb. 3.17: Die **Hangabtriebkraft** F_{GH} wird kleiner, je weniger stark die Ebene geneigt ist.

Wie stark musst du die Schnur spannen, damit sie völlig waagrecht ist (→ **F12**)? Die Antwort ist sehr verblüffend und lautet: Es ist **unmöglich**, die Schnur völlig waagrecht zu spannen! Warum? Erinnere dich: Wenn alle Kräfte einander aufheben, dann gibt es auch keine Beschleunigung!

Wenn also das Gewicht in Abb. 3.14 in Ruhe ist, dann muss es eine Kraft geben, die gleich groß, aber entgegengesetzt gerichtet ist. Diese Kraft ist in Abb. 3.18 b blau eingezeichnet.

Woher kommt aber diese Kraft nach oben? Vom **Zug des Seils**. Die Kräfte in einem Seil wirken natürlich nur in Seilrichtung. Deshalb musst du diese „blaue" Kraft in jene zwei Komponenten zerlegen, die in Seilrichtung zeigen (c). Du siehst, dass du in diesem Fall mit jeweils 10 N ziehen musst. Aber wieso kann man das Seil nicht völlig spannen?

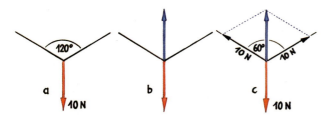

Abb. 3.18: Da das Gewicht in Ruhe ist, muss die Gewichtskraft (rot) von einer anderen Kraft (blau) kompensiert werden. Du musst diesen Vektor in die Komponenten zerlegen, die in Seilrichtung zeigen. Drei gleich große Kräfte unter 120°, die einander aufheben, hattest du schon bei Abb. 3.10!

In Abb. 3.19 siehst du, dass die benötigte Kraft schnell anwächst, wenn du das Seil noch mehr spannst (b). Willst du es völlig waagrecht spannen, dann müsste die **Kraft unendlich groß** sein, denn dann wird auch das Kräfteparallelogramm unendlich breit (c). Man kann es anders sagen: Um das Gewicht zu kompensieren, brauchst du Kräfte, die auch eine **vertikale Komponente** haben (so wie das bei a und b der Fall ist). Wenn das Seil aber völlig gespannt wäre, dann hätten die Kräfte nur **horizontale Komponenten**. Diese können nur auf die Seite, aber niemals nach oben ziehen.

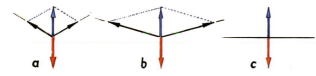

Abb. 3.19

Selbst bei einem Zug von $2,5 \cdot 10^5$ N an jedem Ende – und dabei würde auch Superman schon schwitzen, weil das ist das Gewicht eines 25-Tonnen-Sattelschleppers – würde das Seil immer noch 1/100 mm durchhängen. Und weil auch der dünnste Zwirn immer ein Eigengewicht hat, heißt das, dass Superman nicht mal in der Lage ist, selbst den dünnsten Faden vollkommen zu spannen (→ F12). Ist das nicht erstaunlich?

Abb. 3.20: Nicht mal Superman kann den Faden völlig spannen!

Z Zusammenfassung

Größen werden in der Physik durch **Skalare** oder **Vektoren** beschrieben. Diese Unterscheidung scheint etwas lästig zu sein, weil man sie vom Alltag her nicht gewohnt ist. Sie ist aber sehr wichtig, wenn man exakt sein will. Skalare sind normale Zahlen, mit denen du wie gewohnt rechnen kannst. Viele physikalische Probleme lassen sich grafisch durch **Vektoraddition** lösen oder, indem man einen Vektor wieder in seine einzelnen Komponenten zerlegt. Außerdem hast du den Begriff des **Bezugssystems** kennen gelernt. Es ist immer wichtig zu wissen, was man als Anhaltspunkt für seine Messungen hernimmt.

Tooltime

F13 Fasse noch einmal den Unterschied zwischen Vektor
W1 und Skalar zusammen und gib einige Beispiele dazu.

F14 Teile folgende Einheiten in Vektoren und Skalare ein:
W1 Meter, Newton, Watt, Joule, Kilogramm, kg/m³. → L

F15 Erkläre den Unterschied zwischen Masse und Gewicht
W1 mit Hilfe der Begriffe Vektor und Skalar!

F16 Beweise mit dem Satz von Pythagoras, dass alle
W2 Vektoren in Abb. 3.5 gleich lang sind. Du musst sie dazu in ihre x- und y-Komponenten zerlegen.

F17 Nimm an, dass in Abb. 3.10 eine der Kräfte doppelt so
W2 groß ist wie die anderen. Wie sieht die Summenkraft dann aus? → L

F18 Was versteht man in der Physik unter dem Begriff
W1 Beschleunigung?

F19 Was zeigt ein Tachometer an? Versuche, möglichst
W2 exakt zu erklären!

F20 Nimm an, Regentropfen fallen mit 8 m/s unter 45° von
W2 rechts nach links auf den Boden. Wie schnell musst du nach links laufen, dass aus deiner Sicht der Regen senkrecht fällt? Löse grafisch! → L

4 Gedachte Singularität

Ein wichtiges Prinzip der Physik ist, dass man manche Probleme möglichst vereinfacht, um deren Lösung zu erleichtern. Man spricht dann von **Spezialfällen**. Die umfassendste Theorie zur Beschreibung des freien Falls ist zum Beispiel die Allgemeine Relativitätstheorie (Kap. 1.5, S. 7). Aber um den Wurf eines Balls zu berechnen, sind die Fallgesetze des GALILEI meist völlig ausreichend. Man muss also wissen, wann man was vereinfachen darf. In diesem Kapitel geht es darum, dass man in vielen Fällen Gegenstände auf einen einzigen Punkt reduzieren kann, den so genannten **Körperschwerpunkt**. Und trotzdem sind die Lösungen der Probleme völlig exakt und oft auch verblüffend!

4.1 Ein Stapelproblem
Der Körperschwerpunkt (KSP)

In diesem Abschnitt sprechen wir über den Körperschwerpunkt und lösen damit gleich ein Bücherstapel-Problem!

F1 Handwerker verwenden oft ein so genanntes Lot. Was
W1 ist das eigentlich und wozu braucht man es?

F2 Wie groß war das Universum vor dem Urknall?
S2

F3 Wann befindet sich eine Wippe im Gleichgewicht?
W2 Versuche mit Hilfe des KSP zu erklären.

F4 Ist es möglich, einen Stapel Bücher so zu bauen, dass
E2 das oberste Buch ganz über die Tischplatte hängt? Wie würdest du vorgehen? Und wie viele Bücher Überhang kann man mit einem Stapel erzeugen?

Der **Körperschwerpunkt (KSP)** ist ein gedachter Punkt, an dem sich die gesamte Masse eines Gegenstandes befindet. Wenn man einen Gegenstand an diesem Punkt unterstützt oder aufhängt, dann befindet er sich im Gleichgewicht, kippt also nicht auf irgendeine Seite. Die Bestimmung des KSP ist bei einem 2-dimensionalen geometrischen Objekt, etwa bei einem Dreieck, relativ einfach. Du musst dazu nur die Schwerelinien schneiden (Abb. 4.1). Wenn du deinen Zeigefinger unter eine Schwerelinie legst, dann befindet sich das Dreieck im Gleichgewicht. Der KSP eines unregelmäßigen 2-dimensionalen Gegenstandes lässt sich experimentell bestimmen.

→ **Arbeitsbox:** KSP
→ **Info:** Singularität

Wann befindet sich eine **Wippe** im Gleichgewicht? Wenn der gemeinsame KSP von beiden Personen genau über dem Drehpunkt liegt (→ F3). Ein gemeinsamer Schwerpunkt liegt immer auf der Linie, die die beiden einzelnen Schwerpunkte verbindet. Aber wo auf dieser Linie? Wenn beide Personen gleich schwer sind, in der Mitte. Wenn die Person rechts halb so viel wiegt, dann muss sie doppelt so weit rausrücken (Abb. 4.4), wenn sie ein Drittel wiegt 3-mal so weit und so weiter. Mit dieser Tatsache kannst du das Stapelrätsel lösen (→ F4).

a KSP

Wie findest du bei einem **unregelmäßigen 2d-Objekt** den KSP? Schneide aus Karton eine möglichst unregelmäßige Figur aus. Stich dann an einer Stelle durch und befestige dort ein Lot (→ F1). Das ist ein Faden mit einem schweren Gegenstand am Ende. Es zeigt immer in Richtung Erdmittelpunkt.

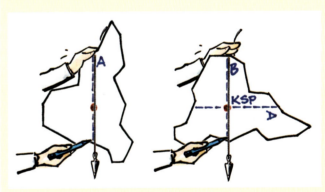

Abb. 4.2: So bestimmst du das Lot eines beliebigen 2-dimensionalen Körpers.

Wenn ein Gegenstand frei hängt, dann stellt er sich so ein, dass der KSP genau unter dem Aufhängepunkt liegt. Das Lot zeigt dann eine **Schwerelinie** an (Abb. 4.2). Zeichne diese ein und mach das ganze noch mal von einer anderen Richtung. Dort, wo sich beide Schwerelinien schneiden, ist der KSP. Voilà! Wenn du alles richtig gemacht hast, dann kannst du dort den Gegenstand mit einem Finger unterstützen und er bleibt im Gleichgewicht!

Abb. 4.1: Schwerpunkt eines Dreiecks durch Schneiden der Schwerlinien

i Singularität

Ein Punkt hat keine Ausdehnung. Er ist also gewissermaßen **nulldimensional**. Und er hat etwas mit dem Universum gemeinsam, wie es vor etwa 13,8 Milliarden Jahren war. Denn vor dem Urknall befand sich das ganze Universum in einem Punkt unendlich hoher Dichte zusammengepresst. Damit war es praktisch sein eigener Körperschwerpunkt (→ **F2**). Obwohl man sich das nicht vorstellen und auch nicht berechnen kann (weil man mit Unendlich schlecht rechnet), haben die Physiker diesem Zustand einen Namen gegeben: **Singularität**. Natürlich ist der Körperschwerpunkt keine wirkliche Singularität, sondern nur eine gedachte.

Abb. 4.3: Das Foto, das Gott vom Urknall schoss, ließ er sich groß einrahmen ...

Abb. 4.4: Gleichgewicht herrscht, wenn der gemeinsame KSP (rot) über dem Drehpunkt liegt (strichlierte Linie).

Wie weit kannst du ein Buch über eine Tischkante schieben (→ **F4**)? So weit, dass sein KSP **genau über der Kante liegt** (Abb. 4.5 a). Noch einen winzigen Hauch weiter, und es würde wegrutschen. Dieses Prinzip gilt auch für den ganzen Buchstapel: Der **gemeinsame KSP** aller Bücher darf im Extremfall genau über der Kante liegen.

Fang einmal mit **zwei Büchern** an. Das oberste kannst du eine halbe Länge überstehen lassen. Wie weit kannst du beide gemeinsam schieben? So weit, bis der gemeinsame KSP genau über der Kante liegt. Weil beide Bücher gleich schwer sind, liegt der gemeinsame KSP1+2 genau in der Mitte zwischen den einzelnen Bücherschwerpunkten. Das zweite Buch schaut jetzt noch zusätzlich eine Viertellänge über den Tisch (b).

Wo ist der gemeinsame KSP, wenn du **drei Bücher** nimmst (c)? Denk an die Wippe! Im KSP1+2 ist ja die Masse von 2 Büchern vereint. Der gemeinsame KSP aller drei Bücher teilt also die Linie KSP3 nach KSP1+2 im Verhältnis 2:1. Der zusätzliche Überhang ist nun 1/6. Wenn du jetzt noch ein viertes Buch dazu nimmst, hat das einen Überhang von 1/8. Schon rein optisch siehst du, dass das oberste Buch bei d ganz über der Tischplatte hängt. Wenn du die Überhänge addierst, dann kommst du auf 25/24. Na bitte!

→ **Info:** Harmonisch

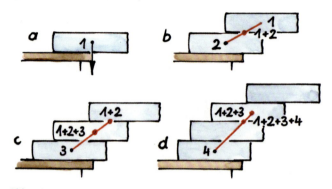

Abb. 4.5

i Harmonisch

Du siehst, dass die Überhänge, die pro zusätzlichem Buch erzielt werden, die Kehrwerte der geraden Zahlen sind und daher rasch abnehmen. Um einen Überhang von 2 Büchern zu erzielen, musst du bereits 31 Bücher stapeln, für 3 Buchlängen 227 Bücher und für 4 Buchlängen 1674 Bücher! Prüfe das mit einem Tabellenkalkulationsprogramm nach.

Wenn du ½ heraushebst, dann bekommt die Reihe folgende Form: ½ · (1 + 1/2 + 1/3 + 1/4 + ...). Das in der Klammer nennt man übrigens **harmonische Reihe** und diese besitzt keinen Grenzwert (siehe → **F31**, S. 33)! Du kannst daher beim obersten Buch jeden beliebigen Überhang erzielen – wenn du genug Bücher hast! Für einen Überhang von 10 Büchern brauchst du etwa $1{,}5 \cdot 10^{43}$ Bücher ... und viel Zeit zum Stapeln!

Z Zusammenfassung

In vielen Fällen kann man sich die gesamte Masse eines Gegenstands auf einen einzigen Punkt konzentriert denken. Diesen Punkt nennt man Körperschwerpunkt.

4.2 Warum der Flop kein Flop wurde
Drei Beispiele aus dem Sport

In diesem Abschnitt werden wir Fragen zum Sport mit der Lage des KSP eines Menschen erklären.

F5 W1 Warum kippt das Besteck in der Abbildung nicht vom Tisch? Es befindet sich doch völlig außerhalb der Tischplatte! Probiere es selbst mal aus! → **L**

Abb. 4.6: Wie kann das sein?

F6 W1 Manche Weitspringer laufen in der Luft weiter. Warum tun sie das? Wird dadurch die Weite größer? Können sie sozusagen durch die Luft laufen?

Abb. 4.7: Die Laufsprungtechnik beim Weitsprung

F7 W1 Nimm an, ein Hochspringer springt auf der Erde 2 m hoch. Am Mond beträgt die Anziehungskraft nur 1/6. Wie hoch könnte der Sportler dort springen?

F8 W1 Kann es eigentlich sein, dass der KSP eines Gegenstandes außerhalb von diesem liegt?

F9 W1 Alle Hochspringer verwenden heutzutage den so genannten Flop. Dabei überquert man die Latte rücklings (Abb. 4.8 links). Niemand springt mehr mit dem Wälzer (rechts). Warum?

Abb. 4.8: Links ein Hochsprung in der Flop-Technik, rechts die veraltete Wälzer-Technik

Sobald der Weitspringer in der Luft ist, befindet er sich im **freien Fall**. Egal wie sehr er auch zappelt, sein KSP beschreibt eine astreine **Flugparabel**. Das Laufen in der Luft bringt also keinen direkten Weitengewinn (→ **F6**). Es dient nur zur Vorbereitung auf die Landung und ist im Prinzip nicht notwendig. Es gibt auch andere Techniken, bei denen man nicht weiterläuft (Abb. 4.11).

→ **Info:** Menschen-KSP

Beim Hochspringer am Mond würde man mal vorschnell auf 12 m tippen (→ **F7**). Aber ehrlich, das wär doch zu einfach gewesen?! Es sind etwa 7 m. Was war der Überlegungsfehler? Es hat wieder mit dem KSP zu tun. Dieser befindet sich beim Menschen etwa auf Nabelhöhe, sagen wir mal grob bei 1 m. Wenn man also 2 m hoch springt, dann beträgt die Hebung des KSP „nur" 1 m. Nur diese Hebung ist am Mond 6-mal so groß – du wächst ja dort nicht. Und das macht in Summe eben 7 m.

→ **Arbeitsbox:** Jump-and-Reach-Test | -> Seite 28

Menschen-KSP

Beim **Menschen** ist die Bestimmung des KSP ziemlich aufwändig. Dazu muss nämlich der ganze Mensch sehr exakt vermessen werden. Im Prinzip ist die Berechnung des Gesamt-KSP ähnlich wie beim Bücherstapel. Du musst die **KSP der einzelnen Körperteile** kennen und der Computer berechnet dann den Gesamt-KSP. In Abb. 4.9 wurden 14 Einzelsegmente verwendet.

Abb. 4.9: Ermittlung des Gesamt-KSP bei einem Weitspringer in der Hangsprungtechnik.

Außerdem ist der Mensch kein starrer Körper und der KSP verschiebt sich, wenn man seine Haltung verändert. Im aufrechten Stand ist er etwa auf Nabelhöhe (Abb. 4.10 a). Aber wenn du zum Beispiel einen Arm wegstreckst, wandert der KSP etwas hinauf und auf die Seite (b). Und es gibt auch Positionen, in denen sich der KSP sogar **außerhalb des Körpers** befinden kann, etwa bei der Lattenüberquerung beim Flop (c; → **F8**).

Abb. 4.10: Die Lage des KSP beim Menschen hängt von der Körperposition ab. Verblüffend: Der KSP kann außerhalb des Körpers liegen!

Abb. 4.11: Hangsprungtechnik beim Weitsprung, bei der nicht weitergelaufen wird

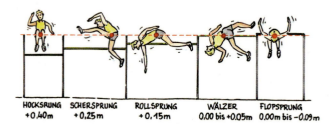

| HOCKSRUNG | SCHERSPRUNG | ROLLSPRUNG | WÄLZER | FLOPSPRUNG |
| +0,40 m | +0,25 m | +0,15 m | 0,00 bis +0,05 m | 0,00 m bis -0,09 m |

Abb. 4.12: Entwicklung der Hochsprungtechnik. Die Zahl gibt an, um wie viel der KSP über der Latte liegen muss, um sie nicht zu reißen. Verblüffend: Beim Flop kann der KSP sogar unter der Latte durchgehen.

Das Beispiel mit dem Sprung am Mond war grob gerechnet. Um zu verstehen, warum der Flop dem Wälzer überlegen ist (→ F9), müssen wir exakter werden. Abb. 4.12 zeigt die historische Entwicklung der Hochsprungtechnik. Du siehst den Abstand, mit dem der KSP des Springers die Latte überquert, also den **Höhenverlust**. Die Techniken wurden immer besser. Und dann erfand DICK FOSBURY den Flop und wurde damit **1968** gleich Olympiasieger. Du siehst, dass beim Flop der KSP sogar **unter der Latte** durchgehen kann! Der Springer hat im Idealfall sogar einen Höhengewinn! Wie ist das möglich?

Nun, der KSP eines Gegenstandes ist ja nicht materiell, und er kann unter gewissen Umständen **außerhalb** des Gegenstandes liegen. Beim Besteck in Abb. 4.6 ist das so und auch bei der Lattenüberquerung beim Flop (Abb. 4.10 c). Beim Wälzer liegt der KSP bei der Lattenüberquerung innerhalb des Körpers. Der Unterschied im Höhenverlust zwischen Flop und Wälzer ist im Extremfall 14 cm! Das ist doch was!

Machen wir mal eine realistische Abschätzung für den **Weltrekord** des Kubaners SOTOMAYOR (Stand 2016). Seine **KSP-Höhe** liegt bei 1,2 m, seine **KSP-Hebung** beträgt ebenfalls 1,2 m. Das macht in Summe 2,4 m. Weil aber der KSP 5 cm unter der Latte durchgeht, kann diese auf 2,45 m liegen! Wäre er einen Wälzer gesprungen, dann hätte er zum Beispiel 10 cm verloren und wäre nur auf 2,35 m gekommen (Abb. 4.14). Also ist eigentlich der Wälzer ein Flop (Flop bedeutet seltsamerweise nämlich auch Misserfolg)!

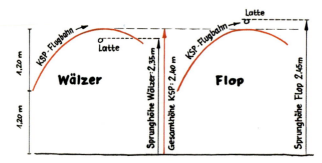

Abb. 4.14: Auch beim Hochsprung ist nach dem Verlassen des Bodens die Flugbahn des KSP nicht zu beeinflussen. Durch günstige Körperhaltung kann aber der Schwerpunkt unter der Latte durchgehen und diese höher liegen als beim Wälzer – und nur das zählt im Wettkampf!

a Jum-and-Reach-Test

Teste, wie hoch du deinen KSP heben kannst! Du stellst dich dazu seitlich an eine Wand und greifst so hoch wie möglich hinauf (Abb. 4.12). Ein Helfer markiert diese Stelle. Dann springst du aus der Hocke so hoch wie möglich. Das wird wieder markiert. Die Differenz zwischen den Markierungen ist deine KSP-Hebung. Sie ist **von der Körpergröße unabhängig**. Weltklassehochspringer kommen bei diesem Test über 1 m! Für 15-jährige Mädchen sind 35 cm Durchschnitt, für Burschen etwa 43 cm.

Abb. 4.13: Durchführung des **Jump-and-Reach-Tests**.

Z Zusammenfassung

Der menschliche Körper ist nicht starr und die exakte Bestimmung des KSP daher sehr aufwändig. Es lassen sich aber grundlegende Fragestellungen recht einfach erklären, etwa der Erfolg des Flop-Sprungs.

4.3 Eine ziemlich tiefe Sache
Die drei Arten des Gleichgewichts

In diesem Abschnitt geht es um die drei Arten des Gleichgewichts. Wir können den Unterschied zwischen diesen mit der Lage des KSP verstehen. Und wir können das Prinzip der minimalen potenziellen Energie mit den Erkenntnissen aus Kapitel 3 sogar erklären.

F10 Die beiden Blöcke in der Abbildung befinden sich in Ruhe. Welcher der beiden ist schwerer?
W2

F11 Was versteht man unter potenzieller Energie? Schau in Kapitel 8.2 nach!
W1

F12 Warum fließt Wasser nach unten? Warum ist die Wasseroberfläche eben, wenn sie nicht gestört wird? Warum bleibt ein Pendel irgendwann an der tiefsten Stelle stehen, und warum rollt eine Kugel in die Mulde? → L
W2

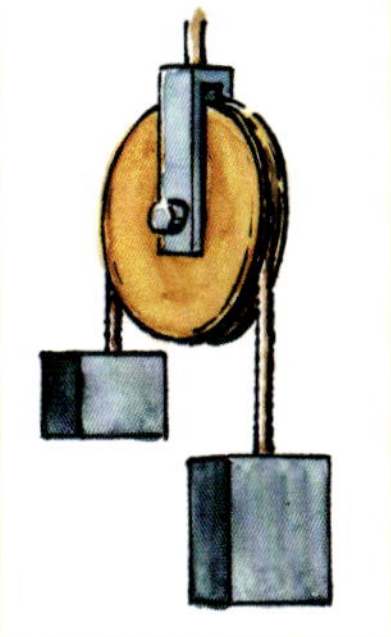

Abb. 4.15

Wenn du bei **F10** auf den größeren Block getippt hast, dann hast du dich von Größe und Lage täuschen lassen. Wenn beide Blöcke in Ruhe sind, dann müssen sie auch gleich schwer sein. Sonst würde ja der schwerere Block sofort den leichteren über die Rolle ziehen. Gleichgewicht bedeutet, dass sich **alle Kräfte in Summe aufheben**.

Die Energie, die ein Gegenstand bekommt, wenn er gehoben wird, nennt man potenzielle Energie (E_p; siehe Kap. 8.2, S. 70). Man kann drei Arten des Gleichgewichts unterscheiden: stabil, labil und indifferent.

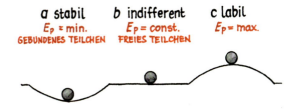

Abb. 4.16: Unterscheidung der Gleichgewichtsarten aufgrund unterschiedlicher potenzieller Energie

Beim stabilen Gleichgewicht ist E_p ein Minimum. Die Kugel liegt an der tiefstmöglichen Stelle (Abb. 4.16). Dieses Gleichgewicht stellt sich innerhalb eines gewissen Bereichs von selbst ein, in diesem Fall innerhalb der Grube. Wenn du die Kugel rausrollst, dann ist das damit vergleichbar, dass du zwei Atome aus ihrer gegenseitigen Bindung reißt, und du erzeugst dadurch ein freies Teilchen.

Beim indifferenten Gleichgewicht ändert sich E_p nicht, wenn du den Gegenstand bewegst. Das entspricht einem freien Teilchen. Wenn es aber in die Senke gelangt, also in den **Potenzialtopf**, dann wird es dort gefangen. Das nennt man einen gebundenen Zustand.

Beim labilen Gleichgewicht ist E_p ein Maximum. Es ist aber etwas sehr Seltenes und Unbeständiges. Was damit gemeint ist kannst du verstehen, wenn du versuchst, einen Bleistift auf die Spitze zu stellen. Wenn im Nebenzimmer eine Fliege niest, dann ist es auch schon dahin mit dem labilen Gleichgewicht.

Warum aber stellt sich nach einer gewissen Zeit immer der Zustand der **geringsten potenziellen Energie** ein? Das kann man sich mit der Gewichtskraft überlegen. Wenn die Kugel im Gleichgewicht ist, egal in welchem, dann zeigt die Gewichtskraft normal auf den Untergrund. Es gibt also keine Kraftkomponente F_{GH}, die die Kugel seitlich beschleunigt (Abb. 3.17, S. 23).

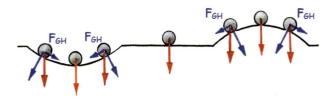

Abb. 4.17: Erklärung der Arten des Gleichgewichts mit Hilfe der Komponentenzerlegung der Gewichtskraft (siehe auch Abb. 3.16, S. 23)

Wenn du die Kugel aus dem stabilen Gleichgewicht auslenkst, dann zeigt F_{GH} immer in die Richtung, aus der die Kugel kam. Deshalb stellt sich das stabile Gleichgewicht wieder von selbst ein. Beim labilen Gleichgewicht ist das umgekehrt. Bei der geringsten Auslenkung entsteht eine Kraft F_{GH}, die von der ursprünglichen Lage wegzeigt. Wenn du den Boden ein bisschen schüttelst, werden irgendwann alle drei Kugeln im stabilsten Zustand sein, also in der Mulde.

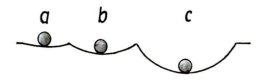

Abb. 4.18: a und b sind in Bezug auf c metastabile Lagen der Kugeln (und auch a in Bezug auf b).

Stabil ist aber nicht gleich stabil! Die Kugeln in Abb. 4.18 sind alle im stabilen Gleichgewicht. Aber es ist offensichtlich, dass die rechte Kugel am stabilsten ruht. Warum? Weil am meisten Energie notwendig ist, um sie aus der Grube rauszukriegen. Deshalb ist es manchmal so, dass ein System ziemlich lange Zeit stabil sein kann und dann auf einmal **eine noch stabilere Lage** einnimmt. Es war vorher nur zwischenstabil, oder, wie man das in der Physik nennt, **metastabil**.

Die Übergänge zwischen den einzelnen Gleichgewichten können ziemlich fließend sein. In Abb. 4.19 wird der stabile Bereich immer kleiner und bei c herrscht eigentlich schon beinahe labiles Gleichgewicht. Vor allem bei Lebewesen findet man solche Übergänge, weil sie ja keine starren Körper sind. Dazu mehr im nächsten Abschnitt.

Abb. 4.19: Fließender Übergang von stabil zu labil!

Z Zusammenfassung

Systeme stellen sich auf die Dauer immer so ein, dass die potenzielle Energie ein Minimum ist. In diesem Zustand sind die Systeme am stabilsten. Das kann man sich gut mit Kugeln vorstellen. Aber mit diesem Modell lassen sich auch zum Beispiel Atombindungen und der Massendefekt erklären.

4.4 Lastenkran und Sumo-Ringer
Vergrößerung der Stabilität

In diesem Abschnitt geht es darum, wann ein Gegenstand umkippt und durch welche Methoden man die Stabilität vergrößern kann.

F13 Stell dich so an die Wand, dass die Außenseite deines rechten Fußes und die rechte Schulter die Wand berühren. Versuche nun, das linke Bein zu heben. Was passiert und wieso passiert es?
W2

F14 Stell dich mit dem Rücken an die Wand, so dass Fersen, Gesäß und Schultern die Wand berühren. Versuche nun einen Gegenstand aufzuheben, den man dir 50 cm vor deine Füße legt. Fersen und Gesäß dürfen die Wand nicht verlassen und die Beine müssen gestreckt bleiben. Was passiert und wieso passiert es?
W2

F15 Wie weit kannst du einen Gegenstand kippen, bevor er umfällt? Versuche die Begriffe Lot und KSP dabei zu verwenden!
W2

F16 Welches Gleichgewicht versucht ein Sprinter in der Fertig-Position beim Sprintstart einzunehmen? Möglichst stabil? Möglichst labil? Und warum?
W2

Abb. 4.20: Fertig-Position beim Sprintstart

Wie weit kann man einen Gegenstand kippen, bevor er umfällt (→ **F15**)? Dazu gibt es im Prinzip zwei Erklärungen, beide mit Hilfe des KSP. Abb. 4.21 zeigt einen Quader, der gekippt wird. Du siehst links, dass sich der KSP dabei zunächst hebt. Bei b ist der Quader im labilen Gleichgewicht, weil der KSP die maximale Höhe hat. Wenn du den Quader weniger kippst, fällt er nach a zurück, und wenn du ihn mehr kippst, fällt er nach c. ==Die erste Erklärung lautet also: Ein Gegenstand kippt nicht um, solange sein KSP die maximale Höhe noch nicht erreicht hat.==

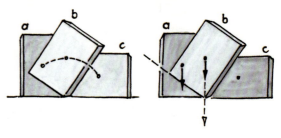

Abb. 4.21: Zwei Möglichkeiten der Erklärung, wie weit man einen Gegenstand kippen kann. Position a ist im Vergleich zu c metastabil. Wenn du den Quader schüttelst, wird er immer in Position c enden.

Du kannst es aber auch noch anders formulieren. Rechts ist der Gewichtsvektor, also das Lot des KSP eingezeichnet. Stell dir vor, dass du die gesamte Ebene kippst, auf der der Quader steht. Du siehst, dass in Position b das Lot genau durch den Rand der Standfläche zeigt. Deshalb kannst du auch sagen: ==Ein Gegenstand kippt nicht um, solange das Lot des KSP noch durch die Standfläche zeigt.== Diese Erklärung hat den Vorteil, dass sie auch für bewegliche Objekte gilt, also etwa für Lebewesen. Mit ihr kannst du → **F13** und → **F14** erklären (Abb. 4.22).

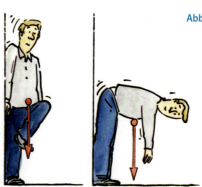

Abb. 4.22: In diesen Positionen ist kein Gleichgewicht möglich, weil das Lot des KSP nicht durch die Standfläche zeigt.

Du kippst in beiden Fällen um, weil das Lot des KSP dann nicht mehr durch die Standfläche zeigt. Wenn du auf einem Bein stehen willst, musst du zuerst das Gewicht über das Standbein bringen (Abb. 4.24). Erst dann kannst du das andere Bein heben. Dazu musst du dich aber etwas auf die Seite lehnen, und das wird durch die Wand verhindert. Beim Gehen muss übrigens bei jedem Schritt das Lot des KSP durch das Standbein gehen. Das ist der Grund, warum man dabei leicht hin und her schaukelt.

→ **Info:** Standfläche

Standfläche

Du darfst **Standfläche** nicht mit **Auflagefläche** verwechseln. Die Standfläche bekommst du, wenn du eine imaginäre Gummischnur um alle Auflageflächen spannst. In der Abbildung sind die Auflageflächen braun und alles, was färbig ist, gehört zur Standfläche (also hellblau und braun zusammen). Wenn ein Gegenstand an zwei oder mehr Stellen den Boden berührt, dann ist die Standfläche immer größer als die Auflagefläche.

Damit etwas nicht kippt, muss das Lot durch die Standfläche gehen, aber nicht zwangsläufig durch die Auflagefläche. Sonst könntest du ja gar nicht normal stehen, weil dann das Lot des KSP zwischen den Füßen liegt (Abb. 4.24).

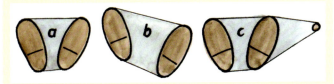

Abb. 4.23: Standfläche bei normalem (a) und breitbeinigem Stehen (b) und wenn man einen Stock verwendet (c)

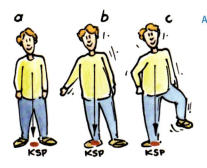

Abb. 4.24: Erst wenn das Lot des KSP durch das Standbein zeigt, kannst du das andere heben.

Es gibt vier Möglichkeiten, die Stabilität eines Gegenstandes zu erhöhen. Du kannst erstens die **Masse** erhöhen. Ein sehr gutes Beispiel dafür sind die Sumo-Ringer. Versuch mal, einen von diesen Brocken umzuhauen (Abb. 4.25)! Bei Kränen werden riesige Betonblöcke an der Basis befestigt, und Schirme auf Terrassen haben einen Betonsockel (Anm.: dabei wird auch der KSP abgesenkt).

Dann gibt es die Möglichkeiten, die **Standfläche zu vergrößern** (Abb. 4.23, Abb. 4.26 b) und/oder den **KSP abzusenken** (Abb. 4.26 c). Warum wird dadurch die Stabilität erhöht? Weil in beiden Fällen der Potenzialtopf tiefer wird, also mehr Energie notwendig ist, um den Gegenstand umzukippen. Beides nutzt man im Sport aus, etwa in den Kampfsportarten.

Abb. 4.25: Eine große Masse ist beim Sumo-Ringen ein Vorteil. Diesen Effekt demonstriert am Bild Herr Konishiki: Er brachte es zu besten Zeiten auf satte 300 kg!

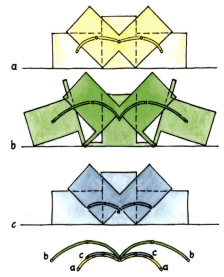

Abb. 4.26: Vergrößerung der Standfläche (b) und Absenken des KSP (c) zur Vergrößerung der Stabilität. Unten siehst du den Vergleich der Bahnkurven des KSP, also die Tiefe der Potenzialtöpfe.

Die vierte Möglichkeit zur Vergrößerung der Stabilität liegt darin, das **Lot des KSP** möglichst weit vom **Rand der Standfläche** zu entfernen, also – umgekehrt gesagt – möglichst in die Mitte zu bringen. Bei Abb. 4.24 a stehst du stabiler als wenn du das Gewicht verlagerst (b).

In der Fertig-Position versucht ein Sprinter, möglichst wenig stabil zu sein (→ F16), indem er den KSP hoch hält und nach vorne schiebt. Warum? Je stabiler er wäre, desto mehr Energie müsste er aufwenden, um weglaufen zu können (vergleiche mit Abb. 4.19 a–c), und desto länger würde er zum Reagieren brauchen.

Z Zusammenfassung

Ob ein Gegenstand umkippt oder nicht, kannst du mit der maximalen Höhe des KSP oder mit der Lage des Lots erklären. Die Stabilität lässt sich erhöhen, indem man Masse oder Standfläche vergrößert, KSP-Höhe verringert oder das Lot des KSP möglichst in die Mitte der Standfläche bringt.

4.5 Archimedes einmal anders
Auftrieb aus Sicht des KSP

Viele Phänomene kann man auf unterschiedliche Weise erklären, etwa den Auftrieb in einer Flüssigkeit. Die Erklärung hier erfolgt – dem Kapitel entsprechend – mit Hilfe des KSP.

F17 Warum schwimmen die „Fettaugen" auf der Suppe
E2 und sind nicht am Boden des Tellers? Und was passiert nach einiger Zeit, wenn du Öl und Wasser in einen Becher leerst? Warum passiert das? Kannst du den Effekt mit Hilfe der Lage des KSP erklären?

F18 Wenn eine Müslipackung lang geschüttelt wird, dann
E2 sind die Rosinen eher am Boden zu finden. Was könnte das für einen Grund haben?

F19 In welchem Gleichgewicht befindet sich ein schwim-
W1 mender Gegenstand?

F20 Wenn du einen schwimmenden Gegenstand etwas
E2 unter Wasser tauchst und dann wieder loslässt, dann schaukelt er eine Zeit lang etwas auf und ab. Warum ist das so?

F21 Du legst 1 kg Eisen und 1 kg Federn auf eine Balken-
W1 waage. Bleibt die Waage im Gleichgewicht oder nicht?
→ **L**

Warum schwimmt Öl auf Wasser (→ **F17**)? Weil seine Dichte geringer ist! Aber warum steigt eine weniger dichte Flüssigkeit auf? Weil dann der Gesamt-KSP beider Flüssigkeiten die tiefste Lage einnimmt. Um den Effekt möglichst deutlich zu machen, mischen wir in Gedanken einen Teil **Quecksilber** und einen Teil **Wasser**. Quecksilber hat rund die 14-fache Dichte von Wasser (Tabelle 2.4, Kap. 2.6). Quirle es gut durch und gib es in ein Glas. Der Gesamt-KSP befindet sich dann genau auf halber Höhe, also in diesem Beispiel bei 5 cm (Abb. 4.27 a).

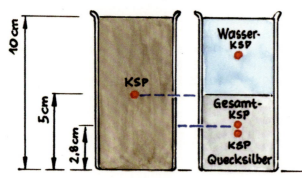

Abb. 4.27: Quecksilber-Wasser-Gemisch vorher (links) und nachdem es sich von selbst getrennt hat (rechts)

Wo liegt der KSP, wenn sich das Quecksilber völlig abgesetzt hat? Denk an die Wippe! Das Gewichtsverhältnis beträgt 14:1, und im umgekehrten Verhältnis musst du die Verbindungslinie teilen. Der Gesamt-KSP liegt dann nur mehr auf 2,8 cm Höhe. Flüssigkeiten mit unterschiedlicher Dichte trennen sich, weil dabei die **potenzielle Energie** minimiert wird. Aus diesem Grund finden sich auch die Rosinen am Boden der Packung (→ **F18**). Ihre Dichte ist größer als die der Getreideflocken. Weil das Müsli aber nicht flüssig ist, musst du es zum „Entmischen" schütteln.

Mit dem Prinzip der minimalen potenziellen Energie lässt sich auch erklären, wie weit ein Festkörper in Wasser eintaucht. Dabei wird der Wasserspiegel gehoben und damit auch der KSP des Wassers. Gleichzeitig sinkt der KSP des Gegenstandes ab. Zwei gegenläufige Tendenzen also. Der Gegenstand taucht so weit ein, bis der Gesamt-KSP von Flüssigkeit und Gegenstand minimale Höhe einnimmt (Abb. 4.28).

→ **Info:** Archimedes | -> Seite 33

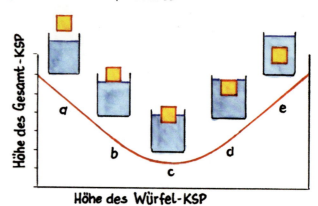

Abb. 4.28: Veränderung der Höhe des gemeinsamen KSP, wenn du einen Gegenstand eintauchst, der die halbe Dichte von Wasser hat. Bei b berührt er gerade die Oberfläche, und bei d taucht er ganz unter. Wenn er zur Hälfte eintaucht (c), ist die Höhe des Gesamt-KSP ein Minimum. Wenn du ihn noch weiter untertauchst, dann steigt der Gesamt-KSP wieder an. Deshalb stellt sich Zustand c von selbst ein.

Ein schwimmender Gegenstand befindet sich immer im **stabilen Gleichgewicht** (→ **F20**). Wenn du ihn stärker eintauchst, dann wird er wie eine Kugel oder ein Pendel eine Zeit lang hin und her schwingen, bis er wieder die ursprüngliche Position erreicht hat. Warum sinkt ein Gegenstand, dessen Dichte größer ist als Wasser, ganz auf den Boden? Weil erst am Boden der Gesamt-KSP ein Minimum hat. Alle Systeme stellen sich auf Dauer so ein, dass E_p ein Minimum wird!

Z Zusammenfassung

Das Entmischen von zwei Flüssigkeiten, das Schwimmen eines Gegenstandes und wie weit dieser eintaucht, können mit einem einzigen Prinzip erklärt werden: Systeme stellen sich so ein, dass der Gesamt-KSP und damit die E_p minimiert werden.

Archimedes

Das Prinzip des Auftriebs in einer Flüssigkeit wurde schon vor über 2000 Jahren vom griechischen Gelehrten ARCHIMEDES entdeckt und auch nach ihm benannt. Normalerweise wird es mit dem Wasserdruck erklärt und nicht mit der potenziellen Energie. Aber natürlich hängen beide Erklärungen zusammen und ergänzen einander. Es ist ähnlich wie in Abb. 4.16 und Abb. 4.17: Wenn ein Körper schwimmt, dann sind dieser und das Wasser gemeinsam im stabilen Gleichgewicht (also der Gesamt-KSP hat ein Minimum). Andererseits sind alle Kräfte im Gleichgewicht, nämlich der Auftrieb und die Gewichtskraft.

Die **Auftriebskraft** kommt vom Wasserdruck, der mit der Tiefe zunimmt. Wenn du schon mal getaucht bist, kennst du das unangenehme Gefühl in den Ohren. Der Druck p ist allgemein Kraft F pro Fläche A: $p = F/A$. In Wasser ergibt sich die Kraft aus dem Gewicht G der darüber lastenden Flüssigkeitssäule:

$$p = \frac{G}{A} = \frac{mg}{A} = \frac{\rho A h g}{A} = \rho h g \Rightarrow p \sim h$$

Der Druck nimmt somit linear mit der Tiefe zu. Also: doppelte Tiefe, doppelter Druck, dreifache Tiefe, dreifacher Druck und so weiter. Dadurch ist an der Unterseite des Gegenstands die Kraft in Summe größer (Abb. 4.29).

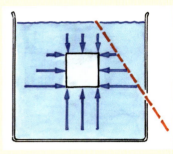

Abb. 4.29: Der Wasserdruck nimmt linear mit der Tiefe zu.

Je tiefer ein Gegenstand eintaucht, desto größer wird der Auftrieb. Der Gegenstand taucht genauso weit ein, dass Auftrieb und Gewichtskraft gleich groß sind (Abb. 4.30). Dann ist das System im stabilen Gleichgewicht und das bedeutet wiederum, dass der Gesamt-KSP ein Minimum hat.

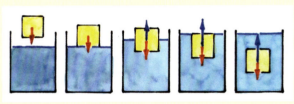

Abb. 4.30: Andere Sichtweise der Abb. 4.28. Wenn der Gegenstand zur Hälfte eintaucht, dann halten **Gewichtskraft und Auftrieb** einander genau die Waage. Es herrscht also ein Gleichgewicht der Kräfte.

Ein Punkt mit sehr viel Masse

F22 Kannst du ein einziges Buch so auf den Tisch legen, dass ¾ des Buches über die Tischplatte hinausragen? → L
E2

F23 Erkläre genau, warum große Hochspringer im Vorteil sind. → L
E2

F24 In welcher Art von Gleichgewicht befinden sich die Blöcke in Abb. 4.15? → L
W1

F25 Wie kann man feststellen, ob der Schwerpunkt eines Autorades genau in der Achse liegt? Das nennt man übrigens statisch ausgewuchtet. → L
E2

F26 Wo liegt welches Gleichgewicht vor: Pendel, Schaukel, Handstand, Radfahren, Seiltanzen, Stehaufmännchen → L
W1

F27 Fasse die 4 Möglichkeiten der Stabilitätsvergrößerung zusammen und versuche, weitere Beispiele zu finden.
W2

F28 In welchem Gleichgewichtszustand befindet sich ein Auto? → L
W1

F29 In der Abbildung unten siehst du einen Frosch, seinen KSP und die Standfläche. Was passiert bei 2 und 3? Versuche diesen Sachverhalt auf den Gang des Menschen zu übertragen. → L
E2

Abb. 4.31

F30 ARCHIMEDES war von König HIERON II von Syrakus beauftragt worden, herauszufinden, ob dessen Krone wie bestellt aus reinem Gold wäre, oder ob das Material durch billigeres Metall gestreckt worden war. Wie löste Archimedes diese Aufgabe? Suche dazu im Internet!
S1

F31 Berechne mit einem Tabellenkalkulationsprogramm die Summe der ersten 5, 10 und 50 Glieder der Folgen $1 + 1/2 + 1/4 + 1/8 \ldots$ bzw. $1 + 1/2 + 1/3 + 1/4 + \ldots$ Was kannst du feststellen? → L
E1

5 Geradlinige Bewegungen

In diesem Kapitel geht es um alle möglichen Formen von geradlinigen Bewegungen. Solche Bewegungen nennt man auch **Translationen**. Wir werden wieder nach dem Prinzip vorgehen, dass wir von den einfachen zu den komplizierten Fällen gehen. Was ist der einfachste Fall einer Bewegung? Wenn die Geschwindigkeit gleich bleibt! Weil dann keine Beschleunigungen auftreten, spricht man von **unbeschleunigter** oder auch **gleichförmiger Bewegung**. Diese kommt im Alltag nicht sehr häufig vor, aber sie ist am einfachsten zu beschreiben. Das Gegenteil davon, also wenn sich die Geschwindigkeit in irgendeiner Form verändert, sind die **ungleichförmigen** oder **beschleunigten Bewegungen**. Diese kann man weiter unterteilen in gleichmäßig beschleunigte und ungleichmäßig beschleunigte Bewegungen. Letztere kommen zwar am häufigsten vor, sind aber am schwierigsten zu beschreiben. Deshalb nehmen wir sie uns zum Schluss vor. **Rotationen** sind ein spezieller Fall der **beschleunigten Bewegungen** und werden in Big Bang 6 extra behandelt. Dabei dreht sich der Geschwindigkeitsvektor. In diesem Kapitel geht es nur um Translationen. Darunter versteht man Bewegungen entlang einer Linie.

Abb. 5.1: Einteilung der Bewegungsarten

5.1 Das fliegende Klassenzimmer
Gleichförmige Bewegung

In diesem Abschnitt geht es um die einfachste Bewegung: die unbeschleunigte. Diese Bewegung ist etwas ganz Besonderes. Und sie spielt bei einer der spektakulärsten Theorien der Physik eine große Rolle, nämlich in der Relativitätstheorie.

→ **?: Fragebox**

Es ist wichtig, sich in Erinnerung zu rufen, dass die Geschwindigkeit als Vektor beschrieben wird. Dieser hat Betrag und Richtung. Von einer unbeschleunigten Bewegung darf man nur dann sprechen, wenn sich **beide Eigenschaften** nicht verändern (siehe Kap. 3.1, S. 21).

Das Auto in Abb. 5.2 fährt nicht unbeschleunigt! Der Betrag des Vektors, also das Tempo, bleibt zwar gleich, aber seine Richtung ändert sich. Die Beschleunigung spürst du, indem du am Fuße des Hügels etwas in den Sitz gedrückt und an der höchsten Stelle etwas leichter wirst (→ F2).

Eine unbeschleunigte (gleichförmige) Bewegung liegt dann vor, wenn du gar **nicht spürst**, dass du dich bewegst! Wenn die Geschwindigkeit gleich bleibt, wirst du weder schneller, noch langsamer, noch gibt es Kurven. Alles erscheint ganz normal und gewohnt zu sein. Wenn sich das ganze Klassenzimmer mit – sagen wir – halber Lichtgeschwindigkeit, aber völlig gleichförmig bewegen würde, würdest du das nicht spüren. So wie auch in einem Flugzeug alles ganz normal abläuft (ein Flugzeug mit geschlossenen Fenstern ist wie der Kasten in Abb. 5.3). Und noch mehr: Du kannst nicht einmal messen, dass du dich bewegst (→ F3).

F1 **Was versteht man unter einem Bezugssystem?** Lies in
W1 Kapitel 3.2 noch einmal nach!

F2 Das Auto in Abb. 5.2 fährt mit konstant 10 m/s über
W1 einen Hügel. Handelt es sich dabei um eine beschleunigte Bewegung oder nicht?

Abb. 5.2: Gleichförmige Bewegung oder nicht?

F3 Du sitzt in einem fensterlosen Kasten, der sich mit
E2 gleicher Geschwindigkeit, also unbeschleunigt, dahinbewegt (Abb. 5.3 links). Kannst du diese Bewegung irgendwie feststellen? Und wie ist das, wenn der Kasten in irgendeiner Weise beschleunigt (rechts)?

Abb. 5.3: Wann kannst du die Bewegung feststellen?

F4 Welche der folgenden Begriffe sind relativ bzw.
W1 absolut: groß, leicht, schnell, lang, dünn, Geschwindigkeit, Beschleunigung?

F5 Du fliegst mit einem Raumschiff im Weltall. Rund
E2 herum … nichts. Kannst du deine Geschwindigkeit feststellen? Und wenn ein anderes Raumschiff an dir vorbeifliegt, kannst du dann feststellen, wie schnell du fliegst und wie schnell das andere?

Geradlinige Bewegungen 5

→ **Info:** Ein bisschen Relativitätstheorie

Relativ bedeutet **vergleichsweise**. Eigenschaften, die sich verändern, je nachdem womit man sie vergleicht, sind relativ. Ein Mensch ist relativ groß und schwer – aus der Sicht einer Ameise. Ein Mensch ist relativ klein und leicht – aus der Sicht eines Elefanten. Diese Eigenschaften ändern sich mit dem Vergleich und sind daher relativ.

Auch **Geschwindigkeiten** sind **relativ** (→ **F4**)! Wie groß sie gemessen werden, ist eine Frage des Bezugssystems (siehe auch → **F7**, S. 21). Eine Tasse am Tisch im Flugzeug bewegt sich aus deiner Sicht nicht, aus der Sicht einer Person am Boden mit 250 m/s. Welche Ansicht ist richtig? Beide! Es ist eben nur eine Frage des Bezugssystems!

Übrigens: Wenn du meinst, dass du jetzt gerade ruhig am Sessel sitzt, dann ist das ebenfalls Ansichtssache. Du bist relativ zur Erde in Ruhe! Aber die Erde selbst bewegt sich mit 30 km/s (!) um die Sonne! Aus der Sicht der Sonne hast du also eine Mordsgeschwindigkeit.

Relative Größen brauchen zur Bestimmung immer einen **Vergleich**. Du kannst sie nicht alleine bestimmen. Das ist der springende Punkt! Wenn du im tiefsten Weltall fliegst, wo es keine Vergleichspunkte gibt (etwa einen Planeten), kannst du nicht feststellen, ob du dich bewegst (→ **F5**). Und wenn ein anderes Raumschiff an dir vorbeifliegt, dann kannst du auch nur feststellen, wie groß die Geschwindigkeiten relativ zueinander sind. Du kannst aber nicht sagen „Ich bin in Ruhe und der andere fliegt an mir vorbei" oder auch umgekehrt.

Bei **Beschleunigungen** (also Geschwindigkeitsänderungen) ist das anders. Beschleunigungen sind absolut (→ **F3**). **Absolut** bedeutet „losgelöst". Man muss also nicht vergleichen. Wenn du in einem Flugzeug sitzt, das beschleunigt, dann kannst du das spüren und natürlich auch messen. Beschleunigung kannst du ganz alleine im tiefsten Weltall messen, ohne irgendeinen Bezugspunkt.

Wenn keine Beschleunigungen in irgendeiner Form auftreten, dann spricht man in der Physik von einem **Inertialsystem** (siehe auch Kap. 7.2, S. 79). Man kann also sagen: Wenn du dich in einem völlig ruhig fliegenden Flugzeug befindest, dann befindest du dich in einem Inertialsystem. In diesen Systemen funktioniert daher alles ganz normal. Wenn das Flugzeug schneller oder langsamer wird, dann ist es kein Inertialsystem mehr. Das kannst du auch spüren. Es könnte dann sein, dass der Kaffee überschwappt oder du mit dem Zuckerstück die Tasse verfehlst.

i Ein bisschen Relativitätstheorie

Wenn Nicht-Physiker über die **Relativitätstheorie** sprechen, dann sagen sie oft augenzwinkernd: „Alles ist relativ". Das stimmt so natürlich nicht, weil es auch Absolutes gibt, etwa die Beschleunigung. Aber die **Geschwindigkeit** ist wirklich **relativ**. Das hat bereits GALILEO GALILEI mehr als 300 Jahre vor ALBERT EINSTEIN entdeckt.

Abb. 5.4: Galilei und das Fischglas.

GALILEI soll auf einem Schiff gleichmäßig dahingefahren sein, als er ein Glas mit Fischen betrachtet hat. Man könnte ja annehmen, dass sich die Fische auf der Seite des Glases befinden, die **gegen** die Fahrtrichtung zeigt, weil das Schiff ja unter ihnen wegfährt. Wenn das Schiff aber nicht beschleunigt, dann merken die Fische gar nichts davon. Galilei kam daher zu dem Schluss, dass man mit keinem mechanischen Experiment eine unbeschleunigte Bewegung feststellen kann. Das nennt man den **„Satz von Galilei"** oder auch das **klassische Relativitätsprinzip**.

EINSTEIN ging **1905** noch einen großen Schritt weiter, indem er behauptete, dass man ganz allgemein mit keinem Experiment (also z. B. auch nicht mit einem optischen) bestimmen kann, dass man sich unbeschleunigt bewegt. Es gibt also kein einziges Experiment, mit dem du die Bewegung eines Flugzeuges feststellen kannst. Das nennt man das moderne Relativitätsprinzip. Das klingt jetzt vielleicht harmlos, aber alleine aus dieser Annahme lassen sich die absurden, aber gut bestätigten Effekte der **Relativitätstheorie** ableiten (siehe z. B. → **F9** auf S. 36).

Z Zusammenfassung

Die unbeschleunigte Bewegung ist etwas ganz Besonderes. Wenn man sich gleichförmig bewegt, dann merkt man das nicht. Man befindet sich dann in einem Inertialsystem und alles funktioniert normal. Man braucht einen Bezugspunkt, also etwas Zweites, um diese Form der Bewegung festzustellen. Das macht die Geschwindigkeit relativ. Beschleunigungen sind aber absolut. Diese kann man messen und spüren, ohne dass man vergleichen muss.

5.2 Zum Rande der Galaxis
Beschreibung der Geschwindigkeit

In diesem Abschnitt geht es um die mathematische Beschreibung der Geschwindigkeit, und wir machen noch mal einen kleinen Ausflug in Einsteins Welt.

F6 **W2** Zwei Radfahrer fahren mit 10 km/h aufeinander zu. Als sie genau 10 km voneinander entfernt sind, startet eine Fliege mit 30 km/h vom Vorderrad des rechten Fahrers, fliegt zum Vorderrad des linken Fahrers, wieder zurück und so weiter. Welche Strecke legt sie zurück, bis sich die Fahrer in der Mitte treffen?

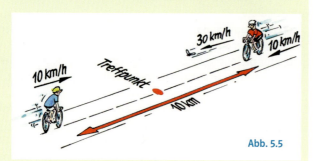

Abb. 5.5

F7 **W2** Herr Müller macht einen Spaziergang mit seinem Hund. In welche Richtung (also nach vorne, seitlich, ...) muss er den Stock werfen, damit der Hund während des Spaziergangs möglichst viel Weg zurücklegt? → L

Abb. 5.6

F8 **W1** Wenn du die Sekunden zwischen Blitz und Donner zählst und dann durch 3 dividierst, weißt du, wie viele Kilometer der Blitz weg war! Wie groß ist daher die Schallgeschwindigkeit etwa?

F9 **W2** Du fährst in einem Cabrio mit 5 m/s und wirfst einen Ball mit 10 m/s nach vorne (Abb. 5.7 a). Wie schnell ist der Ball aus der Sicht eines am Boden stehenden Beobachters? Du fliegst mit einem Raumschiff mit halber Lichtgeschwindigkeit (c/2) und sendest einen Lichtstrahl nach vorne aus (b). Wie schnell ist der Lichtstrahl aus Sicht eines Beobachters auf der Erde?

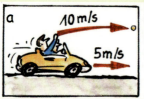 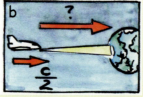

Abb. 5.7

Am **Tachometer** ist die Geschwindigkeit in km/h angegeben und somit immer noch nicht in **SI-Einheiten**. Die Menschen haben sich einfach schon zu sehr daran gewöhnt. Auf jeden Fall kannst du an der Einheit sehen, dass die Geschwindigkeit als Weg pro Zeit definiert ist, also z. B. in Kilometern pro Stunde.

→ Info: km/h

F Formel: Geschwindigkeit

$$v = \frac{\Delta s}{\Delta t} \Rightarrow \Delta s = v \cdot \Delta t$$

v ... Geschwindigkeit $[v]$ = m/s
Δs ... Wegstück $[\Delta s]$ = m
Δt ... Zeitintervall $[\Delta t]$ = s

Natürlich lässt sich die Gleichung auch so umformen, dass der Weg auf einer Seite steht. Damit lässt sich → F6 einfach lösen. Die Radfahrer brauchen genau eine halbe Stunde, bis sie sich treffen. Die Fliege fliegt also ½ Stunde lang mit 30 km/h. Der Weg ist somit 30 km/h · ½ h = 15 km!

i km/h

Welcher Zusammenhang besteht zwischen den Einheiten m/s und km/h? Eine Stunde hat 60 Minuten zu je 60 Sekunden, also 3600 Sekunden. Wenn du dich mit 1 m/s bewegst, dann legst du also 3600 m in einer Stunde zurück, und das sind 3,6 km. Die Umrechnung lautet daher:

1 m/s = 3,6 km/h
1 km/h = 1 m/s : 3,6 ≈ 0,28 m/s

Beispiel	m/s	Kommentar
Haarwuchs	$4 \cdot 10^{-9}$	umgerechnet 1 mm in drei Tagen
Weinbergschnecke	$8,3 \cdot 10^{-4}$	entspricht etwa 3 m pro Stunde
Mensch, Gehen	1	Bummeltempo → Info: Bummeltempo
Mensch, Marathon	5,19/5,72	errechnete Durchschnittsgeschwindigkeit beim Marathonweltrekord Frauen/Männer
Mensch, Sprint	12,5	maximale gemessene Geschwindigkeit beim 100-m-Sprint der Männer; entspricht über 44 km/h
Gepard	28 bis 33	etwa 100 bis 120 km/h; schnellstes Säugetier
Schall in Luft, 20 °C	342	Schall benötigt in der Luft etwa 3 Sekunden pro km (→ F8). v ist von der Temperatur abhängig.
Satellit	$7,9 \cdot 10^3$	Geschwindigkeit für Kreisbahn um die Erde
Satellit	$11,2 \cdot 10^3$	Geschwindigkeit, um Erde zu verlassen; ist um den Faktor 10^4 kleiner als c
Lichtgeschwindigkeit (c)	$3 \cdot 10^8$	höchstmögliche Geschwindigkeit im gesamten Universum

Tab. 5.1: Einige Beispiele zu Geschwindigkeiten

In Tab. 5.1 (S. 36) siehst du einige Beispiele für Geschwindigkeiten. Du siehst, dass zwischen dem Wachstum deiner Haare und der **Lichtgeschwindigkeit** beachtliche 17 Größenordnungen liegen! Die Lichtgeschwindigkeit hat zwei Eigenschaften, die ganz besonders hervorzuheben sind. Beide sind eng mit der Relativitätstheorie verknüpft.

Wenn du im Cabrio den Ball nach vorne wirfst (→ F9), dann hat er für einen Beobachter auf der Straße 15 m/s. Das war leicht. Wie ist es aber mit dem Lichtstrahl? Man würde denken, dass er aus der Sicht eines Erdlings 1,5 c haben müsste. Geschwindigkeitsaddition eben! Verblüffender Weise hat der Lichtstrahl aber sowohl für den Raumfahrer als auch für den Erdling genau c. Die **Lichtgeschwindigkeit** ist die einzige Geschwindigkeit, die **immer gleich groß ist**, egal von welchem Bezugssystem aus du misst. Die Lichtgeschwindigkeit ist daher absolut!

Wenn dich das verwirrt, dann bist du in bester Gesellschaft. Denn auch die Physiker in aller Welt waren sehr verwirrt, als EINSTEIN 1905 genau das und noch vieles andere behauptet hat. Die Relativitätstheorie ist eine harte Nuss und wird in Big Bang 8 ganz ausführlich besprochen.

Außerdem ist c die höchste erreichbare Geschwindigkeit. Niemand und nichts kann die Lichtgeschwindigkeit erreichen oder sogar überschreiten – soweit wir heute wissen. Würdest du ein Raumschiff erfinden, das doch den Sprung über c schafft, hättest du Einstein widerlegt, den Nobelpreis sicher und wärst dazu noch stinkreich.

→ Info: Bummeltempo
→ Info: Schneller als das Licht

Z Zusammenfassung

Mit Gleichungen lassen sich viele Probleme oft ganz leicht lösen. Alle Geschwindigkeiten sind relativ und vom Bezugssystem abhängig, nur die Lichtgeschwindigkeit ist absolut. Diese Tatsache ist eine der Säulen der Relativitätstheorie.

Bummeltempo

Wenn man sich nicht anstrengen möchte, dann lässt man das Bein einfach schwingen und spannt die Muskeln praktisch nicht an. Das Bein verhält sich dann wie ein **Pendel** (siehe → F26, S. 15). Die Dauer einer Schwingung hängt nur von der Pendellänge ab und beträgt (siehe Big Bang 6):

$$t = 2\pi \sqrt{\frac{l}{g}}$$

Das ist die Zeit für einmal Hin- und Herschwingen. Ein **Schritt** ist nur eine **halbe Schwingung**, also fällt der Faktor 2 weg. Die Pendellänge ist der Abstand zwischen Drehpunkt (also dem Hüftgelenk) und dem KSP des Beines. Den nehmen wir bei der halben Beinlänge an und sagen, die Pendellänge ist 0,5 m. *g* ist die Erdbeschleunigung und rund 10 m/s² (siehe Kap. 5.4.1). Macht also:

$$t_{Schritt} = \pi \sqrt{\frac{l}{g}} = 3{,}14 \cdot \sqrt{\frac{0{,}5}{10}}\,s = 3{,}14 \cdot 0{,}22\,s \approx 0{,}7\,s$$

Wenn du das Bein ohne Anstrengung schwingen lässt, dann dauert ein Schritt also 0,7 s. Wenn dein Schritt 0,7 m lang ist, ergibt das eine **Geschwindigkeit** von v = s/t = 0,7 m/0,7 s = **1 m/s oder 3,6 km/h**. Das ist eine sehr vernünftige Abschätzung fürs Schlendern – nur mit Hilfe der Pendelgleichung!

Abb. 5.8

Schneller als das Licht

Es gibt zwei Gründe, warum in allen **Science-Fiction-Filmen** Raumschiffe schneller als *c* fliegen können. Erstens ist das natürlich unglaublich faszinierend und Filme sind ja dazu da, um uns zu faszinieren, und nicht, um dein physikalisches Wissen zu erweitern. Weltallmärchen sozusagen!

Der zweite Grund ist der, dass die Filme sonst sehr langweilig wären. Zum nächsten Stern bräuchte man mit unserer heutigen Technik etwa **100.000 Jahre** und sogar mit Lichtgeschwindigkeit noch über 4 Jahre. Du siehst, aus dramaturgischer Sicht ist Überlichtgeschwindigkeit sehr wichtig! (Anm.: Bei nahe c würde für die Raumfahrer die Zeit wesentlich langsamer vergehen. Diesen Effekt entdeckte Albert Einstein und man nennt ihn Zeitdehnung oder Zeitdilatation. Trotzdem wären mit realistischer Technik astronomische Entfernungen nicht in Menschenlebenszeiten zurückzulegen).

Abb. 5.9: Science-Fiction-Film mit heute möglicher Geschwindigkeit

5.3 Ein Bild sagt mehr als 1000 Worte
Geschwindigkeitsdiagramme

So wie du Wörter lesen lernen musstest, musst du auch lernen, Diagramme zu „lesen". In wissenschaftlichen Diagrammen steckt oft sehr viel Information auf einmal. Wir fangen aber mit einfachen an.

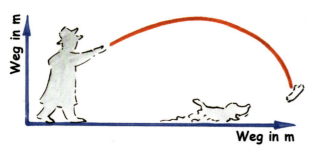

Abb. 5.10: Ein Weg-Weg-Diagramm

Abb. 5.10 zeigt den Weg eines geworfenen Stöckchens von der Seite. Auf beiden Achsen ist also ein Weg eingezeichnet. Man spricht dann von einem **Weg-Weg-Diagramm**. Du siehst also praktisch den Flug des Gegenstandes durch den Raum. Solche Diagramme sind einfach zu „lesen", weil man sie im Kopf nicht „übersetzen" muss. Man kann sich das sofort vorstellen. Bei den meisten Diagrammen kommen aber auch andere Achsen vor. Sie sind zwar dadurch schwerer zu lesen, es ist aber oft sehr viel Information in ihnen enthalten (siehe etwa Abb. 5.38, S. 47). Das macht sie für die Physik unverzichtbar. Außerdem kann man mit ihnen Gleichungen visuell umsetzen.

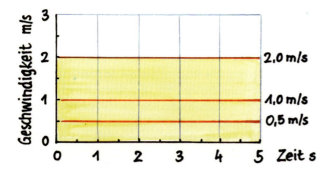

Abb. 5.11: Geschwindigkeits-Zeit-Diagramm. Welchen Weg legt ein Objekt in 5 Sekunden zurück, wenn es sich mit 2 m/s bewegt? 2 m/s · 5 s = 10 m. Die zurückgelegte Strecke (= Geschwindigkeit mal Zeit) entspricht der (gelben) Fläche unter der Kurve.

Abb. 5.11 zeigt ein **Geschwindigkeits-Zeit-Diagramm** (v-t-Diagramm) von drei unbeschleunigten Bewegungen. Die Linien sind horizontal, weil sich die Geschwindigkeiten ja nicht ändern. Die Fläche unter der Geraden (für 2 m/s gelb eingezeichnet) stellt in einem v-t-Diagramm immer den zurückgelegten Weg dar. Wir werden das später noch einmal brauchen. Abb. 5.12 zeigt ein **Weg-Zeit-Diagramm** (s-t-Diagramm) von denselben drei Bewegungen. Am Anstieg der Geraden ist die Höhe der Geschwindigkeit zu erkennen.

Diese ist ja Weg pro Zeit. In beiden Diagrammarten steckt im Prinzip dieselbe Information über eine Bewegung. Manchmal lassen sich Dinge aber mit dem einen, manchmal mit dem anderen besser veranschaulichen.

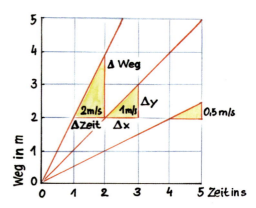

Abb. 5.12: Weg-Zeit-Diagramm von drei Bewegungen. Anstieg: Δ Weg / Δ Zeit = Geschwindigkeit

→ **Info:** Rennkäfer

a Rennkäfer

Abb. 5.13

F10 E2 Ein Rennkäfer läuft entlang einer Wand. Die Bewegung, die er ausführt, ist im Weg-Zeit-Diagramm in Abb. 5.14 dargestellt. Beschreibe sie zuerst qualitativ. Mit welcher Geschwindigkeit bewegt er sich in den einzelnen Teilstücken? Übertrage die dargestellte Bewegung in das Geschwindigkeits-Zeit-Diagramm in Abb. 5.15. Wie kannst du dort grafisch beweisen, dass der Käfer nach 8 Sekunden wieder am Ausgangsort steht? → L

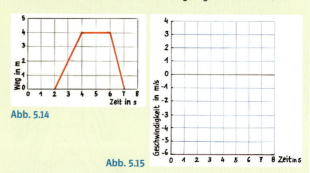

Abb. 5.14

Abb. 5.15

Z Zusammenfassung

Bewegungen lassen sich mit Weg-Zeit- (s-t-) und Geschwindigkeits-Zeit-Diagrammen (v-t) darstellen. Der Anstieg im s-t-Diagramm gibt die Geschwindigkeit an, die Fläche unter der Kurve im v-t-Diagramm den zurückgelegten Weg.

5.4 Vollbremsung und freier Fall
Gleichmäßig beschleunigte Bewegungen

Unter einer gleichmäßig beschleunigten Bewegung versteht man, dass die Geschwindigkeitsänderung pro Zeit gleich bleibt. Wir sehen uns dazu zwei Beispiele aus dem Alltag an: den freien Fall und eine Vollbremsung beim Autofahren.

5.4.1 Freier Fall

F11 W2 Dem Dachdecker fällt der Hammer runter. Nach einer Sekunde ist dieser ein Stockwerk tief gefallen. Wo ist er nach zwei und nach drei Sekunden?

F12 E2 Ein Stein, den du vom Balkon im ersten Stock fallen lässt (aber Achtung bitte!), prallt mit einer bestimmten Geschwindigkeit am Boden auf. Aus dem wievielten Stock muss er fallen, damit die Geschwindigkeit am Boden doppelt so groß ist? Und wie wäre das am Mond (wenn es dort Häuser gäbe)?

Abb. 5.16

Wir vernachlässigen im Folgenden jetzt einmal den Luftwiderstand! Abb. 5.17 zeigt die Geschwindigkeitsänderung von frei fallenden Gegenständen auf Erde und Mond. Du siehst, dass die Geschwindigkeit in beiden Fällen gleichmäßig mit der Zeit anwächst. Hier handelt es sich daher um gleichmäßige Beschleunigungen (vergleiche mit Abb. 5.11).

Abb. 5.17: *v-t*-Diagramm für frei fallende Gegenstände auf Erde und Mond. Vergleiche mit Abb. 5.11. Verwechsle den Anstieg in diesem Diagramm nicht mit Abb. 5.12. Jenes sieht zwar ähnlich aus, ist aber ein *s-t*-Diagramm!

Der Anstieg einer Geraden im *v-t*-Diagramm ist ein Maß für die Geschwindigkeitsänderung, also für die **Beschleunigung**. Auf der Erde hat ein Gegenstand nach einer Sekunde 10 m/s, nach 2 Sekunden 20 m/s und so weiter. Pro Sekunde nimmt die Geschwindigkeit im freien Fall um 10 m/s zu. 10 m/s pro Sekunde sind 10 (m/s)/s oder 10 m/s^2. Daher sagt man, dass die **Erdbeschleunigung** (*g*) 10 m/s^2 beträgt. Am Mond beträgt die Gravitation nur 1/6. Deshalb ist die Mondbeschleunigung nur 1,67 m/s^2. Allgemein ist die Beschleunigung als Geschwindigkeitsänderung pro Zeit definiert.

→ **Info:** Erdbeschleunigung *g*

---

i Erdbeschleunigung *g*

Wenn es **ums Prinzip** geht, dann kommt man sehr gut zurecht, wenn man für die Erdbeschleunigung 10 m/s^2 annimmt. Wenn man es genauer will, dann nimmt man in unseren Breiten 9,81 m/s^2. Der Unterschied ist weniger als 2 %! Aber der Wert ist nicht überall auf der Erde gleich groß. *g* hängt zunächst einmal von der **geografischen Breite** ab. Am kleinsten ist es am Äquator (Breite 0°), am größten am Pol (Breite 90°). Weiters hängt *g* von der Seehöhe ab – je höher man ist, desto geringer wird der Wert. Aber selbst auf den höchsten Bergen wäre *g* nur um etwa 10^{-2} m/s^2 kleiner als am Meer. Die folgenden Angaben beziehen sich aufs Meeresniveau, bei den Städten ist die Seehöhe miteinbezogen.

Ort	Pol	Wien	Salzburg	Graz	Äquator
g in m/s^2	9,832	9,8086	9,8073	9,8070	9,780

Wenn man es aber noch genauer haben will, dann muss man zusätzlich berücksichtigen, dass die **Masse der Erde** nicht gleichmäßig verteilt ist, was zu Abweichungen vom berechneten Wert führt (Abb. 5.18). Diese Abweichungen kann man nur experimentell bestimmen, und sie liegen in der Größenordnung von 10^{-3} m/s^2.

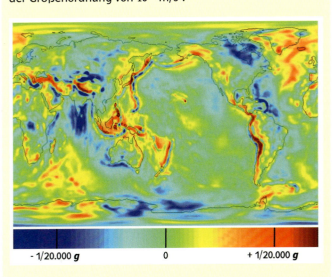

Abb. 5.18: Abweichung zwischen dem theoretischen Wert von *g* und dem tatsächlichen. In roten Bereichen ist der gemessene Wert höher, in blauen tiefer als vorhergesagt.

F Formel: Beschleunigung

$$a = \frac{\Delta v}{\Delta t} \Rightarrow \Delta v = a \cdot \Delta t$$

a … Beschleunigung $[a] = [v]/[t] = (m/s)/s = m/s^2$
Δv … Geschwindigkeitsänderung $[\Delta v] = m/s$
Δt … Zeitintervall $[\Delta t] = s$

Erinnere dich: Die Fläche unter der **v-t-Kurve** gibt den zurückgelegten Weg an. In Abb. 5.19 sind die Dreiecke für den freien Fall auf der Erde für die ersten drei Sekunden herausgezeichnet und nebeneinander gestellt. Die Fläche eines Dreiecks ist „Seite mal Seite halbe". Daher ergeben sich folgende Fallstrecken für die **ersten drei Sekunden**: 5 m, 20 m und 45 m. ==Die Fallstrecke wächst nicht linear, sondern mit dem Quadrat der Zeit!==

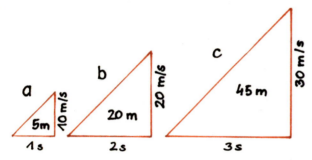

Abb. 5.19: Die Fläche unter der v-t-Kurve ergibt die Fallstrecke in Metern, also (1 s · 10 m/s) : 2 = 5 m und so weiter.

Nach zwei Sekunden hat sich die Fallstrecke vervierfacht, nach drei Sekunden verneunfacht und so weiter. Damit lässt sich → F11 beantworten. Wenn der Hammer **nach einer Sekunde ein Stockwerk** tief ist (5 m), dann ist er **nach zwei Sekunden** bereits **vier Stockwerke** tief gefallen (20 m) und **nach drei Sekunden** wäre er bereits **neun Stockwerke** tief (45 m). Es handelt sich ja hier um eine beschleunigte Bewegung.

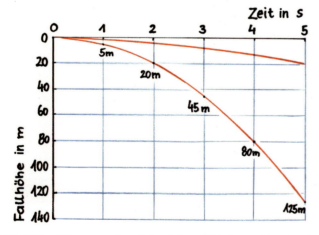

Abb. 5.20: s-t-Diagramm eines **freien Falls** auf **Erde** (untere Kurve) und **Mond**. Die y-Achse ist umgedreht, um die Falltiefe besser zu verdeutlichen.

Abb. 5.20 ist ein **s-t-Diagramm** der beiden Fallbewegungen auf Erde und Mond. Du siehst, dass in beiden Fällen die Fallstrecke nicht linear ansteigt (vergleiche mit Abb. 5.12). Beim Fall auf der Erde sind die **Fallstrecken** extra eingetragen. Wir werden diese Werte noch öfter brauchen.

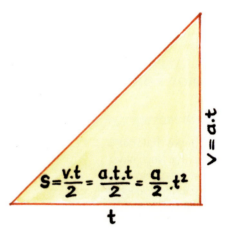

Abb. 5.21: Grafische Ableitung der Gleichung für die Falltiefe

Wie kommt man auf eine brauchbare **Gleichung für die Falltiefe**? Man kann diese aus der Fläche unter der v-t-Kurve und der Gleichung für die Beschleunigung herleiten (Abb. 5.21). Die Dreiecksfläche ist „Geschwindigkeit mal Zeit halbe". Die Geschwindigkeit **v** ist aber wiederum $a \cdot t$. Daher ergibt sich für die Falltiefe folgende Gleichung:

F Formel: Falltiefe beim freien Fall

$$s = \frac{v \cdot t}{2} = \frac{a \cdot t \cdot t}{2} = \frac{a}{2} t^2 \Rightarrow t = \sqrt{\frac{2s}{a}}$$

a … Beschleunigung $[a] = m/s^2$
v … Geschwindigkeitsänderung $[v] = m/s$
t … Zeit $[t] = s$
Gilt, wenn s, t und v zu Beginn der Messung null sind.

Diese Gleichung gilt allgemein für gleichmäßig beschleunigte Bewegungen. Für den freien Fall auf der Erde musst du für die Beschleunigung g einsetzen, wodurch sich die Gleichung auf $s \approx 5t^2$ vereinfachen lässt. Überprüfe damit die Angaben in Abb. 5.20.

Wie musst du die Höhe vergrößern, damit sich die Aufprallgeschwindigkeit am Boden verdoppelt (→ F12)? Wir werden später noch eine Gleichung dazu ableiten. Hier machen wir aber eine grafische Überlegung. Sieh dir noch einmal Abb. 5.19 an. Die Fläche der Dreiecke ist die Falltiefe, die senkrechte Seite die Geschwindigkeit. Diese Geschwindigkeit kannst du verdoppeln, indem du die **Fallzeit** verdoppelst (Achtung, nicht die Fallstrecke!). Wenn sich aber Fallzeit und Geschwindigkeit verdoppelt haben (Abb. 5.19 b), dann hat sich die Fläche vervierfacht! Du musst die **Fallhöhe vervierfachen**, damit sich die Aufprallgeschwindigkeit verdoppelt. Am Mond ist das genauso!

→ **Arbeitsbox:** Wer hat die beste Reaktion?

Geradlinige Bewegungen 5

i Wer hat die beste Reaktion?

Miss deine Reaktion mit Hilfe eines Fallstabes (Abb. 5.22). Lass den **geschickteren Arm** mit leicht gebeugten Fingern bis zum Handgelenk am Tisch liegen, damit du nicht nach unten ausweichen kannst. Ein Klassenkollege hält einen Stab so, dass er genau bis zur Unterkante deiner Hand reicht – also gerade noch nicht raussteht. Irgendwann wird er fallen gelassen und du musst so schnell wie möglich zupacken. Miss nun, wie weit der Stab unten raussteht. Mache möglichst viele Versuche und berechne den Mittelwert. Mit Hilfe der Gleichung für die Falltiefe kannst du nun deine **Reaktionszeit** exakt berechnen (Achtung: die SI-Einheit Meter einsetzen).

Abb. 5.22: So wird der Fallstabtest durchgeführt.

Z Zusammenfassung

Auf der Erde nimmt beim freien Fall die Geschwindigkeit pro Sekunde um 10 m/s zu. Die Erdbeschleunigung g ist daher 10 m/s². Die Falltiefe wächst mit dem Quadrat der Fallzeit. Nach 3 Sekunden ist daher zum Beispiel ein Gegenstand 9-mal so tief gefallen wie nach 1 Sekunde.

5.4.2 Bremsweg

F13 W2 Du hast von einem fallenden Stein einen 3-Sekunden-Film gemacht und spielst ihn umgekehrt ab. In welche Richtung zeigt die Beschleunigung nun? Nach oben oder nach unten?

F14 W2 Bei einer Sprengung fliegt ein Stein genau senkrecht nach oben und schlägt nach 6 Sekunden wieder auf. Wie hoch ist der Stein geflogen? Wie groß ist die Beschleunigung, wenn der Stein am höchsten Punkt stillsteht? Null?

F15 W2 Du machst bei 50 km/h eine Vollbremsung und misst den Bremsweg. Wie sehr wächst er an, wenn du bei 100 km/h oder bei 150 km/h voll bremst?

F16 W2 Um wie viel ist der Bremsweg bei 50 km/h länger als bei 30 km/h? Gib einen Tipp ab!

F17 E2 Warum verwendet man im Turnunterricht Weichböden? Wieso sind Helme ausgepolstert? Warum haben Autos eine „Knautschzone"? Wieso hat ein kleiner Specht so viel Kraft im Schnabel?

Abb. 5.23

Im Alltag spricht man vom Beschleunigen und vom Bremsen. In der Physik ist jede Geschwindigkeitsänderung eine Beschleunigung. Man spricht von **positiver Beschleunigung**, wenn etwas schneller wird, und von **negativer Beschleunigung**, wenn etwas langsamer wird. Wenn man nur von Beschleunigung spricht, dann ist meistens eine positive gemeint.

Die Beschleunigung ist wie auch die Geschwindigkeit ein **Vektor**. Wenn beide Vektoren parallel sind, dann wird die Geschwindigkeit mit der Zeit größer. Es liegt dann eine positive Beschleunigung vor (Abb. 5.24 links). Wenn sie antiparallel sind, liegt eine negative Beschleunigung vor (rechts).

Abb. 5.24: Positive und negative Beschleunigung

→ **F13** und → **F14** sind ein Schlüssel zum Verständnis der gleichmäßig beschleunigten Bewegungen. Wenn du den Film vom fallenden Stein verkehrt abspulst, dann fliegt dieser nach oben und wird dabei langsamer, bis er nach drei Sekunden am höchsten Punkt zum Stillstand kommt. Im Film sieht es dann genau so aus, als wäre der Stein von unten senkrecht weggeworfen worden. In welche Richtung zeigt *g*? Die Erdbeschleunigung zeigt nach wie vor nach **unten!** Würde *g* nach oben zeigen, dann würde der Stein ja immer schneller und schneller nach oben fliegen und nicht langsamer werden. Der Flug nach oben ist die genaue zeitliche Umkehr des Flugs nach unten.

Mit dem Stein bei der **Sprengung** ist es genauso. Aufsteigender und absteigender Teil sind im Prinzip völlig gleich, laufen aber umgekehrt ab. Du könntest den Film rückwärts spulen, und der Stein würde exakt dieselbe Bewegung ausführen. Klar, die Explosion würde verkehrt ablaufen, aber es geht hier nur um die Bahn des KSP!

Fangen wir mit dem **absteigenden Teil** an. Dieser dauert natürlich drei Sekunden und beginnt am höchsten Punkt mit der Geschwindigkeit null. Den Rest kennst du schon. In drei Sekunden fällt der Stein 45 m tief (Abb. 5.25 rechts). Also muss der höchste Punkt der Bahn bei 45 m liegen. Wie schnell prallt der Stein auf? Nachdem er drei Sekunden geflogen ist, mit 30 m/s.

Im **aufsteigenden** Teil läuft alles spiegelbildlich ab (Abb. 5.25 links). Wie schnell muss der Stein wegfliegen, damit er auf 45 m aufsteigen kann? Mit 30 m/s nach oben. (Beachte: Die Geschwindigkeitsvektoren bei Abflug und Aufprall sind antiparallel.) In der ersten Hälfte ist der Stein **negativ beschleunigt**, in der zweiten **positiv**. Aber in beiden Fällen handelt es sich um eine gleichmäßige Beschleunigung, weil sich die Geschwindigkeit pro Sekunde immer um denselben Wert verändert. Der erste Teil der Kurve entspricht genau dem, was auch beim Bremsen passiert. Beim Bremsen handelt es sich um eine negative Beschleunigung (Abb. 5.24 rechts).

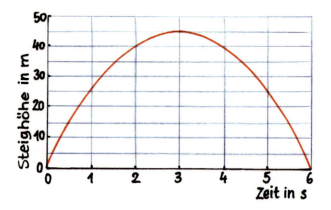

Abb. 5.25: *s-t*-Diagramm eines senkrechten Wurfes. Aufsteigender und absteigender Teil sind symmetrisch. Der Nullpunkt wurde diesmal auf das Abflugniveau gelegt. Die Wahl des Nullpunkts ist allerdings egal und ändert an der Bewegung selbst nichts. Wenn du die Zeitachse spiegelst, ändert das nichts an der Bewegung!

Wie sieht es mit dem Zusammenhang zwischen **Geschwindigkeit und Bremsweg** aus? Überlegen wir mal ohne Gleichung. Im Prinzip ist die Frage nach dem Bremsweg (→ **F16**) eine Umkehrung der Frage mit dem Hammer (→ **F11**, Kap. 5.4.1). Spul den Film rückwärts ab! Du siehst dann einen Hammer, der mit 10 m/s ein Stockwerk unter dem Dach startet und oben zum Stillstand kommt. Oder du siehst einen Hammer, der mit 20 m/s vier Stockwerke unter dem Dach startet und genau oben zum Stillstand kommt. Du siehst also: Doppelte Geschwindigkeit bedeutet 4fachen Weg zum Abbremsen. Und genau so ist es auch beim Bremsweg beim Autofahren.

Man kann es auch so formulieren: Wenn sich die Geschwindigkeit verdoppelt, dann verdoppelt sich auch die Zeit, um stehen zu bleiben. Eine Verdopplung der Zeit bedeutet bei einer gleichmäßigen Beschleunigung aber eine Vervierfachung des Weges. **Der Bremsweg wächst mit dem Quadrat der Geschwindigkeit.** Natürlich kann man das auch mit einer Gleichung ausdrücken.

→ **Info:** Bremsweg

---

i Bremsweg

Beim Bremsen interessiert uns weniger die Zeit bis zum Stillstand, es interessiert uns vielmehr der **Weg**. Dazu brauchst du nur die Gleichungen, die du schon kennst:

$$a = \frac{\Delta v}{t} \Leftrightarrow t = \frac{v}{a} \quad \text{und} \quad s = \frac{a}{2}t^2$$

Nun ersetzt du *t* in der Gleichung für den Weg und erhältst:

$$s = \frac{a}{2}\frac{v^2}{a^2} = \frac{v^2}{2a}$$

Du siehst also, dass der Bremsweg mit dem Quadrat der Geschwindigkeit wächst. *a* ist die Beschleunigung, die man für den jeweiligen Fall wissen muss. Beim freien Fall ist sie 10 m/s², beim Bremsen sind gesetzlich mindestens 4,5 m/s² vorgeschrieben.

Um die Bremsverzögerung auszurechnen, muss man die Gleichung nur umformen:

$$s = \frac{v^2}{2a} \Leftrightarrow a = \frac{v^2}{2s}$$

Was heißt das in der Praxis? Wenn ein Fahrer das Auto mit 100 km/h voll abbremst, dann ist der Bremsweg bereits 4-mal so lang wie bei 50 km/h (→ **F15**). Und bei 150 km/h ist der Bremsweg bereits 9-mal so lang wie bei 50 km/h! Diese ==quadratische Zunahme des Bremswegs mit der Geschwindigkeit== wird oft unterschätzt.

Was bedeutet das in konkreten Zahlen? Die gesetzlich vorgeschriebene Mindestbremsverzögerung beträgt 4,5 m/s². Das bedeutet, dass dein Auto pro Sekunde um 4,5 m/s oder 16,2 km/h langsamer werden muss. In Abb. 5.26 siehst du den Bremsweg für verschiedene Geschwindigkeiten. Du siehst, dass der Bremsweg bei 50 km/h fast 3-mal so lang ist (genau ist es 2,8-mal) wie bei 30 km/h! Hättest du das vermutet (→ **F16**)?

→ **Info:** Formel 1
→ **Experiment:** Bremsweg beim Radfahren | → Seite 44

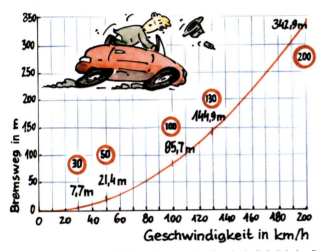

Abb. 5.26: Bremsweg in Abhängigkeit von der Geschwindigkeit in km/h bei der gesetzlich vorgeschriebenen Mindestbremsverzögerung von 4,5 m/s². Bei einigen Geschwindigkeiten ist der Zahlenwert zusätzlich eingetragen.

Es kann natürlich vorkommen, dass du trotz Vollbremsung nicht mehr rechtzeitig stehen bleiben kannst und gegen ein **Hindernis prallst**. In diesem Fall treten noch viel größere Bremsverzögerungen auf. Schätzen wir einmal ab. Wir nehmen dabei an, dass die **negative Beschleunigung** während des Aufpralls **konstant** bleibt.

Nimm an, du prallst mit 36 km/h (10 m/s) gegen eine Wand, und die Front deines Autos schiebt sich dabei um 0,5 m zusammen (das ist die **Knautschzone**). Wie groß ist in diesem Fall die Bremsverzögerung?

$a = v^2/2s$, das ergibt also 100 m/s² oder 10 **g**. Das ist für diese geringe Geschwindigkeit ein ziemlich gewaltiger Rumms! Wenn du doppelt so schnell aufprallst, also mit 72 km/h (20 m/s), dann ist die Bremsverzögerung bereits 4-mal so groß: 40 **g**! Du siehst also, dass die Gefahren nicht linear anwachsen, sondern mit dem **Quadrat** der Geschwindigkeit.

Und du siehst auch die Bedeutung der Knautschzone. Ist diese doppelt so groß, dann sinkt die Bremsverzögerung auf die Hälfte ab. Deshalb sind Sportgeräte und Helme gepolstert (→ **F17**). Durch den größeren „Bremsweg" treten kleinere Kräfte auf und man verletzt sich nicht so leicht.

Abb. 5.27

i Formel 1

Wenn von Beschleunigungen bei bemannten **Raketen**, **Flugzeugen** oder in der **Formel 1** die Rede ist, dann liest man oft von so und so viel g. Die Bremsverzögerung (also die negative Beschleunigung) in der Formel 1 beträgt zum Beispiel bis 4,5 g. Da g 10 m/s² sind, sind 4,5 g dementsprechend 45 m/s²! Ein Formel-1-Auto kann also im Extremfall in einer Sekunde um 45 m/s oder 162 km/h langsamer werden! Das ist sehr beeindruckend!

Wenn du in einem normalen Auto genauso bremsen könntest (was aus verschiedensten Gründen aber nicht geht), könntest du auf der Autobahn von 130 km/h auf null in nur 0,8 Sekunden bremsen und würdest nach knapp 15 m stehen bleiben! Rechne nach!

Abb. 5.28

Man kann den Effekt aber auch umgekehrt nutzen. Wenn ein **Specht** mit dem Schnabel auf die Rinde hackt, dann dringt dieser nur wenige Millimeter tief ein. Durch das abrupte Abbremsen entstehen enorme Kräfte, die er mit Muskelkraft alleine nicht erzeugen könnte. Und auch **Krähen** helfen sich physikalisch: Wenn sie eine Nuss nicht aufhacken können, dann lassen sie diese einfach aus großer Höhe auf den harten Boden prallen. Der harte Aufprall erzeugt große Bremskräfte und knacks!

Z Zusammenfassung

Unter Bremsen versteht man eine negative Beschleunigung, also ein Verringern der Geschwindigkeit. Es ist die zeitliche Umkehrung einer positiven Beschleunigung. Der Bremsweg bis zum Stillstand hängt somit ebenfalls vom Quadrat der Zeit bzw. vom Quadrat der Anfangsgeschwindigkeit ab. Auch die Bremsbeschleunigung hängt vom Quadrat der Geschwindigkeit ab.

e Bremsweg beim Radfahren

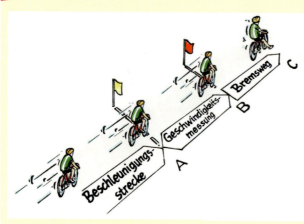 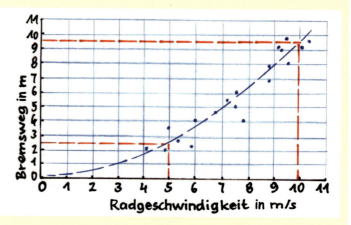

Abb. 5.29: (links): Versuchsanordnung zur Bestimmung des Bremsweges
Abb. 5.30: (rechts): Zusammenhang zwischen Geschwindigkeit und Bremsweg, gemessen im Rahmen einer Schulstunde

Mit einfachen Mitteln kann man am Sportplatz oder im Schulhof den Zusammenhang zwischen Geschwindigkeit und Bremsweg qualitativ überprüfen.

Was man braucht: 1 Fahrrad und 1 Fahrer, 1 Signalgeber (steht bei A), einige Stoppuhren und Zeitnehmer (stehen bei B), 1 Kreide, 1 Maßband, 2 Weitenmesser, 1 Protokollführer

Ein Schüler fährt mit dem Fahrrad und nimmt auf einer **Beschleunigungsstrecke** Schwung. Er fährt die letzten 10 m ohne zu treten (A nach B), damit die Geschwindigkeit konstant bleibt. Auf dieser Strecke wird die Zeit gemessen. Der Signalgeber gibt ein Zeichen, wenn das Vorderrad gerade bei Linie A ist, und die Zeitnehmer stoppen ein. Sie stoppen ab, wenn das Vorderrad genau bei B ist, also nach 10 m. Dort beginnt der Fahrer voll zu bremsen, und der **Bremsweg** wird gemessen. Der Schüler macht möglichst viele Fahrten mit verschiedenen Geschwindigkeiten.

Wichtig:
1) Es muss immer die **gleiche Stelle** des Rads gemessen werden, etwa die Mitte des Vorderrades.
2) Um die Stoppungen genauer zu machen, sollten **mehrere Personen** stoppen, dann sollte der Mittelwert genommen werden.
3) Die **Bremsung muss immer voll sein.** Achte darauf, dass die Vorderbremse nicht zu stark eingestellt ist, damit du keinen Salto schlägst.

Im Protokoll steht dann: Nummer des Versuchs, Zeiten für 10 m und Bremsweg. Zuerst wird der Schnitt der Zeit berechnet und dann die Geschwindigkeit ($v = s/t$). Alle Versuche können dann in einem Diagramm dargestellt werden (Abb. 5.30).
In der Abbildung siehst du die Auswertung von 19 Versuchen. Die **Glättung** wurde mit einem Polynom 2. Grades vorgenommen (das machen Programme wie Excel mit wenigen Einstellungen automatisch). Damit die Funktion durch den Nullpunkt geht, kannst du mehrmals den Wert 0/0 zusätzlich in die Tabelle eingeben.
Die grafische Auswertung ergibt bei 5 m/s einen Bremsweg von etwa 2,5 m und bei 10 m/s einen Bremsweg von etwa 9,4 m. Der Bremsweg ist also um den Faktor 3,75 größer. Der Theorie nach sollte er um den Faktor 4 größer sein, unser Ergebnis weicht also um etwa 7 % vom erwarteten Wert ab. Für eine dermaßen einfache Versuchsanordnung ist das aber sehr ok! Würde der Bremsweg linear anwachsen, dann dürfte er bei 10 m/s erst 5 m lang sein!
Außerdem lässt sich die **Bremsverzögerung** gut berechnen. Wenn wir für v 10 m/s einsetzen und für s 9,4 m, ergibt sich für $a = v^2/2s =$ **5,3 m/s²**. Das Fahrrad in diesem Versuch hatte also eine bessere Bremsverzögerung als die, die für Autos gesetzlich vorgeschrieben ist.

→ **Info:** Bremsweg -> Seite 42

5.5 Überschalltropfen
Ungleichmäßig beschleunigte Bewegungen

Wir sind dem Prinzip treu geblieben, zuerst mit den Spezialfällen zu beginnen, um das Wesentliche zu verstehen. In diesem Abschnitt kommen wir nun zum häufigsten Fall, nämlich der ungleichmäßigen Beschleunigung. Diese Form der Bewegung ist aber am Schwierigsten zu beschreiben. Deswegen haben wir uns diese Beispiele auch für den Schluss aufgehoben.

F18 Manchmal tun Regentropfen richtig weh, wenn sie auf den Kopf prallen. Warum ist das so? Weil sie von höher heruntergefallen sind? Und haben Tropfen von niedrigen Wolken dann eine geringere Geschwindigkeit? Und welche Form hat ein fallender Tropfen eigentlich?
E2

F19 Wenn eine Maus in einen 1000 m tiefen Schacht fällt, bekommt sie zwar einen Schock, wird sich aber nicht verletzen! Eine Ratte hätte dabei keine Chance. Was könnte der Grund dafür sein?
E2

F20 Alle Skispringer verwenden seit 1987 die V-Technik (rechts) und nicht mehr die klassische (links). Warum? Und worin unterscheiden sich die Sprunganzüge von Skispringern und Abfahrern?
S2

Abb. 5.31: Klassische Technik (links) mit parallelen Skiern und neue Technik mit V-Stellung!

Sei froh, dass die Geschwindigkeit eines Tropfens **nicht** von der Fallhöhe abhängt, denn sonst wäre Regen wirklich lebensgefährlich. Angenommen, ein Tropfen würde tatsächlich gleichmäßig mit 10 m/s² beschleunigen, dann würde er nach etwa 34 s oder knapp 6 km Fallstrecke die **Schallmauer** durchbrechen (die Schallgeschwindigkeit beträgt etwa 340 m/s; siehe Tab. 5.1, S. 36). Stell dir mal den Lärm vor! Der zeitliche Verlauf von v und a würde so aussehen wie in Abb. 5.32 – eben gleichmäßig beschleunigt.

Wir haben der Einfachheit halber bis jetzt den **Luftwiderstand vernachlässigt**. Dieser verhindert Gott sei Dank, dass wir von Überschalltropfen getroffen werden, denn ab einer gewissen Geschwindigkeit, die von Größe, Form und Masse des Gegenstandes abhängt, kann der Luftwiderstand nicht mehr vernachlässigt werden. Die **Beschleunigung** bleibt dadurch **nicht konstant**, sondern sinkt bis auf null ab. Ab diesem Zeitpunkt ist die Geschwindigkeit konstant (siehe Abb. 5.32 unten).

Der reale Verlauf von **v** und **a** bei einem fallenden Gegenstand ist ein Beispiel für eine **ungleichmäßig beschleunigte Bewegung.**

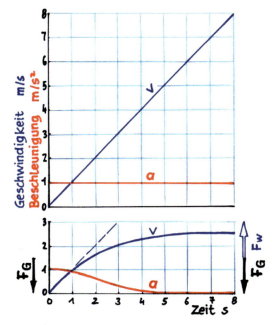

Abb. 5.32: Verlauf von **v** und **a** bei einer gleichmäßigen Beschleunigung (oben) und einer ungleichmäßigen Beschleunigung (unten), wie dem freien Fall unter Berücksichtigung des Luftwiderstandes F_W. Die Beschleunigung wird null, wenn die Luftwiderstandskraft so groß wie die Gewichtskraft F_G geworden ist.

Beim Fallen in Luft treten also zwei Kräfte auf: die **Gewichtskraft** und die **Luftwiderstandskraft**. Diese beiden Kräfte sind antiparallel. Jeder Gegenstand wird nur so lange beschleunigt, bis beide Kräfte gleich groß sind. Dann heben sie einander auf und es ist aus mit der Beschleunigung (Abb. 5.32 rechts unten).

→ **Info:** Luftwiderstandskraft | -> Seite 46

Wovon hängt aber nun die **Endgeschwindigkeit** eines Tropfens ab? Von seiner **Größe**! Warum? Fallende Tropfen sind rund! Dass viele Leute glauben, diese hätten „Tropfenform", liegt daran, dass sie kurz vor dem Abreißen wirklich tropfenförmig sind. Wenn sie fallen, sind sie rund, aber schon zu schnell für das Auge. Daher kommt wohl der Irrglaube. Weil alle Tropfen rund sind, ist auch ihr c_W-**Wert** gleich groß. Deshalb hängt ihre Fallgeschwindigkeit nur von der **Tropfengröße** ab (→ F18). Sehr große Tropfen können über 10 m/s erreichen (Abb. 5.34)!

Abb. 5.33: Ein Milchtropfen, der in Milch fällt und wieder weggeschleudert wird. Fliegende Tropfen haben Kugelform, die bei hohen Geschwindigkeiten leicht abgeplattet sein kann.

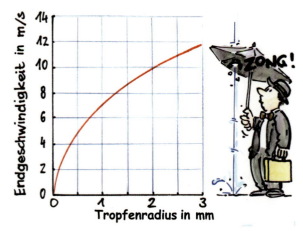

Abb. 5.34: Abschätzung der Fallgeschwindigkeit eines Tropfes auf Grund seiner Größe. Zur Berechnung siehe Infobox Luftwiderstandskraft.

Bei **Tieren** ist es schwer, Schattenfläche und c_W-Wert zu eruieren. Das Prinzip bleibt aber das gleiche: Je größer und schwerer ein Tier, desto größer wird die Endgeschwindigkeit im freien Fall. Eine **Maus** erreicht etwa 14 m/s, und zwar schon nach zirka 10 m im freien Fall (→ **F19**). Die letzten 990 m nimmt also die Geschwindigkeit gar nicht mehr zu! Für eine Maus ist es somit egal, ob sie aus dem 5., 20. oder 300. Stockwerk fällt. Eine **Ratte** erreicht etwa 28 m/s (über 100 km/h), und das ist für sie schon lebensgefährlich. Der **Mensch** erreicht im freien Fall etwa 50 m/s (also 180 km/h), zum Beispiel beim **Fallschirmspringen**.

→ **Info:** Projekt Stratos

Auch der **Straßenverkehr** ist ein sehr gutes Beispiel für ungleichmäßig beschleunigte Bewegungen: anfahren, bremsen, anfahren, bremsen. Diese Bewegungen müssen bei manchen Fahrzeugen aus gesetzlichen Gründen durch einen **Fahrtenschreiber** festgehalten werden.

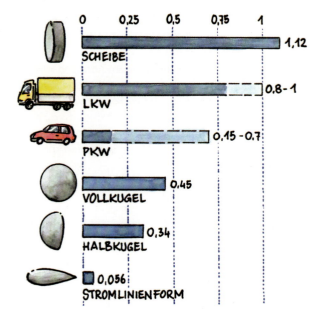

Abb. 5.35: Vergleich einiger c_W-Werte. Ein Tropfen hat Kugelform und daher einen c_W-Wert von 0,45.

Luftwiderstandskraft

Die **Luftwiderstandskraft** F_W kann mit folgender Gleichung beschrieben werden:

$$F_w = \frac{1}{2} c_w \rho A v^2$$

ρ ist die **Dichte** der Luft, also etwa 1,2 kg/m³ (Tab. 2.3, Kap. 2.6). A ist die so genannte **Anströmfläche**. Man nennt sie auch manchmal **Schattenfläche**, und dieser Begriff ist besser zu verstehen. A entspricht nämlich der Fläche des Schattens, den das Objekt werfen würde, wenn man es mit parallelem Licht in oder gegen die Bewegungsrichtung beleuchtet (Abb. 5.36).

v ist die **Luftgeschwindigkeit** und c_W ist der **Widerstandsbeiwert**. Er hängt vor allem von der Form des Gegenstandes ab (Abb. 5.35).

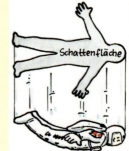

Abb. 5.36: Schattenfläche von Felix Baumgartner

Du siehst an der Gleichung etwas Wichtiges: Der Luftwiderstand wächst **linear** mit c_W, ρ und A. Die Verdopplung eines dieser Werte bedeutet also eine Verdopplung der Luftwiderstandskraft. Der Luftwiderstand wächst aber mit dem **Quadrat** der Geschwindigkeit. Eine Verdopplung der Geschwindigkeit vervierfacht daher den Luftwiderstand!

Die maximale Geschwindigkeit eines Objekts ist erreicht, wenn sich Gewichtskraft ($F_G = mg$; siehe Kap. 7.4.1, S. 61) und Luftwiderstandskraft die Waage halten, wenn sie also gleich groß sind. Deshalb kann man sie gleichsetzen und nach v auflösen.

$$F_w = \frac{1}{2} c_w \rho A v^2 = F_G = mg$$

$$v = \sqrt{\frac{2mg}{c_w \rho A}}$$

Mit dieser Gleichung ist die Endgeschwindigkeit der Tropfen in Abb. 5.34 ausgerechnet. Und sie macht auch klar, warum Felix Baumgartner 2012 bei seinem Rekordsprung sogar die Schallmauer durchbrechen konnte. Es gilt nämlich $v \sim 1/\sqrt{\rho}$. Weil die Luftdichte mit der Höhe sehr stark abnimmt, konnte somit auch die Fallgeschwindigkeit wesentlich größer werden (siehe auch **i Projekt Stratos**).

Abb. 5.37: FELIX BAUMGARTNER bei seinem Absprung aus der Stratosphäre

Bleibt noch die Frage mit der **V-Technik** beim Skispringen offen (→ **F22**). Bei nicht kugelförmigen Objekten tritt nicht nur eine Luftwiderstandskraft gegen die Bewegungsrichtung auf, sondern auch eine Kraft quer dazu. Diese Kraft ist der **Auftrieb** (F_A; siehe Abb. 5.39) und ohne sie könnten etwa Flugzeuge nicht vom Boden abheben. Die genaue Berechnung ist recht kompliziert, aber man kann das Prinzip einfach erklären. Die Größe des Auftriebs hängt wie die Luftwiderstandskraft von der **Anströmfläche** ab (in diesem Fall aber quer zur Bewegungsrichtung). Es liegt auf der Hand, dass diese größer ist, wenn sich die Ski teilweise **neben** dem Körper befinden.

Im luftleeren Raum würde ein Skispringer wie ein Stein zu Boden fallen. Skispringen am Mond wäre also schmerzhaft! Die Kräfte, die durch die anströmende Luft erzeugt werden, verlängern die Flugbahn. Und zwar umso mehr, je größer die Schattenfläche ist. Deshalb gibt es auch Regeln, wie breit die Ski beim Springen sein dürfen. Und der Unterschied der **Anzüge** liegt auch auf der Hand (→ **F20**): Während sich Abfahrtsläufer mit dem Schuhlöffel in den Anzug zwängen, sehen die der Springer so aus, als wären er ihnen ein paar Nummern zu groß. Auch das **vergrößert die Anströmfläche** und verlängert die Luftfahrt.

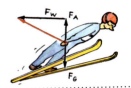

Abb. 5.39: Die Luftwiderstandskraft F_W und die Auftriebskraft F_A, die quer zur Flugrichtung zeigt

Z Zusammenfassung

Bei ungleichmäßig beschleunigten Bewegungen verändert sich die Beschleunigung mit der Zeit. Ein Beispiel dafür ist der freie Fall unter realen Bedingungen, bei dem die Beschleunigung durch den wachsenden Luftwiderstand irgendwann einmal auf null absinkt. Auch im Straßenverkehr ist der Großteil der Bewegungen ungleichmäßig beschleunigt.

i Projekt Stratos

FELIX BAUMGARTNER erreichte im Rahmen des Stratos-Projekts die Wahnsinnsgeschwindigkeit von 373 m/s (1343 km/h) und durchbrach damit locker die Schallmauer! In Abb. 5.38 siehst du den realen Geschwindigkeitsverlauf bei seinem Rekordsprung. Zu Beginn des Sprungs ist die Luft so dünn, dass seine Geschwindigkeit fast linear zunimmt. Der anfangs fehlende Luftwiderstand wird gut durch ein Zitat von JOE KITTINGER, dem Rekordhalter vor Baumgartner, dokumentiert. Er sagte 1960 nach seinem Sprung aus rund 31 km Höhe: „Am Ende des Countdowns mache ich einen Schritt ins Leere. Kein Wind pfeift, meine Kleidung bläht sich nicht. Ich habe nicht die geringste Empfindung von der zunehmenden Geschwindigkeit."

Wird die Atmosphäre dichter, sinkt die Beschleunigung nach und nach ab, bis sie beim Geschwindigkeitsmaximum null erreicht. Dort heben sich Gewichtskraft und Luftwiderstandskraft exakt auf. Baumgartner erreichte nach rund 50 Sekunden in einer Höhe von etwa 27 km seine Maximalgeschwindigkeit. Dort beträgt die Luftdichte etwa 2 % (= 1/50) des Normalwertes auf Meeresniveau. Es gilt daher $v \sim 1/\sqrt{\rho} = 1/\sqrt{1/50} \approx 7$. Seine Maximalgeschwindigkeit kann also um den Faktor 7 größer sein als unter den Luftbedingungen in Erdnähe. Weil die Dichte der Luft immer weiter zunimmt, wurde Baumgartner zunehmend bis auf die normale Fallgeschwindigkeit von rund 50 m/s abgebremst.

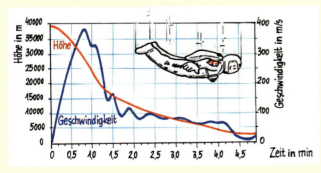

Abb. 5.38: v-t-Diagramm des Rekordsprunges

5.6 Der schnellste Mann der Welt
Momentan- und Durchschnittsgeschwindigkeit

Manchmal ist es sinnvoll, den Schnitt der Geschwindigkeit anzugeben, etwa bei der Reisegeschwindigkeit eines Zugs oder eines Flugzeugs. Aber manchmal ist es wichtig, die Geschwindigkeit zu einer ganz bestimmten Zeit zu wissen. Das ist dann die Momentangeschwindigkeit.

F21 Du fährst mit dem Rad eine Stunde lang einen Berg hinauf (von A nach B). Dein Schnitt beträgt dabei 10 km/h. Wie schnell musst du von B nach A zurückfahren, damit der Gesamtschnitt 20 km/h beträgt? → **L**

Abb. 5.40

F22 Um das Rasen im Straßenverkehr zu verhindern, gibt es Radarmessung und Section Control. In beiden Fällen wird die Geschwindigkeit gemessen. Aber es gibt einen Riesenunterschied! Welcher ist das?

F23 Manchmal liest man, dass Sprinter die 200 m mit einer höheren Geschwindigkeit laufen können als die 100 m. Kann das wirklich sein? Und wenn ja, warum?

F24 Wenn du mit 5 m/s läufst, wie schnell bewegen sich dann deine Füße? → **L**

Was war bei → **F21** dein erster Gedanke? Den meisten Leuten liegen 30 km/h auf der Zunge. Das ist aber falsch! Die richtige Antwort ist sehr verblüffend und zeigt, dass Intuition in der Physik manchmal auch in die Hose gehen kann.

Was bedeutet es, die **Durchschnittsgeschwindigkeit** zu verdoppeln? In derselben Zeit die doppelte Strecke zurückzulegen! Also nicht 10 km, sondern 20 km in einer Stunde. Wo müsstest du dann nach einer Stunde bereits wieder sein? Im Tal unten beim Ausgangspunkt (A), weil dann wärst du in einer Stunde 20 km weit gefahren. Du bist nach einer Stunde aber genau oben. Du müsstest also den Rückweg in **Nullzeit** zurücklegen, du müsstest unendlich schnell sein! Nicht einmal das Licht könnte das schaffen.

Wo liegt der **Überlegungsfehler**, wenn man mit 30 km/h antwortet? Wenn du mit diesem Tempo zurückfährst, dann brauchst du für die 10-km-Strecke nur mehr 20 Minuten. Auf einen Gesamtschnitt von 20 km/h würdest du aber nur kommen, wenn du zuerst eine Stunde lang mit 10 km/h fährst und dann eine Stunde lang mit 30 km/h (siehe Lösungsteil).

Bei einer **Radarkontrolle** wird gemessen, wie schnell du in diesem Moment fährst (→ **F22**). Ein Physiker würde sagen, dass dabei die **Momentangeschwindigkeit** gemessen wird. Bei der **Section Control** ist das anders. Dabei wird nicht die Momentangeschwindigkeit gemessen, sondern die Zeit, die du zwischen zwei Messpunkten brauchst (etwa durch einen Tunnel). Daraus errechnet ein Computer die **Durchschnittsgeschwindigkeit**. Du könntest also den Großteil der Strecke dahinbrettern und dann eine entsprechende Pause einlegen, bevor du das Ende der Messstrecke erreichst. Das würde nicht auffallen. Natürlich gibt es in solchen Messbereichen keine Gasthäuser, aber die würden sicher sehr gut gehen.

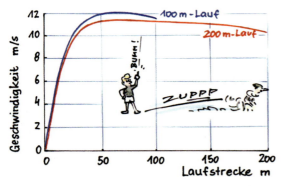

Abb. 5.41: Geschwindigkeitsverläufe beim 100-m- und 200-m-Weltrekord der Männer. Es handelt sich hier um ein **v-s-Diagramm**!

Wer ist der **schnellste Mensch** der Welt? Der Weltrekordhalter über 100 m oder der über 200 m (→ **F23**)? Das kommt ganz darauf an, welche Geschwindigkeit du meinst! Wenn du nur die Zeit für die Gesamtstrecke hast, dann kannst du auch nur die **Durchschnittsgeschwindigkeiten** ausrechnen (wie bei der Section Control). Lange Jahre waren die Weltrekorde so, dass die Durchschnittsgeschwindigkeiten

e 60-m-Lauf am Sportplatz

Ein ähnliches Diagramm wie in Abb. 5.41 zu erstellen ist auch mit einfachen Mitteln möglich. Was man braucht: 1 Läufer, 1 Starter, pro 10 m Laufstrecke 1 Stoppuhr und 1 Zeitnehmer, 1 Kreide, 1 Maßband, 1 Protokollführer. Zuerst wird auf der 60-m-Strecke **alle 10 m** eine Markierung mit Kreide gemacht. Dort stellen sich die Zeitnehmer auf. Ein Schüler läuft die 60 m mit Startsignal. Die Zeitnehmer stoppen die Zeit **vom Start bis zur jeweiligen Position**.

Alle Zeiten werden zuerst in eine Tabelle eingetragen (Tab. 5.2). Aus den Gesamtzeiten lassen sich die 10-m-Teilzeiten errechnen. Um z. B. die Zeit für die Strecke zwischen 10 m und 20 m zu bekommen, musst du nur die 10-m-Zeit von der 20-m-Zeit abziehen. Somit bekommst du die Teilzeiten für alle sechs 10-m-Teilstücke. Nun kannst du die Durchschnittsgeschwindigkeit für diese Teilstücke ausrechnen: $v = 10/t$ m/s

Strecke	Zeit [s] [m/s]	t pro 10 m [s]	mittlere v
10 m	2,38	2,38 − 0 = **2,38**	4,20
20 m	3,81	3,81 − 2,38 = **1,43**	6,99
30 m	5,13	5,13 − 3,81 = **1,32**	7,58
40 m	6,52	6,52 − 5,13 = **1,39**	7,19
50 m	7,88	7,88 − 6,52 = **1,36**	7,35
60 m	9,29	9,29 − 7,88 = **1,41**	7,09

Tab. 5.2: Protokoll eines 60-m-Laufs

In der Grafik unten sind die errechneten Durchschnittsgeschwindigkeiten in ein Diagramm eingetragen. Weil es sich jeweils um die **Durchschnittsgeschwindigkeit** für 10 m handelt, sind die Werte auch in der Mitte der Teilstrecke eingetragen. Wichtig: Wenn pro Teilstück zwei oder mehr Personen stoppen und aus den Zeiten das Mittel nehmen, dann werden die Ergebnisse exakter.

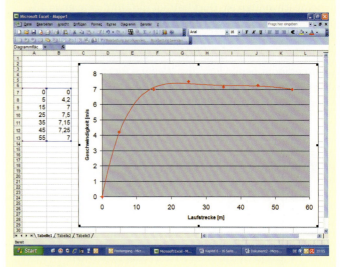

Abb. 5.42: Auswertung eines 60-m-Laufes. Die Werte wurden in Excel mit einem Polynom 5. Grades geglättet.

der 200-m-Sprinter höher waren als die der 100-m-Sprinter. Bei den aktuellen Rekorden (Stand 2016) ist es so, dass die Durchschnittsgeschwindigkeiten gleich groß sind. Bezogen auf die **Maximalgeschwindigkeit sind natürlich** die 100-m-Sprinter den 200-m-Sprintern überlegen (Abb. 5.41).

Wie kann das sein, dass 100-m-Sprinter eine höhere Maximalgeschwindigkeit haben, aber im Schnitt trotzdem langsamer sind? Das liegt daran, dass vor allem der Start die Durchschnittsgeschwindigkeit sehr drückt – du beginnst ja mit der Geschwindigkeit null. 200-m-Sprinter laufen die zweite Hälfte „fliegend". Damit meint man, dass sie von Beginn an schon die volle Geschwindigkeit haben. Dadurch sparen sie für die zweite Hälfte fast eine Sekunde.

→ **Experiment:** 60-m-Lauf am Sportplatz

Unbeschleunigte Bewegungen	beschleunigte Bewegungen
Werden auch **gleichförmige Bewegungen** genannt.	Werden auch **ungleichförmige Bewegungen** genannt.
Es treten keine Beschleunigungen auf.	Es treten Beschleunigungen in irgendwelcher Form auf.
Der Geschwindigkeitsvektor bleibt gleich.	Richtung und/oder Betrag des Geschwindigkeitsvektors ändern sich.
Nur bei reiner Translation möglich.	Bei Translation und Rotation möglich.
Kann nur relativ gemessen werden. Relativ bedeutet „vergleichsweise".	Kann absolut gemessen werden. Absolut bedeutet „losgelöst".
Alle Experimente funktionieren ganz normal.	Durch die Beschleunigung treten Kräfte auf, die Experimente verfälschen können.
Es gibt nur eine Möglichkeit, nicht zu beschleunigen.	Es gibt unendlich viele Möglichkeiten zu beschleunigen.

Tab. 5.3: Überblick über die beiden Arten von Bewegungen

Z Zusammenfassung

Es gibt im Prinzip nur zwei Arten der Bewegung: **unbeschleunigte** und **beschleunigte** (Tab. 5.3). Wenn man unbeschleunigt ist, dann befindet man sich in einem **Inertialsystem** und alles funktioniert normal. Man braucht einen Bezugspunkt, also etwas Zweites, um diese Form der Bewegung festzustellen. Das macht die Geschwindigkeit **relativ**. Beschleunigte Bewegungen sind aber **absolut**. Diese kann man messen und spüren, ohne dass man vergleichen muss. Beispiele für beschleunigte Bewegungen sind der freie Fall (positive Beschleunigung) oder Bremsvorgänge (negative Beschleunigung). Bewegungen werden normalerweise in Weg-Zeit- (s-t) und Geschwindigkeits-Zeit-Diagrammen (v-t) dargestellt. Zwischen der Momentan- und der Durchschnittsgeschwindigkeit besteht ein großer Unterschied. Meistens wird die Durchschnittsgeschwindigkeit angegeben, weil man nur Gesamtweg und Gesamtzeit kennt. Will man die Momentangeschwindigkeit ermitteln, dann muss man diese auch zum jeweiligen Zeitpunkt messen.

Geradlinige Bewegungen

F25 Zwei Laster mit einem Gerät zur Messung der Lichtgeschwindigkeit entfernen sich mit je 10 m/s voneinander. Was können sie für c messen? Ist die Angabe in der Abbildung richtig? Was wäre, wenn die Angabe richtig wäre? → L

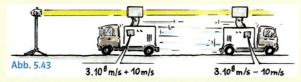

Abb. 5.43 $3 \cdot 10^8$ m/s + 10 m/s $3 \cdot 10^8$ m/s − 10 m/s

F26 Schätze mit Tab. 5.1 die Weltrekorde im Marathonlauf für Männer und Frauen ab. Die Strecke beträgt 42,195 km. → L

F27 Wie oft könnte ein Lichtstrahl pro Sekunde um die Erde zischen (zum Erdumfang siehe Kapitel 2.3)? → L

F28 Erkläre, wieso die Beschleunigung die Einheit m/s² hat.

F29 Die Fallbeschleunigung am Mars ist 3,72 m/s². Berechne die Falltiefe für einen Gegenstand für die ersten 6 Sekunden. → L

F30 Zeichne in einem Diagramm den Zusammenhang zwischen Geschwindigkeit und Bremsweg für die Bremsverzögerungen 5 m/s², 7 m/s² und 9 m/s² ein (siehe Abb. 5.26). → L

F31 Bei einem Unfall auf der Autobahn zieht ein Ferrari eine 280 m lange Bremsspur. Der Fahrer sagt, er war mit etwa 150 km/h unterwegs. Kann man diese Behauptung widerlegen? → L

F32 Erstelle für folgende Bewegung ein s-t- und ein v-t-Diagramm: 2 Sekunden mit 1 m/s, 2 Sekunden mit 2 m/s, 2 Sekunden mit 3 m/s, 2 Sekunden mit −5,5 m/s. → L

6 Zusammengesetzte Bewegungen

In diesem Kapitel geht es um **Überlagerungen von Bewegungen**. Die Geschwindigkeit wird ja als Vektor beschrieben, und Vektoren kann man addieren (siehe Kap. 3). Wir werden uns vor allem Würfe genauer ansehen. Wichtig: Um dir das Prinzip klar zu machen, vereinfachen wir wieder und vernachlässigen den Luftwiderstand.

6.1 Astronaut im freien Fall
Das Unabhängigkeitsprinzip

In diesem Abschnitt geht es um das Prinzip, wie sich Bewegungen überlagern. Schon GALILEI hat vor etwa 400 Jahren damit gearbeitet.

F1 W1 Du stehst im Regen und die Tropfen fallen senkrecht mit 4 m/s zu Boden. Du beginnst mit 3 m/s zu laufen. Wie fällt dann aus deiner Sicht der Regen zu Boden?

F2 W2 Indiana Jones ist mit einem Boot auf der Flucht. Wie muss er einen Fluss überqueren, damit er am schnellsten drüben ankommt? Und wie muss er fahren, um am kürzesten Weg ans andere Ufer zu kommen? Quer, schräg in oder schräg gegen die Strömungsrichtung?

F3 W2 Im gleichen Augenblick wird eine sehr schnelle Kugel waagrecht aus einem Gewehr abgefeuert und eine gleich große andere Kugel einfach aus gleicher Höhe fallen gelassen. Welche trifft zuerst auf dem Boden auf?

Abb. 6.1

Wenn du ruhig im Regen stehst, dann fallen die Tropfen mit 4 m/s senkrecht herunter (→ **F1**). Wenn du mit 3 m/s zu laufen beginnst, dann **addieren** sich die Vektoren von Lauf- und Fallgeschwindigkeit. Die Tropfen kommen dann mit 5 m/s von schräg vorne (Abb. 6.2). Wie schnell ist der Tropfen aber jetzt wirklich? 4 m/s oder 5 m/s? Bedenke: Geschwindigkeiten sind relativ, und deshalb sind auch beide Ansichten richtig. Es ist alles eine Frage des **Bezugssystems**.

Man kann es so formulieren: ==Führt ein Gegenstand mehrere Bewegungen gleichzeitig aus, so beeinflussen diese einander nicht. Das nennt man auch das Unabhängigkeitsprinzip der Bewegungen.== Mit „mehreren Bewegungen" ist nicht gemeint, dass der Gegenstand auseinanderbricht und in verschiedene Richtungen wegfliegt. Damit ist gemeint, dass man die Geschwindigkeit als Vektor in ihre Komponenten zerlegen und wieder zusammensetzen kann. Und diese Komponenten werden durch das Addieren nicht beeinflusst.

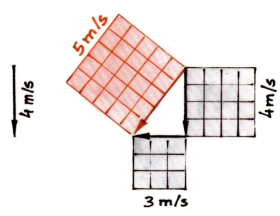

Abb. 6.2: Wenn du läufst, addieren sich die Geschwindigkeiten (siehe auch Kap. 3.2, S. 21).

Wie sieht es mit dem Boot aus (→ **F2**)? Wenn man genau quer zum Fluss fährt, dann addieren sich die Geschwindigkeiten wie in Abb. 6.3 a. Auf der Flucht würde man diesen Weg wählen, weil er der schnellste ist. Dann ist nämlich die y-Komponente der Bootgeschwindigkeit am größten. Aber das Boot treibt ab. Wenn man auf kürzestem Weg hinüber will, dann muss man so schräg gegen die Stromrichtung fahren, dass die Summe der Geschwindigkeiten quer zum Fluss zeigt (b). Das ist zwar langsamer, man kommt aber genau auf der gegenüberliegenden Seite an.

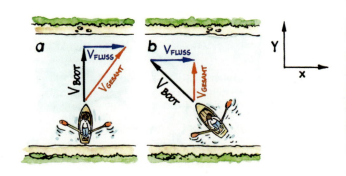

Abb. 6.3: a ist der schnellste Weg, weil v_{Boot} genau quer zum Fluss zeigt. b ist der kürzeste Weg, und man kommt genau am gegenüberliegenden Ufer an. v_{gesamt} ist aber kleiner und man braucht länger.

Vom Ufer aus gesehen führt das Boot zwei Bewegungen aus: eine **relativ zum Wasser** und eine **mit dem Wasser**. Beide Bewegungen beeinflussen sich gegenseitig nicht, und man kann sie einfach addieren. Das ist eben das Unabhängigkeitsprinzip.

Wenden wir das Prinzip auf → **F3** an. Auf ausnahmslos jeden Gegenstand wirkt die **Schwerkraft** und beschleunigt diesen mit rund 10 m/s² in Richtung Boden. Und zwar unabhängig davon, welche Bewegung er zusätzlich noch ausführt. Sogar das Licht fällt durch die Gravitation! Das Verblüffende ist also, dass beide Kugeln gleichzeitig am Boden ankommen.

Man kann auch noch anders überlegen: Ändere das Bezugsystem und fliege mit der Horizontalgeschwindigkeit der abgeschossenen Patrone. Diese hat dann für dich keine Horizontalgeschwindigkeit, und es sieht so aus, als ob sie einfach senkrecht zu Boden fällt. Und das tut sie natürlich in ganz normalem Tempo.

→ **Info:** Zero *g*

Z Zusammenfassung

Führt ein Körper gleichzeitig mehrere Bewegungen aus, so beeinflussen diese einander nicht. Das nennt man das Unabhängigkeitsprinzip der Bewegungen. Wenn man einzelne Geschwindigkeits-Komponenten addiert, erhält man die Gesamtgeschwindigkeit.

i Zero *g*

Die Wahl des Bezugsystems ist völlig frei. Man könnte es auch so wählen, dass es mit einem Gegenstand in die Tiefe fällt. Nehmen wir ein Flugzeug, das auf einer exakten **Wurfparabel** fliegt. Weil alles gleich schnell fällt, das Flugzeug und auch alles an Bord, wirkt das dann so, als ob es keine Gravitation mehr gäbe. Diesen Umstand nutzt man beim Raumfahrttraining aus, um Schwerelosigkeit (also Zero *g*) zu erzeugen.

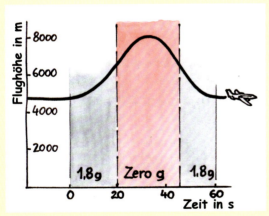

Abb. 6.4: Parabelflug: Der rechte, absteigende Teil im Zero-*g*-Bereich entspricht einem horizontalen Wurf.

Abb. 6.5: Trainierende Astronauten während eines Parabelflugs

6.2 Von Eiben- und Elbenbögen
Horizontale Würfe

Wir sehen uns jetzt horizontale Würfe an. Damit ist gemeint, dass zum Zeitpunkt des Abwurfs der Geschwindigkeitsvektor waagrecht ist.

F4 Du wirfst einen Stein waagrecht von einem Hügel. Er
W1 fliegt 20 m tief und 40 m weit. Wie schnell hast du geworfen?

Abb. 6.6

F5 Wie weit kann eine aus einem Hochgeschwindigkeits-
W1 gewehr abgefeuerte Kugel waagrecht fliegen, ohne zu fallen?

F6 Superbogenschützen wie Robin Hood oder der Elbe
S2 Legolas hätten im realen Leben mit einem großen Problem zu kämpfen. Und auch der Bus-Sprung über das Loch in der Autobahn im Film „Speed" ist ein Hollywoodmärchen. Warum?

Mit Hilfe des Unabhängigkeitsprinzips lassen sich Wurfbahnen sehr einfach konstruieren. Dazu muss man den **Geschwindigkeitsvektor** nur in seine waagrechte und senkrechte Komponente **zerlegen** und nachher wieder zusammensetzen.

Nehmen wir eine Abwurfgeschwindigkeit von 20 m/s an.

Die horizontale Geschwindigkeit bleibt während des gesamten Fluges über erhalten (siehe Kap. 7.2, S. 57). In diese Richtung erfolgt ja keine Beschleunigung. Wir nehmen an, dass es **keine Schwerkraft** gibt. Dann ist der Gegenstand nach einer Sekunde 20 m weit geflogen, nach 2 Sekunden 40 m und so weiter (Abb. 6.7).

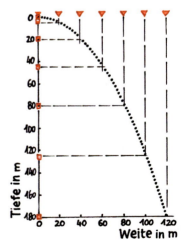

Abb. 6.7: Konstruktion eines horizontalen Wurfs mit Hilfe des Unabhängigkeitsprinzips; Quadrate: freier Fall; Dreiecke: Bewegung ohne Schwerkraft

Dann nehmen wir an, dass es **keine Horizontalbewegung** gibt, und tragen die Falltiefen ein (siehe Kap. 5.4.1). Zum Schluss verbinden wir die Horizontal- und Vertikalpositionen, und fertig ist die Wurfparabel. Du siehst die maßstabsgetreue Flugbahn des geworfenen Objekts. Mit dieser Methode hat GALILEI vor etwa 400 Jahren belegt, dass die Flugbahn Parabelform hat (Abb. 6.8). Du hast also gerade ein wirklich altes Handwerk gelernt!

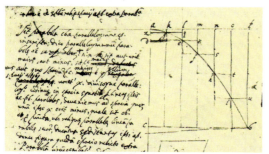

Abb. 6.8: Originalskizze von Galilei zur Konstruktion eines horizontalen Wurfs **um das Jahr 1605**

Du hast dir vielleicht gedacht, dass bei → **F4** eine Angabe fehlt?! Es fehlt aber nichts! Jeder Gegenstand fällt in zwei Sekunden 20 m tief! Deshalb dauert der Wurf zwei Sekunden, und wenn der Stein 40 m weit fliegt, dann wurde er mit 20 m/s abgeworfen.

Weil alle Gegenstände gleich schnell fallen, kann auch ein **Hochgeschwindigkeitsgeschoss** niemals völlig waagrecht fliegen (→ **F5**). Für Schützen ist das ein großes Problem, weil sie immer höher zielen müssen und diese Abweichung noch dazu von der Entfernung abhängt. Besonders stark macht sich das beim Bogenschießen bemerkbar, weil Pfeile ja viel langsamer fliegen (→ **F6**).

Alte Bögen sind meistens aus **Eibenholz**, weil dieses zu den elastischsten und härtesten Hölzern zählt. Trotzdem kann man mit solchen Bögen „nur" knapp 60 m/s erreichen (etwa 220 km/h). Für eine Strecke von 60 m braucht der Pfeil daher eine Sekunde, und in dieser Zeit fällt er um 5 m! Will man also ein Objekt in dieser Entfernung treffen, dann muss man **um 5 m höher zielen** (Abb. 6.9). Selbst aus 30 m muss man um 1,25 m höher zielen. Schwierig für Robin Hood, auf diese Weise einen Pfeil zu spalten!

Auch Keanu Reeves hätte im realen Leben mit dem Unabhängigkeitsprinzip zu kämpfen. In „Speed" befindet er sich in einem Bus, der nicht langsamer als 50 Meilen pro Stunde (etwa 80 km/h oder 22 m/s) fahren darf, sonst explodiert eine Bombe an Bord. Die Fahrt führt auch über einen Teil der Autobahn, wo noch ein Stück Fahrbahn fehlt. Der Bus schafft den Sprung locker! Tatsächlich würde er aber bei einem fehlenden Stück von 20 m **fast 5 m tief fallen**! Au!

→ **Info:** Tennis

Z Zusammenfassung

Auf jeden Gegenstand wirkt die gleiche Fallbeschleunigung, egal welche Geschwindigkeit er zusätzlich noch ausführt. Fallende Gegenstände können daher niemals völlig horizontale Flugbahnen haben.

i Tennis

Wie hoch ist die typische Geschwindigkeit von **Tennisbällen**? Diese Frage lässt sich mit Hilfe des Unabhängigkeitsprinzips einfach abschätzen! Wir nehmen an, dass die Bälle **waagrecht** und knapp über das Netz fliegen und **keinen Drall** haben. Die Überlegung ist einfach: Die Fallbewegung ist für alle Objekte gleich. Du musst nur wissen, wie lange der Ball braucht, um aus Netzhöhe herunter zu fallen. Diese beträgt bei Tennis 91,5 cm = 0,915 m. Daraus kann man die Fallzeit errechnen:

$$t = \sqrt{\frac{s}{5}}\,s \approx 0{,}43\,s$$

In derselben Zeit darf der Ball maximal bis zum Ende des Spielfeldes fliegen. Ein halbes Tennisfeld hat 11,9 m. Die maximale Geschwindigkeit über dem Netz ist daher v = 11,9 m/0,43 s ≈ 27,7 m/s = 100 km/h.

Höhere Geschwindigkeiten können nur dann erzielt werden, wenn von einer höheren Position geschlagen wird (etwa beim Aufschlag) und der Ball nicht waagrecht über das Netz geht oder wenn mit **Topspin** gespielt wird. Darunter versteht man einen Vorwärtsdrall, bei dem sich die Flugbahn durch aerodynamische Effekte verkürzt. Dann kann man stärker draufhauen.

Abb. 6.10: Tennisschlag ohne Drall (das nennt man Drive) und mit Topspin. In diesem Fall verkürzt sich die Flugbahn gegenüber der Flugparabel.

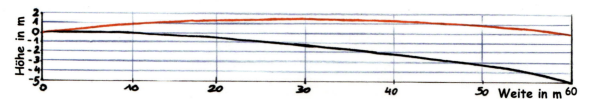

Abb. 6.9: Maßstabsgetreue Flugbahn von Pfeilen, die mit 60 m/s 60 m weit fliegen (schwarz ohne, rot mit Höhenkorrektur)

6.3 Weltrekord im Eierwurf
Schiefe Würfe

In diesem Abschnitt geht es um schiefe Würfe. Damit sind alle Würfe gemeint, bei denen der Abwurf nicht horizontal erfolgt.

F7 Bei einer Sprengung wird ein Stein weggeschleudert
W2 und schlägt nach 6 Sekunden wieder auf dem Boden auf. Wie hoch ist der Stein geflogen? Ist die Höhe unabhängig davon, ob der Stein senkrecht oder schief geflogen ist (vgl. mit → F14, Kap. 5.4.2)? → L

F8 Der Weltrekord im Eierwurf liegt laut Guinness Buch
W2 bei 98,5 m (und das Ei wurde angeblich gefangen, ohne zu zerbrechen). Wie schnell muss man dazu abwerfen? Und welches ist der günstigste Abwurfwinkel?

Auch die Flugparabel bei einem **schiefen Wurf** kann man mit Hilfe des Unabhängigkeitsprinzips einfach konstruieren. Nehmen wir dazu an, dass jemand ein **Ei** mit 28,28 m/s (knapp über 100 km/h) mit einem Winkel von 45° abwirft. Du wirst die schräge Zahl bei der Geschwindigkeit gleich verstehen. Wenn du den Geschwindigkeitsvektor zerlegst, dann ergibt das für Vertikal- und Horizontalgeschwindigkeit jeweils 20 m/s. Das lässt sich gut konstruieren!

Zuerst nehmen wir wieder an, dass **keine Schwerkraft** wirkt. Der Gegenstand würde dann geradlinig schräg nach oben fliegen (Abb. 6.11). Von diesen Positionen ziehen wir nun den **freien Fall** ab, und schon ist die Wurfparabel fertig. Das Ei fliegt genau 80 m weit und steigt dabei 20 m hoch. Für einen Eierwurf auf fast 100 m ist daher eine größere Geschwindigkeit nötig (→ F8). Das lässt sich aber besser berechnen als konstruieren.

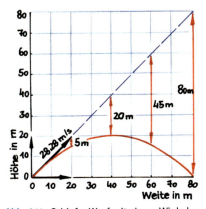

Abb. 6.11: Schiefer Wurf mit einem Winkel von 45°. Die Teil-Komponenten kannst du mit dem **Satz von Pythagoras** ausrechnen oder mit Sinus und Cosinus.

Der günstigste Wurfwinkel ist von der Weite unabhängig und liegt bei 45° (Abb. 6.13). Bei Winkeln, die einander auf 90° ergänzen ist die Wurfweite gleich groß. Mit 50° wirfst du also gleich weit wie mit 40° und mit 60° so weit wie mit 30°.

→ **Info:** Mathematik des schiefen Wurfs

Mathematik des schiefen Wurfs

Die Wurfweite bei einem schiefen Wurf lässt sich mit folgender Gleichung berechnen:

$$w = \frac{v^2 \sin 2\alpha}{g}$$

Der Sinus hat bei 90° seinen größten Wert, nämlich 1. Bei $2\alpha = 90°$ wird daher die höchste Weite erzielt. Deshalb ist der günstigste Winkel 90°/2 = 45° (siehe Abb. 6.13). Die Weite ist proportional zum Quadrat der Geschwindigkeit: **doppelte Abwurfgeschwindigkeit, vierfache Weite!**

Abb. 6.12: Zerlegung von **v** in seine beiden Komponenten mit Hilfe der Winkelfunktionen sin und cos. v_x in Abb. 6.11 wäre also 28,28 m/s · sin(45°) = 20 m/s. Stimmt! Für rechtwinkelige Dreiecke gilt allgemein: sin α ist Gegenkathete durch Hypotenuse und cos α ist Ankathete durch Hypotenuse.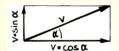

Die **Geschwindigkeit**, die du für eine bestimmte Wurfweite benötigst, bekommst du durch Umformen der oberen Gleichung: Für den **Weltrekord im Eierwurf** ist daher eine Abwurfgeschwindigkeit von 31,4 m/s oder 113 km/h notwendig. Und dabei ist der Luftwiderstand noch gar nicht berücksichtigt. Sehr beachtlich! Wie sieht es mit **Flugzeit** und **Steighöhe** aus? Um das zu berechnen, muss man den Vektor der Abwurfgeschwindigkeit in seine x- und y-Komponenten zerlegen. Dabei gilt allgemein:
$x = v \cdot \cos \alpha$ und $y = v \cdot \sin \alpha$ (siehe Abb. 6.12).
Wenn du weißt, wie weit der Wurf geht und wie groß die Horizontalgeschwindigkeit v_x ist, dann kannst du sofort die Wurfdauer ausrechnen. v_x bleibt ja während des gesamten Fluges gleich groß. Daher gilt $v_x = s/t$ und somit $t = s/v_x$. Der Wurf in Abb. 6.11 würde daher (80 m)/(20 m/s) = 4 s dauern. Die Gleichung für die **Flughöhe** kennst du schon (→ **Info Bremsweg, Kap. 5.4.2**). Es handelt sich um eine gleichmäßig beschleunigte Bewegung. Daher gilt:

$$h = \frac{v_y^2}{2g}$$

Nehmen wir als Probe wieder Abb. 6.11. Für die Höhe ergibt sich dann (20 m/s)²/(20 m/s²) = 20 m. Voila!
Bei **45°** geht der Wurf übrigens **4x so weit wie hoch**. Warum? Die Weite w ist dann v^2/g. Und v ist zu v_y wie die Diagonale in einem Quadrat. Deshalb gilt:

$$h = \frac{v_y^2}{2g} = \frac{\left(\frac{v}{\sqrt{2}}\right)^2}{2g} = \frac{\frac{v^2}{2}}{2g} = \frac{v^2}{4g}$$

Und das ist eben genau 1/4 der Wurfweite!

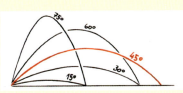

Abb. 6.13: Abhängigkeit der Wurfweite vom Abwurfwinkel. Die **größte Weite** wird **bei 45°** erzielt (rote Linie).

Z Zusammenfassung

Bei einem Winkel von 45° fliegt ein Gegenstand am weitesten. Die Flugweite ist dann 4-mal so groß wie die Flughöhe. Um über 100 m zu werfen, muss die Abwurfgeschwindigkeit über 30 m/s (etwa 110 km/h) betragen.

6.4 Wenn Hochspringer gefährlich leben
Schiefe Würfe im Sport

Jetzt schauen wir uns ein paar Beispiele aus dem Sport an. Hier wird es etwas komplizierter, weil wir wieder mit realen Fällen ohne Vereinfachung zu tun haben.

F9 / S2 Der Weitsprung ist ja gewissermaßen ein „Körperwurf". Also fliegt der Schwerpunkt entlang einer Wurfparabel. Der günstigste Absprungwinkel sollte dann 45° sein. Die Weltklasse springt aber mit etwa 20°. Warum? Gilt hier die Physik nicht mehr?

F10 / W2 Wie ist es beim Kugelstoß mit dem günstigsten Abwurfwinkel? Liegt der auch bei 45°?

F11 / W1 Der Weltrekord im Speerwurf liegt – zufällig wie auch der Eierwurf – bei etwa 98,5 m. Wie sieht es da mit Abwurfgeschwindigkeit und -winkel aus?

F12 / W2 Warum wirft man mit dem schweren Schlagball weiter als mit dem leichteren Tennisball? Ist das nicht unlogisch? → L

Die physikalischen Gesetze gelten natürlich immer, auch beim **Weitspringer**. Das Phänomen des zu flachen Absprunges ist kein physikalisches, sondern es betrifft den Körper, genauer die Muskeln (→ F9). Bedenke, dass jede Änderung des Geschwindigkeitsvektors, also auch eine Drehung, eine Beschleunigung darstellt.

Die **Kontaktzeit** des Fußes beim Absprung ist nur 0,1 s lang. In dieser Zeit muss der Geschwindigkeitsvektor um den Absprungwinkel gedreht werden. Je stärker die Drehung, desto größer die Beschleunigung (bedenke: $a = \Delta v / \Delta t$)! In Abb. 6.14 a siehst du schematisch die Geschwindigkeitsänderung, die bei einem Absprung mit 45° notwendig wäre. So viel Kraft hat kein Weitspringer!

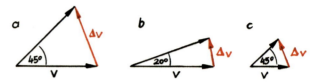

Abb. 6.14: Geschwindigkeitsänderungen, die beim Absprung auftreten (würden). Es ist vereinfacht angenommen, dass sich der Betrag von v nicht verändert.

Bei b siehst du den **realen Fall** eingezeichnet. Das ist die Geschwindigkeitsänderung, die ein Springer in 0,1 s schaffen kann. Steiler kannst du bei gleichem Tempo nicht abspringen. Du könntest nur die Anlaufgeschwindigkeit reduzieren. Bei c ist der Betrag von Δv gleich groß wie bei b, aber der Absprungwinkel ist nun 45°. Du siehst, dass man dazu die Anlaufgeschwindigkeit extrem vermindern müsste. Du kannst zwar unter 45° abspringen, aber die Anlaufgeschwindigkeit müsste dann viel kleiner sein, dass die Weite trotzdem geringer wäre als bei 20°.

Der **Weltrekord im Weitsprung** der Männer liegt bei sagenhaften **8,95 m** (Stand 2016)! Sollte es eines Tages einen Supersportler geben, der die Kraft hat, im optimalen Winkel abzuspringen, dann wären bei gleicher Anlaufgeschwindigkeit Weiten von knapp 12 m möglich (Abb. 6.15).

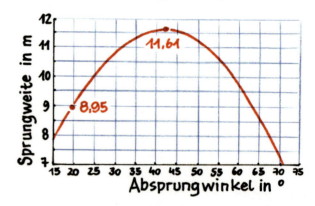

Abb. 6.15: Simulierte Weitenveränderung bei einer angenommenen Schwerpunkt-Differenz von 1 m zwischen Absprung und Landung und einer Anlaufgeschwindigkeit von 10,2 m/s. Im günstigsten Fall wären dann 11,61 m möglich!

In Abb. 6.15 siehst du, dass der günstigste Winkel nicht bei 45°, sondern bei knapp 43° liegt. Wir haben bis jetzt vereinfacht eine symmetrische Flugbahn angenommen. Beim Absprung ist der Schwerpunkt des Weitspringers aber höher über dem Boden als bei der Landung (etwa 1 m).

Es liegt also ein **asymmetrischer** Flug vor, und deshalb ist der optimale Winkel kleiner als 45°.

Beim **Kugelstoßen** ist diese **Asymmetrie** teilweise noch viel **größer**, weil die Abstoßhöhe beim Abstoß im Bereich von 2 m liegt (Abb. 6.16). Je kürzer die Stoßweite ist, desto stärker ist die Asymmetrie der Bahnkurve und desto flacher ist der optimale Winkel. Das sollte vor allem beim Schulsport beachtet werden (→ F10)!

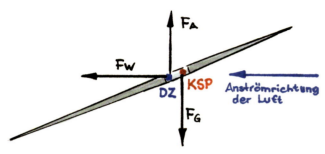

Abb. 6.17: Kräfte, die am Speer angreifen. Das Gewicht (F_G) greift am Körperschwerpunkt (KSP) an, der Auftrieb am Druckzentrum (DZ, dem Angriffspunkt der Strömungskräfte F_W und F_A). Weil der KSP weiter vor dem DZ liegt, kippt der Speer schneller.

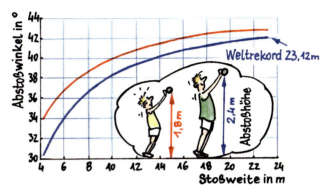

Abb. 6.16: Optimaler Abstoßwinkel für verschiedene Kugelstoßweiten. Die obere Linie gilt für eine Abstoßhöhe von 1,8 m, die untere für 2,4 m. Beim Weltrekord von 23,12 m liegt der optimale Winkel über 42°!

Beim **Speerwurf** sieht die Sache noch einmal anders aus (→ F11). Der Speer ist **aerodynamisch** und hat somit einen Auftrieb. Er segelt also durch die Luft. Deshalb kann der optimale Winkel nicht mehr mit den Gesetzen des schiefen Wurfs berechnet werden. Er beträgt etwa 35°. Die Abwurfgeschwindigkeit beim Speer ist geringer als beim Eierwurf. Das ist klar, weil die Speermasse etwa 10-mal so groß ist wie die eines Eies (Männer 800 g, Frauen 600 g). Dass durch den Auftrieb genau dieselbe Weite wie für das Ei rauskommt, ist natürlich Zufall.

1984 passierte etwas Außergewöhnliches! Der DDR-Athlet UWE HOHN warf seinen Speer 104,80 m weit. Sehr gefährlich für die Hochspringer auf der anderen Seite des Stadions! Deshalb konstruierte man die Speere neu und schob den Körperschwerpunkt um 2 cm nach vorne (Abb. 6.17). Die neuen Speere kippen dadurch schneller und haben daher weniger Auftrieb. Trotzdem liegt der neue Rekord schon wieder bei 98,5 m.

Z Zusammenfassung

Die 45° Abwurfwinkel für den weitesten Wurf gelten nur bei symmetrischer Flugbahn und im Vakuum. In der Realität des Sports treten alle möglichen günstigen Winkel auf, von etwa 20° beim Weitsprung über 35° beim Speerwurf bis knapp 43° bei Weltklasse-Kugelstoßern.

Zusammengesetzte Bewegungen

F13 Du wirfst mit 5 m/s einen Stein waagrecht von einem
W1 Turm, und er fliegt 20 m weit. Wie hoch ist der Turm? Du wirfst mit 7 m/s einen Stein waagrecht von einem 125 m hohen Turm. Wie weit fliegt der Stein? → L

F14 Ein Scharfschütze hat ein Gewehr mit einer Mün-
W1 dungsgeschwindigkeit von 1000 m/s. Um wie viel höher muss er anlegen, wenn er auf ein Ziel in 100 m, 200 m oder 300 m schießt? → L

F15 Ein Versorgungsflugzeug wirft ein Paket ab (Abb. 6.18).
W2 An welcher Stelle muss dieses abgeworfen werden, damit es das Ziel trifft? Wie sieht die Flugbahn aus Sicht des Piloten und aus Sicht einer Person im Lager aus? → L

Abb. 6.18

F16 Nimm an, der Elbe Legolas hätte einen Bogen, bei
S2 dem die Pfeile nicht 200 km/h, sondern sagen wir elbische 500 km/h schaffen. Was hätte er für ein Problem? → L

7 Newton mal drei

In diesem Kapitel geht es um die **drei Grundgesetze der Mechanik**, die in der zweiten Hälfte des 17. Jahrhunderts vom großen ISAAC NEWTON aufgestellt wurden. Eines haben wir schon stillschweigend verwendet.

7.1 Einstein und der freie Fall
Erscheinungsformen der Masse

Bevor wir uns das erste Newton'sche Grundgesetz anschauen, machen wir uns ein paar Gedanken zur Masse und streifen dabei die allgemeine Relativitätstheorie.

F1 W2 Du hast ein fensterloses Labor in einer Rakete. Einmal steht diese Rakete still am Boden (a), einmal beschleunigt sie im Weltall mit 10 m/s² (b). Wie kannst du den Unterschied in der Rakete feststellen?

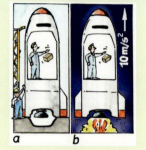

Abb. 7.1: Wie kannst du den Unterschied feststellen?

F2 W2 Wenn du schnell am unteren Ende des Fadens ziehst, dann reißt er unten, wenn du langsam ziehst, dann reißt er oben (Abb. 7.2). Kannst du erklären, warum das so ist? → L

Abb. 7.2: Weshalb reißt der Faden im einen Fall über und im anderen Fall unter dem Gewicht?

F3 W2 Bei einem Aufzug reißt plötzlich das Zugseil, und er stürzt frei in die Tiefe! Was würdest du im Inneren des Aufzugs spüren?

Die **Masse** hat zwei Erscheinungsformen. Da ist einmal der Widerstand jedes Gegenstandes gegenüber Geschwindigkeitsveränderungen. Dieser Effekt wird durch die **träge Masse** hervorgerufen. Je größer diese ist, desto mehr Kraft braucht man, um die Geschwindigkeit des Gegenstands zu verändern. Versuch mal, einen Sattelschlepper nur durch Muskelkraft in Bewegung zu setzen (Abb. 7.3)!

Auf der anderen Seite werden massenreichere Objekte durch die Gravitation stärker angezogen. Das nennt man die **schwere Masse**. In beiden Fällen ist die Einheit das kg (siehe Kap. 2.5, S. 16), und für ein und denselben Gegenstand sind träge und schwere Masse exakt **gleich groß**!

Abb. 7.3: Wenn die Reibung gering ist, lassen sich enorme Massen bewegen – wenn man genug Muskeln hat. DEREK BOYER zieht hier gerade einen 45-Tonnen-Bus.

Die Masse eines Gegenstands ist im gesamten Universum gleich groß. Sie ändert sich nicht. Das nennen Physiker **invariant**. 1 kg bleibt immer 1 kg, egal ob es sich auf der Erde, auf dem Mond oder in der nächsten Galaxis befindet.

Das **Gravitationsfeld** weist eine höchst merkwürdige Eigenschaft auf. Die Beschleunigung von Körpern hängt nicht von der Masse ab! Alles fällt gleich schnell. Das ist doch verblüffend! Warum ist das so? Hat ein Körper die doppelte Masse, so wird er zwar doppelt so stark von der Erde angezogen (schwere Masse), er ist aber auch doppelt so schwer in Bewegung zu setzen (träge Masse). Das gleicht sich immer genau aus, und deswegen fallen alle Gegenstände gleich schnell!

Schon seit GALILEI und NEWTON war die Gleichheit von träger und schwerer Masse durch die Fallgesetze bekannt, aber man dachte wohl irgendwie an einen Zufall. Erst EINSTEIN bemerkte: ==Träge und schwere Masse sind deshalb gleich groß, weil sie genau dasselbe und somit ununterscheidbar sind.== Man kann durch kein einziges Experiment feststellen, ob eine Kugel durch die Anziehungskraft der Erde (schwere Masse) oder durch die Beschleunigung der Rakete (träge Masse) zu Boden fällt (→ F1). Diese Tatsache nennt man das **Äquivalenzprinzip**. Es ist eine wichtige Grundlage der allgemeinen Relativitätstheorie (siehe Big Bang 8).

Man kann dieses Prinzip noch aus einer anderen Perspektive betrachten. Wenn ein Aufzug plötzlich frei fällt (→ F3), dann werden die Kabine und alles andere in ihr mit derselben Beschleunigung in die Tiefe stürzen, eben weil träge und schwere Masse von allen Gegenständen gleich groß sind. Daher würdest du dich im Aufzug völlig schwerelos fühlen, wie ein Astronaut in der Umlaufbahn um die Erde.

→ **Info:** Zero g | Kap. 6.1, Seite 51
→ **Experiment:** Fallturm

Z Zusammenfassung

Jeder Gegenstand hat eine Masse, die sich je nach Situation als schwere oder als träge Masse bemerkbar macht. Bei jedem Gegenstand sind „beide" Massen exakt gleich groß. Das nennt man das Äquivalenzprinzip.

e Fallturm

In Bremen gibt es – einzigartig in Europa – einen **Fallturm** (Abb. 7.4), der unter anderem von der European Space Agency (ESA) für Experimente in **Schwerelosigkeit** genutzt wird. Das ist viel billiger als Missionen ins All. Die Fallstrecke ist etwa 100 m und die Fallzeit liegt daher bei etwa 4,5 Sekunden. Durch ein Katapult kann man auch die Aufwärtsstrecke nutzen und kommt so auf immerhin 9 Sekunden Schwerelosigkeit.

Abb. 7.4: Links der Fallturm in Bremen. Rechts eine Wasserflasche mit Loch. Was passiert im freien Fall?

Mit einem sehr einfachen Experiment kannst du den Effekt der Schwerelosigkeit im freien Fall überprüfen. Fülle dazu eine Plastikflasche mit Wasser und mache auf der Seite unten ein Loch. Der Wasserstrahl strömt in Form einer Wurfparabel heraus (Abb. 7.4 rechts). Was passiert nun, wenn du die Flasche fallen lässt? Stelle bereits vor dem Experiment deine **Hypothese** auf und versuche, diese dann zu belegen. Die Fallstrecke sollte einige Meter betragen, und es ist günstig, das Experiment auf Video aufzunehmen.

7.2 In der Tiefe des Alls
Das Trägheitsgesetz

In diesem Abschnitt geht es um das erste Newton'sche Grundgesetz, das man auch das Trägheitsgesetz nennt. Seine Konsequenzen reichen weit bis in den Alltag hinein.

F4 W2 Wenn man die Reibung vernachlässigt, dann rollt eine Kugel immer zur Ausgangshöhe zurück. Wie weit rollt die Kugel, wenn die Bahn rechts völlig waagrecht ist?

Abb. 7.5

F5 W1 Die Raumsonde Voyager 1 wurde am 5. September **1977** gestartet und war 2016 bereits über 20 Milliarden km von der Erde entfernt. Sie besitzt keine Antriebsraketen! Wie lange wird sie etwa noch weiterfliegen:
a) 10 Jahre, b) 1000 Jahre,
c) 1 Million Jahre oder
d) noch viel länger?

Abb. 7.6: Voyager 1

F6 W2 Du lässt in einem sehr schnell fliegenden Flugzeug eine Münze fallen. Wo landet diese? Genau unter dir? Oder etwas in oder gegen die Flugrichtung? Versuche zu begründen! Und wie ist das, wenn du in einem fahrenden Zug senkrecht in die Höhe springst?

F7 S2 In Science-Fiction-Streifen brennen die Triebwerke von Raumschiffen oft pausenlos. Warum ist das physikalisch gesehen Unsinn?

Grundgedanken zu dem, was wir heute **Trägheitsgesetz** nennen, machte sich bereits GALILEI. Die Idee dazu kam ihm angeblich, als er im Dom von Pisa einen schwingenden Kronleuchter betrachtete. Ein Pendel schwingt ja – beinahe – auf die Ausgangshöhe zurück! Die Reibung bewirkt, dass es jedes Mal ein winziges Stück weniger ist. Aber mit freiem Auge ist das bei einer einzelnen Schwingung nicht zu sehen (Abb. 7.7).

Weil Galilei ein Tüftler war, stellte er dazu Versuche mit **Kugeln** an. In Abb. 7.5 a und b kannst du das Prinzip sehen: Die Kugel rollt bis zur Ausgangshöhe zurück (→ **F4**). Und dann stellte sich Galilei eine wichtige Frage: Wie weit würde die Kugel im Fall c rollen? Nicht sehr physikalisch formuliert kann man sagen, dass die Kugel immer auf dieselbe Höhe zurück „will". Weil es rechts aber waagrecht dahingeht, muss sie dazu unendlich weit rollen.

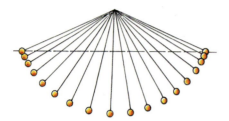

Abb. 7.7: Bei einem schwingenden Kronleuchter soll Galilei ein Licht aufgegangen sein: Wenn es keine Trägheit gäbe, würde das Pendel sofort am tiefsten Punkt stehen bleiben!

NEWTON verwendete später diese Erkenntnisse und formulierte das ==Trägheitsgesetz (1. Newton'sche Grundgesetz): Wenn auf einen Gegenstand keine Kraft wirkt, dann ändert er seine Geschwindigkeit nicht==. Ein ruhender Gegenstand bleibt dann also weiter in Ruhe, und ein bewegter fliegt unbeschleunigt weiter.

Am besten wird die Trägheit von im All fliegenden Objekten belegt, weil es dort keine bremsenden Kräfte gibt. **Voyager 1** ist das am weitesten entfernte und mit etwa 17 km/s momentan auch schnellste Objekt (Stand 2016), das von Menschen gebaut wurde. Wenn sie nicht zufällig gegen einen Stern prallt oder von einem schwarzen Loch geschluckt wird (die Chance ist aber extrem gering), dann fliegt sie ohne anzuhalten bis ans Ende der Zeit (→ **F5**) – sofern diese jemals ein Ende hat! Und weil sie sich fern von Sternen befindet (der nächste Stern Proxima Centauri wäre bei ihrem Tempo 80.000 Jahre entfernt), fliegt die Sonde tatsächlich mit immer gleicher Geschwindigkeit. Galilei hätte seine Freude daran!

Zum Thema **Trägheit** gibt es übrigens einen ganz beliebten Fehler in Science-Fiction-Streifen. Dort brennen die Triebwerke von Raumschiffen pausenlos (Abb. 7.8). Aber schon seit Galilei ist klar: Wenn du mal das gewünschte Tempo hast, dann kannst du die Triebwerke wieder abschalten.

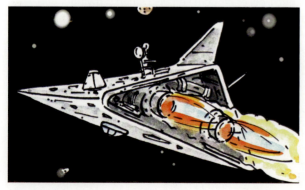

Abb. 7.8: Sieht gut aus, ist aber Quatsch!

Auch im Verkehr spielt die Trägheit eine große Rolle. Du weißt was passiert, wenn Bus oder Zug plötzlich bremsen! Im Auto würdest du ohne **Sicherheitsgurte** aufgrund der Trägheit bei einem Unfall vorne durch die Scheibe fliegen! Also bitte immer gut anschnallen! Gurte und **Airbags** (Abb. 7.10) sind dazu da, um dich vor den Folgen der Trägheit zu schützen.

Abb. 7.10: Der Airbag wird mit Stickstoff aufgeblasen, der blitzschnell durch eine chemische Reaktion erzeugt wird. Nach weniger als 1/30 Sekunde ist ein Airbag völlig aufgeblasen und bremst dich halbwegs sanft ab.

→ **Info:** So ein Schwindel

i So ein Schwindel

Trägheit ist zwar oft gefährlich oder lästig, aber sie hat auch ihre Vorteile. Zum Beispiel fliegt eine Raumsonde, erst mal auf Tempo gebracht, im All auch ohne Antrieb gleich schnell dahin.

Die Trägheit ist außerdem für unser **Gleichgewicht** äußerst wichtig. Im Innenohr gibt es die **Bogengänge** (Abb. 7.9), die an ein dreidimensionales Brezel erinnern. In ihnen befindet sich eine Flüssigkeit, die sich durch die Trägheit verschiebt, wenn man den Kopf beschleunigt. Sinneshärchen messen diese Bewegung und melden sie dem Gehirn.

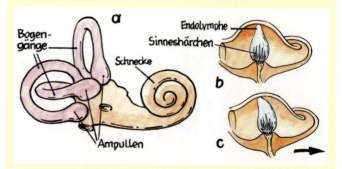

Abb. 7.9: Das Gleichgewichtsorgan. Jeder Bogengang besitzt eine Auswölbung, die so genannte Ampulle. Rechts ist eine Ampulle vergrößert und aufgeschnitten dargestellt. Dreht man den Kopf nach rechts, bleibt die Flüssigkeit wegen der Trägheit zurück und die Sinneshärchen verbiegen sich nach links (c).

Man kann das System **überlisten**. Wenn du dich einige Zeit drehst, dann beginnt die Flüssigkeit durch die Reibung zu rotieren, und wenn du wieder stehen bleibst, bewegt sie sich aufgrund der Trägheit noch eine Zeit lang weiter. Das erzeugt das **Schwindelgefühl**!

e Flinke Finger

In der Abbildung siehst du zwei Tricks, die mit Hilfe der **Trägheit** gelingen können. Wenn du mit dem Finger schnell genug auf das Papier schlägst, dann bleibt der Bleistift stehen. Und wenn der Münzenstapel hoch genug ist, dann kannst du die unterste Münze wegschnipsen. Überlege dir noch andere verrückte Experimente, mit denen du das Trägheitsgesetz belegen kannst.

Abb. 7.11: Experimente zur Trägheit

Man kann das **Trägheitsgesetz** mit dem Unabhängigkeitsprinzip verknüpfen. Sieh dir die Konstruktion des horizontalen Wurfs in Abb. 6.7 an. In vertikaler Richtung beschleunigt der Gegenstand durch die Gravitation. Aber in horizontaler Richtung wirken keine Kräfte. Daher bleibt diese Geschwindigkeitskomponente während des Wurfs erhalten.

Aus diesem Grund fällt auch jeder Gegenstand, den du in einem **Flugzeug** fallen lässt, exakt senkrecht zu Boden (→ F6). Und auch beim Sprung im Zug landest du wieder an derselben Stelle. In horizontaler Richtung wirken in beiden Fällen keine Kräfte. Und bedenke: Würde die Münze nicht senkrecht fallen, dann könntest du ja auf diese Art deine Geschwindigkeit feststellen. Unbeschleunigte Bewegungen kann man aber mit keinem Experiment feststellen. Du siehst also, dass das Trägheitsgesetz mit dem Begriff des **Inertialsystems** ganz eng verknüpft ist.

→ **Info:** Ein bisschen Relativitätstheorie | → Seite 35
→ **Experiment:** Flinke Finger

Z Zusammenfassung

Wenn auf einen Gegenstand keine Kraft wirkt, dann ändert er seine Geschwindigkeit nicht. Das ist eine Folge der Trägheit jedes Gegenstandes.

7.3 Mehr als nur heiße Luft
Die Bewegungsgleichung

In diesem Abschnitt geht es um das zweite Newton'sche Grundgesetz, das man auch Bewegungsgleichung nennt. Sie ist eine der wichtigsten Gleichungen in der Mechanik und hat ab 1686 das Weltbild sehr verändert.

F8 In Abb. 7.12 siehst du ein v-t-Diagramm eines starken
W2 PKWs. Der Fahrer gibt zweimal für 50 Sekunden Vollgas. Bei welcher der beiden Kurven war der PKW stärker beladen? Und wie viele Gänge hat das Auto?

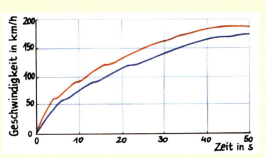

Abb. 7.12: 2-mal Vollgas mit dem PKW

F9 Schwere Formel-1-Piloten haben einen ziemlichen
W2 Nachteil! Welcher könnte das sein? Und warum ist es so wichtig, wann man wie viel Sprit tankt?

F10 Welche Beschleunigung muss eine Rakete mindestens
W2 entwickeln, damit sie senkrecht vom Boden abheben kann: > 7 m/s², > 8 m/s², > 9 m/s² oder > 10 m/s²? Und wieso haben Raketen immer mehrere „Stufen"?

Das Trägheitsgesetz besagt: Wenn auf einen Gegenstand keine Kraft wirkt, dann ändert er seine Geschwindigkeit nicht. Wenn du diese Aussage umkehrst, dann lautet sie: Wenn auf einen Gegenstand eine Kraft wirkt, dann ändert er seine Geschwindigkeit. Eine Geschwindigkeitsänderung bedeutet immer eine Beschleunigung. ==Also folgt aus dem Trägheitsgesetz, dass für jede Beschleunigung eine Kraft notwendig ist.== Der Zusammenhang zwischen Kraft und Beschleunigung wird durch die Bewegungsgleichung beschrieben.

F Formel: Bewegungsgleichung

Kraft = Masse · Beschleunigung
$F = m \cdot a$ oder $a = F/m$

F ... beschleunigende Kraft $\quad [F] = [m] \cdot [a] = kg \cdot m/s^2 = N$
m ... Masse des Gegenstands $\quad [m] = kg$
a ... Beschleunigung des Gegenstands $\quad [a] = m/s^2$

Die Bewegungsgleichung ist also im Prinzip eine **Definition der Kraft** bzw. stellt einen Zusammenhang zwischen Kraft, Masse und Beschleunigung her. Wenn du bei einem beliebigen Vorgang von diesen drei Größen zwei kennst, kannst du die dritte sofort ausrechnen. Kraft und Beschleunigung sind Vektoren und zeigen in dieselbe Richtung.

Warum hat gerade diese Gleichung das Weltbild so verändert? Weil NEWTON zusammen mit dem Gravitationsgesetz nun die **Bahnen der Himmelskörper** berechnen konnte. Früher dachte man ja, dass Mond und Planeten irgendwie an der Himmelskugel kleben. Newton konnte nun aber zeigen, dass sich auch Himmelskörper brav an die physikalischen Gesetze halten (siehe Kap. 10, S. 96).

Die Einheit der Kraft ist **das Newton (N)** (Einheiten sind ja oft eine Hommage an Physiker). Was hat man sich unter einem Newton vorzustellen? ==1 Newton ist die Kraft, mit der eine Masse von etwa 100 g von der Erde angezogen wird== (genau sind es 101,9 g; Abb. 7.13). 1 kg wiegt auf der Erde rund 10 N (siehe Kapitel 7.4.1, S. 61).

Abb. 7.13: Die 100 g einer Schokolade wiegen auf der Erde etwa 1 N!

Die Kraft, die ein Auto bei der Beschleunigung entwickeln kann, hängt von seiner Leistung ab. Aus der Bewegungsgleichung siehst du, dass die Beschleunigung eines Gegenstandes bei gleicher einwirkender Kraft von der **Masse** abhängt, weil $a = F/m$. Das ist ja sehr einleuchtend: Wenn das Auto stärker beladen ist, dann ist es nicht mehr so spritzig (blaue Kurve in → F8). Die waagrechten Stellen im Verlauf der Kurven sind ein guter Beleg für das Trägheitsgesetz: Während des Schaltens ist das Auto unbeschleunigt und die Geschwindigkeit ändert sich dann nicht. Du siehst jeweils 4 Schaltvorgänge, also hat dieses Auto 5 Gänge.

→ **Info:** Kleine bevorzugt

Die **Mondmissionen** der NASA hießen **Apollo** und die Trägerraketen **Saturn V** (Abb. 7.14). Diese sind mit ihren 110 m Höhe bis heute die größten Raketen der Welt! Beim Start treten zwei Beschleunigungen auf: die Erdbeschleunigung zeigt nach unten, und die Raketenbeschleunigung nach oben (Abb. 7.14 rechts). Damit die Rakete von der Rampe wegkommt, muss die Erdbeschleunigung übertroffen werden, die Raketenbeschleunigung muss also größer als 10 m/s² sein (→ F10). Sonst: Nur heiße Luft!

Die Saturn V hatte beim Start eine Beschleunigung von 11,5 m/s². Zieht man die Erdbeschleunigung ab, macht das also eine **Nettobeschleunigung** von 1,5 m/s² nach oben. Das ist überraschend wenig, aber für einen kontrollierten Start gerade richtig. Pro Sekunde verbraucht die Rakete 14 Tonnen Treibstoff! Dadurch verringert sich ihre Masse und bei gleicher Schubkraft steigt die Beschleunigung (symbolisch: $a\Uparrow = F/m\Downarrow$).

→ **Info:** Raketenschub

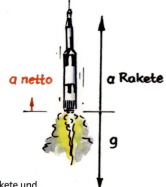

Abb. 7.14: Start einer Saturn-V-Rakete und auftretende Beschleunigungen

i Kleine bevorzugt

Ein **Formel-1-Bolide** kann in nur 2,5 s von 0 auf 100 km/h (27,8 m/s) beschleunigen! Ein Erlebnis für die Magennerven! Die durchschnittliche Beschleunigung ist dann:
  $a = \Delta v / \Delta t = (27,8\ m/s) / (2,5\ s) = 11,1\ m/s^2$.
Angenommen das Auto hat mit Fahrer eine Masse von 600 kg. Welche Kraft ist dann für diese Beschleunigung notwendig?
  $F = m \cdot a = 600\ kg \cdot 11,1\ m/s^2 = 6660\ N$
Jetzt nehmen wir an, der zweite Fahrer im Team hat 25 kg mehr. Die Gesamtmasse liegt dann bei 625 kg. Die Kraft, die das Auto entwickelt, bleibt ja gleich. Du kannst daher so umformen:
  $a = F / m = (6660\ N) / (625\ kg) = 10,66\ m/s^2$.
Um von 0 auf 100 km/h zu beschleunigen, bräuchte der Fahrer dann bereits
  $t = \Delta v / a = (27,8\ m/s) / (10,66\ m/s^2) = 2,61\ s$.
Das ist mehr als 1/10 Sekunde Unterschied, und das bei nur 2,5 Sekunden Fahrzeit! Du kannst dir also vorstellen, wie sich die größere Masse eines Fahrers während eines ganzen Rennens auswirkt (→ F9) und wie wichtig die Taktik ist, wann man wie viel Sprit im Tank haben soll! Für Berechnungen in der **High-Tech-Welt** von heute kann auf eine Gleichung nicht verzichtet werden, die **über 300 Jahre** alt ist!

i Raketenschub

Mit Hilfe der Bewegungsgleichung lässt sich die Kraft, die die Rakete erzeugt, berechnen. Diese nennt man die **Schubkraft**. Die Beschleunigung der Saturn V lag beim Start bei 11,5 m/s². Wenn man nun weiß, dass die Masse der Rakete bei gigantischen 2900 Tonnen lag (2,9 · 10⁶ kg), kann man eine Schubkraft von
  $F = m \cdot a = 2,9 \cdot 10^6 \cdot 11,5\ N \approx 33 \cdot 10^6\ N$
berechnen. 33 Millionen Newton! Die Schubkraft der Saturn V war daher so groß, wie die von etwa **5000 Formel-1-Autos bei Vollgas!**

Nach **Ausbrennen der ersten Stufe** lag diese bei knapp 30 m/s² (3 **g**), was gemeinsam mit der Schwerkraft eine Belastung von etwa 4 **g** ergibt. Um das auszuhalten, mussten die Astronauten vorher in die Zentrifuge (Abb. 7.15).

Abb. 7.15: Astronauten-Zentrifuge zum Simulieren der Beschleunigungen beim Start. Mit solchen Dingern können bis 10 **g** erreicht werden!

Newton mal drei 7

Ein bisschen Gefühl vom Raketenstart kann man auch auf dem Rummelplatz erleben. Der Spaceshot im Wiener Prater erzeugt zum Beispiel bei voller Stufe in Summe über 5 *g*, allerdings nur etwa 1,5 Sekunden lang (Abb. 7.16).

Abb. 7.16: Der Spaceshot (links) im Wiener Prater

Die Saturn-Rakete hatte **3 Stufen**. Warum? Eine ausgebrannte Stufe ist nutzloser Ballast. Durch das Abwerfen verringert sich die **Raketenmasse**, und die Beschleunigung wird größer. Wäre die Rakete einstufig, dann könnte man mit ihr niemals den Mond erreichen (→ **F10**).

Noch eine Bemerkung zum Schluss: Eigentlich bräuchte man das Trägheitsgesetz gar nicht extra, weil es in der Bewegungsgleichung drinnen steckt. Wenn nämlich **F** = 0 ist, dann wird auch **a** = 0. Und genau das beschreibt ja das Trägheitsgesetz: Wenn keine Kräfte auftreten, gibt es keine Beschleunigungen.

→ **Experiment:** Bewegungsgleichung

e Bewegungsgleichung

Qualitativ lässt sich die Richtigkeit der Bewegungsgleichung mit einfachen Mitteln überprüfen. Man braucht dazu nur eine ähnliche Vorrichtung wie in Abb. 7.17.

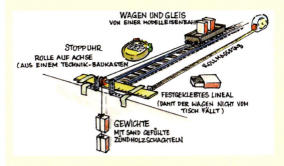

Abb. 7.17

Stoppe die Zeit, die der Wagen für eine bestimmte Strecke benötigt. Erhöhst du die angehängten Massen, so wird die Zugkraft und somit auch die Beschleunigung größer – symbolisch: $a \Uparrow = F \Uparrow / m$. Wenn du die am Tisch liegenden Massen vergrößerst, dann erhöhst du *m* und die Beschleunigung sinkt: $a \Downarrow = F / m \Uparrow$.

Z Zusammenfassung

Den Zusammenhang Kraft = Masse mal Beschleunigung nennt man die Bewegungsgleichung. Mit ihr lassen sich alle Bewegungen berechnen, egal ob es sich um Planeten, Weltraumraketen oder Formel-1-Autos handelt. Diese Gleichung hat das Weltbild verändert und ist eine der wichtigsten in der Mechanik.

7.4 Gewichts-, Reibungs- und Federkraft
Beispiele für Kräfte

In diesem Abschnitt lernst du ein paar Beispiele für Kräfte kennen, die im Alltag sehr oft auftreten: Gewicht, Reibungs- und Verformungskraft.

7.4.1 Wie viel wiegt die Erde?
Die Gewichtskraft

F11 Die Frage aller Fragen lautet: Was misst eine Waage?
W2 Die Masse oder das Gewicht?

F12 Badezimmerwaage oder Balkenwaage: Welche der
W2 beiden würde auch am Mond richtig messen?

F13 Voyager 1 ist über 20 Milliarden Kilometer (Stand 2016)
W2 von der Erde entfernt (Abb. 7.6). Befindet sie sich somit weit außerhalb der Erdgravitation? Oder knapp? Oder gar nicht?

F14 Im Weltall schwebt ein
W2 einsamer Tisch, auf den du die Erde legst! Wie viel würde die Erde wiegen? → **L**

Abb. 7.18: Wie viel wiegt die Erde?

Wenn man sich über den Unterschied zwischen Masse und Gewicht unterhält, dann gibt es ein Riesenproblem: Im Alltag wird zwischen den beiden nicht unterschieden! In der Physik ist es aber so: Die Gewichtskraft (F_G) oder kurz „das Gewicht" ist die Kraft, mit der eine Masse von der Erde anzogen wird. Oder generell gesagt: mit der eine Masse von einer anderen Masse angezogen wird. Auch hier gilt die Bewegungsgleichung, nur wird für **a** auf der Erde die Erdbeschleunigung **g** eingesetzt, also $F_G = mg$.

Was sind also die Unterschiede zwischen Masse und Gewicht? Die **Masse** ist ein **Skalar**. Sie hat also nur einen Zahlenwert und keine Richtung. Die **Gewichtskraft** ist ein **Vektor** und zeigt in Richtung Erdmitte.

Die Masse eines Gegenstands ist im gesamten Universum immer gleich groß. 1 kg ist auf der Erde 1 kg, hinter dem Mond 1 kg und auch in der nächsten Galaxis 1 kg. Das Gewicht eines Gegenstands hängt aber davon ab, wo sich dieser befindet. Im Weltall ist es praktisch null. Auch auf der Erde ist es nicht überall gleich groß, weil die Erdbeschleunigung **g** variiert. 1 kg wiegt zum Beispiel am Pol 9,83 N und am Äquator 9,78 N.

→ **Info:** Erdbeschleunigung *g* | → Seite 39

So weit, so gut. Was misst nun eine **Waage**, z. B. deine Badezimmerwaage (→ **F11**)? Sie misst, wie stark du von der Erde angezogen wirst. Also misst sie dein **Gewicht**! Wenn du dich am Mond wiegen würdest, würde die Waage nur mehr 1/6 anzeigen, obwohl deine Masse ja nicht gesunken ist. Und im Weltall würde die Waage (fast) gar nichts mehr anzeigen.

→ **Info:** Gravitationsgesetz

Jetzt kommt aber die große Verwirrung: Auf der Waage stehen nämlich kg drauf. Das heißt, dass eine Waage das Gewicht in **Masse „übersetzt"**. Jede Waage ist somit aber nur für ein bestimmtes **g** geeicht. Eichst du die Waage für einen Gegenstand mit 1000 Gramm am Nordpol, würde sie am Äquator nur 995 Gramm zeigen. Es wären also 5 Gramm „verloren gegangen". Am Mond würde sie gar nur mehr 167 Gramm anzeigen.

i Gravitationsgesetz

Stell dir vor, du beleuchtest mit einer Taschenlampe eine Wand. Der **Lichtfleck** hat eine bestimmte **Helligkeit**. Wenn du doppelt so weit von der Wand weggehst, dann sinkt die Helligkeit des Flecks ab. Auf welchen Wert? Weil sich der Radius des Kreises verdoppelt hat, hat sich die Fläche vervierfacht ($A = r^2\pi$). Gleiche Lichtmenge auf vierfacher Fläche ergibt ein Viertel an Intensität. Wenn die Wand dreimal so weit weg ist, dann ist die Intensität bereits auf ein Neuntel abgesunken. **Die Intensität nimmt mit dem Quadrat der Entfernung ab.** Das ist ein allgemeines Prinzip, wenn man eine punktförmige „Quelle" hat.

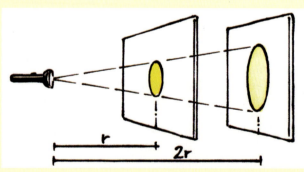

Abb. 7.19

Mit der Gravitationskraft ist das ebenso. Die Erde ist eine **punktförmige Quelle der Gravitation**. Denk daran: Man kann jeden Gegenstand durch seinen Körperschwerpunkt ersetzen. Die Gravitation nimmt daher mit dem Quadrat der Entfernung ab, also $F_G \sim 1/r^2$.

Wie weit muss sich Voyager 1 entfernen, damit die Erdgravitation null wird (→ **F13**)? Unendlich weit, weil erst $1/\infty = 0$! Die Gravitation **jedes Objekts** geht unendlich weit! Natürlich nimmt die Gravitation vor allem zu Beginn schnell ab, aber sie sinkt nie auf Null.

Wie formuliert man also physikalisch richtig? „Ich bin 50 kg schwer" ist korrekt, weil die Gravitation ja durch die **schwere Masse** verursacht wird. „Ich habe ein Gewicht von 50 kg" ist aber definitiv falsch. Das ist ungefähr so, wie wenn du sagst, ich bin 16 Jahre groß oder 175 cm alt. Falsche Einheit eben. Und „Ich wiege 50 Kilo" ist doppelt falsch, weil Kilo ja nur die Vorsilbe für 1000 ist! Im Alltag ist das natürlich ok, aber in der Physik sollte man schon exakt sein.

Der Unterschied zwischen Badezimmerwaage und Balkenwaage ist der, dass die Badezimmerwaage das Gewicht misst und die Balkenwaage Gewichte **vergleicht** (→ **F12**). Deswegen funktioniert die Balkenwaage am Mond immer noch, weil **alles** leichter geworden ist und dadurch die Relationen wieder stimmen (Abb. 7.20).

Abb. 7.20: Gewichtskräfte auf Erde und Mond bei einer Balkenwaage. Weil beide Kräfte sinken, kann man mit der Balkenwaage am Mond trotzdem messen.

Wie viel wiegt die Erde auf einem Tisch im Weltall (→ **F14**)? Erde und Tisch ziehen einander mit derselben Kraft an (siehe Kap. 7.5, S. 67). Was heißt das? Ein Tisch mit zum Beispiel 20 kg wiegt auf der Erde rund 200 N. Also wiegt die Erde am Tisch ebenfalls 200 N (siehe Lösungsteil). Du kannst das Experiment sogar selbst durchführen. Du musst dazu nur einen Tisch verkehrt auf den Boden legen. Und zur Messung der Kraft könntest du eine mit Newton geeichte Waage dazwischen legen!

Abb. 7.21: Zwei Gegenstände ziehen einander gegengleich mit derselben Kraft an. Beide Ansichten sind daher richtig: Der Tisch auf der Erde wiegt 200 N. Die Erde am Tisch wiegt 200 N.

Z Zusammenfassung

Das Gewicht ist die Kraft, mit der eine Masse von einer anderen angezogen wird. Eine Waage misst diese Kraft und man kann dann – unter bestimmten Bedingungen – auf die Masse rückschließen. Würde eine Waage die Masse messen, dann dürfte das Ergebnis nicht vom Ort der Messung abhängig sein.

7.4.2 Starthilfe zur Zivilisation
Die Reibungskraft

F15 Wofür braucht man mehr Kraft: Wenn man eine Kiste normal schiebt (größere Auflagefläche) oder vorher hochkant stellt (kleinere Auflagefläche)?
W2

F16 Wenn du ein Wasserglas langsam ausleerst, dann rinnt das Wasser an der Außenseite runter! Warum?
W2

Abb. 7.22

F17 Moderne Autos haben ABS, also ein Anti-Blockier-System! Was sind dabei die Vorteile? → **L**
W2

Reibung ist oft sehr lästig und wandelt den Großteil der Bewegungsenergie in für uns wertlose **Wärme** um. Dass die Reibung auf der anderen Seite für unser Leben enorm wichtig ist, merkt man dann, wenn sie einmal fehlt, etwa bei Glatteis. Gehen und Fahren wären ohne Reibung unmöglich (siehe Kap. 7.5, S. 67). Außerdem verdanken wir ihr letztlich die **Entstehung der Zivilisation**, denn ohne Reibung hätten die Urmenschen kein Feuer machen können.

Von den verschiedensten Reibungsmechanismen sehen wir uns nur den zwischen zwei festen Oberflächen an. Selbst polierte Stahlflächen haben unter dem Mikroskop deutliche **Unebenheiten**. Die tatsächliche Kontaktfläche ist dadurch um einige Zehnerpotenzen geringer als erwartet (Abb. 7.23). An manchen Stellen kommen die Miniberge einander so nahe, dass **Adhäsionskräfte** wirksam werden. Das sind Kräfte, die zwischen zwei unterschiedlichen Stoffen entstehen (→ **F16**). Diese sind letztlich auf elektrische Bindungskräfte zurückzuführen und lassen zum Beispiel auch eine Haftnotiz oder einen Gecko an der Wand kleben.

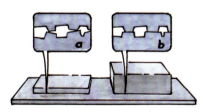

Abb. 7.23: Mikroskopische Kontaktflächen bei kleinerer (a) und bei größerer Normalkraft (b)

Abb. 7.24: Kraft normal zur Oberfläche (hier die Gewichtskraft), Normalkraft (verhindert, dass der Gegenstand durch den Tisch fällt), Reibungskraft und Zugkraft

Aufgrund seiner Gewichtskraft F_G drückt jeder Gegenstand auf seine Unterlage. Aufgrund des 3. Newton'schen Gesetzes (Kap. 7.5, S. 67) entsteht eine Gegenkraft, die sogenannte Normalkraft F_N, die von unten gegen das Objekt drückt (Abb. 7.24): Diese Normalkraft verursacht die Reibungskraft F_R, die gegen die Bewegungsrichtung zeigt:

$F_R = \mu \cdot F_N$

μ (sprich mü) ist die **Reibungszahl**. Ist sie 1, dann ist die Kraft, mit der man ziehen muss, genau so groß wie die Normalkraft. Üblicherweise ist μ aber viel kleiner als 1 (Tab. 7.1). Man braucht also zum Schieben meistens weniger Kraft als zum Heben des Gegenstandes. Wächst die Normalkraft, dann wächst auch die Reibungskraft, weil die mikroskopischen Kontaktflächen größer werden (Abb. 7.23 b).

Stoffpaare	Haftreibungszahl	Gleitreibungszahl
Holz auf Stein	0,7	0,3
Gummi auf Beton (trocken)	0,65	0,5
Gummi auf Beton (nass)	0,4	0,35
Gummi auf Eis (trocken)	0,2	0,15
Gummi auf Eis (nass)	0,1	0,08
Stahl auf Teflon	0,04	0,04
Schlittschuh auf Eis	0,03	0,01

Tab. 7.1: **Reibungszahlen** für verschiedene Materialien. Der Bremsweg eines Autos ist indirekt proportional zur Reibungszahl: doppelte Reibungszahl, halber Bremsweg (siehe → F32, S. 68). Auf nasser Fahrbahn ist der Bremsweg also um 1/3 länger und auf nassem Eis sogar etwa 6-mal so lang wie auf trockener Straße.

e Reibung

Nimm verschiedene Holzquader und Federwaagen und überprüfe Folgendes:

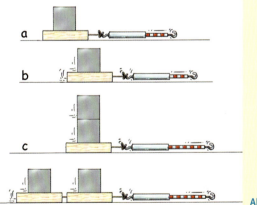

Abb. 7.25

1) Um einen Gegenstand in Bewegung zu setzen (**Haftreibung**), braucht man mehr Kraft als um ihn in Bewegung zu halten (**Gleitreibung** Abb. 7.25 a).

2) Die Reibungskraft hängt nicht von der Fläche ab (Abb. 7.25 b und c).

3) Beschwere den Quader zusätzlich mit Gewichten und überprüfe, dass μ für einen Gegenstand immer F_R/F_N ist. Dazu musst du das Gewicht des Quaders und der zusätzlichen Gewichte mit der Federwaage messen (a und b).

Schon das Renaissance-Genie LEONARDO DA VINCI (1452–1519) bemerkte, dass die Reibung eines Gegenstandes **nicht von der Auflagefläche** abhängt. Das ist ziemlich paradox. Rein intuitiv würde man doch denken, dass sich eine Kiste leichter schieben lässt, wenn die Auflagefläche kleiner ist (→ **F15**). Auch diese Paradoxie kann man durch Abb. 7.23 erklären. Wenn die Auflagefläche kleiner ist, dann wird die Kraft pro Fläche (also der Druck) größer. Auch in diesem Fall wächst die mikroskopische Auflagefläche (Abb. 7.23 b), und das gleicht sich genau aus.

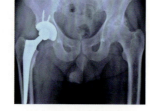

→ **Experiment:** Reibung
→Seite 63
→ **Info:** Reibung im Sport

Abb. 7.26: Bei einem künstlichen Hüftgelenk werden Teflon und Stahl kombiniert. Die Reibung kommt der des natürlichen Gelenks sehr nahe (Tab. 7.1).

i Reibung im Sport

Warum gleitet ein **Schlittschuh** auf Eis? Mitten im Eis sind die Wassermoleküle im Kristallgitter fest miteinander verbunden. An der Eisoberfläche dagegen finden die Wassermoleküle zur Luft hin keine Bindungspartner mehr. Die Kristallgitterstruktur wird schwächer und es entsteht ein **Wasserfilm**, der oft nur ein Tausendstel eines Millimeters ausmacht. Auch ein **Ski** gleitet nicht direkt am Schnee, sondern auf einer Schicht aus winzigen Wassertröpfchen, die nur etwa 1/1000 der Belagfläche bedecken. Paradox: Die Wärme, die zum Schmelzen des Schnees notwendig ist, kommt durch die Reibung zwischen Ski und Schnee zustande, was wiederum die Reibung verringert. Bei sehr kaltem Schnee gleitet man nicht gut.

Abb. 7.27: Das Wachs soll nur die Unebenheiten des Belags ausfüllen. Deshalb muss man es nach dem Aufbügeln mit einer Klinge wieder „abziehen".

Die Reibung kann verringert werden, wenn man die Unebenheiten der Lauffläche mit **Wachs** ausfüllt (Abb. 7.27). Außerdem verringert sich dadurch zusätzlich die **Adhäsion** zwischen Ski und Schnee.

Z Zusammenfassung

Die Reibung kommt durch die Unebenheiten in den Oberflächen zustande. Sie ist nicht von der Auflagefläche abhängig. Der Reibungskoeffizient μ gibt an, wie gut zwei Stoffe aufeinander gleiten.

7.4.3 Physikalische Bänderzerrung
Verformungskraft

F18 Was versteht man unter den Begriffen elastisch und
W2 plastisch? Kannst du Materialien nennen, die diese Eigenschaften besitzen?

F19 Was passiert eigentlich bei einer Bänderzerrung?
W2 Versuche dabei die Begriffe elastisch und plastisch zu verwenden.

→ **Experiment:** Schraubenfeder

Was versteht man unter **elastisch** und **plastisch** (→ **F18**)? Nach einer elastischen Verformung nimmt ein Gegenstand wieder seine ursprüngliche Gestalt an. Diese Verformungen sind also reversibel und „elastische Chirurgie" wäre kein Renner! Nach einer plastischen Verformung bleibt eine dauerhafte (irreversible) Formveränderung zurück.

ROBERT HOOKE war einer der vielseitigsten Gelehrten des 17. Jahrhunderts und mit seinem Zeitgenossen NEWTON ziemlich zerstritten. Er interessierte sich vor allem für praktische Dinge und entdeckte, dass die Kraft, die man zur Dehnung einer Spiralfeder benötigt, proportional zur Dehnung ist.

Um eine Feder doppelt so stark zu dehnen, ist auch eine doppelt so große Kraft notwendig. Das nennt man das Hooke'sche Gesetz. Die Verformung einer Feder ist daher **elastisch**. Egal wie viele Gewichte vorher drauf waren: für ein bestimmtes Gewicht gibt es auch immer eine ganz bestimme Dehnung. Das nutzt man zum Beispiel bei Federwaagen aus. Diese sind in der Technik mit Newton beschriftet. Am Markt findet man manchmal auch noch welche, die auf eine Masse geeicht sind. Die Menschen kaufen lieber 1 kg und nicht 10 N Bananen.

→ **Info:** Hooke

e Schraubenfeder

Befestige eine **Schraubenfeder** an einem Stativ so, dass sich das untere Ende der Feder genau bei der Tischkante befindet. Hänge nun zunehmend Massenstücke auf die Feder und miss dabei die Dehnung. Trage den Zusammenhang zwischen Dehnung und Kraft in ein Diagramm ein (du musst dabei die Masse in Newton umrechnen) und verbinde die Punkte. Welche Kurve ergibt sich dabei? Und was passiert, wenn du Schritt für Schritt die Massenstücke wieder entfernst?

Abb. 7.28: Versuchsaufbau

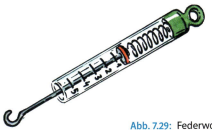

Abb. 7.29: Federwaage mit Newton-Skala

Das **Hooke'sche Gesetz** gilt für alle Stoffe nur in einem **gewissen Bereich**! Warum? Nun, wenn du zum Beispiel ganz stark an einer Feder ziehst, dann hast du im Extremfall nur mehr ein Stück Draht. Überschreitet man einen bestimmten Kraftwert, dann wird das Material plastisch und bleibt dauerhaft verformt.

Das Bindegewebe des Menschen (etwa Sehnen oder Bänder) besteht zu einem großen Teil aus **Kollagen**. In Abb. 7.31 siehst du ein typisches Spannungs-Dehnungs-Diagramm für solches Gewebe. Bei kleineren Kräften verhält es sich elastisch (a+b), die Verformung ist also reversibel. Aber nur im Bereich b gilt das Hooke'sche Gesetz! Dehnt man zu stark, kommt man in einen plastischen Bereich (c) und es kann sogar zum Riss kommen (d).

Eine Verletzung der äußeren Seitenbänder im Knöchel durch Umknicken ist eine der häufigsten **Sportverletzungen** überhaupt. Wenn man Glück hat, dann bleibt man im elastischen Bereich des Bandes und kommt mit dem Schrecken davon. Kippt man stärker um, bleibt eine plastische Verformung über (also eine Bänderzerrung, → F19) und im schlimmsten Fall kommt es sogar zum Riss.

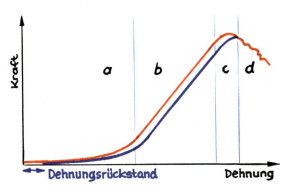

Abb. 7.31: Spannungs-Dehnungs-Diagramm für kollagenes Gewebe. Wird der elastische Bereich überschritten (c), dann bleibt bei der Entspannung eine Verformung zurück (blaue Linie). Im Bereich b gilt das Hooke'sche Gesetz.

i Hooke

Diagramme, die den Zusammenhang zwischen aufgewendeter Kraft und dadurch entstehender Dehnung eines Stoffes zeigen, nennt man **Spannungs-Dehnungs-Diagramm**. Unten siehst du ein solches Diagramm für eine Schraubenfeder. Du kannst den linearen Zusammenhang erkennen. Dieser wird vom Hooke'schen Gesetz beschrieben.

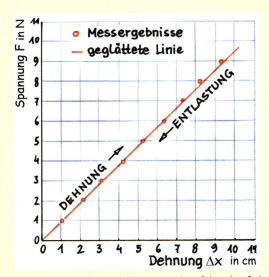

Abb. 7.30: Spannungs-Dehnungs-Diagramm einer Schraubenfeder

Mit Hilfe einer Gleichung beschrieben lautet das Hooke'sche Gesetz:

$F = k\Delta x \Leftrightarrow k = F/\Delta x$

k ist dabei die **Federkonstante**. Sie gibt an, wie viel Kraft man bräuchte, um die Feder um 1 m zu dehnen. k gibt also gewissermaßen die Härte der Feder an. Berechne aus den Werten in deinem Versuch die Federkonstante.

Abb. 7.32: Ein Sinn der Sehnen liegt unter anderem darin, dass in ihnen Dehnungsenergie gespeichert werden kann, die dann bei einem Sprung freigesetzt wird.

Z Zusammenfassung

Spannungs-Dehnungs-Diagramme beschreiben den Zusammenhang zwischen auftretenden Kräften und Verformung von Stoffen. Ist dieser linear, dann gilt das Hooke'sche Gesetz.

7.4.4 Rasante Kurven
Zentripetalkraft

F20 In welche Richtung zeigt die Beschleunigung, wenn du in eine Kurve fährst (z. B. im Bus)? Überlege aufgrund deiner Erfahrungen!
W2

F21 Warum „schneiden" Rennfahrer die Kurven?
W2

Bisher hatten wir Beispiele, bei denen die Beschleunigung in Bewegungsrichtung zeigt. Nun wollen wir uns die Situation bei einer Kreisbewegung ansehen.

Abb. 7.33: In der Kurve dreht sich der Geschwindigkeitsvektor und steht immer tangential zur Bewegungsbahn (Tangentialgeschwindigkeit).

Wenn sich zum Beispiel ein Auto auf einer Kreisbahn bewegt, dann dreht sich der **Geschwindigkeitsvektor** (Abb. 7.34). Jede Änderung des Geschwindigkeitsvektors entspricht aber eine Beschleunigung (siehe Kap. 3.1, S. 19). Das Auto wird in einer Kurve also beschleunigt, und dazu ist eine Kraft notwendig. Beschleunigung und Kraft zeigen immer zum Mittelpunkt der Kreisbahn (Abb. 7.35). Man spricht daher von **Zentripetalbeschleunigung** und von **Zentripetalkraft** (= „zum Zentrum strebende Kraft"). Um die Kreisbahn des Autos aus der Sicht eines ruhenden Beobachters erklären zu können, ist also eine Kraft notwendig, die nach innen zeigt (→ **F20**)!

Abb. 7.34: Die Zentripetalkraft F_{ZP} steht immer normal auf v. Daher wird v bei gleichem Betrag gedreht.

F **Formel: Zentripetalkraft**

$$F_{ZP} = m \frac{v^2}{r}$$

m ... Masse	$[F]$ = N
r ... Radius der Kreisbahn	$[m]$ = kg
v ... Tangentialgeschwindigkeit	$[r]$ = m
v^2/r ... Zentripetalbeschleunigung	$[v]$ = m/s
	$[a]$ = s^{-1}

→ **Info: Zentripetalkraft**

Die Zentripetalkraft ist keine spezielle Kraft wie etwa die Gravitation. Der Name gibt nur an, in welche Richtung sie wirkt. Es kann sich dabei um eine Reibungskraft handeln wie beim Auto, eine Gravitationskraft wie bei einem Raumschiff im Orbit oder die Kraft, mit der die Wand des Karussells auf dich drückt. Die **Zentripetalkraft** setzt sich aus den wirklich am Körper angreifenden Kräften zusammen und **ist nicht eine Kraft, die zusätzlich zu diesen wirkt!**

Warum „**schneiden**" Rennfahrer die Kurven (→ **F21**)? Es gibt eine maximale Zentripetalkraft, die durch die **Haftreibung** (Kap. 7.4.2, S. 63) begrenzt ist. Wird sie überschritten, fliegt man aus der Kurve (Abb. 7.34). Durch das Schneiden wird der Radius der Kreisbahn größer, und man kann bei gleicher F_{ZP} schneller fahren (Abb. 7.35). Wenn man den Radius verdoppelt, kann man die Geschwindigkeit um 41 % erhöhen. Rechne nach!

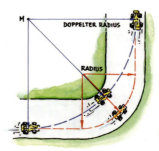

Abb. 7.35: Radiusvergrößerung durch Kurvenschneiden

---

i **Zentripetalkraft**

Wie groß ist die **Zentripetalkraft**? Bestimmen wir zuerst geometrisch die **Zentripetalbeschleunigung**.

1) Bei einer Kurvenfahrt zeigt der Geschwindigkeitsvektor immer im rechten Winkel zum Kurvenradius (Abb. 7.34).

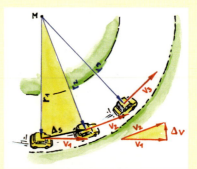

Abb. 7.36

2) $v = \Delta s/\Delta t$ und daher ist $\Delta s = v \cdot \Delta t$

3) Für die Beschleunigung gilt immer: $a = \Delta v/\Delta t$. In der Zeit Δt legt das Auto den Weg Δs zurück und ändert dabei die Geschwindigkeit um Δv (Abb. 7.36). Das gelbe Dreieck $r_1 r_2 \Delta s$ und das gelbe Dreieck $v_1 v_2 \Delta v$ sind ähnlich (für das zweite Dreieck wurden die Vektoren parallel verschoben). Daher gilt

$$\frac{\Delta v}{v} = \frac{\Delta s}{r} = \frac{v \Delta t}{r} \Rightarrow \frac{\Delta v}{\Delta t} = \frac{v^2}{r} = a$$

Die Zentripetalbeschleunigung ist also $a_{ZP} = v^2/r$. Da für jede Kraft $F = ma$ gilt, ist die Zentripetalkraft daher $F_{ZP} = mv^2/r$.

Z **Zusammenfassung**

Bei einer Kurvenfahrt ändert sich die Richtung der Geschwindigkeit, es ist also eine Kraft nötig. Diese Zentripetalkraft setzt sich aus den wirklich an den Körper angreifenden Kräften zusammen.

7.5 Ein Pferd auf Rollschuhen
Actio est reactio

Die Newton'schen Grundgesetze sind miteinander logisch verknüpft. Der Trägheitsgesetz ist zum Beispiel ein Spezialfall der Bewegungsgleichung. Und auch das 3. Grundgesetz hängt mit den beiden anderen zusammen.

F22 Du befindest dich auf blankem Eis und es gibt keine Reibung. Dein Freund ist so schwer wie du, und ihr zieht euch an einem Seil zueinander. Wo trefft ihr euch?

F23 Du befindest dich in einer Raumstation in Schwerelosigkeit und drückst dich von deinem doppelt so schweren Freund ab (Abb. 7.37). Fliegt ihr gleich schnell weg oder nicht? Und kannst du das begründen?

Abb. 7.37

F24 Am Label jeder Jeans von Levis sieht man zwei Pferde, die an einer Hose ziehen. Macht es einen Unterschied, ob zwei Pferde ziehen oder nur eines und die Hose dafür an einem Pflock befestigt ist?

Abb. 7.38: Das Warenzeichen der Levis-Jeans

F25 Du hast dich versehentlich von der Raumstation entfernt und willst wieder zurück. Wie kannst du das anstellen? Kraulen, Zappeln? Es gibt nur eine Möglichkeit!

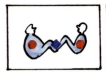 

● Einzelschwerpunkt ◆ Gesamtschwerpunkt

Abb. 7.39: Wenn dein Freund doppelt so schwer ist wie du, fliegt er halb so schnell weg.

Wir haben die beiden ersten Fragen mit dem Trägheitsgesetz beantwortet. Man kann sie aber auch mit dem **3. Newton'schen Grundgesetz** beantworten. Dieses lautet: **Kräfte treten immer paarweise und an verschiedenen Körpern auf. Sie sind gleich groß, aber entgegengesetzt gerichtet, also $F_1 = -F_2$.** Man sagt daher auch „Actio est reactio".

Verknüpfen wir das nun mit dem 2. Newton'schen Grundgesetz und sehen wir uns beide Fragen noch einmal an. Wenn am **Eis** die Massen gleich groß sind, dann gilt $F_1 = -F_2$ und somit auch $m \cdot a_1 = m \cdot (-a_2)$.

Die Beschleunigungen sind also gleich groß und antiparallel. Fazit: Ihr trefft euch in der Mitte. Wenn du dich von einem doppelt so schweren Freund abstößt, dann gilt $F_1 = -F_2$ und somit auch $m \cdot a_1 = 2m \cdot (-a_2 / 2)$. Hat er die doppelte Masse, ist seine Beschleunigung nur halb so groß und er fliegt auch nur halb so schnell weg.

Wie ist das nun mit der **Hose** (→ F24)? Wenn sich diese nicht vom Fleck rührt, dann muss es zwei Kräfte geben, die einander ausgleichen. Es ist **völlig egal**, ob diese zweite Kraft von einem zweiten Pferd kommt oder von einem Pflock.

Und damit kommen wir zu zwei sehr alten Rätseln. Das erste lautet: Ein **Affe** hängt an einem **Seil**, das über eine Rolle führt und auf der anderen Seite mit einem gleich großen Gewicht beschwert ist (Abb. 7.40). Was wird mit dem Gewicht passieren, wenn der Affe das Seil hinauf und hinunterklettert?

Abb. 7.40: Was macht das Gewicht? Wandert es mit oder bleibt es an derselben Stelle?

Affe und Gewicht bleiben relativ zu einander immer auf **derselben Höhe**, egal ob der Affe hinauf- oder hinunterklettert! Warum ist das so? Actio est reactio! Wenn der Affe am Seil und somit am Gewicht zieht, dann zieht das Gewicht mit derselben Kraft an ihm. Es ist ganz ähnlich wie in → F22, nur eben mit einer Rolle dazwischen. Die zweite Frage ist eine der ältesten Denkaufgaben der klassischen Physik. Wenn das 3. Newton'sche Grundgesetz stimmt, dann kann ein Pferd doch niemals eine Kutsche ziehen, weil die Kutsche das Pferd **mit derselben Kraft zieht**!? Das gleicht sich doch aus!

Wenn du dich auf blankem Eis befindest und es **keine Reibung** gibt, dann gibt es auch keine Kraftübertragung mit dem Boden (→ F22). Wenn eure Masse gleich groß ist, dann befindet sich euer Gesamtschwerpunkt genau in der Mitte. Weil keine Kräfte von außen einwirken, kann sich der Schwerpunkt auch nicht bewegen (Trägheitsgesetz!). Wenn ihr euch zueinander zieht, dann müsst ihr euch daher genau in der Mitte treffen.

Bei → F23 ist es ähnlich. Weil **von außen keine Kräfte wirken**, muss der Schwerpunkt in Ruhe bleiben. Wenn dein Freund doppelt so schwer ist wie du, dann wird er durch das Abdrücken nur halb so schnell wegfliegen. Nur dann bleibt der Gesamtschwerpunkt in **Ruhe** (Abb. 7.39).

Wenn das Pferd am Eis wäre oder Rollschuhe anhätte, ginge das tatsächlich nicht. Das Pferd ist aber durch die Reibung mit der Erde verbunden. Wenn das Pferd losgeht, dann bewegen sich Kutsche und Pferd in die eine Richtung und die Erde in die andere Richtung. Weil die Masse der Erde so groß ist, merkt man davon nichts.

Abb. 7.41: Wieso kann das Pferd die Kutsche ziehen?

Man kann das 3. Grundgesetz auch so formulieren: **Ein Objekt alleine** kann seine Geschwindigkeit **nicht** ändern. Du merkst, dass hier wieder das **Trägheitsgesetz** indirekt vorkommt. Wenn du wieder zur Raumstation zurück willst (→ F25), bleibt dir nur eine Möglichkeit: Ein Weltraum-Strip und die Sachen in die Gegenrichtung werfen (Abb. 7.42)! Der Gesamtschwerpunkt von dir und deinen Sachen bleibt aber immer an derselben Stelle.

Abb. 7.42: Nur so kommst du zum Raumschiff zurück.

Z Zusammenfassung

Das 3. Newton'sche Gesetz besagt, dass Kräfte immer paarweise auftreten und gleich groß, aber entgegengesetzt gerichtet sind. Anders gesagt: Ein Gegenstand allein kann seine Geschwindigkeit nicht ändern.

Newton mal drei

F26 Wieso muss man beim Abschleppen eines Autos
W2 langsam anfahren? Was könnte sonst passieren? → L

F27 Nach wie vielen Metern hat ein Formel-1-Auto
W1 100 km/h erreicht, wenn es mit 10 m/s² beschleunigt? → L

F28 In vielen Filmen schwe-
W2 ben oft riesige Raumschiffe elegant über dem Boden. Was ist daran falsch? → L

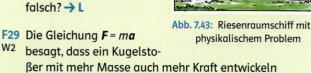

Abb. 7.43: Riesenraumschiff mit physikalischem Problem

F29 Die Gleichung $F = ma$
W2 besagt, dass ein Kugelstoßer mit mehr Masse auch mehr Kraft entwickeln kann! Oder doch nicht? Begründe! → L

F30 Eine kleine Masse m
W2 wird von einem kugelförmigen Massenhaufen mit einer bestimmten Kraft angezogen.

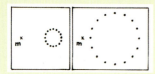

Abb. 7.44

Wie verändert sich die Kraft, wenn sich der Kugelhaufen bei gleichem Mittelpunkt aufbläht? Wird er größer oder bleibt er gleich? → L

F31 Was würde deine Badezimmerwaage zeigen, wenn du
W2 dich im Weltall in Schwerelosigkeit „draufstellst"? → L

F32 Der Bremsweg eines Autos ist indirekt proportional
W2 zur Reibungszahl der Reifen. Kannst du das formelmäßig belegen? Du brauchst dazu die Gleichung für den Bremsweg (Kap 5.4.2). → L

F33 Wenn es sehr glatt auf der Straße ist, dann wird
W2 empfohlen, mit dem 2ten Gang anzufahren. Was hat das für einen Grund? → L

F34 Ein Geigenbogen
W2 und ein nicht geöltes Türscharnier haben was gemeinsam! Warum ölt man die Tür, aber nicht den Geigenbogen? → L

F35 Abb. 7.45 zeigt einen
W2 Flugsimulator, bei dem der Flug nicht nur optisch, sondern auch körperlich simuliert werden kann. Wie funktioniert das eigentlich und welche Beschleunigung kann damit maximal simuliert werden? → L

Abb. 7.45: Flugsimulator der Lufthansa

8 Arbeit und Energie

In diesem Kapitel geht es um alle möglichen Formen der **Energie**. Du hörst davon, wie sich Energien ineinander umwandeln und dass man auf diese Weise eine Menge Dinge recht einfach abschätzen kann. Und du hörst von einem Eckpfeiler der gesamten Physik: vom **Energieerhaltungssatz**.

8.1 Eine gute und eine schlechte Nachricht

Definition der Arbeit

In diesem Abschnitt geht es um eine Definition der Arbeit, den Unterschied zur Energie und um die „Goldene Regel der Mechanik".

F1 Die Straße in Abb. 8.1 ist genau 100 m lang. Weil sie
W2 sehr steil ist, fährst du mit dem Rad einen 200 m langen Zick-Zack-Kurs. Verändert sich dabei die benötigte Kraft? Und verändert sich die Arbeit?

Abb. 8.1

F2 Du musst Fässer auf einen LKW laden. Wofür benö-
W2 tigst du mehr Kraft: Wenn du sie über die Rampe rollst (a) oder wenn du sie hebst (b)? Und kannst du in einem der beiden Fälle Arbeit sparen?

Abb. 8.2

Die Begriffe Arbeit und Energie werden oft im Alltag verwendet. Man sagt etwa „ich hab in dieser Woche aber sehr viel Arbeit" oder „ich habe heute wenig Energie". Die Bedeutung der Begriffe in der Physik ist ähnlich, aber doch etwas anders und vor allem exakter.

Die gute Nachricht lautet: Du kannst in vielen Fällen durch geeignete Wahl des Weges **Kraft sparen**. Wenn der Weg doppelt so lange ist, dann brauchst du nur die Hälfte der Kraft (→ **F1** und → **F2**). Die schlechte Nachricht: Man kann dadurch leider **keine Arbeit sparen**, weil sich gleichzeitig der Weg verdoppelt (siehe Abb. 8.3).

Das nennt man die „Goldene Regel der Mechanik": Man kann Kraft sparen, wenn man den Weg verlängert, aber man kann damit keine Arbeit sparen. Als Gleichung kann man das wie unten formulieren. Entscheidend für die Arbeit ist nur die Kraft, die parallel zum Weg zeigt (F_P). In Abb. 8.3 wäre das die Kraftkomponente F_{GH}. Das ist die sogenannte Hangabtriebskraft und jener Anteil der Gewichtskraft F_G, der parallel zum Hang zeigt (siehe auch Abb. 3.16, S. 23).

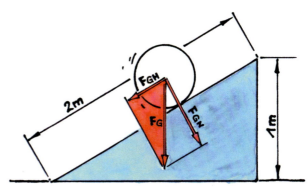

Abb. 8.3: Wenn du die Fässer wie in Abb. 8.2 hebst bzw. rollst, dann verhalten sich die Wege wie 1:2. Die zu überwindende Kraft beim Heben ist das Gewicht F_G, beim Rollen die Komponente F_{GH}. Das rote und das blaue Dreieck sind ähnlich (haben also gleiche Winkel), daher ist $F_{GH} = F_G/2$: also halbe Kraft, dafür doppelter Weg.

F Formel: Arbeit

Arbeit = Kraft (in Wegrichtung) mal Weg

$W = F_P \cdot s$

W ... Arbeit (work) $[W] = N \cdot m = kg \cdot m^2 \cdot s^{-2} = J$ (Joule)
F_P ... Kraft parallel zum Weg $[F_P] = N$
s ... Weg $[s] = m$

Die **Einheit der Arbeit** ist das **Joule (J)**. Vor allem beim Energiegehalt der Nahrung ist auch noch die Einheit **Kalorien (cal)** im Umlauf (siehe Kap. 8.8, S. 81; 1 cal ≈ 4,2 J). Diese ist aber **keine SI-Einheit** (Kap. 2.1, S. 9) und sollte eigentlich nicht mehr verwendet werden.

Die Begriffe Arbeit und Energie sind nicht voneinander zu trennen! Wenn man an einem Gegenstand Arbeit verrichtet, dann kann man dessen Energie erhöhen. Wenn du zum Beispiel ein **Gewicht** in die Höhe **hebst**, dann erhöhst du durch deine Muskelarbeit dessen Energie. Wenn dir das

Gewicht auf den Fuß fällt, kannst du spüren, wie die gespeicherte Energie wieder frei wird (Abb. 8.4).

Abb. 8.4: Die gespeicherte Arbeit wird wieder in Form von Energie freigesetzt!

Auf der anderen Seite wird beim Heben des Gewichts aber auch **Energie umgewandelt**, nämlich die chemische Energie deiner Muskeln (siehe Kap. 8.8, S. 81) in die **Lageenergie** des Gewichts. Man kann also auch so sagen: Energie ist gespeicherte Arbeitsfähigkeit und Arbeit ist Energieübertragung (Abb. 8.4 und Abb. 8.5). Die **Einheit der Energie** ist wie auch die der Arbeit **das Joule**.

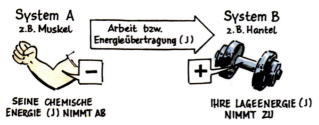

Abb. 8.5: Durch Arbeit wird Energie übertragen und/oder werden Energieformen umgewandelt.

Z Zusammenfassung

Man kann Kraft auf Kosten des Wegs sparen. Die Arbeit bleibt aber leider immer gleich. Wird Arbeit verrichtet, geht Energie von einem Körper auf einen anderen über oder wird eine Energieform in eine andere umgewandelt. Energie ist gespeicherte Arbeitsfähigkeit!

8.2 Die Cheops-Pyramide
Hebearbeit und Lageenergie

Wenn ein Gegenstand gehoben wird, dann erhöht sich seine Energie. Dazu muss man aber Hebearbeit aufwenden.

F3 W2 In Österreich gibt es über 40 Speicherkraftwerke. Das sind Becken, in die man zu bestimmten Zeiten Wasser hinaufpumpt. Warum macht man das?

F4 W2 Die 137 m hohe Cheops-Pyramide ist das letzte der 7 Weltwunder, das noch erhalten ist. In ihr ist sehr viel Hebearbeit von sehr vielen Menschen gespeichert. Angenommen, man könnte diese Energie ohne Verlust in Strom umwandeln, wie lange – meinst du – könnte man Österreich damit versorgen: a) etwa 5 Jahre, b) etwa 5 Wochen, c) etwa 5 Tage oder d) etwa 5 Minuten?

Abb. 8.6: Die Cheops-Pyramide

Strom lässt sich in großen Mengen leider nicht speichern (→ F3). Also muss man ihn dann erzeugen, wenn man ihn braucht. In der Nacht ist meist ein Stromüberfluss da. Damit kann man Wasser in höher gelegene **Stauseen** pumpen. Gibt es einen Stromengpass, lässt man den Stausee aus und erzeugt mit dem fallenden Wasser Strom.

Bei dieser Technik nutzt man aus, dass durch das Heben eines Gegenstandes Energie gespeichert wird, die beim Sinken wieder frei wird. Nach diesem Prinzip funktionieren auch die ersten genauen Uhren, die Räderuhren (siehe Abb. 8.7). Diese werden aufgezogen, indem man ein Gewicht in die Höhe hebt.

Die Arbeit, die man zum Heben aufwenden muss, nennt man **Hebearbeit**, und die Energie, die man dadurch speichert, **Lageenergie** oder **potenzielle Energie**.

Abb. 8.7: Um diese Uhr aufzuziehen, muss man ein Gewicht in die Höhe ziehen.

70 Energie

Potenziell bedeutet möglich! Die Energie kann, muss aber nicht frei werden! Wenn zum Beispiel das Ventil des Stausees nicht geöffnet wird, dann bleibt das Wasser oben und die Energie gespeichert.

Zur Gleichung der Hebearbeit kommt man ganz einfach über die mechanische Definition der Arbeit: **Arbeit ist Kraft mal Weg.** Die Kraft, die man beim Heben überwinden muss, ist die Gewichtskraft eines Gegenstandes, und der Weg ist die Hebehöhe. Also gilt: Hebearbeit ist Gewicht mal Hebehöhe. Du siehst, dass die Hebearbeit linear mit der Hebehöhe wächst: doppelte Höhe, doppelte Hebearbeit.

F   Formel: Hebearbeit

Hebearbeit (W_H) und potenzielle Energie (Hebeenergie E_p)

$$W_H = E_p = m \cdot g \cdot h$$

m … Masse	$[m]$ = kg
g … Erdbeschleunigung	$[g]$ = m/s²
$m \cdot g$ … Gewicht	$[m \cdot g]$ = N
h … Hebehöhe	$[h]$ = m

Manchmal wird die potenzielle Energie negativ angegeben. Das liegt daran, dass man den **Nullpunkt**, von dem aus man die Höhe misst, beliebig wählen kann. Um eine 1-kg-Kugel aus einer 1 m tiefen Mulde zu rollen, braucht man etwa 10 J (Abb. 8.8). Es ist völlig egal, ob man den Nullpunkt oben (a) oder in der Mulde (b) annimmt. Die Differenz zwischen unten und oben sind immer 10 J. Wenn man den Nullpunkt oben annimmt, dann hat die Kugel unten −10 J. Das Minus bedeutet, dass sich die Kugel in einem „**gebundenen Zustand**" befindet und dass man Energie braucht, um sie da rauszukriegen.

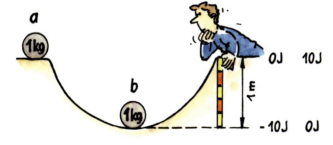

Abb. 8.8

Man muss sich das einmal vorstellen: Beim Bau der **Cheops-Pyramide** haben 20 Jahre lang bis zu 25.000 Arbeiter geschuftet! Könnte man diese Hebeenergie ohne Verlust in Strom umwandeln, dann könnte man Österreich damit aber für bloß 5 Minuten versorgen (→ **F4**)! 20 Jahre Arbeit in nur **5 Minuten** verbraucht! Daran siehst du zwei wichtige Dinge: Erstens steckt im Strom unglaublich viel Energie (siehe auch Kap. 8.5, S. 74), und zweitens ist unser intuitives Verständnis für Energien nicht wirklich ausgeprägt!

→ **Info:** Cheops

i   Cheops

Die Cheops-Pyramide hat eine Seitenlänge von 230 m und eine Höhe von 137 m. Das Volumen beträgt daher sagenhafte 2,42 · 10⁶ m³! Der Schwerpunkt einer Pyramide liegt bei einem Viertel der Höhe, bei der Cheops daher bei etwa 34 m. Als Material wurde Kalkstein mit einer Dichte von 2500 kg pro Kubikmeter verwendet. Die Gesamtmasse der Pyramide beträgt daher etwa 6 · 10⁹ kg. Und damit kann man nun die **gespeicherte Energie** ausrechnen:

$E_p = mgh = 6 \cdot 10^9 \cdot 10 \cdot 34$ J ≈ $2 \cdot 10^{12}$ J.

Der **Stromenergiebedarf in Österreich** liegt momentan bei etwa 2 · 10¹⁷ J pro Jahr. Könnte man die Lageenergie der Cheops-Pyramide ohne Verlust in Strom umwandeln, dann könnte man damit nur 10⁻⁵ Jahre auskommen. Ein Jahr hat 365 · 24 · 60 min ≈ 5 · 10⁵ min. 10⁻⁵ Jahre sind daher bloß etwa 5 Minuten!

Z   Zusammenfassung

Wenn man Hebearbeit aufwendet, kann man potenzielle Energie speichern. Die Hebearbeit ist proportional zur Höhe.

8.3 Hammer im freien Fall
Beschleunigungsarbeit und Bewegungsenergie

Wenn sich ein Gegenstand bewegt, dann hat er Bewegungsenergie. Um ihn in Bewegung zu versetzen, muss man Beschleunigungsarbeit verrichten.

F5 W2 Dem Dachdecker fällt der Hammer runter. Nach einer Sekunde ist er 5 m tief gefallen. Wie tief ist er nach zwei Sekunden? Welche Geschwindigkeit hat er nach ein und zwei Sekunden? Welche Energie wurde in der ersten und in der zweiten Sekunde frei?

Abb. 8.9

F6 W2 Ein Auto braucht, um auf 50 km/h zu beschleunigen, eine bestimmte Menge Benzin. Wie viel Energie braucht das Auto, um von 50 auf 100 km/h zu beschleunigen? a) gleich viel, b) weniger, c) mehr. Vernachlässige die Reibung!

F7 W2 Was besitzt mehr kinetische Energie: ein Auto (1500 kg) im Schritttempo oder eine abgeschossene Gewehrpatrone (0,02 kg)?

Nicht nur gehobene, sondern auch bewegte Körper enthalten Energie. Man nennt diese **Bewegungsenergie** oder **kinetische Energie** (kinetisch bedeutet bewegend). Wird ein Gegenstand abgebremst, dann wird diese Energie frei. Mit fallendem Wasser kann man aus diesem Grund Strom erzeugen, mit einem Hammer einen Nagel einschlagen, und wenn ein Auto gegen ein Hindernis prallt, dann knautscht die frei werdende Bewegungsenergie die Front zusammen (Abb. 8.10). Welchen Zusammenhang gibt es zwischen Geschwindigkeit und kinetischer Energie?

Abb. 8.10: Mit der frei werdenden Bewegungsenergie kann Arbeit verrichtet werden, in diesem Fall Verformungsarbeit.

Energie kann nicht erzeugt oder vernichtet werden, es kann nur eine Energieform in eine andere **umgewandelt** werden (siehe Kap. 8.6, S. 77). Wenn zum Beispiel ein Gegenstand fällt, dann nimmt seine **potenzielle Energie ab**. Im gleichen Maße nimmt aber seine **kinetische Energie zu**, und somit bleibt die Gesamtenergie erhalten. Mit Hilfe dieser Tatsache kann man sich den Zusammenhang zwischen Geschwindigkeit und kinetischer Energie überlegen. Nimm an, dass ein fallender Gegenstand 2 kg hat (→ **F5**). Die ersten beiden Sekunden sind in Abb. 8.11 eingezeichnet.

Durch das Fallen werden in der ersten Sekunde 100 J frei ($m \cdot g \cdot h = 2 \cdot 10 \cdot 5$ J). Also wächst die kinetische Energie um diesen Betrag an. Nach zwei Sekunden hat sich die potenzielle Energie bereits um 400 J verringert, während sich die Geschwindigkeit nur verdoppelt hat.

→ **Info:** Kinetische Energie

Du siehst also: doppelte Geschwindigkeit, aber bereits vierfache kinetische Energie! Die **kinetische Energie** muss daher **proportional zu v^2** sein.

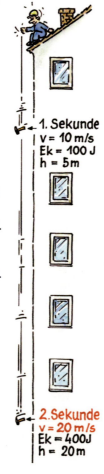

Abb. 8.11

i Kinetische Energie

Auch die Ableitung für die kinetische Energie kann aus der allgemeinen Gleichung für die Arbeit erfolgen. Wir nehmen eine gleichmäßige Beschleunigung an (siehe Kap. 5.4, S. 39).

Wir setzen in $W_B = F \cdot s$ für $F = m \cdot a$ und für $s = \dfrac{a}{2} t^2$ ein:

$$W_B = m \cdot a \cdot \frac{a}{2} t^2 = \frac{m \cdot a^2 \cdot t^2}{2} = \frac{m \cdot (a \cdot t)^2}{2}$$

Nun für $a \cdot t = v$ einsetzen und fertig: $W_B = \dfrac{mv^2}{2}$

F Formel: Beschleunigungsarbeit

Beschleunigungsarbeit (W_B) und kinetische Energie (E_k)

$$W_B = E_k = \frac{mv^2}{2}$$

m … Masse $\qquad\qquad$ [m] = kg
v … Geschwindigkeit $\qquad$ [v] = m/s

Bei einer Geschwindigkeit von 100 km/h hat ein Auto daher viermal so viel kinetische Energie wie bei einer Geschwindigkeit von 50 km/h (→ **F6**), und bei 150 km/h bereits die neunfache. Das bedeutet, dass man zum Beschleunigen von 50 auf 100 km/h **dreimal so viel Benzin** verbraucht wie von **0 auf 50 km/h**, und von 100 auf 150 km/h wäre dazu schon fünfmal so viel Sprit nötig. Die mit dem Tempo zunehmende Reibung ist dabei noch gar nicht berücksichtigt!

Weil die kinetische Energie mit dem Quadrat der Geschwindigkeit wächst, können auch sehr leichte Gegenstände hohe Energien haben. Ein **Auto** mit 1500 kg, das mit 1,5 m/s (etwa 5,5 km/h) dahinfährt, hat eine kinetische Energie von knapp **1700 J**. Eine **Gewehrpatrone** mit 20 Gramm, die mit 900 m/s abgefeuert wird, hat über **8000 J** an kinetischer Energie, also fast das 5-fache (→ **F7**)! Und das, obwohl das Auto 75.000-mal schwerer ist als die Patrone. Eine kugelsichere Weste kann natürlich diese Energie nicht vermindern. Aber sie verteilt die einwirkende Kraft auf eine größere Fläche, sodass das Geschoss nicht eindringen kann (Abb. 8.12).

Abb. 8.12: Eine kugelsichere Weste verteilt die Energie auf eine größere Fläche. Die Patrone wird durch die frei werdende Energie flach gedrückt – und Rippen können dabei brechen.

Z Zusammenfassung

Die kinetische Energie eines Gegenstandes entspricht der Arbeit, die nötig ist, um ihn auf diese Geschwindigkeit zu bekommen. Sie hängt vom Quadrat der Geschwindigkeit ab.

8.4 Kein perfekter Flummi
Verformung und Wärmeenergie

In diesem Abschnitt werfen wir noch einen kurzen Blick auf zwei weitere Energieformen: die Verformungsenergie und die Wärmeenergie.

F8 E2 Strecke deinen Arm aus und schau deinen Daumen an. Führe den Daumen langsam zu den Augen. Ab welcher Entfernung siehst du nicht mehr scharf? Und warum ist das eigentlich so?

F9 W2 Die Energie bleibt immer erhalten, sie wandelt sich nur um! Wohin ist dann aber die kinetische Energie verschwunden, wenn ein Tonklumpen gegen die Wand prallt (Abb. 8.13)?

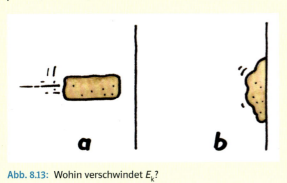

Abb. 8.13: Wohin verschwindet E_k?

Auch im menschlichen Körper spielt die Verformungsenergie eine Rolle. Dass in den Sehnen Energie zwischengespeichert werden kann, wurde schon erwähnt (Abb. 7.32, S. 65).

Weiters werden die großen **Arterien** in der Nähe des Herzens während des Herzschlages gedehnt (Abb. 8.16 a). Diese Spannungsenergie wird in der Schlagpause wieder in kinetische Energie des Blutes umgewandelt (b). Das führt dazu, dass das Blut auch in der Entspannungsphase des Herzens fließt.

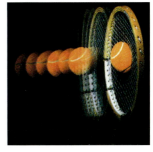

Abb. 8.15: Verformung eines Tennisballes auf der Schlägerfläche

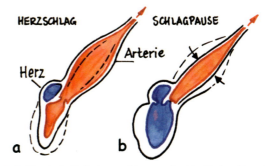

Abb. 8.16: Elastische Zwischenspeicherung der kinetischen Energie des Blutes in den herznahen Arterien

Wenn man elastische Gegenstände verformt, muss man **Verformungsarbeit** aufwenden und kann auf diese Weise Energie speichern. So funktionieren der Aufzug einer mechanischen Armbanduhr, Bogen und Armbrust (Abb. 8.14) oder Katapulte. Auch im **Sport** treten zum Beispiel bei allen Bällen reversible Verformungen auf. Ein Tennisball wird beim Schlag etwa auf die Hälfte seines Durchmessers zusammengequetscht (Abb. 8.15). Wenn er sich ausdehnt, dann wird diese gespeicherte Verformungsenergie wieder frei.

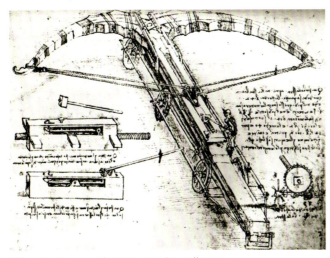

Abb. 8.14: Riesenarmbrust in einer Darstellung von LEONARDO DA VINCI.

Auch im **Auge** wird Energie gespeichert und zwar in der Linse. Wenn du weiter entfernte Gegenstände betrachtest, wird die Linse durch einen Ringmuskel gedehnt (Abb. 8.17 a). Wenn du aber ein nahes Objekt betrachtest, dann zieht sich die Linse auf Grund ihrer **Eigenelastizität** wieder zusammen (b). Je elastischer sie ist, desto näher kann man noch scharf sehen (→ **F8**). Mit zunehmendem Alter verliert die Linse an Elastizität und kann sich nicht mehr so stark zusammenziehen. Dadurch entsteht die **Altersweitsichtigkeit** (c).

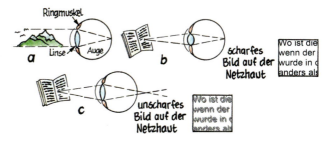

Abb. 8.17: Dehnung der Linse beim Sehen in die Ferne (a) und Freisetzung der Dehnungsenergie beim Nahsehen (b)!

Wo ist die **kinetische Energie** hin verschwunden, wenn der Tonklumpen an der Wand klebt (→ **F9**)? Sie wurde in Wärme umgewandelt. Wärme ist nichts anderes als ungeordnete Bewegung der Moleküle. Wenn der Klumpen auf die Mauer zufliegt (Abb. 8.18 a), dann ist diese Energie nicht so groß, aber alle Moleküle bewegen sich **zusätzlich in dieselbe Richtung**. Wenn der Klumpen aufgeprallt ist, dann haben die Moleküle **keine gemeinsame Richtung** mehr, schwingen allerdings viel stärker um ihre Mittellage (b). **Wärme** ist also **durcheinander gebrachte kinetische Energie** (siehe Kap. 8.6, S. 77). Beim Aufprall erwärmen sich Tonklumpen, Wand und Luft (siehe Kap. 8.2, S. 70). Und so bleibt auch hier die Energie schön brav erhalten.

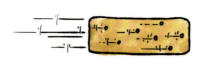 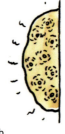

Abb. 8.18   a   b

Obwohl Wärme letztlich auch kinetische Energie ist, geht ihre Berücksichtigung **über den Rahmen der eigentlichen Mechanik hinaus** (siehe Wärmelehre, ab Kap. 11). Die Trennung von Mechanik und Wärmelehre hat hauptsächlich praktische Gründe: Ein großes Objekt hat einfach zu viele Moleküle, um diese mechanisch beschreiben zu können. Man kann sie nur statistisch beschreiben.

Wärme ist eine Art Energiefriedhof. Früher oder später landet hier fast die gesamte Energie. Das liegt unter anderem daran, dass es keine 100%ige Elastizität gibt (Abb. 8.19). Ein bisschen kinetische Energie wird bei jeder Verformung in Wärme umgewandelt. Und auch bei chemischen Prozessen wird Wärme frei.

Abb. 8.19: Es gibt keine perfekte Elastizität. Bei jedem Aufprall entsteht Wärme, und die kinetische Energie verringert sich dadurch.

Z   Zusammenfassung

Die Energiespeicherung durch Verformung hat unter anderem im Sport und in der Biologie Bedeutung. Fast jede Energie wird irgendwann in Wärme umgewandelt, also in ungeordnete Bewegung der Moleküle.

8.5 Von Pferde- und Menschenstärken
Die Leistung

In diesem Abschnitt geht es um die Leistung. Du kennst diesen Begriff wahrscheinlich von den Autos. Dort wird diese immer noch oft in PS (und nicht in Kilowatt) angegeben, obwohl diese Einheit schon lange nicht mehr verwendet werden sollte.

F10 Zwei Personen beladen einen LKW mit gleich viel
W1 Fässern! Einer ist schneller als der andere! Wer hat mehr geleistet und wer hat mehr gearbeitet?

F11 Die Frage klingt vielleicht blöd, aber wie viele
W1 Pferdestärken hat ein Pferd?

F12 Auf den meisten elektrischen Geräten ist die Leistung
W2 angegeben. Eine alte, helle Glühbirne oder ein PC haben rund 100 Watt, ein Toaster 800 Watt, ein Fön 1300 Watt und ein Elektrobackrohr 3000 Watt. Wie hoch schätzt du die Kurzzeit- und Dauerleistung eines Menschen im Vergleich dazu ein?

Bei der Arbeit, egal ob sie als Beschleunigungs- oder Hebearbeit auftritt, spielt die Zeit überhaupt keine Rolle. Man kann durch keinen Trick auf der Welt Arbeit sparen, weder durch Veränderung der Strecke noch durch Veränderung des Arbeitstempos. Wer aber schneller arbeitet, dessen Leistung ist höher, denn Leistung ist Arbeit pro Zeit (→ **F10**).

F   Formel: Leistung

Leistung = Arbeit/Zeit

$P = W/t$

P ... Leistung (power) $[P] = [W]/[t] = J/s = W$ (Watt)
t ... Zeit $[t] = s$

Die Leistung wird in **Watt** angegeben. Ein **Watt ist 1 Joule pro Sekunde**. Die alte Einheit für die Leistung ist die **Pferdestärke** (PS). Die Definition der Pferdestärke stammt von JAMES WATT, dessen Dampfmaschinen ab **1780** Pferde ersetzten. Deshalb versuchte man, die Leistungen miteinander zu vergleichen. Pferde können kurzfristig Spitzenleistungen bis 24 PS erbringen. Die Dauerleistung eines Pferdes beträgt aber tatsächlich rund 1 PS (→ **F11**).

Die Pferdestärke (PS) ist keine SI-Einheit (Kap. 2.1, S. 9) und von den Zulassungsscheinen für Autos daher schon vor einiger Zeit verschwunden (siehe Abb. 8.20). Im Alltag werden sich PS aber, wie auch die Kalorie, sicher noch lange halten. Menschen sind eben Gewohnheitstiere.

→ **Info:** PS und Kilowatt

P5	Motornummer (Type)	B3942146			
P3	Antriebsart	Benzin mit Katalysator			
T	Höchstgeschw. (km/h)	155	P1	Hubraum (ccm)	1324
P2	Leistung (kW)	53,0	P4	bei Drehzahl(min⁻¹)	6000
Q	Leistung/Gewicht (kW/kg)				
U	Betriebsgeräusch nach		U3	Fahrgeräusch(dBA)	73
U1	Standgeräusch (dBA)	80	U2	bei Drehzahl(min⁻¹)	4500
A14	Kennzeichnung Schalldämpfer				

Abb. 8.20: Auf dem Zulassungsschein eines Autos steht die Leistung schon lang nur mehr in Kilowatt.

Im Gegensatz zu einer Maschine hängt die **Leistung eines Lebewesens** von der Dauer der Belastung ab, wie du ja schon eben gehört hast. Wenn das nicht so wäre, dann könnte man ja den Marathon durchsprinten. Je kürzer eine Belastung ist, desto höher kann die Leistung sein.

Beispiel	Leistung	Kommentar
Mensch, Dauerleistung	100–500 W	Der untere Wert gilt für Untrainierte, der obere Wert für Weltklasseathleten (siehe Kap. 8.8, S. 81).
helle, alte **Glühbirne, PC**	100 W	Seit 2009 dürfen nur mehr Lagerbestände der alten Glühbirnen verkauft werden.
Toaster	800 W	Diese Angaben sind geräteabhängige Richtwerte.
Fön	1300 W	
Backrohr	3000 W	
Mensch, Höchstleistung	≈7500 W	Berechenbare kurzzeitige Höchstleistung von Weltklasseathleten
PKW-Motor	37–882 kW	Vom kleinen Smart bis zum kräftigen Bugatti Veyron: Nach oben gibt es fast keine Grenzen!
Taurus (stärkste Lok der ÖBB)	6400 kW	Entspricht 8.700 PS und somit der Leistung von etwa 235 Smarts.
Donaukraftwerke	2 · 10⁸ W	
Blitz	10⁹ W	Ein Blitz hat eine sehr hohe Leistung, dauert aber nur etwa 10⁻⁴ s.
Sonne	10²⁶ W	Mit Abstand die größte Energiequelle im Sonnensystem.

Tab. 8.1: Einige Beispiele zu Leistungen. Beim Menschen sind die Nettowatt angegeben. Die Bruttowatt sind etwa 3- bis 5-mal so groß (siehe Wirkungsgrad S. 81/82).

→ **Experiment:** Stufenlauf | -> Seite 76
→ **Info:** Spitzenleistung im Sport | -> Seite 76
→ **Info:** Kilowattstunde

Kilowattstunde

Die Energie, die im Strom steckt, wird in **Kilowattstunden** (kWh) angegeben. Darunter versteht man die Energie, die ein Gerät mit der Leistung von **einem Kilowatt** (1000 W) **in einer Stunde** umsetzt. Wie viel Joule sind das?

$$P = \frac{W}{t} \text{ folgt } W = P \cdot t.$$

Also gilt: 1 kWh = 1000 W · 3600 s = 3,6 · 10⁶ J
3,6 Millionen Joule! Das ist doch erstaunlich viel Energie! Deshalb verwundert es, dass eine kWh nur etwa 15 Cent kostet (Stand 2016). Für dieselbe Energieabgabe müssten 10 Menschen eine Stunde lang schuften! Der Stundenlohn pro Person beträgt in diesem Fall daher weniger als 2 Cent – sehr mager! Kein vernünftiger Mensch würde zu diesem Lohn arbeiten. Es steckt also **unglaublich viel Energie** im Strom, und diese Energie ist (leider) sehr billig.

Ein **untrainierter Mensch** kann auf Dauer **etwa 100 W** leisten, und das ist nicht wirklich viel (→ **F12**). Um ein Backrohr mit 3000 W zu betreiben, wären also 30 Menschen nötig. Stell dir mal vor, auf diese Weise einen Kuchen zu backen (Abb. 8.21)! Auch dieses Beispiel zeigt, wie viel Energie im Strom steckt. Für kurze Zeit können Menschen allerdings erstaunlich hohe Leistungen erzielen.

Abb. 8.21: Kuchenbacken mit „Menschenstärken"

PS und Kilowatt

Die Definition für das PS lautet: Wenn in **einer Sekunde** eine Masse von **75 kg** um **einen Meter** gehoben wird, dann liegt eine Leistung von 1 PS vor.

Rechnen wir diese Leistung in Watt bzw. Kilowatt um. Wir nehmen in diesem Fall den genaueren Wert für g an.

$$P = \frac{E_P}{t} = \frac{75 \cdot 9,81 \cdot 1}{1} \text{ W} = 735,75 \text{ W} = 0,736 \text{ kW} = 1 \text{ PS}$$

Über den Daumen gilt daher recht gut, dass ¾ kW einem PS entsprechen. Ein Auto mit **53 kW** (Abb. 8.20) hat daher etwa **71 PS**.

i Spitzenleistung im Sport

Wenn ein Hochspringer seinen Schwerpunkt hebt, dann muss er die **Hebeenergie** $E_p = m \cdot g \cdot h$ zuführen. Dafür steht ihm jedoch nur die kurze Bodenkontaktzeit während des Absprungs zur Verfügung.

Nehmen wir den Weltrekordsprung von JAVIER SOTOMAYOR mit 2,45 m her und schätzen wir die Leistung ab: **Masse** des Athleten 80 kg, **Schwerpunkthebung** 1,2 m, **Bodenkontaktzeit** 0,13 s. Für die Leistung ergeben sich dann:

$$P = \frac{E_P}{t} = \frac{m \cdot g \cdot h}{t} = \frac{80 \cdot 10 \cdot 1{,}2}{0{,}13} \text{ W} \approx 7390 \text{ W}$$

Im Vergleich mit der Dauerleistung eines trainierten Athleten (500 W, siehe Tab. 8.1) ist das unglaublich viel. Aber leider kann man so hohe Leistungen auch nur Bruchteile von Sekunden erbringen.

Abb. 8.22: Der Kubaner JAVIER SOTOMAYOR mit der Flop-Technik. Er hält mit sagenhaften 2,45 m den Weltrekord im Hochsprung (Stand 2016).

Als zweites Beispiel nehmen wir die **Beschleunigungsleistung** beim **100-m-Sprint**. Bei der WM 2009 stürmte USAIN BOLT (94 kg) nach sagenhaften 9,58 s ins Ziel. Dabei brauchte er für die ersten 10 m 1,74 s und hatte danach eine Geschwindigkeit von rund 9 m/s. Mit diesen Daten lässt sich seine Beschleunigungsleistung abschätzen:

$$P = \frac{E_k}{t} = \frac{\frac{mv^2}{2}}{t} = \frac{94 \cdot (9)^2}{2 \cdot 1{,}74} \text{ W} \approx 2188 \text{ W}$$

Das klingt jetzt fast enttäuschend wenig. Du darfst aber nicht vergessen, dass die Leistung beim Hochsprung nur etwa 0,1 Sekunden andauert und in diesem Beispiel knapp 2 Sekunden. Mit zunehmender Zeit sinkt die Leistung sehr schnell ab.

Abb. 8.23: Der Sprinter USAIN BOLT

e Stufenlauf

Deine **maximale Kurzzeitleistung** kannst du mit ganz einfachen Mitteln feststellen. Du brauchst dazu nur eine Stoppuhr, eine Treppe und eventuell eine Waage.

Du nimmst etwas Anlauf und rennst volles Rohr die Stufen hinauf (Abb. 8.24). Du kannst dabei so viel Stufen auf einmal nehmen, wie du willst. Die Zeit stoppst du nur in dem Bereich, in dem du auch deinen **Körperschwerpunkt** hebst (rote Linien). Es soll ja die **Hebeleistung** ermittelt werden.

Abb. 8.24

Für die Leistung gilt dann:

$$P = \frac{W_H}{t} = \frac{m \cdot g \cdot h}{t}$$

Für die gesamte Stufenhöhe genügt es, die Höhe einer Stufe mit der Anzahl der Stufen zu multiplizieren. Wenn keine Waage da ist, dann schätze deine Masse.

Die **absolute Leistung** ist natürlich von der Körpermasse abhängig. Interessant ist es daher auch, die **relative Leistung** zu berechnen, also Watt pro Kilogramm, weil diese nicht von der Körpermasse abhängt.

Z Zusammenfassung

Die Leistung ist Arbeit pro Zeit und wird in Watt angegeben. Die durchschnittliche Leistung von Lebewesen hängt von der Zeitdauer der Belastung ab. Im Vergleich mit der Stromleistung sind die Leistungen der Lebewesen aber nur Peanuts.

8.6 Vergebliche Maschinenträume
Energieerhaltungssatz und Entropie

Kaum etwas hat die Menschen von jeher so fasziniert wie das Perpetuum mobile. Das wäre eine sagenhafte Maschine, die Energie herstellen kann. Diese Maschine kann es aber nicht geben, weil sie den Energieerhaltungssatz verletzt.

F13 Im Film „Flubber" erfindet ein verrückter Professor einen superelastischen Stoff, der nach jedem Aufprall noch höher springt (wie in Abb. 8.19, aber von rechts nach links). Was sagt die Physik dazu? → **L**

F14 Unten links siehst du das älteste überlieferte Perpetuum mobile (Indien um 1150) mit wassergefüllten Kammern, rechts eine spätere Variante mit Kugeln. Die Idee: Durch das Übergewicht auf der einen Seite sollten sich die Räder ewig drehen! Bloß: Es funktioniert nicht! Was ist der Überlegungsfehler? → **L**

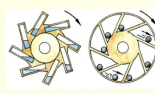

Abb. 8.25

F15 Ist die Bildfolge unten möglich? Verletzt sie den Energieerhaltungssatz?

Abb. 8.26: Ist das nach dem Energieerhaltungssatz möglich?

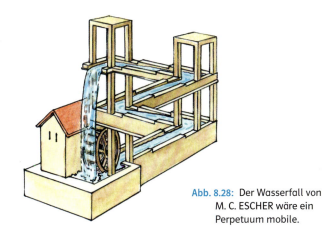

Abb. 8.28: Der Wasserfall von M. C. ESCHER wäre ein Perpetuum mobile.

Er stellte beim Blutabnehmen in den **Tropen** fest, dass das **venöse Blut** (also das Blut, das zum Herz zurückströmt) dort heller und somit **sauerstoffreicher** ist als in Europa. Weniger Sauerstoffverbrauch bedeutet auch **weniger Energieumsatz** des Organismus. Das liegt daran, dass man in den Tropen weniger Körperwärme verliert. Der menschliche Körper wandelt also chemische Energie nicht nur in kinetische um, sondern auch in Wärme. Mayer schloss daher folgerichtig, dass auch **Wärme eine Form der Energie** sein muss (siehe Kap. 8.4; Kap. 11.1, S. 109). Das brachte ihn auf die Idee, dass die Gesamtenergie generell konstant sein muss.

→ **Info:** Körperwärme

Auch JAMES PRESCOTT JOULE und HERMANN VON HELMHOLTZ beschäftigten sich in den folgenden Jahren mit der Energieerhaltung. Helmholtz formulierte 1848 den ==Energieerhaltungssatz== sinngemäß so: ==In einem abgeschlossenen System ist die Gesamtenergie konstant. Energie kann weder erzeugt noch vernichtet, sondern nur in eine andere Form umgewandelt werden.==

Die Welt sähe anders aus, wenn es eine Energie erzeugende Maschine gäbe. Doch die Erfindung eines solchen **Perpetuum mobile** („das sich ewig Bewegende") ist seit mehr als 800 Jahren ein Traum geblieben. Sämtliche Konstruktionsversuche, auch von klügsten Köpfen wie LEONARDO DA VINCI, sind gescheitert. Die erste zündende Idee, warum es diese Maschine nicht geben kann, lieferte ironischerweise ein Arzt: ROBERT MAYER.

Abb. 8.27: Der Arzt ROBERT MAYER (1814–1878)

Körperwärme

Damit unser Organismus gut funktioniert, beträgt die **Körperkerntemperatur** immer um 37 °C. Weil die Außentemperatur meist tiefer ist, muss der Körper den ganzen Tag „heizen". Dazu ist chemische Energie aus den gespeicherten Kohlehydraten und Fetten notwendig. Für Zucker (eine Form von Kohlenhydraten) lautet die Gleichung bei der Verbrennung:

$$C_6H_{12}O_6 + 6O_2 \rightarrow 6H_2O + 6CO_2 + \text{Energie}$$

Du siehst, dass dabei **Sauerstoff verbraucht** wird. Letztlich wird die gesamte umgesetzte Energie in Wärme umgewandelt, ist also gewissermaßen „Energieabfall". Etwa 5 % bis 10 % davon werden aber direkt zur Körperheizung verwendet. Das ist ein Richtwert, weil der Umsatz natürlich von der Außentemperatur abhängt. Im Sommer brauchen wir weniger „Heizenergie" als im Winter und in warmen Ländern weniger als in kalten. In warmen Ländern ist daher auch der Sauerstoffverbrauch geringer und somit der O_2-Gehalt im venösen Blut höher.

→ **Info:** Abgeschlossenes System

Wenn also zum Beispiel bei Wasserkraftwerken von „Energieerzeugung" gesprochen wird, dann handelt es sich genau genommen um die **Umwandlung** der potenziellen Wasserenergie in elektrische Energie. Und wenn man salopp von „Energieverbrauch" spricht, meint man, dass Energie letztlich in Wärme umgewandelt wird, die leider als Energieform meistens nicht mehr nutzbar ist.

In Wärmekraftwerken (kalorischen Kraftwerken – zu denen auch die Kernkraftwerke zählen) wird Wärmeenergie in elektrische Energie umgewandelt. Ein Großteil der Wärmeenergie ist „Abwärme", kann aber noch für Fernwärme (Heizung) genutzt werden.

Der Energieerhaltungssatz ist längst ein **Grundpfeiler** der gesamten Physik geworden. Durch moderne Theorien wie Quantenmechanik oder Relativitätstheorie wurde er bestärkt. Heute wissen wir mit sehr großer Sicherheit, dass der Energieerhaltungssatz für alle bekannten Naturvorgänge gilt. Ein Perpetuum mobile kann es nicht geben, weil dieses ja aus dem **Nichts** Energie herzaubern würde. Würdest du doch einmal eines erfinden, dann wäre dir der Nobelpreis sicher, und die Physik müsste völlig neu geschrieben werden.

Mit dem Energieerhaltungssatz kann man sehr viele Phänomene der Energieumwandlung erklären, aber nicht alle. Denk an den Tonklumpen in Abb. 8.18. Es würde den Energieerhaltungssatz nicht verletzten, würde der Klumpen plötzlich wieder von der Wand springen. Auch die Bildfolge in Abb. 8.26 verletzt nicht den Energieerhaltungssatz (→ F15). Die durcheinander gekommene kinetische Energie könnte sich ja wieder ordnen. Du weißt aber aus Erfahrung, dass so etwas nicht vorkommt. Es muss auch noch eine andere Gesetzmäßigkeit geben. Wir müssen die so genannte Entropie mit einbeziehen. Die **Entropie** ist ein Maß für die Unordnung eines Systems (siehe Kap. 11.5, S. 115). ==Je größer die Unordnung ist, desto größer ist die Entropie.==

→ **Info:** Absurd winzig

Abgeschlossenes System

Im **Energieerhaltungssatz** ist von einem **abgeschlossenen System** die Rede. Damit meint man ein System, aus dem nichts raus und in das nichts rein kann: Keine Energie, keine Masse, keine Strahlung, eben nichts. Das einzige System, das dieser Definition standhält, ist das gesamte Universum, und nicht einmal da kann man zu 100% sicher sein (vielleicht sind wir ja ein Teil eines Multiversums).

Die **Erde** ist deshalb **kein abgeschlossenes System**, weil sie ständig Strahlung von der Sonne aufnimmt und auch selbst wieder abgibt. Außerdem wird sie durch Meteoriten ständig massenreicher. Trotzdem kann man unter bestimmten Bedingungen annehmen, dass ein System abgeschlossen ist, wenn man die dadurch entstehenden Fehler eingrenzen und minimieren kann (man vereinfacht also; siehe Kap. 8.7., 79 ff.).

Absurd winzig

In Abb. 8.29 siehst du eine Box, die halb mit Gas gefüllt ist. Es liegt also eine sehr hohe Ordnung bzw. eine niedrige **Entropie** vor. Dann wird die Trennwand entfernt. Das Gas verteilt sich nach kurzer Zeit gleichmäßig und kommt in Unordnung. Die Entropie wächst, die Energie bleibt aber erhalten. Der Energieerhaltungssatz verbietet daher nicht, dass dieser Vorgang wieder von rechts nach links abläuft. Trotzdem wird das nicht passieren! Warum?

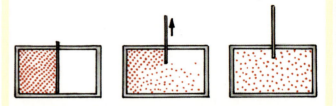

Abb. 8.29

Wie groß ist die Wahrscheinlichkeit, dass ein bestimmtes Teilchen in der linken Hälfte ist? ½! Und zwei bestimmte Teilchen? ½ · ½ = ¼! Allgemein kann man sagen: **Die Wahrscheinlichkeit, dass sich N bestimmte Teilchen in einer Hälfte befinden, ist $½^N$.**
Bereits die Wahrscheinlichkeit, dass sich läppische 23 bestimmte Teilchen in einer Hälfte befinden, ist so gering wie ein **6er im Lotto**, nämlich etwa 1 zu 8 Millionen. Die Wahrscheinlichkeit, dass **ein ganzes Mol** eines Gases (etwa 10^{24} Teilchen) zufällig in einer Hälfte ist, liegt nur mehr bei 1 zu $10^{181284522963288121091626} \approx 10^{10^{24}}$. Lass dir diese Zahl auf der Zunge zergehen!
Die **größte Wahrscheinlichkeit** liegt vor, wenn links und rechts **gleich viel Teilchen** sind. Deshalb stellt sich automatisch bei allen Naturvorgängen immer der Zustand mit der größten Unordnung ein und somit auch **die maximale Entropie**. Das ist nämlich der Zustand mit der größten Wahrscheinlichkeit. Schwankungen sind zwar möglich, aber je größer sie sind, desto unwahrscheinlicher sind sie (siehe Abb. 8.30).

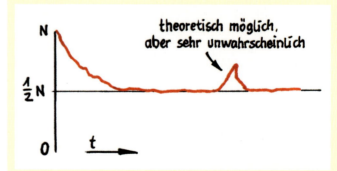

Abb. 8.30: Anzahl der Teilchen in der linken Hälfte. Zu Beginn sind natürlich alle Teilchen links. Dann pendelt sich das Gleichgewicht bei etwa 50:50 ein. Je größer die Schwankungen, desto unwahrscheinlicher.

Wenn man etwas sich selbst überlässt, wenn man also keine Energie aufwendet, dann kommt alles immer mehr in **Unordnung**. Um das zu überprüfen, brauchst du nur eine Zeitlang dein Zimmer nicht aufzuräumen (sag deinen Eltern, es ist ein physikalisches Experiment). Die Entropie ist ein Maß für die Unordnung und wächst daher bis zu einem bestimmten (größten) Wert an. Dann sind nur mehr kleine **Schwankungen** wahrscheinlich (Abb. 8.30). Je größer die Abweichung von der maximalen Unordnung, desto weniger wahrscheinlich ist sie. Der Energieerhaltungssatz verbietet also weder, dass der Tonklumpen von selbst wieder von der Wand springt oder dass die Zeit rückwärts läuft (Abb. 8.26). Trotzdem wird beides ziemlich sicher nicht passieren, weil die **Wahrscheinlichkeit praktisch null ist**! Es könnte aber passieren. Nach und nach wandelt sich die gesamte Energie in Wärme um (Kap. 8.4, S. 73). Wärme ist der Energiefriedhof, weil dann die größte Unordnung vorliegt. Man kann also auch sagen: ==Die Entropie des gesamten Universums strebt einem Maximalwert zu.==

Z Zusammenfassung

Energie kann niemals erzeugt oder vernichtet, sie kann nur umgewandelt werden. Die Menge an Joule in unserem Universum muss seit dem Urknall gleich groß geblieben sein. Gleichzeitig wächst aber die Entropie des Universums, es wird immer ungeordneter. Alle Energie wandelt sich nach und nach in Wärme um.

8.7 Bremsweg und Salamitaktik
Beispiele zum Energieerhaltungssatz

In diesem Abschnitt wenden wir den Energieerhaltungssatz an vier Beispielen an. Alle lassen sich auch mit den Newton'schen Gesetzen lösen, aber mit dem Energieerhaltungssatz ist es in diesen Fällen bequemer.

F16 Eine Achterbahn ist 20 m hoch und der Wagen erreicht
W1 unten 20 m/s. Das ist dir zu langsam! Wie hoch muss die Bahn sein, damit sich die Geschwindigkeit verdoppelt? Spielt die Masse des Wagens eine Rolle?

F17 Kannst du die mögliche Sprunghöhe beim Stabhoch-
W1 springen mit Hilfe des Energieerhaltungssatzes abschätzen? Nimm als Anlaufgeschwindigkeit 10 m/s an!

F18 Unter welchem Winkel fliegen
W1 zwei Billardkugeln auseinander, wenn man nicht zentral trifft? Verwende den Energieerhaltungssatz!

Abb. 8.31

F19 Der Bremsweg wächst mit dem Quadrat der Ge-
W1 schwindigkeit (Kap. 5.4.2, S. 41). Kannst du das mit Hilfe des Energieerhaltungssatzes begründen?

Bei einem schwingenden **Pendel** ist am höchsten Punkt E_p maximal und E_k null. Am tiefsten Punkt hat sich die gesamte potenzielle Energie in kinetische umgewandelt. Das gilt auch dann, wenn man die Bewegung des Pendels behindert (Abb. 8.32).

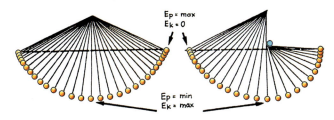

Abb. 8.32: Umwandlung von Lage- in Bewegungsenergie und wieder zurück. Das rechte Pendel nennt man Galilei-Pendel, weil dieser damit experimentiert hat (siehe auch Big Bang 6).

Immer wenn sich E_p und E_k vollkommen ineinander umwandeln, kann man sie gleichsetzen (die Reibung vernachlässigen wir jetzt). Man bekommt dann einen **Zusammenhang** zwischen der **Höhendifferenz** und der **Geschwindigkeit** am tiefsten Punkt.

→ **Info:** Energiegleichsetzung

Mit diesen Gleichungen kann man auch die Frage mit der **Achterbahn** lösen (→ F16). Du siehst, dass die Höhe proportional zum Quadrat der Geschwindigkeit ist. Also musst du die Höhe vervierfachen, damit du die doppelte Geschwindigkeit erzielst. Das war eigentlich zu erwarten, weil Rollen nur eine Verlangsamung des freien Falls ist, und dort ist es genauso (Abb. 8.11, Kap. 8.3 und → F12, Kap. 5.4.1).

SERGEJ BUBKA ist der **erfolgreichste Stabhochspringer aller Zeiten** (Abb. 8.33). Er gewann 10-mal die Weltmeisterschaften und verbesserte 35-mal den Weltrekord in Salami-Taktik um jeweils 1 cm. Warum? Um jedes Mal die Weltrekord-Prämie zu bekommen. Schätzen wir die mögliche Sprunghöhe mit dem Energieerhaltungssatz ab (→ F17)!

i Energiegleichsetzung

Wenn potenzielle und kinetische Energie ohne Verluste ineinander umgewandelt werden, dann kann man sie gleichsetzen und entweder nach v oder h auflösen:

$$E_k = E_p \Rightarrow \frac{m \cdot v^2}{2} = m \cdot g \cdot h \Rightarrow v = \sqrt{2 \cdot g \cdot h} \Rightarrow h = \frac{v^2}{2g}$$

Diese Gleichungen geben einen Zusammenhang zwischen dem **Höhenunterschied und der daraus resultierenden Geschwindigkeit** an der tiefsten Stelle. Es spielt dabei keine Rolle, ob ein Gegenstand frei fällt, schwingt oder entlang einer Achterbahn hinunterrollt. Umgekehrt kann man auch die Geschwindigkeit ausrechnen, die man benötigt, um auf eine bestimmte Höhe zu kommen (z. B. beim Stabhochsprung oder auch bei einem senkrechten Wurf). In allen Fällen **spielt die Masse keine Rolle**. Das war zu erwarten, weil es beim freien Fall ja ebenso ist!

Abb. 8.33: SERGEJ BUBKA, der erfolgreichste Stabhochspringer aller Zeiten

Auch hier erfolgt eine Umwandlung zwischen kinetischer und potenzieller Energie (Abb. 8.35). Es sind zwischendurch auch andere Energieformen beteiligt, etwa die Verformungsenergie im Stab oder die Rotationsenergie des Springers. Wenn wir aber nur Anfang und Ende des Sprungvorganges betrachten, fallen diese kaum ins Gewicht.

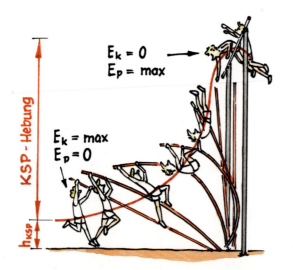

Abb. 8.34: Direkt beim Einstechen hat der Springer nur kinetische Energie, über der Latte (fast) nur potenzielle Energie. Die Linie zeigt die Bahn des Schwerpunkts.

Die schnellsten Sprinter erreichen 12 m/s (siehe Tabelle 5.1, S. 36), aber die Stabhochspringer müssen ja den Stab mittragen. Deshalb sind 10 m/s realistisch. Wenn du das einsetzt, dann kannst du für die **Schwerpunkthebung 5 m** berechnen. Es ist aber so wie beim Hochsprung: Du musst auch noch die KSP-Höhe zur Zeit des Absprungs dazurechen (Abb. 8.34). Also ergeben sich insgesamt $h = v^2/2g + h_{ksp}$ = 5 m + 1,2 m = **6,2 m**. Das ist eine sehr gute Schätzung, denn der **Weltrekord** liegt bei **6,16 m** (gehalten von Renaud Lavillenie, Stand 2016)!

Um das **Billardproblem** zu lösen (→ F18), brauchst du sogar nur die kinetische Energie. Nehmen wir vereinfacht an, dass die Kugeln 100 % elastisch sind, also keine Wärme verloren geht. Ein Teil der kinetischen Energie der weißen Kugel geht dann auf die rote Kugel über, aber die **gesamte kinetische Energie muss gleich groß bleiben**. Das ist nur dann der Fall, wenn die Kugeln unter einem Winkel von 90° abprallen.

→ **Info:** Klick

Auch das **Bremswegproblem** (→ F19) lässt sich bequem mit dem Energieerhaltungssatz lösen. Was passiert beim Bremsen? Die kinetische Energie des Autos wird zu 100 % in **Wärme** umgewandelt. Bremsen, Reifen und Straße werde dabei erwärmt. Die Abgabe der Wärme hängt vom Weg ab: doppelter Weg, doppelte Wärmeabgabe. Weil sich bei der doppelten Geschwindigkeit E_k aber vervierfacht und somit auch die abzugebende Wärmemenge, muss sich auch der Bremsweg vervierfachen.

i Klick

Die weiße Kugel gibt kinetische Energie an die rote ab. Die Energiebilanz lautet daher (E' ist nach dem Stoß):

$$E_{k\text{weiß}} = E'_{k\text{weiß}} + E'_{k\text{rot}} \Rightarrow \frac{mv^2_{\text{weiß}}}{2} = \frac{mv'^2_{\text{weiß}}}{2} + \frac{mv'^2_{\text{rot}}}{2}$$

Weil die Massen der Kugeln gleich groß sind, fallen diese raus und es bleibt Folgendes über:

$$v^2_{\text{weiß}} = v'^2_{\text{weiß}} + v'^2_{\text{rot}}$$

Wenn du die Variablen umbenennst, dann kannst du auch schreiben $a^2 = b^2 + c^2$. Das ist der bekannte **Satz des Pythagoras**. Er gilt nur für **rechtwinkelige** Dreiecke. Die Kugeln müssen daher unter 90° abprallen (siehe Abb. 8.35).

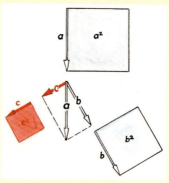

Abb. 8.35: Geschwindigkeit vor und nach dem Aufprall. a entspricht $v_{\text{weiß}}$, b $v'_{\text{weiß}}$ und c v'_{rot}.

Z Zusammenfassung

Viele Probleme der Mechanik lassen sich mit dem Energieerhaltungssatz lösen. Natürlich kommt dasselbe heraus, wie mit den Newton'schen Gesetzen, aber der Energieerhaltungssatz macht es oft einfacher.

8.8 Die Sache mit der Sachertorte
Der Energieerhaltungssatz und der Mensch

In diesem letzten Abschnitt wenden wir den Energieerhaltungssatz auf den Menschen an. Schließlich wurde er ja auch am Menschen entdeckt.

F20 W2 Halte eine Zeitlang einen sehr schweren Gegenstand ruhig in der Hand. Rein physikalisch wird dabei keine Arbeit verrichtet. Wieso ist es dann trotzdem so anstrengend? Gilt hier der Energieerhaltungssatz nicht?

Abb. 8.36

F21 W2 Warum wird uns beim Sport eigentlich warm?

F22 W1 Eine Person mit 100 kg steigt eine 10 m hohe Treppe hinauf. Wie viel Hebearbeit verrichtet sie dabei?

F23 W2 Wie viele Tage muss man Nulldiät halten, um ein Kilogramm Fett zu verlieren? Und wie viele Kilometer müsste man dafür laufen? Gib einen Tipp ab!

Warum ist das Halten eines schweren Gegenstandes so anstrengend, wenn dabei doch – scheinbar – gar keine Arbeit verrichtet wird (→ F20)? Um das zu verstehen, muss man sich die Arbeitsweise eines Muskels ansehen.

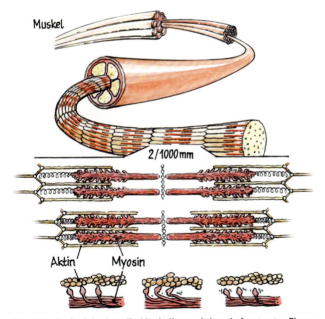

Abb. 8.37: So funktioniert die Muskelkontraktion. Auf unterster Ebene besteht ein Muskel aus den Eiweißfäden Aktin und Myosin.

Auf unterster Ebene besteht dieser aus **zwei Arten von Eiweißfäden** (Abb. 8.37). Entwickelt der Muskel Kraft, dann heften sich die Myosinköpfchen an das Aktin und kippen um. Dieser Vorgang läuft bis zu 50-mal pro Sekunde ab, und dazu wird chemische Energie benötigt. Wenn die äußere Kraft geringer ist, zieht sich der Muskel zusammen. Ist sie **gleich groß** wie die Muskelkraft, dann bewegt sich von außen gesehen nichts – eben beim Halten eines Gegenstandes. Aber innen drinnen ist jede Menge Bewegung. Also benötigt der Muskel auch beim Halten ständig chemische Energie. Der Energieerhaltungssatz ist erfüllt!

Wohin „verschwindet" aber die chemische Energie, wenn nichts gehoben oder beschleunigt wird? Sie wird in **Wärme** umgewandelt. Und hier sind wir bei einem ganz wichtigen Punkt: Ein großer Teil der chemischen Energie im Muskel geht in Form von Wärme verloren. Das ist der Grund, warum uns beim Sport warm wird (→ F21). Beim Halten gehen sogar 100 % der Energie als Wärme verloren.

Diesen **Wärmeverlust** muss man bei allen Berechnungen in die Energiebilanz einbeziehen. Wenn eine Person mit 100 kg eine 10 m hohe Treppe hinaufsteigt, dann erhöht sich die Lagenenergie um 10 kJ. Das ist aber die **Nettoenergie**, also das, was letztlich im System drinnen steckt. Es geht beim Steigen aber viel Wärme verloren. Die **Bruttoenergie**, die diese Person aufwenden muss, ist etwa 5-mal so groß! Der Zusammenhang zwischen Netto- und Bruttoenergie wird durch den **Wirkungsgrad** beschrieben.

F Formel: Wirkungsgrad

$$\text{Wirkungsgrad } \eta = \frac{\text{Nettoenergie } E_N}{\text{Bruttoenergie } E_B}$$

$[\eta]$ = J/J = 1

η (sprich: eta) ist eine reine Zahl ohne Einheit. Der Wirkungsgrad wird auch oft in % angegeben

Der Wirkungsgrad des Menschen hängt stark von der Art der Betätigung ab und kann auch extrem niedrig sein. Bei **Dauerleistungen** liegt er meistens bei 15 bis 25 %. Sogar im besten Fall gehen also ¾ der Energie in Form von Wärme verloren. Die „Maschine Mensch" ist also nicht ganz so wirkungsvoll wie ein Automotor. Für den Treppensteiger bedeutet das: Um 10 kJ herauszubekommen (Nettoenergie), muss er rund 50 kJ an chemischer Energie investieren (Bruttoenergie)! 40 kJ gehen in Form von Wärme verloren! Beim Stufenlauf (Kap. 8.5, S. 67) haben wir zum Beispiel die Nettoleistung berechnet.

→ **Info:** Dauerleistung eines Radfahrers | -> Seite 82

Manche Leute behaupten, dass sie allein **der Blick auf eine Sachertorte** bereits zunehmen lässt. Eine sehr kühne Behauptung, weil das den Energieerhaltungssatz verletzen würde. Generell wird beim Thema Abnehmen gelogen, dass sich die stärksten Balken biegen. Kein Wunder, weil sich auf diese Art und Weise enorm viel Geld verdienen lässt. Die Physik kann hier ein paar Dinge richtigstellen!

System	η	Bruttoenergie ⇒ Nettoenergie
Generator	99%	mechanisch ⇒ elektrisch
Elektromotor	95%	elektrisch ⇒ mechanisch
Batteriezelle	90%	chemisch ⇒ elektrisch
Automotor	25%	chemisch ⇒ mechanisch
Dauerleistung Mensch	15–25%	chemisch ⇒ mechanisch
Energiesparlampe	25%	elektrisch ⇒ Licht
Solarzelle	15–20%	Licht ⇒ elektrisch
alte Glühlampe	5%	elektrisch ⇒ Licht
Photosynthese	1%	Licht ⇒ chemisch

Tab. 8.2: Richtwerte für den Wirkungsgrad bei verschiedenen Energieumwandlungen

Abb. 8.39: Wenn Input und Output einander die Waage halten, dann bleibt dein Gewicht gleich.

Auch beim **Ab- und Zunehmen** gilt natürlich der **Energieerhaltungssatz**. Du nimmst jeden Tag Nährstoffe in Form von Eiweiß, Fett und Kohlenhydraten auf (das ist der **Input**). Diese werden im Körper letztlich immer in Form von Fett gespeichert und enthalten chemische Energie. Auf der anderen Seite gibt dein Körper jeden Tag Energie in Form von Bewegung und Wärme ab (das ist der **Output**). Wenn Input und Output einander die Waage halten, dann bleibt auch deine Masse gleich groß (Abb. 8.39). Wenn der Input größer ist, dann nimmst du zu, wenn der Output größer ist, ab.

Sehen wir uns den **Output** näher an. Auch wenn du den ganzen Tag im Bett liegen bleibst, benötigt dein Körper Energie. Das nennt man den **Grundumsatz**. Ein großer Teil davon wird aufgewendet, um die Körpertemperatur konstant zu halten (siehe Kap. 8.6, S. 77). Außerdem müssen alle Organe mit Energie versorgt werden.

Und dann gibt es den **Leistungsumsatz**. Damit ist die Energie gemeint, die die Muskeln zum Zusammenziehen benötigen. Grundumsatz und Leistungsumsatz gemeinsam machen den **Tagesenergiebedarf** aus. Dieser ist natürlich von vielen Faktoren abhängig (Alter, Geschlecht, Masse, Außentemperatur und Arbeit). Ein Richtwert für den Tagesbedarf sind 10.000 kJ.

Und nun zum **Input**. Wie viel Energie die Nährstoffe liefern, kannst du in Tab. 8.3 sehen. Du siehst, dass vor allem Fette einen sehr hohen Energiegehalt haben. Wenn von „Gewichtsabnahme" die Rede ist, dann ist immer das Fett gemeint. Niemand will Muskelmasse verlieren. **Ein Kilogramm Körperfettgewebe** hat über den Daumen 30.000 kJ. Was also tun, um 1 kg abzunehmen?

1 g Kohlenhydrate	17 kJ	(4,1 kcal)
1 g Eiweiß	17 kJ	(4,1 kcal)
1 g Körperfettgewebe	30 kJ	(7,1 kcal)
1 g Fett	39 kJ	(9,3 kcal)
1 g Alkohol	30 kJ	(7,1 kcal)

Tab. 8.3: Energiegehalt verschiedener Nährstoffe

Es gibt nur zwei Möglichkeiten: ==Den Input verringern, also weniger essen, und/oder den Output erhöhen, also Sport machen.== Nehmen wir einmal an, du reduzierst den Input auf null, also **Nulldiät** eben. Die 10.000 kJ an Energie, die du pro Tag benötigst, holt sich der Körper aus den Fettpölstern. Sogar in diesem Extremfall dauert es **3 Tage**, bis 30.000 kJ und somit 1 kg Fett weg sind (→ **F23**). Abgesehen davon ist von Nulldiäten sehr abzuraten, weil man dadurch viel Muskelmasse verliert und der Körper extrem belastet wird.

Wie ist es mit Sport? Für das Laufen gibt es eine ganz einfache Faustregel: **Pro Kilometer und pro Kilogramm braucht man rund 4 kJ.** Eine Person mit 60 kg braucht also pro Kilometer 240 kJ. Trübe Aussichten: Um 1 kg Fett abzunehmen, muss sie fast 125 km laufen – natürlich nicht auf einmal (siehe auch Tab. 8.4, S. 83).

Dauerleistung eines Radfahrers

Mit einem **Spiroergometer** (Abb. 8.38) kann man den Wirkungsgrad beim Radfahren messen. Das spezielle Rad kann die Nettoleistung in Watt messen, und gleichzeitig wird über eine **Atemmaske** der **Sauerstoffverbrauch** des Sportlers ermittelt.
Kohlenhydrate liefern bei der Verbrennung pro Liter Sauerstoff etwa 20 kJ. Weltklassesportler haben pro Minute einen Sauerstoffverbrauch von etwa 6 Litern! Damit kann man die **Bruttoleistung** berechnen!

Abb. 8.38: Spiroergometer zur Bestimmung des Sauerstoffverbrauchs und der Nettoleistung

6 Liter Sauerstoff pro Minute bedeuten einen Energieumsatz von **120 kJ pro Minute**, also 2 kJ oder **2000 J pro Sekunde**. Das entspricht einer Leistung von 2000 W (Bruttowatt). Wenn am Ergometer 500 W (Nettowatt; siehe Tab. 8.1, S. 75) gemessen werden, dann beträgt der Wirkungsgrad 25%.

Betätigung		kJ/h	h, um 1kg abzunehmen
Gehen in der Ebene	3 km/h	600	50
	5 km/h	1000	30
	7 km/h	1800	17
Laufen in der Ebene (Person mit 60 kg)	10 km/h (6 min/km)	2400	12,5
	12 km/h (5 min/km)	2880	10,4
	15 km/h (4 min/km)	2600	8,3
Radfahren in der Ebene	12 km/h (5 min pro km)	890	34
	16 km/h (3:35 min pro km)	1300	23
	20 km/h (3 min pro km)	2000	15
Schwimmen	1,7 km/h (20 m/min)	1730	17
	2,2 km/h (36 m/min)	2500	12
	3 km/h (50 m/min)	2850	11

Tab. 8.4: Energieumsatz bei verschiedenen Betätigungen und wie viele Stunden man braucht, um 30.000 kJ bzw. ein kg Fett zu verbrennen

Wie sieht es mit Radfahren aus? Am Ergometer schafft man als Untrainierter 100 W Leistungsabgabe. Wenn der Wirkungsgrad 25% beträgt, muss die Leistung im Körperinneren 400 W betragen (= 400 J/s = 0,4 kJ/s). Um 1 kg Fett abzunehmen müsste man daher 30.000 kJ/(0,4 kJ/s) = 75.000 s ≈ 21 h strampeln. Das ist noch wesentlich frustrierender und zeigt, dass Laufen zum Abnehmen sehr gut geeignet ist.

Noch zwei wichtige Dinge: Wunderkuren, bei denen man angeblich mehrere Kilogramm in einer Woche verliert, basieren hauptsächlich auf **Flüssigkeitsverlust**. Auch durch Sport oder Sauna kann man sehr leicht „abnehmen". Wasserverlust führt aber zu einer Eindickung des Blutes und ist somit sehr gefährlich. Und das Tempo beim Sport ist egal, es kommt ausschließlich auf die Summe des Energieumsatzes an, beziehungsweise auf die negative Energiebilanz. Also es muss nicht „Fatburning" sein.

Z Zusammenfassung

Der Wirkungsgrad gibt an, wie viel Prozent der Energie für einen Arbeitsvorgang genutzt werden können. Ob sich die Körpermasse ändert, hängt nur von Energieinput und -output ab. Um abzunehmen, muss der Output über dem Input liegen.

Arbeit und Energie

F24 Ein Läufer beginnt vom Stand weg zu laufen. Steckt er
W2   mehr E_k in sich oder in den Boden? Ein Schwimmer beginnt aus der Ruhelage zu schwimmen. Steckt er mehr E_k in sich oder in das Wasser? → L

F25 Die „trinkende Ente" hat
W1   scheinbar keinen Antrieb und pendelt trotzdem munter vor sich hin. Ist sie ein Perpetuum mobile? → L

Abb. 8.40

F26 Ein Skifahrer gleitet aus dem
W2   Stand einen Hügel hinunter und hat unten 8 m/s. Beim zweiten Mal startet er oben mit 6 m/s? Wie schnell ist er dann unten? → L

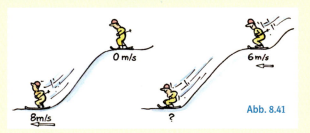
Abb. 8.41

F27 Verletzt dieses Pendel den Energieerhaltungssatz,
W2   weil es nicht mehr genau dieselbe Höhe erreicht? → L

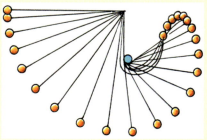
Abb. 8.42

F28 Du lässt einen Stein aus 80 m Höhe fallen. Wie schnell
W1   ist er am Boden? Rechne auf zwei Arten! → L

F29 Was für einen Wirkungsgrad hätte ein Perpetuum
W1   mobile? → L

F30 Du fährst eine Stunde lang mit 100 W am Fahrrad. Wie
W1   viel Energie benötigst du dabei? Wie lange müsstest du fahren, um 1 kg Fett abzunehmen? → L

F31 Wie viel nimmt eine Person mit 75 kg in einem Jahr ab,
W1   wenn sie jeden Tag zweimal zu Fuß in den 5. Stock geht (15 m) und ihre Ernährung nicht ändert. → L

9 Von Aristoteles bis Kepler

ISAAC NEWTON, einer der größten Physiker, der jemals gelebt hat, soll einmal gesagt haben: „Wenn ich weiter als andere gesehen habe, so nur deshalb, weil ich auf den Schultern von Riesen stand." Er meinte damit Geistesriesen wie KOPERNIKUS, GALILEI oder KEPLER. Bevor wir uns in Kapitel 10 mit dem **Newton'schen Gravitationsgesetz** beschäftigen, machen wir einen kurzen Streifzug durch 3600 Jahre Geschichte und lernen dabei auch diese Geistesriesen kennen.

9.1 Das fünfte Element
Das geozentrische Weltbild

In diesem Abschnitt geht es um das Weltbild der Antike, in dem die Erde den Mittelpunkt des Universums bildete. Dieses Weltbild hatte weit über 1000 Jahre, also bis ins Mittelalter, Bestand.

F1 W2 Versuche Argumente für die Kugelgestalt der Erde zu finden. Welche davon kannte man wahrscheinlich schon in der Antike? Und wie kann es möglich sein, dass man bereits vor über 2200 Jahren ziemlich genau den Erdumfang kannte? → L

F2 W2 Columbus ging auf Reise um zu beweisen, dass die Erde eine Kugel ist! Richtig oder nicht?

F3 W2 Warum sind Sonne, Mond und Sterne rund? Warum sind fallende Wassertropfen rund? Was zeichnet die Kugelform gegenüber anderen Formen aus? → L

F4 W1 Welche Bahnen beschreiben die Planeten Mars oder Jupiter scheinbar am Himmel: gerade Linien, Kurven oder Schleifen?

Vor einigen Tausend Jahren stellte man sich die Erde noch als Scheibe vor, über der sich das Himmelsgewölbe befand. Die **„Himmelsscheibe von Nebra"** (Abb. 9.1) ist der älteste erhaltene Beleg für dieses Weltbild. Es ist aber ein weit verbreiteter Irrtum, dass CHRISTOPH COLUMBUS **1492** mit seiner Fahrt die Kugelgestalt der Erde beweisen wollte. Erstens hätte er das nur mit einer **Umrundung** machen können, die aber erst FERNANDO MAGELLAN **1519** gelang. Zweitens glaubte man zur Zeit des Columbus schon lange nicht mehr an eine scheibenförmige Erde (→ F2). Ein Beleg für die **Kugelgestalt** war ja bereits seit der Antike bekannt: Die Erde warf bei jeder Mondfinsternis einen kreisförmigen Schatten (Abb. 9.3). Sogar den **Erdumfang** kannte man in der Antike bereits ziemlich genau.

→ **Info:** Eratosthenes

Etwa **340 v. Chr.** festigte Aristoteles die damaligen Vorstellungen vom Universum. In seinem Weltbild hatte die Erde bereits Kugelgestalt und befand sich ruhend im Mittelpunkt des Weltalls. Man nennt dieses Weltbild daher **geozentrisch** (gr. geo = Erde; lat. centrum = Mitte). Die Erde war von

i Eratosthenes

ERATOSTHENES (etwa 282 bis 202 v. Chr.) war ein bedeutender Mathematiker und Astronom seiner Zeit und wahrscheinlich der Erste, der den **Erdumfang** berechnet hat (etwa um 250 v. Chr.). Seine Methode war bestechend einfach. An einem bestimmten Tag spiegelte sich im heutigen Assuan in Ägypten die Sonne in einem tiefen Brunnen – sie stand also genau senkrecht. Eratosthenes maß am selben Tag in Alexandria, das am selben Längenkreis im Norden liegt, den Einfallswinkel des Sonnenlichts und kam auf 7,2°. Das ist etwa 1/50 eines Kreisumfanges. Deshalb muss zwischen Assuan und Alexandria 1/50 des Erdumfanges liegen.

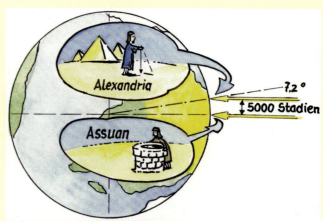

Abb. 9.2: Methode zur Bestimmung des Erdumfangs nach ERATOSTHENES. Der Winkel ist übertrieben groß dargestellt.

Den Abstand zwischen den beiden Städten maß er mit 5.000 Stadien, was für den Erdumfang 250.000 Stadien ergab. Man weiß heute nicht, wie lang die Einheit Stadion tatsächlich war. Der berechnete Wert für den Erdumfang dürfte aber umgerechnet zwischen 35.000 und 45.000 km gelegen und somit dem heute bekannten Wert von etwa 40.000 km sehr nahe gekommen sein.

Abb. 9.1: Die mehr als 3600 Jahre alte Scheibe von Nebra (links). Die Menschen stellten sich offenbar damals die Erde als Scheibe vor, über der sich der Himmel wölbte (rechts). Eine Barke brachte die untergegangene Sonne wieder an ihren Ausgangspunkt zurück.

Von Aristoteles bis Kepler

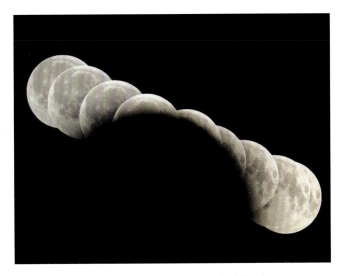

Abb. 9.3: Der Erdschatten am Mond ist immer kreisförmig.

kristallenen Himmelssphären umgeben, die alle Himmelskörper trugen. Diese sollten perfekte Kugelform haben und sich auf Kreisbahnen bewegen. Die Himmelssphären bestanden aus einem besonders leichten und durchsichtigen Material, dem **Äther**. Neben Feuer, Wasser, Erde und Luft war dieser Äther das berühmte 5. Element, also die Quintessenz (lat. quintus = der Fünfte). Die Widersprüche rund um diesen sehr eigenartigen Stoff und deren Auflösung führen uns später direkt zur **Speziellen Relativitätstheorie** (siehe Big Bang 8).

Das Weltbild des Aristoteles hatte aber Schwächen, denn Planeten beschreiben manchmal Schleifen oder Kurven (→ **F4**; siehe Abb. 9.4). Diese kann man mit einer einfachen Kreisbahn nicht erklären. Der griechische Astronom CLAUDIUS PTOLEMÄUS verfeinerte das aristotelische Weltbild um etwa **150 n. Chr.** Unter dem arabischen Titel „Almagest" ging sein Handbuch der mathematischen Astronomie in die Weltgeschichte ein. Um die Kreisform zu bewahren und trotzdem die Bewegungen der Planeten erklären zu können, führte Ptolemäus die **Epizyklen** ein.

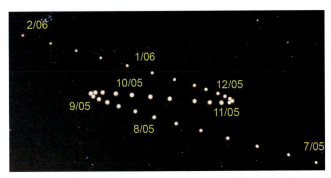

Abb. 9.4: Scheinbare Bewegung des Mars am Himmel von Juli 2005 (rechts unten) bis Februar 2006 (links oben)

Er dachte sich die Sache so: Die Planeten bewegen sich auf einem kleinen Kreis (Epizykel), dessen Mittelpunkt auf einem weiteren Kreis (dem Deferenten) um die Erde läuft (Abb. 9.5 a). Durch diese Kombination von Kreisbewegungen kann man auch Kurven und Schleifen erklären.

Aber auch dieser Trick genügte nicht immer, um die Planetenbahnen exakt zu beschreiben. Manchmal musste Ptolemäus einen **weiteren Epizyklus auf dem Epizyklus** annehmen und zusätzlich, dass die Erde nicht im Mittelpunkt des Deferenten lag (b). Die Theorie wurde dadurch zwar immer exakter, aber auch komplizierter. Diese Sichtweise behielt man trotzdem **über 1300 Jahre** lang bei.

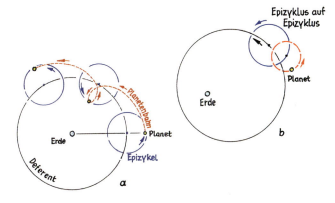

Abb. 9.5: „Normaler" Epizyklus (a) und „Doppelepizyklus" mit exzentrischer Erde (b)

Z   Zusammenfassung

Im Weltbild der Antike, das bis zum Ende des 15. Jh. beibehalten wurde, war die kugelförmige Erde im Mittelpunkt des Universums. Die ebenfalls kugelförmigen Himmelskörper bewegten sich auf Kreisbahnen oder Überlagerungen von Kreisbahnen.

9.2 … und sie bewegt sich doch!
Das heliozentrische Weltbild

In diesem Abschnitt geht es darum, dass sich nach und nach das heliozentrische Weltbild durchsetzte, bei dem die Sonne den Mittelpunkt des Universums bildet.

F5 Warum unterstützte die Kirche das geozentrische
W2   Weltbild so vehement – mit teilweise sehr grausamen Methoden?

F6 Mit welchen Versuchen kann man die Drehung der
E2   Erde belegen? Denke dir Experimente dazu aus!

F7 Welche Planeten sind näher bei der Sonne als die
W1   Erde?

F8 Die Venus wird als Morgen- bzw. Abendstern bezeich-
W2   net. Das ist halb falsch und halb richtig! Warum?

F9 In manchen Technikmuseen kann man sehr lange
W2   schwingende Pendel sehen. Wozu sind diese gut?

F10 Was ist ein Inertialsystem? Wenn du dich nicht
W1   erinnern kannst, schlag in Kap. 5.1 nach!

Das geozentrische Weltbild, das vor allem durch ARISTOTELES und PTOLEMÄUS geprägt worden war, hielt im Wesentlichen bis zum Ende des 15. Jahrhunderts. Es basierte auf der Ansicht, dass die **Erde** und somit auch die Menschen im Zentrum des Universums seien. Außerdem wurde in diesem System ein scharfer Trennstrich zwischen dem Irdischen und dem Himmlischen gezogen. Aus diesen Gründen wurde dieses Weltbild von der Kirche vehement unterstützt (→ F5).

Um das Jahr **1500** verbrachte NIKOLAUS KOPERNIKUS seine Zeit mit astronomischen Entdeckungen. Und obwohl er ein kirchliches Amt bekleidete, brachte er die Kühnheit auf, zu behaupten, nicht die Erde, sondern die Sonne sei der Mittelpunkt des Universums. Dieses Weltbild nennt man daher **heliozentrisch** (gr. helios = Sonne). Alle Planeten drehen sich demnach um die Sonne. Kopernikus vertrat aber nach wie vor die Ansicht, dass die Himmelskörper **Kreisbahnen** beschreiben. Daher war das heliozentrische Weltbild dem geozentrischen an Genauigkeit nicht überlegen.

Mit diesem Weltbild konnte man aber zum Beispiel die sonderbaren **Bewegungen des Mars** am Sternenhimmel elegant erklären (Abb. 9.4 und Abb. 9.6) und kam dabei ohne die komplizierten Epizyklen aus. Weiters konnte man einfach erklären, warum die Venus immer in der Nähe der Sonne am Himmel steht. Die scheinbare Drehung der Sterne auf der Himmelskugel erklärte Kopernikus mit der Drehung der Erde um ihre eigene Achse (Abb. 9.7).

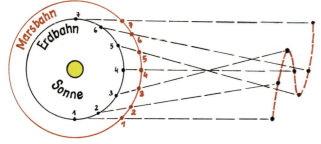

Abb. 9.6: Die kurvenartige Bewegung des Mars kann man im heliozentrischen Weltbild elegant durch die Überlagerung der Erd- und Marsbewegungen erklären.

Abb. 9.7: Die scheinbare Sterndrehung erklärte Kopernikus mit der Eigendrehung der Erde.

Kopernikus kannte das gewaltige Risiko einer Veröffentlichung seiner Ansichten, denn er „degradierte" die Erde quasi zu einem normalen Himmelskörper. Die Inquisition war zu dieser Zeit gnadenlos, und viele „Ketzer" starben auf dem Scheiterhaufen. Erst in seinem Todesjahr **1543** veröffentlichte er deshalb seine Ideen. Zunächst erregten sie wenig Aufsehen.

Einige Jahrzehnte später war GALILEI einer der eifrigsten Verfechter des heliozentrischen Weltbildes. Er verbesserte das um **1600** erfundene **Fernrohr** und war wohl einer der Ersten, der damit den Himmel beobachtete. Er entdeckte unter anderem, dass sich vier Monde um den Jupiter bewegen. Diese heißen daher heute **Galilei'sche Monde** (Abb. 9.8). Diese Entdeckung stand im Gegensatz zum geozentrischen Weltbild, in dem sich alle Himmelskörper um die Erde bewegen. Galilei hatte sozusagen ein **Kopernikanisches System in Miniatur gefunden**. Außerdem entdeckte er, dass der Mond keineswegs eine perfekte Kugel war.

→ **Info:** Die Mondkrater des Galilei
→ **Info:** Morgenstern

Abb. 9.8: Die vier größten Monde des Jupiters (Io, Europa, Ganymed und Kallisto) heißen Galilei'sche Monde. Heute (Stand 2016) kennt man bereits 67 Jupitermonde, die teilweise aber winzig sind.

i Morgenstern

Die Bahnen von Merkur und Venus liegen innerhalb der Erdbahn (→ F7). Für Beobachtungen am Himmel ist vor allem die Venus interessant, weil sie neben Sonne und Mond das hellste Objekt am Himmel ist. Der Winkel zwischen Sonne und Venus kann 44° niemals überschreiten (Abb. 9.9). Deshalb ist die Venus entweder kurz nach Sonnenuntergang als „Abendstern" oder kurz vor Sonnenaufgang als „Morgenstern" zu sehen (→ F8). Natürlich ist die Venus aber ein Planet und kein Stern. Sie leuchtet nicht von selbst, sondern wird von der Sonne angestrahlt.

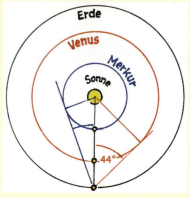

Abb. 9.9

Die Entdeckung der Jupitermonde ermutigte Galilei, seine Ansichten offen auszusprechen. Aber inzwischen hatte der Vatikan begonnen, gegen die Idee des heliozentrischen Weltbildes vorzugehen. Im Jahre **1616** erhob Papst PIUS V. das geozentrische Weltbild zur **offiziellen kirchlichen Lehre** und brandmarkte die Idee von einer im All ruhenden Sonne als Ketzerei. In diesem Jahr kam auch das Buch des Kopernikus auf den Index und blieb dort bis 1822, also über 200 Jahre!

Galilei wurde vor die Inquisition zitiert und verurteilt. Im Büßergewand und auf Knien schwor er Jahre später seinem „Irrtum" ab. Sein Ausspruch **„Und sie bewegt sich doch ..."** ist legendär (er meinte damit die Erde). Galilei wurde zu einem unbefristeten Hausarrest in seine Villa verbannt und verbrachte dort die letzten acht Jahre seines Lebens. Der Siegeszug des heliozentrischen Weltbildes war aber nicht mehr aufzuhalten. Man spricht in diesem Zusammenhang von der **Kopernikanischen Wende**.

→ Info: Das Foucault'sche Pendel

Die Mondkrater des Galilei

GALILEI beobachtete um **1610** auch den Mond. Zu dieser Zeit war man noch fest davon überzeugt, dass dieser **perfekte Kugelgestalt** habe. Diese Ansicht ging noch auf ARISTOTELES zurück, war also bereits fast 2000 Jahre alt. Natürlich hatte Galilei keinen Fotoapparat, deshalb fertigte er wunderschöne Zeichnungen an (Abb. 9.10 a).

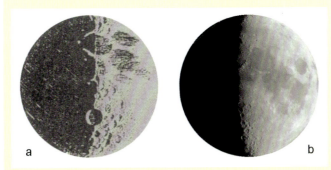

Abb. 9.10: Eine von Galileis Mondzeichnungen (a) und ein Foto (b) vom Mond. Der Vergleich zeigt, dass er die Kratergrößen überschätzt hat. Für die damalige schlechte Fernrohroptik war das trotzdem eine gewaltige Leistung.

Wenn der Mond nur halb beleuchtet war, dann erschien die Grenzlinie zwischen Hell und Dunkel sehr unregelmäßig. Galilei schloss daraus völlig richtig, dass die Oberfläche des Mondes uneben und mit Kratern übersät sein musste. **Die Ansicht von der perfekten Kugelform aller Himmelskörper war nicht mehr haltbar.**

Das Foucault'sche Pendel

Eine der Annahmen des heliozentrischen Weltbildes war, dass die **scheinbare Drehung der Sterne** durch die Eigendrehung der Erde zustande kommt. Weil sich die Erde zu langsam dreht, konnte erst im Jahr **1851** LÉON FOUCAULT mit Hilfe eines langen Pendels diese Drehung belegen (→ **F6**, → **F9**; Abb. 9.12) und somit auch, dass die Erde kein **Inertialsystem** ist (zu Inertialsystemen siehe Kap. 5.1, S. 34 und 7.2, S. 79).

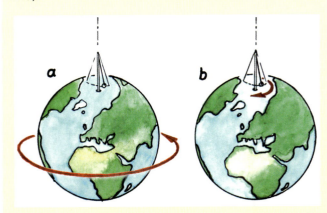

Abb. 9.11: Schwingendes Pendel und Erde aus der Sicht von außen (a) und einer Person am Pol (b)

Um das Prinzip des Nachweises zu verstehen, stellen wir in Gedanken ein Pendel am Nordpol auf. Jedes Pendel schwingt – bezogen auf das Universum – immer in derselben Ebene. Die Erde dreht sich jedoch gegen den Uhrzeigersinn unter dem Pendel weg (Abb. 9.11 a). Für dich am Pol sieht es daher so aus, als würde sich die Pendelebene im Uhrzeigersinn drehen (b). Die Kraft, die das Pendel scheinbar dreht, ist die **Corioliskraft** (siehe Big Bang 6).

Die Drehung der Pendelebene macht am Pol pro Tag 360° aus. Am Äquator ist der Effekt null, weil die Pendelebene quasi nur parallel verschoben wird. Allgemein beträgt die Drehung der Pendelebene pro Tag 360° mal dem Sinus der geografischen Breite. In Österreich wären das knapp 270° pro Tag.

Abb. 9.12: Zeitgenössische Darstellung des Pendelversuchs im Pantheon in Paris

Zusammenfassung

Das geozentrische Weltbild der Antike hielt bis zum Ende des 15. Jahrhunderts. Kopernikus war um 1600 der erste Vertreter des heliozentrischen Weltbilds, das sich trotz Widerstands der Kirche im Folgenden durchsetzte. Diesen epochalen Wechsel des Weltbildes bezeichnet man als Kopernikanische Wende.

9.3 Abschied vom Kreis
Die Kepler'schen Gesetze

Ein weiterer Riese, auf dessen Schultern NEWTON später stand, war JOHANNES KEPLER. Er entdeckte, dass die Planetenbahnen gar keine Kreise sind.

F11 Ist es im Sommer deshalb wärmer, weil die Erde näher bei der Sonne ist? Wie kommt es, dass Herbst und Winter zusammen etwa eine Woche kürzer sind als Frühling und Sommer? Und warum sind die Nordwinter etwas milder als die Südwinter?
W2

F12 Was unterscheidet eine Hypothese von einer Theorie oder einem Gesetz? Lies in Kapitel 1 nach.
W2

F13 Wir wissen heute, dass sich alle Planeten auf elliptischen Bahnen um die Sonne bewegen. Aber eigentlich ist diese Formulierung nicht ganz exakt. Kannst du dir vorstellen warum?
W2

Ellipse

Eine Ellipse ist im Prinzip ein gestauchter Kreis. a nennt man die große und b die kleine Halbachse. Den Abstand zwischen Mittelpunkt und Brennpunkt nennt man **Brennstrecke** (e). Eine Linie, die du von einem Brennpunkt über die Ellipsenkurve zum anderen Brennpunkt ziehst, hat immer die Länge $2a$ (Abb. 9.13). Der Grenzfall einer Ellipse ist ein Kreis. In diesem Fall ist e null, und die Brennpunkte fallen im Mittelpunkt des Kreises zusammen. a und b sind dann gleich lang und entsprechen dem Radius des Kreises.

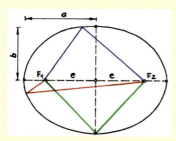

Abb. 9.13: Die grüne, rote und blaue Linie haben jeweils eine Länge von $2a$.

Dieses **Konstruktionsprinzip** kannst du selbst ganz einfach nachvollziehen. Du brauchst dazu nur zwei Nadeln fest in eine Unterlage zu stecken. Der Abstand der Nadeln entspricht $2e$. An diesen befestigst du eine Schnur, die länger sein muss als der Abstand zwischen den Nadeln. Die Länge der Schnur entspricht $2a$. Wenn die Schnur gespannt bleibt, dann kannst du mit einem Bleistift auf diese Weise sehr einfach eine Ellipse zeichnen (Abb. 9.14). Experimentiere mit verschiedenen Abständen der Nadeln und mit verschiedenen Fadenlängen!

Abb. 9.14: Einfache Konstruktion einer Ellipse

Der Däne TYCHO DE BRAHE hatte jahrzehntelang die **Planeten** beobachtet und deren Positionsbestimmung noch ohne Fernrohr bis zu einer unglaublichen Genauigkeit verbessert. Er war ein exzellenter Experimentator, aber die Theorie war nicht so seine Stärke. Nach seinem Tod 1601 hatte der Astronom JOHANNES KEPLER die Möglichkeit, diese sehr genauen Daten auszuwerten.

Mit dem heliozentrischen Weltbild konnte etwas nicht stimmen, denn die tatsächlichen Planetenpositionen stimmten nicht exakt mit der Vorhersage überein. Kepler wollte überprüfen, welche Bahnen die Planeten tatsächlich beschreiben. Für seine Berechnungen verwendete er die Daten der Marsbahn. Kepler konnte mit deren Hilfe belegen, dass Erde und Mars eine Ellipsenbahn beschreiben. Kepler war somit der Erste, der die vollkommenen Kreisbahnen des Aristoteles verwarf.

→ **Info:** Ellipse
→ **Info:** Erd- und Marsbahn

Später erweiterte er die Theorie der Ellipsenbahnen auf alle Planeten und veröffentlichte im Jahr **1609** seine ersten beiden Gesetze. Der Unterschied zu den bisherigen Weltmodellen war, dass Kepler seine Ansichten durch exakte Daten belegen konnte. Genau das macht aber den Unterschied zwischen einer Hypothese (also einer Vermutung) und einer Theorie aus (Kap. 1). Deshalb sagt man auch, dass das Jahr 1609 der **Beginn der modernen Astronomie** ist (→ F12).

Das 1. Kepler'sche Gesetz besagt, dass jeder Planet die Sonne auf einer Ellipse umkreist. Die Sonne befindet sich in einem der Brennpunkte. Den sonnennächsten Punkt nennt man **Perihel**, den sonnenfernsten **Aphel** (Abb. 9.19, S. 90). Kepler hatte Glück, weil der Mars, den er für seine Berechnungen heranzog, relativ gesehen stark von der Kreisbahn abweicht. Diese Abweichungen sind bei den meisten Planeten nämlich minimal. In Abb. 9.9 (S.86) sind die Bahnen der drei innersten Planeten maßstabsgetreu gezeichnet. Mit freiem Auge kannst du nicht erkennen, dass es sich um Ellipsen handelt. Die folgenden Abbildungen sind zur besseren Veranschaulichung stark übertrieben dargestellt.

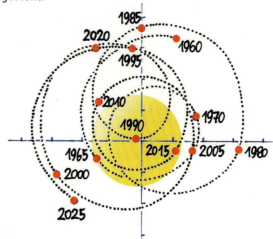

Abb. 9.15: Bewegung des Mittelpunkts unserer Sonne in den Jahren 1960 bis 2025. Zum Größenvergleich ist die Sonne eingezeichnet.

Wir wissen heute, dass das 1. Kepler'sche Gesetz in seiner damaligen Formulierung nicht ganz exakt ist. Nehmen wir einmal nur einen Planeten an. Im **Brennpunkt** der Ellipsenbahn befindet sich dann nicht die Sonne, sondern der **gemeinsame Schwerpunkt von Planet und Sonne** (Abb. 9.18). Die Sonne selbst beschreibt ebenfalls eine Ellipse (→ F13).

Erd- und Marsbahn

Keplers Idee war eigentlich simpel – nur die Berechnungen dazu waren höchst schwierig. Zunächst musste er die Bahn der Erde bestimmen. Aus Beobachtungen wusste man, dass der **Mars** in 687 Tagen die Sonne umrundet. Kepler peilte den Mars an jenem Tag an (bzw. er benutzte dazu die Daten von Tycho de Brahe), an dem dieser mit Sonne und Erde auf einer Geraden lag. Das nennt man eine **Opposition** (Abb. 9.16 a).

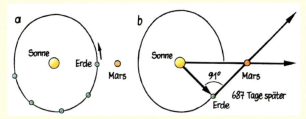

Abb. 9.16: Zuerst bestimmte Kepler die Erdbahn, indem er den Mars alle 687 Tage anpeilte.

Die zweite Peilung nahm er 687 Tage später vor. Der Mars befand sich dann wieder an derselben Stelle (Abb. 9.16 b). Der Winkel zwischen Sonne und Mars betrug dann etwa 91°. Kepler wandte dieses Verfahren mehrmals hintereinander an und konnte damit die exakte Bahn der Erde bestimmen. Da Kepler nun die genaue Erdbahn kannte, konnte er auch die **Marsbahn** bestimmen. Er peilte wiederum alle 687 Tage den Mars von der Erde aus an und bestimmte den Winkel (Abb. 9.17). Durch oftmaliges Anwenden dieser Methode von verschiedenen Positionen aus konnte er somit die Marsbahn konstruieren.

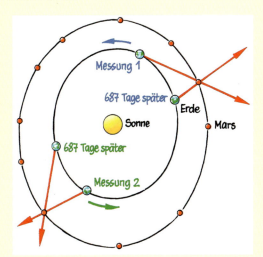

Abb. 9.17: Nachdem Kepler die Erdbahn bestimmt hatte, konnte er mit einer ähnlichen Methode die Marsbahn bestimmen.

Die anderen Planeten unseres Sonnensystems beeinflussen einander und die Sonne noch einmal zusätzlich. Weil die **Masse der Sonne** aber mehr als **700-mal** so groß ist wie die aller Planeten zusammen, befindet sich der Schwerpunkt des Sonnensystems immer in ihrer Nähe, zeitweise auch in ihrem Inneren. Trotzdem: Die Sonne schlingert ein wenig (Abb. 9.15).

→ **Info:** Auf der Suche nach den Aliens

Weiters konnte Kepler beobachten, dass sich die Planeten nicht immer mit gleicher Geschwindigkeit bewegen. Je näher ein Planet der Sonne kommt, desto schneller wird er. ==Das 2. Kepler'sche Gesetz lautet: Die Linie zwischen einem Planeten und der Sonne überstreicht in gleichen Zeitabschnitten gleiche Flächen== (Flächensatz, Abb. 9.19, S. 90). Im Perihel ist die Geschwindigkeit der Planeten am größten und im Aphel am geringsten. Das erklärt, warum die Jahreszeiten nicht gleich lang sind.

→ **Info:** Jahreszeiten | ->Seite 90

Auf der Suche nach Aliens

Unsere Sonne ist nur ein Stern von vielen Milliarden Sternen in unserer Heimatgalaxis (siehe Abb. 9.31, S. 94). Der Gedanke, dass es irgendwo draußen im Weltall einen erdähnlichen Planeten mit intelligenten Lebewesen gibt, ist schon verdammt faszinierend. 1995 wurde der erste Planet außerhalb des Sonnensystems entdeckt. Man nennt solche Planeten **extrasolare Planeten**. Bis Ende 2016 hat man schon rund 1500 davon entdeckt. Es dürfte aber keiner dabei sein, auf dem Leben möglich ist. Für unsere Fernrohre sind sie praktisch unsichtbar, weil ihre Zentralsterne zu hell leuchten! Wie findet man sie daher? Eine Möglichkeit ist die Bewegung des Zentralsterns (siehe auch Abb. 9.18).

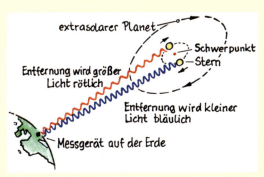

Abb. 9.18: Eine Methode zum Aufspüren von extrasolaren Planeten ist mit Hilfe des Dopplereffekts.

Hat das Sonnensystem nur einen Planeten, dann vollführen sowohl dieser als auch der Stern eine **Ellipsenbahn um ihren Gesamtschwerpunkt** (Abb. 9.18). Diese Bewegung des Sterns kann man mit Hilfe des **Doppler-Effekts** messen (siehe Big Bang 6): Wenn sich der Stern von uns entfernt, dann wird sein Licht ein wenig rötlicher, und wenn er sich nähert, etwas bläulicher. Natürlich kann man das nicht mit freiem Auge sehen, man braucht dazu extrem genaue Messgeräte.

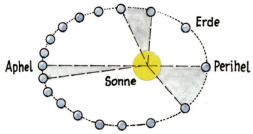

Abb. 9.19: Die Position der Erde in gleichen Zeitabständen (die Ellipsenbahn ist stark übertrieben). Die grau dargestellten Flächen sind alle gleich groß.

1619 entdeckte Kepler noch ein drittes Gesetz. Bei diesem geht es um die zeitliche und räumliche Beziehung der Planeten zueinander. Die Formulierung ist ein wenig sperrig. ==Das 3. Kepler'sche Gesetz lautet: Das Verhältnis der Quadrate der Umlaufzeiten zweier Planeten ist so groß wie das Verhältnis der dritten Potenzen ihrer großen Halbachsen.==

F Formel: 3. Kepler'sche Gesetz

$$\frac{T_1^2}{T_2^2} = \frac{a_1^3}{a_2^3}$$

T ... Umlaufzeit $\quad\quad a$ ... große Halbachse

i Jahreszeiten

Frühling und Sommer haben zusammen 186, Herbst und Winter 179 Tage. Das liegt daran, dass sich die Erde am 3. Jänner am nächsten bei der Sonne befindet (Abb. 9.20) und daher eine etwas höhere Umlaufgeschwindigkeit hat. Der Grund für das Zustandekommen der Jahreszeiten kann daher nicht im Abstand zur Sonne liegen. Sonst müsste es ja im Winter am wärmsten sein. Was ist dann aber die Ursache?

Abb. 9.20: Durch die leicht elliptische Bahn der Erde sind die Jahreszeiten nicht gleich lang.

Der Grund liegt darin, dass die Erdachse um 23,5° zur Erdbahn, der **Ekliptik**, geneigt ist. Im Winter zeigt der Nordpol von der Sonne weg. Auf der Nordhalbkugel sind dadurch erstens die Tage kürzer und zweitens fällt das Sonnenlicht flacher ein. Deshalb ist es im Winter kälter. Der Unterschied im Abstand zur Sonne löst zwar nicht die Jahreszeiten aus, aber er sorgt dafür, dass die Nordwinter etwas milder sind als die Südwinter (→ F11).

Wenn man die Daten eines Planeten kennt (also zum Beispiel die der Erde) und die Umlaufzeit eines anderen (die kann man durch Beobachtung feststellen), dann kann man ausrechnen, wie weit dieser Planet entfernt ist.

→ Info: Von Merkur bis Neptun

i Von Merkur bis Neptun

Man kann das 3. Kepler'sche Gesetz auch umformen:

$$\frac{T_1^2}{T_2^2} = \frac{a_1^3}{a_2^3} \Leftrightarrow \frac{a_1^3}{T_1^2} = \frac{a_2^3}{T_2^2} = C$$

Die dritte Potenz der großen Halbachsen durch das Quadrat der Umlaufzeit ist für alle die Sonne umkreisenden Objekte eine Konstante. Den Abstand zwischen Erde und Sonne bezeichnet man auch als **Astronomische Einheit** (AE). Wenn wir für die Umlaufzeit der Erde 1 Jahr einsetzen und für die große Halbachse 1 AE, dann bekommen wir für C den Wert 1. Man kann die Gleichung dann noch vereinfachen: $a^3 = T^2$.

Zwischen den Umlaufzeiten und den großen Halbachsen gibt es also in unserem Sonnensystem ein genau definiertes Verhältnis (Abb. 9.21). Der **Mars** hat zum Beispiel eine Umlaufdauer von 687 Tagen oder 1,88 Jahren. Er muss sich daher in einer Entfernung von 1,52 AE von der Sonne befinden (rechne nach). Er hat quasi keine andere Wahl. Hätte er eine andere Entfernung, dann hätte er eine andere Umlaufzeit.

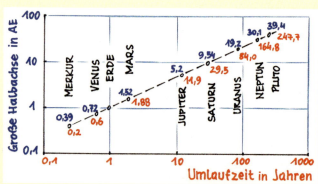

Abb. 9.21: Abstand und Umlaufzeit aller Planeten und von Pluto, dem 2006 der Planetenstatus aberkannt wurde. Die x-Achse ist logarithmisch aufgetragen – von Markierung zu Markierung verzehnfacht sich der Wert. Für jedes beliebige, die Sonne umkreisende Objekt (also auch für Pluto oder Kometen) gilt, dass die Werte für T und a auf dieser Geraden liegen müssen.

Z Zusammenfassung

JOHANNES KEPLER entdeckte durch das Auswerten sehr genauer Daten, dass die Planetenbahnen Ellipsen sind, in deren Brennpunkt die Sonne steht. Damit brach er mit der antiken Vorstellung der perfekten Kreisbahnen und lieferte weitere Belege für die Richtigkeit des heliozentrischen Weltbildes.

9.4 Der Kreislauf des Universums
Unser Sonnensystem

In diesem Abschnitt erfährst du, wie vor langer, langer Zeit unser heutiges Sonnensystem entstand, und warum Pluto seit 2006 nicht mehr als Planet gilt.

F14 Weißt du, wie alt die Erde etwa ist? Warum wurde
W2 dem Pluto 2006 der Planetenstatus aberkannt? Was ist der Unterschied zwischen einem Mond und einem Planeten? Und wann gilt ein Planet überhaupt als Planet?

F15 Alle Planeten kreisen in derselben Richtung sowohl
S2 um die Sonne als auch um ihre eigene Achse (Ausnahme Venus)! Außerdem liegen ihre Bahnen praktisch in einer Ebene! Warum könnte das so sein? Und wie groß ist eigentlich unser Sonnensystem?

F16 Mit dem Urknall wurden nur Wasserstoff und Helium
S2 erzeugt! Wo kommen dann bloß all die anderen Elemente in unserem Sonnensystem und auch in deinem Körper her (denk etwa an die Mineralstoffe)? Wieso konnten im jungen Universum keine bewohnbaren Planeten entstehen?

F17 Was versteht man unter Kernfusion, Sternenstaub und
W1 Supernova? Suche dazu im Internet!

F18 Wie schafft es eine Eisläuferin, bei einer Pirouette die
W1 Drehgeschwindigkeit zu erhöhen? Recherchiere! (Mehr in Big Bang 6.)

F19 Der Halley'sche Komet (Abb. 9.29, S. 94) fliegt alle
E2 76 Jahre an der Sonne vorbei. Was ist eigentlich ein Komet? In welche Richtung zeigt der berühmte Kometenschweif? Und kannst du abschätzen, wie weit sich der Halley'sche Komet von der Sonne entfernt?

Im All befinden sich winzig kleine Partikel zwischen den Sternen. Man nennt diese daher auch **interstellare Materie** („Zwischensternmaterie") oder sehr poetisch auch Sternenstaub. Zu Beginn des Universums stammte diese direkt vom Urknall ab und bestand somit praktisch nur aus Wasserstoff und Helium. Daher konnten sich auch keine festen und bewohnbaren Planeten bilden (➔ F16).

Ein Stern erzeugt aber während seines Lebens durch Kernfusion **schwere Elemente**, und wenn er stirbt, dann werden diese frei. Aus dieser neuen interstellaren Materie werden wieder neue Sterne (Abb. 9.22). Das ist **der Kreislauf des Universums!** In unserem Sonnensystem befinden sich viele schwere Elemente. Deshalb nimmt man an, dass diese von mindestens einer, wahrscheinlich sogar zwei Sterngenerationen „erbrütet" worden sind.

Abb. 9.22: Im **Orionnebel** gibt es viele junge Sterne und gerade entstehende Planetensysteme. Die Bedingungen dort sind ähnlich wie vor Milliarden von Jahren in unserem Sonnensystem.

Unser Sonnensystem ist wahrscheinlich vor etwa **4,6 Milliarden Jahren** entstanden. Astronomen versuchen herauszubekommen, wie das abgelaufen sein könnte. Dazu benutzen sie einerseits Daten über unser Sonnensystem (wie z. B. die in Tab. 9.1, S. 92), aber auch die der bisher gefundenen **extrasolaren Planeten** (siehe Abb. 9.18, S. 89). Weil die Entstehung schon so lange her ist, ist die Suche nach dem „Wie" natürlich sehr schwer, und es sind auch noch eine Menge Fragen unbeantwortet.

Abb. 9.23: Zusammenballung von interstellarer Materie, aus der sich Sonne und Planeten gebildet haben

Es dürfte aber wohl so gewesen sein, dass sich eine langsam **rotierende Wolke** aus interstellarer Materie gebildet hat, die sich durch die Gravitation zusammenzog (Abb. 9.23). Wie bei einer Eisläuferin, die bei der Pirouette die Arme anzieht (➔ F18), erhöhte sich die Rotationsgeschwindigkeit, und die Wolke flachte sich dadurch zu einer Scheibe ab. In ihrem Zentrum bildete sich unsere Sonne, die durch den Gravitationsdruck im Inneren eine so hohe Temperatur erreichte, dass die **Kernfusion** begann (mehr in Big Bang 8).

Abb. 9.24: Die Sonne (links) und ihre acht Planeten von innen nach außen (Reihenfolge wie in Tab. 9.1). Zum Größenvergleich ist auch Pluto eingezeichnet. Die Größe der Planeten ist maßstabsgetreu, nicht aber der Abstand zur Sonne.

	Merkur	Venus	Erde	Mars	Jupiter	Saturn	Uranus	Neptun	Pluto
Abstand zur Sonne in AE	0,39	0,72	1	1,52	5,2	9,5	19,2	30,1	39,4
Umlaufzeit in Erdjahren	0,24	0,62	1	1,88	11,9	29,5	84,0	164,8	247,7
Masse in Erdmassen (ohne Monde)	0,06	0,81	1	0,11	318	95,2	14,5	17,2	0,0023
Masse in Prozent der gesamten Planetenmasse	0,013%	0,18%	0,22%	0,02%	71,2%	21,3%	3,2%	3,8%	$5 \cdot 10^{-4}$%
Durchmesser in Erddurchmessern	0,38	0,94	1	0,53	22,4	18,9	8,2	7,8	0,36
Neigung der Planetenbahn zur Erdbahn (Ekliptik)	7°	3,4°	0°	1,85°	1,3°	2,5°	0,8°	1,8°	17,2°
Unterschied in den Halbachsen a und b	2,14%	0%	0,01%	0,43%	0,12%	0,14%	0,13%	0,01%	3,36%
mittlere Dichte des Planeten in kg/dm^3	5,43	5,24	5,52	3,94	1,31	0,69	1,20	1,66	2,00
Monde (Stand 2016)	0	0	1	2	≥67	≥62	≥27	≥14	1
Entdeckungsjahr	prähistorisch	prähistorisch	prähistorisch	prähistorisch	prähistorisch	prähistorisch	1781	1846	1930

Tab. 9.1: Einige wichtige Daten zu den acht Planeten und zu Pluto. Für die Reihenfolge der Planeten gibt es folgenden Merkspruch: **M**ein **V**ater **e**rklärt **m**ir **j**eden **S**onntag **u**nsere **N**achbarplaneten.

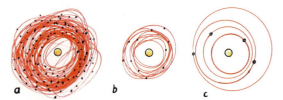

Abb. 9.25: Computersimulation zur Entstehung von Planeten. a: 100 Planetesimale; b: nach 30 Mio. Jahren noch 22 Planetesimale; c: nach 150 Mio. Jahren 4 fertige Planeten.

Im äußeren Teil der Scheibe entstanden durch Zusammenklumpen der Materie Planetenkeime, die man **Planetesimale** nennt und die die Grundbausteine unserer heutigen Planeten waren. Man darf sich von der Bezeichnung nicht täuschen lassen, denn diese „Keime" hatten einen Durchmesser von einigen Kilometern. Die größeren von ihnen konnten die kleineren anziehen und wurden damit noch größer. Diesen Effekt kann man sehr gut in Simulationen nachvollziehen (Abb. 9.25). Auf diese Weise wurden aus einer Scheibe im Laufe von Millionen Jahren unsere heutigen Planeten. Dadurch ist zu erklären, warum die Bahnen auch noch heute praktisch in einer Ebene liegen und sich alle Planeten in derselben Richtung um die Sonne und, mit Ausnahme der Venus, auch um ihre eigene Achse drehen (→ F15).

Man kann die Planeten in zwei Gruppen einteilen (Abb. 9.24 und Tab. 9.1). In Sonnennähe befinden sich vier kleine Planeten (Merkur, Venus, Erde und Mars) mit relativ großer Dichte. Man nennt sie erdähnliche oder **terrestrische Planeten** (von lat. terra = Erde). Weiter außen befinden sich vier große Planeten (Jupiter, Saturn, Uranus und Neptun) mit **geringer Dichte**. Man nennt sie jupiterähnliche Planeten. Wie kam es aber zu dieser Zweiteilung?

Der Grund liegt in der Entfernung zur Sonne. In Sonnennähe sind erstens die Temperaturen höher, und zweitens ist der **Sonnenwind** stärker. Unter diesem versteht man einen ständigen Strom geladener Teilchen, der von der Sonne mit bis zu 800 km/s ausgestoßen wird. Die Gase Wasserstoff und Helium wurden dadurch praktisch von den inneren Planeten weggeweht. Die äußeren sind so weit von der Sonne entfernt, dass sie in der Lage waren, diese Gase zu binden. Die Planeten Jupiter bis Neptun bestehen daher so gut wie nur aus Wasserstoff und Helium.

Wenn man sagt, dass unser Sonnensystem aus einem Stern und acht Planeten besteht, dann ist das eine wirklich starke Untertreibung. Im Sonnensystem herrscht ein unglaubliches Tohuwabohu. Erstens gibt es über 170 bisher bekannte Monde (Stand 2016), die die Planeten umrunden (Tab. 9.1). Die meisten Monde hat der Jupiter, weil er mit fast 3/4 der Gesamtplanetenmasse leichter „verirrte" Brocken einfangen kann. Die **vier großen Jupitermonde** (Abb. 9.8, S. 86) sind über den Daumen so groß wie Merkur. Weil sie aber um den Jupiter kreisen, gelten sie als Monde und nicht als Planeten (→ F14). Weiters fliegen Myriaden von größeren und vor allem kleineren Brocken um die Sonne, die man im Wesentlichen in drei Bereichen finden kann.

Zunächst gibt es einmal den **Asteroidengürtel** zwischen Mars- und Jupiterbahn (Abb. 9.26). Er besteht wahrscheinlich aus 10^5 bis 10^7 **Asteroiden**, die bei der Planetenbildung übergeblieben sind. Ihre Durchmesser reichen von Kieselsteingröße bis zu etwa 1000 km (Ceres). In Summe ist ihre Masse aber wesentlich kleiner als die des Erdmondes.

Außerhalb der Neptunbahn befindet sich zwischen etwa 30 und 100 AE eine scheibenförmige Region, die man **Kuiper-Gürtel** nennt (sprich „Keuper Gürtel"; Abb. 9.27). Er beinhaltet geschätzte 10^9 Objekte in der Nähe der Ekliptik. Wie auch der Asteroidengürtel dürfte er ein Überbleibsel aus der Zeit der Planetenentstehung sein. Immer wieder tauchten in den Medien Nachrichten auf, man hätte neue Planeten entdeckt. Es handelte sich dann immer um große Objekte aus dem Kuiper-Gürtel (Tab. 9.2). Statt die Anzahl der Planeten immer mehr zu erweitern, beschloss man aber 2006, Pluto seinen Planetenstatus abzuerkennen, da er offensichtlich ebenfalls aus diesem Gürtel stammt.

→ **Info:** Da waren es nur noch acht

Ursache	Entdeckungsjahr	geschätzte Durchmesser
Pluto	1930	2370 km
Quaoar	2002	1100 km
Sedna	2003	995 km
Orcus	2004	917 km
Eris	2005	2326 km

Tab. 9.2: Einige große Objekte des Kuiper-Gürtels

Da waren es nur noch acht

Streit um den 1930 entdeckten **Pluto** gab es schon seit Jahrzehnten. Im Sommer 2006 wurde ihm dann der **Planetenstatus aberkannt**. Erstens ist seine Bahn deutlich elliptisch und auch stärker zur Ekliptik geneigt als die der anderen Planeten (siehe Abb. 9.27 und Tab. 9.1). Außerdem passt er als Gesteinsplanet von seinem Aufbau her nicht zum Entstehungsmodell der inneren und äußeren Planeten.

Die neue Definition eines Planeten lautet seit 2006 so (→ **F14**): Planeten sind Objekte, die die Sonne umkreisen, genug Masse haben, damit ihre eigene Schwerkraft sie annähernd kugelförmig macht, und die ihre kosmische Nachbarschaft von anderen Objekten freigeräumt haben. Letzteres trifft auf Pluto und die anderen Kuiper-Gürtel-Objekte nicht zu.

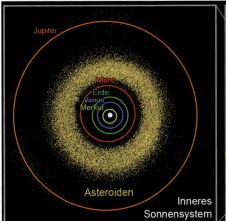

Abb. 9.26: Zwischen Mars- und Jupiterbahn befindet sich der Asteroidengürtel. Durch die Gravitation des Jupiters ist die Verteilung der Asteroiden nicht gleichmäßig.

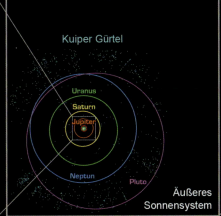

Abb. 9.27: Große bekannte Objekte im Kuiper-Gürtel. Der Pluto hat eine sehr exzentrische Bahn, die sogar in die Neptunbahn hineinreicht. Deshalb galt er lange Zeit als Planet.

Abb. 9.28: Ein Blick von sehr weit außen auf unser Sonnensystem. Außerhalb des Kuiper-Gürtels befindet sich die riesige Oort'sche Wolke.

Der dritte Bereich, in dem es eine unglaubliche Anzahl von Objekten gibt (geschätzt bis zu 10^{11}), ist die **Oort'sche Wolke**, die kugelförmig um unser Sonnensystem herum liegt (Abb. 9.28). Sie erstreckt sich bis zu 50.000 AE, das ist etwa ein Lichtjahr! Es ist also sehr schwer zu sagen, wo unser Sonnensystem aufhört!

→ **Info:** Halley

i Halley

Die Kepler'schen Gesetze gelten für alle Objekte im Sonnensystem, auch für Kometen. Dabei handelt es sich um Eisbrocken, die in sehr elliptischen Bahnen die Sonne umkreisen (→ F19). Der berühmteste von ihnen ist der **Halley'sche Komet** (Abb. 9.29), der eine Wiederkehrzeit von 76 Jahren hat.

Kometen sind ein sehr guter Beleg für Größe und Lage von Kuiper-Gürtel und Oort'scher Wolke. Wenn man im 3. Kepler'schen Gesetz für die Erde 1 Jahr und 1 AE einsetzt, dann bekommt man für $C = 1$ und kann die Gleichung vereinfachen: $a^3 = T^2$ (siehe Kap. 9.3, S. 90). Wenn du nun die Wiederkehrzeit des Halley'schen Kometen in Jahren einsetzt, erhältst du für a rund 18 AE. Die Ellipse hat also der Länge nach einen Durchmesser von 36 AE. Deshalb ist klar, dass das Aphel dieses Kometen im Kuiper-Gürtel liegen muss. Die Bahnen der Kometen aus diesem Gürtel sind nur wenig zur Ekliptik geneigt. Deshalb weiß man, dass dieser Gürtel scheibenförmig sein muss.

Abb. 9.29: Der Halley'sche Komet hat eine Umlaufzeit um die Sonne von 76 Jahren.

Kometen mit langer Umlaufzeit (> 200 Jahre) stammen aus der **Oort'schen Wolke**. Weil die Bahnen dieser Kometen keine bevorzugte Richtung aufweisen, kann man daraus schließen, dass die Oort'sche Wolke kugelförmig ist (Abb. 9.28).

In Sonnennähe verdampft ein Teil des Eises und der **Sonnenwind** weht dieses Gas weg. Der Schweif eines Kometen zeigt auf Grund des Sonnenwindes immer von der Sonne weg (Abb. 9.30). Auf ähnliche Weise wurden bei der Entstehung des Sonnensystems Wasserstoff und Helium durch den Sonnenwind von den inneren Planeten weggeblasen (→ F19).

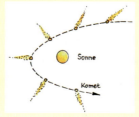

Abb. 9.30: Der Kometenschweif zeigt auf Grund des Sonnenwinds immer von der Sonne weg.

Z Zusammenfassung

Unser Sonnensystem entstand vor etwa 4,6 Milliarden Jahren aus einer „Staubscheibe". Ihre Rotationsrichtung ist auch heute noch bei den Planeten erhalten. Das Sonnensystem besteht neben der Sonne aus vier inneren, kleinen Planeten, einem Asteroidengürtel, den vier äußeren, großen Planeten, dem Kuiper-Gürtel und der Oort'schen Wolke. Pluto gilt seit 2006 nicht mehr als Planet.

9.5 Der tiefste Blick ins All
Modernes Weltbild

Heute wissen wir, dass unsere Sonne nur einer von vielen Milliarden Sternen in unserer Milchstraße ist. Einen kurzen Überblick über das heutige Bild vom Kosmos erhältst du in diesem Abschnitt.

F20 Rate mal, wie lange das Licht von einem Ende unserer Milchstraße zum anderen brauchen würde. Und wie viele Sterne hat sie? Gib mal einen Tipp ab!
E2

F21 Sollten wir einmal Kontakt mit Aliens aufnehmen können, welche Probleme hätten wir dann mit der Kommunikation? → L
S3

F22 Wo befindet sich nach heutiger Ansicht der Mittelpunkt des Universums?
W1

Abb. 9.31: Was wir als Milchstraße bezeichnen sind Milliarden von Sternen, die zu unserer Heimatgalaxis gehören.

In einer sternklaren Nacht ist der Blick auf die **Milchstraße** ein sehr eindrucksvolles Erlebnis (Abb. 9.31). Die Griechen glaubten, dass sich die Milch der Göttin Hera beim Stillen des ungestümen Herkules über den Himmel ergossen hätte. Das griechische „gala" bedeutet Milch. Und daher kommen die Ausdrücke **Galaxis** und Milchstraße.

GALILEI erkannte 1609 mit Hilfe seines Fernrohrs, dass die Milchstraße aus lauter einzelnen Sternen besteht. Das Wort Milchstraße hat eigentlich zwei Bedeutungen.

94 Mechanik 1

Einerseits meint man damit unsere Heimatgalaxis, andererseits das milchige Sternenband am Himmel – und das ist ja nur der für uns sichtbare Teil davon. Unsere Sonne ist nur ein gewöhnlicher Stern unter vielen (Abb. 9.32 und Abb. 9.33). Es macht einen ziemlich schwindlig, wenn man über die Größe unserer Galaxis nachdenkt: Sie hat einen Durchmesser von 100.000 Lichtjahren (LJ) und besteht aus etwa 100 Milliarden Sternen (→ F20).

Abb. 9.34: Das ist der tiefste Blick ins All, der jemals gemacht wurde. Auf diesem Bild des **Hubble-Teleskops**, das sagenhafte 23 Tage lang belichtet wurde, sind etwa 5.500 Galaxien zu sehen. Die entferntesten davon befinden sich am Rand des sichtbaren Universums.

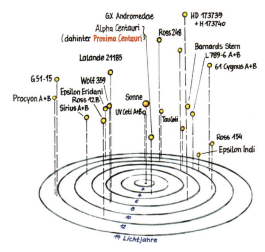

Abb. 9.32: Die Sterne in der Umgebung der Sonne. Der uns nächste Stern heißt **Proxima Centauri** und ist **4,2 Lichtjahre** von der Sonne entfernt.

Aber auch unsere Milchstraße ist nur eine unter Myriaden von Galaxien (Abb. 9.34). Wie viele es sind, kann man nur vorsichtig schätzen. Man geht heute von etwa 100 Milliarden aus. Wenn jede davon so viele Sterne hat wie unsere Milchstraße, dann gibt es im Universum etwa 10^{22} Sterne. Aber wer kann sich das schon vorstellen?

Wir wissen heute, dass weder die Erde noch die Sonne der Mittelpunkt des Universums sind. Aber wo ist der Mittelpunkt? Das wissen wir nicht! Das Universum dürfte vor 13,8 Milliarden Jahren mit dem Urknall entstanden sein, und seitdem fliegt alles auseinander. Egal wo du dich im Universum befindest, es sieht dadurch immer so aus, als würde alles von dir wegfliegen. Der Mittelpunkt des Universums ist also überall und nirgends (→ F22, mehr zur Kosmologie in Big Bang 8).

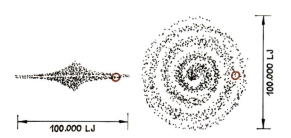

Abb. 9.33: So sieht unsere Milchstraße wahrscheinlich von der Seite und von oben aus. Sie ist, ähnlich wie der Andromedanebel (Abb. 2.3, Kap. 2.2), eine scheibenförmige Spiralgalaxis. Unsere Sonne befindet sich im äußeren Drittel (roter Kreis).

Z   Zusammenfassung

KOPERNIKUS degradierte die Erde zu einem normalen Planeten. Aber es ist noch schlimmer: Unsere Sonne ist ein normaler Stern und unsere Milchstraße eine normale Galaxis unter Myriaden von anderen.

Von Aristoteles bis Kepler

F23 Berechne mit Hilfe des 3. Kepler'schen Gesetzes die
E2 große Halbachse für Saturn (Umlaufzeit 29,46 Jahre), Uranus (84,01 Jahre), Neptun (164,8 Jahre) und Pluto (247,7 Jahre; gilt seit 2006 nicht mehr als Planet). Vergleiche deine Ergebnisse mit Abb. 9.21.

F24 Welche Umlaufzeit um die Sonne hätte ein Komet, der
S3 aus der Oort'schen Wolke aus einer Entfernung von 50.000 AE stammt? → L

F25 Wie ist eigentlich der Beginn der Jahreszeiten
W2 definiert? Was passiert zum Beispiel zu Frühlingsbeginn oder Winterbeginn? Trage den Beginn der jeweiligen Jahreszeit in Abb. 9.35 ein. → L

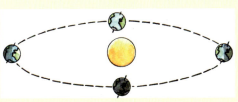

Abb. 9.35

F26 An welchen Orten herrscht immer Tag- und Nachtglei-
W1 che? An welchen Orten steht die Sonne zumindest einmal im Jahr genau senkrecht? Und an welchen Orten kann es zu Polarnacht und -tag kommen? → L

F27 Warum gibt es auf der Erde Beben, nicht aber am
S2 Mond, auf der Venus und am Mars? → L

10 Newtons Gravitationsgesetz

Hier beschäftigen wir uns mit einer der weitreichendsten Verallgemeinerungen, die der Menschenverstand je getroffen hat: Alles im Universum folgt dem raffiniert einfachen Gesetz der Gravitation! Jeder Gegenstand zieht jeden Gegenstand an! Der Mann, der diese Entdeckung machte, ist einer der größten Physiker, die jemals gelebt haben: SIR ISAAC NEWTON.

10.1 Ein genialer Wurf
Das Gravitationsgesetz

Eine der wichtigsten Fragen, die Physiker beschäftigt, lautet: Warum? In diesem Abschnitt geht es unter anderem um die Frage: Warum fällt der Mond nicht vom Himmel? Und NEWTON wusste die Antwort.

→ ?: Fragenbox

Dass die Erde alle Gegenstände anzieht, weiß man aus Erfahrung. Wie ist das aber zwischen Erde und Mond oder zwischen Sonne und Planeten? KEPLER lieferte mit seinen Gesetzen (Kap. 9.3, S. 88) ab **1609** das „Wie" zu den Planetenbahnen. Es dauerte aber bis **1687**, bis uns NEWTON das fehlende „Warum" liefern konnte! Früher glaubte man, dass am Himmel andere Gesetze herrschen als auf der Erde, denn der Mond und die Planeten fallen ja bekanntermaßen nicht vom Himmel.

Und jetzt kommt der berühmte Apfel ins Spiel. Angeblich beobachtete NEWTON unter einem Baum liegend den Mond, als ihm ein Apfel auf den Kopf fiel. Und da hatte er diese großartige Idee: ==Er verstand in diesem Augenblick die Bewegung des Mondes als ein „Fallen um die Erde".== Er kam zu dem Schluss, dass die Umlaufbahn des Mondes und der Fall des Apfels auf dieselben Gesetzmäßigkeiten zurückzuführen sind, nämlich auf die Gravitation zwischen allen Gegenständen.

Abb. 10.1

Wie soll man sich das vorstellen? Wenn du einen Apfel einfach loslässt, dann fällt er auf Grund der Gravitation zu Boden. Wenn du ihn wirfst, fliegt er umso weiter, je schneller er ist (Abb. 10.4). Der Grund, dass er schließlich doch zu Boden fällt, ist immer noch derselbe: die Gravitation der Erde. Bei einer horizontalen **Abwurfgeschwindigkeit** von **knapp 8 km/s** passiert nun aber etwas Verblüffendes: Der Apfel bewegt sich auf einer Kreisbahn um die Erde (→ F1). Was lässt ihn auf der **Kreisbahn** fliegen? Die Gravitation der Erde! Der Apfel befindet sich immer noch im freien Fall!

F1 A2 Angenommen, du besitzt Superkräfte. Ist es möglich, dass du von einem hohen Berg einen Apfel so schnell abwirfst, dass er die ganze Erde umrundet (wenn wir den Luftwiderstand vernachlässigen)?

Abb. 10.2

F2 A2 Gelten überall im Universum dieselben mechanischen Gesetze? Wenn ja, warum fällt ein Apfel zu Boden, der Mond aber nicht? Warum fallen die Planeten nicht vom Himmel? Warum bleibt dieses Buch nicht am Tisch „kleben" und die Seiten nicht aneinander? Warum wirst du von deinem Sitznachbarn nicht angezogen?

F3 A2 Im Weltall schwebt ein Tisch, auf den du die Erde legst. Wie viel würde sie wiegen? Und wie viel würde sie wiegen, wenn sie bei gleichem Radius die doppelte Masse hätte?

F4 A2 Was besagt das dritte Newton'sche Axiom (siehe Kapitel 7.5, S. 67), und was versteht man unter der Zentripetalkraft (Kapitel 7.4.4, S. 66)?

F5 A2 Du leuchtest mit einer Taschenlampe an eine Wand. Der Lichtfleck hat eine bestimmte Helligkeit! Wie groß ist diese, wenn die Wand doppelt so weit weg ist?

F6 A2 Welche Masse hat die Erde? Kannst du dir vorstellen, woher man das eigentlich weiß? Und wie weit muss man sich von der Erde entfernen, damit keine Gravitation mehr wirkt?

F7 A2 Einmal befindest du dich in der Nähe eines Sterns (Abb. 10.3 a), einmal bei einem Schwarzen Loch mit derselben Masse (b). In welchem Fall ist die Gravitation größer? Oder ist es egal? Kannst du das begründen?

Abb. 10.3: Ein Stern und ein Schwarzes Loch mit gleicher Masse. Die Maßstäbe stimmen nicht, damit man diese besser darstellen kann.

Seine Bewegung verläuft genau **parallel zur Erdoberfläche**. Gegenstände, die so schnell um die Erde fliegen, dass sie nicht aufprallen, nennt man Satelliten (Abb. 10.4 bis 10.6)!

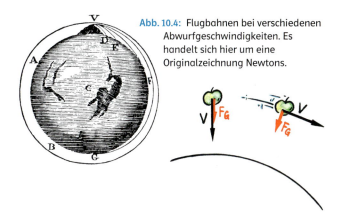

Abb. 10.4: Flugbahnen bei verschiedenen Abwurfgeschwindigkeiten. Es handelt sich hier um eine Originalzeichnung Newtons.

Abb. 10.5: Man kann es auch so sehen: Bei einem „normalen" Apfel wirkt die Gravitationskraft in Bewegungsrichtung (links). Dadurch wird die Fallgeschwindigkeit größer. Bei einem „Satellitenapfel" wirkt aber die Gravitationskraft immer quer zur Bewegungsrichtung (rechts). Daher wird der Geschwindigkeitsvektor bei gleicher Länge gedreht.

Abb. 10.6: Die internationale Raumstation ISS ist ebenfalls ein Satellit – wenn auch ein sehr großer!

Damit aus einer **Hypothese** eine Theorie oder ein **Gesetz** wird, muss man sie belegen können (Kap. 1.2, S. 5). NEWTON konnte das, denn er stand auf den Schultern von Riesen: einerseits auf seinen eigenen und andererseits auf denen von KEPLER. Wir werden die Überlegungen, die zur Formulierung des **Gravitationsgesetzes** geführt haben, kurz nachvollziehen. Fangen wir mit dem Gewicht der Erde an (→ F3)!

Ein Tisch mit zum Beispiel 20 kg wiegt auf der Erde rund 200 N. Erde und Tisch ziehen einander aber mit derselben Kraft an. Das besagt das 3. Newton'sche Gesetz! Also wiegt die Erde am Tisch ebenfalls 200 N (Abb. 7.21, Kap. 7.4.1). Oder anders gesagt: **Die gegenseitige Anziehungskraft beträgt 200 N.**

Wenn der Tisch die doppelte Masse hat, dann ist er klarerweise auch doppelt so schwer. Somit ist aber auch die gegenseitige Anziehungskraft doppelt so groß, also 400 N. Wenn der Tisch die dreifache Masse hat, dann beträgt die gegenseitige Anziehung 600 N und so weiter. Daraus wird

klar: Die Gravitationskraft (F_G) zwischen zwei Gegenständen ist proportional zum Produkt der beiden Massen, also $F_G \sim m_1 \cdot m_2$.

Nun ging es aber auch darum, wie die Gravitationskraft vom Abstand der Gegenstände abhängt. Um das zu berechnen, griff Newton auf das 3. Kepler'sche Gesetz zurück. Gemeinsam mit der vorherigen Überlegung konnte er daraus sein Gravitationsgesetz ableiten. Wichtig: Verwechsle nicht die Gravitationskonstante G mit der Erdbeschleunigung g (Kap. 5.4.1, S. 39)! Für die Massen schreibt man entweder m_1 und m_2 oder, wenn es sich um eine große und eine kleine Masse handelt, m und M.

→ **Info:** Auf Newtons Spuren
→ **Info:** Die Erde wiegen | -> Seite 98

Auf Newtons Spuren

Mit Hilfe von Proportionen kann man auf relativ einfachem Weg zeigen, wie die Gravitationskraft von der Entfernung abhängt. Auf ähnliche Weise hat das NEWTON vor über 300 Jahren berechnet.

Wir nehmen vereinfacht an, dass die **Planetenbahnen** Kreise sind. Für die Kreisbahn ist eine **Zentripetalkraft** notwendig, die von der **Gravitationskraft** kommt:

$$F_{ZP} = F_G = \frac{mv^2}{r} \Rightarrow F_G \sim \frac{v^2}{r}$$

Die Geschwindigkeit v ist Weg pro Zeit. Bei einem Planeten bietet es sich an, für die Geschwindigkeit den Bahnumfang durch die Umlaufzeit zu nehmen, also

$$v = \frac{2\pi r}{T} \sim \frac{r}{T}$$

Wenn man oben einsetzt, erhält man

$$F_G \sim \frac{v^2}{r} = \frac{\frac{r^2}{T^2}}{r} = \frac{r}{T^2}$$

Und nun griff Newton auf Keplers 3. Gesetz zurück. Wenn wir eine Kreisbahn annehmen, dann wird aus der großen Halbachse a der Radius r und es gilt (siehe Kap. 9.3, S. 90):

$$T^2 \sim r^3$$

Das setzen wir noch einmal ein:

$$F_G \sim \frac{r}{T^2} \sim \frac{r}{r^3} = \frac{1}{r^2}$$

Weil man sich außerdem überlegen kann, dass die Gravitation proportional zum Produkt beider Massen ist (→ F3), ergibt sich als fertige Form:

$$F_G \sim \frac{m_1 m_2}{r^2} \qquad F_G = G \frac{m_1 m_2}{r^2}$$

Damit man dazwischen ein „=" setzen kann, braucht man noch eine **Konstante G**. Newton konnte diese aus den Kepler'schen Gesetzen berechnen.

F Formel: Gravitationsgesetz

$$F_G = G \frac{m_1 m_2}{r^2}$$

F_G ... Gravitationskraft $\qquad [F_G] = N$
m_1 und m_2 ... Massen der Gegenstände $\qquad [m] = kg$
r ... Abstand der Schwerpunkte $\qquad [r] = m$
G ... Gravitationskonstante
$G = 6{,}673 \cdot 10^{-11}\, Nm^2/kg^2$

i Die Erde wiegen

Die **Gravitationskonstante G** kann nur im Experiment bestimmt werden. Der genaue Wert konnte erst 1797 von HENRY CAVENDISH ermittelt werden, also mehr als 100 Jahre nach der Entdeckung des Gravitationsgesetzes. Das liegt daran, dass die große Masse der Erde eine so starke Kraft erzeugt, dass die gegenseitige Anziehung **aller Gegenstände** praktisch überdeckt wird. Cavendish musste also einen Trick anwenden: Er erfand die **Drehwaage**.

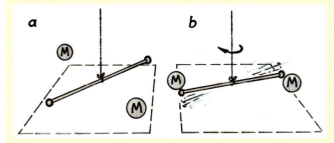

Abb. 10.7: Schematische Darstellung zur Bestimmung von G mit Hilfe einer Drehwaage. Der Stab und die Massen liegen auf gleicher Höhe.

Man bringt zwei größere Massen in die Nähe von zwei kleineren. Diese sind an einem Stab befestigt, der wiederum an einer Schnur hängt (Abb. 10.7 a). Durch die Gravitation werden die kleinen Massen leicht angezogen, und der **Faden verdreht sich** ein bisschen (b). Durch die Verdrehung entsteht im Faden eine **elastische Kraft**. Der Stab kommt zum Stillstand, wenn diese Kraft so groß ist wie die Gravitationskraft zwischen den Massen. Die elastische Kraft kann man sehr genau berechnen und somit auch F_G und die Gravitationskonstante G.

Wenn man G exakt kennt, kann man die Masse der Erde bestimmen (→ F6). Deshalb nahm Cavendish für sich in Anspruch, die Erde „gewogen" zu haben. Genau genommen bestimmte er aber deren Masse. Wie?

Das **Gewicht** jedes Körpers ist $F_G = mg$ und gibt an, mit welcher Kraft er von der Erde angezogen wird. Diese Anziehungskraft kann man aber auch mit dem **Gravitationsgesetz** berechnen und daher beide gleichsetzen:

$$F_G = mg = G \frac{m m_E}{r^2} \Rightarrow m_E = \frac{g r^2}{G}$$

Wenn man nun die bekannten Werte für g und r einsetzt ($g = 9{,}81\, ms^{-2}$, $r = 6{,}37 \cdot 10^6$ m), ergibt sich eine **Erdmasse von knapp $6 \cdot 10^{24}$ kg**.

Die Gravitationskraft zwischen zwei Gegenständen ist indirekt proportional zum Quadrat des Abstandes, also $F_G \sim 1/r^2$. Warum ist das so? Das kann man sich mit einer Analogie überlegen. Wenn du mit einer Taschenlampe an eine Wand leuchtest, dann hat der Lichtfleck eine bestimmte Helligkeit. Wenn du doppelt so weit weggehst, verdoppelt sich der Radius des Kreises, und seine Fläche vervierfacht sich ($A = R^2\pi$; Abb. 10.8). Gleiche Lichtmenge auf vierfacher Fläche ergibt ein Viertel an Intensität (→ F5). Wenn die Wand dreimal so weit weg ist, dann ist die Intensität bereits auf ein Neuntel abgesunken. Die Lichtintensität an der Wand ist also proportional zu $1/r^2$.

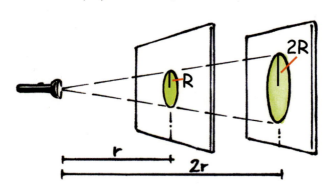

Abb. 10.8: Bei doppelter Entfernung vervierfacht sich die Fläche des Kreises, weil sich der Radius R verdoppelt.

Dieser Zusammenhang gilt allgemein, wenn man eine **punktförmige „Quelle"** hat. Die Erde und im Prinzip alle Objekte sind eine punktförmige Quelle der Gravitation. Man kann (in den meisten Fällen) jeden Gegenstand durch seinen Körperschwerpunkt ersetzen (siehe Kap. 4, S. 25). Dieser Zusammenhang zwischen Gravitation und Abstand bedeutet allerdings auch, dass die Gravitation eines Gegenstandes niemals auf null absinken kann (→ F6). Im Prinzip wirkt auf dich die Gravitation des gesamten sichtbaren Universums!

Von den **vier Grundkräften** in der Natur ist die Gravitation mit Abstand die schwächste (Tab. 10.1). Trotzdem spielt sie in unserem Alltag die unmittelbarste Rolle, weil sie unendlich weit reicht und die Masse der Erde so groß ist. Die Gravitation wirkt natürlich zwischen **allen Gegenständen** – auch zwischen diesem Buch und dir. Aber die Masse der im Alltag vorkommenden Gegenstände ist im Vergleich mit der Erde so verschwindend klein, dass man die Gravitationskräfte zwischen ihnen praktisch vernachlässigen kann.

→ **Info:** Halbkugelberg
→ **Info:** Kosmischer Staubsauger

Grundkraft (Wechselwirkung)	relative Stärke	Reichweite
starke Kraft	1	≈ 10^{-15} m
elektromagnetische Kraft	10^{-2}	unendlich
schwache Kraft	10^{-5}	≈ 10^{-18} m
Gravitation	10^{-38}	unendlich

Tab. 10.1: Vergleich zwischen Stärke und Reichweite der vier Grundkräfte in der Natur. Die elektromagnetische Kraft ist um den Faktor 10^{36} größer als die Gravitationskraft.

Newtons Gravitationsgesetz 10

i Halbkugelberg

Wie groß sind die Gravitationskräfte zwischen Objekten im Alltag (→ F2)? Wie stark wirst du zum Beispiel von deinem **Sitznachbarn** angezogen? Rechnen wir in Größenordnungen und nehmen an, dass der Abstand der Körperschwerpunkte 1 m ist und jeder von euch 100 kg hat (ist ja nur eine Schätzung). Die Anziehungskraft ist dann:

$$F_G = G \frac{m_1 m_2}{r^2} = 6{,}67 \cdot 10^{-11} \cdot 10^4 \, \text{N} \approx 10^{-6} \, \text{N}$$

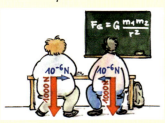

Abb. 10.9: Die Anziehungskräfte zwischen dir und der Erde bzw. dir und deinem Nachbarn. Die Länge der Pfeile ist nicht maßstabsgetreu.

Die Anziehungskraft zwischen dir und deinem Nachbarn liegt also bloß in der Größe von Millionstel Newton! Gleichzeitig wirst du aber von der Erde mit 1000 N angezogen, also eine Milliarde mal so stark wie von deinem Sitznachbarn (Abb. 10.9).

Abb. 10.10: Ein wirklich großer Halbkugelberg. Der Schwerpunkt liegt auf 3/8 der Höhe.

Gut, nehmen wir nun etwas wirklich Schweres, zum Beispiel einen großen Berg. Unser Modellberg ist eine Halbkugel mit 10 km (10^4 m) Radius (Abb. 10.10) – und damit wesentlich höher als der Mount Everest (8848 m). Das Volumen einer Halbkugel ist $V = (4r^3 \pi)/6$. Gestein hat eine Dichte von rund 2500 kg/m³. Dichte ist Masse pro Volumen (siehe Kap. 2.6, S. 17), Masse daher Dichte mal Volumen:

$$m = \rho V = 2500 \, \frac{4\pi (10^4)^3}{6} \, \text{kg} \approx 5 \cdot 10^{15} \, \text{kg}$$

Unser Berg hat also rund 5 Billiarden kg! Nicht schlecht. Wie stark wirst du von ihm angezogen? Wir nehmen an, dass du 100 kg hast und 10 km vom Schwerpunkt entfernt bist (das stimmt nicht ganz, weil der Schwerpunkt nicht in der Basis liegt, aber für eine Schätzung ist die Annahme okay). Für die Anziehung ergibt sich dann:

$$F_G = G \frac{m_1 m_2}{r^2} = 6{,}67 \cdot 10^{-11} \cdot \frac{10^2 \cdot 5 \cdot 10^{15}}{(10^4)^2} \, \text{N} \approx 0{,}3 \, \text{N}$$

Trotz der gigantischen Ausmaße wirst du bloß mit rund 1/3 N vom Berg angezogen! Mit Präzisionsgeräten kann man das natürlich messen. Durch Berge, Täler oder Hohlräume in der Erde verändert sich deshalb auch ein klein wenig die Erdbeschleunigung *g* (siehe Abb. 5.18, S. 39). Auf der anderen Seite wirst du aber 3000-mal so stark von der Erde angezogen. Im Alltag spielt also praktisch nur die Gravitation der Erde eine Rolle!

i Kosmischer Staubsauger

Ein **Schwarzes Loch** entsteht, wenn ein Stern von mehr als 8 Sonnenmassen ausbrennt und in sich zusammenstürzt. Seine Gravitation wird dann so unglaublich groß, dass nicht einmal Licht entweichen kann. Ein Schwarzes Loch ist also eine Art kosmischer Staubsauger. Diese Eigenschaft hat aber nichts mit der Masse alleine zu tun!

Egal ob du dich in der Nähe eines Sterns oder eines Schwarzen Lochs mit gleicher Masse befindest (Abb. 10.3, → F7), **die Anziehungskraft ist in beiden Fällen gleich groß**. Das besagt das Gravitationsgesetz! Was macht dann aber Schwarze Löcher so gefräßig? Die große Dichte bzw. der dadurch sehr kleine Radius (siehe Abb. 2.20, S. 18).

Die Anziehungskraft F_G ist proportional zu $1/r^2$. Deshalb wächst bei Annäherung an ein Objekt F_G sehr rasch an. Dem Stern kannst du dich nur bis Position b nähern (Abb. 10.11). An das Schwarze Loch kommst du aber viel näher heran. Du siehst, wie groß die Kraft bei c bereits ist. Knapp vor dem Schwarzen Loch wird F_G so gigantisch groß, dass es in diesem Diagramm nicht dargestellt werden kann. **Das ist die verheerende Wirkung eines Schwarzen Lochs.**

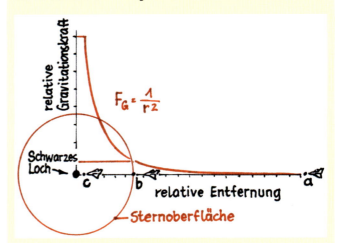

Abb. 10.11: Krafterhöhung bei Annäherung an einen Stern bzw. ein Schwarzes Loch mit gleicher Masse.

Z Zusammenfassung

NEWTONS geniale Idee war, dass man mit einem allgemeinen Gesetz der Gravitation sowohl den Fall eines Apfels als auch die Bahnen der Objekte am Himmel berechnen kann. Jeder Gegenstand zieht im Universum jeden Gegenstand an. Für uns im Alltag ist nur die Anziehung durch die Erde bedeutend.

10.2 Planet X
Das Gravitationsfeld

An jedem Punkt in der Umgebung eines Gegenstandes hat die Gravitation eine bestimmte Stärke und Richtung. Man spricht dabei vom Gravitationsfeld, und darum geht es in diesem Abschnitt.

F8 W1 Gelten die Kepler'schen Gesetze auch in Bezug auf Erde und Mond?

F9 S2 Ein Gegenstand auf der Erdoberfläche fällt in einer Sekunde 5 m tief. Der Mond fällt ja um die Erde. Aber um wie viel fällt er pro Sekunde? Tippe mal!

F10 S2 Was denkst du, um wie viel % die Erdbeschleunigung am Mount Everest geringer ist als am Meer?

F11 W1 Was versteht man unter Newtons Bewegungsgleichung? Lies nach in Kap. 7.3!

F12 W1 Eine der wichtigsten Säulen der Physik ist der Energieerhaltungssatz. Was besagt dieser? Sieh nach in Kap. 8.6., S. 77. Und was versteht man unter kinetischer und potenzieller Energie (Kap. 8.2 und 8.3, S. 70)?

F13 S2 Kannst du mit dir bekannten Argumenten aus der Mechanik begründen, warum Planeten im Perihel schneller sein müssen als im Aphel? Als kleine Hilfe zwei Begriffe: Vektorenzerlegung und Energieerhaltungssatz!

F14 S2 Stell dir vor, jemand schaltet die Gravitation der Sonne aus. Welches der Kepler'schen Gesetze würde dann noch gelten? Alle? Keines? Oder doch eines?

F15 W2 Der 8. Planet unseres Sonnensystems, Neptun, wurde entdeckt, indem man den Uranus genau beobachtete! Was konnte man dabei feststellen?

Die Entdeckung des Gravitationsgesetzes durch NEWTON lässt sich gar nicht hoch genug einschätzen! Auf einmal waren **alle** Bewegungen im Sonnensystem **auf dieselbe Weise zu erklären**. Der Fall des Apfels zu Boden, die Bahnen des Mondes und der Planeten (quasi auch ein freier Fall um einen Zentralkörper), das alles ließ sich mit dem Gravitationsgesetz berechnen. Die Physik war dadurch einfacher und übersichtlicher geworden. Aber wie sehen diese Berechnungen in der Praxis aus? Nehmen wir mal die Erde. Die Physiker sagen, dass sie ein Gravitationsfeld besitzt. ==Damit ist gemeint, dass die Gravitationskraft an jedem Punkt in der Umgebung der Erde eine völlig exakt bestimmbare Richtung und Größe hat.== (Bedenke: Die Kraft ist ein Vektor.) Meistens zeichnet man in einem Kraftfeld auch die **Feldlinien** ein (Abb. 10.12).

In diesem Fall gehen sie vom Schwerpunkt der Erde aus und geben die Richtung an, in die die Kraft zeigt. Die **Dichte** der Feldlinien gibt die **Stärke** der Kraft an. In der Nähe der Erdoberfläche sind sie dichter, und dort ist somit auch die Gravitationskraft stärker. Wie viele Feldlinien hat ein Objekt? Unendlich viele! Wie viel man davon in einer Abbildung einzeichnet, ist Geschmackssache.

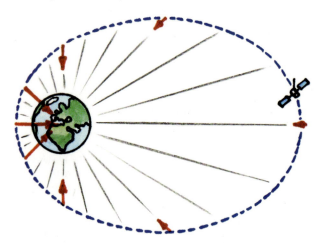

Abb. 10.12: Die Ellipsenbahn eines Satelliten im Gravitationsfeld der Erde. An einigen Punkten ist die Größe der Gravitationskraft eingezeichnet (rote Pfeile).

Nehmen wir jetzt einen **Satelliten**, der sich im Gravitationsfeld der Erde bewegt. Die Kepler'schen Gesetze gelten auch in diesem Fall, nur hat die Konstante C beim 3. Gesetz einen anderen Wert (→ F8). Das liegt daran, dass bei gleicher Umlaufbahn die Umlaufzeit von der Zentralmasse abhängt. Gemeinsam mit der Bewegungsgleichung kann man nun an jedem Punkt die Beschleunigung des Satelliten und somit auch seine exakte Bahn ausrechnen. Man muss dazu nur den **Ort** und die **Startgeschwindigkeit** des Objekts kennen.

→ **Info:** Auf Newtons Spuren | -> Seite 97
→ **Info:** Mondfall | -> Seite 101

Der Flächensatz besagt, dass Planeten im Perihel schneller sind als im Aphel! Warum das so sein muss, werden wir uns auf zwei Arten überlegen (→ F13). **Erstens** einmal mit der **Richtung der Gravitationskraft**. Bei einer Kreisbahn wirkt diese ja immer genau normal zur Bewegungsrichtung. Bei einer Ellipse ist das nicht so (Abb. 10.13).

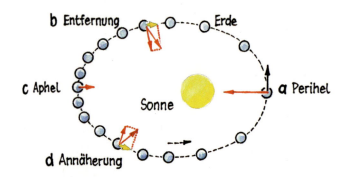

Abb. 10.13: Die bremsende (b) bzw. beschleunigende Komponente (d) der Gravitationskraft ist gelb gezeichnet.

Nehmen wir einmal Erde und Sonne und starten wir im **Perihel** (a). Dort stehen **v** und **F**$_G$ normal, **v** wird also nur gedreht. **F**$_G$ zeigt aber immer zur Sonne. Wenn sich der Planet entfernt, entsteht somit eine **bremsende Komponente** der Gravitationskraft, die gegen die Flugrichtung zeigt (b). Der Planet wird so lange gebremst, bis er das **Aphel** (c) erreicht. Dort stehen **v** und **F**$_G$ wieder normal und seine Geschwindigkeit ist ein Minimum. Wenn sich der Planet der Sonne wieder annähert (d), dann gibt es eine **beschleunigende Komponente**, bis er wieder das Perihel erreicht und so weiter.

Zweitens kann man den Flächensatz mit Hilfe des **Energieerhaltungssatzes** erklären. Erinnere dich: Die Energie in einem abgeschlossenen System ist immer gleich groß. Die um die Sonne kreisende Erde hat einerseits kinetische (E_k) und andererseits potenzielle Energie (E_p). Der Energieerhaltungssatz besagt nun, dass die Summe dieser beiden Energieformen immer gleich bleibt, also $E_p + E_k$ = konstant. Wenn sich die Erde auf ihrer Bahn der Sonne nähert, dann sinkt E_p ab. E_k und somit auch die Geschwindigkeit müssen daher höher werden.

→ **Info:** Gravitationsschalter

Du kannst für die potenzielle Energie aber in diesem Fall nicht die Gleichung $E_p = mgh$ verwenden. Warum? Diese Gleichung setzt ja voraus, dass sich g bei der Hebung **nicht ändert**. Das ist streng genommen zwar nie der Fall, aber auf der Erdoberfläche sind diese Änderungen so gering, dass man sie vernachlässigen kann (siehe Abb. 10.15, S. 102). Trotzdem sollte dir bewusst sein: Diese Gleichung ist nur eine **Näherungsgleichung**. Es gibt aber eine allgemeine Gleichung, die auch dem sich ändernden g gerecht wird und die man etwa zur Berechnung von Satellitenbahnen benötigt (zur Herleitung der Gleichung siehe → **F27**, S. 108).

F Formel: Hebearbeit (W_H) und potenzielle Energie (E_p)

$$W_H = E_p = m \cdot GM \left(\frac{1}{r_1} - \frac{1}{r_n} \right)$$

m ... Masse des gehobenen Objekts [m] = kg
M ... Zentralmasse [M] = kg
G ... Gravitationskonstante
G = 6,673 · 10^{-11} Nm²/kg²
r_1, r_n ... Abstand der beiden Massen vor und nach der Hebung [r] = m

→ **Info:** Mondfall
→ **Info:** Planet X | -> Seite 102

---

i Gravitationsschalter

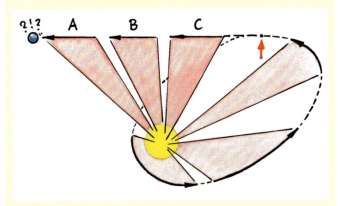

Abb. 10.14: Wenn die Gravitation im mit dem Pfeil markierten Punkt plötzlich ausgeschaltet wäre, würde der Planet tangential und mit gleich bleibender Geschwindigkeit wegfliegen.

Könnte man die **Gravitation** mit einem Klick **ausschalten**, dann wäre der Flächensatz als einziges Kepler'sches Gesetz trotzdem noch gültig (→ **F14**; Abb. 10.14). Auf Grund seiner Trägheit würde sich der Planet dann mit gleich bleibender Geschwindigkeit weiterbewegen. Die Flächen A, B und C wären immer noch gleich groß, weil Dreiecke mit gleicher Höhe und gleicher Basis die gleiche Fläche haben. **Ist das nicht sehr erstaunlich?**

i Mondfall

Mit Hilfe des Gravitationsgesetzes kann man die Kraft ausrechnen, die auf ein Objekt im Gravitationsfeld wirkt. Gleichzeitig besagt die Bewegungsgleichung, dass Kraft Masse mal Beschleunigung ist (**F** = ma). In diesem Fall ist die Beschleunigung die Erdbeschleunigung **g**. Man kann beide Gleichungen gleichsetzen und somit g für jeden beliebigen Punkt im Gravitationsfeld berechnen:

$$F = mg = G\frac{mM}{r^2} \Leftrightarrow g = \frac{GM}{r^2}$$

M ist dabei die Erdmasse (5,97 · 10^{24} kg). Diesmal nehmen wir's genau, weil wir auch einen genauen Wert für **g** ausrechnen wollen. Wenn du den Erdradius einsetzt (6,37 · 10^6 m), dann bekommst du für **g** auf Meeresniveau 9,813 m/s² (rechne nach!). Diese Zahl überrascht dich hoffentlich nicht (siehe Kap. 5.4.1)!

Um wie viel sinkt **g**, wenn man am Mount Everest ist? Gib zum Erdradius noch 8,8 km dazu und dann kommst für **g** auf 9,786. Die Änderung beträgt bloß 0,3 % (→ **F10**)! Egal, wo du auf der Erde bist, g ändert sich also nicht nennenswert (siehe Abb. 5.18, S. 39).

Der **Mond** ist im Schnitt 380.000 km von der Erde entfernt. Er ist somit rund 60-mal so weit vom Zentrum der Erde weg wie die Erdoberfläche (6370 km). Deshalb muss die Gravitation auf den Faktor 1/60² gesunken sein, also auf ein 1/3600. Der Mond fällt somit den 3600sten Teil von 5 m, das sind 1,4 mm (→ **F9**)! Was hast du getippt?

i Planet X

Nicht nur die Sonne, sondern auch **jeder Planet wirkt auf jeden anderen Planeten** ein. Genau genommen beschreibt also kein einziger Planet eine exakte Ellipse, sondern jeder wobbelt ein wenig auf seiner Bahn herum. Wenn man für Jupiter und Saturn alle diese Kräfte berücksichtigte, dann konnte man eine Bahn berechnen, die mit der tatsächlichen übereinstimmte. Der Uranus jedoch verhielt sich ziemlich seltsam und folgte nicht der berechneten Bahn (→ F15). Die Gravitationstheorie war daher in großer Gefahr!

Abb. 10.16: Neptun und Erde im Vergleich

Der Engländer ADAMS und später auch der Franzose LE VERRIER zogen, unabhängig und ohne voneinander zu wissen, eine andere Möglichkeit in Betracht: Vielleicht gab es noch einen bisher **unentdeckten** Planeten, der die Bahn des Uranus beeinflusste. Sie berechneten, wo sich dieser **Planet X** befinden müsste. Tatsächlich fand man **1846** mit Neptun einen neuen Planeten (Abb. 10.16), und das war wiederum ein Triumph für Newtons Gravitationstheorie!

Später kam es zu einem **Streit** zwischen den beiden, wer der eigentliche Entdecker war. Adams hatte die Berechnungen zwar als erster durchgeführt, LE VERRIER seine Daten jedoch als einziger an ein Observatorium weitergeleitet.

Abb. 10.15: Je stärker man die Erde vergrößert, desto weniger laufen die Feldlinien auseinander. Feldlinien, die auf Meeresniveau 1 m auseinander sind, wären am Everest 1,001 m auseinander. Auf fast 9 km nur 1 mm Unterschied ist so gut wie parallel. Das bedeutet aber wiederum, dass sich auch **g** praktisch nicht ändert.

Z Zusammenfassung

Auch bei Satellitenbahnen um die Erde gilt der Energieerhaltungssatz – der Energieerhaltungssatz gilt immer! Die Gleichung für die Hebearbeit ist allerdings in diesem Fall etwas komplizierter, weil sich ja g mit dem Abstand zur Erde ändert.

10.3 Alice und das Kaninchenloch
Satelliten

Satelliten spielen nicht nur in der Astronomie eine große Rolle, sondern auch im Alltag (z. B. für TV, Wetter, Telefon). Mehr darüber erfährst du in diesem Kapitel.

F16 S2 Als Alice durch das Kaninchenloch in das Wunderland fällt, denkt sie nach: Was würde passieren, wenn das Loch vom Nordpol der Erde zum Südpol führt (Abb. 10.17a)? Würde man am Südpol herauskommen oder in der Mitte bleiben? Und wäre es im Prinzip möglich, in einem Tunnel parallel unter der Erdoberfläche zu fliegen (b)? → L

Abb. 10.17

F17 W1 Kreis und Parabel sind Grenzformen der Ellipse! Was ist damit gemeint?

F18 W2 Es gibt eine Richtung, in die eine TV-Satellitenschüssel niemals zeigen kann. Welche ist das und warum?

F19 E2 Warum entstehen bei Telefongesprächen über große Distanzen (z. B. Übersee) so seltsame Pausen? Und wie kann man abschätzen, wie lang diese sind?

F20 S2 Frei fallende Gegenstände beschreiben Ellipsen. Das besagen die Kepler'schen Gesetze. Wieso spricht man dann aber bei einem Wurf von einer Wurfparabel?

F21 E2 Mit welchem Tempo flogen die Space Shuttles um die Erde? Und mit welchem Tempo bewegt sich der Mond um die Erde?

Abb. 10.18: Die Space Shuttles flogen ab 1981 um die Erde und wurden 2011 nach 30 Dienstjahren eingemottet.

In Abb. 10.19 siehst du mögliche Bahnen, die ein Satellit im Gravitationsfeld beschreiben kann. Gehen wir es langsam an: Wenn die Geschwindigkeit für eine Kreisbahn nicht reicht, prallt das Objekt auf der Erdoberfläche auf (a). Auch in diesem Fall bewegt sich der Gegenstand – bis zum Aufprall – auf einer **Ellipse**. Warum spricht man dann aber von einer **Wurfparabel** (→ F20; Kap. 6.2)?

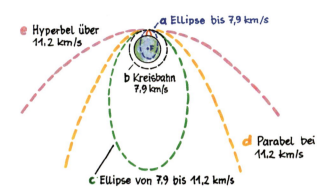

Abb. 10.19

Weil wir bei einem Wurf auf der Erde vereinfacht annehmen, dass die Erdoberfläche eben ist. Dann wandert aber der Mittelpunkt der Erde ins Unendliche und somit auch der Brennpunkt der Ellipse. Es entsteht eine Parabel (Abb. 10.20). Die **Wurfparabel ist also eine Näherung**, die im Alltag aber zur Berechnung völlig ausreicht.

Abb. 10.20: Eine Parabel ist eine Ellipse, bei der ein Brennpunkt im Unendlichen ist (→ F17). In einer Perspektive liegt der Horizont im Unendlichen und die Parabel wird daher wieder zur Ellipse.

Ab einer Geschwindigkeit von **7,9 km/s** prallt das Objekt nicht mehr auf (b). Diese Mindestgeschwindigkeit für Satelliten nennt man auch **1. kosmische Geschwindigkeit** oder Kreisbahngeschwindigkeit. Steigert man die Abschussgeschwindigkeit, ergibt sich wieder eine Ellipse (c). Der Erdmittelpunkt ist dann im näheren Brennpunkt.

→ **Info:** Tiefflieger

Steigert man die Geschwindigkeit noch weiter bis auf **11,2 km/s**, dann entsteht eine **Parabel** (d). Eine Parabel ist offen – der Satellit kommt daher nicht wieder. Diese Geschwindigkeit nennt man **2. kosmische Geschwindigkeit** oder **Fluchtgeschwindigkeit**. Diese müssen alle Satelliten mindestens haben, die in die Tiefen des Alls fliegen sollen.

i Tiefflieger

Abb. 10.21: Die Gravitation liefert die Zentripetalkraft.

Die Zentripetalkraft wird bei allen Satelliten durch die Gravitationskraft (F_G) verursacht. Wir nehmen an, dass sich der Satellit im Tiefflug befindet (g = 9,81 m/s²) und setzen F_{ZP} und F_G gleich:

$$F_{ZP} = \frac{mv^2}{r} = F_G = mg \Leftrightarrow v_1 = \sqrt{rg}$$

Wenn man für den Erdradius $6{,}37 \cdot 10^6$ m einsetzt, ergeben sich **7,9 km/s**. Diese Geschwindigkeit nennt man auch **erste kosmische Geschwindigkeit** (v_1). Diese muss man erreichen, will man in den Orbit.

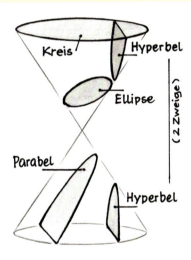

Abb. 10.22: Die Familie der Kegelschnitte

Bei noch höheren Geschwindigkeiten entsteht eine Hyperbel (e). Alle genannten Kurven gehören zu den so genannten **Kegelschnitten** (Abb. 10.22). Ist es nicht sehr verblüffend, dass sich die konkrete Natur mit im Prinzip abstrakter Mathematik berechnen lässt?

→ **Info:** Voyager I → Seite 104

Die Kreisbahngeschwindigkeit ist nur ein **theoretischer Wert**. Solche Tiefflieger werden durch die Atmosphäre gebremst und stürzen ab. Satelliten bewegen sich in einem Abstand von mindestens 300 km zum Boden (Abb. 10.25). Dort ist die Luftdichte schon vernachlässigbar gering. Soll ein Satellit höher kreisen, dann muss die Abschussgeschwindigkeit höher sein. Verblüffenderweise ist aber seine Orbitgeschwindigkeit dann geringer (Abb. 10.24 und Tab. 10.2). Das liegt daran, dass er beim Aufsteigen im Gravitationsfeld der Erde an kinetischer Energie und somit an Geschwindigkeit verliert.

Für die Navigation spielen die **GPS-Satelliten** eine große Rolle. GPS steht für **G**lobal **P**ositioning **S**ystem. Es handelt sich dabei um etwa 30 Satelliten, die in einer Höhe von 20.000 km in 6 verschiedenen Bahnen die Erde umlaufen (Abb. 10.25 und Abb. 10.26). Die Anzahl und Anordnung der Satelliten hat zur Folge, dass immer mindestens vier Satelliten überall auf der Welt zu jeder Zeit empfangen werden können. Das GPS-Gerät misst die Entfernung zu diesen Satelliten und errechnet daraus seine Position auf wenige Meter genau.

i Voyager

Will man eine Sonde wie die **Voyager** (Abb. 10.23) ins All schießen, dann muss man die **Fluchtgeschwindigkeit** (v_2) überwinden. Diese muss so groß sein, dass die Geschwindigkeit des Satelliten erst im Unendlichen auf Null gesunken ist. Dann hat sich die gesamte kinetische Energie in potenzielle umgewandelt. Man kann v_2 daher mit dem **Energieerhaltungssatz** berechnen:

$$E_k = \frac{mv^2}{2} = E_p = m \cdot GM \left(\frac{1}{r_1} - \frac{1}{r_n} \right)$$

Wenn man m wegkürzt und für $r_1 = r$, $r_n = \infty$ setzt, vereinfacht sich die Gleichung:

$$\frac{v^2}{2} = \frac{GM}{r_0} \Rightarrow v = \sqrt{\frac{2GM}{r_0}}$$

Nun berücksichtigen wir die allgemeine Form von g:

$$g = \frac{MG}{r^2}$$

und ersetzen diesen Ausdruck. Für die Fluchtgeschwindigkeit ergibt sich dann:

$$v_2 = \sqrt{2gr} = \sqrt{2}\, v_1$$

Die **2. kosmische Geschwindigkeit** ist daher genau um den Faktor $\sqrt{2}$ größer als die 1. Das gilt **generell** für alle Planeten. Bei der Erde macht v_2 **11,2 km/s** aus.

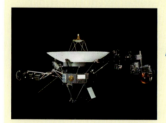

Abb. 10.23: Die Voyager 1 (siehe auch Kap. 7.2, S. 57) ist das am weitesten von der Erde entfernte Objekt, das je von den Menschen gebaut wurde.

Weiters spielen im Alltag **geostationäre Satelliten** eine Rolle (Abb. 10.25). Darunter versteht man Satelliten, die scheinbar ruhig über der Erdoberfläche stehen. Ein solcher Satellit muss zwei Dinge erfüllen: **Erstens** muss seine Flugbahn möglichst **in der Äquatorebene** der Erde liegen. Ist das nicht der Fall, pendelt er aus unserer Sicht ständig zwischen Nord und Süd hin und her (wie in Abb. 10.26). **Zweitens** muss er **genau einen Tag** um die Erde brauchen (Tab. 10.2). Das ist in einer Höhe von 36.000 km über der Erdoberfläche der Fall. Der Satellit dreht sich dann praktisch genau im Tempo der Erde und steht von uns aus gesehen still.

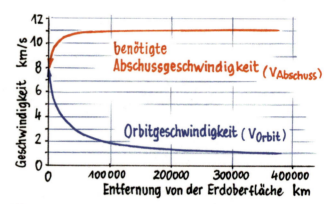

Abb. 10.24: Benötigte Geschwindigkeit beim Abschuss und Endgeschwindigkeit für die in Tab. 10.2 angegebenen Objekte. Die benötigte Abschussgeschwindigkeit nähert sich asymptotisch 11,2 km/s, also der Fluchtgeschwindigkeit.

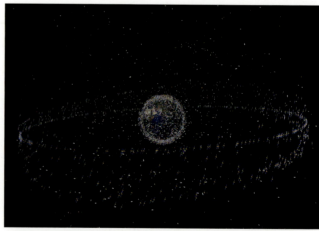

Abb. 10.25: Maßstabsgetreue Darstellung von Satellitenpositionen: Jeder der Punkte stellt einen Satelliten dar. Besonders viele befinden sich in einigen 100 km Entfernung von der Erde. Die **GPS-Satelliten** fliegen in einer Höhe von etwa **20.000 km**, die **geostationären Satelliten** in einer Höhe von **36.000 km** (siehe auch Abb. 1.12, S. 8).

Warum brauchen wir geostationäre Satelliten? Um die Satellitenantennen nicht den ganzen Tag nachjustieren zu müssen, zum Beispiel die für den TV-Empfang. Da alle geostationären Satelliten über dem **Äquator** stehen, müssen wir unsere Antennen nach Süden ausrichten (und eventuell etwas nach Westen oder Osten; → **F18**).

Auch Telefongespräche über große Distanzen laufen über geostationäre Satelliten. Das erklärt die seltsamen Pausen in den Gesprächen. Bis eine Antwort zurückkommt, muss das Signal nämlich zweimal zum Satelliten rauf und wieder runter, macht also 144.000 km. Weil die Signalgeschwindigkeit etwa 300.000 km/s beträgt, ergibt sich eine Pause von rund einer halben Sekunde (→ **F19**).

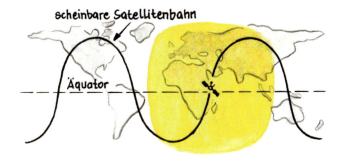

Abb. 10.26: Weil die Bahnen der GPS-Satelliten zur Äquatorebene geneigt sind, pendelt der Satellit scheinbar zwischen Nord und Süd hin und her. Im markierten Bereich ist der Satellit zu empfangen.

Objekt	h in km	$v_{Abschuss}$ in km/s	v_{Orbit} in km/s	T
„Tiefflieger"	0	7,91	7,91	84 min
Space Shuttle	300	8,08	7,73	90 min
GPS-Satellit	20.000	10,48	3,88	12 h
geostationärer Satellit	36.000	10,75	3,07	24 h
theoretischer Satellit in Mondentfernung	373.630	11,13	1,02	27 d

Tab. 10.2: zu **Abb. 10.25:** h = Höhe über der Erdoberfläche, T = Umlaufzeit um die Erde (→ **F21**).

Z Zusammenfassung

Je nach Geschwindigkeit beschreiben Satelliten verschiedene Bahnen, die alle zu den Kegelschnitten gehören. Bei hohen Geschwindigkeiten sind diese Bahnen offen – die Satelliten kehren nie wieder. Die Satelliten befinden sich mit wenigen Ausnahmen in drei Bereichen: einige 100 km, 20.000 km (GPS) und 36.000 km (geostationäre Satelliten).

10.4 Der Herr der Gezeiten
Wie Ebbe und Flut entstehen

Ebbe und Flut nennt man auch die Gezeiten. Wie diese entstehen und was die Saturnringe und Wurmlöcher damit zu tun haben, erfährst du in diesem Abschnitt.

F22 Man sagt ja, dass der Mond um die Erde kreist. Das ist
W1 nicht ganz exakt. Kannst du dir vorstellen, warum?

F23 Wenn die Gravitation des Mondes für Ebbe und Flut
S2 verantwortlich ist, warum gibt es dann auch auf der mondabgewandten Seite der Erde einen Flutberg?

F24 Kannst du dir vorstellen, was Ebbe und Flut mit den
W2 Ringen des Saturn zu tun haben?

Abb. 10.27: Saturn mit seinen imposanten Ringen

F25 In Science-Fiction-Filmen kommen ständig Wurmlö-
E2 cher vor. Was ist das und was passiert angeblich, wenn du in eines hineinfällst?

Ebbe und **Flut** nennt man auch die **Gezeiten**. Diese Gezeiten haben der Gezeitenkraft ihren Namen gegeben. Um das Prinzip dieser Kraft zu verstehen, sehen wir uns zunächst jene faszinierenden Objekte an, die die größten Gezeitenkräfte im gesamten Universum erzeugen: **Schwarze Löcher**!

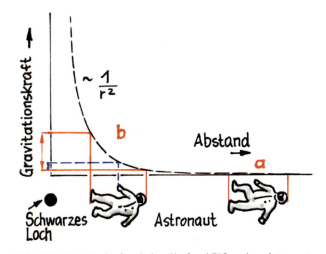

Abb. 10.28: Gezeitenkraft zwischen Kopf und Füßen eines Astronauten in der Nähe eines Schwarzen Lochs. Bei a ist der Unterschied der Anziehungskräfte noch so gering, dass man ihn nur schwer einzeichnen kann. Bei b kannst du ihn schon sehr deutlich sehen. Wäre der Astronaut nur halb so groß (blaue Linie), dann wäre die Gezeitenkraft an dieser Stelle wesentlich geringer.

Stell dir vor, du fällst in ein **Schwarzes Loch** (Abb. 10.28 a). Deine Füße sind näher zu diesem als dein Kopf und werden deshalb stärker angezogen. Je näher du kommst, desto stärker wird dieser Effekt (b). Du wirst dadurch schön langsam in die Länge gezogen. Die Kraft, die das mit dir macht, nennt man ==Gezeitenkraft. Darunter versteht man ganz allgemein, dass die Gravitationskraft an einem Objekt nicht überall gleich groß ist.==

Die Abb. 10.28 macht Folgendes deutlich: Erstens sind die Gezeitenkräfte umso stärker, **je näher** man sich bei einer Gravitationsquelle befindet. Weil man sich Schwarzen Löchern am stärksten annähern kann, haben diese daher auch die größten Gezeitenkräfte (siehe auch Abb. 10.11, S. 99). Zweitens wirken die Gezeitenkräfte auf **große Objekte** stärker als auf kleine. Das ist der Grund für die Ringe des Saturns.

Es gibt nämlich einen Abstand, unter dem jeder Körper durch die Gezeitenkräfte zerrissen wird (→ F24). Bei großen Objekten nennt man diese Grenze nach ihrem Entdecker **Roche-Grenze**. Die **Saturnringe** bestehen aus Milliarden von Brocken, die wahrscheinlich die Überreste eines bedauernswerten Mondes sind, der in diese Grenze eingedrungen ist (Abb. 10.29). Nur kleine Objekte können innerhalb existieren. Klarerweise befinden sich alle Monde unseres Sonnensystems außerhalb der Roche-Grenze. Für den **Erdmond** liegt diese bei etwa 12.000 km über der Erdoberfläche. Käme er näher, würde er zerbröseln und wir könnten einen Erd-Ring bestaunen!

→ **Info:** Gezeiten-Spaghetti

Abb. 10.29: Weil auf kleine Objekte die Gezeitenkräfte geringer wirken, können die Brocken des Saturnringes auch innerhalb der Roche-Grenze sein – nicht aber ein Mond.

Auch das **Gravitationsfeld des Mondes** ist inhomogen und erzeugt Gezeitenkräfte. Weil der Mond aber sehr weit von der Erde weg ist (siehe maßstabsgetreue Abb. 10.31 zwischen den Spalten) und eine kleine Masse hat, sind seine Gezeitenkräfte sehr gering. Sie liegen auf der Erdoberfläche bei etwa $10^{-7}\,g$, also bei bloß einem 10-Millionstel der Erdbeschleunigung. Das ist im Alltag praktisch nicht zu bemerken. Obwohl die Gezeitenkräfte des Mondes so gering sind, lösen sie verblüffenderweise **zwei riesige Flutberge** aus. Aber wieso zwei?

i Gezeiten-Spaghetti

Es wurde schon viel darüber spekuliert, ob man zwei **Schwarze Löcher** zur Reise durchs All verwenden könnte, wenn sie durch ein so genanntes **Wurmloch** in Verbindung stünden (→ F25). Dieses könnte ein Abkürzer durch den Raum sein, weil sich dieser in der Nähe von Schwarzen Löchern unendlich stark krümmt.

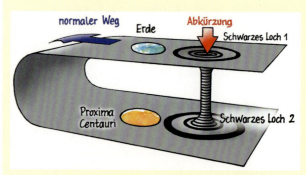

Abb. 10.30: Ein Wurmloch ist die Abkürzung durch eine höhere Dimension. In diesem Modell kürzt man den 2 dimensionalen Raum durch die 3. Dimension ab. Die Wirklichkeit hat eine Dimension mehr, aber das kann sich kein Mensch vorstellen. (Zum sonnennächsten Stern, Proxima Centauri braucht das Licht 4,24 Jahre!)

Leider würde man den Sturz durch ein Schwarzes Loch ziemlich sicher nicht überleben. Je näher man zum Zentrum kommt, desto größer werden die Gezeitenkräfte und verarbeiten den Astronauten regelrecht zu **Gezeiten-Spaghetti**. Sie reißen zuerst ihn auseinander, danach die Moleküle, die Atome, die Atomkerne und schließlich sogar die Elementarteilchen!

Damit haben wir ein Modell für die Erschaffung der Welt in umgekehrter Reihenfolge. Beim **Urknall** war die gesamte Materie auf einen winzigen Punkt verdichtet. Die Gezeitenkräfte waren in diesem Zustand so unglaublich groß, dass noch keine Elementarteilchen existieren konnten. Erst durch die Expansion des Weltalls konnten sich diese bilden.

Wenn man sagt, dass der Mond um die Erde kreist, dann ist das nicht ganz exakt (aber im Alltag natürlich vollkommen ausreichend). Mond und Erde kreisen um ihren gemeinsamen Schwerpunkt, das **Baryzentrum** (→ F22; Abb. 10.31). Der springende Punkt ist nun der: **Nicht nur der Mond, sondern auch die Erde befindet sich ständig im freien Fall.** Beide fallen innerhalb eines Monats um das Baryzentrum.

Die Gravitationskraft, die für die Kreisbahn der Erde verantwortlich ist, ist aber nicht an jedem Punkt der Erde gleich groß. Auf der dem Mond zugewandten Seite ist sie einen Deut größer als am Erdmittelpunkt, auf der dem Mond abgewandten Seite einen Deut kleiner (Abb. 10.32 a). Warum dadurch zwei Wasserbäuche entstehen, erkennst du am besten, wenn du die durchschnittliche Kraft, die auch auf den festen Erdkörper wirkt (roter Pfeil), abziehst (Abb. 10.32 b und c; → F23).

Abb. 10.31: Erde und Mond (maßstäblich)

Alles auf der Erde wird durch den freien Fall beschleunigt, aber das Wasser auf der mondnäheren Seite stärker und auf der mondfernen Seite schwächer als der feste Erdkörper selbst. Und dadurch entstehen eben zwei Flugbäuche. Ebbe und Flut sind der Beleg dafür, dass das **Gravitationsfeld** des Mondes **nicht homogen** ist. Und sie sind ein Beweis dafür, dass die Erde frei fällt, denn sonst gäbe es nur einen Flutberg auf der mondnäheren Seite.

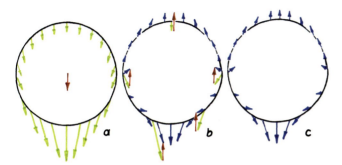

Abb. 10.32: a) Auf der mondzugewandten Seite (unten) ist die Gravitationskraft (grün) größer. Zur besseren Verdeutlichung des Effekts wurde der **Mond sehr nahe** angenommen. b) Wenn man die Kraft, die auf den KSP der Erde wirkt (rot), abzieht, bleiben die Differenzen der Kräfte übrig (blau), also die Gezeitenkräfte. An fünf Punkten ist das exemplarisch dargestellt. c) Diese Netto-Kräfte formen die beiden Flutberge der Meere.

Z Zusammenfassung

Jedes Gravitationsfeld erzeugt durch seine Inhomogenität Gezeitenkräfte. Das führt unter anderem zur Spaghettisierung in einem Schwarzen Loch, zum Zerreißen von Monden innerhalb der Roche-Grenze und, nicht ganz so dramatisch, zu Ebbe und Flut.

10.5 Planet Vulkan
Grenzen des Gravitationsgesetzes

Das Newton'sche Gravitationsgesetz hat seine Grenzen. Eine dieser Grenzen tritt in der Nähe von sehr großen Massen auf und führt uns zu Einstein und der allgemeinen Relativitätstheorie.

F26 Nimm an, du vermisst Umfang und Durchmesser der Merkurbahn mit Schnüren. Was siehst du später, wenn du die Schnüre im Ebenen auflegst: a, b oder c? Und was würde passieren, wenn du eine Planetenbahn um ein Schwarzes Loch herum vermisst?
E2

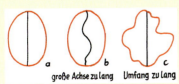

Abb. 10.33

Die Planetenbahnen werden nicht nur von der Sonne, sondern auch von den anderen Planeten beeinflusst. Deshalb folgt streng genommen keiner einer exakten Ellipse. Aus den Unregelmäßigkeiten der Uranusbahn konnte LE VERRIER die **Bahn des Neptuns** berechnen, den man 1846 tatsächlich fand. Aber auch bei der **Merkurbahn** stimmte etwas nicht. Das Perihel verschob sich nach jedem Umlauf (Abb. 10.34).

→ **Info:** Planet X | Kap. 10.2

Ein Großteil dieser **Periheldrehung** war durch die Gravitation der anderen Planten zu erklären. Es blieb aber ein unerklärbarer Rest von 0,012° über, der groß genug war, um die Astronomen nicht ruhig schlafen zu lassen. Die Ungenauigkeit mag dir winzig vorkommen, aber es ist so: Entweder stimmt eine Theorie oder nicht. Ein bisschen stimmen gibt es in der Physik nicht. Newtons Gravitationstheorie war daher wieder in Gefahr.

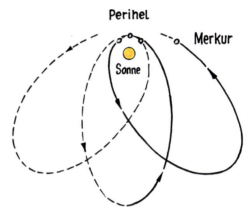

Abb. 10.34: Das Perihel des Merkur verschiebt sich bei jedem Umlauf ein klein wenig. Hier ist das sehr übertrieben dargestellt, denn tatsächlich beträgt die **Periheldrehung** nur 0,148° in 100 Jahren. Davon konnte man 0,012° nicht erklären.

LE VERRIER dachte, dass es innerhalb der Merkurbahn einen Planeten geben müsste, den er **Vulkan** nannte. Anders als beim Neptun konnte dieser vermutete Planet niemals gefunden werden, weil er nicht existiert (trotzdem gibt es Vulkanier – zumindest in der Serie „Star Trek"). Damit war aber auch Newtons Gravitationstheorie an eine Grenze gestoßen. Während sie sich im Allgemeinen glänzend bewährte, war sie in der Nähe von großen Massen nicht mehr ganz exakt. Dort konnte man die Bahnen von Planeten nicht mehr genau berechnen. Erst **1916** legte ALBERT EINSTEIN mit seiner **allgemeinen Relativitätstheorie** (ART; siehe Big Bang 8) eine neue Theorie der Gravitation vor, die mit der beobachteten Periheldrehung exakt übereinstimmte.

Eine der Kernaussagen der ART ist die, dass der **Raum** in der Umgebung einer Masse **gekrümmt ist**. Kein Mensch kann sich eine Krümmung eines 3-dimensionalen Raumes in einer 4. Dimension vorstellen. Deshalb lässt man in den Abbildungen immer eine Dimension weg und stellt sich die Krümmung eines 2-dimensionalen Raumes, also eine Ebene, im 3-Dimensionalen vor.

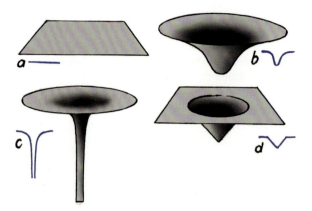

Abb. 10.35: Ebener Raum (a), Raumkrümmung in der Nähe der Sonne (b), Raumkrümmung in der Nähe eines Schwarzen Lochs (c), vereinfachtes Modell für b (d).

In Abb. 10.35 a siehst du einen Raum ohne Krümmung. Bei b siehst du ein Modell für die Raumkrümmung in der Umgebung einer kugelförmigen Masse, etwa der Sonne. Wenn du hier Umfang und Durchmesser einer Planetenbahn abmisst, dann ist der Durchmesser größer als erwartet (→ F26, Antwort b). Klar, du misst diesen ja auch durch die Mulde durch. In der Nähe eines Schwarzen Lochs wäre die Krümmung sogar unendlich stark (c). Das würde bedeuten, dass der Durchmesser unendlich groß wäre. Schwarze Löcher sind wirklich bizarre Objekte!

→ **Arbeitsbox:** Raumkrümmungstrichter

Z Zusammenfassung

Seit 1916 wissen wir, dass Newtons Gravitationstheorie nicht uneingeschränkt gültig ist. Zum Beispiel ist sie in der Nähe von großen Massen nicht mehr exakt, weil sie die Raumkrümmung nicht berücksichtigt. Exakte Berechnungen unter diesen Bedingungen kann man nur mit der Allgemeinen Relativitätstheorie durchführen.

a Raumkrümmungstrichter

Die ART ist eine wirklich sehr schwer zu verstehende Theorie. Man kann aber das Modell der Raumkrümmung um die Sonne so weit vereinfachen, dass du auch ohne Mathematik das Prinzip verstehst. Wir vereinfachen Abb. 10.35 b und stellen uns die **Raumkrümmung** in der Nähe der Sonne nicht als Mulde, sondern als **Trichter** vor (Abb. 10.35 d). Einen solchen Trichter kannst du nämlich ganz leicht selbst herstellen (Abb. 10.36). Damit kannst du die seltsame Bahn des Merkur verstehen.

Abb. 10.36: So machst du aus einer Scheibe einen Trichter.

Zeichne dazu die Ellipsenbahn des Merkur auf ein Blatt Papier oder, noch besser, auf eine Folie (Abb. 10.37). So sieht das aus, wenn der Raum flach ist.

Abb. 10.37

Der Raum um die Sonne ist aber gekrümmt. Diese Krümmung kannst du nun selbst herstellen, indem du das Blatt mit der Ellipsenbahn bis zur Sonne einschneidest (b) und daraus einen Trichter formst (c) – der in diesem Fall asymmetrisch ist. Du siehst, dass dabei die Bahn aus Abb. 10.34 entsteht. Die Periheldrehung des Merkurs ist eine Folge der Krümmung des Raums.

Abb. 10.38

Newtons Gravitationsgesetz

F27 **Wie kann man die Gleichung für die Arbeit im Gravitationsfeld herleiten (Kap. 10.2, S. 101)?** Versuche mit Hilfe des Lösungsteils Schritt für Schritt nachzuvollziehen. → L
W1

F28 Nimm an, ein Schwarzes Loch hat die 5fache Sonnenmasse (also 10^{31} kg), und deine Füße befinden sich in einem Abstand von 1000 km zum Mittelpunkt. Berechne die Kräfte, die pro kg Masse auf deine Füße und auf deinen Kopf wirken, wenn du 2 m bzw. nur 1 m groß wärst. Wie groß wären die Kräfte, wenn du auf 100 km herankommen würdest? Verwende dazu das Newton'sche Gravitationsgesetz. → L
E2

F29 Astrologiegläubige (wie Physiker) sagen oft scherzhaft, dass die Gravitation des Arztes während der Geburt stärker auf das Baby wirkt, als die der Planeten. Kann das stimmen? → L
S2

F30 Auch die anderen Planetenbahnen weisen eine Periheldrehung auf. Warum ist sie aber beim Merkur am stärksten? → L
W2

F31 Warum sind Ebbe und Flut nicht genau alle 6 Stunden? Sie sind nämlich alle 6 Stunden und 12 Minuten und verschieben sich somit relativ zur Tageszeit. → L
E2

Grundlagen zur Thermodynamik

Thermodynamik ist der wissenschaftliche Ausdruck für Wärmelehre (gr. „thermos" bedeutet warm). Im Prinzip geht es dabei um die ungeordnete Bewegung von Atomen und Molekülen. Damit lässt sich eine Vielfalt von Phänomenen erklären, etwa warum sich Gegenstände warm oder kalt anfühlen, das Verdampfen und Kondensieren, Schmelzen und Frieren, der Druck, die Diffusion, die Wärmeleitung und auch der Tau, der sich in der Früh auf einer Wiese befindet, um nur ein paar zu nennen. Von solchen Phänomenen ist in diesem und den nächsten Kapiteln die Rede.

Die **Fachausdrücke** der Thermodynamik sind dir teilweise aus dem Alltag nicht bekannt oder haben dort eine andere Bedeutung. Außerdem wird mit ein und demselben Begriff oft Unterschiedliches bezeichnet. Damit du weißt, welche genaue Bedeutung die Begriffe hier haben, sind sie in Tabelle 11.1 zusammengefasst. Sie ist zum Zurückblättern gedacht und du kannst sie momentan überspringen.

Der sinnvolle und verantwortungsbewusste Umgang mit Energie ist enorm wichtig. Fragen oder Fakten zu diesem Thema sind in den Kapiteln der Thermodynamik mit dem grünen Baum 🌳 gekennzeichnet.

Begriff	Bedeutung in diesem Buch
ungeordnete Bewegungsenergie Einheit J	jene Energie, die in der ungeordneten Bewegung der Moleküle und Atome eines Objekts gespeichert ist
innere Energie (U) Einheit J	die Summe aus ungeordneter Bewegungsenergie und Bindungsenergie der Atome und Moleküle eines Objekts
Brown'sche Bewegung	unregelmäßige Bewegung eines sichtbaren Teilchens, die durch die thermische Bewegung kleinerer, nicht sichtbarer Teilchen verursacht wird
Temperatur (T) Einheit K	ein indirektes Maß für die thermische Bewegung der Atome und Moleküle eines Objekts
Wärme (Q) Einheit J	jener Teil der ungeordneten kinetischen Energie, der bei Berührung zweier Körper von selbst überfließt
Wärmekapazität (c) Einheit $Jkg^{-1}K^{-1}$	sie gibt an, wie viel Energie notwendig ist, um 1 kg eines Stoffes um 1 °C zu erwärmen
Entropie (S) Einheit J/K	Maß für die Unordnung in einem System

Tab. 11.1: Einige Begriffe aus der Thermodynamik mit Bezeichnungen und Einheiten

11.1 Durcheinandergebrachte Bewegungsenergie
Thermische Bewegung

In diesem Abschnitt geht es gleich um eine Kernfrage in der Thermodynamik: Was passiert, wenn sich ein Gegenstand erwärmt?

F1 Energie bleibt immer erhalten, sie wandelt sich nur um (siehe Kap. 8.6, S. 77)! Wohin „verschwindet" aber die Bewegungsenergie, wenn du einen Tonklumpen auf den Boden fallen lässt (Abb. 11.2)?
W1

F2 Der schottische Botaniker ROBERT BROWN entdeckte **1827**, dass Pollenkörner in einem Wassertropfen seltsame Zick-Zack-Bewegungen ausführen (Abb. 11.1). Hast du eine Erklärung dafür?
S2

Abb. 11.1: Bahn eines kleinen Teilchens in einem Wassertropfen

F3 Gib ein Stück Zucker in eine Tasse mit kaltem bzw. heißem Wasser. Was wird passieren und warum?
E1

F4 Je höher die Wassertemperatur ist, desto sauberer wird die Wäsche (wenn man nicht aufpasst, kann sie natürlich auch einlaufen). Aber warum wird die Wäsche sauberer? Was bedeutet „warmes Wasser"?
W2

Nimm an, du lässt einen Tonklumpen auf den Boden fallen (Abb. 11.2). Dabei wandelt sich die gespeicherte Hebeenergie in **Bewegungsenergie** um (siehe Kap. 8.3, S. 71). Genau beim Aufprall ist diese am größten (b). Wenn der Tonklumpen dann ruhig am Boden liegt, sind aber sowohl Hebeenergie als auch Bewegungsenergie verschwunden (c). Weil die Gesamtenergie erhalten bleiben muss, muss eine andere Energieform um genau diesen Betrag zugenommen haben! Aber welche?

Abb. 11.2

In jedem Festkörper, jedem Gas und jeder Flüssigkeit bewegen sich Atome und Moleküle zu jeder Zeit. Diese ungeordnete Bewegung aller Teilchen nennt man **thermische Bewegung**. Auch die Teilchen im fallenden Tonklumpen führen diese ungeordnete Bewegung aus (Abb. 11.3 a, S. 110). Aber zusätzlich bewegen sich alle Teilchen gleichzeitig in eine Richtung, führen also eine geordnete Bewegung aus. Nach dem Aufprall ist diese geordnete Bewegung vollkommen verschwunden, dafür hat sich die ungeordnete Bewegung der Teilchen im Tonklumpen drinnen verstärkt: Sie schwingen schneller und stärker als vorher. Man kann auch so sagen: Die **geordnete Bewegungsenergie** des gesamten Klumpens hat sich also in **ungeordnete Bewegungsenergie** der einzelnen Teilchen umgewandelt (Abb. 11.3 b). Im Alltag sagen wir dazu: Der Tonklumpen hat sich erwärmt (→ **F1**)!

→ **Info:** Einstein und Brown

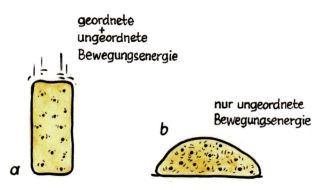

Abb. 11.3: Durch den Aufprall wird die vorher geordnete Bewegungsenergie in Unordnung gebracht.

In einem Festkörper können Moleküle nur um ihre Ruhelage oder durch Verformung schwingen. In Flüssigkeiten und Gasen können sie sich zusätzlich frei bewegen und auch noch rotieren. Aber in allen Fällen gilt: Diese Bewegungen sind **ungeordnet** und **umso schneller**, je **wärmer** etwas ist. Aus diesem Grund wird Wäsche bei hohen Temperaturen sauberer: Dann ist nämlich die thermische Bewegung der Wassermoleküle größer und sie können den Schmutz besser aus der Wäsche lösen (→ **F4**). Und auch der Zucker löst sich aus diesem Grund im heißen Wasser viel schneller auf (→ **F3**).

i Einstein und Brown

ROBERT BROWN dachte zuerst, dass er kleine Lebewesen beobachtet hätte (→ **F2**). Aber auch Ruß- und Staubkörner und sogar kleine Metallsplitter bewegten sich. Die Erklärung für dieses Phänomen liefert **1905**, also fast 80 Jahre später, kein geringerer als ALBERT EINSTEIN.

Er erkannte, dass die **Brown'sche Bewegung** der sichtbaren Partikel durch die pausenlosen Stöße der unsichtbaren Wassermoleküle verursacht wird (Abb. 11.4). Der Weg, den das sichtbare Teilchen dabei beschreibt, ist dem Zufall überlassen, und niemand kann ihn vorhersagen.

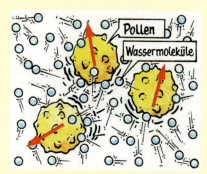

Abb. 11.4: Die großen, sichtbaren Teilchen werden von den kleinen, nicht sichtbaren Teilchen geschubst.

e Random Walk

Unter einem Random-Walk versteht man einen **Zufallsweg**. Nach diesem Prinzip kann man auch die Brown'sche Bewegung erklären. Du kannst das mit einfachen Mitteln nachvollziehen. Du brauchst nur einen Würfel und ein kariertes Blatt. Der Würfel sagt dir, in welche Richtung du den Strich von der Mitte beginnend ein Feld weiter ziehen musst: 1 nach oben, 2 nach rechts, 3 nach unten, 4 nach links. Bei 5 und 6 machst du nichts. Es ergibt sich eine **nicht vorhersagbare Bahn**, ähnlich, wie bei der Brown'schen Bewegung.

Obwohl Erwärmung also eigentlich mit der kinetischen Energie zu tun hat, die in den einzelnen Atomen und Molekülen steckt, geht ihre Berücksichtigung über den Rahmen der Mechanik hinaus. Die **Trennung von Mechanik und Wärmelehre** hat einen praktischen Grund: Ein großes Objekt hat einfach zu viele Moleküle, um jedes davon einzeln beschreiben zu können. Man kann sie nur statistisch beschreiben.

→ **Experiment:** Random Walk

Z Zusammenfassung

Geordnete kinetische Energie kann in ungeordnete kinetische Energie umgewandelt werden. Dann erwärmt sich ein Gegenstand. Die ungeordnete Bewegung seiner Teilchen nennt man die thermische Bewegung.

11.2 Eine absolute Null
Temperatur

In diesem Abschnitt geht es darum, was Temperatur eigentlich ist und wie man sie misst.

F5 / E2 Du willst eine neue Temperatur-Skala erfinden. Was brauchst du dazu, damit ein entfernter Freund ebenfalls diese Skala verwenden kann? Welche Probleme könnten dabei auftreten?

F6 / W1 Vor allem in den USA verwendet man zur Temperaturmessung die Fahrenheit-Skala (°F). Kennst du einige Richttemperaturen in °F?

F7 / W1 Wie hoch ist die Körpertemperatur des Menschen normalerweise?

F8 / W2 Eis schmilzt bei 0 °C und Wasser kocht bei 100 °C! Richtig oder falsch?

F9 / S1 Die folgende Frage klingt zwar blöd, ist aber sehr schlau, und man kann sie ganz allgemein mit nur zwei Worten beantworten: Welche Temperatur misst ein Flüssigkeitsthermometer? → **L**

Das Beispiel mit dem Tonklumpen hat gezeigt, dass in allen Gegenständen ungeordnete kinetische Energie vorhanden ist. Erhöht sich in einem Objekt diese Energie, dann sagen wir, er wird wärmer. Sinkt die ungeordnete kinetische Energie ab, dann sagen wir, er wird kälter. ==Die Temperatur ist mit der Menge an ungeordneter kinetischer Energie in einem Objekt verknüpft und ein zentraler Begriff in der Thermodynamik.==

Kalt und warm sind dir aus dem Alltag bekannt und erscheinen sehr klar zu sein. Aber unser Temperatursinn kann sehr leicht getäuscht werden. Temperaturen unter +10 °C und über +50 °C tun uns bereits weh, und es ist nicht mehr immer klar zwischen warm und kalt zu unterscheiden. Flüssiger Stickstoff (−196 °C) fühlt sich so wie kochendes Wasser an. Außerdem weißt du, wie sehr die Wärmeempfindung davon abhängt, ob man vorher hohen oder tiefen Temperaturen ausgesetzt war. Kurz: Der Körper ist zur **exakten Temperaturbestimmung** überhaupt **nicht geeignet**.

Im Laufe der Geschichte sind zahlreiche Temperaturskalen entwickelt worden. Für uns sind drei Skalen wichtig (Abb. 11.5): Die Celsius-Skala wird in den meisten Ländern verwendet. Die Fahrenheit-Skala brauchst du, wenn du mal in die USA kommst, und die Kelvin-Skala verwendet man in der Technik.

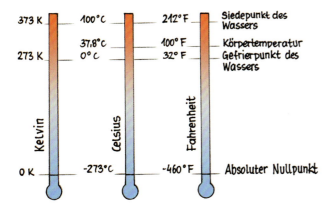

Abb. 11.5: Einige gerundete Vergleichswerte der einzelnen Temperaturskalen (→ F6). Zu den exakten Werten siehe Tab. 11.2. Die Werte gelten bei Normaldruck. **Die Temperaturdifferenzen 1 K und 1 °C sind gleich groß!**

Um eine Temperaturskala zu entwickeln, braucht man zumindest **zwei Fixpunkte**, also zwei Temperaturen, die man jederzeit an jedem Ort reproduzieren können muss (→ F5; Tab. 11.2). Dann muss man nur mehr festlegen, wie viele Grad zwischen diesen Fixpunkten bei der neuen Skala liegen. Aber der erste Punkt ist gar nicht so leicht zu erfüllen!

Fahrenheit definierte die tiefste Temperatur, die man damals mit einer Kältemischung erzeugen konnte, mit 0 °F und angeblich seine eigene Körpertemperatur mit 100 °F – hier gibt es allerdings verschiedene Versionen.

Skala	Fahrenheit	Celsius	Kelvin
Erfinder	DANIEL FAHRENHEIT	ANDERS CELSIUS	WILLIAM THOMSON („LORD KELVIN")
Jahr	≈ 1720	1742	1848
Fixpunkt 1	Kältemischung **0 °F**	Schmelzpunkt Eis **0 °C**	absoluter Nullpunkt **0 K**
Fixpunkt 2	Körpertemperatur Mensch **100 °F**	Siedepunkt Wasser **100 °C**	Tripelpunkt des Wassers **273,16 K**
sprich	Grad Fahrenheit	Grad Celsius	Kelvin

Tab. 11.2: Die drei wichtigsten Temperaturskalen im Vergleich. Bei Fahrenheit sind die historischen Fixpunkte angegeben. Der Tripelpunkt liegt bei 0,01 °C!

Fahrenheit in Celsius	°C = (°F − 32) / 1,8
Kelvin in Celsius	°C = K − 273
Celsius in Kelvin	K = °C + 273
Celsius in Fahrenheit	°F = °C × 1,8 + 32

Tab. 11.3: Die wichtigsten Umrechnungsregeln

Die Fixpunkte von **Celsius** beziehen sich auf reines Wasser. Das kann man sehr leicht überall herstellen. Der Nachteil ist allerdings, dass Schmelz- und Siedepunkt mit dem Luftdruck schwanken. Am Großglockner (3798 m) kocht Wasser bei Normaldruck bereits bei knapp 88 °C (→ F8; siehe Abb. 13.11, S. 126)! Auch der Schmelzpunkt verändert sich ein wenig mit dem Druck. Du siehst das große Problem!?

→ Info: Körpertemperatur

i Körpertemperatur

Die **Körpertemperatur** eines Menschen hängt von vielen Faktoren ab, etwa von der Außentemperatur, der Bewegung, der Ernährung oder dem Alter. Außerdem hängt sie vom **Ort** der Messung ab (z. B. Achsel, Mund oder Ohr) und sogar von der Tageszeit (→ F7; Abb. 11.6). Du siehst also, dass sich die Körpertemperatur so gar nicht als Fixpunkt eignet. Vielleicht hat Fahrenheit ja doch einen anderen Fixpunkt gewählt (z. B. Schmelzpunkt des Eises oder Siedepunkt des Wassers), wie in manchen Quellen zu lesen ist!?

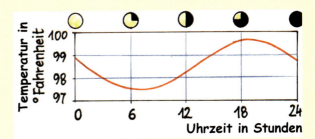

Abb. 11.6: Schematischer Tagesverlauf der Körpertemperatur. Die Körpertemperatur ist am Abend immer höher, nicht nur, wenn man Fieber hat!

Die **Kelvin-Skala** hat keine negativen Werte, weil der Nullpunkt bei der tiefsten Temperatur gewählt wurde, die es im gesamten Universum gibt: dem **absoluten Nullpunkt**. Der zweite Fixpunkt ist der sogenannte **Tripelpunkt** des Wassers, der sehr exakt zu reproduzieren ist (siehe Abb. 13.11, S. 126). ==Die Temperatur ist die fünfte Basisgröße, die du kennen lernst, und ihre Einheit ist das Kelvin== (siehe Kap. 2.1). Für uns ist es genau genug, wenn wir auf das Komma verzichten und einfach 273 abziehen, um von Kelvin auf Celsius zu kommen (siehe Abb. 11.5 und Tab. 11.3, S. 111). Die Kelvin-Skala ist somit eine nach oben verschobene Celsius-Skala.

→ **Info:** Kälter geht's nicht

i Kälter geht's nicht

Die thermische Bewegung der Teilchen nimmt zu, wenn man einen Gegenstand erwärmt, und nimmt ab, wenn man ihn abkühlt. Es muss also zwangsläufig einmal der Punkt erreicht werden, an dem theoretisch die gesamte thermische Bewegung verschwunden ist[1]. Dieser Punkt liegt bei **−273,15 °C** oder **0 K**, und man nennt ihn den **absoluten Nullpunkt**. Kälter geht's nicht!

Man kann zwar heute bis auf Milliardstel Grad an 0 K herankommen, aber erreichen kann man sie nie. Dazu müsste man die Energie abschirmen können. Z. B. erhöht jede kleinste Erschütterung die thermische Bewegung und somit die Temperatur. Wenn also im Nebenzimmer eine Fliege niest, ist's schon vorbei.

[1] Genau genommen bleibt auch bei 0 K noch etwas Bewegung über: die Nullpunktsbewegung. Sie ist eine Konsequenz der Heisenberg'schen Unschärferelation (Big Bang 7) und kann niemals entfernt werden.

Z Zusammenfassung

Die Temperatur ist ein indirektes Maß für die thermische Bewegung. Alle Fixpunkte der Temperaturskalen sind willkürlich, nur der untere Fixpunkt der Kelvin-Skala ist absolut. Deshalb spricht man dann auch von absoluten Temperaturen.

11.3 Heißer Tee und kalte Limonade
Wärme und spezifische Wärmekapazität

Aus dem Alltag kennst du den Begriff Wärme! Aber was bedeutet er physikalisch gesehen eigentlich?

F10 Nimm zwei Gläser und gieß in das eine heißen Tee und
E2 in das andere kalte Limonade. Was passiert dann mit dem Glas und mit der Flüssigkeit, wenn du eine Zeit lang wartest? Versuche den Begriff ungeordnete Bewegungsenergie zu verwenden! Nimm vereinfacht an, dass keine Energie nach außen abtransportiert wird.

F11 Im Alltag verwendet man die Begriffe Wärme und
W1 Kälte. Was könnte das physikalisch gesehen bedeuten?

F12 Im Alltag verwendet man Gasdurchlauferhitzer, bei
S2 denen das Wasser in „Echtzeit" erhitzt wird, aber fast immer elektrische Wasserspeicher! Warum macht man einen Durchlauferhitzer nicht auch elektrisch?

F13 Man unterscheidet zwischen kontinentalem und
W2 maritimem Klima! Warum macht es einen klimatischen Unterschied, ob man tief im Festland oder an der Küste lebt? → **L**

Die Temperatur ist ein indirektes Maß für die Menge der ungeordneten kinetischen Energie bzw. der Stärke der thermischen Bewegung in einem Objekt. Damit wir nicht immer zitternde Teilchen zeichnen müssen, sind ab jetzt in allen Abbildungen wärmere Gegenstände rötlich und kältere bläulich dargestellt. Abb. 11.3 (S. 110) würde dann so wie Abb. 11.7 aussehen. Je röter, desto mehr ungeordnete Bewegungsenergie (= hohe Temperatur), je blauer, desto weniger ungeordnete Bewegungsenergie (= niedrige Temperatur).

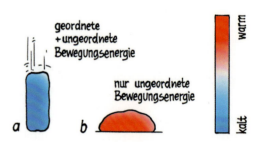

Abb. 11.7: wie 11.3, aber hier ist die Stärke der thermischen Bewegung farblich ausgedrückt. Die Erwärmung ist hier übertrieben dargestellt.

Was passiert nun, wenn sich zwei Objekte oder Substanzen mit unterschiedlicher Temperatur berühren, etwa das Wasser und das Glas (→ **F10**)? Wenn das Wasser wärmer ist als das Glas (Abb. 11.8 a), dann ist die thermische Bewegung seiner Teilchen größer. Die Wasserteilchen prallen ständig an die innere Glaswand und übertragen auf sie einen Teil ihrer ungeordneten kinetischen Energie. Die Teilchen des Glases beginnen dadurch heftiger zu schwingen. Wie viel

Grundlagen zur Thermodynamik **11**

Energie wird übertragen? So viel, bis die Temperaturen ausgeglichen und Glas und Wasser gleich warm sind (Abb. 11.8 a). Wenn du eiskaltes Wasser hineingießt (b), dann ist es umgekehrt: Das Glas gibt ungeordnete Bewegungsenergie an das Wasser ab (b).

Das führt uns zur Definition der Wärme: Wärme ist jene ungeordnete Bewegungsenergie, die bei Kontakt von einem Körper mit höherer Temperatur von selbst auf einen mit niedrigerer Temperatur überfließt! Sie trägt den Buchstaben Q und wird in Joule angegeben.

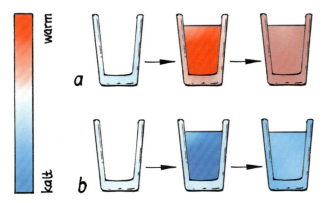

Abb. 11.8: Bei a fließt Wärme vom heißen Wasser zum kühleren Glas, bei b ist es umgekehrt.

Im Alltag unterscheiden wir zwischen Wärme und Kälte. Man sagt zum Beispiel, dass einem „die Kälte in die Knochen kriecht". Aber was passiert dabei eigentlich (→ F11)? Genau genommen kriecht nämlich die Wärme **aus** den Knochen. Denn beim Erwärmen fließt Wärme in einen Körper (+Q), beim Abkühlen aus einem Körper (−Q). Das was wir im Alltag als Einfließen von Kälte spüren, ist also eigentlich das Abfließen von Wärme.

Stoffe sind unterschiedlich erwärmbar. Man benötigt unterschiedlich viel Energie, um sie um dieselbe Temperatur zu erwärmen. Das nennt man die **spezifische Wärmekapazität** oder kurz die **spezifische Wärme**: Darunter versteht man die benötigte Energie, um 1 kg eines Stoffes um 1 °C beziehungsweise 1 K zu erwärmen. Sie trägt den Buchstaben c und die Einheit ist $J \cdot kg^{-1} \cdot K^{-1}$. In Abb. 11.9 ist die Wärmekapazität einiger Stoffe zusammengefasst.

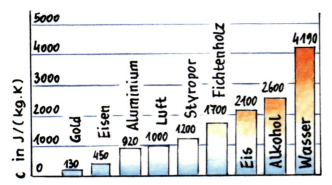

Abb. 11.9: Einige gerundete Werte für die spezifische Wärmekapazität

Wir sind nun in der Lage, einen exakten Zusammenhang zwischen Wärme und Temperaturdifferenz herzustellen:

F Formel: Zusammenhang Wärme – Temperatur

$Q = c \cdot m \cdot \Delta T$

Q … Wärme in J
c … spezifische Wärmekapazität in $J \cdot kg^{-1} \cdot K^{-1}$
m … Masse des erwärmten Objekts in kg
ΔT … Temperaturdifferenz in K

Wasser hat eine relativ **hohe Wärmekapazität** (siehe Abb. 11.9). Es kann also sehr viel Energie aufnehmen, ohne sich dabei besonders stark zu erwärmen und umgekehrt. Im Alltag ist das ein Nachteil, weil das Erwärmen von Wasser zum Kochen oder zum Baden leider sehr viel Energie benötigt.

→ **Info:** Durchlauferhitzermotorrad

Z Zusammenfassung

Wärme ist jener Teil der ungeordneten Bewegungsenergie, der von selbst bei einem Temperaturunterschied zum kälteren Ort fließt. Die spezifische Wärmekapazität gibt an, wie viel Energie man benötigt, um ein Kilogramm eines Gegenstandes um 1 °C zu erwärmen.

i 🌳 **Durchlauferhitzermotorrad**

Ein **Durchlauferhitzer** muss pro Minute 10 kg Wasser von 15 auf 50 °C erwärmen können. Sonst wäre Duschen ein lauwarmes Vergnügen. Die benötigte Energie beträgt $Q = c \cdot m \cdot \Delta T$, in unserem Fall also rund $1{,}5 \cdot 10^6$ J (rechne nach!). Leistung ist Arbeit pro Zeit (siehe Kap. 8.5, S. 74). Das macht also in diesem Fall $1{,}5 \cdot 10^6$ J/60 s = 25 kW. Das entspricht der maximalen Leistung eines Leichtmotorrads (Abb. 11.10)!

Abb. 11.10

Elektrisch wäre diese Erwärmung unmöglich, denn die Haushaltsleitungen sind auf maximal 4 kW ausgelegt – Kabelbrand wäre also vorprogrammiert. Zweitens wäre es **höchst unökologisch**, weil man dann das Stromnetz extrem ausbauen müsste. Deshalb deckt man solche Spitzenleistungen immer mit Gas ab (→ F12). Wasserspeicher brauchen nicht so hohe Leistungen und können problemlos mit Strom betrieben werden. Am besten mit Nachtstrom, das ist nämlich besonders ökologisch!

11.4 Caloricum
1. Hauptsatz der Thermodynamik

In diesem Kapitel geht es um eines der wichtigsten oder sogar um das wichtigste Gesetz der Physik: Es geht um den Energieerhaltungssatz und somit auch um den 1. Hauptsatz der Thermodynamik.

F14 Was besagt der Energieerhaltungssatz? Schau nach in Kap. 8.6, S. 77!
W1

F15 Arbeit und Energie haben die Einheit Joule. Es ist nicht ganz leicht zu verstehen, aber Arbeit und Energie sind nicht dasselbe! Was ist der Unterschied? Schlag nach in Kap. 8.1, S. 71!
W1

F16 Früher dachte man, Wärme sei eine Art Flüssigkeit, die von einem wärmeren in einen kälteren Gegenstand fließt. Versuche mal, Argumente gegen diese Theorie zu finden!
S2

Die Idee, dass Erwärmung mit der Zunahme der ungeordneten Bewegungsenergie der Teilchen eines Objekts zu tun hat, hatte man schon Ende des 17. Jahrhunderts. Es gab aber daneben die Vermutung, dass es sich bei Wärme um eine Flüssigkeit handelt, die von einem Gegenstand zum anderen fließt. Man nannte sie **Caloricum** oder **Phlogiston**! Die meisten Gelehrten am Ende des 18. Jh. vertraten diese zweite Ansicht. Die Idee der „Wärmeflüssigkeit" war ziemlich schlüssig, hatte aber eine große Schwachstelle: Man konnte mit ihr nicht erklären, wie es durch Reibung zur Wärmebildung kommen kann (→ F16).

 Innere Energie

Diese einfache Formulierung des 1. Hauptsatzes gilt, solange kein Phasenübergang stattfindet (siehe Kap. 13.4, S. 128). Denn wenn man zum Beispiel kochendem Wasser weiter Energie zuführt, dann wird es zwar verdampfen, aber die Temperatur erhöht sich nicht (siehe Kap. 12.4, S. 121). Für diese speziellen Fälle muss man den 1. Hauptsatz exakter formulieren: **Die innere Energie (U) eines Objekts kann durch Zufuhr von Arbeit (W) oder Wärme (Q) erhöht werden.** Man schreibt das so an: $\Delta U = W + Q$.

Was ist mit **innerer Energie** gemeint? Darunter versteht man die Summe der **ungeordneten Bewegungsenergie** und der **Bindungsenergie** zwischen den Teilchen in einem System. Bei kochendem Wasser führt Zufuhr von Energie dazu, dass sich die Bindungen zwischen den Wassermolekülen lösen und Dampf entsteht. Dadurch wird zwar die innere Energie insgesamt größer, aber nicht die ungeordnete Bewegungsenergie und somit auch nicht die Temperatur.

Dann müsste das Caloricum ja praktisch aus dem Nichts in die geriebenen Stoffe fließen! Das Rennen dieser beiden Hypothesen war offen, bis ROBERT MAYER **1842** den **Energieerhaltungssatz** formulierte (siehe Kap. 8.6, S. 77): **Energie kann weder erzeugt noch vernichtet, sondern nur in eine andere Form umgewandelt werden.** Wenn man die Wärme mit einbezieht, dann gelangt man zum **1. Hauptsatz der Wärmelehre.** Für die meisten Fälle gilt eine einfache und sehr verständliche Version: **Man kann die Temperatur eines Stoffes durch Arbeit oder Wärme erhöhen.** Wärme ist demnach also nichts anderes als die Übertragung von Energie!

→ **Info:** Innere Energie

Nehmen wir noch einmal den Tonklumpen her (Abb. 11.3 bzw. Abb. 11.7). Du kannst ihn erwärmen, indem du ihn immer wieder aufhebst und zu Boden fallen lässt. In diesem Fall erhöhst du die **ungeordnete Bewegungsenergie** in seinem Inneren durch **Zufuhr von geordneter Bewegungsenergie**. Durch den Aufprall kommt diese dann in Unordnung. Man kann auch sagen: Arbeit wird auf den Ton übertragen (Abb. 11.11 a). Du kannst den Tonklumpen aber auch erwärmen, indem du ihn zum Beispiel in warmes Wasser legst. In diesem Fall erhöhst du die **ungeordnete Bewegungsenergie** in seinem Inneren durch **Zufuhr von ungeordneter Bewegungsenergie** von außen. Man kann auch sagen: Wärme fließt auf den Ton über (Abb. 11.11 b).

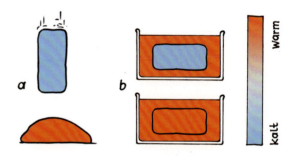

Abb. 11.11: Erhöhung der Temperatur des Tonklumpens durch Zufuhr von Arbeit durch Fallenlassen (a) oder von Wärme in einem Wasserbad (b)

Man kann es auch so formulieren: Die Menge der Joule im Universum ist konstant. Erhöhung der Temperatur bedeutet, dass sich die Joule in einem Objekt erhöhen, nämlich um die, die in der ungeordneten Bewegungsenergie stecken. Deshalb muss es bei der Übertragung von Wärme oder Arbeit zu einer Übertragung von Joule kommen. Darum ist klar, dass Wärme und Arbeit ebenfalls in Joule zu messen sind. Wärme ist also nicht der Fluss eines Caloricums, sondern der Fluss von Joule und somit von Energie.

Z Zusammenfassung

Der erste Hauptsatz der Wärmelehre ist eine Erweiterung des Energieerhaltungssatzes. Er besagt, dass Wärme – wie auch Arbeit – nichts anderes ist als die Übertragung von Energie.

11.5 Mega-unwahrscheinlich
Entropie und 2. Hauptsatz

Warum spricht man eigentlich manchmal von einer Energiekrise, wenn doch die Energie immer erhalten bleibt? Darum geht es in diesem Kapitel!

F17 Wärme fließt nur selbständig vom wärmeren zum
W2 kälteren Körper. Warum ist das so?

F18 Was spricht dagegen, dass man eine Szene wie in
S2 Abb. 11.12 in der Realität sehen kann? Und was würde gegen Abb. 8.26, S. 77 sprechen? Der Energieerhaltungssatz? Etwas anderes?

Abb. 11.12: Ein gleichmäßig warmer Pflasterstein wird von selbst oben kalt und unten warm, drückt sich vom Boden ab und springt weg.

F19 Warum vergeht die Zeit nur in eine Richtung? Warum
S2 kann man sie nicht umkehren? Warum erkennt man sofort, ob ein Film zurückgespielt wird oder nicht?

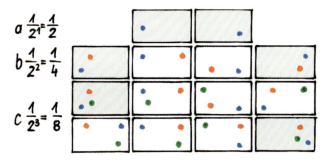

Abb. 11.13: Gas mit 1, 2 und 3 Teilchen in einer Box. Grau unterlegt ist der Zustand, in dem sich alle Teilchen in einer Hälfte befinden.

Nimm einmal an, du hast ein **Gas** mit nur **einem einzigen Teilchen** in einer Box (Abb. 11.13 a). Die Wahrscheinlichkeit, dass dieses herumflitzende Teilchen gerade in der linken Hälfte ist, beträgt 50 %, also 1/2. Bei **zwei Gasteilchen** gibt es 4 Möglichkeiten der Aufteilung (b), und die Wahrscheinlichkeit, dass beide links sind, sinkt auf 25 % oder 1/4 ab. Bei **drei Gasteilchen** gibt es 8 Möglichkeiten (c), und die Wahrscheinlichkeit liegt bei nur mehr 12,5 % oder 1/8.

Allgemein kann man sagen: Die Wahrscheinlichkeit, dass sich N bestimmte Teilchen in einer Hälfte befinden, liegt bei $1/2^N$. Bereits bei läppischen 23 Teilchen ist die Wahrscheinlichkeit, sie in einer Hälfte anzutreffen, so gering wie ein 6er im Lotto, nämlich etwa 1 zu 8 Millionen. Die Wahrscheinlichkeit, dass ein ganzes Mol eines Gases (etwa 10^{24} Teilchen) zufällig in einer Hälfte ist, liegt nur mehr bei 1 zu $10^{181284522963288121091626}$ ($\approx 10^{10^{24}}$). Was für eine Zahl!

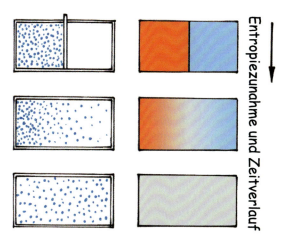

Abb. 11.14: Zwei mögliche Beispiele für die Erhöhung der Unordnung. Links verteilt sich ein Gas gleichmäßig, rechts die ungeordnete Bewegungsenergie, also die Temperatur.

In Abb. 11.14 siehst du links eine Box, die halb mit Gas gefüllt ist. Wenn man die Trennwand entfernt, dann wird sich das Gas nach einiger Zeit **gleichmäßig** verteilen. Was spricht dagegen, dass es sich wieder von selbst in der linken Hälfte sammelt? Die unglaublich geringe Wahrscheinlichkeit! Die größte **Wahrscheinlichkeit** liegt immer dann vor, wenn sich in jeder Hälfte **gleich viele** Teilchen befinden. Deshalb stellt sich dieser Zustand von selbst ein (siehe Abb. 11.15).

Man kann es auch so formulieren: Vor dem Entfernen der Trennwand befinden sich die Teilchen in größerer Ordnung als nachher – sie sind ja nur in einer Hälfte. Durch das Entfernen der Wand erhöht sich die Unordnung. ==Den Grad der Unordnung nennt man Entropie.== Man kann also auch so sagen: ==Mit dem Verteilen des Gases nimmt die Entropie zu.==

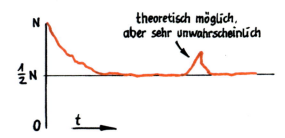

Abb. 11.15: Zu Abb. 11.14 links: Die Kurve zeigt die Anzahl der Teilchen in der linken Hälfte. Das Gleichgewicht pendelt sich bei etwa 50 : 50 ein. Es gibt Schwankungen, aber je größer sie sind, desto unwahrscheinlicher.

Ganz ähnlich verhält es sich, wenn man zwei Körper mit **unterschiedlicher Temperatur** in Kontakt bringt (Abb. 11.14 rechts). Im linken, wärmeren Objekt befindet sich mehr ungeordnete Bewegungsenergie als rechts. Nach dem Kontakt verteilt sich die ungeordnete Bewegungsenergie gleichmäßig. Beide Objekte bekommen dieselbe Temperatur. Warum? Weil dieser Zustand am Wahrscheinlichsten ist (→ **F17**)! In diesem Zustand ist die ungeordnete Bewegungsenergie am ungeordnetsten und die Entropie somit am größten.

i Zeitumkehr

Zur Zeit des Urknalls hatte das Universum den Zustand der höchsten Ordnung. Die Zeit zeigt nun aber von Richtung Ordnung in Richtung Unordnung. Die Szene in Abb. 11.12 (→ F18) oder in Abb 8.26 (S. 77) könnte zwar rein theoretisch so ablaufen, aber das ist mega-unwahrscheinlich. Um das besser zu verstehen, nehmen wir einen Spezialfall her.

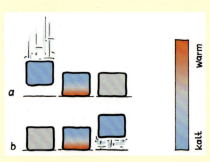

Abb. 11.16: Zeitumkehr! Wir nehmen vereinfacht an, dass der Stein keine Wärme nach außen abgibt.

Ein Stein fällt auf den Boden (Abb. 11.16 a). Beim Aufprall kommt seine geordnete kinetische Energie in Unordnung und die Temperatur an der Unterseite erhöht sich. Die Wärme breitet sich durch den ganzen Stein aus und schließlich ist er überall gleich warm. Das ist genauso, wie in Abb. 11.14 rechts. Zum Schluss befindet sich die Energie im Zustand der größten Unordnung.

Rein theoretisch wäre es nun möglich, dass die Wärme von selbst wieder hinunterfließt (11.16 b), die Teilchen auf der Unterseite **gleichzeitig** in eine Richtung schwingen und der Stein sich dadurch vom Boden abdrückt. Das würde aber eine plötzliche größere Ordnung bedeuten und ist mit der Zacke in Abb. 11.15 zu vergleichen. Je mehr Teilchen beteiligt sind, desto unwahrscheinlicher werden solche „Zeitrückläufe". Im Kleinen können noch manche Schwankungen auftreten. Das sichtbare Universum hat aber etwa 10^{80} Atome!!! Deshalb hat die Zeit im Universum nur eine Richtung!

Diese Überlegungen kann man zum **2. Hauptsatz der Wärmelehre** zusammenfassen: Ein System nimmt von selbst immer den wahrscheinlichsten Zustand an, nämlich den der größten Unordnung bzw. der größten Entropie.

Dieser abstrakte und scheinbar harmlos klingende Satz hat unglaubliche Konsequenzen für unser Universum. Er sagt nämlich allgemein, dass dieses immer mehr in Unordnung kommt. Diese Unordnung ist unumkehrbar, also **irreversibel**. Die Kurve in Abb. 11.15 kann zum Beispiel nicht mehr in die Gegenrichtung laufen. Somit gibt der 2. Hauptsatz der Zeit eine eindeutige und **nicht umkehrbare Richtung** (→ F19).

→ **Info: Zeitumkehr**

Wenn alles gleich warm ist, dann kann von selbst keine Energie mehr fließen. Es sind dann zwar noch jede Menge Joule in der ungeordneten Bewegungsenergie enthalten, aber wir haben keine Chance mehr, an diese heranzukommen und sie zu nützen. Deshalb ist diese Energie „wertlos".

Da bei jedem Übergang zwischen zwei Energieformen zwangsläufig auch ungeordnete Bewegungsenergie entsteht, wird mit der Zeit die gesamte Energie in ungeordnete Bewegungsenergie umgewandelt. Diese verteilt sich dann gleichmäßig und wird für uns somit wertlos. Das, was wir im Alltag als „Energieverbrauch" bezeichnen, ist also im Grunde eine „Energieentwertung". Die ungeordnete Bewegungsenergie ist der **Energiefriedhof**, denn früher oder später landet hier die gesamte Energie. Und von der völlig ungeordneten Energie haben wir leider nichts mehr.

Z Zusammenfassung

Der zweite Hauptsatz der Wärmelehre legt die Richtung fest, in die sich unser Universum entwickelt: Von Ordnung in Richtung Unordnung. Das führt für uns leider früher oder später zur Entwertung aller Energie.

Grundlagen zur Thermodynamik

F20 **S1** Genau genommen bleibt ein Teil der Energie in Abb. 11.2 nicht im Klumpen, sondern geht in die Umgebung über. Welchen Beleg gibt es dafür? → L

F21 **W1** Welche war die tiefste Temperatur, die Fahrenheit mit seiner Kältemischung (in °C) erzeugen konnte? Mit anderen Worten: Wie viel sind 0 °F in °C? → L

F22 **W2** 0 °C sind 273,15 K. Aber in Tabelle 11.2, S. 111 ist der Tripelpunkt von Wasser mit 273,16 K angegeben? Wo kommt dieses 1/100stel Grad her? → L

F23 **W2** Wie viel Joule ungeordnete Bewegungsenergie stecken im Wasser eines „Quadratsees" mit 1 km Seitenlänge und 150 m Wassertiefe bei 15 °C Wassertemperatur? Was könnte man damit alles machen? Rechne vereinfacht nur mit der spezifischen Wärmekapazität von Eis! → L

F24 **W2** Ein Mensch kann auf Dauer eine Leistung von 100 W abgeben. Wie lange müsste er zum Beispiel auf einem Ergometer fahren, damit er einen Liter Wasser mit 15 °C zum Kochen bringt (100 °C)? → L

F25 **S2** Versuche mal mit Hilfe des Teilchenmodells zu erklären, wie durch Reibung Wärme entstehen kann. → L

F26 **S2** Aus welcher Höhe muss ein Wassertropfen (im luftleeren Raum) fallen, damit er sich um 1 °C erwärmt? → L

12 Formen der Wärmeübertragung

Wärme fließt, ohne dass man etwas tun muss, immer von selbst zu Orten mit niedrigerer Temperatur. Das bringt für uns Menschen ein Problem mit sich: Wenn du nicht in den Tropen lebst, dann muss dein Körper den ganzen Tag heizen, damit seine **innere Temperatur** konstant bleibt. Auch in der Wohnung muss oft geheizt werden. Aber das hat letztlich ebenfalls damit zu tun, dass dein Körper nicht auskühlen soll. Sessel und Tisch wäre es egal, wenn es im Zimmer nur 5 °C hätte. Es gibt drei Möglichkeiten der Wärmeübertragung: Wärmeleitung, Wärmestrahlung und Wärmeströmung. Die ersten zwei treten bei allen Stoffen auf, Wärmeströmung gibt es nur in Flüssigkeiten und Gasen. Meistens treten mindestens zwei Effekte gleichzeitig auf. Wir sehen sie uns aber zunächst isoliert an.

12.1 Ein Kübel mit Löchern
Wärmeleitung

Unter Wärmeleitung versteht man das Ausbreiten der ungeordneten Bewegungsenergie innerhalb eines Stoffes.

F1 Verblüffend: Wenn du im Klassenraum verschiedene Materialien berührst, wirst du bemerken, dass sie sich unterschiedlich warm anfühlen (z. B. Holz wärmer und Metall kälter). Wenn sie aber schon längere Zeit im Raum sind, müssen sie Raumtemperatur haben. Wie ist das dann zu erklären?
W2

F2 Luft mit 20 °C im Wohnraum empfinden wir angenehm. Wasser mit 20 °C in der Badewanne ist sehr unangenehm. Warum? → L
W2

F3 In der Sauna hat es oft mehr als 100 °C. Warum wird man dabei eigentlich nicht zart durchgekocht? → L
W2

F4 🌱 Warum sollten elektrische Kochplatten, aber auch die Töpfe drauf, vollkommen eben sein?
W2

F5 🌱 Hat es wirklich Sinn, dass man Hausmauern um viel Geld mit einer dünnen Isolierschicht verkleidet?
W2

F6 🌱 Du verlässt an einem kalten Tag kurz deine Wohnung. Wie sparst du am besten Energie: a) Die Heizung laufen lassen, b) herunterregeln, c) abschalten. Oder ist es d) egal?
W2

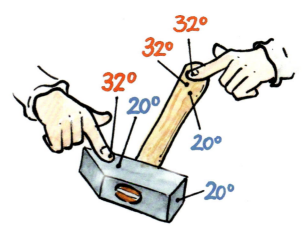

Abb. 12.1: Holz ist ein schlechter Wärmeleiter (siehe auch Tab. 12.1). Wenn du Holz berührst (rechts), dann kann die Wärme deiner Finger **nicht gut abgeleitet** werden und die Kontaktstelle erwärmt sich rasch. Metall transportiert die Wärme aber gut ab (links) und erwärmt sich nicht oder kaum an der Kontaktstelle. Deshalb fühlt es sich bei gleicher Temperatur kühler an (→ **F1**).

Dass Wärme immer in Richtung niedrigerer Temperatur fließt, kann man mit dem Teilchenmodell einfach verstehen. Hat ein einzelnes Teilchen mehr Bewegungsenergie (= eine höhere Temperatur) als die Umgebung, dann gibt es diese durch **Stöße** an seine Nachbarteilchen weiter, diese geben sie wieder an die Nachbarteilchen ab und so weiter. Die Wärme „will" sich gleichmäßig verteilen, weil das der wahrscheinlichste Zustand ist (siehe Abb. 11.14, S. 115). Wie schnell die ungeordnete Bewegungsenergie weitergegeben wird, hängt aber vom Material ab. Man spricht von **guten** und **schlechten Wärmeleitern** (Abb. 12.1).

Metalle leiten Wärme besonders gut. Das hängt mit ihrer guten **elektrischen Leitfähigkeit** zusammen (siehe Big Bang 6). Sie geben die ungeordnete Bewegungsenergie nämlich nicht nur durch Zusammenstöße ihrer Atome weiter, sondern auch durch ihre frei beweglichen Elektronen. Die Wärmeleitung von Flüssigkeiten und elektrischen Nichtleitern liegt in der gleichen Größenordnung (siehe Tab. 12.1).

Die Übertragung der Wärme vom heißeren zum kälteren Ende wird als Wärmefluss oder **Wärmestrom** bezeichnet. Wichtig: Es fließt keine Materie, sondern Energie! Der Wärmestrom gibt an, wie viel Wärme bzw. Energie pro Zeit fließt, er hat also die Dimension einer Leistung (zur Herleitung der Gleichung siehe → **F20**, S. 122).

F Formel: Wärmestrom

$$I = \frac{\Delta Q}{t} = \lambda \frac{A}{d} \Delta T$$

I … Wärmestrom [J/s]
λ … Wärmeleitfähigkeit [Wm^{-1}K^{-1}]
A … Querschnitt [m^2]
d … Wanddicke [m]
ΔT … Temperaturdifferenz [K]

Stell dir vor, du hast einen Würfel mit der Seitenlänge von 1 m (Abb. 12.2) und auf der einen Seite ist die Temperatur 1 °C höher als auf der anderen (z. B. 20 und 19 °C). Somit haben A, d und ΔT in der Gleichung den Wert 1. Die **Wärmeleitfähigkeit** λ ist dann zahlenmäßig so groß wie die Joule, die pro Sekunde von der heißen zur kalten Seite fließen. Bei Silber sind es zum Beispiel 430 J/s, bei ruhender Luft bloß 0,024 J/s. Die besten Wärmeleiter leiten also mehr als 10.000-mal so gut wie die schlechtesten (siehe Tab. 12.1 rechts)!

Stoff	λ [W/(m · K)]	relativ
Silber	430	18.000
Aluminium	205	8500
Eisen	80	3300
Haut (stark durchblutet)	0,8	33
Wasser (ruhend)	0,6	25
Haut (schwach durchblutet)	0,2–0,3	8–13
Fett	0,16	6,7
Fichtenholz	0,13	5,4
Styropor (Polystyrol)	0,035	1,5
Wolle, Federn, Fell	0,025	1
Luft (20 °C, ruhend)	0,024	1

Tab. 12.1: Absolute und gerundete relative Wärmeleitfähigkeit einiger Stoffe (bezogen auf Luft)

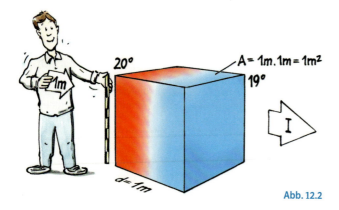

Abb. 12.2

Die Wärmeleitfähigkeit von Eisen ist rund 600-mal so gut wie die von Holz (siehe auch Abb. 12.1)! Deshalb fühlen sich Metalle bei Zimmertemperatur immer kalt an. Eisen leitet die Wärme über 3000-mal so gut wie Luft. Deshalb kostet es unglaublich viel zusätzlichen Strom, wenn alte Kochtöpfe nicht eben auf der E-Herdplatte aufliegen (→ F4)!

Allgemein gilt: Wie viel Wärme verloren geht, hängt immer von der **Fläche**, der **Wanddicke**, von der **Wärmeübertragung** des Materials und von der **Temperaturdifferenz** ab. Wenn man also Energie sparen möchte, dann muss man immer diese vier Werte optimieren.

→ **Info:** Wärme im Haushalt
→ **Info:** U-Wert, S. 119

Z Zusammenfassung

Der Wärmeverlust durch Wärmeleitung hängt von der Fläche und der Wärmeleitfähigkeit eines Stoffes ab. Außerdem ist er proportional zur Temperaturdifferenz.

i 🌳 Wärme im Haushalt

Die **Boden-, Decken- und Wandflächen** einer Wohnung lassen sich bei gleicher Wohnfläche nicht oder kaum vermindern. Man kann aber die Flächen minimieren, an denen es Wärmeverluste gibt. Ein Einfamilienhaus hat 6 Außenflächen und ist daher sehr unökologisch. Ein Reihenhaus in der Mitte hat nur 4 Außenflächen. Am besten ist natürlich eine Wohnung, die 2 oder im Idealfall sogar nur mehr 1 Außenfläche hat – besonders wohnlich ist das aber nicht!

Abb. 12.3: An den Außenflächen geht die meiste Wärme verloren: a: 6, b: 4 und c: 2 Außenflächen

Weiters kann die **Wärmeübertragung** durch Dämmstoffe vermindert werden (siehe Tab. 12.2). Beim Neubau sollte immer auf den U-Wert geachtet werden. Es zahlt sich aber auch aus, Altbauten mit Wärmedämmung nachzurüsten, weil diese Kosten nach einiger Zeit über die Energieersparnis wieder hereinkommen (→ **F5**).

Bleibt die Reduzierung der **Temperaturdifferenz**. Man kann eine Wohnung mit einem Kübel Wasser mit Löchern vergleichen, in dem man trotzdem einen konstanten Wasserspiegel halten möchte. Je höher der Wasserspiegel, desto schneller ist der Wasserabfluss und desto schneller muss auch der Wassernachschub sein. Auf die Wärme umgelegt bedeutet das: Je größer der Temperaturunterschied zwischen innen und außen ist, desto größer ist der Wärmeverlust und desto höher muss die Wärmeproduktion durch Heizen sein (Abb. 12.4).

Abb. 12.4: Je niedriger du den Wasserspiegel hältst, desto langsamer kann die Wasserzufuhr erfolgen.

Der Wärmeverlust ist proportional zur Temperaturdifferenz. Nimm an, dass es draußen 0 °C hat und drinnen 22 °C (ΔT = 22 °C). Wenn du ΔT um 10 % auf 20 °C reduzierst, dann sparst du auch 10 % der Energie. Am meisten spart man, wenn man die Heizung abschaltet (→ **F6**). Je länger du weg bist (z. B. auf Urlaub), desto sinnvoller wird diese Maßnahme. Auch ein Thermostat, der in der Nacht die Temperatur absenkt, hilft Energie zu sparen.

Formen der Wärmeübertragung 12

i 🌳 U-Wert

Mauern bestehen meistens aus verschiedenen Komponenten. Außerdem spielt manchmal nicht nur die **Wärmeleitung**, sondern auch die **Konvektion** eine Rolle (siehe Kap. 12.2). In der Praxis gibt man daher den **U-Wert** an (früher **k-Wert** genannt), in dem diese **Effekte zusammengefasst** sind. Er zeigt an, wie viele Watt pro Quadratmeter und pro Kelvin Temperaturdifferenz verloren gehen und wird von den Herstellern angegeben (siehe Tab. 12.2). **Je kleiner der U-Wert, desto besser!**

5 cm Styropor haben dieselbe Wirkung wie 1 m Beton, 40 cm Vollziegel oder 25 cm Hohlziegel (→ F5)! Isolation macht sich also sehr bezahlt! Die schlechteste Wärmedämmung haben Fenster, weil sie so dünn sind (siehe Abb. 12.12, S. 121).

Material	U-Wert [W/(m² · K)]
Doppelfenster Normalglas	2,5
Doppelfenster Thermoglas	1,3
Beton, 1 m	0,6
Ziegel voll 40 cm bzw. hohl 25 cm	0,6
Styropor 5 cm	0,6
Hohlziegel 45 cm + Styropor 5 cm	0,29
Planziegel Porotherm 50 (verputzt)	0,19

Tab. 12.2

12.2 Kerzen im Weltall
Konvektion

Der zweite Mechanismus der Wärmeübertragung ist die Konvektion. Dabei werden Wärme und Materie transportiert.

F7 Wie „funktioniert" Kleidung? Warum halten Wolle, Pelze
A2 oder Federn besonders warm? Wie müsste man einen Pelzmantel tragen, damit er noch besser warm hält? Und welcher Trick liegt in Eisbärhaaren verborgen?

F8 Warum kühlt eigentlich ein Ventilator? Er bläst dich
A2 doch nur mit Luft an, kühlt sie aber gar nicht. → L

F9 Wie kommt es zur typischen Form der Kerzenflamme?
A2 Wie wäre das in Schwerelosigkeit und warum?

F10 🌳 Ein altes Doppelfenster mit 20 cm Glasabstand
A2 isoliert viel schlechter als ein neues Doppelglasfenster mit 2 cm Abstand? Warum? Die isolierende Luftschicht ist doch 10-mal so dick?

F11 🌳 Was isoliert besser: Ein Vollziegel oder ein Hohlziegel mit vielen kleinen Lufträumen? Und warum?
A2

F12 🌳 Du kannst Wasser im Topf mit Deckel schneller zum
A2 Kochen bringen. Aber warum? Der Deckel hat bald die Temperatur des Wassers! → L

Erwärmte Gase oder Flüssigkeiten dehnen sich aus (siehe Kap. 13.1, S. 123). Ihre Dichte sinkt und sie steigen auf. Das nennt man **freie Konvektion**, und diese wird durch die Gravitation verursacht. Dabei wird Wärme transportiert und an kühlere Stelle abgegeben.

→ **Info:** Kugelrund

Konvektion hat ihre Vor- und Nachteile. Beim **Erwärmen von Wasser** ist sie enorm hilfreich, weil durch die Umwälzung die Wärme viel schneller verteilt werden kann (Abb. 12.5). Auch beim **Heizen** in der Wohnung profitiert man von diesem Effekt. Er trägt aber leider auch dazu bei, dass Wärme aus dem menschlichen Körper oder aus der Wohnung transportiert wird.

→ **Info:** Konvektionsverhinderung | -> Seite 120

Im Inneren der Erde gibt es gigantische Konvektionen des flüssigen **Magmas**, die zu einer Verschiebung der Kontinentalplatten und somit zu Erdbeben führen. Und auch die Meeresströmungen kann man als Konvektionen auffassen, etwa den mächtigen **Golfstrom** (Abb. 12.8, Seite 120). Hier spielen aber viele Ursachen eine Rolle, auch der Salzgehalt des Wassers und die Lage der Landmassen.

Abb. 12.5: Bei der Verteilung der Wärme beim Wasserkochen und beim Heizen im Wohnraum ist die Konvektion sehr hilfreich.

i Kugelrund

Die dir gewohnte Form einer **Flamme** (Abb. 12.6 links) kommt durch **Luft-Konvektion** zustande (→ F9). Die gelbliche Farbe stammt von verbrennenden Rußpartikeln. Im All gibt es keine Konvektion, die Flamme wird rund. Durch den geringeren Sauerstoffnachschub ist die Flamme wesentlich kühler und bläulich.

Abb. 12.6: Eine Flamme auf der Erde (links) und im All

Thermodynamik 119

i Konvektionsverhinderung

Wenn man die Konvektion unterbindet, ist Luft ein extrem guter Wärmeisolator (siehe Tab. 12.1, S. 118). Dass unsere **Kleidung** wärmt, liegt weniger am Material selbst, sondern an der Luft, die das Material „festhält". Deshalb ist die Wärmeleitfähigkeit von Wolle, Federn und Fell praktisch genau so klein wie die von Luft. Kleider sind Konvektionsverhinderer (→ F7). Ein **Pelz** ist dann besonders warm, wenn man ihn nach innen trägt, weil dann die Luft noch besser festgehalten wird! Eisbären können ihr Fell zwar nicht innen tragen, aber ihre Haare sind mit Luft gefüllt und somit perfekte Konvektionsverhinderer.

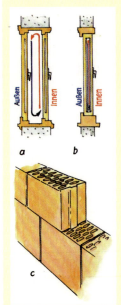

Das Prinzip der Konvektionsverhinderung wird auch beim Bauen angewendet (→ F11). Isolationsmaterialien funktionieren immer mit Hilfe von eingeschlossener Luft, die man am Zirkulieren hindert (Abb. 12.7 c). Bei einem **Doppelfenster** (a, → F10) geht durch Konvektion sehr viel Wärme verloren. In einem **Doppelglasfenster** (b) behindern einander auf- und absteigende Luft, und die Konvektion wird praktisch unterbunden.

Abb. 12.7: a) Doppelfenster, b) Doppelglasfenster und c) Hohlziegel mit eingeschlossener Luft

Abb. 12.8: Der Golfstrom ist eine riesige Konvektionswalze. Er befördert pro Sekunde 30-mal mehr Wasser als alle Flüsse der Welt zusammen. In rund 2 Stunden transportiert er so viel Energie ($2 \cdot 10^{18}$ J), wie in ganz Österreich in einem Jahr benötigt wird!

Neben der freien gibt es auch noch die **erzwungene Konvektion**. Darunter versteht man, dass die Konvektionsbewegung durch Ventilation oder Pumpen erzeugt wird. Das ist beim Wasser einer Zentralheizung oder im Kühler eines Autos der Fall. Die erzwungene Konvektion ist aber auch der wichtigste Mechanismus für den Wärmetransport aus dem Körperinneren an die Hautoberfläche (siehe Kap. 12.4, S. 121).

Z Zusammenfassung

Konvektion ist die Umwälzung von Flüssigkeiten oder Gasen. Der Auslöser ist natürlich (Gravitation) oder künstlich (Pumpe oder Ventilation).

12.3 Sichtbare Temperaturen
Wärmestrahlung

Die dritte Form der Wärmeübertragung ist die Wärmestrahlung oder thermische Strahlung. Wärmeleitung und Konvektion sind an Materie gebunden, Wärmestrahlung gibt es auch im Vakuum.

F13 A2 Sterne haben, durch das Fernrohr betrachtet, verschiedene Farben (Abb. 12.9)! Aber worin besteht der Unterschied zwischen einem roten und einem blauen Stern?

Abb. 12.9

F14 A2 In den Brennpunkten zweier Parabolspiegel befinden sich ein Eiswürfel und ein Thermometer (Abb. 12.10). Was passiert und warum? Und was wäre, wenn sich links eine glühende Kohle befände? → L

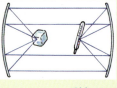

Abb. 12.10

F15 A2 Wie kalt ist es im Weltraum? Kann man dort überhaupt von einer bestimmten Temperatur sprechen?

F16 A2 Mit einer Lupe kannst du das Licht der Sonne so bündeln, dass du Streichhölzer und Papier entzünden kannst. Wie heiß kann der Punkt werden? Heißer als die Sonne? Kannst du das begründen? → L

Durch die thermische Bewegung der Teilchen eines Objekts (siehe Tab. 11.1, S. 109) entsteht **Wärmestrahlung** bzw. **thermische Strahlung**. Nur ein Objekt, das exakt 0 Kelvin hätte, würde nicht strahlen. Solche Objekte gibt es aber nicht. Deshalb kann man sagen: Jedes Objekt im Universum sendet Wärmestrahlen aus.

==Wärmestrahlen gehören zu den elektromagnetischen Wellen== (mehr in Big Bang 7). ==Sie umfassen ein breites Spektrum von Wellenlängen und besitzen ein temperaturabhängiges Strahlungsmaximum.== Je heißer das Objekt ist, desto kurzwelliger ist das Strahlungsmaximum (siehe Abb. 12.11).

Formen der Wärmeübertragung 12

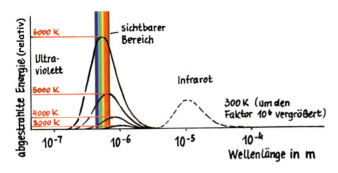

Abb. 12.11: Verteilung der Wellenlängen bei Wärmestrahlern. Bei 300 K liegt das Strahlungsmaximum weit im infraroten Bereich. Außerdem ist die Strahlung so gering, dass man die Kurve stark vergrößern muss.

Bei sehr heißen Objekten liegt das Maximum im oder in der Nähe des **sichtbaren Bereichs**. Wir können dann praktisch die Temperatur „sehen". Kühle Sterne mit einer Oberflächentemperatur von 3000 K sehen wir rot, sehr heiße Sterne mit 10.000 K oder mehr blau (→ F13). Die Sonne hat rund 6000 K. Durch die relativ gleichmäßige Mischung der Farben sehen wir sie gelbweiß.

Bei Zimmertemperatur liegt das Maximum der Wärmestrahlung weit im **infraroten Bereich** (Abb. 12.11). Deshalb sagt man zu infrarotem Licht oft Wärmestrahlung. Diese Verallgemeinerung gilt aber nur bei niedrigen Temperaturen. Die Farben der Alltagsgegenstände kommen nicht durch Wärmestrahlung, sondern durch **Reflexion** des Lichts zustande. Ihre Wärmestrahlung können wir nicht direkt sehen, aber mit speziellen Kameras sichtbar machen (Abb. 12.12). Wie viel Wärme ein Objekt durch die thermische Strahlung verliert, kann man mit einfachen Mitteln recht gut abschätzen.

→ **Info: Stefan-Boltzmann-Gesetz**

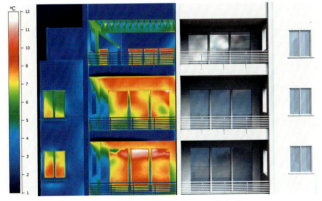

Abb. 12.12: Bei einem Wärmebild wird die Intensität der Wärmestrahlung gemessen und farbig dargestellt. Mit Wärmebildern kann man zum Beispiel sehr gut die Qualität der Isolation von Häusern überprüfen.

Z Zusammenfassung

Jedes Objekt im Universum sendet auf Grund der ungeordneten Bewegung seiner Teilchen elektromagnetische Wellen aus, die man als Wärmestrahlung bezeichnet. Die Intensität und das Strahlungsmaximum hängen von der Temperatur ab.

i Stefan-Boltzmann-Gesetz

Die abgestrahlte Wärmemenge kann man mit einem Gesetz von JOSEPH STEFAN und LUDWIG BOLTZMANN berechnen: $I = \sigma \cdot A \cdot T^4$. σ (Sigma) ist die Stefan-Boltzmann-Konstante mit dem Wert $5{,}7 \cdot 10^{-8}$ W/(m² · K⁴). Die abgestrahlte Wärme hängt also von der Fläche und von der **4. Potenz** der absoluten Temperatur ab! Die Gleichung gibt im Prinzip die Fläche unter der Kurve in Abb. 12.11 an. Wenn sich die Temperatur verdoppelt, dann steigt diese auf das 16fache! Dieses Gesetz gilt streng genommen nur für Körper, die alle elektromagnetischen Wellen absorbieren. Das trifft auf die meisten Objekte nicht zu, weil diese auch teilweise reflektieren. Der Fehler in der Abschätzung ist aber nicht besonders groß!

Ein Mensch hat eine **Hauttemperatur** von rund 32 °C (305 K) und eine **Hautfläche** von etwa 1,5 m². Nackt strahlt er daher mit 740 W (rechne nach). Das Weltall hat eine Wärmestrahlung, die einem Objekt mit bloß 3 K entspricht (→ F15). Es strahlt daher nur mit rund 10^{-5} W zurück – zu vernachlässigen. Im Weltall würde man also pro Sekunde 740 J Wärme verlieren. Das wäre noch viel schlimmer als ein Bad in eiskaltem Wasser! Ein Raum mit 20 °C (293 K) strahlt aber den Menschen mit 630 W an. In diesem Fall beträgt der Nettowärmeverlust nur 110 W!

12.4 Wirklich eine Schnapsidee
Wärmehaushalt von Lebewesen

Menschen bzw. Säugetiere im Allgemeinen sind gleichwarme Lebewesen. Ihr Organismus funktioniert nur dann gut, wenn die Kerntemperatur relativ konstant bleibt. Deshalb ist Temperaturregulation für uns extrem wichtig.

F17 Durch das Trinken von Alkohol kann man die Körpertemperatur erhöhen! Stimmt das?
A2

F18 Das Anfressen eines Winterspecks hat für einen Bären einen doppelten Vorteil! Welchen?
A2

F19 Warum hat ein afrikanischer Elefant größere Ohren als ein indischer? Und warum hatte das artverwandte Mammut so kleine Ohren? → L
A2

afrikanischer Elefant indischer Elefant Mammut

Abb. 12.13

Die Kerntemperatur eines Menschen liegt bei etwa 37 °C. Kerntemperaturen unter 25 °C oder über 42 °C sind für uns tödlich. Der maximale Spielraum beträgt also 17 °C. Die

Konstanthaltung der Kerntemperatur ist nur möglich, wenn Wärmeproduktion und Wärmeaufnahme mit der Wärmeabgabe im Gleichgewicht stehen.

Die **Wärmeproduktion** erfolgt bei Ruhe großteils über die inneren Organe (Abb. 12.14). Das nennt man den Grundumsatz, und er beträgt Pi mal Daumen 6000 kJ oder 60 % des Gesamtumsatzes. Bei körperlicher Aktivität steigt die Wärmeproduktion kurze Zeit auf ein Vielfaches an und erfolgt dann hauptsächlich in der Muskulatur. Der Tagesenergiebedarf (Gesamtumsatz) eines Menschen liegt bei rund 10.000 kJ.

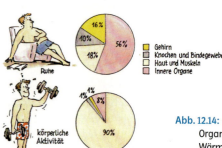

Abb. 12.14: Relativer Anteil der Organe an der Wärmebildung bei Zimmertemperatur

Die erzeugte Wärme wird durch **Wärmeleitung**, vor allem aber durch den Blutstrom (erzwungene Konvektion) an die Hautoberfläche transportiert. Das Unterhautfettgewebe ist nämlich nicht nur ein wichtiger Energiespeicher, sondern auch ein guter Wärmeisolator (→ F18; Tab. 12.1, Kap. 12.1, S. 118). Die **Haut** kann aber ihre Temperatur verändern (Abb. 12.15). Sinkt die Kerntemperatur unter den Sollwert, ziehen sich die Blutgefäße zusammen und die Haut kühlt ab. Dadurch kann der Wärmeverlust gedrosselt werden.

Alkohol erhöht die Hautdurchblutung. Man hat dann zwar das subjektive Gefühl der Erwärmung, die Kerntemperatur sinkt aber vor allem bei tiefen Lufttemperaturen weiter ab (→ F17). Alkohol aus dem Fässchen eines Bernhardiners zum Aufwärmen eines Halberfrorenen ist eine wirkliche Schnapsidee – und kann im schlimmsten Fall tödlich enden.

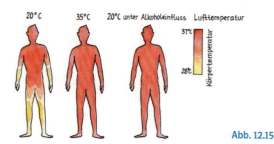

Abb. 12.15

An der Hautoberfläche wird die Wärme durch vier Mechanismen abgegeben: **Wärmeleitung** durch die Umgebungsluft, **Konvektion**, **Wärmestrahlung** und durch **Verdunstung** von Schweiß. Wie groß der jeweilige Anteil ist, hängt aber von sehr vielen Faktoren ab (siehe Abb. 12.16).

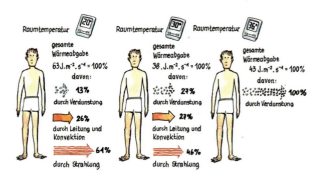

Abb. 12.16: Wärmeabgabe in Ruhe und nackt bei verschiedenen Lufttemperaturen

---

Formen der Wärmeübertragung

F20 Wie kann man die Gleichung für den Wärmestrom (Kap. 12.1) herleiten? Versuche mit Hilfe des Lösungsteils Schritt für Schritt nachzuvollziehen. → L
A2

F21 Wenn man eine sehr heiße Suppe mit einem Silberlöffel isst, mag das elegant sein, hat aber einen großen Nachteil! Welchen? → L
A2

F22 🌳 In jeder Küche gibt es zwei Geräte, die sehr gut wärmeisoliert sind. Welche sind das? → L
A2

F23 Warum ist der Begriff „Kühlung" streng genommen eigentlich nicht korrekt? → L
A2

F24 Warum brennen breiartige Speisen oft an, wenn man den Herd stärker aufdreht? → L
A2

F25 🌳 Wie musst du den Herd aufdrehen, damit du beim Erhitzen von Wasser möglichst wenig Energie verbrauchst? Wie musst du den Herd einstellen, wenn du das Wasser am Kochen halten möchtest? → L
A2

F26 Was versteht man unter Fieber? Warum bekommt man Kältezittern und Schüttelfrost, kurz bevor das Fieber losgeht? Warum bekommt man Schweißausbrüche, wenn man ein fiebersenkendes Mittel schluckt? → L
A2

F27 Eine Hauswand mit 3 m x 5 m besteht aus 45 cm Hohlziegeln und 5 cm Styropor. Drinnen hat die Wand 20 °C, draußen −15 °C. Wie viel Wärme geht pro Tag durch diese Wand verloren? → L
A2

F28 Ein ausgewachsener Blauwal wird über 30 m lang und hat eine Oberfläche von rund 500 m². Seine Kerntemperatur beträgt 37 °C und seine Haut hat 5 °C. Welche Heizleistung muss sein Organismus aufbringen, wenn seine Fettschicht 30 cm dick ist? → L
A2

F29 Ein Silberlöffel liegt mit einem Ende in einer heißen Suppe (90 °C), der Stiel befindet sich in der Luft (20 °C). Wie groß ist der Wärmefluss durch den Stiel? → L
A2

122 Thermodynamik

13 Ausdehnung, Diffusion und Phasenübergänge

Man unterscheidet drei Zustände bzw. Phasen, in denen sich Materie befinden kann: **fest, flüssig und gasförmig**. In diesem Kapitel geht es zuerst um zwei Phänomene, die in allen Phasen auftreten, nämlich Ausdehnung und Diffusion. Und dann geht es um die spannenden Phasenübergänge, also zum Beispiel Schmelzen, Frieren oder Verdampfen. Besonders genau werden wir uns die Phasen von **Wasser** ansehen, weil diese Substanz für unser Alltagsleben und „das Leben" allgemein so wichtig ist. Sie ist gewissermaßen die blaue Eminenz.

13.1 Wächst der Eiffelturm im Sommer?

Ausdehnung durch Erwärmung

Wenn man einen Stoff erwärmt, dann dehnt er sich aus. Das hat auch eine historische Bedeutung, weil nach diesem Prinzip die ersten Thermometer funktionierten.

F1 W2 Glas und Alkohol dehnen sich bei Erwärmung aus. Warum steigt dann die Säule in einem Thermometer bei Erwärmung überhaupt an?

F2 S2 Füllt man heißes Wasser in ein normales Glas, dann bekommt es einen Sprung. Warum? Springen dicke oder dünne Gläser leichter? Und was ist Quarzglas?

F3 W1 Bügeleisen, Wasserkocher, Filterkaffeemaschinen und elektrische Sicherungen haben etwas gemeinsam! Was?

F4 S2 Stimmt es, dass die Höhe des Eiffelturms mit der Temperatur schwankt?

F5 E2 Bei riesigen Schrauben, die besonders fest sitzen müssen, etwa beim Brückenbau, werden die Muttern vor dem Aufschrauben erhitzt. Warum? → **L**

Mit wenigen Ausnahmen dehnen sich Stoffe aus, wenn man sie erwärmt. Davon merken wir aber meistens nichts, weil dieser Effekt wirklich gering ist. Beispiele für die relativen **Längen-** und **Volumenausdehnungen** siehst du in Tab. 13.1 Wenn etwa ein 1 m langer Stahlstab um 100 °C erwärmt wird, dann nimmt seine Länge nur um rund 1 mm zu, also um 1 ‰ (rechne nach!). Die relative Volumenausdehnung ist etwa 3-mal so groß wie die Längenausdehnung. Das kann man mit Hilfe eines Würfels gut veranschaulichen (Abb. 13.1). Flüssigkeiten dehnen sich um den Faktor 10 bis 100 stärker aus als Festkörper. Das ist gut so, denn sonst würde sich die Flüssigkeitssäule in einem **Thermometer** ja gar nicht verändern (→ **F1**).

Wenn du **heißes Wasser** in ein normales Glas gießt, dann kommt es zu einem enormen Temperaturgefälle in der Glaswand. Das Glas dehnt sich unterschiedlich stark aus – knacks (→ **F2**, Abb. 13.2 a + b). Dünne Gläser springen dabei überraschenderweise weniger leicht, weil sich die Wärme schneller gleichmäßig verteilt und so die mechanischen Spannungen verschwinden (c). Für hohe Temperaturen verwendet man **Quarzglas**, das aus fast reinem Siliziumdioxid (SiO_2) besteht. Es dehnt sich etwa um den Faktor 20 weniger stark aus als normales Glas (siehe Tab. 13.1).

Material	α, relative Längenausdehnung pro Grad	γ, relative Volumenausdehnung pro Grad
Luft und N_2-Gas	–	$3{,}7 \cdot 10^{-3}$
Quecksilber	–	$0{,}18 \cdot 10^{-3}$
Alkohol	–	$1{,}1 \cdot 10^{-3}$
Wasser	–	$0{,}2 \cdot 10^{-3}$
Zink	$3{,}6 \cdot 10^{-5}$	$10{,}8 \cdot 10^{-5}$
Stahl	$1{,}2 \cdot 10^{-5}$	$3{,}9 \cdot 10^{-5}$
Beton	$0{,}7\text{–}1{,}3 \cdot 10^{-5}$	$2{,}1\text{–}3{,}9 \cdot 10^{-5}$
Glas	$0{,}9 \cdot 10^{-5}$	$2{,}7 \cdot 10^{-5}$
Quarzglas	$0{,}05 \cdot 10^{-5}$	$0{,}15 \cdot 10^{-5}$

Tab. 13.1: Relative Ausdehnungen einiger Materialen. Um auf den absoluten Wert zu kommen, musst du mit der Temperaturdifferenz und dem Ausgangswert multiplizieren. Es gilt: $\gamma \approx 3\alpha$.

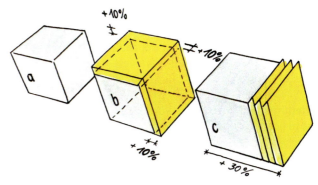

Abb. 13.1: Angenommen, die Seiten eines Würfels dehnen sich durch Erwärmen um 10 % aus (a + b). Das Volumen erhöht sich dann um den farbig markierten Teil. Wenn du diese drei Flächen an eine Seite des ursprünglichen Würfels stellst (c), siehst du, dass die Volumenausdehnung ziemlich exakt 30 %, also das 3fache der Längenausdehnung beträgt. Nur ein kleiner Rest steht über.

Abb. 13.2: Wenn du kochendes Wasser in ein Glas mit Zimmertemperatur füllst, dann beträgt das Temperaturgefälle in der Glaswand 80 °C. Innen dehnt sich das Glas um rund 0,7 ‰ in der Länge aus, außen gar nicht. Quarzglas dehnt sich nur um 0,035 ‰ aus.

Bei einer **Zentralheizung** muss man die Ausdehnung des Wassers berücksichtigen. Jede Anlage braucht ein Expansionsgefäß, damit bei Erwärmung der Druck in den Rohren nicht zu groß wird (Abb. 13.3 links). Bei **Brücken** wird zumindest ein Ende beweglich gelagert, damit die Wärmeausdehnung keinen Schaden anrichtet (Abb. 13.3 rechts). Bei **Stromleitungen** muss der Durchhang im Sommer entsprechend groß sein, damit im Winter die Leitungen und somit auch die Masten nicht zu stark belastet werden.

→ **Info:** Eiffelturm und Co

Die Wärmeausdehnung kann aber auch sehr nützlich sein. Ein Beispiel sind die schon erwähnten **Flüssigkeitsthermometer**. Im Haushalt sehr praktisch sind aber auch **Bimetallstreifen**, die sich, wie schon der Name sagt, aus zwei verschiedenen Metallen zusammensetzen, etwa Zink und Eisen. Zink dehnt sich bei Erwärmung 3-mal so stark aus (Tab. 13.1), und deshalb verbiegt sich der Streifen. Die Stärke dieser Verbiegung hängt von der Temperaturerhöhung ab (Abb. 13.4). Deshalb kann man einen Bimetallstreifen als Thermometer und auch als Thermostat verwenden. Bimetallstreifen befinden sich daher in Bügeleisen, Wasserkochern, in der Warmhalteplatte von Kaffeemaschinen und in Sicherungen (→ F3; Abb. 13.5).

i Eiffelturm und Co

Zentralheizung: Nimm an, dass die Heizungsanlage mit 400 l gefüllt ist, die beim Einfüllen 10 °C hatten. Im Betrieb bekommt das Wasser bis zu 85 °C. Es benötigt also ein zusätzliches Volumen von $0{,}2 \cdot 10^{-3} \cdot 75 \cdot 400$ l = 6 l. Das Expansionsgefäß sollte immer doppelt so groß sein wie die aufzunehmende Wassermenge, in diesem Fall also 12 l (Abb. 13.3 links).

Eiffelturm: Der Eiffelturm in Paris ist aus Stahl und rund 330 m hoch. Bei einer Temperaturdifferenz von 40 Grad zwischen Winter und Sommer beträgt seine Längenänderung $1{,}2 \cdot 10^{-5} \cdot 40 \cdot 330$ m, also rund 16 cm (→ F4). Beim Eiffelturm ist das egal. Aber auch bei Brücken tritt dieser Effekt auf – auch wenn sie aus Beton sind (siehe Tab. 13.1). Deshalb haben Brücken zumindest auf einer Seite eine bewegliche Lagerung (Abb. 13.3 rechts).

Abb. 13.3: Links: Expansionsgefäß einer Zentralheizung
Rechts: Rollenlager am Ende einer Brücke

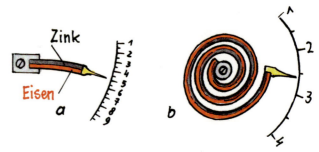

Abb. 13.4: a) Prinzip eines Bimetallthermometers: Um den Effekt zu erhöhen, nimmt man eine Spirale (b).

Abb. 13.5: Prinzip der Wärmeregelung mit einem Bimetallstreifen: a) Der Stromkreis ist geschlossen, die Lampe erwärmt den Streifen. b) Der Streifen hat sich durch Erwärmung verformt, der Stromkreis wird unterbrochen.

Z Zusammenfassung

Erwärmte Körper dehnen sich aus. Obwohl dieser Effekt selbst bei großen Temperaturschwankungen nur sehr gering ist, muss man ihn in der Technik trotzdem berücksichtigen. Man kann ihn aber im Alltag auch nutzbringend einsetzen.

13.2 In der Todeszone
Diffusion

In vielen Fällen vermischen sich verschiedene Stoffe von selbst, ohne dass man nachhelfen muss. In diesem Abschnitt hörst du warum, und dass es für unser Überleben extrem wichtig ist.

F6
A2 Wenn du einen Teebeutel in Wasser gibst, dann verbreiten sich die Inhaltsstoffe von selbst in der Tasse. Warum eigentlich? Und wie hängt dieser Vorgang von der Temperatur ab?

F7
A2 Ab einer Höhe von etwa 7000 m spricht man von der Todeszone. Dort kann man auch in Ruhe nur kurze Zeit ohne Sauerstoffmaske verbringen, bevor man stirbt. Aber warum? Pro m³ Luft ist immer noch so viel Sauerstoff da, dass man damit eigentlich 2 Stunden auskommen müsste!

F8
A2 Warum bekommt man in Gummistiefeln nach kurzer Zeit Schweißfüße? Was ist der Unterschied zu Lederschuhen? Und was versteht man unter „atmungsaktiven Materialien"? → L

Ausdehnung, Diffusion und Phasenübergänge 13

Die Inhaltsstoffe des Tees werden durch die Wassermoleküle herumgeschubst und verteilen sich deshalb (→ F6). Es ist exakt so wie bei den Pollen des Herrn BROWN (Abb. 11.4, S. 110). Wie schnell sich die Stoffe im Wasser verteilen, hängt von der Geschwindigkeit der Wassermoleküle und somit von der Wassertemperatur ab (Abb. 13.6). Wenn sich ein Stoff von selbst gleichmäßig verteilt, spricht man von Diffusion.

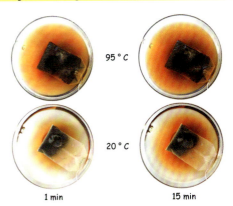

Abb. 13.6: In heißem Wasser erfolgt die Diffusion schneller. Auch die Konvektion (Kap. 12.2, S. 119) spielt eine wesentliche Rolle. Die Temperatur bezieht sich auf den Zeitpunkt des Eingießens.

Was spricht dagegen, dass sich die Inhaltsstoffe wieder von selbst in den Teebeutel zurückbewegen? Was spricht also gegen eine Zeitumkehr? **Die unglaublich geringe Wahrscheinlichkeit!** Die größte Wahrscheinlichkeit liegt generell bei einer gleichmäßigen Verteilung vor, egal ob es sich dabei um die Ausbreitung eines einzelnen Stoffes handelt (Abb. 13.7 a), die Vermischung von zwei Stoffen (c) oder den Ausgleich von Temperaturen (b). Man kann es auch so sagen: Bei der Vermischung durch Diffusion erhöht sich die **Entropie**. Ein System „will" immer den Zustand der größten Entropie einnehmen, weil das der wahrscheinlichste Zustand ist (siehe auch Kap. 11.5, S. 115).

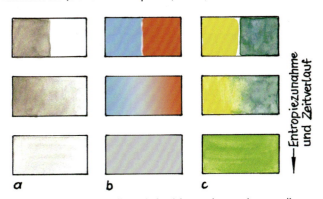

Abb. 13.7: In allen drei Fällen erhöht sich von oben nach unten die Entropie und somit die Wahrscheinlichkeit. a) Ein Gas expandiert; b) Wärme verteilt sich; c) zwei Gase vermischen sich.

Oft erfolgt die Diffusion durch eine „Membran", also eine dünne, durchlässige Schicht, die zwei Bereiche trennt. Diese Membran kann zum Beispiel das Leder eines Schuhs sein, durch das der Wasserdampf der Füße entweicht, oder eine Zellmembran im menschlichen Körper, durch die Sauerstoff, Salze oder Wasser diffundieren.

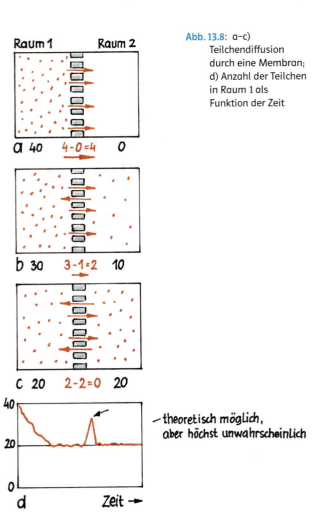

Abb. 13.8: a–c) Teilchendiffusion durch eine Membran; d) Anzahl der Teilchen in Raum 1 als Funktion der Zeit

Nehmen wir ein einfaches Beispiel mit „Hausnummern" (Abb. 13.8 a): 40 Teilchen, die sich zu Beginn in Raum 1 befinden. Pro Sekunde „schlüpft" auf Grund der thermischen Bewegung jedes zehnte Teilchen durch die Membran. Wir beobachten in einer Sekunde daher 4 Teilchen, die sich durch die Membran nach rechts bewegen. Die **Diffusionsrate** beträgt **4 Teilchen pro Sekunde**.

Kurz später befinden sich in Raum 1 nur mehr 30 Teilchen (b). In einer Sekunde bewegen sich drei Teilchen nach rechts und eines nach links. Die Diffusionsrate beträgt nur mehr **2 Teilchen pro Sekunde**. Wenn sich die Teilchen gleichmäßig verteilt haben (c), dann bewegen sich im Schnitt gleich viele Teilchen pro Sekunde nach links und rechts. Die Diffusionsrate ist daher **im Schnitt null**. Es kommt zwar immer wieder zu Abweichungen von diesem Gleichgewicht, aber je größer diese sind, desto unwahrscheinlicher sind sie (d).

An diesem Beispiel siehst du, dass die Diffusionsrate vom **Konzentrationsunterschied** in den beiden Räumen abhängt. Das spielt im menschlichen Körper eine große Rolle, zum Beispiel bei der Atmung. Und du siehst auch, dass trotz eines Teilchengleichgewichts jede Menge Grenzverkehr an der Membran stattfindet (Abb. 13.8 c). Es handelt sich also um ein **dynamisches Gleichgewicht**.

→ **Info:** Todeszone | Seite 126

Diffusion tritt nicht nur in Gasen und Flüssigkeiten auf, sondern auch in **Festkörpern**. Kohlenstoffdioxid (CO_2) kann zum Beispiel durch Gummi diffundieren und Wasserstoff durch Stahl.

i Todeszone

Auch der Sauerstoff gelangt durch Diffusion in unser Blut. Die **Luftröhre** fächert sich bis zu den **Lungenbläschen** (Alveolen) auf, die nur mehr rund 0,2 mm groß sind (Abb. 13.9). Um jedes Bläschen liegen feine Blutgefäße. Der Sauerstoff gelangt durch Diffusion durch die Wände der Alveolen und Blutgefäße ins Blut – und das CO_2 auf umgekehrtem Weg heraus.

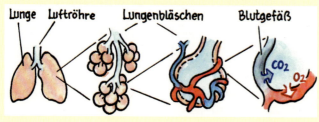

Abb. 13.9

Wie schnell der Sauerstoff ins Blut diffundiert, hängt vom Konzentrationsunterschied (bzw. vom Druckunterschied) des Sauerstoffs in Luft und Blut ab. Mit zunehmender Höhe sinkt der Sauerstoffdruck (siehe Abb. 13.10). Der Abfall in der Luft erfolgt aber stärker als der im Blut. Dadurch verringert sich die Geschwindigkeit der Diffusion. Das Problem in der Todeszone liegt also nicht nur an der „dünnen Luft", sondern auch in der dadurch hervorgerufenen verlangsamten Diffusion (→ F7).

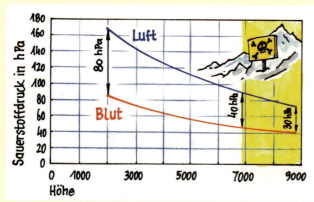

Abb. 13.10: In 2000 m Höhe beträgt der Druckunterschied noch über 80 Hektopascal (hPa), bei 7000 m Höhe sind es knapp 40 hPa, am Mount Everest (8848 m) nur mehr 30 hPa (siehe auch Tab. 13.3, Kap. 13.6, S. 131).

Z Zusammenfassung

Durch Diffusion verteilen sich Stoffe gleichmäßig, weil das der wahrscheinlichste Zustand ist. Die Diffusionsrate hängt vom Konzentrationsunterschied ab. Ist dieser null, dann herrscht ein dynamisches Gleichgewicht.

13.3 Ein nicht normaler Stoff
Phasendiagramme

Hier geht es um die Zustandsformen von Wasser und darum, dass es ein außergewöhnlicher Stoff ist. Dieser Eigenschaft haben wir es zu verdanken, dass Eiswürfel in einem Getränk schwimmen.

F9 Bei wie viel Grad kocht Wasser am Mars?
A2

F10 Wasser weist zwei sehr ungewöhnliche Eigenschaften
A2 auf? Welche sind das?

F11 In einem randvollen Wasserglas schwimmt ein
A2 Eiswürfel. Was passiert mit der Wasseroberfläche, wenn der Eiswürfel schmilzt? a) Steigt sie, b) fällt sie oder c) bleibt sie gleich? Und kannst du das begründen? → L

F12 Im Winter können auf Straßen Frostaufbrüche
A2 entstehen. Was versteht man darunter und wie kommen diese zustande?

F13 Was ist der genaue Grund, warum man mit Schlitt-
A2 schuhen auf Eis so gut gleiten kann?

F14 In einer Leuchtstoffröhre oder einer Energiespar-
A2 lampe befindet sich Plasma. Was ist das?

Stoffe kommen im Wesentlichen in drei verschiedenen Zustandsformen vor: fest, flüssig und gasförmig. Man spricht von den **Phasen** eines Stoffes. In welcher Phase er sich befindet, hängt von Temperatur und Druck ab, und das kann man in einem Diagramm darstellen. In Abb. 13.11 a siehst du das **Phasendiagramm** von Wasser.

→ Info: Plasma

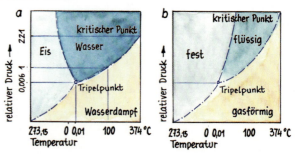

Abb. 13.11: a) Phasen des Wassers in Abhängigkeit von Temperatur und Druck. Zur besseren Übersicht sind die Achsen um den Tripelpunkt sehr stark gedehnt. Der Druck ist relativ aufgetragen, 1 entspricht dem Normaldruck; b) Phasendiagramm ohne Anomalie (etwa bei CO_2)

Im Diagramm siehst du drei voneinander abgetrennte Bereiche. Spannend wird es dort, wo einander zwei Bereiche berühren. Entlang dieser Kurven können nämlich **zwei Phasen gleichzeitig** existieren: bei Normaldruck und 0 °C Eis und Wasser, bei 100 °C Wasser und Wasserdampf.

Ausdehnung, Diffusion und Phasenübergänge 13

i Plasma

Gas kann noch in einer weiteren Form auftreten, die man auch als vierte Zustandsform bezeichnet: das Plasma! Darunter versteht man ein Gas mit sehr vielen freien Ladungsträgern. **Natürliches Plasma** kommt unter anderem im Inneren aller Sterne vor, in Flammen, Blitzen oder im Polarlicht (Abb. 13.12).

Künstlich erzeugtes Plasma befindet sich zum Beispiel in Leuchtstoffröhren, Energiesparlampen und in Plasma-Bildschirmen. In diesem Fällen wird das Gas durch einen Stromfluss in den Plasma-Zustand gebracht und somit zum Leuchten angeregt. (→ F14).

Abb. 13.12

Wenn der Luftdruck sinkt, dann wird die Schmelztemperatur von Eis etwas höher und die Siedetemperatur von Wasser deutlich niedriger – ein Problem bei der Eichung von Thermometern (siehe Kap. 11.2, S. 110). Die drei Linien laufen beim **Tripelpunkt** zusammen. Dieser liegt bei 0,01 °C und 0,6 % des normalen Luftdrucks. Wenn diese Bedingungen gegeben sind, dann können Eis, Wasser und Wasserdampf **gleichzeitig** existieren!

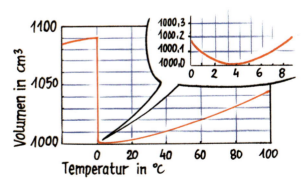

Abb. 13.13: Volumen von 1 Kilogramm Wasser bei unterschiedlichen Temperaturen. Zwischen 4 °C und 0 °C dehnt sich das Wasser wieder geringfügig aus (etwas über 0,01 %; siehe Vergrößerung). Beim Frieren nimmt das Volumen um rund 9 % zu.

Wenn man also im Labor diese Bedingungen erzeugt und in einem Gefäß alle drei Phasen des Wassers vorkommen, kann man sicher sein, dass die Temperatur bei 0,01 °C liegt, und somit die Kelvin-Skala eichen (siehe Tab. 11.2, S. 111). Am Mars beträgt der atmosphärische Druck rund 0,06 bis 0,1 % des Normaldrucks der Erde. Am Mars würde daher Wasser bereits knapp über 0 °C zu sieden beginnen (→ F9). Verblüffend!

i H_2O unter der Lupe

Ein **Wasserstoffatom** besitzt nur ein Elektron, ein **Sauerstoffatom** sechs auf der äußeren Schale. Nun sind aber zwei bzw. acht Außenelektronen besonders stabile Zustände. In einem **Wassermolekül** (H_2O) teilt sich deshalb das Sauerstoffatom mit jedem der beiden Wasserstoffatome je ein Elektron. Auf diese Weise bekommt jeder, was er gerne hätte (Abb. 13.14 a). Weil das Sauerstoffatom die Elektronen stärker anzieht, ist die Ladungsverteilung im Molekül nicht gleichmäßig. Man spricht von einem polaren Molekül (b).

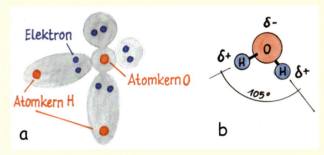

Abb. 13.14: a) Orbitale und Außenelektronen eines Wassermoleküls; b) Vereinfachte Darstellung mit Ladungsverteilung (δ ist ein kleines griechisches Delta). Bei den H-Atomen überwiegt die positive Ladung, beim O die negative.

Weil ungleichnamige Ladungen einander anziehen, kann es zwischen Wasserstoff und Sauerstoff **zweier verschiedener Moleküle** zu einer Bindung kommen. Das nennt man eine **Wasserstoffbrücke**. Bei einem Eiskristall (Abb. 13.15) führen diese Brücken zu einer regelmäßigen, sechseckigen Anordnung der Wassermoleküle. Dadurch entstehen kleine Zwischenräume, und deshalb ist die Dichte von Eis geringer als die von Wasser. Weil die Bildung dieser Anordnung schon einige Grad über null beginnt, dehnt sich das Wasser bei Abkühlung unter 4 °C wieder aus.

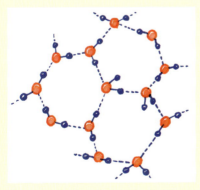

Abb. 13.15: Struktur des Eiskristalls. Die Wasserstoffbrücken sind strichliert eingezeichnet.

Thermodynamik 127

Stoffe ziehen sich normalerweise zusammen wenn sie abkühlen. Wasser dehnt sich aber zwischen 4 °C und 0 °C wieder aus. Außerdem vergrößert sich das Volumen beim Frieren (siehe Abb. 13.13; → F10). Beide Eigenschaften sind generell für Stoffe sehr selten. Deshalb spricht man von der Anomalie (Abweichung von der Normalität) des Wassers. Der Grund dafür liegt in der besonderen Form des Wassermoleküls.

→ Info: H_2O unter der Lupe

Die Anomalie hat zur Folge, dass Eis auf Wasser schwimmt. Weiters spielt sie bei der **Verwitterung** im Gebirge eine Rolle. Das Wasser kriecht in die Ritzen eines Steins und kann diesen beim Gefrieren richtiggehend sprengen. Wenn eine Straße nicht gut gebaut ist, dann passiert mit dem Belag dasselbe. Man spricht dann von **Frostaufbrüchen** (→ **F12**).

Würde Eis absinken, dann könnte ein **See** bei sehr tiefen Lufttemperaturen durch die einsetzende Konvektion ganz einfrieren. So bildet sich aber an der Oberfläche eine gut isolierende Eisschicht, und das Wasser mit der größten Dichte (4 °C) sinkt auf den Grund (Abb. 13.16). Dadurch können die Wassertiere auch im Winter überleben.

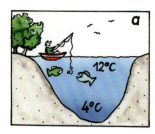 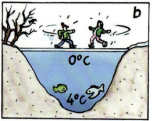

Abb. 13.16

13.4 Bleiorakel und Eisblockmann
Latente Wärme

Die Zufuhr von Wärme erhöht immer die innere Energie, sie muss aber nicht zwangsläufig die Temperatur erhöhen. Darum geht es in diesem Abschnitt.

F15 Was besagt der 1. Hauptsatz der Wärmelehre? Und
W1 was versteht man unter dem Begriff „innere Energie"? Lies nach in Kap. 11.4, S. 114!

F16 In Österreichs Haushalten passiert es jeden Tag
S2 Millionen Mal: Wasser wird Energie zugeführt, aber es wird trotzdem nicht wärmer! Wie kann das sein?

F17 Wofür braucht man mehr Energie: Um Wasser zum
S2 Kochen zu bringen oder um dieselbe Menge vollständig zu verdampfen?

F18 Bleigießen ist ein alter
W1 Orakel-Brauch zu Silvester. Heute verwendet man Zinn, weil Blei giftig ist. Aber warum gerade Blei oder Zinn?

F19 Bevor es elektrische
S2 Eiskästen gab, gab es Eisblockverkäufer (Abb. 13.17). War das überhaupt sinnvoll? Schmilzt das Eis nicht viel zu schnell?

Abb. 13.17: Ein Eisblockverkäufer um 1950

Die Anomalie des Wassers sieht man auch im **Phasendiagramm** (Abb. 13.11 a, S. 126). Wenn man den Druck erhöht und Eis komprimiert, dann erhöht man seine Dichte – es muss daher schmelzen. Deshalb geht die Trennlinie zwischen Eis und Wasser vom Tripelpunkt nach links oben. Bei Stoffen ohne Anomalie geht sie aber nach rechts (b). Durch Erhöhen des Drucks kann man also Eis zum Schmelzen bringen (Abb. 13.19 a, S. 130). Dass der Druck der Kufen von Eislaufschuhen ausreicht, um diesen Effekt auszulösen, stimmt aber nicht. Es dürfte so sein, dass die Eisoberfläche immer „flüssig" ist, weil die obersten Wassermoleküle nur schwach miteinander verbunden sind. Auch die Reibungswärme spielt eine Rolle (→ **F13**).

Z Zusammenfassung

In einem Phasendiagramm kann man darstellen, bei welcher Temperatur und welchem Druck das Wasser fest, flüssig oder gasförmig ist. Wasser weist eine Dichteanomalie auf, die auf Wasserstoffbrückenbildung zurückzuführen ist.

Normalerweise erhöht sich die Temperatur, wenn man einem Stoff Wärme zuführt. Das ist aber **nicht immer** der Fall. Wenn du Wasser erwärmst, dann steigt die Temperatur so lange, bis es zu kochen anfängt (bei Normaldruck bei 100 °C). Wenn du weiter Energie zuführst, bleibt aber die **Temperatur** so lange **konstant**, bis das gesamte Wasser verdampft ist (→ **F16**). Ganz ähnlich ist es beim Schmelzen. Auch hier bleibt die Temperatur so lange konstant, bis das gesamte Eis geschmolzen ist (Abb. 13.18). Wie kann man das erklären?

Im festen Zustand haben die Wassermoleküle eine **stärkere Bindung** als im flüssigen und im flüssigen Zustand wiederum eine stärkere Bindung als im gasförmigen. Um Wasser von einer Phase in eine andere zu bringen, muss gegen diese Bindungskräfte Arbeit verrichtet werden. Die zugeführte Wärmeenergie führt daher nicht zu einer Erhöhung der Temperatur, sondern zum Auflösen der Verbindungen zwischen den Wassermolekülen. Weil es sich dabei um eine **Erwärmung ohne Temperaturerhöhung** handelt, spricht man von der verborgenen bzw. **latenten Wärme** (in Abgrenzung zur „fühlbaren" Wärme).

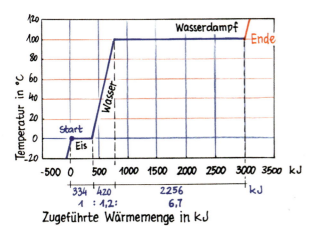

Abb. 13.18: Benötigte Wärme, um 1 kg Eis von 0 °C vollständig zu verdampfen. Zunächst muss man 334 kJ zuführen, um das Eis zu schmelzen. Um das Wasser von 0 °C auf 100 °C zu erwärmen, sind 420 kJ notwendig. Um das Wasser vollständig zu verdampfen, benötigt man sogar 2256 kJ (siehe Tab. 13.2)!

Um einen Stoff zu schmelzen oder zu verdampfen, benötigt man **Schmelzwärme** bzw. **Verdampfungswärme**. Umgekehrt wird beim Erstarren oder Kondensieren **Erstarrungswärme** bzw. **Kondensationswärme** frei. In Tab. 13.2 siehst du Beispiele für einige Stoffe. Eis hat eine sehr hohe Schmelzwärme. Um 1 kg Eis zu schmelzen und um 1 kg Wasser von 0 °C auf 80 °C zu erwärmen, ist gleich viel Energie nötig (siehe Abb. 13.18). Selbst in einem voll aufgedrehten Backrohr würde es 45 Minuten dauern, bis der Block in Abb. 13.17 geschmolzen ist. Die Verdampfungswärme ist aber noch um einiges größer! Um 1 kg Wasser zu verdampfen benötigt man fast 7-mal so viel Energie, wie zum Schmelzen von 1 kg Eis (Abb. 13.18, → F17).

→ **Info:** Eisblock

Warum ist die Verdampfungswärme fast immer wesentlich höher als die Schmelzwärme? Nach dem Schmelzen berühren die Teilchen noch ihre nächsten Nachbarn. Beim Verdampfen aber wird die Kopplung zwischen den Teilchen praktisch aufgehoben, und dazu ist mehr Energie notwendig.

Stoff	Schmelzwärme bzw. Erstarrungswärme kJ/kg	Verdampfungswärme bzw. Kondensationswärme kJ/kg	spez. Wärmekapazität kJ/(kg · K)
Eis	334	–	2,1
Wasser	–	2256	4,2
Wasserdampf	–	–	1,9
Eisen	268	6364	0,47
Zinn	59	2450	0,22
Blei	23,2	921	0,13

Tab. 13.2: Spezifische Wärmekapazität und Wärmemenge für Phasenübergänge (siehe Abb. 13.18). Blei und Zinn haben einen sehr niedrigen Schmelzpunkt und eine sehr geringe Schmelzwärme und eignen sich daher gut zum „Bleigießen" (→ F18). Beachte, dass die spezifische Wärmekapazität für Eis, Wasser und Wasserdampf unterschiedlich ist. Die Werte gelten für Normaldruck.

i Eisblock

Der Eisblock in Abb. 13.17 hat 25 kg. Die benötigte Schmelzwärme beträgt daher 334 kJ · 25 ≈ 8,4 · 10⁶ J. Zum Schmelzen sind also über 8 Millionen Joule notwendig! Ein Backrohr hat eine maximale Leistung von 3000 W. Es liefert also pro Sekunde 3000 Joule Wärme. Zum Schmelzen des Eisblocks sind daher 8,4 · 10⁶/(3 · 10³) Sekunden notwendig, also 2800 Sekunden oder rund 45 Minuten. Du musst also den Block eine Dreiviertelstunde bei vollem Saft in der Röhre lassen, bis er ganz geschmolzen ist. Du kannst dir somit vorstellen, dass ein Eisblock bei Zimmertemperatur recht lange durchhält (→ F19).

Z Zusammenfassung

Bei Phasenübergängen wird die zugeführte Energie dazu benötigt, um die Bindungsenergie zu überwinden. Daher kommt es zu keiner Temperaturerhöhung. Man spricht von latenter Wärme.

13.5 Schmelzende Anoraks
Schmelzen und Erstarren

In diesem Abschnitt sehen wir uns Beispiele für den Übergang zwischen fester und flüssiger Phase genauer an.

F20 Wenn im Frühjahr Obstbäume und Weinreben
S2 austreiben, tritt häufig noch Frost auf. Um die jungen Triebe vor dem Erfrieren zu bewahren, besprüht man sie mit Wasser, das sehr rasch gefriert (Abb. 13.21). Was hat das für einen Sinn?

F21 Wenn auf den Straßen Glatteis droht, dann wird
S2 manchmal das Salzstreuverbot aufgehoben. Aber warum kann man mit Salz Glatteis eigentlich verhindern?

Den Übergang von der festen zur flüssigen Phase nennt man **schmelzen**, den von der flüssigen zur festen Phase **erstarren** oder **frieren**. Die Phasenübergänge können entweder durch Veränderung des Drucks, der Temperatur oder einer Kombination von beidem ausgelöst werden. Bei einem Stoff mit Anomalie wie Wasser kann man durch Druckerhöhung eine Verflüssigung erzeugen, bei einem Stoff ohne Anomalie durch Drucksenkung. Der Grund liegt in der Lage der Phasengrenze (Abb. 13.19).

Um einen Eiswürfel mit 0 °C zu Wasser mit 0 °C zu schmelzen, muss **Schmelzwärme** zugeführt werden. Das bedeutet umgekehrt, dass beim Gefrieren von Wasser zu Eis Wärme frei wird, die **Erstarrungswärme**.

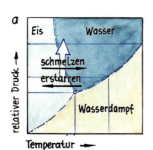 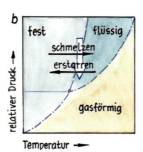

Abb. 13.19: Übergang zwischen fester und flüssiger Phase bei Wasser und einem Stoff ohne Anomalie. Der weiße Pfeil zeigt an, wie es durch Druckveränderung zum Schmelzen des Stoffes kommt.

Sie ist zahlenmäßig genauso groß wie die Schmelzwärme. Diesen Effekt nützt man in Frostnächten beim Besprühen von Obstbäumen aus (→ **F20**; Abb. 13.21). Das gefrierende Wasser erzeugt Erstarrungswärme, die an die Blüten abgegeben wird. Zusätzlich ist der Eismantel ein sehr guter Isolator und schützt vor weiterem Absinken der Temperatur. Die Erstarrungswärme wird aber auch bei **Bekleidung** ausgenutzt.

→ **Info:** Phase-Change-Material

i Phase-Change-Material

In den 1960er-Jahren wurde von der NASA eine Technologie für die Anzüge der Astronauten entwickelt, bei der man Schmelz- und Erstarrungswärme nutzt. Man spricht von der **PCM-Technologie** („phase change material") bzw. von **Latentspeichermaterialien**. PCMs können große Wärmemengen aufnehmen und abgeben, ohne dabei ihre Temperatur wesentlich zu verändern.

Abb. 13.20: Elektronenmikroskopische Aufnahme von PCM-Kapseln im Stoff eines Anoraks

Bei Kleidung funktioniert das zum Beispiel so: Im Stoff sind Millionen mikroskopisch kleiner Kapseln (Abb. 13.20), die mit **Paraffinwachs** gefüllt sind. Hat der Körper überschüssige Wärme, geht diese auf das Wachs über und es schmilzt. Das PCM speichert dabei Wärme, ohne dass es sich erwärmt. Wenn es kälter wird, dann erstarrt das PCM und gibt die Erstarrungswärme wieder an den menschlichen Körper ab. Das PCM kühlt also bei Hitze und wärmt bei Kälte.

Jacken, die nach diesem Prinzip funktionieren, wurden ab 1990 vom Militär eingesetzt. Aber auch Zivilpersonen können inzwischen **Anoraks, Unterwäsche, Schuhsohlen** oder **Handschuhe** mit dieser Technologie kaufen. Weil es PCMs mit völlig verschiedenen Schmelztemperaturen gibt, kann man sie auch als Baustoffe, zur Kühlung bei Organtransporten (−20 °C) oder zum Warmhalten beim Catering (+80 °C) verwenden.

Nur reines Wasser gefriert bei 0 °C. Wenn man Salz in Wasser auflöst, dann sinkt der Gefrierpunkt ab. Die von den Ionen des gelösten Salzes festgehaltenen Wassermoleküle werden dann nämlich gehindert, ein Eiskristallgitter aufzubauen. Diesen Effekt macht man sich beim Salzstreuen im Winter zu Nutze

Abb. 13.21: Ausnutzung der Erstarrungswärme und der Wärmeisolation von Eis

(→ **F21**). Herkömmliches Kochsalz eignet sich für Temperaturen bis −10 °C. Das Salz ist aber für Pflanzen und Tiere schädlich. Deshalb gibt es ein Streuverbot, das nur bei extremer Witterung aufgehoben wird.

Z Zusammenfassung

Den Übergang vom festen in den flüssigen Zustand und zurück nennt man schmelzen bzw. erstarren. Die beim Schmelzen gespeicherte latente Wärme wird beim Erstarren wieder frei. Salzwasser hat eine tiefere Gefriertemperatur als reines Wasser.

13.6 Turbokochtopf
Verdampfen und Kondensieren

In diesem Abschnitt sehen wir uns Beispiele für den Übergang zwischen flüssiger und gasförmiger Phase genauer an.

F22 Du misst die Siedetemperatur von Wasser am Meer, am Mont Blanc, am Mount Everest und in einem Stollen tief unter der Erde. Wie verändert sich die Siedetemperatur mit der Seehöhe und warum?
W1

F23 🌳 Wie funktioniert ein Druckkochtopf?
W2

F24 Die Wasserlacken nach einem Regen verschwinden nach einiger Zeit. Wohin? Das Wasser kocht ja nicht?
S2

F25 Der Schweiß ist dazu da, um uns zu kühlen. Aber wie funktioniert das eigentlich genau?
S1

F26 Was versteht man unter Tau (Abb. 13.22), Nebel und Smog, und wie entstehen sie?
W1

F27 Wenn du eine Packung Milch aus dem Eiskasten nimmst und ins Zimmer stellst, dann bildet sich nach kurzer Zeit außen ein Wasserfilm. Wo kommt dieser her? → **L**
W2

Abb. 13.22: Tau auf einer Wiese

Ausdehnung, Diffusion und Phasenübergänge 13

Den Übergang von der flüssigen zur gasförmigen Phase nennt man **Verdampfen**, den von der gasförmigen zur flüssigen **Kondensieren** (Abb. 13.23). Die Phasenübergänge können durch Veränderung von Druck und/oder Temperatur ausgelöst werden. Du siehst im Diagramm, dass mit zunehmendem Druck die Siedetemperatur des Wassers steigt und umgekehrt. Einige exakte Werte sind in Tab. 13.3 zusammengefasst.

relativer Druck	Siedetemperatur	Höhe und Beispiel
0,33	70 °C	8848 m, Mount Everest
0,56	84 °C	4810 m, Mont Blanc
1	100 °C	0 m, Meeresniveau
2	120 °C	−5500 m, Druckkochtopf

Tab. 13.3: Beispiele für Druck, Siedetemperatur und Seehöhe

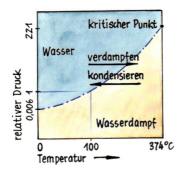

Abb. 13.23: Übergang zwischen fester und flüssiger Phase. Das Diagramm ist ein Ausschnitt von Abb. 13.11 a - die Achsen sind um den Tripelpunkt gedehnt.

Nun verändert sich aber der **Luftdruck** mit der **Seehöhe** und damit auch die Siedetemperatur des Wassers. Am Mont Blanc kocht das Wasser bei 84 °C und am Mount Everest sogar schon bei 70 °C (→ **F22**, Tab. 13.3). Deshalb ist es auf hohen Bergen sehr schwer, bestimmte Speisen durchzukochen, etwa Kartoffeln. In einem Stollen 5500 m unter der Erdoberfläche würde die Siedetemperatur bei 120 °C liegen. Solche Verhältnisse liegen in einem Druckkochtopf vor.

→ **Info:** Turbokochtopf

Warum verändert sich die Siedetemperatur mit dem **Druck** (→ **F22**)? Beim Sieden steigen aus dem Wasser dampfgefüllte Blasen auf (Abb. 13.24). Eine solche Blase kann nur entstehen, wenn der Druck im Inneren mindestens so groß ist wie außen. Je größer der Druck über der Wasseroberfläche ist, desto größer muss auch der Druck in den Dampfblasen sein, und dafür ist eine höhere Temperatur notwendig.

Abb. 13.24: Eine riesige Gasblase steigt aus dem Inneren eines Geysirs auf.

i 🌳 Turbokochtopf

Bei einem **Druckkochtopf** (→ **F23**) kann man den Deckel luftdicht verschließen (Abb. 13.25 c), damit der Wasserdampf nicht entweicht. Dadurch erhöht sich beim Sieden der Druck auf etwa den **doppelten Normalwert** und die **Siedetemperatur** auf 120 °C (bei zu hohem Druck öffnet sich ein Sicherheitsventil). Obwohl die Temperaturerhöhung absolut gesehen nur 5 % ausmacht (von 373 K auf 393 K), verkürzt sich die Kochdauer um etwa **50 %**. Das hat nicht nur mit der höheren Siedetemperatur zu tun, sondern auch mit dem geringeren Wärmeverlust durch die fast eingeschränkte Konvektion. Das spart natürlich jede Menge Energie!

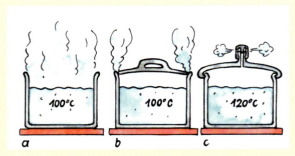

Abb. 13.25: a) Viel Dampf und somit Wärme gehen verloren; b) mit Deckel schon besser; c) ideal!

Wenn der Druck den 221fachen Normalwert erreicht, siedet Wasser erst bei 374 °C! Dort liegen der **kritische Punkt** bzw. die **kritische Temperatur** (T_k). Wird die Temperatur nämlich noch größer, dann verschwindet der Dichteunterschied zwischen Wasser und Wasserdampf, und man kann nicht mehr zwischen flüssig und gasförmig unterscheiden (Abb. 13.26).

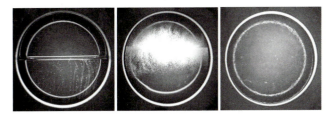

Abb. 13.26: Links kannst du deutlich zwischen flüssig und gasförmig unterscheiden. Wird die **kritische Temperatur** überschritten, verschwindet die Grenzfläche (rechts).

Den Übergang von flüssig zu gasförmig nennt man allgemein Verdampfen. Man unterscheidet aber zwischen **Sieden** und **Verdunsten**. Zum Sieden ist immer eine ganz bestimmte Temperatur notwendig (siehe Abb. 13.23 und Tab. 13.3). Verdunsten ist bei **jeder Temperatur** möglich, bei der ein Stoff flüssig ist. Das Wasser in einer Regenlacke kann also auch bei 1 °C verdunsten. Wie ist das möglich (→ **F24**)?

Die Temperatur ist ein indirektes Maß für die thermische Bewegung der Atome und Moleküle (siehe Kap. 11.2, S. 110). Wenn man es genau nimmt, müsste man aber sagen: „… für die **mittlere** thermische Bewegung"! Die Teilchen haben nämlich unterschiedliche Geschwindigkeiten, und es gibt auch ganz langsame und ganz schnelle. Die schnellsten können soviel Bewegungsenergie besitzen, dass sie die Anziehungskraft der anderen Moleküle überwinden und die Flüssigkeit verlassen. Das nennt man dann verdunsten. Weil dabei die schnellsten Teilchen die Flüssigkeit verlassen, sinkt in ihr nach und nach die mittlere Teilchengeschwindigkeit und damit auch die Temperatur (Abb. 13.27).

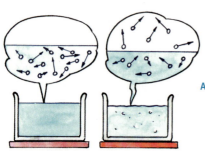

Abb. 13.27: Weil die schnellsten Teilchen die Oberfläche verlassen, sinkt die Temperatur.

Deshalb kann man durch Verdunsten Kühlung erzeugen. Nach diesem Prinzip funktioniert der Schweiß! Ein Liter verdunsteter Schweiß entzieht dem Körper eine Energie von 2256 kJ (siehe Tab. 13.2, S. 129). Das reicht theoretisch aus, um ihn um rund 7 °C abzukühlen (→ F25)!

Das Gegenteil von Verdampfen ist **Kondensieren**. Bei welcher Temperatur der Wasserdampf kondensiert, hängt von der **relativen Luftfeuchtigkeit** ab. Diese gibt das Verhältnis der tatsächlich vorhandenen Wasserdampfmenge zur maximal aufnehmbaren Menge in Prozent an. Dem Maximum, also 100 %, entsprechen bei Zimmertemperatur rund 17 Gramm Wasserdampf pro m³ Luft, bei 0 °C nur mehr 4,8 g/m³ (Abb. 13.28). Je wärmer die Luft, desto mehr Wasserdampf kann sie also aufnehmen.

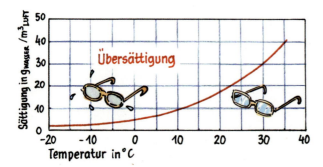

Abb. 13.28: Die Kurve gibt 100 % relative Luftfeuchtigkeit in Abhängigkeit der Temperatur an.

Durch das Abkühlen der Luft steigt daher die relative Luftfeuchtigkeit an. Werden 100 % überschritten, dann kondensiert ein Teil des Wasserdampfs. Auf diese Weise entsteht etwa der **Tau** auf der Wiese, wenn in der Nacht die Luft abkühlt (Abb. 13.22; → F26). Auch **Nebel** ist nichts anderes als kondensierter Wasserdampf, quasi eine am Boden aufliegende Wolke (Abb. 13.29). Die Kondensation wird durch Staub- und Rußteilchen verstärkt. Deshalb entsteht bei starker Luftverschmutzung eine Mischung aus Nebel, Rauch- und Rußteilchen – der Smog.

Abb. 13.29: Nebel ist kondensierter Wasserdampf

Z Zusammenfassung

Den Übergang von flüssig zu gasförmig nennt man Verdampfen. Er kann durch Sieden oder Verdunsten erfolgen. Den Übergang von gasförmig zu flüssig nennt man Kondensieren.

13.7 Leise rieselt der Schnee
Sublimieren und Resublimieren

Unter bestimmten Bedingungen kann ein Stoff direkt von fest zu gasförmig übergehen oder umgekehrt. Darum geht es in diesem Abschnitt.

F28 Was versteht man unter „Trockeneis"? Was ist daran
W1 trocken?

F29 Wie entstehen Schneekristalle? Gibt es tatsächlich
W2 keine zwei gleichen Schneekristalle, und warum sind viele von ihnen sechseckig (Abb. 13.30)?

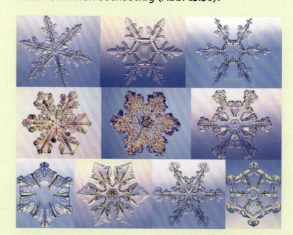

Abb. 13.30: Die Vielfalt der Schneekristalle. Wenn sich mehrere von ihnen zusammenballen, spricht man von einer Schneeflocke.

F30 Was versteht man unter Reif und Raureif?
W1

F31 Löskaffee wird durch Gefriertrocknung erzeugt. Was
W2 meint man damit? → **L**

Unter bestimmten Bedingungen kann ein Stoff direkt von der festen in die gasförmige Phase übergehen. Das nennt man **sublimieren**. Den direkten Übergang von gasförmig zu fest nennt man **resublimieren** (Abb. 13.31 links). Kohlenstoffdioxid (CO_2) kann bei Normaldruck nur gasförmig oder fest sein und es gefriert bei −78,5 °C. CO_2-Eis schmilzt nicht, sondern wird sofort gasförmig. Deshalb nennt man es Trockeneis (→ F28), und es sieht ähnlich wie gepresster Schnee aus. Wirft man diese Brocken in heißes Wasser, dann entstehen dichte CO_2-Schwaden – ein netter Effekt, der oft in Filmen verwendet wird (Abb. 13.31 rechts).

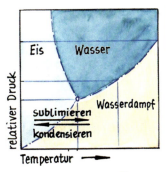 

Abb. 13.31: Links: Direkter Übergang zwischen fester und gasförmiger Phase bei Wasser; rechts: Trockeneisschwaden

Schneekristalle (Abb. 13.30) entstehen bei tiefen Temperaturen durch **Resublimation** von Wasserdampf (→ F29). Sie sind meist 6-eckig, weil auch die innere Struktur eines Eiskristalls 6-eckig ist (Abb. 13.15, S. 127). Das Wachstum eines Schneekristalls hängt von der Fallgeschwindigkeit, der momentanen Lufttemperatur und der Luftfeuchtigkeit ab. Diese Bedingungen ändern sich pausenlos und ergeben während des Wachstums des Kristalls Myriaden von Variationsmöglichkeiten. Weil ein typischer Schneekristall rund 10^{18} Moleküle hat, ist die Wahrscheinlichkeit, jemals zwei völlig gleiche zu finden, **so gut wie null** – aber nicht völlig ausgeschlossen. Vielleicht findest du ja einmal zwei völlig gleiche! Wenn ein Schneekristall symmetrisch ist, dann waren aber zumindest die Bedingungen für das Anlagern der Moleküle an jeder Ecke zu jeder Zeit gleich.

Ebenfalls durch **Resublimation** des Wasserdampfs entsteht der **Reif**, wenn bei feuchter Luft in der Nacht die Lufttemperatur unter 0 °C sinkt. Der **Raureif** ist eine seltene Form des Reifs, der nur bei Nebel und leichtem Wind entsteht und besonders prachtvolle Eisnadeln hervorbringt (Abb. 13.32).

Z Zusammenfassung

Sublimation ist der direkte Übergang von der festen zur gasförmigen Phase, Resublimation die Umkehrung davon. Viele Phänomene in der Natur lassen sich damit erklären.

Abb. 13.32: Raureifbildung unter Windeinfluss

Ausdehnung, Diffusion und Phasenübergänge

F32 Du holst 500 g tiefgekühlte Suppe (−18 °C) aus dem
W2 Eiskasten. Wir nehmen vereinfacht an, sie besteht zu 100 % aus Wasser. Wie lange dauert es in der Mikrowelle bei 900 W, bis die Suppe kocht? → L

F33 Ein Speedskifahrer hat mit seiner Ausrüstung in
W3 Summe eine Masse von 100 kg und legt eine Strecke mit 1 km Länge und einer Neigung von 45° im Schnitt mit 200 km/h zurück. Wie viel Schnee schmilzt er dabei, wenn man annimmt, dass die gesamte Reibungsarbeit auf den Schnee übergeht? → L

F34 Wie entsteht ein Kondensstreifen? → L
W1

F35 Warum kann man eine heiße Suppe durch Blasen
W2 abkühlen? Warum ist es so kalt, wenn man im Sommer aus dem Wasser steigt und der Wind weht? → L

F36 Schätze möglichst genau ab, um wie viel °C ein
E2 Mensch abgekühlt wird, wenn an seiner Hautoberfläche 1 l Schweiß verdunstet. Welche vereinfachten Annahmen kann man dabei treffen? → L

F37 Warum und wie schnell
W2 fließen Gletscher? → L

F38 In Spielzeugläden kann
E3 man „trinkende Enten" kaufen. Man stellt sie vor ein Glas Wasser. Dann wippen sie hin und her und tauchen von Zeit zu Zeit den Schnabel ins Wasser. Wie funktionieren sie? → L

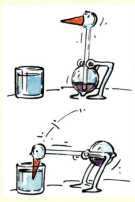

Abb. 13.33

14 Die Gasgesetze

Flüssige und gasförmige Stoffe können strömen, zum Beispiel das Wasser in einem Bach oder die Luft bei einem Windstoß. Solche Strömungen haben viele Gemeinsamkeiten, und daher nennt man beide Stoffe gemeinsam **Fluide** (Abb. 14.1). Fluide sind also das Gegenteil von festen Stoffen. Auch feste und flüssige Stoffe haben Gemeinsamkeiten, etwa die wesentlich größere Dichte als Gase. Deshalb fasst man beide unter dem Begriff **kondensierte Stoffe** zusammen. In diesem Kapitel geht es um die Besonderheiten, die Gase von den kondensierten Stoffen unterscheiden.

Abb. 14.1: Die Zweiklassengesellschaft der Stoffe

14.1 Flummidruck
Der Gasdruck

Von einem aufgeblasenen Ballon oder einem Reifen weißt du, dass Luft einen Druck entwickelt. In diesem Abschnitt geht es darum, wie dieser Druck eigentlich zu Stande kommt.

F1 Was versteht man unter Mol? Was bezeichnet man
W2 mit kinetischer Energie? Lies nach in Kap. 2.2, S. 11 und Kap. 8.3, S. 71!

F2 Was versteht man unter dem Körperschwerpunkt
W2 (KSP) eines Objekts (siehe Kap. 4, S. 25)? Was hat dieses Modell für einen Vorteil? Kann man ein Objekt immer auf diesen Punkt reduzieren?

F3 Du weißt, dass man den Druck in einem Reifen
W2 erhöhen kann, indem man Luft hineinpumpt. Aber wodurch kommt er eigentlich zu Stande? Stoßen die Gasteilchen einander ab oder gibt es einen anderen Grund?

F4 Was meinst du, wie schnell sich die Luftmoleküle bei
W2 Normalbedingungen bewegen?

F5 Fülle ein Glas mit Wasser, lege ein Stück Karton
W2 darauf und drehe das Ganze um. Wenn du die Hand entfernst, dann rinnt kein Tropfen Wasser aus. Warum nicht? → **L**

Die Beschreibung der Natur ist oft sehr kompliziert. In vielen Fällen kann man aber Vereinfachungen treffen, ohne dass man dabei zu sehr von der Realität abweicht. Das **ideale Gas** ist ein Beispiel dafür. Salopp kann man sagen, dass ein ideales Gas aus herumflitzenden punktförmigen Flummis besteht, zwischen denen keine Kräfte wirken. Man kann damit innerhalb gewisser Grenzen **reale Gase** einfach und trotzdem gut beschreiben, und deshalb werden wir bei den folgenden Überlegungen dieses Modell verwenden. Dort, wo es stark von der Realität abweicht, wird das ausdrücklich erwähnt.

→ **Info:** Ideal einfach

Wie kommt der Druck eines Gases zu Stande, etwa in einem Reifen? Man könnte meinen, dass es an der Abstoßung der Luftmoleküle liegt (→ **F3**). Das ist aber falsch. Der Druck des Gases kommt nur durch die Stöße der Moleküle an die Begrenzungen, in diesem Fall die Reifen, zu Stande. Es ist ähnlich, als ob du Kugeln oder Nüsse auf eine Briefwaage fallen lässt (siehe Abb. 14.2). Bei einer einzigen Kugel schlägt der Zeiger nur kurz aus. Wenn du aber viele Kugeln in hoher Frequenz fallen lässt, dann zittert der Zeiger um einen ziemlich konstanten Skalenwert. Dieser Zeigerausschlag würde dann dem Druck entsprechen. Mit Hilfe einiger grundlegender Überlegungen können wir eine Gleichung für den Druck eines idealen Gases aufstellen. Die SI-Einheit des Druckes ist das **Pascal (Pa)**. Es sind aber auch noch andere Einheiten gebräuchlich (siehe Tab. 14.1).

→ **Info:** Einteilchen-Gasdruck

F **Formel: Allgemeine Druckgleichung**

$$p = \frac{F}{A}$$

Druck eines idealen Gases

$$p = \frac{2N}{3V}\overline{E}_{kin}$$

p ... Druck [Pa]; F ... Kraft [N]; A ... Fläche [m²];
N ... Anzahl der Teilchen; V ... Volumen [m³]
E_{kin} ... durchschnittliche kinetische Energie eines Moleküls [J]

Der Druck in einem Behälter hängt von der **ungeordneten Bewegungsenergie** der Teilchen ab. Du siehst, dass sich auch hier das Teilchenkonzept bestens bewährt. Die einzelnen Moleküle sind aber nicht gleich schnell. Das hat bereits JAMES CLERK MAXWELL **1860** auf theoretischem Wege vorausgesagt. In Abb. 14.4 siehst du die Geschwindigkeitsverteilung für Stickstoffgas (N_2), mit rund 78 % der Hauptbestandteil unserer Luft.

Abb. 14.2: Modell zur Entstehung des Gasdrucks

Die Gasgesetze 14

Ideal einfach

Ein Beispiel für eine Vereinfachung ist die Annahme des **Körperschwerpunkts (KSP)** eines Objekts. Man reduziert also eine Flüssigkeit, einen Quader oder einen ganzen Menschen auf nur einen Punkt. Trotzdem kann man damit das Gleichgewicht erklären, den Auftrieb in Flüssigkeiten, Phänomene aus dem Sport und noch vieles mehr (→ **F2**; siehe Kap. 4, S. 25).

Ganz ähnlich ist es beim Modell des **idealen Gases**. Dabei trifft man folgende Vereinfachungen: Erstens nimmt man an, dass die **Moleküle kein Volumen** besitzen, ersetzt sie also durch ihren KSP. Zweitens geht man davon aus, dass **keine Kräfte** zwischen den Molekülen wirken. Und drittens nimmt man an, dass die Zusammenstöße der Moleküle immer **elastisch** sind, dass also keine kinetische Energie verloren geht. Je niedriger der Druck und je höher die Temperatur, desto exakter stimmt dieses vereinfachte Modell mit der Realität überein (Abb. 14.3).

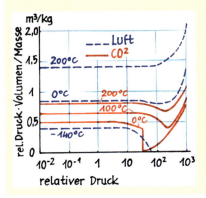

Abb. 14.3: In den horizontal verlaufenden Bereichen der Kurven verhalten sich Luft und CO_2 wie ein ideales Gas.

Druckeinheit	Normaldruck
Pascal (Pa) = 1N/m²	101.300 Pa = 1013 hPa
Bar (bar)	1,013 bar
Millibar (mbar)	1013 mbar
Torricelli (torr oder mmHg)	760 Torr
Physikalische Atmosphären (atm)	1 atm

Tab. 14.1: Das **Pascal** ist eine SI-Einheit. Das **Bar** basiert auf cm, s und g und wird meistens beim Reifendruck verwendet. 1 **Torricelli** entspricht dem Druck einer Quecksilbersäule mit 1 mm. Diese Einheit wird in der Medizin verwendet, etwa bei der Blutdruckmessung. Ein hPa ist gleich einem mbar.

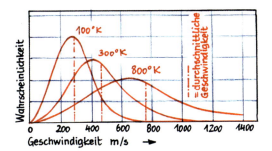

Abb. 14.4: **Maxwell-Geschwindigkeitsverteilung** der N_2-Moleküle bei verschiedenen Temperaturen. Weil die Verteilung nicht symmetrisch ist, ist die durchschnittliche Geschwindigkeit immer etwas höher als die wahrscheinlichste.

Einteilchen-Gasdruck

Wir fangen bei unseren Überlegungen mit einem Gas an, das aus nur einem Teilchen besteht. Es hat die Masse m und fliegt horizontal mit der Geschwindigkeit v. Wie groß ist der Druck auf die rechte Wand (Fläche A; Abb. 14.5)? **Druck ist allgemein Kraft pro Fläche.** Wir müssen also die durchschnittliche Kraft abschätzen, die das Teilchen auf diese Wand ausübt.

1) Die **Geschwindigkeit** des Teilchens vor dem Aufprall ist $+v$ und nachher $-v$. Die **Geschwindigkeitsänderung** Δv des Teilchens ist daher $(-v) - (+v) = -2v$ und die der Wand $+2v$. Zur Berechnung des Drucks ist die Geschwindigkeitsänderung der Wand wichtig.

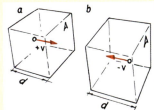

Abb. 14.5

2) Das Teilchen pendelt zwischen den beiden Wänden hin und her. $v = \Delta s/\Delta t$ und daher $\Delta t = \Delta s/\Delta v$. Für einmal hin und her benötigte das Teilchen $\Delta t = 2d/v$.

3) **Kraft ist Masse mal Beschleunigung** (siehe Kap. 7.3, S. 59). Die Kraft, die auf die Wand wirkt, ist also $F = m \cdot a$. Die Beschleunigung ist die Geschwindigkeitsänderung pro Zeit $a = \Delta v/\Delta t$ und somit $F = m \cdot \Delta v/\Delta t$. Wir setzen aus 1) $\Delta v = 2v$ und aus 2) $\Delta t = 2d/v$ ein und erhalten $F = m \cdot 2v \cdot (v/2d) = 2(m \cdot v^2/2)/d$. $mv^2/2$ ist die kinetische Energie des Teilchens (siehe Kap. 8.3, S. 71) und somit ist $F = 2E_{kin}/d$.

4) Zum Schluss setzten wir in die allgemeine Druckgleichung ein. Weil $A \cdot d$ das Volumen der Box ist, bekommt man für $p = F/A = 2E_{kin}/(d \cdot A) = 2E_{kin}/V$.

Du siehst also, dass der Druck auf die rechte Wand einzig und alleine von der kinetischen Energie des Teilchens abhängt! Wie kommt man vom Druck eines Einteilchen-Gases auf den Druck eines Gases mit richtig vielen Teilchen? In einer Box mit 1 dm³ würden sich bei Normaldruck rund 10^{22} Teilchen befinden! Mit jedem Teilchen (N) erhöht sich die Anzahl der Stöße gegen die Wände und damit auch der Druck. Man muss also die Gleichung mit N multiplizieren. Weil es drei Raumrichtungen gibt, bewegt sich im Schnitt nur jedes dritte Teilchen horizontal, und daher muss man durch 3 dividieren. Man erhält dann für den **Druck eines idealen Gases:**

$$p = \frac{2N}{3V} \overline{E}_{kin}$$

Bei **Zimmertemperatur** beträgt die durchschnittliche Geschwindigkeit eines N_2-Moleküls rund 480 m/s (→ **F4**)! Es gibt aber auch Moleküle, die sich mit weit über 1000 m/s bewegen. Wegen der unterschiedlichen Teilchengeschwindigkeiten ist in der Gleichung die **durchschnittliche** kinetische Energie angegeben.

Z Zusammenfassung

Der Druck eines Gases wird durch die elastischen Stöße der Moleküle verursacht und hängt daher von deren kinetischer Energie ab.

14.2 Die drei Gas-Puzzlesteine
Gasgesetze für spezielle Bedingungen

In diesem Abschnitt geht es um den Zusammenhang zwischen Druck, Temperatur und Volumen eines Gases, wenn man jeweils einen Faktor konstant hält. Wir nehmen für alle Überlegungen eine konstante Teilchenzahl an.

14.2.1 Mikrowellenschwedenbombe
Isobare Zustandsänderung
(p = konstant)

F6 / **E1** Du stülpst einen unaufgeblasenen Luftballon über eine Flasche. Was passiert mit dem Ballon, wenn du die Flasche in einem Wasserbad erwärmst? Was passiert, wenn du eine Schwedenbombe in die Mikrowelle gibst? Und hast du auch eine Begründung dafür?

F7 / **W1** Auf Wetterkarten sieht man oft die so genannten Isobaren (siehe Abb. 14.8). Was versteht man darunter?

F8 / **W2** Die Kelvin-Skala ist aus dem Jahre 1848 (siehe Tab. 11.2, S. 111). Woher konnte man damals schon so genau wissen, wo der absolute Nullpunkt liegt?

Die Vorsilbe „iso" bedeutet gleich. Unter **isobar** versteht man, dass der Druck eines Gases gleich bleibt. Welcher Zusammenhang besteht dann zwischen Temperatur und Volumen, etwa bei einem Luftballon (→ F6)? Die **Druckgleichung** liefert die Lösung: $p \sim E_{kin}/V$. Wenn du die Temperatur erhöhst, dann erhöht sich die mittlere kinetische Energie der Teilchen. Wenn der Druck im **Ballon** gleich bleibt, dann muss auch E_{kin}/V gleich bleiben: Das Volumen muss daher ebenfalls größer werden, der Ballon bläht sich auf. Bei Abkühlung ist es genau umgekehrt, und der Ballon zieht sich zusammen.

→ **Info:** Mikrowellenschwedenbombe

Man kann es sich auch „zu Fuß" überlegen. Wenn die Temperatur steigt, dann **steigt** der **Druck** des Gases, und der Ballon dehnt sich aus. Dadurch sinkt der Druck aber wieder auf den Ausgangswert. Der Ballon ist jetzt aber größer als vorher. Das Umgekehrte gilt für eine Abkühlung. Wenn man den Zusammenhang zwischen Temperatur und Volumen mit einer **exakten** Versuchsanordnung misst (also nicht mit einer Schwedenbombe), dann kommt man auf Abb. 14.6. Du

siehst drei Linien für drei verschiedene, aber jeweils konstant gehaltene Drücke. Kurven, die gleichen Druck anzeigen, nennt man allgemein **Isobare** (→ **F7**).

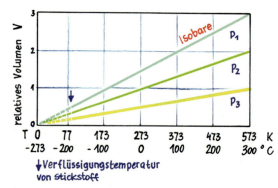

Abb. 14.6: Zusammenhang zwischen V und T bei **gleichem Druck** für drei verschiedene Drücke ($p_1 < p_2 < p_3$). Verdoppelt sich die Temperatur, so verdoppelt sich auch das Volumen.

Aus dem Kurvenverlauf kann man folgern, dass es einen **absoluten Temperaturnullpunkt** geben muss, weil dort das Volumen des idealen Gases null wird – seine Moleküle besitzen ja keine Volumen. Ein **reales Gas** kann natürlich nicht auf Nullvolumen abgekühlt werden, weil es vorher flüssig wird. Bei Stickstoff ist das bei 77 K (−196 °C), bei Helium erst bei rund 4 K (269 °C) der Fall. Der springende Punkt ist aber der: Obwohl man ein reales Gas nie auf Nullvolumen abkühlen kann, schneiden einander alle **theoretischen Isobaren** bei einem einzigen Punkt. Dort nahm man richtiger Weise den absoluten Nullpunkt an, und deshalb waren die isobaren Zustandsänderungen der Gase eine Grundlage für die Kelvin-Skala (→ **F8**). Du siehst in der Grafik, dass sich Temperatur und Volumen linear verhalten.

i Mikrowellenschwedenbombe

Dass sich ein Gas unter isobaren Bedingungen bei Temperaturerhöhung ausdehnt, kannst du qualitativ mit einer „abgeschälten" **Schwedenbombe** im Mikrowellenherd überprüfen. Bei Erwärmung bläht sie sich auf (Abb. 14.7, → **F6**)! Warum? Ihre Füllung besteht aus Eiweißschaum, und der hat sehr viele Luftbläschen. Diese dehnen sich durch die Erwärmung aus. Ähnlich ist es auch mit dem **Luftballon**. Durch die Erwärmung im Wasserbad dehnt sich die Luft in der Flasche aus und mit ihr der Ballon.

Abb. 14.7: Links: Schwedenbombe; rechts: Flasche und Ballon

==Bei gleichem Druck ist $V \sim T$ und V/T immer konstant. Das Volumen eines idealen Gases ist proportional zu seiner absoluten Temperatur. Das nennt man das Gesetz von Charles.== (Anm.: In manchen Büchern heißt es auch Gesetz von Gay-Lussac). Verdoppelt sich die absolute Temperatur, so verdoppelt sich das Volumen des Gases. Bei einer Erhöhung um 273 Grad erhöht sich das relative Volumen um den Wert 1 (siehe mittlere Kurve in Abb. 14.6). Der Ausdehnungskoeffizient von Gasen beträgt daher 1/273 bzw. rund $3{,}7 \cdot 10^{-3}$ pro Kelvin (siehe Tab. 13.1, S. 123).

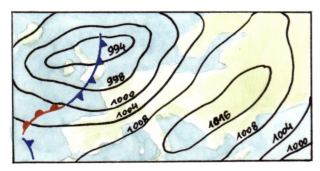

Abb. 14.8: Entlang der schwarzen Linien herrscht gleicher Luftdruck. Es handelt sind um **Isobare**. Der Druck ist in hPa angegeben.

Z Zusammenfassung

Bei einer isobaren Zustandsänderung eines Gases ist der Quotient von V/T immer konstant. Das nennt man das Gesetz von Charles.

14.2.2 Gurkenglasplopp
Isochore Zustandsänderung (V = konstant)

F9 Den Druck in Autoreifen soll man niemals in warmgefahrenem Zustand messen. Warum?
E2

F10 Spraydosen darf man niemals ins Feuer werfen! Man sollte sie nicht einmal im Auto in der Sonne liegen lassen! Kannst du das begründen?
E2

F11 Ein Gurkenglas öffnet sich beim ersten Mal mit einem leichten Plopp. Woher kommt das? Und warum ploppt das Glas nur beim ersten Mal?
E2

Unter **isochor** versteht man Zustandsänderungen eines Gases bei gleichem Volumen. Welcher Zusammenhang besteht dann zwischen Temperatur und Druck? Es scheint auf der Hand zu liegen, dass bei gleichem Volumen der Druck eines Gases mit der Temperatur steigt. Du kannst diese Vermutung aber mit der umgeformten **Druckgleichung** überprüfen: $V \sim E_{kin}/p$. Wenn die Temperatur steigt, dann erhöht sich die mittlere kinetische Energie der Teilchen. Bei gleichem Volumen muss E_{kin}/p gleich bleiben und deshalb der Druck steigen. Bei Abkühlung ist es genau umgekehrt.

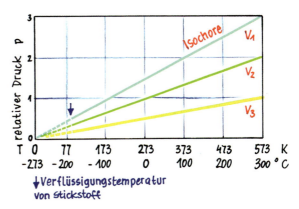

Abb. 14.9: Zusammenhang zwischen p und T bei **gleichem Volumen** für drei verschiedene Volumina ($V_1 < V_2 < V_3$)

In Abb. 14.9 siehst du drei Linien für drei verschiedene, aber jeweils konstant gehaltene Volumina. Solche Kurven nennt man allgemein **Isochore**. Auch diese Kurven schneiden einander theoretisch beim absoluten Nullpunkt (reale Gase kondensieren natürlich bereits bei höheren Temperaturen). ==Bei gleichem Volumen ist $p \sim T$ und somit p/T immer konstant. Der Druck eines idealen Gases ist proportional zu seiner absoluten Temperatur. Das nennt man das Gesetz von Gay-Lussac.== (Anm.: In manchen Büchern heißt es auch Gesetz von Amonton). Mit diesem Gesetz lassen sich die drei Eingangsfragen beantworten.

→ **Info:** Allerlei Drücke

i Allerlei Drücke (Fortsetzung auf Seite 138)

Bei gleichem Volumen verändert sich der Druck immer um genauso viel Prozent wie die absolute Temperatur. Dazu rechnen wir drei Beispiele.

1) Warum ploppen **Glaskonserven** (→ F11)? Weil im Inneren ein Unterdruck herrscht, der sich beim Öffnen ausgleicht. Wie kommt es zu dem Unterdruck? Weil die Temperatur beim Abfüllen höher ist! Nimm mal an, sie beträgt 70 °C (343 K). Bei Zimmertemperatur (20 °C, 293 K) haben sich die absolute Temperatur und somit auch der Druck um 15 % verringert. Wenn der Dosendeckel einen Radius von 5 cm hat, dann ist seine Fläche rund $7{,}85 \cdot 10^{-3}$ m². Der Normaldruck der Luft beträgt etwa 100.000 N/m². Die Luft drückt also von außen mit einer Kraft von 785 N auf den Deckel, aber von innen nur mit 674 N. Der Deckel wird bei Zimmertemperatur also mit 111 N auf die Dose gedrückt. Das ist so, also würden rund 11 kg auf der Dose liegen, die du beim Aufschrauben mitheben musst (Abb. 14.10).

Abb. 14.10: Der Unterdruck im Gurkenglas wirkt so, als würde am Deckel eine große Masse liegen.

i Allerlei Drücke (Fortsetzung von Seite 137)

2) Der richtige Druck im **Autoreifen** hängt vom Modell ab, sollte aber über den Daumen 3 bar betragen. Das Pressluftgerät zeigt den Überdruck an, also 2 bar. Nimm an, du stellst 3 bar bei warmgefahrenen Reifen ein (50 °C = 323 K). Wenn das Auto steht und die Reifenluft auf 20 °C abgekühlt ist (293 K), verringert sich die absolute Temperatur um knapp 10 %, und der Druck im Reifen hat nur mehr 2,7 bar. Das kostet Sprit und kann auch gefährlich werden! Deshalb: Den Druck immer bei kalten Reifen messen (→ F9)!

Abb. 14.11: Der Inhalt einer Spraydose wird durch ein sogenanntes Treibgas hinausgedrückt.

3) Angenommen eine **Spraydose** (Abb. 14.11) hat bei Zimmertemperatur (293 K) einen Druck von 3 bar. Ein Auto kann sich in der Sommersonne im Innenraum auf 80 °C (353 K) erwärmen. Der Druck in der Dose steigt dann um etwa 20 %. Das **kann** bereits gefährlich sein. Wenn du die Dose aber ins Feuer wirfst und die Temperatur auf sagen wir 400 °C (673 K) steigt, dann steigt der Druck um fast 130 % auf rund 7 bar und peng! Wirf also niemals Spraydosen ins Feuer (→ F10)!

Z Zusammenfassung

Bei einer isochoren Zustandsänderung eines Gases ist der Quotient von p/T immer konstant. Das nennt man das Gesetz von Gay-Lussac.

14.2.3 Taucherlungenriss
Isotherme Zustandsänderung (T = konstant)

F12 Wenn ein Flaschentaucher wieder an die Oberfläche will, dann muss er dabei unbedingt ausatmen. Warum?
W2

F13 Wieso kommt es zu den „belegten Ohren", wenn man fliegt, mit der Seilbahn fährt oder unter Wasser taucht? Warum ist dieses Gefühl bei einer Erkältung besonders stark?
W2

Und nun der dritte Stein: der Zusammenhang zwischen Druck und Volumen bei gleicher Temperatur, also unter **isothermen** Bedingungen. Die mittlere kinetische Energie der Moleküle verändert sich also nicht. Halbiert sich das Volumen, so verdoppelt sich die Dichte eines Gases.

Es prallen somit auch doppelt so oft Moleküle gegen die Wand und der Druck verdoppelt sich. Umgekehrt halbiert sich der Druck, wenn man das Volumen verdoppelt (Abb. 14.12).

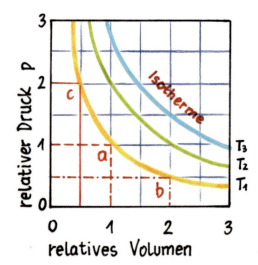

Abb. 14.12: Zusammenhang zwischen p und V bei **gleicher Temperatur** für drei verschiedene Temperaturen ($T_1 < T_2 < T_3$). Verdoppelt sich das Volumen (b), halbiert sich der Druck und umgekehrt (c). Bei den Kurven handelt es sich um Hyperbeln.

Du kannst das auch an der Druckgleichung sehen: **Bei gleicher Temperatur ist $p \sim 1/V$ und somit $p \cdot V$ konstant. Der Druck eines idealen Gases ist indirekt proportional zum Volumen. Das nennt man das Gesetz von Boyle-Mariotte.** Wie die beiden anderen Gesetze kann man auch dieses sehr gut bei realen Gasen anwenden, wenn deren Dichte nicht zu groß wird, und man kann damit die beiden Eingangsfragen beantworten.

→ Info: Van der Waal-Gas

Der **Wasserdruck** wächst linear mit der Tiefe. Direkt an der Oberfläche wirkt nur der Luftdruck (rund 1 bar). Pro 10 m Tiefe steigt der Druck um jeweils 1 bar an (siehe Abb. 14.13). Stell dir vor, du bläst einen **Ballon** über Wasser auf 4 l auf. Wenn du mit ihm in die Tiefe tauchst, dann verringert sich sein Volumen. In 10 m Tiefe hat es sich bereits halbiert, in 30 m Tiefe ist es auf ein Viertel gesunken. Für deine Lunge gilt genau dasselbe. Wenn du über Wasser 4 l einatmest und auf 30 m Tiefe abtauchst, dann wird deine **Lunge** auf nur 1 l zusammengepresst (a). Das ist nicht gefährlich.

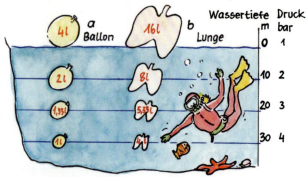

Abb. 14.13: Zusammenhang zwischen Wassertiefe (und somit Druck) und Volumen eines Ballons bzw. der Lungen

Die Gasgesetze **14**

Gefährlich ist es, wenn du in der Tiefe aus der **Sauerstoffflasche** atmest und dann auftauchst. Warum? Das Sauerstoffgerät liefert dir in jeder Tiefe so viel Luft, dass du auf ein normales Lungenvolumen einatmen kannst. Wenn du in 30 m Tiefe dein Lungenvolumen auf 4 l bringst, liefert dir die Flasche dazu viermal so viel Luft wie an der Oberfläche. Wenn du dann aber ohne auszuatmen auftauchst, würde sich deine Lunge theoretisch auf 16 l ausdehnen (b). Das ist natürlich völlig unmöglich. Wahrscheinlich würdest du schon nach wenigen Metern einen **Lungenriss** erleiden. Deshalb: **Beim Auftauchen immer ausatmen** (→ **F12**). Mit dem Gesetz von Boyle-Mariotte kann man auch das unangenehme Gefühl in den Ohren bei einem Druckwechsel erklären.

→ **Info:** Belegte Ohren

Van der Waal-Gas

Zur Erinnerung: Oberhalb der **kritischen Temperatur** (T_k) kann man bei einem Stoff nicht mehr zwischen flüssig und gasförmig unterscheiden (Abb. 13.11, S. 126 und 13.26, S. 131). Reale Gase lassen sich mit dem Gesetz von BOYLE-MARIOTTE sehr gut beschreiben, wenn die Temperatur weit genug über der kritischen liegt (Abb. 14.14). Isotherme, die in der Nähe von T_k liegen, sind bereits etwas verbeult (T_1). Sinkt die Temperatur unter T_k ab, dann führt eine Verringerung des Volumens zur Kondensation. Der Druck steigt so lange nicht an, bis sich das gesamte Gas verflüssigt hat.

Die kritische Temperatur liegt für Stickstoff (N_2) bei −145 °C und für Sauerstoff (O_2) bei −117 °C, also extrem tief. **Luft** kann unter normalen Bedingungen daher als ideales Gas angesehen werden. Bei Kohlendioxid (CO_2) liegt T_k bei +31 °C und bei Wasserdampf sogar bei +374 °C. Hier kann das Gesetz von Boyle-Mariotte nur bei entsprechend hohen Temperaturen angewendet werden.

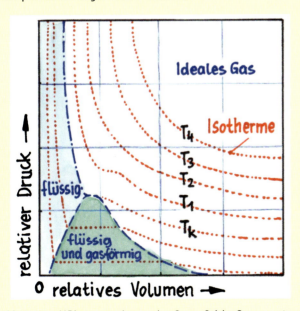

Abb. 14.14: p-V-Diagramm eines realen Gases. Solche Gase nennt man **Van der Waals-Gase**.

Belegte Ohren

Das Mittelohr ist durch die **Eustach'sche Röhre** mit dem Mundraum zu einem gemeinsamen Hohlraum verbunden (Abb. 14.15). Die „belegten Ohren" (→ **F13**) kommen immer durch eine Druckveränderung zu Stande. **Steigt der Außendruck**, dann wölbt sich das Trommelfell nach innen (Abb. 14.15 a). Das ist beim Abtauchen der Fall oder wenn du mit der Seilbahn ins Tal fährst. Du kannst das Trommelfell wieder nach außen drücken, indem du Mund und Nase zuhältst und trotzdem versuchst auszuatmen.

Beim Auftauchen aus dem Wasser oder beim Hinauffahren mit der Seilbahn **sinkt der Außendruck** und das Trommelfell wölbt sich nach außen (b). Dann hilft herzhaftes Gähnen, damit der Überdruck besser aus dem Mittelohr entweichen kann. Der **Druckausgleich** kann in beiden Fällen nur durch die Eustach'sche Röhre erfolgen. Weil diese bei Erkältung verschlossen sein kann, sind die belegten Ohren in diesem Fall besonders unangenehm.

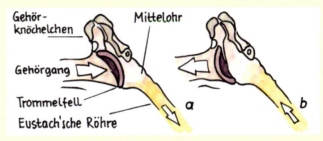

Abb. 14.15: Steigt der Außendruck, dann wird das Trommelfell nach innen gedrückt (a), sinkt er, wird es nach außen gedrückt (b).

Z Zusammenfassung

Bei einer isothermen Zustandsänderung eines Gases ist das Produkt p · V immer konstant. Das nennt man das Gesetz von Boyle-Mariotte.

14.3 Achtkommadreieins
Die allgemeine Gasgleichung

Jetzt setzen wir die bisherigen drei Steine zusammen und erhalten die allgemeine Gasgleichung.

F16 Was versteht man unter einem Mol? Lies nach in
W1 Kap. 2.2, S. 11!

F17 Ein Heliumballon kommt dir aus und steigt auf. Die
S2 Außenluft wird kälter (was zu einer Verkleinerung des Volumens führen würde), aber der Druck sinkt (was zu einer Vergrößerung führen würde). Welcher Effekt gewinnt? → **L**

In Tab. 14.2 sind die drei **Gasgesetze für spezielle Bedingungen** noch einmal zusammengefasst. Diese drei Sonderfälle kann man zum **allgemeinen Gasgesetz** zusammenfassen. Es besagt Folgendes: Du kannst Druck, Temperatur und Volumen eines Gases nicht beliebig wählen. Sein Zustand liegt fest, wenn zwei der Werte festliegen. Die Werte liegen daher auf einer dreidimensionalen Oberfläche (Abb. 14.16). Die Gasgesetze für spezielle Bedingungen sind die zweidimensionalen Projektionen davon. Um vom **allgemeinen Gasgesetz** auf eine allgemeine Gasgleichung zu kommen, muss man bei Kenntnis von zwei Größen die dritte auf experimentellem Weg bestimmen. Man erhält dann eine Konstante, die für alle Gase gültig ist.

→ **Info:** k und R

Gesetz von	besagt, dass	Bedingung
J. A. C. CHARLES (1746–1823)	V/T = konstant $V \sim T$	p = konstant isobar
JOSEPH GAY-LUSSAC (1778–1850)	p/T = konstant $p \sim T$	V = konstant isochor
ROBERT BOYLE (1627–1691) und EDME MARIOTTE (1620–1684)	pV = konstant $p \sim 1/V$	T = konstant isotherm
allgemeines Gasgesetz	pV/T = konstant	keine

Tab. 14.2: Überblick über die drei Gasgesetze. Die Teilchenzahl des Gases ist immer konstant angenommen. Aus $V \sim T$ und $p \sim T$ folgt $pV \sim T$. Daraus folgt wiederum $pV = T \cdot$ konstant und somit $pV/T =$ konstant. Diese Konstante kann nur im Experiment ermittelt werden.

F Formel: Allgemeine Gasgleichung

$$\frac{pV}{T} = nR \quad \text{oder} \quad \frac{pV}{T} = Nk$$

p ... Druck [Pa]; V ... Volumen [m³]; n ... Anzahl der Mol;
R ... allgemeine Gaskonstante = 8,135 J/mol · K
T ... absolute Temperatur [K]; N ... Anzahl der Teilchen;
k ... Boltzmann-Konstante $1{,}38 \cdot 10^{-23}$ J/K

Z Zusammenfassung

Druck, Temperatur und Volumen eines idealen Gases hängen zusammen. Sind zwei der Werte gegeben, dann stellt sich der dritte automatisch ein.

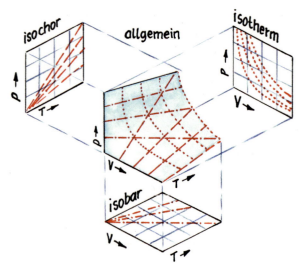

Abb. 14.16: Ein ideales Gas kann nur jene Werte für p, V und T annehmen, die auf der Oberfläche des 3d-Diagramms liegen.

14.4 Föhn und Fahrradpumpe
Adiabatische Zustandsänderung

Hier geht es um eine Form der Zustandsänderung, bei der sich Druck, Temperatur und Volumen eines Gases ändern, ohne dass dabei Wärme ausgetauscht wird.

i k und R

Ein Mol eines Stoffes hat $6 \cdot 10^{23}$ Teilchen. Wenn man das Molvolumen eines Gases bei Normaldruck (101.300 Pa) und bei 273 K (0 °C) misst, dann kommt man immer auf 22,4 l bzw. $22{,}4 \cdot 10^{-3}$ m³. Das allgemeine Gasgesetz besagt nun, dass pV/T immer denselben Wert hat. Wenn wir einsetzen, erhalten wir:

$(101.300 \text{ Pa} \cdot 22{,}4 \cdot 10^{-3} \text{ m}^3)/273 \text{ K} = 8{,}31 \text{ J K}^{-1} \text{ mol}^{-1} = R$

Für ein Mol eines idealen Gases gilt daher: Druck mal Volumen durch absolute Temperatur ergibt den Zahlenwert 8,31. Immer! Diesen Wert nennt man daher die **universelle Gaskonstante** (R). Um den Zustand von beliebig vielen Mol zu berechnen, muss man R nur mit der Anzahl der Mol (n) multiplizieren.

Es gibt noch eine zweite Möglichkeit, die Gasgleichung anzuschreiben, indem man die Teilchenzahl (N) angibt. Der Zusammenhang lautet: $nR = Nk$. k ist die **Boltzmann-Konstante** und sie beträgt $1{,}38 \cdot 10^{-23}$ J/K.

F18 Wenn du mit einer Handpumpe einen Fahrradreifen
E2 aufpumpst, dann wird diese ganz heiß. Warum?

F19 Jeder weiß, dass es mit zunehmender Höhe kälter
W2 wird. Warum eigentlich?

F20 Der Föhn ist ein warmer und trockener Fallwind.
S2 Warum ist der Wind warm und unter welchen Bedingungen kommt er zu Stande?

Stell dir vor, du verschließt das Auslassventil einer Fahrradpumpe. Wenn du nun die Luft auf ein Drittel zusammendrückst, würdest du nach dem Gesetz von Boyle-Mariotte erwarten, dass sich der Druck verdreifacht (Abb. 14.17, A nach C). Tatsächlich steigt dieser aber wesentlich stärker an (A nach B)! Wie kommt das?

Das Gesetz von Boyle-Mariotte gilt nur unter isothermen Bedingungen. Wenn du aber den Kolben der Pumpe hinein schiebst, dann erhöhst du die Geschwindigkeit der aufpral-

Die Gasgesetze 14

lenden Luftmoleküle und somit auch die Temperatur. Es ist ähnlich, als würdest du mit einem Schläger auf einen Ball schlagen. Eine Kompression, bei der kein Wärmeaustausch erfolgt, nennt man **adiabatisch**, und der dabei entstehende Druck ist höher als erwartet. Erst wenn die entstandene Wärme abgeflossen ist, dann sinkt der Druck auf den erwarteten Wert ab (C). Es gilt auch die Umkehrung: Wenn man das Volumen rasch vergrößert, dann sinkt dabei die Temperatur. Das ist eine **adiabatische Expansion**.

→ **Info:** Föhn und Atmosphäre

Weil Luft ein schlechter Wärmeleiter ist, sind viele Volumsänderungen im Alltag eher adiabatisch als isotherm, das Erhitzen einer Fahrradpumpe ist ein Beispiel dafür (→ F18). Auch die Temperaturschichtung in der Atmosphäre ist ein adiabatischer Effekt. Eine Sternschnuppe verglüht deshalb, weil sich die Luft vor ihr adiabatisch komprimiert. Auch ein Raumschiff hat beim Wiedereintritt dasselbe Problem.

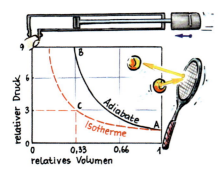

Abb. 14.17: Rot: Erwarteter Druckanstieg bei Kompression. Schwarz: tatsächlicher Druckanstieg. Wenn du wartest, bis die Wärme abfließt, dann sinkt der Druck von B auf C ab und du landest auf der Isotherme.

Z Zusammenfassung

Bei einer schnellen Kompression kommt es zu einer Erwärmung, bei einer schnellen Expansion zu einer Abkühlung, weil dabei keine Wärme ausgetauscht wird. Das nennt man eine adiabatische Zustandsänderung.

i Föhn und Atmosphäre

Warum wird es mit zunehmender Höhe kälter (→ F19)? Der Luftdruck sinkt mit der Höhe und deshalb expandiert die Luft, wenn sie aufsteigt. Weil Luft ein schlechter Wärmeleiter ist, expandiert sie **adiabatisch** und kühlt sich dabei um **1 °C pro 100 Höhenmeter** ab. Umgekehrt wird beim Absinken die Luft adiabatisch komprimiert und erwärmt sich um 1 °C pro 100 m Höhenmeter.

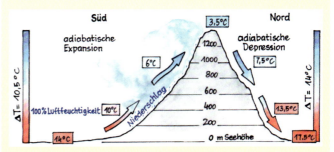

Abb. 14.18: Entstehung des Föhn

Der **Föhn** braucht zum Entstehen feuchte Luft und ein Gebirge (→ F20). Fangen wir beim absteigenden Teil an (Abb. 14.18 rechts). Die Luft stürzt z. B. 1400 m ins Tal und erwärmt sich dabei um 14 °C. Beim Aufsteigen (links) kühlt sie sich aber nur um 10,5 ° ab. Warum?

Der Grund liegt in der Entstehung der Wolken. Bis 400 m kühlt die Luft brav um 4 °C ab. Wenn aber 100 % Luftfeuchtigkeit erreicht werden, dann **kondensiert** der Wasserdampf zu Wolken. Dabei wird **Kondensationswärme** frei (siehe Tab. 14.22, S. 129). Auf den nächsten 1000 m kühlt die Luft nur mehr um 6,5 °C ab (also um 0,65 °C pro 100 m). Der warme Föhn im Norden Österreichs ist also immer mit regnerischem Wetter im Süden verbunden.

Alles rund ums Gas

F21 Der Luftdruck beträgt 760 Torricelli (torr), ein normaler
S2 Blutdruckwert bei Herzschlag liegt bei rund 140 torr! Wieso strömt bei einer Verletzung dann nicht die Luft in die Adern, sondern das Blut heraus? → L

F22 Nimm an, ein Taucher hat an Land ein Atemminuten-
W2 volumen von 30 Litern. Er will 10 Minuten in 30 m Tiefe tauchen. Wie viel Atemluft benötigt er? → L

F23 Welche Eigenschaften grenzen Gase von kondensier-
W1 ten Stoffen ab? → L

F24 Zum Befüllen von Luftballons verwendet man
W3 manchmal Helium. Nimm an, eine solche Flasche ist 1 m hoch und hat einen Durchmesser von 20 cm. Das Helium in der Flasche hat 100 bar. Mit welcher Kraft drückt das Helium auf die Bodenfläche der Flasche? Gib zuerst einen Tipp ab. → L

F25 Stelle mit Hilfe der Druckgleichung (Kap. 14.1, S. 134)
W2 und der allgemeinen Gasgleichung (Kap. 14.3, S. 140) einen Zusammenhang zwischen Temperatur und mittlerer kinetischer Energie der Gasteilchen her. → L

F26 Belege mit der allgemeinen Gasgleichung, dass ein
W2 Mol $6 \cdot 10^{23}$ Teilchen hat. → L

15 Kältetechnik und Wärmekraftmaschinen

In diesem Kapitel geht es um kalt und warm. Es geht zunächst darum, wie man Kälte erzeugen kann. Jeder hat einen Eiskasten zu Hause, aber hast du schon einmal überlegt, wie dieses Ding funktioniert? Aber auch in der Medizin ist das Erzeugen von Kälte sehr wichtig und natürlich ebenfalls für Eislaufplätze im Winter und manchmal für Räume, Autos oder Busse im Sommer. Und dann geht es darum, dass man einen Wärmeüberschuss durch bestimmte Tricks in kinetische Energie umwandeln kann. Kurz: Es geht um Motoren.

15.1 Ständig am Kochen
Der Eiskasten

In diesem Abschnitt geht es darum, wie eines der wichtigsten Haushaltsgeräte funktioniert: der Eiskasten.

F1 **W1** Was versteht man unter Verdampfungswärme? Was passiert, wenn man ein Gas stark komprimiert? Schau nach in Tab. 13.2 (S. 129) und in Abb. 13.23 (S. 131)!

F2 **W2** Wie funktioniert ein Eiskasten prinzipiell? Warum ist das Tiefkühlfach immer oben? Was bedeuten die aufgedruckten Sterne darauf (Abb. 15.1 b)? Welche Funktion hat das Stellrad im Eiskasten (a)? Warum summt der Eiskasten manchmal? Wie kalt ist es im Kühlfach und im Eiskasten? Wie lange kann man Lebensmittel darin aufheben? Warum darf man einen alten Eiskasten nicht einfach wegwerfen?

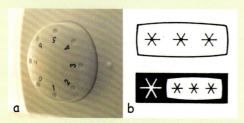

Abb. 15.1

F3 **S1** Welche Maßnahmen gibt es, um bei einem Eiskasten Energie zu sparen?

Dir ist sicher nicht bewusst, wie komfortabel ein **Eiskasten** ist. Früher verdarben vor allem im Sommer die Lebensmittel sehr schnell. Eisschränke, die man mit Eisblöcken auffüllte (Abb. 13.17, S. 128), waren umständlich und luxuriös. Da hast du es heutzutage viel bequemer. Standard ist der **Kompressor-Eiskasten** (Abb. 15.2). In seinem Rohrsystem befindet sich ein **Kühlmittel**, das bei Normaldruck (1 bar) bereits bei –30 °C siedet. Weil es der Umwelt schaden kann, darf man einen Eiskasten auf keinen Fall „wild" entsorgen (→ **F2**).

Weil im **Verdampfer** (a) Normaldruck herrscht, ist bei laufendem Kompressor das Kühlmittel ständig am Kochen! Die zum Verdampfen notwendige Energie wird der Umgebung entzogen, also letztlich der Luft und den Lebensmitteln. Die Röhren des Verdampfers liegen immer um das Gefrierfach herum, weil dort die tiefsten Temperaturen herrschen sollten (siehe auch Tab. 15.1).

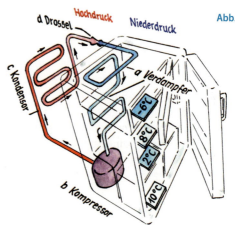

Abb. 15.2: Schema eines Kompressor-Eiskastens. Der Kondensor ist zur besseren Übersicht nach links verschoben – er liegt direkt in der Rückwand.

Der **Kompressor** (b) hat zwei Aufgaben. Erstens saugt er den Kühlmitteldampf ab. Sonst wäre dieser bald gesättigt und das Kühlmittel könnte nicht mehr weiter verdampfen. Seine zweite Aufgabe, daher sein Name, ist das Komprimieren des Kühlmitteldampfs. Dieser könnte ja nur bei weniger als –30 °C wieder kondensieren. Durch Erhöhung des Drucks auf 8 bar ist das aber auch bei Zimmertemperatur möglich (→ **F1**; siehe auch Kap. 13.6, S. 131).

Die Verflüssigung des Gases erfolgt im **Kondensor** (c) in der Rückwand des Eiskastens. Dort wird die entstehende Kondensationswärme abgegeben. Bevor die Flüssigkeit wieder in den Verdampfer gelangt, wird der Druck in der Drossel (d) wieder auf 1 bar gesenkt. Und dann geht es wieder von vorne los.

Im Eiskasten befindet sich ein **Thermostat**. Steigt die Temperatur über den eingestellten Wert, dann springt ein Elektromotor an, der den Kompressor betreibt, und das Kühlmittel beginnt zu sieden. Da die kalte Luft absinkt, hat es im Eiskasten oben etwa 8 °C und unten 2 °C. Im Gemüsefach ist die Konvektion unterbrochen. Dort hat es etwa 9 bis 10 °C (Abb. 15.2).

Symbol	Temperatur	Haltbarkeit der Lebensmittel
✶	–6 °C	einige Tage
✶✶	–12 °C	ca. 2 Wochen
✶✶✶	–18 °C	ca. 3 Monate
✶ ✶✶✶	–18 bis –25 °C	3 - 12 Monate

Tab. 15.1: Die Sterne geben an, wie kalt es im Tiefkühlfach bzw. der Tiefkühltruhe wird. Die Temperatur beträgt maximal –6 °C.

→ **Info:** Eiskasten-Energiespartipps

Eiskasten-Energiespartipps

Ein Eiskasten braucht nur dann Strom, wenn der Kompressor läuft. Dieser läuft nur, wenn innen die Temperatur zu hoch wird. Um Energie zu sparen, musst du also Temperaturerhöhungen im Eiskasten möglichst verhindern (→ **F3**). Und das geht so:

🌳 Mach die Eiskastentür so kurz wie möglich auf. Die kalte, schwere Luft „rinnt" dabei nämlich ins Zimmer.

🌳 Lass nichts draußen liegen, bevor du es in den Eiskasten zurückgibst, weil es sich dadurch erwärmt.

🌳 Stell nichts Warmes in den Eiskasten (z. B. eine Suppe), sondern lass es zuerst auf Zimmertemperatur abkühlen.

🌳 Überprüfe mit einem Thermometer die Temperatur im Eiskasten. Ist sie tiefer als nötig, stell eine niedrigere Zahl am Thermostat ein (Abb. 15.1 a).

🌳 Hat sich eine Eis- oder Reifschicht gebildet, musst du diese abtauen. Eis isoliert sehr gut und der Kompressor muss länger arbeiten.

🌳 Taue Gefrorenes im Eiskasten auf. Das dauert zwar länger, liefert aber gratis Kälte.

Z Zusammenfassung

Im Eiskasten nutzt man den Effekt, dass die Kühlflüssigkeit bereits bei −30 °C siedet und dabei der Umgebung Wärme entzieht. Nur wenn die Temperatur den eingestellten Wert überschreitet, arbeitet der Kompressor.

15.2 Ein Eiskasten im Fenster
Klimaanlage und Wärmepumpe

In diesem Abschnitt hörst du, wie aus einem Eiskasten eine Klimaanlage wird und was die grundlegenden Prinzipien der Kälteerzeugung sind.

F4 W1 Was versteht man unter Entropie? Was besagt der 2. Hauptsatz der Wärmelehre? Lies nach in Kap. 11.5, S. 115!

F5 S2 Sommer, unerträglich heiß! Was passiert mit der Temperatur im Zimmer, wenn du den Eiskasten in die Mitte stellst und die Tür öffnest? Versuche deine Antwort zu begründen?

→ **F5** ist eine Schlüsselfrage, um das Problem der Kälteerzeugung zu verstehen! Überlegen wir zuerst mit Hilfe des 2. Hauptsatzes der Wärmelehre (Kap. 11.5). Nehmen wir das Zimmer vereinfacht als abgeschlossenes System an. Ein Absinken der Temperatur würde ein Absinken der Entropie im Zimmer bedeuten. Der **2. Hauptsatz** der Wärmelehre verbietet das aber. Es ist also nicht möglich, das Zimmer mit dem Eiskasten zu kühlen.

Es kommt aber noch schlimmer! Der **Energieerhaltungssatz** besagt, dass die Anzahl der Joule immer gleich bleibt. Nun fließen aber mit der Energie des Stroms Joule in dein Zimmer. Diese Joule werden weder zum Heben noch zum Beschleunigen verwendet. Die einzige Möglichkeit ist daher, dass sich die ungeordnete Bewegungsenergie im Zimmer erhöht hat. Energiefriedhof eben! Kurz: Das Zimmer hat sich sogar erwärmt! Ein Eiskasten produziert nämlich auf der Rückseite mehr Wärme, als er im Inneren entzieht.

Abb. 15.3: Eiskastenklimaanlage

Du kannst aber eines machen: Stelle den Eiskasten mit der Rückseite nach außen ins Fenster und dichte rundherum gut ab. Du hast dir soeben eine **Klimaanlage** gebastelt (Abb. 15.3). Drinnen wird es kälter, draußen wird es wärmer. Warum geht das jetzt? Weil das Zimmer nun kein abgeschlossenes System ist. Wenn du den Eiskasten mit der Rückseite nach innen stellst, dann heizt du das Zimmer und kühlst dabei die Straße ab. Du hast dir eine **Heizung** gebastelt.

Von selbst fließt Wärme immer nur zu Orten niedrigerer Temperatur. Das besagt der 2. Hauptsatz der Wärmelehre. Ein Eiskasten ist aber in der Lage, Wärme von einem kälteren Ort (von innen) zu einem wärmeren (außen) zu transportieren, also gegen die natürliche Flussrichtung. Das geht aber nicht von selbst, sondern nur „mit Gewalt", indem also der Kompressor arbeitet. Eine Maschine, die Wärme gegen ihre natürliche Flussrichtung transportiert, nennt man allgemein eine **Wärmepumpe** (Abb. 15.4). Mit dieser erzeugst du also gleichzeitig Wärme und Kälte, aber an verschiedenen Stellen. Deshalb lassen sich Wärmepumpen sowohl zum Kühlen als auch zum Heizen verwenden.

Beispiele für Wärmepumpen, die zum Kühlen eingesetzt werden, sind Eiskasten und **Klimaanlage**. Auch ein Eislaufplatz wird mit einer Wärmepumpe gekühlt. Die beim Kühlen des **Eislaufplatzes** entstehende Wärme wird meistens gleich zum Heizen eines Schwimmbades, Wohnhauses oder Büros in der Nähe verwendet. In Häusern werden Wärmepumpen manchmal nur zum Heizen verwendet.

→ **Info:** Niedrigtemperaturwärme

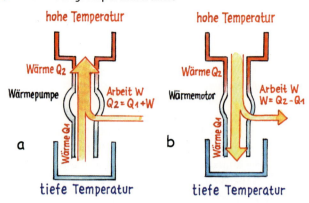

Abb. 15.4: a) Wärme kann **nicht von selbst** zu Orten mit höherer Temperatur fließen. b) Man kann aber unter Aufwand von **Arbeit** Wärme zum Ort der höheren Temperatur pumpen.

i Niedrigtemperaturwärme

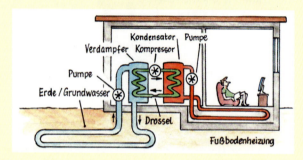

Abb. 15.5: Schema einer Hausheizung mit einer Wärmepumpe

Wärmepumpen werden auch nur zum Heizen eingesetzt (Abb. 15.5). Dabei wird dem **Grundwasser** Wärme entzogen. Weil die Heizwassertemperatur bei nur etwa 45° liegt, spricht man von **Niedrigtemperaturwärme**. Sinnvoll ist das nur in Kombination mit einer Fußbodenheizung, weil eine normale Zentralheizung etwa 60 °C Wassertemperatur benötigt. Der Vorteil der Wärmepumpe: Du wendest zum Betreiben eine gewisse Arbeit auf (W in Abb. 15.4 b) und bekommst die gepumpte Wärme (Q_1) gewissermaßen gratis dazu!

Ist eine normale **Zentralheizung**, die mit heißem Wasser funktioniert, auch eine Wärmepumpe? Nein! Eine Zentralheizung heizt die Wohnung – und aus. Eine Wärmepumpe heizt die Wohnung, kühlt aber gleichzeitig etwas anderes ab. Und das ist ein völlig anderes Prinzip.

In Zahlen: Wenn du mit einer normalen Heizung 1 kJ verheizt, dann hast du 1 kJ Wärme gewonnen. Wenn du mit einer Wärmepumpe 1 kJ Arbeit in das Pumpen investierst (W in Abb. 15.4 b), dann bringt das ebenfalls 1 kJ Wärme, dazu aber über den Daumen noch einmal 2 kJ gepumpte Wärme (Q_1). Macht also in Summe 3 kJ ($Q_2 = Q_1 + W$). Eine Wärmepumpe ist **wesentlich effizienter** als eine normale Heizung!

Z Zusammenfassung

Eine Wärmepumpe kann Wärme gegen ihre normale Flussrichtung zu Orten mit höherer Temperatur pumpen. Eiskasten und Klimaanlage funktionieren nach diesem Prinzip. Es kann niemals Kälte erzeugt werden, ohne dass an einer anderen Stelle Wärme entsteht.

15.3 Der kälteste Ort des Universums
Tieftemperaturphysik

In diesem Abschnitt geht es um wirklich tiefe Temperaturen und faszinierende Entdeckungen, die man damit gemacht hat.

F6 Was passiert theoretisch am absoluten Nullpunkt?
W1 Lies nach in Kap. 11.2, S. 111, 14.2.1 und 14.2.2 ab S. 136!

F7 Wo herrschte die tiefste Temperatur, die es jemals im
S2 Universum gab?

Die **Tieftemperaturphysik** nennt man auch **Kryophysik** (gr. krýos = „Eiskälte"). Weil es keine genaue Definition gibt, was man unter „tiefen Temperaturen" versteht, kann man den Beginn der Kryophysik nicht exakt angeben. In Tab. 15.2 sind aber einige Meilensteine zusammengefasst. Besonders wichtig auf dem Weg zu extrem tiefen Temperaturen war die Luftverflüssigungsmaschine von CARL VON LINDE, die noch immer Grundlage der Kältetechnik ist.

→ **Info:** Flüssige Luft

Eine Zeit lang schien ein gewisses Jagdfieber auf Temperaturrekorde ausgebrochen zu sein. 2005 konnte man sich dem absoluten Nullpunkt erstmals auf weniger als **1 Milliardstel Grad** nähern. Einer der beteiligten Physiker meinte dazu: „Erstmals Temperaturen von weniger als einem Nanokelvin erzeugt zu haben ist so, als würde man als Erster eine Meile unter vier Minuten laufen".

Jahr	Forscher	
1877	LOUIS PAUL CAILLETET	Verflüssigung von Sauerstoff bei –183 °C (90 K)
1895	GOTTFRIED VON LINDE	stellt bei –193 °C (80 K) erstmals größere Mengen flüssiger Luft her
1898	JAMES DEWAR	Verflüssigung von Wasserstoff bei –253 °C (20 K)
1908	HEIKE KAMERLINGH-ONNES	Verflüssigung von Helium bei –269 °C (4,2 K)
1911	HEIKE KAMERLINGH-ONNES	Entdeckung der Supraleitung von Quecksilber unter 4,2 K
1995	ERIC CORNELL u. a.	Erzeugung eines Bose-Einstein-Kondensats bei weniger als 10^{-6} K
2005	WOLFGANG KETTERLE u. a.	Erzeugung von weniger als 1 Nanokelvin (10^{-9} K)

Tab. 15.2: Meilensteine der Tieftemperaturphysik

i Schwebende Magnete

1911 entdeckte der Holländer KAMMERLINGH-ONNES, dass der **elektrische Widerstand** (siehe Big Bang 6) von Quecksilber unter 4,2 K praktisch auf null sinkt. Solche Stoffe nennt man **Supraleiter** und heute kennt man bereits sehr viele davon. Elektrischer Strom fließt in diesen von selbst jahrelang ohne messbaren Verlust. Besonders spektakulär: Weil **magnetische Feldlinien** nicht in einen Supraleiter eindringen können, beginnen Magnete über ihnen zu schweben (Abb. 15.6).

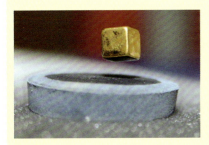

Abb. 15.6: Ein schwebender Magnet über einem supraleitenden Stoff

Helium wird unter 2,2 K **supraflüssig** und besitzt dann keine innere Reibung mehr. Und unter 10^{-6} K entsteht eine neue, exotische Materie, das **Bose-Einstein-Kondensat**. Salopp gesagt, vereinigen sich dabei alle beteiligten Teilchen zu einem einzigen Superteilchen. (Abb. 15.7) Alle genannten Effekte kann man aber nur im Rahmen der Quantenmechanik erklären (siehe Big Bang 7).

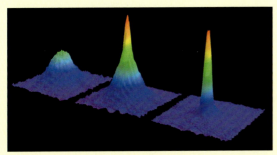

Abb. 15.7: Entstehung eines Bose-Einstein-Kondensats (siehe Big Bang 7). Die Temperatur nimmt vom linken zum rechten Bild ab. Die Dichte (durch Farbe und Höhe dargestellt) nimmt zu.

In der freien Wildbahn entstehen solche extremen Temperaturen nicht. Man kann davon ausgehen, dass sich die **kältesten Orte des Universums** in irgendeinem Labor befinden, bei den Menschen oder bei irgendwelchen Aliens (→ F7)! Die Erzeugung ultratiefer Temperaturen ist aber nicht nur Selbstzweck. Immer wieder kam es dabei zu wirklich unglaublichen Entdeckungen.

→ Info: Schwebende Magnete

Z Zusammenfassung

Man kann zwar den absoluten Nullpunkt nie erreichen, hat sich diesem aber bereits bis auf weniger als ein Milliardstel Kelvin genähert. Bei extrem tiefen Temperaturen kann es zu verwunderlichen quantenmechanischen Effekten kommen.

i Flüssige Luft

Der Deutsche CARL VON LINDE entwickelte **1895** ein nach ihm benanntes Verfahren, das bis heute zur **Luftverflüssigung** verwendet wird. Dabei wird Luft zuerst stark komprimiert (200 bar) und dann wieder „entspannt" (Abb. 15.8), indem das Gas durch eine poröse Membran muss. Da die Teilchen dabei keine Arbeit verrichten, würde sich ein ideales Gas nicht abkühlen. Bei 200 bar kommen einander die Luftmoleküle aber sehr nahe und ziehen einander an. Diese Kraft muss beim Entspannen überwunden werden, und reale Gase kühlen sich dabei sehr wohl ab. Das nennt man den **Joule-Thomson-Effekt**. Die beim Komprimieren entstehende Wärme wird vor dem Entspannen teilweise in einem **Wärmeaustauscher** abgeführt. Mit dieser Methode kann man Temperaturen bis etwa 1 K erzeugen.

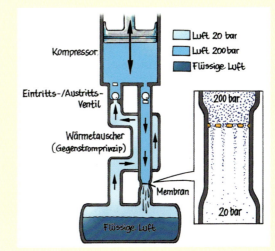

Abb. 15.8: Linde-Verfahren zur Luftverflüssigung

15.4 Ein Gas, ein Kolben, ein Zylinder
Wärmemotoren

Wie kann man ungeordnete Bewegungsenergie wieder in geordnete Bewegungsenergie umwandeln? Darum geht es in diesem Abschnitt. Du erfährst, wie Dampfmaschinen, Autos, Mofas und Flugzeuge angetrieben werden.

F8 / **S2** Was ist der Unterschied zwischen einem Benzin- und einem Dieselmotor? Welche Vorteile und Nachteile haben sie? Warum haben Autos meist vier Zylinder?

F9 / **W2** Wie funktioniert das Triebwerk eines Flugzeugs?

F10 / **W1** Was versteht man unter dem Treibhauseffekt und wie kommt er zu Stande?

F11 / **W1** Was ist der Vergaser? Was ist ein Turbo? Was ist ein Saugmotor? Was ist ein V8-Motor? Was ist ein Boxer-Motor? Was versteht man unter Common-Rail?
→ L

Wärme ist ungeordnete Bewegungsenergie (siehe Kap. 11.1, S. 109). Wenn diese gleichmäßig verteilt ist, wenn also alles gleich warm ist, dann ist sie für uns nicht mehr nutzbar. Helle Köpfe haben aber im Laufe der Geschichte Maschinen entwickelt, die einen **Temperaturunterschied** ausnutzen, um Bewegung zu erzeugen. Das waren zunächst vor fast 300 Jahren die Dampfmaschinen, und vor über 100 Jahren wurden jene Motoren erfunden, die noch heute, natürlich in verbesserter Form, unsere Autos bewegen.

Maschinen, die die ungeordnete Bewegungsenergie der Wärme (zumindest teilweise) wieder in geordnete zurückverwandeln, nennt man **Wärmemotoren** oder ziemlich unromantisch **Wärmekraftmaschinen**. In diesen läuft derselbe Vorgang ab wie in Wärmepumpen, allerdings genau in die Gegenrichtung (Abb. 15.9).

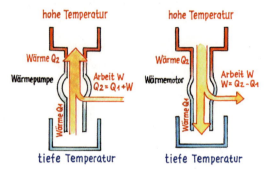

Abb. 15.9: Schematischer Vergleich zwischen Wärmepumpe und Wärmekraftmaschine. Der „Joulefluss" verläuft genau in die Gegenrichtung.

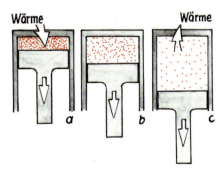

Abb. 15.10: Funktionsprinzip **aller Wärmemotoren**. Wärme wird dem komprimierten Gas zugeführt (a), es expandiert (b) und kühlt dabei ab (c). Die Wärme des abgekühlten Gases wird abgegeben.

Das Prinzip fast aller Wärmemotoren ist gleich: Man braucht ein **Gas**, einen **Zylinder** und einen **Kolben**. Dann muss man es irgendwie schaffen, das Gas zu komprimieren und ihm viel und schnell Wärme zuzuführen (Abb. 15.10 a). Bei der Dampfmaschine kommt das Gas bereits heiß in den Kolben, bei den Automotoren wird es erst nach dem Komprimieren erhitzt. Das heiße Gas expandiert und drückt dabei den Kolben weg. Weil das sehr schnell geht, erfolgt dieser Vorgang adiabatisch (Kap. 14.4, S. 140), und das Gas kühlt sich dabei ab. Die ungeordnete Bewegungsenergie der Gasmoleküle wird dabei in eine Bewegung des Kolbens umgewandelt. Wichtig für alle Wärmemotoren: Die Wärme muss schnell in den Zylinder gebracht werden. Sonst würde sie zu stark an die Umgebung abgegeben werden.

→ **Info:** Die Dampfmaschine

Die heute in den Autos verwendeten Motoren gehen auf die „Ur-Motoren" zweier Deutscher zurück: auf NIKOLAUS AUGUST OTTO (1832–1891) und RUDOLF DIESEL (1858–1913). Deshalb werden sie noch heute Otto- und Dieselmotoren genannt. Wie bekommt man bei ihnen die Wärme schnell in den Zylinder? Indem man ein Luft-Treibstoff-Gemisch **im** Zylinder entzündet.

Die Arbeitsweise des **Ottomotors** siehst du in Tab. 15.3 zusammengefasst. Er ist ein **Viertakt-Motor**, aber nur der Arbeitstakt liefert Energie. Ein Einzylinder-Motor würde daher nicht besonders „rund" laufen. Deshalb haben Motoren mehrere Zylinder, und diese arbeiten in verschiedenen Takten. Die Umkehrpunkte des Kolbens nennt man oberen und unteren Totpunkt (UT und OT).

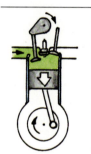 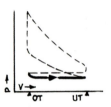

1. Ansaugtakt: Das Luft-Benzin-Gemisch wird angesaugt.

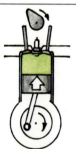 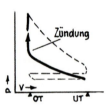

2. Kompressionstakt: Das Luft-Benzin-Gemisch wird verdichtet und kurz vor dem OT gezündet.

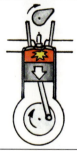 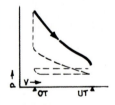

3. Arbeitstakt: Die Wärme, die bei der explosionsartigen Verbrennung entsteht, drückt den Kolben hinunter.

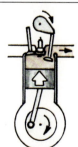 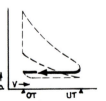

4. Auspufftakt: Die Abgase werden über ein zweites Ventil ausgestoßen.

Tab. 15.3: Arbeitsweise und p-V-Diagramm des Ottomotors. OT = oberer Totpunkt, UT = unterer Totpunkt. Weil die Kurve im p-V-Diagramm geschlossen ist, spricht man von einem Kreisprozess.

Kältetechnik und Wärmekraftmaschinen 15

Die Dampfmaschine

Wie wird bei der Dampfmaschine die Wärme schnell in den Kolben gebracht? Durch Konvektion des Wasserdampfs! Die erste einsetzbare **Dampfmaschine** wurde **1712** von THOMAS NEWCOMEN konstruiert und diente zum Abpumpen des Wassers in einem Bergwerk. Der Wirkungsgrad lag bei gerade mal 0,5 %.

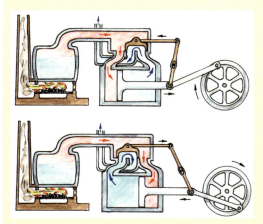

Abb. 15.11: Arbeitsweise einer Dampfmaschine. Der **Frischdampf** strömt abwechselnd in die linke und rechte Kammer des Zylinders und drückt den Kolben hin und her. Dabei öffnen und schließen sich die Ein- und Auslassventile gegengleich.

JAMES WATT ist zwar nicht wie oft behauptet der Erfinder der Dampfmaschine, aber er verbesserte die Konstruktion von Newcomen auf einen Wirkungsgrad von rund 3 %, so dass man sie ab etwa **1770** in der Industrie einsetzen konnte (Abb. 15.11). Um die Fähigkeit seiner Dampfmaschinen zu demonstrieren, erfand Watt die Einheit **Pferdestärke** (siehe Kap. 8.5).

Der **Dieselmotor** arbeitet ganz ähnlich wie der Otto-Motor. Es gibt aber auch einige Unterschiede, die in Tabelle Tab. 15.4 (S. 148) zusammengefasst sind (→ **F8**). Der Wirkungsgrad beträgt maximal 50 %. Also auch im besten Fall gehen leider 50 % der Energie in Form von Wärme verloren. Bei Zweirädern werden meistens **Zweitaktmotoren** verwendet.

→ **Info:** Rauf und runter
→ **Info:** Arbeit eines Wärmemotors
→ **Info:** Alles was fliegt | -> Seite 148
→ **Info:** Die Schattenseite der Mobilität | -> Seite 148

Arbeit eines Wärmemotors

Allgemein gilt: Arbeit = Kraft mal Weg, also $W = F \cdot s$ (siehe Kap. 8.1). Druck ist Kraft pro Fläche, also $p = F / A$ und daher $F = p \cdot A$. Wenn man das oben einsetzt, bekommt man $W = p \cdot A \cdot s = p \cdot V$. Druck mal Volumen hat also wie die Arbeit die Einheit Joule. Die **Fläche** unter einer Kurve im p-V-Diagramm entspricht der **Arbeit**!

Sehen wir uns Kompressions- und Arbeitstakt beim Ottomotor genauer an. Beim Komprimieren muss man Arbeit aufwenden (Abb. 15.12 a), beim Arbeitstakt bekommt man aber mehr zurück (b) – sonst wäre der Motor ja kein Motor. Die Differenz beider Flächen entspricht der Arbeit, die das Gas am Kolben verrichtet hat (c). Der erste und vierte Takt spielen keine besondere Rolle und werden daher meistens nicht berücksichtig. Die Gegenüberstellung zum realen **Kreisprozess** siehst du in (d).

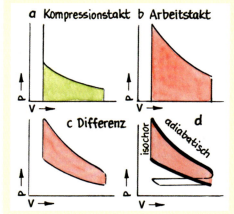

Abb. 15.12

Rauf und runter

Bei Zweirädern werden **Zweitakt-Motoren** eingesetzt. Sie sind leichter, einfacher zu bauen und daher billiger. Sie haben aber auch zahlreiche Nachteile. Weil sie nur zwei Takte haben (Kolben rauf, Kolben runter), müssen die **Prozesse parallel** erfolgen. Während im Zylinder das Luft-Benzin-Gemisch verdichtet wird, wird im unteren Raum neues Gemisch angesaugt (Abb. 15.13 a). Während das verbrannte Gemisch nach draußen strömt, strömt das neue schon ein (c). Es geht also einerseits Sprit verloren, andererseits vermischt sich der verbrannte Sprit mit dem neuen. Da der Motor keine Schmieranlage besitzt, muss außerdem das Benzin mit Öl vermischt werden (etwa 20:1). Das Öl wird verbrannt, und das belastet die Umwelt. Kurz: **Ein Zweitakter ist nicht besonders effizient und unökologisch.**

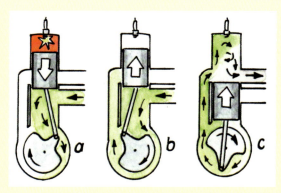

Abb. 15.13: a) Oben wird das komprimierte Gemisch gezündet, unten strömt frisches Gemisch ein. b) Durch die Hitze wird der Kolben nach unten gedrückt und dabei das Gemisch im unteren Raum vorverdichtet. c) Ein- und Auslassventil sind gleichzeitig offen.

Thermodynamik **147**

Ottomotor	Dieselmotor
Es wird ein **Luft-Benzin-Gemisch** angesaugt und verdichtet.	Es wird **reine Luft** angesaugt und verdichtet.
Die Zündung des Kraftstoffs erfolgt durch den Funken einer Zündkerze (**Fremdzündung**).	Die Zündung des Kraftstoffs erfolgt von selbst, wenn Diesel in die heiße Luft eingespritzt wird (**Selbstzündung**).
explosionsartige Verbrennung	**gleichmäßige** Verbrennung
Wirkungsgrad bis 40 %	Wirkungsgrad bis 50 %
billiger in der Anschaffung, teurer im Betrieb	teurer in der Anschaffung, billiger im Betrieb

Tab. 15.4: Unterschiede zwischen Otto- und Dieselmotor. Weil die Anschaffung eines Dieselautos mehr kostet, der Betrieb aber billiger ist, eignen sich diese vor allem für Vielfahrer.

Die Schattenseite der Mobilität

Die Entwicklung von Wärmemotoren hat unsere Mobilität extrem erhöht und das Leben schneller und bequemer gemacht. Man darf aber niemals vergessen, dass dieser Verkehr für den **Treibhauseffekt mitverantwortlich** ist, der zur Erwärmung der Erde führt. Mehr als ein Drittel der Treibhausgas-Emissionen in Österreich gehen auf den Verkehr zurück, und davon entfällt wiederum etwa die Hälfte auf die PKWs (→ **F10**; Abb. 15.14). Diese verursachen also absolut gesehen mehr als 17 % der gesamten CO_2-Emissionen!

Abb. 15.14: Der Verkehr macht mit 36 % die größte Schnitte im Kuchendiagramm aus. PKWs machen davon die Hälfte aus, absolut gesehen also rund 1/6.

Die zunehmende Erwärmung der Erde ist ein **sehr ernstzunehmendes Problem**. Vermehrte Überschwemmungen und Hurrikans sind ein kleiner Vorgeschmack darauf. Jedes Mal, wenn du im Auto sitzt, wirst du zu einem Mitverursacher – das sollte dir immer bewusst sein! Also: Fahre auch mal mit dem Rad oder den Öffis!

Zusammenfassung

Bei Wärmekraftmaschinen nutzt man aus, dass ein expandierendes Gas Arbeit verrichten kann. Bei den meisten Wärmemotoren wird damit ein Kolben bewegt. Beim Strahltriebwerk nutzt man den Rückstoß des expandierenden Gases aus.

Alles was fliegt …

Aus dem Alltag ist dir noch ein anderer Wärmemotor bekannt, der sich in seiner Konstruktion von den bisher besprochenen sehr unterscheidet: das **Strahltriebwerk** der Flugzeuge. So gut wie alles, was fliegt, wird davon angetrieben. Es funktioniert nach dem **Rückstoßprinzip** (siehe Kap. 7.5, S. 67).

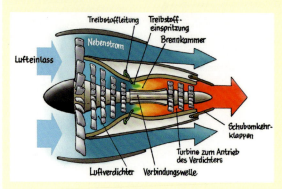

Abb. 15.15: Aufbau eines Strahltriebwerks (→ **F9**)

Im vorderen Teil befindet sich eine Art umgekehrt arbeitender Ventilator, der die Luft ansaugt und dabei gleichzeitig verdichtet (**Kompressor**, Abb. 15.15). In der **Brennkammer** wird die verdichtete Luft mit Kerosin vermischt und das Gemisch verbrannt. Das heiße Gas schießt nach hinten hinaus und drückt dadurch das Flugzeug in die Gegenrichtung. Außerdem betreibt es dabei eine Turbine, die wiederum den Kompressor antreibt. Ansaugen, Komprimieren, Verbrennen und Ausstoßen … dasselbe Prinzip wie im Kolbenmotor. Allerdings laufen die Vorgänge kontinuierlich und gleichzeitig ab.

Kältetechnik und Wärmekraftmaschinen

F12 / S1 Was passiert mit dem Benzinverbrauch, wenn du die Klimaanlage im Auto aufdrehst? Und warum? → **L**

F13 / S2 Im Sommer verbraucht der Eiskasten mehr Strom. Warum? → **L**

F14 / W2 Ist der Mensch auch ein Wärmemotor? → **L**

F15 / W1 Wieso haben Zweitakt-Motoren Lamellen um den Block herum? → **L**

F16 / W1 Flugzeuge fliegen mit Kerosin. Was versteht man eigentlich darunter? → **L**

F17 / W2 Was versteht man unter dem Hubraum? In welchem Zusammenhang steht er zur Leistung? → **L**

F18 / W3 Nimm an, ein Automotor hat einen Kolbenhub von 80 mm und dreht im höchsten Bereich mit 7000 U/min. Welche durchschnittliche Geschwindigkeit hat der Kolben? → **L**

Kompetenzcheck

Weitere Kompetenzchecks und Maturafragen auf
bigbang.oebv.at!

1 Die Arbeitsweise der Physik

A1 S2 „Ich hab' da eine Theorie!" ist ein bekannter Spruch im Alltag, aber auch aus einschlägigen Krimiserien im Fernsehen bekannt. Diskutiere diese Aussage, indem du deine Erkenntnisse zum Thema Theorie aus Kapitel 1 einbringst.

A2 S2 Besorge dir Informationen über die String-Theorie (siehe dazu auch BB 8). Trägt die String-Theorie ihre Bezeichnung zu Recht?

2 Die sieben SI-Einheiten

A3 W2 Schätze in Größenordnungen und ohne Taschenrechner ab, wie oft das Herz eines Menschen im Laufe seines Lebens schlägt.

A4 W2 Du hast einen Würfel mit einer Seitenlänge von 1 m und füllst diesen mit kleinen Würfeln von je einem Millimeter Seitenlänge auf. Pro Sekunde schlichtest du einen dieser winzigen Würfel ein. Wie lange brauchst du dafür? Schätze in Größenordnungen und ohne Taschenrechner ab.

A5 W2 Der Physiker ENRICO FERMI wies darauf hin, dass die übliche Zeitdauer einer Vorlesung (50 min) etwa einem Mikrojahrhundert entspricht. Wie lange dauert ein Mikrojahrhundert genau in Minuten? Überprüfe mit Taschenrechner.

A6 E2 In der Folge „Kennen Sie die Tribbles?" aus der Serie „Star Trek" sagt Captain Kirk: „Was halten Sie eigentlich davon, Mrs. Uhura, wenn Sie einmal ein paar Lichtjahre dienstfrei machen?" Was ist dazu aus physikalischer Sicht zu sagen?

3 Tooltime

A7 E2 Auf Seite 20 heißt es in der linken Spalte „Dein Gewicht zeigt immer in Richtung Erdmitte." Warum ist das ganz streng genommen nicht exakt formuliert? Lies dir dazu die Infobox Halbkugelberg auf S. 99 durch und überlege dann.

Abb. 1

A8 W1 Schreibe die beiden eingezeichneten Vektoren aus Abb. 1 als Spaltenvektoren an.

4 Gedachte Singularität

A9 W1 Vervollständige den Satz: Ein im Massenmittelpunkt unterstützter oder um eine Schwerpunktsachse drehbarer Gegenstand ist immer im .... Gleichgewicht!

A10 E2 Erkläre, wie ein Stehaufmännchen funktioniert! In welchem Gleichgewicht befindet es sich?

5 Geradlinige Bewegungen

zu 5.1 und 5.2

A11 W1 Auf Seite 35 in Kapitel 5.1 ist zu lesen, dass sich die Erde mit 30 km/s um die Sonne bewegt. Überprüfe diese Angabe! Du benötigst dafür die Formel für die Geschwindigkeit von S. 36. Die Entfernung zwischen Erde und Sonne beträgt rund 150 Millionen Kilometer.

A12 E2 Bei großen Leichtathletik-Wettkämpfen hat jeder Läufer bei den Sprint-Distanzen einen eigenen Lautsprecher für das Startsignal hinter seinem Startblock. Kannst du dir vorstellen, warum das so ist? Versuche den Effekt größenordnungsmäßig anzugeben.

zu Kapitel 5.3 und 5.4

A13 E2 Du lässt eine Kugel aus 1 m Höhe auf den Boden fallen. Wie lange dauert es bis zum Aufprall? Wie schnell ist die Kugel beim Aufprall? Versuche vorher die Werte im Kopf überschlagsmäßig abzuschätzen.

A14 W2 In der Formel 1 besteht die schützende Sicherheitszelle, die den Piloten umgibt, aus extrem harten Karbonfasern. Warum verwendet man diesen Stoff nicht gleich für das ganze Auto?

zu Kapitel 5.5

A15 W2 Ein Porsche Boxter 987 hat eine Leistung von 176 kW, einen c_w-Wert von 0,29 und eine Anströmfläche von 1,96 m². Schätze aus diesen Daten seine maximale Geschwindigkeit ab. Hilfe: Verwende die Gleichungen $P = W/t$, $W = F \cdot s$ sowie die Gleichung für den Luftwiderstand.

6 Zusammengesetzte Bewegungen

A16 W2 Um wie viel weiter fliegt ein Objekt, als es hoch fliegt, wenn man es unter einem Winkel von 45° abwirft? Überlege nur mit Hilfe des Unabhängigkeitsprinzips und nimm dabei für g vereinfacht 10 m/s² an.

A17 E2 Schätze ab, wie lange der Flug bei einem Weltklasseweitsprung dauert. Verwende dazu das Unabhängigkeitsprinzip und die Daten zum Weitsprungweltrekord von Seite 54.

7 Newton mal drei

Trägheitssatz

A18 S2 Es hat etwa 2000 Jahre gedauert, bis man das Phänomen des Trägheitssatzes (1. Newton'sches Grundgesetz) aus den Beobachtungen des Alltags abstrahieren konnte. Warum dauerte es so lange?

A19 S2 Der Trägheitssatz lautet in der Übersetzung des Originaltextes von NEWTON so: Jeder Körper beharrt im Zustand der Ruhe oder der gleichförmigen geradlinigen Bewegung, wenn er nicht durch einwirkende Kräfte gezwungen wird, seinen Zustand zu ändern.

Welche der folgenden Formulierungen sind von der Aussage her gleichwertig mit dem Originalzitat?

a) Wenn auf einen Gegenstand keine Kraft wirkt, dann ändert er seine Geschwindigkeit nicht.

b) Wenn auf einen Gegenstand keine Kraft wirkt, dann ist er unbeschleunigt.

c) Die gleichförmige Bewegung ist der „Normalzustand" eines Körpers, für den kein resultierender Kraftaufwand benötigt wird.

Bewegungsgleichung

A20 W2 Ein Fußball rollt von links nach rechts an dir vorbei. Du trittst auf den Ball, wobei die Kraft quer zur Bewegungsrichtung wirkt (Abb. 2). Zeichne den Geschwindigkeitsvektor des Balls nach dem Stoß ein.

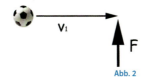
Abb. 2

Wechselwirkungsprinzip

A21 E2 Du drückst eine Taste. Nach dem Wechselwirkungsprinzip übt die Taste aber eine genau gleich große Kraft auf deinen Finger aus. Dann müsste doch ein Kräftegleichgewicht herrschen! Wieso kannst du dann die Taste trotzdem drücken?

Reibung

A22 W1 Wie schnell kann man maximal von 0 auf 100 km/h beschleunigen, wenn die Haftreibungszahl maximal 1,1 beträgt?

8 Arbeit und Energie

Perpetuum mobile

A23 W1 Wie groß wäre der Wirkungsgrad einer idealen Maschine? Wie groß wäre der Wirkungsgrad eines Perpetuum mobile? Hilf dir mit Tab. 8.2, S. 82.

Energieumwandlungen

A24 E2 Man sagt, dass Energie eine Zustandsgröße ist und Arbeit eine Prozessgröße. Was könnte damit gemeint sein?

Leistungen

A25 W1 Der Energieumsatz eines Menschen beträgt rund 10.000 kJ pro Tag. Rechne diese Leistung in Watt um. Rechne den Umsatz außerdem in Kilowattstunden um (siehe Kap. 8.5, S. 75). Wie viel würde es kosten, einen Menschen mit Strom zu betreiben?

9 Von Aristoteles bis Kepler
Sonnensystem

A26 E2 Der zunehmende Mond sieht bei uns so aus wie Nummer 2 bis 4 in Abb. 3. Wie aber sieht der zunehmende Mond auf der Südhalbkugel aus?

Abb. 3: Die Phasen des Mondes

A27 W1 Man hört oft, dass man am Grund eines tiefen Brunnens auch untertags die Sterne sehen kann. Bereits Aristoteles soll das behauptet haben. Stimmt das tatsächlich? Versuche zu begründen.

A28 E1 Welche besonderen Konstellationen liegen in Abb. 4 a bis d vor? Warum ist nicht jedes Mal bei Neumond eine Sonnenfinsternis und bei Vollmond eine Mondesfinsternis? Überlege mit Hilfe der Abbildung.

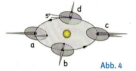

Abb. 4

A29 S2 Der Mond beschreibt näherungsweise eine Kreisbahn um die Erde, die wiederum eine Kreisbahn um die Sonne beschreibt. Welche Bahn beschreibt daher der Mond um die Sonne (Abb. 5)?

a) die Krümmung der Bahn zeigt abwechselnd zur Sonne hin und von der Sonne weg;
b) der Mond beschreibt eine Art Spiralbahn;
c) die Mondbahn entspricht einem Vieleck.

Abb. 5: Welche der hier schematisch dargestellten Mondbahnen beschreibt die tatsächliche am ehesten?

A30 S2 Die Kraft der Sonne auf den Mond ist stets größer als die Kraft der Erde auf den Mond. Warum zieht also die Sonne den Mond nicht zu sich?

Kepler'sche Gesetze

A31 S1 Das 1. Kepler'sche Gesetz besagt, dass jeder Planet die Sonne auf einer Ellipse umläuft. Die Sonne befindet sich in einem der Brennpunkte. Wir wissen heute, dass das 1. Kepler'sche Gesetz in seiner damaligen Formulierung nicht ganz exakt ist. Das hat zwei Gründe. Welche?

Modernes Weltbild

A32 W1 Rund 100.000 Lichtjahre (LJ) beträgt der Durchmesser unserer Galaxis. Die Sonne ist etwa 25.000 LJ von Zentrum unserer Galaxis entfernt. Sie bewegt sich mit etwa 220 km/s um das Zentrum. Wie lange dauert ein voller Umlauf? Wie oft ist die Erde seit ihrer Entstehung schon um das Zentrum der Milchstraße gelaufen? Die Lichtgeschwindigkeit beträgt $3 \cdot 10^8$ m/s.

A33 W1 Das Universum besteht grob gesagt aus 92 % Wasserstoffatomen und 8 % Heliumatomen. Schätze mit dieser Angabe die Massenverteilung dieser beiden Elemente ab.

A34 W1 a Nach heutigem Wissen beträgt das Alter des Universums 13,8 Milliarden Jahre. Rechne das Alter in Sekunden um.
b Mit welcher Durchschnittsgeschwindigkeit hat sich ein Stück des Raums seit dem Urknall ausgedehnt, wenn es jetzt 1 m lang ist?

10 Newtons Gravitationsgesetz
Gravitationsgesetz und Gravitationsfeld

A35 W1 Wie groß ist die Fallbeschleunigung am Mond relativ zur Erdbeschleunigung? Leite dazu aus dem Gravitationsgesetz und der allgemeinen Formel für das Gewicht eine Formel ab, mit der du g allgemein berechnen kannst. Verwende dann nicht die absoluten Werte, sondern rechne mit Proportionen. Nimm an, dass der Mond rund 1/81 der Erdmasse hat und sein Radius 1/3,67 des Erdradius entspricht.

A36 S2 Im Jahr 2320 ist der Mond bereits dicht besiedelt. Was muss man beim Anlegen von Autobahnen auf dem Mond beachten? Denke dabei vor allem an die Kurven und nimm an, dass auch auf Mondautobahnen die erlaubte Höchstgeschwindigkeit 130 km/h beträgt! Du brauchst für deine Überlegungen die Formel für die Reibungskraft und die Zentripetalkraft.

A37 W1 Welche Wurfweiten auf einer flachen Ebene würdest du im Vergleich mit der Erde erwarten, wenn du am Mond einen Ball wirfst? Sieh dazu beim freien Fall (Kap. 5.4..1, S. 39) und den schiefen Würfen (Kap. 6.3, S. 53) nach.

Satelliten

A38 S2 In Abb. 6 siehst du, dass die Höhe der ISS über dem Boden schwankt. Wie könnte man das erklären?

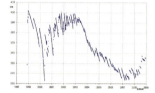

Abb. 6: Die Höhe der ISS über dem Erdboden in den Jahren 1999 bis 2009

A39 W1 Manchmal hört man, die NASA könnte heutzutage keine Menschen mehr auf den Mond schicken, weil das Know How dazu verloren gegangen ist. Stimmt das?

Gezeitenkräfte

A40 W1 Der Komet Shoemaker-Levy 9 passierte im Juli 1992 den Planeten Jupiter und zerbrach dabei in 21 Fragmente zwischen 50 und 1000 m Größe, die sich auf einer mehrere Millionen Kilometer langen Kette aufreihten. Zwischen dem 16. und dem 22. Juli 1994 schlugen diese Bruchstücke dann auf dem Jupiter auf. Wieso zerbröckelte der Komet beim ersten Vorbeiflug am Jupiter?

A41 S1 Wenn am Ozean der Unterschied zwischen Ebbe und Flut selbst bei Springflut nur rund 1 m ausmacht, wie kommt es dann zu den großen Unterschieden zwischen Ebbe und Flut, wie z. B. 10,8 m in St. Malo, Frankreich?

11 Grundlagen zur Thermodynamik
Thermische Bewegung

A42 S1 In welchen Alltagssituationen spielt die thermische Bewegung von Atomen eine wichtige Rolle (Stichwort: Haushalt)?

Temperatur

A43 S2 Welche der folgenden Aussagen ist richtig? Hilf dir mit Abb. 13.11, Seite 126, versuche aber auch zusätzlich, physikalisch zu begründen! Unter höherem Druck
a) kocht Wasser bei tieferer Temperatur und Eis schmilzt ebenfalls bei tieferer Temperatur.
b) kocht Wasser bei höherer Temperatur und Eis schmilzt ebenfalls bei höherer Temperatur.
c) kocht Wasser bei tieferer Temperatur, aber Eis schmilzt bei höherer Temperatur.
d) kocht Wasser bei höherer Temperatur, aber Eis schmilzt bei tieferer Temperatur.

Wärme und spezifische Wärmekapazität

A44 W1 Ein Mensch leistet auf Dauer etwa 100 W (= 100 J pro s). Eine ökologisch bewusste Person möchte Strom sparen und Teewasser durch Muskelleistung zum Kochen bringen. Wie lange müsste sie auf einem Ergometer fahren, um einen Liter Wasser von 15 °C zum Kochen zu bringen? Gib einen Tipp ab, bevor du rechnest.

A45 W2 Versuche qualitativ mit Hilfe des Teilchenmodells zu erklären, wie durch Reibung Wärme entsteht.

A46 W1 Schätze ab, ob man sich von Licht ernähren kann! Nimm dazu an, dass Lichtatmer zur Photosynthese fähig sind. Nimm ebenfalls an, dass im Schnitt über das Jahr eine Sonnenleistung von 300 W/m² am Boden ankommt. Schätze die Hautoberfläche eines Menschen ab. Der Wirkungsgrad bei der Photosynthese findest du in Tab. 8.2, S. 82.

1. Hauptsatz der Wärmelehre, Energieerhaltungssatz

A47 W1 Du strampelst auf einem Fahrradergometer. Das Display zeigt 100 W an. Wie viel leistest du gerade?

2. Hauptsatz der Wärmelehre, Entropie

A48 S2 Begründe, dass Schaum - etwa von einer Limonade, einem Bier oder einem Schaumbad in einer Badewanne - eine kleinere Entropie hat als die Flüssigkeit, zu der er sich dann wieder umwandelt.

12 Formen der Wärmeübertragung
Wärmeleitung

A49 S1 Kannst du begründen, warum Wasserstoff die Wärme so gut leitet?

A50 S2 Hält man über einen Bunsenbrenner ein Drahtnetz, bildet sich oberhalb des Netzes keine Flamme aus. Zündet man das Gas aber oberhalb des Drahtnetzes an, so bildet sich im unteren Teil keine Flamme. Warum ist das so?

Konvektion

A51 S1 Geschäumtes Polystyrol, unter dem Markennamen Styropor bekannt, ist ein extrem guter Isolator. Nicht geschäumtes Polystyrol, das zum Beispiel für Joghurtbecher verwendet wird, hat eine Wärmeleitfähigkeit von 0,1 Wm^{-1}K^{-1}. Warum isoliert geschäumtes Polystyrol so viel besser?

A52 W1 Warum wird es eigentlich mit zunehmender Höhe kälter, wenn doch warme Luft aufsteigt? Ist das nicht ein Widerspruch?

Wärmestrahlung

A53 S1 Die Sonne hat eine Oberflächentemperatur von etwa 6000 K. Woher weiß man das? Sieh dir dazu Abb. 12.11, S. 121 an.

A54 W1 Umgangssprachlich wird Infrarot immer mit Wärmestrahlung gleichgesetzt. Warum ist das nicht korrekt?

13 Ausdehnung, Diffusion und Phasenübergänge
Ausdehnung durch Erwärmung

A55 S2 Flüssigkeiten dehnen sich im Volumen bei gleicher Temperaturänderung viel stärker aus als Festkörper (Tab. 13.1, S. 123). Nimm einmal an, es wäre genau umgekehrt. Wie würde sich dann ein normales Flüssigkeitsthermometer bei Erwärmung verhalten?

A56 Schätze die relative Volumenausdehnung von Gasen bei 20 °C aus der Tatsache ab, dass bei gleichem Druck das Volumen proportional zur absoluten Temperatur in Kelvin ist.

A57 Wenn man ein Flüssigkeitsthermometer plötzlich erhitzt, kann man manchmal sehen, dass die Säule zuerst sinkt, bevor sie ansteigt. Kannst du das erklären?

Diffusion

A58 In Abb. 7 siehst du zwei Behälter, die je zwei verschiedene Gase enthalten. In welchem Behälter befinden sich die beide Gase in einem Zustand der höheren Entropie? Welcher Zusammenhang besteht zwischen Entropie und Diffusion?

Abb. 7

Phasenübergänge

A59 Wenn man Wasser erschütterungsfrei und langsam kühlt, gefriert es nicht bei null Grad Celsius, sondern lässt sich auf einige Grad unter null abkühlen. Wenn man das Wasser dann erschüttert, gefriert es plötzlich und erwärmt sich wieder um ein paar Grad. Wieso?

A60 In Wärmekissen werden bestimmte Chemikalien verwendet, die im Wasserbad zunächst bei rund 60 °C verflüssigt werden. Die Chemikalien bleiben auch noch bei viel tieferen Temperaturen als unterkühlte Schmelze in einem metastabilen Zustand flüssig. Es ist ähnlich wie bei unterkühltem Wasser. Wird nun ein Metallplättchen (ähnlich einem Knackfrosch) im Wärmekissen gedrückt, löst das die Kristallisation aus. Das Kissen erwärmt sich dabei wieder sehr stark. Warum?

14 Die Gasgesetze
Der Gasdruck

A61 W1 Du pumpst an der Tankstelle einen Autoreifen auf. Nachher zeigt das Gerät einen Druck von 2 bar an. Wie groß ist der Druck im Reifen?

A62 Das erste Quecksilberbarometer wurde 1643 von EVANGELISTA TORRICELLI erfunden, nach dem auch eine Einheit des Drucks benannt ist. Warum verwendete man Quecksilber, obwohl diese Flüssigkeit giftig ist? Warum ist es wesentlich, dass das U-Rohr am oberen Ende links geschlossen ist?

A63 Nimm an, du hast einen wirklich seeeehr langen Strohhalm. Wie hoch kannst du damit Wasser maximal saugen? Wie hängt diese Höhe von der Wetterlage ab?

A64 Wie funktioniert ein Höhenmesser?

Isobare Zustandsänderung

A65 W1 Leite allgemein ab, um welchen Faktor sich eine ideales Gas ausdehnt, wenn man es unter isobaren Bedingungen von 0 K auf 1 K erwärmt. Gehe vom Zusammenhang $V \sim T$ bei konstantem Druck aus.

Isochore Zustandsänderung

A66 S1 Bei gleichem Volumen gilt für ein ideales Gas $p \sim T$. Wenn man die Temperatur von 20 °C auf 40 °C erhöht, verdoppelt sich dann der Druck des Gases?

A67 S1 In Abb. 8 siehst du die 4 Takte eines Otto-Motors in einem p-V-Diagramm dargestellt 1) Ansaugen, 2) Verdichten und Zünden, 3) Arbeitstakt und 4) Ausblastakt. In einem der vier Takte kommt - zumindest in einer Näherung – eine isochore Zustandsänderung vor. In welchem? Versuche zu begründen, warum das so ist.

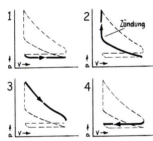

Abb. 8: Die 4 Takte eines Otto-Motors in einem p-V-Diagramm

Isotherme Zustandsänderung

A68 S1 In Abb. 8 siehst du die 4 Takte eines Otto-Motors in einem p-V-Diagramm dargestellt. Zeigt eine der dargestellten Phasen eine isotherme Zustandsänderung? Begründe!

15 Kältetechnik und Wärmekraftmaschinen
Der Eiskasten

A69 S1 Jeder Haushalt verfügt über eine Wärmepumpe. Wo befindet sich diese? Wie müsste man diese umbauen, damit man damit das Haus heizen kann?

Tieftemperaturphysik

A70 S1 Was bedeutet höhere oder tiefere Temperatur auf atomarer Ebene? Was bedeutet Absenken der Temperatur auf atomarer Ebene? Wie müssten sich Atome beim absoluten Nullpunkt verhalten? Ist das Erreichen des absoluten Nullpunktes möglich?

Wärmemotoren

A71 S1 Beim Auto versteht man unter Motorbremse, wenn man vom Gas geht, dabei aber nicht auskuppelt. Der innere, mechanische Widerstand des mitlaufenden Motors wird dabei für die Abbremsung genutzt. Manchmal wird gesagt, dass diese Motorbremse ein Spritfresser ist und es besser sei, auszukuppeln und das Tempo mit den Bremsen zu verringern. Stimmt das?

Lösungen zu den Kompetenzchecks

Hilfe zu A1: Eine Theorie ist, in der Diktion der Wissenschaft, immer experimentell überprüft. Wenn man sagt „Ich habe eine Theorie", dann hat man seine Aussage aber in den meisten Fällen wohl noch nicht auf Herz und Nieren überprüft, sondern vermutet einfach mal. Dann sollte man aber eigentlich „Ich habe eine Vermutung" oder „Ich habe eine Hypothese" sagen.

Hilfe zu A2: Eine Theorie ist eine experimentell überprüfte Hypothese. Die String-Theorie ist aber experimentell nicht überprüft. Schlimmer noch: Viele Physiker sind der Überzeugung, dass man die String-Theorie wahrscheinlich niemals experimentell überprüfen können wird. Daher sollte man eher von der String-Hypothese sprechen. Aber das klingt halt bei weitem nicht so elegant! Pikant an der Sache ist, dass sich die Physiker hier nicht an die in der Wissenschaft übliche Terminologie halten. Der amerikanische Physikprofessor Lee Smolin setzt sich in seinem Buch „Die Zukunft der Physik" (DVA Sachbuch 2009) sehr kritisch mit der String-Theorie auseinander.

Hilfe zu A3: Die Herzfrequenz eines erwachsenen Menschen in Ruhe hängt von den Rahmenbedingungen ab, liegt aber etwa bei 70 Schlägen pro Minute.
Am Tag schlägt das Herz daher $70 \cdot 60 \cdot 24 = 100800 \approx 10^5$ mal. Nehmen wir an, die Person wird 80 Jahre alt. Das Herz schlägt daher im Laufe eines Lebens $365{,}25 \cdot 80 \cdot 10^5 = 3{,}65 \cdot 10^2 \cdot 8 \cdot 10^1 \cdot 10^5 = 29{,}2 \cdot 10^8 \approx 3 \cdot 10^9$ mal - also einige Milliarden mal.

Hilfe zu A4: $1\,m^3$ besteht aus $10^9\,mm^3$. Der Auffüllvorgang dauert daher 1 Milliarde Sekunden oder knapp 32 Jahre.

Hilfe zu A5: Ein Tag hat 1440 Minuten. Ein Jahr (365,25 Tage) hat somit 525.960 min oder $5{,}26 \cdot 10^5$ min. Ein Jahrhundert hat 52.596.000 min oder $52{,}6 \cdot 10^6$ min. Ein Mikrojahrhundert hat daher $52{,}6 \cdot 10^6/10^6 = 52{,}6$ min.

Hilfe zu A6: Ein Lichtjahr ist eine Strecken- und keine Zeitangabe. Es ist also so, als würde Captain Kirk fragen: „Was halten Sie eigentlich davon, Mrs. Uhura, wenn Sie einmal ein paar Billiarden Meter dienstfrei machen?"

Hilfe zu A7: Die Gewichtskraft würde nur dann ganz genau in Richtung Erdmitte zeigen, wenn die Masse der Erde völlig symmetrisch verteilt wäre. Das ist aber nicht der Fall. Diese kleinen Abweichungen von der Symmetrie kann man auch sehr gut sehen, wenn man sich die Abweichung der Fallbeschleunigung vom theoretischen Wert ansieht (Abb. 5.18, S. 39). Wenn du also zum Beispiel in der Nähe eines Berges stehst, dann zeigt die Gewichtskraft nicht genau senkrecht zu Boden, sondern ein bisschen in Richtung des Berges.

Hilfe zu A8: Der Gewichtskraftvektor der obigen Person lautet $\begin{pmatrix} 0 \\ -1000\,N \end{pmatrix}$, der Gewichtskraftvektor der unteren $\begin{pmatrix} 0 \\ 500\,N \end{pmatrix}$.

Hilfe zu A9: im indifferenten Gleichgewicht

Hilfe zu A10: Ein Stehaufmännchen muss immer einen sehr tiefen Schwerpunkt haben. Dann wird dieser nämlich gehoben, wenn das Männchen gekippt wird (Abb. 9). Dadurch befindet sich dieses im stabilen Gleichgewicht.

Abb. 9: Der KSP wird beim Kippen gehoben (Abb. rechts).

Hilfe zu A11: Die Erdbahn ist zwar ganz leicht elliptisch, wir können sie aber für unsere Berechnungen als Kreis annehmen. Der Umfang der Erdbahn ist daher $U = 2r\pi \approx 9{,}4 \cdot 10^8$ km. Dafür benötigt die Erde 365,25 Tage oder $365{,}25 \cdot 86400\,s = 3{,}16 \cdot 10^7\,s$.
$v = s/t = (9{,}4 \cdot 10^8\,km)/(3{,}16 \cdot 10^7\,s) = 29{,}8\,km/s$.

Hilfe zu A12: Der Schall hat – temperaturabhängig - eine Geschwindigkeit von etwa 340 m/s. Für einen Meter benötigt der Schall daher 1/340 s oder rund 3/1000 s. Wäre der Starter z. B. 3 m weg, würde der Sprinter das Signal um 1/100 s verzögert wahrnehmen, wäre er 10 m weg, wäre die Verzögerung bereits rund 3/100 s. Das kann bereits über Sieg oder Niederlage entscheiden.

Hilfe zu A13: Überschlagsmäßige Abschätzung: In einer Sekunde fällt ein Gegenstand knapp 5 m tief. In der Hälfte der Zeit fällt er ein Viertel so tief, also 1,25 m. Für 1 m benötigt der Gegenstand daher etwas weniger als 0,5 Sekunden. Er erreicht dabei eine Geschwindigkeit von etwas weniger als 5 m/s. Die genauen Werte sind 0,452 s und 4,905 m/s.

Hilfe zu A14: Man denkt vielleicht zuerst, dass ein möglichst starres Auto wesentlich sicherer wäre. Trotzdem baut man aber bei jedem Auto sogenannte Knautschzonen ein. Sie befinden sich an der Front und am Heck des Autos. Wieso? Bei einem Aufprall deformieren sich diese, wodurch das Fahrzeug nicht sofort zum Stillstand gebracht wird. Der Effekt ist also derselbe wie bei Weichböden: die einwirkenden Kräfte werden verringert. Und durch diesen Effekt wird wiederum unsere Überlebenschance bei einem Unfall erhöht.

Hilfe zu A15: Aus $P = \dfrac{W}{t}$ und $W = Fs$ folgt $P = \dfrac{Fs}{t} = Fv$. Wir nehmen an, dass die gesamte Leistung durch den Reibungswiderstand zwischen Auto und Luft zu Stande kommt. F ist daher die Reibungskraft F_W, die es zu überwinden gilt: $P = F_W v = \dfrac{1}{2} c_w \rho A v^3$. Für die Endgeschwindigkeit ergibt das: $v = \sqrt[3]{\dfrac{2P}{c_w \rho A}}$.
Wenn man 176 kW (also 176.000 W), einen c_w-Wert von 0,29 und eine Anströmfläche von 1,96 m² einsetzt, erhält man $v = 80$ m/s oder 289 km/h. Die offizielle Angabe beträgt 256 km/h. Wie kommt es zu der Differenz von 25 km/h? Erstens treten auch andere Reibungswiderstände auf (Reifen und Straße), zweitens gilt die angegebene Leistung nur für eine bestimmte Drehzahl.

Hilfe zu A16: Nimm an, v_x und v_y sind jeweils 10 m/s. Nehmen wir zuerst nur die senkrechte Bewegung her. Wenn du mit 10 m/s abwirfst, dann fliegt der Gegenstand 5 m hoch und fällt wieder zurück. Der Wurf dauert deshalb 2 Sekunden. In dieser Zeit fliegt der Gegenstand daher 20 m weit, also 4-mal so weit wie hoch. Dieser Zusammenhang gilt bei einem Abwurfwinkel von 45° ganz allgemein!

Hilfe zu A17: Die Anlaufgeschwindigkeit und somit auch Absprunggeschwindigkeit beim Weltrekord kann man mit 10,2 m/s abschätzen. Weil der Absprung unter 20° erfolgt, ist die x-Komponente der Geschwindigkeit $v_x = \cos(20°) \cdot v \approx 9{,}6$ m/s. Für 8,95 m braucht man mit dieser Geschwindigkeit 0,93 s, also eine knappe Sekunde.

Hilfe zu A18: Im Alltag tritt immer Reibung auf. Daher ist der Trägheitssatz im Alltag nicht oder kaum zu beobachten.

Hilfe zu A19: Alle drei Formulierungen sind gleichwertig! Man kann das 2. Newton'sche Grundgesetz auch so anschreiben: $F = m \cdot a = m \cdot (\Delta v/\Delta t)$.

Hilfe zu A20: Die Kraft wirkt in y-Richtung und kann daher die Geschwindigkeit in x-Richtung nicht beeinflussen. Man könnte in diesem Fall auch so schreiben: $F = m \cdot a_y = m \cdot (\Delta v_y/\Delta t)$. Die Geschwindigkeitskomponente in x-Richtung bleibt erhalten. Es kommt aber ein Δv in y-Richtung dazu. Der Geschwindigkeitsvektor wird daher gedreht und länger (siehe Abb. 10).

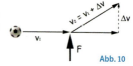

Abb. 10

Hilfe zu A21: Kraft und Gegenkraft aus dem 3. Newton'schen Grundgesetz greifen immer an unterschiedlichen Körpern an. Für die Bewegung ist aber nur die Kraft wichtig, die am Gegenstand angreift. Die Kraft Taste-Finger ist zwar genauso groß wie die Kraft Finger-Taste, aber letztere hat mit der Bewegung der Taste nichts zu tun.

Hilfe zu A22: Die Kraft, die das Auto beschleunigt, kann niemals größer werden als die Haftreibungskraft. Es gilt also: $m \cdot a \leq \mu \cdot m \cdot g \Rightarrow a \leq \mu \cdot g$. Die Beschleunigung hängt also nicht von der Masse ab. Für $\mu = 1{,}1$ ergibt sich eine maximale Beschleunigung von 10,8 m/s². Weiters gilt $a = \Delta v/\Delta t$ und somit $\Delta t = \Delta v/a = 2{,}6$ s. Schneller geht es von 0 auf 100 km/h nur mehr, wenn man durch die Aerodynamik einen Abtrieb erzeugt.

Hilfe zu A23: Bei einer idealen Maschine würde keinerlei Wärme verloren gehen. Sie hätte also einen Wirkungsgrad von 100 %. Ein Elektromotor kommt dem mit 95 % schon ziemlich nahe. Ein Perpetuum mobile „erzeugt" Energie aus dem Nichts und hätte daher einen Wirkungsgrad von mehr als 100 %.

Hilfe zu A24: Eine Zustandsgröße ist eine physikalische Größe, die nur vom momentanen Zustand des betrachteten physikalischen Systems abhängt und daher vom Weg, auf dem dieser Zustand erreicht wurde, unabhängig ist. Sie beschreibt also eine Eigenschaft des Systems in diesem Zustand. Beispiele sind Energie, Entropie, Volumen, Masse, Temperatur, Druck oder Dichte.
Eine Prozessgröße oder Vorgangsgröße ist eine physikalische Größe, die ausschließlich bei Zustandsänderungen auftritt und in der Folge wegabhängig ist. Es ist daher für Prozessgrößen wichtig, auf welchem Weg ein Zustand in einen anderen Zustand übergeht. Arbeit und auch Wärme sind Prozessgrößen.

Hilfe zu A25: 10.000 kJ sind 10^7 J. Der Tag hat 86.400 Sekunden. Watt sind Joule pro Sekunde. Die Leistung des Menschen beträgt daher rund 116 W. Das ist mit der Leistung einer alten starken Glühbirne mit 100 W vergleichbar. Von einer Kilowattstunde (kWh) spricht man, wenn ein Gerät mit einer Leistung von 1 Kilowatt (1000 W) eine Stunde lang in Betrieb ist. 1kWh sind daher $3{,}6 \cdot 10^6$ J. Der Tagesbedarf von 10.000 kJ = 10^7 J entspricht also über den Daumen 3 kWh. Eine kWh kostet so um die 15 Cent. Würde man einen Menschen mit Strom betreiben, würde das nur etwa 45 Cent kosten.

Hilfe zu A26: Nehmen wir als extreme Positionen zwei Personen am Nord- und Südpol an. Diese sind Gegenfüßler, also Antipoden. Die Person am Südpol sieht daher auch „unsere" Mondphasen komplett kopfstehen. Der zunehmende Mond auf der Südhalbkugel sieht daher so aus wie der abnehmende Mond auf der Nordhalbkugel und umgekehrt.

Hilfe zu A27: Das stimmt nicht, auch wenn es seit Jahrhunderten so erzählt wird. Man hat wohl angenommen, dass man das Sonnenlicht dadurch irgendwie ausblenden kann. Die Helligkeit des Tageshimmels kommt jedoch von der Streuung des Sonnenlichts, und diese lässt sich durch den Blick durch eine Röhre nicht rückgängig machen. Übrigens hat schon der berühmte deutsche Naturforscher Alexander von Humboldt im 19. Jahrhundert bei seinen vielen Reise durch viele Minenschächte geschaut und festgestellt, dass diese Legende ein Mythos ist.

Hilfe zu A28: a) Neumond; b) Sonnenfinsternis; c) Vollmond; d) Mondesfinsternis. Die Bahn des Mondes um die Erde ist um etwa 5° zur Erdbahn (Ekliptik) geneigt. Deshalb liegt der Mond bei Voll- und Neumond meistens ober- oder unterhalb der Erdbahn, und daher kommt es dann zu keinen Finsternissen.

Hilfe zu A29: Die Lösung ist c. Die Mondbahn entspricht am ehesten einem Vieleck. Allerdings ist der Effekt in Abb. 5 übertrieben dargestellt.

Hilfe zu A30: Das Baryzentrum Erde-Mond bewegt sich näherungsweise auf einer Kreisbahn um die Sonne. Der Mond fällt nicht auf die Sonne, weil er relativ zu dieser eine sehr hohe Tangentialgeschwindigkeit besitzt. Schließlich fällt ja auch die Erde nicht auf die Sonne, obwohl diese die Erde viel stärker anzieht als der Mond.

Hilfe zu A31: Nehmen wir einmal nur einen Planeten an. Im Brennpunkt der Ellipsenbahn befindet sich dann nicht die Sonne, sondern der gemeinsame Schwerpunkt von Planet und Sonne. Die Sonne selbst beschreibt ebenfalls eine Ellipse. Aber nicht nur die Sonne, sondern auch jeder Planet wirkt auf jeden anderen Planeten ein. Genau genommen beschreibt also in einem System mit mehreren Planeten kein einziger eine exakte Ellipse, sondern jeder wobbelt ein wenig auf seiner Bahn herum. Auf diese Weise hat man auch den Neptun entdeckt (siehe Planet X, S. 102).

Hilfe zu A32: Ein Lichtjahr entspricht einer Entfernung von $3 \cdot 10^8$ m/s $\cdot 60 \cdot 60 \cdot 24 \cdot 365$ s = $9,3 \cdot 10^{15}$ m. 25.000 LJ sind daher $2,3 \cdot 10^{20}$ m. Der Umfang der Kreisbahn ums galaktische Zentrum ist daher $1,5 \cdot 10^{21}$ m. Bei einer Geschwindigkeit von 220 km/s (= $6,8 \cdot 10^{12}$ m pro Jahr) braucht die Sonne daher etwa $216 \cdot 10^6$ Jahre für einen vollen Umlauf. Wenn wir annehmen, dass es unsere Erde seit etwa 4,6 Milliarden Jahren gibt, dann hat sie in dieser Zeit rund 21 Umläufe absolviert.

Hilfe zu A33: Betrachten wir nur die Atomkerne, weil diese um den Faktor 10^3 massereicher sind als die Hülle und damit für eine Schätzung daher nicht ins Gewicht fallen. Wasserstoff besteht aus einem Nukleon (einem Proton), Helium aus vier Nukleonen (zwei Protonen, zwei Neutronen). Über den Daumen hat Helium daher die vierfache Masse von Wasserstoff. Nehmen wir also die relative Masse von Wasserstoff mit 1 und die von Helium mit 4 an. Im Universum gibt es dann 92 Massenanteile Wasserstoff (92 · 1) und 32 Massenanteile Helium (8 · 4). Das macht in Summe 124 Massenanteile. Auf die Masse umgerechnet gibt es im Universum daher rund 74 % Wasserstoff ((92/124) · 100) und 26 % Helium.

Hilfe zu A34 a: Das Alter des Universums ist $4,3 \cdot 10^{17}$ s.
b: $v = s/t = 1/4,3 \cdot 10^{17}$ m/s = $2,3 \cdot 10^{-18}$ m/s.

Hilfe zu A35: Aus $mg = G\frac{Mm}{r^2}$ folgt $g = \frac{GM}{r^2}$.

Da G eine Konstante ist, ist die Fallbeschleunigung g an der Oberfläche eines beliebigen Objekts proportional zu M/r^2. Damit können wir die Fallbeschleunigung am Mond im Vergleich zu der auf der Erde ausrechnen. Wenn du für $M = 1/81$ und für $r = 1/3,67$ einsetzt, erhältst du $g \sim 1/6$. Die Fallbeschleunigung am Mond beträgt daher etwa 1/6 der Erdbeschleunigung.

Hilfe zu A36: Die benötigte Zentripetalkraft für die Kurvenfahrt liefert die Reibung. Die Zentripetalkraft kann daher niemals größer sein als die Reibungskraft zwischen Reifen und Straße. Es muss also gelten: $F_{zp} \leq F_r$ oder $(mv^2)/r \leq \mu \cdot m \cdot g$. Die Masse kürzt sich weg - der Radius hängt also nicht von ihr ab, sondern nur von der Reibung. Wenn man nach r auflöst, erhält man $r \geq v^2/(\mu \cdot g)$. Es gilt also $r \sim 1/g$. Weil die Fallbeschleunigung am Mond nur rund 1/6 der Erde beträgt, müssen daher die Kurvenradien 6-mal so groß sein.

Hilfe zu A37: Nach dem Unabhängigkeitsprinzip kann man vertikale und horizontale Geschwindigkeiten unabhängig voneinander betrachten. Schauen wir uns nur die vertikale Geschwindigkeitskomponente an. Aus $a = v/t$ folgt $t = v/a \sim 1/a$. Weil die Mondbeschleunigung rund 1/6 der Erdbeschleunigung beträgt, ist die Steige- und Fallzeit bei gleicher Abwurfgeschwindigkeit 6-mal so lang. Bei gleicher Vertikalgeschwindigkeit sind daher auch mindestens 6-fache Wurfweiten zu erwarten. Wenn der Wurf im Freien stattfindet, sind die Wurfweiten noch größer, weil der Luftwiderstand fehlt.

Hilfe zu A38: Die mittlere Bahnhöhe der ISS nimmt durch den Luftwiderstand der Station allmählich 50 bis 150 m pro Tag ab. Diesem Höhenverlust wird je nach Erfordernissen des Stationsbetriebs in unregelmäßigen Abständen durch Triebwerkszündungen, etwa von Shuttle (diese Missionen wurden 2011 eingestellt), Sojus oder Progress entgegengewirkt, so dass die mittlere Höhe der Station zwischen etwa 330 und 400 Kilometern gehalten wird. Ohne diese Zündungen würde die Raumstation über kurz oder lang abstürzen.

Hilfe zu A39: Das ist ein Gerücht. Alle Baupläne sind nach wie vor auf Mikrofilm vorhanden. Das Problem liegt aber darin, dass die Saturn-V-Raketen nur mehr schwer nachgebaut werden könnte, weil viele der Firmen, die damals Teile geliefert haben. Inzwischen nicht mehr existieren. Auch die Abschussrampen wurden inzwischen für die Shuttle-Missionen genützt und müssten komplett neu gebaut werden. Aber prinzipiell wäre das alles wieder möglich.

Hilfe zu A40: Der Komet wurde auf Grund der Gezeitenkräfte des Jupiter auseinander gerissen.

Hilfe zu A41: An den Küsten kann es durch Stau- und Resonanzeffekte zu wesentlich höheren Unterschieden zwischen Ebbe und Flut kommen.

Hilfe zu A42: Wäsche wird in heißem Wasser auf Grund der höheren thermischen Bewegung der Wassermoleküle sauberer, denn Zucker, Salz und andere Stoffe lösen sich in heißem Wasser besser auf.

Hilfe zu A43: Die richtige Antwort ist d: Unter höherem Druck kocht Wasser bei höherer Temperatur und Eis schmilzt bei einer tieferen Temperatur. Im Diagramm in Abb. 13.11 a, S. 126 kannst du das daran erkennen, dass im Tripelpunkt ausgehend mit zunehmendem Druck die Siedetemperatur steigt, aber die Schmelztemperatur sinkt. Aber warum ist das so? Das Volumen des Eises nimmt ab, wenn es zu Wasser schmilzt. Höherer Druck hilft bei der Verdichtung und senkt daher den Schmelzpunkt. Das Volumen des Wassers steigt jedoch, wenn es zu Dampf wird. Höherer Druck verhindert daher die Ausdehnung, und die Siedetemperatur steigt.

Hilfe zu A44: Die benötigte Energiemenge, um 1 l Wasser von 15 °C auf 100 °C zu erwärmen, beträgt $Q = c \cdot m \cdot \Delta T = 4190 \cdot 1 \cdot 85$ J $= 3,6 \cdot 10^5$ J. Wenn die Person 100 J pro Sekunde am Ergometer leistet, dann muss sie demnach $3,6 \cdot 10^5$ J/100 J · s^{-1} = 3600 Sekunden lang fahren. Mit anderen Worten: Um bloß einen Liter Wasser zum Kochen zu bringen, müsste sie eine ganze Stunde am Ergometer schwitzen! Weil natürlich die Wärme auch an die Umgebung abgegeben wird, dauert es noch länger.

Hilfe zu A45: Reibung tritt deshalb auf, weil sich die Moleküle und Atome an den unebenen Flächen der sich berührenden Gegenstände salopp gesagt verhaken. Es spielt auch die Elektrostatik eine Rolle. Wenn der Gegenstand weiter geschoben wird, verformen sich die kleinen Unebenheiten, bis die Kraft so groß wird, dass die Unebenheiten sich lösen und zurückspringen. Dadurch beginnen aber die Teilchen an den Grenzflächen stärker zu schwingen – Wärme ist erzeugt worden.

Hilfe zu A46: Die Hautoberfläche eines Menschen liegt zwischen 1,5 und 2 m². Nehmen wir großzügig den höchsten Wert an. Die Sonne kann aber immer nur eine Seite bestrahlen, also 1 m². Unter günstigsten Bedingungen wird daher der Mensch durchschnittlich mit 300 W bestrahlt. Der Wirkungsgrad bei der Photosynthese beträgt aber nur rund 1 %. Daher kann der Mensch nur 3 W = 3 J/s an Energie aufnehmen. Der Tag hat 86.400 s. Der Mensch kann daher rund 260.000 J oder 260 kJ durch „Lichtatmung" aufnehmen. Der Tagesbedarf liegt aber bei etwa 10.000 kJ. Lichtatmung ist daher unmöglich!

Hilfe zu A47: Natürlich liegt einem auf der Zunge, dass man 100 W leistet. Aber das wäre doch zu einfach gewesen?! Um die Frage zu beantworten, musst du dir vorher noch einmal den Begriff Wirkungsgrad in Erinnerung rufen (siehe Tab. 8.2, S. 82). Du siehst, dieser bei Dauerleistungen beim Menschen bei 15 bis 25 % liegt. Das bedeutet umgekehrt, dass 75 bis 85 % der umgesetzten chemischen Energie sofort in Form von Wärme verloren gehen. Das Ergometer zeigt die abgegebene mechanische Leistung, also die Nettoleistung. Dein Körper muss aber innen drinnen 75 bis 85 % mehr leisten, damit unterm Strich 100 W rauskommen. Die Antwort ist daher, dass du tatsächlich etwa 400 bis 670 W leistest, wenn 100 W angezeigt werden.

Hilfe zu A48: Die heuristische Erklärung, also die mit Hausverstand ist die: Wenn man wartet, wird aus dem Schaum von selbst wieder Flüssigkeit. Weil die Entropie von selbst immer einem Maximum zustrebt, muss deshalb die Flüssigkeit den Zustand der größeren Entropie bzw. Unordnung haben. Aber warum ist das so? Schaum besteht aus hohlen Bläschen, quasi aus Kugelschalen. Die Teilchen, aus denen der Schaum besteht, befinden sich nur in diesen Kugelschalen, aber nicht im Inneren. Schaum weist daher eine größere Ordnung auf und somit eine kleinere Entropie als die Flüssigkeit.

Hilfe zu A49: Wie wird Temperatur in einem Gas von einem heißen auf einen kühleren Bereich übertragen? Die „heißen" Moleküle müssen in den kühleren Bereich gelangen, dort mit den anderen Molekülen zusammenstoßen und einen Teil ihrer kinetischen Energie übertragen. Nun ist die Temperatur ein Maß für die mittlere kinetische Energie der Teilchen. Wasserstoff hat die kleinste Molekülmasse. Daher haben bei gleicher Temperatur (= gleiche kinetische Energie) diese Moleküle die größte Geschwindigkeit. Warum?

Es gilt: $E_{kin} = \frac{mv^2}{2}$. Daraus folgt: $v = \sqrt{\frac{2E_{kin}}{m}}$ und $v \sim 1/\sqrt{m}$. Daher bewegen sich die Wasserstoffmoleküle am schnellsten. Weil sie nicht nur leicht, sondern auch klein sind, stoßen sie nicht sehr oft zusammen. Beide Effekte machen aus, dass der Wasserstoff die Wärme so gut leitet.

Hilfe zu A50: Weil das Drahtnetz die Wärme sehr gut leitet, erreicht das Gas auf der jeweils anderen Seite nicht die nötige Temperatur, um sich zu entzünden.

Hilfe zu A51: Im Wesentlichen isolieren im Styropor die eingeschlossenen Luftbläschen. Diese sind so klein, dass die Konvektion verhindert wird. Daher liegt die Wärmeleitfähigkeit von Styropor in der Größenordnung von Luft. Sie ist ein bisschen höher, weil das Polystyrol selbst eine Wärmeleitfähigkeit hat, die etwa um den Faktor 3 größer ist als die von ruhender Luft.

Hilfe zu A52: Wenn eine Luftmasse aufsteigt und dabei der Druck der Umgebung abnimmt, dehnt sich die Luft aus. Dabei kühlt die Luft ab. Das nennt man einen adiabatischen Vorgang. Warme Luft steigt also auf, wird dabei aber wiederum selbst kälter. Solange sie jedoch wärmer als die Umgebung ist, steigt sie weiter.

Hilfe zu A53: Das Spektrum eines idealen schwarzen Strahlers ist vom Material völlig unabhängig. Je heißer das Objekt, desto kurzwelliger das Strahlungsmaximum. Sterne sind keine perfekten schwarzen Strahler, aber weil der reale Strahlungsverlauf mit einem schwarzen Körper von 6000 K gut übereinstimmt, ordnet man der Sonnenoberfläche diesen Wert zu.

Hilfe zu A54: Bei Zimmertemperatur liegt das Maximum der Wärmestrahlung weit im infraroten Bereich. Deshalb sagt man zu infrarotem Licht oft Wärmestrahlung. Diese Verallgemeinerung gilt aber nur bei niedrigen Temperaturen. Bei heißen Objekten, etwa Sternen, Glühbirnen oder Kochplatten, liegt das Maximum im sichtbaren Bereich.

Hilfe zu A55: Wenn sich der Festkörper viel stärker ausdehnt als die Flüssigkeit, würde die Säule beim Erwärmen nicht steigen, sondern absinken. Dass die Flüssigkeit steigt, ist also ein indirekter Beleg dafür, dass sich Festkörper bei Erwärmung weniger stark ausdehnen als Flüssigkeiten.

Hilfe zu A56: Es gilt: $V \sim T$. Wenn sich daher T um 1 K erhöht, also von 293 K auf 294 K, erhöht sich die Temperatur relativ gesehen um $1/293 = 3,4 \cdot 10^{-3}$. Und das ist die relative Volumenausdehnung γ von (idealen) Gasen.

Hilfe zu A57: Zuerst erwärmt sich die Glasröhre und dehnt sich aus. Deshalb steigt das Innenvolumen, und die Flüssigkeit sinkt ab. Wenn die Wärme durch das Glas durch ist und sich auch die Flüssigkeit erwärmt, beginnt die Säule zu steigen.

Hilfe zu A58: Systeme, in denen die Teilchen zufällig über das ganze Volumen verteilt sind, haben eine höhere Entropie als Systeme, in denen sich die Teilchen bevorzugt in bestimmten Bereichen aufhalten. Daher haben die Teilchen im rechten Behälter eine höhere Entropie. Diffusion führt damit zu einer Entropieerhöhung. Sie ist nach dem Zweiten Hauptsatz der Thermodynamik ein freiwillig ablaufender Prozess, der sich nicht ohne äußere Einwirkung umkehren lässt.

Hilfe zu A59: Die Wassermoleküle haben in flüssigem Zustand eine höhere potenzielle Energie als in festen. Wenn Wasser plötzlich gefriert, wird diese Energie, die latente Wärme, wieder frei. Sie entspricht genau der Energie, die nötig war, um Eis von 0 °C in Wasser mit 0 °C umzuwandeln.

Hilfe zu A60: Es ist ganz ähnlich wie beim unterkühlten Wasser (A59). In den Molekülen der Flüssigkeit ist potenzielle Energie gespeichert (latente Wärme), die beim Kristallisieren wieder frei wird und die Schmelze erwärmt.

Hilfe zu A61: Überlege zuerst, was das Gerät anzeigt, wenn du einen „Patschen" hast. Es zeigt null bar. Wie groß ist der Druck in einem „leeren" Reifen? Er entspricht dem Umgebungsdruck, also 1 bar. Es ist ja kein Vakuum im Reifen. Das Gerät zeigt daher den Überdruck an. Daher ist der Druck in einem Reifen mit 2 bar tatsächlich 3 bar.

Hilfe zu A62: Man verwendete Quecksilber, weil es von allen Flüssigkeiten die größte Dichte hat. Würde man stattdessen Wasser verwenden, müsste die Röhre etwa 10 m lang sein und wäre nur schwerlich in einem Labor unterzubringen. Außerdem verdunstet Quecksilber auch im Vakuum sehr schlecht. Wäre das Rohr auch links offen, würde dort der normale Luftdruck wirken. Du hättest dann ein normales U-Rohr, in dem das Quecksilber auf beiden Seiten gleich hoch steht.

Hilfe zu A63: Beim Saugen erzeugst du einen Unterdruck im Strohhalm. Der äußere Luftdruck drückt dann die Flüssigkeit in den Strohhalm hinein. Im theoretischen Extremfall, der in der Praxis aber unmöglich ist, kann man den Druck im Strohhalm auf null absenken. Dann kannst du die Flüssigkeit etwa 10,3 m hoch saugen, aber dann ist wirklich Schluss. Bei Hochdruckwetter würde es ein bisschen höher gehen, bei Tiefdruck etwas weniger hoch, weil der „Motor" für das Aufsteigen der Flüssigkeit der Luftdruck ist.

Hilfe zu A64: Ein Höhenmesser ist vom Prinzip her ein Barometer, das allerdings den Druck in Höhe „übersetzt". Damit der Fallschirmspringer nicht aufprallt, muss der Höhenmesser vorher jedoch kalibriert werde, weil sich die angezeigte Höhe natürlich auch ändert, wenn sich der Luftdruck durch einen Wetterumschwung ändert.

Hilfe zu A65: Bei einem isobaren Vorgang gilt: $V \sim T$. Daraus folgt: V/T = const. und somit: $V_1/T_1 = V_0/T_0$. Daraus folgt wiederum: $V_1 = T_1 \cdot V_0/T_0$ und $\Delta V = \Delta T \cdot V_0/273$. Bei 0 °C (273 K) und ΔT = 1 K beträgt daher die Volumenänderung ΔV 1/273. Dieser Wert entspricht 0,0037 oder $3,7 \cdot 10^{-3}$. Das ist auch die relative Volumenausdehnung γ für Gase.

Hilfe zu A66: Nein! Die Temperatur wird ja absolut in Kelvin angegeben und erhöht sich daher von 293 K auf 313 K. Deshalb erhöht sich der Druck nur um etwa 7 %.

Hilfe zu A67: Bei einer isochoren Zustandsänderung bleibt das Volumen unverändert. Deshalb muss diese Zustandsänderung im p-V-Diagramm eine senkrechte Linie ergeben. Verwechsle diese Darstellung nicht mit der im p-T-Diagramm. In diesem ergibt sich eine Linie, die durch den Nullpunkt geht. Im zweiten Takt siehst du nach der Zündung eine solche senkrechte Linie. In dieser Phase befindet sich der Kolben am oberen Totpunkt und steht praktisch für einen kurzen Augenblick still. Das Benzin-Luft-Gemisch wird entzündet (oder entzündet sich von selbst) und verbrennt ohne Volumenänderung. Weil sich dabei die Temperatur erhöht, liegt hier eine isochore Zustandsänderung vor.

Hilfe zu A68: Wenn man ein Gas komprimiert, dann erwärmt es sich, weil man ihm ja durch das Zusammendrücken Energie zuführt. Beim Expandieren ist es genau umgekehrt. Damit bei einer Volumenänderung die gleiche Temperatur behält, muss die Wärme ab- oder zugeführt werden. Normalerweise stellt man dazu den Behälter in ein Wasserbad mit konstanter Temperatur.
Bei schnell ablaufenden Vorgängen ist die Zeit aber zu kurz für einen Temperaturausgleich. Der erste Teil von Takt 2 (Komprimieren) und der gesamte Takt 3 (Expandieren) sehen wie Isotherme aus. Sie sind aber Adiabaten (verlaufen also steiler), weil die Wärme nicht schnell genug ausgeglichen werden kann. Selbst im Leerlauf bei 1000 U/min macht jeder Kolben rund 17 ganze Durchläufe pro Sekunde. Ein ganzer Durchlauf dauert daher nur rund 6/100 Sekunden und ein Takt gar nur etwa 1,5/100 Sekunden.

Hilfe zu A69: Jeder Eiskasten hat eine Wärmepumpe. Er entzieht unter Energieaufwand dem Inneren Wärme und die Rückseite erwärmt sich dabei. Im Prinzip heizt daher ein Eiskasten sowieso, aber bei etwa 125 kWh im Jahr ist der Heizbeitrag nicht wirklich hoch. Um daraus eine effiziente Wärmepumpe zu machen, müsste sich der Verdampfer in 10 m Tiefe befinden, und der Kondensor müsste unter dem Boden verlegt werden. Natürlich ist die Leistung eines Eiskastens viel zu klein, um eine Wohnung damit effektiv zu heizen, aber das Prinzip einer Wärmepumpe ist das gleiche.

Hilfe zu A70: Die Temperatur ist ein indirektes Maß für die thermische Bewegung der Atome eines Objekts. Ist die Temperatur höher, bewegen sich die Atome schneller, ist die Temperatur niedriger, bewegen sie sich langsamer. Abkühlen bedeutet daher, dass man die Bewegungsgeschwindigkeit der Atome verringern muss. Beim absoluten Nullpunkt müsste die Bewegungsenergie komplett verschwunden sein. Quantenmechanische Überlegungen zeigen aber, dass das nicht möglich ist. Man nennt das auch den 3. Hauptsatz der Wärmelehre: Es ist nicht möglich, ein System bis zum absoluten Nullpunkt abzukühlen.

Hilfe zu A71: Das stimmt nicht, zumindest nicht für moderne Autos mit Einspritzung. Geht man vom Gas und liegt die Drehzahl des Motors über 1500 Umdrehungen pro Minute (bei Dieselmotoren über 900 U/min), wird nämlich die Benzinzufuhr komplett unterbrochen, und man verbraucht dadurch überhaupt keinen Treibstoff. Wenn man jedoch im Leerlauf abbremst, läuft der Motor mit 700 bis 900 U/min weiter, und das ist unökologischer.

Lösungen

2 Die sieben SI-Einheiten

F2 Es gelten folgende Umrechnungen: 1 Zoll (oder auch Inch) sind 2,54 cm. Wenn dein Computermonitor eine Diagonale von 17 Zoll hat, dann sind das also 43,18 cm. Ein Fuß sind 30,48 cm. Ein Meter hat somit 3,28 Fuß oder 3 Fuß und 3 3/8 Zoll. Ein Yard sind 91,44 cm.

F3 Die Bezeichnung dpi bedeutet dots per inch, also wie viele Punkte pro Zoll (2,54 cm) ausgedruckt werden. 600 dpi bedeutet also, dass ein einzelner Punkt nur unglaubliche 0,0423 mm groß ist.

F4 In Österreich waren unter anderem Klafter (1,8965 m), Elle (die große Wiener Elle hatte 0,7775 m), Joch (5.754,642 m²), Eimer (56,589 l) und Zentner (56,006 kg) üblich.

F5 144, also ein Dutzend Dutzend, nannte man ein Gros. Und dann gab es noch ein Schock (60, also 5 Dutzend) und ein Grosdutzend (120). Wie viele Dutzend sind 99? Blöd zu rechnen, hm?

F9 Unser Heimatplanet wird andauernd von Partikeln aus dem Weltall getroffen, von den winzigen Teilchen des Sonnenwindes bis hin zu Meteoriten. Man schätzt grob, dass pro Jahr allein etwa 40.000 Tonnen Material von Meteoriten auf die Erde niedergehen. Aber die Masse der Erde ist so groß, dass man davon überhaupt nichts merkt. Warum? Vergleich einfach die Größenordnungen: Masse der Erde 10^{25} kg, Massenzunahme pro Jahr 10^4 kg. Selbst seit Bestehen der Erde (etwa 4 Milliarden Jahre) hat ihre Masse nur um 10^{14} kg zugenommen.

F10 Die Architektur eines PC baut auf dem Dualsystem auf und die Zahlen sind immer Potenzen von 2. Deshalb sind ein Kilobyte nicht 1000, sondern 1024 Byte, also 2^{10} Byte. Ein Megabyte sind 1024 Kilobyte und somit 1024^2 oder 1 048 576 Byte, ein Gigabyte 1 073 741 824 Byte. Wenn man genau ist! Aber über den Daumen kommt man auch damit aus, dass 1 Gigabyte etwa 10^9 Byte sind. FLOP ist die Abkürzung für „Floating Point Operations per Second", also Fließkomma-Operationen pro Sekunde. In Teraflops wird also die Rechengeschwindigkeit angegeben. Der schnellste Supersuperrechner im Jahr 2016 hatten über 93.000 Teraflops, also über 93 Billiarden Rechenoperationen pro Sekunde.

F13
a) $3,7 \cdot 10^6$
b) $52 \cdot 10^9 = 5,2 \cdot 10^{10}$
c) $2 \cdot 10^5$
d) $12 \cdot 10^3 = 1,2 \cdot 10^4$
e) $2 \cdot 10^{-6}$
f) $7 \cdot 10^{-9}$
g) $7 \cdot 10^{-2}$
h) $3 \cdot 10^{-3}$
i) $5 \cdot 10^{-7}$ m
j) $6,37 \cdot 10^6$ m
k) $0,37 \cdot 10^9$ m
l) $0,3 \cdot 10^{-9}$ m

F16 Jeder Gegenstand dehnt sich aus, wenn er erwärmt wird. Bei Metall ist dieser Effekt besonders groß. Auf der anderen Seite ist aber Metall sehr robust. Das Problem ist, dass man bei der Längenmessung auf die Temperatur achten muss. Wird das Urmeter von 0 °C auf 20 °C erwärmt, verlängert es sich um 0,3 mm.

F17 Gibt es eine größte und eine kleinste Länge? Theoretisch zwar nicht, aber rein praktisch gibt es eine obere und untere Grenze. Die sinnvolle obere Grenze ergibt sich aus dem Durchmesser des sichtbaren Universums. Der liegt nach heutiger Ansicht bei etwa 10^{26} m. Wenn etwas noch länger wäre, dann könnte man das im sichtbaren Universum nicht unterbringen.
Am unteren Ende der Sinnhaftigkeit befindet sich mit 10^{-35} m die Planck-Länge. Jedes Objekt, das kleiner wäre als die Planck-Länge, hätte aufgrund der so genannten Unschärferelation (siehe Big Bang 8) so viel Energie bzw. Masse, dass es zu einem Schwarzen Loch kollabieren würde, dessen Gravitation so hoch ist, dass nicht einmal Licht entweichen kann. Was kleiner ist, kann nicht gemessen werden. Und zwar nicht, weil unsere Technik zu schlecht ist, sondern weil die Naturgesetze das nicht zulassen.

F18 Die Gegenstände haben eine Dicke von 4,6 mm und von 15,5 mm.

F20 Aus dem Jahr **1983** stammt die aktuelle Definition für das Meter. Es wurde damals mit Hilfe der Zeit bestimmt, die das Licht für 1 m benötigt. Dadurch sind aber Meter und Lichtgeschwindigkeit untrennbar miteinander verknüpft. Messen der Lichtgeschwindigkeit ist sinnlos geworden, weil sich ja aus der Definition des Meters die Lichtgeschwindigkeit ohne Messung ausrechnen lässt: $c = s/t = 1$ m/(1/299 792 458) s = 299 792 458 m/s. Die Messung macht nur zum Eichen eines Geräts Sinn!

F22 Die Sonne dreht sich (natürlich scheinbar) in 24 Stunden einmal um die Erde, das sind also 360°. In einer Stunde dreht sie sich also um 360°/24 = 15°.

F24 Die kürzeste sinnvolle Zeit ist die Planck-Zeit (siehe auch Frage 17). Es handelt sich dabei um die Zeit, die das Licht benötigt, um die Planck-Länge zurückzulegen, und sie liegt in der Größenordnung von 10^{-43} s. Die größte sinnvolle Zeit ist das Alter des Universums. Etwas Älteres kann es ja nicht geben! Das Alter des Universums liegt nach heutiger Ansicht bei 13,8 Milliarden Jahren, das sind etwa $4 \cdot 10^{17}$ Sekunden.

F25/26 Die Schwingungsdauer eines Fadenpendels ist von der Masse unabhängig und bei kleinen Auslenkungen auch von der Schwingungsweite. Vielleicht hast du auch herausbekommen, dass t von der Wurzel der Pendellänge abhängt, also vierfache Pendellänge, doppelte Schwingungsdauer. Die Gleichung, mit der man die Schwingungsdauer berechnen kann, lautet:

$$t = 2\pi \sqrt{\frac{l}{g}}$$

g ist die Erdbeschleunigung (siehe Kap. 5.4.1, S. 39) und beträgt 9,81 ms^{-2}. Du willst ein Pendel, das in 2 Sekunden einmal hin und her schwingt. Für eine Halbschwingung ist das aber 1 Sekunde und deshalb nennt man es auch **Sekundenpendel**. Forme um:

$$l = \frac{t^2 g}{4\pi^2} = 0{,}99396 \text{ m} \approx 99{,}4 \text{ cm}$$

Ein Sekundenpendel ist also knapp 1 m lang.

F27 Die Antwort ist a). Die Masse eines Gegenstandes bleibt immer gleich groß. Was sich ändern kann, ist das Gewicht. Das Gewicht der Astronauten ist am Mond nur 1/6 von dem auf der Erde, aber die Masse ist gleich groß! Die Masse des Astronauten ist sogar dann immer noch gleich groß, wenn er schwerelos im All schwebt. Masse ist also unveränderlich.

F29 Das Volumen einer Kugel lässt sich mit $V = (4r^3\pi)/3$ berechnen und beträgt für eine Kugel mit dem Radius 1 m etwa 4,2 m³. Da ein Kubikmeter Kork immerhin eine Masse von 120–550 kg hat, summiert sich das auf 504–2310 kg!

F31 Der Tabelle kannst du entnehmen, dass Luft eine Masse von etwa 1,2 kg pro m³ hat. Du musst also nur das Volumen des Physiksaals abschätzen. Ist er zum Beispiel 12 m lang, 6 m breit und 3,5 m hoch, dann ist sein Volumen 252 m³ und die Luftmasse hat daher etwa 300 kg. Auch überraschend viel, oder?

3 Tooltime

F14 Nur die Einheit Newton gehört zu einer vektoriellen Größe, der Kraft.

F17

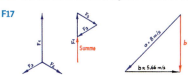

F20 Du drehst dich so, dass der Regen von schräg hinten kommt und beginnst zu laufen. Dadurch bekommt der Regen aus deiner Sicht eine zusätzliche Horizontalkomponente (in der Abb. von links nach rechts). Wenn du so schnell läufst, dass der Regen aus deiner Sicht senkrecht fällt, dann herrschen Verhältnisse wie in der Abb. oben rechts dargestellt. Der Geschwindigkeitsvektor der Regentropfen im ruhenden System ist dann die Diagonale eines Quadrats und für die Laufgeschwindigkeit ergibt sich:

8 m/s / $\sqrt{2}$ ≈ 5,66 m/s

Wenn du in diesem Tempo läufst, dann kommt von dir aus gesehen der Regen genau von oben.

4 Gedachte Singularität

F5 Dieser Trick ist wirklich sehr verblüffend, aber mit Hilfe des KSP sofort zu verstehen. Das Besteck macht ja einen Knick und deshalb liegt der KSP etwa dort, wo sich der Kopf des Streichholzes befindet. Also innerhalb der Tischplatte. Und ein Gegenstand, dessen KSP sich auf der Tischplatte befindet, fällt eben nicht runter.

F12 Viele Fragen, eine Antwort: weil dann die potenzielle Energie ein Minimum ist.

F21 Jetzt wirst du dich wundern, aber die Balkenwaage geht bei den Federn hinauf. Warum? Diese haben eine viel geringere Dichte und verdrängen daher mehr Luft. Auch Luft erzeugt einen Auftrieb, wenn auch einen viel geringeren als Wasser. Die Federn bekommen mehr Auftrieb als das Eisen und daher sind sie in Summe leichter. Am Mond wäre der Balken waagrecht.

F22 Du musst dazu das Buch so über eine Ecke schieben, dass diese genau unter dem KSP liegt.

F23 Weil bei ihnen der KSP höher liegt.

F24 Im indifferenten Gleichgewicht.

F25 Egal in welche Position du das Rad drehst, es muss ruhig bleiben, wenn du es auslässt.

F26 Pendel und Schaukel stabil, Handstand, Radfahren und Seiltanzen labil, Stehaufmännchen stabil.

F28 Wenn man von der Seite schiebt, ist es im stabilen Gleichgewicht. Wenn man in Längsrichtung bei gelöster Handbremse schiebt, ist es im indifferenten Gleichgewicht, bei gezogener Handbremse im stabilen Gleichgewicht.

F29 Der Frosch muss durch Vorbringen der freien Beine den KSP über die Verbindungslinie bringen, damit er in ein neues stabiles Gleichgewicht kommt.

F31 Die Summen sind 1,938, 1,998 und 2 bzw. 2,283, 2,929 und 4,499. Die erste Reihe strebt sehr schnell dem Wert 2 zu, die zweite Reihe hat keinen Grenzwert. Probier zum Beispiel einmal 1000 Glieder aus! Deshalb kann man mit dem Bücherstapel in Abb. 4.5 beliebig große Überhänge erzeugen – wenn man genügend Bücher hat!

5 Formen der geradlinige Bewegungen

F7 Es ist völlig egal, in welche Richtung der Stock geworfen wird. Die gelaufene Strecke hängt nur von der Laufgeschwindigkeit des Hundes ab. Wenn er mit 15 km/h eine Stunde läuft, dann legt er 15 km zurück.

F10 Wenn die Flächen oberhalb und unterhalb der x-Achse in einem s-v-Diagramm gleich groß sind, dann steht das Objekt nachher wieder an derselben Stelle. In diesem Fall befinden sich oberhalb und unterhalb jeweils 4 Kästchen.

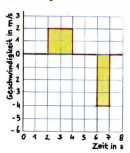

F21 Die Antwort lässt sich auch mit Hilfe einer Gleichung zeigen. In der Gleichung für die Geschwindigkeit musst du nur die Zeit als s/v anschreiben. Der Weg hin und zurück ist gleich groß, daher ist ein Wegstück $s/2$. Die Geschwindigkeiten hinauf und hinunter sind unabhängig (v_1 und v_2).

$$v = \frac{s}{t} = \frac{s}{\frac{s/2}{v_1} + \frac{s/2}{v_1}}$$

Wenn du jetzt 30 km/h einsetzt, siehst du, dass du auf etwa 15 km/h im Schnitt kommst:

$$v = \frac{s}{t} = \frac{20\,\text{km}}{\frac{10\,\text{km}}{10\,\text{km/h}} + \frac{10\,\text{km}}{30\,\text{km/h}}} \approx 15\,\text{km/h}$$

Nur wenn die Geschwindigkeit zurück unendlich groß ist, ergeben sich im Schnitt 20 km/h:

$$v = \frac{s}{t} = \frac{20\,\text{km}}{\frac{10\,\text{km}}{10\,\text{km/h}} + \frac{10\,\text{km}}{\infty\,\text{km/h}}} = \frac{20\,\text{km}}{\frac{10\,\text{km}}{10\,\text{km/h}} + 0} = 20\,\text{km/h}$$

F24 Wie schnell bewegen sich deine Füße, wenn du mit 5 m/s läufst? Du denkst dir vielleicht, dass das eine ganz blöde Frage ist, schließlich kommen diese ja gemeinsam mit dir im Ziel an. Klar, die Durchschnittsgeschwindigkeit ist gleich groß! Wie ist es aber mit der Momentangeschwindigkeit?

Du darfst nicht vergessen, dass dein Fuß beim Schritt ja eine ganz schöne Zeit lang am Boden steht (Stützphase). In dieser Zeit ist die Momentangeschwindigkeit null. Das muss der Fuß natürlich aufholen. Schließlich muss die Durchschnittsgeschwindigkeit des Fußes so groß sein wie die deines KSP. Deshalb bewegt sich der Fuß beim Vorschwung für kurze Zeit mehr als doppelt so schnell wie der Gesamt-KSP.

F25 Die Lichtgeschwindigkeit ist immer gleich groß, egal welche Bewegung man ausführt. Deshalb messen die Laster auch dieselbe Geschwindigkeit. Würden sie unterschiedliche Geschwindigkeiten messen, dann wäre die Relativitätstheorie falsch.

F26 $v = s/t$, daher gilt $t = s/v$. Das Ergebnis ist in Sekunden gerechnet und muss erst umgerechnet werden. Für die Werte aus der Tabelle ergeben sich dann für Frauen rund 2 h und 16 Minuten und für Männer 2 h und 5 Minuten.

F27 Der Erdumfang beträgt etwa $40 \cdot 10^6$ m und das Licht hat $3 \cdot 10^8$ m/s. Das macht also ziemlich genau 7,5 Umrundungen pro Sekunde. Sehr flott!

F29 Die Gleichung für die Falltiefe ist $s = (a/2) \cdot t^2$. Für die Beschleunigung a musst du in diesem Fall eben 3,72 m/s² einsetzen. Das ergibt für die ersten 6 Sekunden folgende Falltiefen: 1,86 m, 7,44 m, 16,74 m, 29,76 m, 46,5 m und 66,96 m. Die Fallbeschleunigung beträgt etwa 1/3 der Erde, daher ist auch die Falltiefe pro Zeit nur 1/3 des Werts auf der Erde.

F30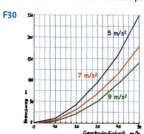

F31 Sportwagen haben natürlich sehr gute Bremsverzögerungen. Nehmen wir einmal 10 m/s², das ist mehr als das Doppelte des gesetzlich vorgeschriebenen Wertes. Nun musst du $s = v^2/2a$ umformen und kommst auf $v = \sqrt{2as}$, macht also etwa 75 m/s oder 270 km/h. Der Fahrer hat also eindeutig gelogen. Bei 150 km/h oder etwa 42 m/s dürfte der Bremsweg bei einem Sportwagen nur etwa 88 m betragen. Rechne nach!

F32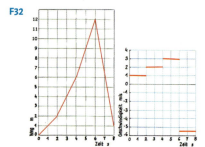

6 Zusammengesetzte Bewegungen

F7 Nach dem Unabhängigkeitsprinzip ist es völlig egal, welche zusätzliche Horizontalbewegung der Stein hat. Es ist also genau so wie in Frage 14 in Kap. 5.4.2. Der Stein fliegt 45 m hoch.

F12 Je leichter ein Gegenstand, desto mehr wirkt sich der Luftwiderstand aus. Schlagbälle haben um 80 g, sind also viel schwerer als Tennisbälle. Die werden durch die Luft daher nicht so stark gebremst.

F13 Der Turm ist 80 m hoch. Der Stein fliegt 35 m weit.

F14 5 cm, 20 cm und 45 cm

F15 Das Paket muss bei c abgeworfen werden. Das Paket befindet sich immer genau unter dem Flugzeug! Für eine Person am Boden beschreibt es eine Flugparabel wie bei einem horizontalen Wurf.

F16 Selbst wenn es ein Superholz gäbe, könnte man mit diesem Bogen nicht mehr schießen. Eine höhere Abfluggeschwindigkeit bedeutet, dass der Bogen mehr Kraft erzeugt. LEGOLAS könnte den Bogen daher gar nicht mehr spannen.

7 Newton mal drei

F2 Wenn du schnell ziehst, dann reißt die Schnur auf Grund der trägen Masse des Gegenstandes unten. Wenn du langsam ziehst, dann wirkt auf die Schnur unten nur die Zugkraft, auf die oben aber die Zugkraft und das Gewicht des Gegenstandes. Deshalb reißt die Schnur oben.

F14 Nehmen wir an, dass der Tisch eine Masse von 20 kg hat. Was wiegt dann die Erde (bzw. der Tisch)? Erde und Tisch ziehen einander mit derselben Kraft an, die durch das Newton'sche Gravitationsgesetz beschrieben wird:

$$F_G = G\frac{m_1 m_2}{r^2} = 6{,}67 \cdot 10^{-11}\,\frac{20 \cdot 6 \cdot 10^{24}}{(6{,}37 \cdot 10^6)^2}\,\text{N} \approx 197\,\text{N}$$

Es überrascht nicht, dass ziemlich dasselbe rauskommt wie mit der Gleichung $\mathbf{F}_g = m\mathbf{g}$. Die kleinen Abweichungen ergeben sich, wenn man g bzw. r für einen bestimmten Ort nicht völlig exakt kennt.

F17 Bei ABS wird der Druck im Bremssystem elektronisch gesteuert automatisch herabgesetzt, wenn die Räder blockieren. Dadurch liegt Haftreibung vor und keine Gleitreibung, und der Bremsweg wird kürzer. Durch ABS wird aber nicht nur der Bremsweg etwas kürzer, sondern man kann auch lenken und dem Hindernis trotz Bremsung ausweichen.

F26 Durch die träge Masse des Autos könnte das Seil abreißen.

F27 Die Zeit, die das Auto benötigt, ist: $t = v/a = 2{,}78$ s! Daraus folgt: $s = (a/2) \cdot t^2 = 38{,}6$ m.

F28 Das Raumschiff muss eine Gegenkraft erzeugen, die sein Gewicht kompensiert. Es müssten also Mordsdüsen da sein. Nur einfach schweben geht nicht!

F29 Die Masse in der Gleichung $F = ma$ bezieht sich auf die Kugel, die gestoßen wird, und nicht auf den Kugelstoßer.

F30 Jede Masse kann durch ihren Gesamtschwerpunkt (KSP) ersetzt werden. Wenn sich die rechte Masse aufbläht, dann bleibt dieser aber an derselben Stelle. Und nur auf den Abstand der verschiedenen KSP kommt es im Newton'schen Gravitationsgesetz an. Also bleibt die Kraft gleich groß.

F31 Sie würde anzeigen, wie stark du und die Waage einander anziehen. Die gegenseitige Anziehungskraft wäre aber extrem gering und würde in der Größenordnung von 10^{-8} N liegen (zum Gravitationsgesetz siehe Kap. 10.4, S. 98).

F32 Der Bremsweg ergibt sich durch die Gleichung $s = v^2/(2a)$ (siehe Kap. 5.4.2). Es gilt also $s \sim 1/a$. Die Gleichung für die Kraft lautet allgemein $F = m \cdot a$ (siehe Kap. 7.3). Die Reibungskraft ergibt sich aus $F_R = \mu \cdot F_N = \mu \cdot m \cdot g$. Die Reibungskraft ist jene Kraft, die das Auto abbremst. Daher gilt $F = m \cdot a = \mu \cdot m \cdot g$. Daraus folgt $a \sim \mu$ und daher $s \sim 1/\mu$.

F33 Der erste Gang übersetzt zu sehr auf Kraft, und dadurch können die Räder leichter durchdrehen als im zweiten.

F34 Das Türscharnier soll eine möglichst geringe Reibung haben, damit es nicht knarrt. Der Bogen soll eine große Reibung haben, damit er die Saite auslenken und in Schwingung versetzen kann. Ein eingefetteter Bogen könnte keinen Ton erzeugen.

F35 Der Simulator funktioniert nur wegen der Ununterscheidbarkeit von träger und schwerer Masse. Will man etwa die Beschleunigung des Flugzeugs beim Start simulieren, dann wird die Spitze gehoben sowie das Heck gesenkt, und du wirst in den Sitz gedrückt. Deshalb kann man auch maximal 1 *g* Beschleunigung simulieren.

8 Energie und Arbeit

F13 Wenn ein Ball nach dem Aufprall höher springt, als er vorher war, dann wäre Energie gewonnen worden. Der Wirkungsgrad müsste dann mehr als 100 % betragen, was nicht möglich ist. Mit dem Ball könnte man ein Perpetuum mobile bauen.

F14 Betrachten wir zunächst nur die beiden Kugeln, die sich auf Höhe der Drehachse befinden (siehe Abb.). Es ist klar, dass sich in diesem Fall das Rad im Uhrzeigersinn dreht. Es ist wie bei einer Wippe, bei der eine Person weiter draußen sitzt.
Es gibt aber noch einen zweiten Effekt, den du sicher vom Ringelspiel kennst. Wenn du dich hinauslehnst, dann sinkt die Geschwindigkeit, wenn du dich hineinlehnst, dann steigt sie (das hat mit der Erhaltung des Drehimpulses zu tun, mehr in Big Bang 6). Durch das Hinausrollen der rechten Kugel sinkt daher die Drehgeschwindigkeit. Das „Übergewicht" der rechten Kugel und das gleichzeitige Abbremsen durch das Hinausrollen sind zwei gegenläufige Effekte, die einander aufheben.

F24 Wenn der Läufer beschleunigt, dann verwandelt er seine chemische Energie in kinetische Energie. Es geht aber praktisch keine Energie in den Boden, weil die Erde so träge ist. Wenn der Schwimmer aber eine Handvoll Wasser einen Meter rückwärts drückt, bewegt sich sein Körper um viel weniger als einen Meter vorwärts, weil die Masse des bewegten Wassers sehr viel geringer ist als die Masse des Schwimmers ist. Der Schwimmer steckt also viel mehr Energie in das Wasser als in sich selbst. Und eben daher kann ein schlechter Läufer schneller vorwärts kommen als ein hervorragender Schwimmer.

F25 Natürlich nicht. Das Hin- und Herpendeln wird letztlich durch das Verdunsten des Wassers erzeugt, und die Energie dazu kommt in letzter Konsequenz von der Sonne. Die Energie bleibt immer erhalten. Siehe dazu auch F38 auf S. 133.

F26 Man denkt zunächst einmal an 14 m/s. Es addieren sich aber nicht die Geschwindigkeiten, sondern die Energien. Rechnen wir in Energieeinheiten (die Masse spielt keine Rolle): Die kinetische Energie wächst mit dem Quadrat der Geschwindigkeit. Durch das Hinunterfahren gewinnt er also 8 m/s oder 64 Energieeinheiten. Kommt er im zweiten Fall schon mit 6 m/s zur Kuppe, hat er zusätzliche 36 Energieeinheiten. Am Fuße des Hügels besitzt er dann 36 + 64 = 100 Energieeinheiten. Die richtige Antwort ist daher 10 m/s.

F27 Das Pendel kommt rechts oben nicht zum Stillstand, sondern hat kinetische Energie. Deshalb kann es nicht auf dieselbe Höhe schwingen.

F28 Du kannst so rechnen: Bei 80 m fällt der Stein 4 Sekunden lang. Weil die Geschwindigkeit pro Sekunde um 10 m/s zunimmt, muss er am Ende 40 m/s haben. Oder du setzt in die Gleichung $v = 2gh$ ein, da kommt ebenfalls 40 m/s raus.

F29 Ein Perpetuum mobile hätte einen Wirkungsgrad von über 100 %, weil die Nettoenergie größer wäre als die Bruttoenergie.

F30 100 W sind 100 J/s. Das sind 6 kJ/min und 360 kJ/h. Das ist aber die Nettoenergie. Der Bruttoumsatz ist 5-mal so groß, also 1800 kJ. In diesem Tempo müsstest du rund 17 h fahren, um 1 kg Fett abzunehmen.

F31 Der Gesamthöhenunterschied pro Tag beträgt 30 m und im Jahr somit 10.950 m. Die Nettohebearbeit W_H ist daher mgh = 8213 kJ. Weil der Wirkungsgrad 20 % beträgt, macht die Bruttoarbeit 41065 kJ aus, das ist der Brennwert von 1 kg Fett.

9 Von Aristoteles bis Kepler

F1 Weitere Belege für die Kugelgestalt der Erde: Bei Schiffen taucht zuerst das Segel am Horizont auf und dann erst der Rumpf; wenn man nach Süden oder Norden reist, dann sieht man fremde Sternbilder.

F3 Weil dann die potenzielle Energie ein Minimum wird. Bei Sternen und Planeten sorgt die Gravitation für die Kugelgestalt, beim Tropfen ist es die Oberflächenspannung.

F21 Das Problem ist, dass Funksignale „nur" mit Lichtgeschwindigkeit fliegen, also mit $3 \cdot 10^8$ m/s. Wenn du dich mit jemandem auf Proxima Centauri (4,3 LJ) unterhalten möchtest, dann bekommst du erst nach 8,6 Jahren eine Antwort. Überleg mal, wie die Kommunikation mit einem Alien abläuft, das 1000 LJ von uns entfernt ist!

F24 Wenn wir vereinfacht annehmen, dass 50.000 AE gleich $2a$ ist, können wir für a 25.000 AE einsetzen. Für die Umlaufzeit gilt: $T = \sqrt{a^3}$, das sind rund 4 Millionen Jahre!

F25 Der Sommer beginnt, wenn der Tag auf der Nordhalbkugel am längsten ist, und der Winter, wenn der Tag am kürzesten ist. Zu Frühlings- und Herbstbeginn herrscht genau Tag- und Nachtgleiche.

F26 Am Äquator sind Tag und Nacht immer gleich lang. Zwischen 23,5° nördlicher und südlicher Breite (dort befinden sich die Wendekreise) steht die Sonne zumindest einmal im Jahr genau senkrecht. Ab 66,5° nördlicher und südlicher Breite geht zumindest an einem Tag des Jahres die Sonne nicht auf (Polarnacht) bzw. nicht unter (Polartag).

F27 Erdbeben können nur dann entstehen, wenn der äußere Teil des Planeten oder Mondes schon fest ist, der Kern aber noch flüssig. Je kleiner ein Planet ist, desto größer ist seine relative Oberfläche in Bezug auf sein Volumen und desto schneller kühlt er aus. Mond, Venus und Mars sind, im Gegensatz zur Erde, schon erstarrt.

10 Newtons Gravitationsgesetz

F16 Im ersten Fall würde das Kaninchen zwischen Nord- und Südpol hin und her pendeln. Auch in einem Tunnel unter der Erde wäre eine Kreisbahn möglich. Die notwendige Zentripetalkraft wäre dann aber geringer als an der Oberfläche und somit auch die Geschwindigkeit.

F27 Für die Hebearbeit im homogenen Gravitationsfeld gilt: $E_p = mgh$ oder anders geschrieben $E_p = F_G \cdot h$. Bei einer allgemeinen Gleichung zur Arbeit im Gravitationsfeld muss man das Gravitationsgesetz

$$F_G = G \frac{m_1 m_2}{r^2}$$ berücksichtigen. Die Arbeitsberechnung im Gravitationsfeld erfordert die Flächenberechnung unter einem nicht geradlinigen Graphen (siehe Abb.). Dazu muss man den Weg in kleine Intervalle teilen. Der Arbeitsbetrag W_1, der dem ersten (linken) Rechteck zuzuordnen ist, lautet: $W_1 = F' \cdot (r_2 - r_1)$.

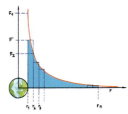

Eine brauchbare Näherung für F' ist das geometrische Mittel aus F_1 und F_2, also

$$F' = \sqrt{F_1 F_2} = Gm_1m_2\sqrt{\frac{1}{r_1^2 r_2^2}} = G\frac{m_1 m_2}{r_1 r_2}$$

Für die Arbeit ergibt das dann:

$$W_1 = G \frac{m_1 m_2}{r_1 r_2}(r_2 - r_1) = Gm_1m_2\left(\frac{r_2}{r_1 r_2} - \frac{r_1}{r_1 r_2}\right) = Gm_1m_2\left(\frac{1}{r_1} - \frac{1}{r_2}\right)$$

Die gesamte Arbeit kann man nun berechnen, indem man alle Teilarbeiten addiert: $W_H = W_1 + W_2 + W_3 \ldots$

Setzt man für die Teilarbeiten ein, erhält man:

$$W_H = Gm_1m_2\left[\left(\frac{1}{r_1} - \frac{1}{r_2}\right) + \left(\frac{1}{r_2} - \frac{1}{r_3}\right) + \left(\frac{1}{r_3} - \frac{1}{r_4}\right) + \ldots + \left(\frac{1}{r_{n-1}} - \frac{1}{r_n}\right)\right]$$

Wenn man die Klammern nun weglässt, kann man den Ausdruck stark vereinfachen:

$$W_H = Gm_1m_2\left(\frac{1}{r_1} - \frac{1}{r_n}\right)$$

Man muss also nur den Abstand vor (r_1) und nach der Hebung (r_n) einsetzen.

F28 Wenn du die entsprechenden Werte in das Gravitationsgesetz einsetzt und den Abstand für die Füße mit 1000 km und für den Kopf mit 1000 km + 1 m annimmst, dann bekommst du eine Kraftdifferenz von 2667 N pro kg. Kopf und Füße werden daher mit einer Kraft auseinandergezogen, die der 267fachen Erdanziehungskraft entspricht. Wärst du nur 1 m groß, dann wäre die Gezeitenkraft nur halb so groß (1334 N). Wenn du dich auf 100 km genähert hättest, wäre bei einer Größe von 2 m die Gezeitenkraft bereits auf $2{,}7 \cdot 10^6$ N/kg angewachsen!

F29 Wir nehmen an, dass das Baby 3,5 kg und der Arzt 100 kg hat und ihr kleinster Abstand 0,5 m beträgt, dies ergibt: $F = 9{,}34 \cdot 10^{-8}$ N. Die Gravitationskraft des Jupiter ist 12-mal und jene der Venus 6,9-mal größer, die aller anderen Planeten kleiner.

F30 Das liegt daran, dass die Raumkrümmung in der Nähe der Sonne besonders stark ist. Alle anderen Planeten bewegen sich in so großer Entfernung, dass der Raum dort praktisch nicht gekrümmt ist.

F31 Würde ihr Eintritt nur von der Erdrotation abhängen, gäbe es sie alle 24 Stunden. Doch der Mond rotiert um die Erde. So erreicht er jeden Tag um durchschnittliche 50 Minuten später seinen höchsten Punkt.

11 Grundlagen zur Thermodynamik

F9 seine eigene

F13 Für das maritime Klima sind zwei Dinge verantwortlich: die hohe spezifische Wärmekapazität c des Wassers und die Tatsache, dass Wasser flüssig ist, das Festland aber nicht. c ist immer auf die Masse eines Objekts bezogen, und hier schneidet Wasser wirklich viel besser ab. Für das Klima entscheidend ist aber der Austausch von Wärme über die Oberfläche. Und dabei spielt es eine große Rolle, wie gut die Wärme ins Innere abgeleitet werden kann. Das ist in der Größe $c(A)$ zusammengefasst, und hier schneidet Wasser schlecht ab ($c(A)_{Wasser}$ = 9 MJ·m^{-2}·K^{-1}, $c(A)_{Granit}$ = 16 MJ·m^{-2}·K^{-1}). Der Grund für das maritime Klima ist also die hohe Wärmekapazität von Wasser und der Wärmetransport in tiefere Schichten durch Konvektion.

F20 Der Beleg ist das „Klatsch"! Mit dieser Schallwelle wird ein Teil der Energie abtransportiert. Wenn der Schall verklungen ist, dann hat sich auch diese Energie in Wärme umgewandelt.

F21 −17,8 °C

F22 Das liegt daran, dass der Tripelpunkt von Wasser nicht bei 0 °C, sondern bei 0,01 °C liegt.

F23 Der See hat ein Volumen von $1{,}5 \cdot 10^8$ m^3 und das Wasser somit eine Masse von $1{,}5 \cdot 10^{11}$ kg. Seine Temperatur beträgt 288 K. Da der See unter 0 °C gefroren ist, nehmen wir für die spezifische Wärmekapazität die von Eis (2100 J/kgK). Die ungeordnete Bewegungsenergie liegt daher bei $Q = c \cdot m \cdot \Delta T$, also bei rund 10^{17} J (rechne nach!). Das ist in etwa der Jahresenergiebedarf von ganz Österreich. Man wäre also mit einem kleinen See für ein Jahr alle Energiesorgen los. Leider verbietet der 2. Hauptsatz, dass die ungeordnete Bewegungsenergie in Richtung höherer Temperatur abfließt.

F24 Die benötigte Energiemenge, um 1 l Wasser um 85 °C zu erwärmen, beträgt $Q = c \cdot m \cdot \Delta T = 4200 \cdot 1 \cdot 85$ J $\approx 3{,}6 \cdot 10^5$ J. Wenn ein Mensch 100 J pro Sekunde am Ergometer leisten will, dann muss er 3600 Sekunden lang fahren. Mit anderen Worten: Um bloß einen Liter Wasser zum Kochen zu bringen, müsste er eine ganze Stunde am Ergometer schwitzen!

F25 Die Reibung tritt deshalb auf, weil sich die Moleküle und Atome an den unebenen Flächen der sich berührenden Gegenstände verhaken. Wenn der Gegenstand weitergeschoben wird, verformen sich die kleinen Unebenheiten, bis die Kraft so groß wird, dass sie sich lösen und zurückspringen. Dadurch beginnen aber die Teilchen an den Grenzflächen stärker zu schwingen.

F26 Beim Fallen wird die Hebeenergie $m \cdot g \cdot h$ frei. Die Energie, um den Tropfen um 1 °C zu erwärmen, beträgt $Q = c \cdot m \cdot \Delta T$. Wenn man das gleichsetzt, kann man durch m kürzen und dann nach h auflösen: $h = (c \cdot \Delta T) / g$. Du siehst also, dass die Höhe von der Masse unabhängig ist. Wenn man für ΔT 1 °C einsetzt und für g 10 m/s², dann erhält man etwa 420 m!

12 Formen der Wärmeübertragung

F2+3 Wasser leitet 25-mal so gut wie Luft. Außerdem hat es eine viel größere Dichte und Wärmekapazität.

F8 Die unbewegte Luft in der Nähe der Haut erwärmt sich im Extremfall bis auf Hauttemperatur. Dadurch verschlechtert sich die Wärmeabgabe. Ein Ventilator erzeugt künstliche Konvektion und weht wieder kühlere Luft an die Haut. Außerdem fördert der Luftstrom die Verdunstung von Schweiß, der den Körper zusätzlich kühlt.

F12 Durch Konvektion geht bei offenem Topf enorm viel Wärme verloren!

F14 Ob sich ein Gegenstand erwärmt oder abkühlt, hat mit der Strahlungsbilanz zu tun. Das Thermometer strahlt mehr Wärme ab, als es vom Eiswürfel zurückbekommt. Daher kühlt es ab. Es gibt aber keine „Kältestrahlen", sondern nur eine negative Bilanz der Wärmestrahlen. Bei der glühenden Kohle ist diese Bilanz für das Thermometer positiv und es erwärmt sich.

F16 Der 2. Hauptsatz der Wärmelehre besagt, dass Wärme nie von selbst von Orten mit höherer Temperatur auf solche mit niedrigerer Temperatur übergeht. Das gilt auch für die Temperaturstrahlung. Deshalb kann der Brennpunkt niemals eine höhere Temperatur bekommen als die Sonnenoberfläche.

F19 Der Wärmeverlust hängt linear von der Fläche ab. An den Ohren kann man das Klima erkennen. In Afrika ist es am wärmsten, und die Ohren des Elefanten sind wichtig zur Wärmeabgabe. Mammuts haben zur Eiszeit gelebt. Die kleinen Ohren schützten vor einer zu starken Wärmeabgabe.

F20 Die Festsetzung des Wärmestroms (bzw. der Wärmeleistung) $I = \Delta Q/t$ ist zunächst eine Definition. Dann kann man folgendermaßen argumentieren: Jede Wandschicht gleicher Dicke wird vom gleichen Wärmestrom durchsetzt (wenn man einen homogenen Stoff annimmt). Zwischen ihren Grenzflächen muss daher die gleiche Temperaturdifferenz bestehen. Das Temperaturgefälle ist konstant: $\Delta T/\Delta x$ (siehe Abb.). Der Wärmefluss ist proportional zum Temperaturgefälle. Das ist vergleichbar damit, dass der Wasserfluss proportional zum Gefälle eines Flussbettes ist. Weiters hängt der Wärmefluss linear von der Fläche A ab: doppelte Fläche, doppelter Wärmestrom. Und letztlich ist der Wärmestrom proportional zur Wärmeleitfähigkeit λ des Materials. Das macht also:

$$I = \frac{\Delta Q}{t} = \lambda A \frac{\Delta T}{d}$$

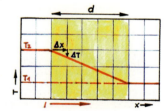

F21 Silber leitet die Wärme rund 5-mal so gut wie Eisen. Der Löffelstiel kann also unangenehm heiß werden.

F22 Die Wände von Backrohr und Eiskasten müssen sehr gut wärmeisoliert sein. Sonst würde man extrem viel Energie verschwenden. Backrohre sind meist mit Mineralwolle, Eiskästen mit Hartschaum isoliert.

F23 Es wird nicht „Kühle" zugeführt, sondern Wärme abgeführt. Das Gegenteil von Erwärmung ist daher, wenn man es physikalisch sehr genau nimmt, Entwärmung!

F24 Weil es durch die Dickflüssigkeit zu keiner Konvektion kommt und die Wärme nicht gleichmäßig verteilt werden kann. Durch das Umrühren – eine Form von künstlicher Konvektion – kann das Anbrennen (lokal entstehen Temperaturen von über 200 °C) verhindert werden.

F25 Der Energieverlust beim Aufwärmen ist umso größer, je länger es dauert. Deshalb muss man voll aufdrehen. Kochendes Wasser hat immer dieselbe Temperatur, egal wie stark man aufdreht. Deshalb muss man dann so klein drehen, dass das Wasser gerade noch kocht.

F26 Bei Fieber erhöht der Körper den Sollwert der Kerntemperatur, um die Immunabwehr zu unterstützen. Damit in der „Heizphase" so wenig Wärme wie möglich verloren geht, wird die Hauttemperatur herabgesetzt. Manchmal hilft sich der Körper durch Muskelzittern. Wenn man ein fiebersenkendes Medikament einnimmt, dann sinkt der Sollwert, und die Wärme muss wieder abgeführt werden. Dabei erweitern sich die Blutgefäße. Die Haut erwärmt sich und die Wärme wird durch vermehrte Schweiß-Produktion abgeführt.

F27 Die Wand hat eine Fläche von 15 m² und einen U-Wert von 0,29 W/m²K. Die Temperaturdifferenz ist 35 °C. Um den Wärmestrom zu berechnen, muss man daher den U-Wert mit 15 m² und 35 °C multiplizieren und kommt dann auf einen Wärmestrom von rund 153 W. Es gehen also 153 J Wärme pro Sekunde durch diese Wand. Das muss man mit der Zahl der Sekunden pro Tag multiplizieren, also mit 86.400. Der gesamte Energieverlust beträgt dann $1,3 \cdot 10^7$ J. 1 kWh entspricht $3,6 \cdot 10^6$ J. Man muss daher beim Heizen rund 3,7 kWh aufwenden, um diesen Wärmeverlust auszugleichen.

F28 Fett hat eine Wärmeleitfähigkeit von 0,16 W/(m·K). Wenn du in die Gleichung für den Wärmestrom einsetzt, dann bekommst du etwa 8500 W an benötigter Heizleistung! Sehr beachtlich!

F29 Nimm an, der Löffelstiel ist 10 cm lang, im Querschnitt rechteckig und hat 1 cm Breite und 1 mm Dicke. Die Querschnittsfläche beträgt daher 10^{-5} m². Bei einer Länge von 10 cm beträgt der Wärmestrom 3 Watt.

13 Ausdehnung, Diffusion und Phasenübergänge

F5 Man nennt diese Methode aufschrumpfen. Sie wird überall dort verwendet, wo eine Verbindung zwischen zwei Materialien nur auf Reibung basiert. Die Mutter muss so klein sein, dass sie bei normaler Temperatur nicht auf die Schraube passt. Wenn man die Mutter erhitzt, dann dehnt sich aber auch das Loch aus (b), und in diesem Zustand schraubt man sie auf. Kalt sitzt sie dann bombenfest.

F8 Leder hat Poren, die eine Diffusion des Wasserdampfs zulassen, Gummi nicht. Der Wasserdampf kann daher aus einem Gummistiefel nicht entweichen. Ein atmungsaktives Material (z. B. Gore-Tex) hat Poren, die gerade so groß sind, dass die Moleküle des Dampfes entweichen können. Sie sind aber viel zu klein für Regentropfen. Daher kann der Schweiß hinaus, das Regenwasser aber nicht hinein.

F11 Ein Gegenstand taucht so weit ein, dass die Masse des verdrängten Wassers seiner eigenen Masse entspricht. Weil Eis etwa 9 % mehr Volumen hat als Wasser, schaut der Eiswürfel ein bisschen über die Oberfläche. Wenn er schmilzt, dann wird sein Volumen genau so groß wie der Teil, der sich unter Wasser befindet. Die Antwort lautet daher: Der Wasserspiegel bleibt exakt gleich hoch.

F27 Der Wasserfilm ist das sogenannte Kondenswasser. An der Wand der Milchpackung kühlt die Luft ab, und dadurch steigt die relative Luftfeuchtigkeit. Irgendwann kann die Luft die Feuchtigkeit nicht mehr halten und diese kondensiert an der Milchpackung.

F31 Bei der Gefriertrocknung wird der heiße und flüssige Kaffee sekundenschnell bei Temperaturen zwischen −40 und −50 °C tiefgefroren. Anschließend wird er zermahlen. Im Hochvakuum und unter allmählicher Erwärmung sublimiert das Eis, das noch im Kaffeekonzentrat vorhanden ist. Zurück bleiben trockene Kaffeepartikel.

F32 Zuerst muss der Eisblock auf 0 °C erwärmt werden. Dazu sind $0,5 \cdot 18 \cdot 2,1$ kJ = 18,9 kJ notwendig. Dann muss das Eis von 0 °C in Wasser mit 0 °C umgewandelt werden. Dazu sind $0,5 \cdot 334$ kJ = 167 kJ nötig. Zum Schluss muss die Suppe von 0 auf 100 °C erwärmt werden. Macht noch einmal $0,5 \cdot 100 \cdot 4,2$ kJ = 210 kJ. Insgesamt sind also rund 396 kJ notwendig. Die Mikrowelle hat 900 W Leistung, also 900 J/s oder 0,9 kJ/s. Das Aufwärmen bis zum Kochen dauert also 440 Sekunden oder 7 Minuten und 20 Sekunden.

F33 Wenn er mit konstanter Geschwindigkeit fährt, müssen die abwärts treibende Kraft F und die Reibungskraft F_R gleich sein: $F = F_R = m \cdot g \approx 694$ N. Die geleistete Reibungsarbeit ist Kraft mal Weg, also $694 \cdot 1000$ J = $6,9 \cdot 10^5$ oder 694 kJ. Zum Schmelzen von 1 kg Schnee (bzw. Eis) sind 334 kJ notwendig (siehe Tab. 13.2). Der Skifahrer schmilzt daher etwas mehr als 2 kg Schnee.

F34 Bei der Verbrennung von Kerosin in den Triebwerken der Flugzeuge entsteht unter anderem auch Wasserdampf. Auf Grund der geringen Temperaturen in dieser Höhe (etwa −40 bis −50 °C) kondensiert und gefriert der Wasserdampf bereits einige Meter hinter dem Triebwerk. Es entsteht eine künstlich erzeugte Wolke aus Eis.

F35 Wenn Wasser verdunstet, dann entsteht über der Oberfläche eine Schichte aus sehr dichtem Wasserdampf. Diese erschwert das weitere Verdunsten. Wenn man über die Suppe bläst, dann kann man diese Wasserdampfschicht wegblasen und die Verdunstung läuft wieder schneller ab. Aus demselben Grund empfindet man es als besonders kalt, wenn man aus dem Wasser steigt und der Wind weht.

F36 Der Mensch besteht zu etwa 75 % aus Wasser. Nimm an, er bestünde zu 100 % aus Wasser und im Inneren würde keine Wärme nachproduziert. Die Verdunstung von 1 Liter Schweiß entzöge also dem Körper 2257 kJ an Wärme. Die spezifische Wärmekapazität von Wasser beträgt 4,2 kJ pro kg und pro Kelvin. Wenn der Mensch 50 kg hätte, dann würde er dabei also um 10,7 °C abkühlen, bei 75 kg um 7,2 °C und bei 100 kg um 5,4 °C. Da Wasser eine sehr hohe Wärmekapazität hat, wäre die tatsächliche Abkühlung noch größer.

F37 Durch den Druck des Gletschers schmilzt das Eis, das am Felsen aufliegt, und dadurch kann der Gletscher weiterrutschen. Alpengletscher fließen 30 bis 150 m pro Jahr.

F38 Die Ente besteht aus zwei Glaskugeln, die durch ein Rohr verbunden sind. In der unteren Glaskugel befindet sich Methylalkohol, der bei Zimmertemperatur schnell verdunstet. Die obere Kugel ist außen mit Filz überzogen. Zu Beginn ist der Schwerpunkt der Anordnung unterhalb des Drehpunktes und der Schnabel wird kurz ins Wasserglas getaucht. Das Wasser verdunstet und die obere Kugel kühlt sich ab. Der Dampf des Methylalkohols in der oberen Kugel kondensiert. Dadurch entsteht in dieser Kugel ein Unterdruck, und als Folge davon steigt der Alkohol hoch. Dadurch wird die Ente „kopflastig" und kippt. In dieser Position läuft die Flüssigkeit wieder in die untere Kugel, und das Ganze beginnt von vorne.

14 Die Gasgesetze

F5 Druck ist Kraft pro Fläche. Das Wasser drückt mit seinem Gewicht von oben auf das Blatt, der Luftdruck von unten. Weil der Luftdruck viel größer ist, bleibt das Blatt haften. Es würde auch noch dann halten, wenn das „Glas" rund 10 m hoch wäre.

F15 Mit der allgemeinen Gasgleichung lässt sich das einfach berechnen. Es geht nur um das relative Volumen. Wir rechnen nur für 1 mol. $V = RT / p$. Zu Beginn kommt das Molvolumen für 20 °C heraus, nämlich 24 l. Pro 100 m sinkt die Temperatur um 1 °C. Nehmen wir den Druckwert für 4810 m aus Tab. 13.3, S. 131. In dieser Höhe wären der Druck auf 56 % und die Temperatur um 48 °C auf −28 °C gesunken. Für das Volumen ergibt sich knapp 36 l – der Ballon dehnt sich also aus.

F19 Es ist wie beim Autoreifen: Das Gerät zeigt dir den Druckunterschied an und nicht den absoluten Wert. Wenn der äußere Luftdruck 760 torr beträgt und das Blutdruckmessgerät 140 torr anzeigt, dann beträgt der Blutdruck absolut 900 torr.

F20 Man könnte meinen, dass er $10 \cdot 30$ l, also 300 Liter verbraucht. Das ist aber falsch. In 30 m Tiefe herrscht ein Druck von insgesamt 4 bar. Während der Taucher an Land pro Minute 30 l Luft in die Lungen atmet, sind es in 30 m Tiefe 4-mal so viel, weil der Druck in den Lungen 4-mal so groß ist. Der Taucher verbraucht 1200 l!

F21 Gase lassen sich zusammendrücken, kondensierte Stoffe fast nicht. Die Dichte von Gasen erhöht sich bei Druckzunahme, die von kondensierten Stoffen fast nicht. Gase dehnen sich bei Wärmezufuhr aus, kondensierte Stoffe fast nicht. Und schließlich: Der Zustand eines Gases (p, V und T) liegt fest, wenn die Werte von zwei Größen festliegen. Das ist bei kondensierten Stoffen nicht der Fall.

F22 Ein Kreis mit einem Durchmesser von 0,2 m hat eine Fläche von 0,03 m². 100 bar entsprechen 10^7 Pa oder 10^7 N/m². Am Boden der Flasche wirkt daher eine Kraft von $10^7 \cdot 0,03$ N = 300.000 N. Das entspricht dem Gewicht eines 30-t-Sattelschleppers – und das auf dieser winzigen Fläche!

F23 Die Druckgleichung lautet: $p = \dfrac{2N}{3V} \bar{E}_{kin}$ und die allgemeine Gasgleichung $\dfrac{pV}{T} = Nk$. Wenn du nun einsetzt und umformst, bekommst du:

$$\frac{pV}{T} = \frac{\frac{2N}{3V} \bar{E}_{kin} \, V}{T} = \frac{2N\bar{E}_{kin}}{3T} = Nk$$

Die Teilchenzahl fällt logischerweise weg und du bekommst:

$$\bar{E}_{kin} = \frac{3}{2}kT$$

Die mittlere kinetische Energie ist also proportional zur absoluten Temperatur oder, wie wir es in Kap. 11.2 formuliert haben: Die absolute Temperatur ist ein Maß für die ungeordnete kinetische Energie. Am Beispiel des idealen Gases ist das sehr schön zu sehen.

F24 Wir formen die Gasgleichung um: $\frac{pV}{Tk} = N \Rightarrow \frac{nR}{k} = N$

Für 1 Mol ist die Teilchenzahl daher R/k, und das ergibt logischerweise wieder $6 \cdot 10^{23}$ Teilchen.

15 Kältetechnik und Wärmekraftmaschinen

F11 Der Vergaser ist der Teil, in dem das Benzin-Luftgemisch erzeugt wird. Streng genommen ist der Vergaser ein Zerstäuber, denn das Benzin erfährt keine Zustandsänderung, sondern wird feinstmöglich zerstäubt. Beim Turbolader, oder kurz Turbo, strömt das Abgas durch eine Turbine. Diese ist ähnlich wie beim Strahltriebwerk mit einem Verdichter verbunden, der das Luft-Benzin-Gemisch in den Kolben drückt. Der Zylinder wird mit mehr Luft und Benzin gefüllt und die Leistung steigt. Bei einem normalen Motor erfolgt die Füllung nur durch Ansaugen, wenn sich der Kolben hinunter bewegt. Man spricht daher von Saugmotoren. Bei V-Motoren stehen die Zylinder nicht parallel, sondern in einem V zueinander, bei Boxer-Motoren hat das „V" quasi 180° und die Kolben arbeiten genau in die Gegenrichtung. Bei Dieselmotoren verwendet man meist die Common-Rail-Technik. Dabei wird nicht mehr ein Druckpuls erzeugt, um den Diesel einzuspritzen, sondern es gibt ein gemeinsames Hochdruckreservoir (= Common Rail) für alle Einspritzdüsen, das auf konstantem Druck gehalten wird. Das Einspritzen besorgt das elektromagnetisch oder piezoelektrisch gesteuerte Ventil selbst.

F12 Der Kompressor der Klimaanlage braucht für den Betrieb Energie und deshalb benötigt das Auto mehr Benzin.

F13 Wie effizient der Eiskasten arbeitet, hängt davon ab, wie gut die Wärme an der Rückseite abgegeben werden kann. Im Sommer muss der Eiskasten länger arbeiten, damit die Kühlung gleich stark ist, und daher steigt der Stromverbrauch.

F14 Nein! Die „Maschine Mensch" bezieht ihre Energie nicht aus Wärme, sondern aus der chemischen Energie der Nährstoffe Eiweiß, Fett und Kohlenhydrate.

F15 Zweitakter haben keine Kühlflüssigkeit. Die Lamellen sind Kühlrippen (so wie bei einem Radiator), die die entstehende Wärme besser abführen können.

F16 Kerosin ist ein Kraftstoff, der wie Benzin oder Diesel aus Rohöl gewonnen wird. Es entflammt aber weniger leicht als Benzin und verbrennt beinahe rückstandslos.

F17 Der Hubraum gibt an, um welches Volumen das Gas zusammengedrückt wird. Wenn ein Motor also 2000 cm³ (= 2 l) Hubraum besitzt, bedeutet das, dass in Summe in allen Zylindern der Unterschied im Hohlraum zwischen oberem und unterem Totpunkt 2 l beträgt. Eine Verdoppelung des Hubraumes verdoppelt auch die Fläche im p-V-Diagramm und somit die Leistung. Über den Daumen kann man sagen, dass die Motorleistung linear vom Hubraum abhängt.

F18 Die Durchschnittsgeschwindigkeit ist 2 · Hubhöhe · Frequenz, also: $2 \cdot 0{,}08 \cdot (7000/60)$ m/s = 18,7 m/s.

Bildquellen: Seite 3 Tereza Mundilova, Wien; 1.2 Panagiotis Karapanagiotis / iStockphoto.com; 1.3 Georgios Kollidas / iStockphoto.com; 1.4 NASA; 1.6 ullstein bild – Horst Tappe / Ullstein Bild / picturedesk.com; 1.9 l akg-images / picturedesk.com; 1.9 r Fred Stein / dpa Picture Alliance / picturedesk.com; 1.11 akg-images / picturedesk.com; 2.1 NASA; 2.2 DDr. Martin Apolin, Wien; 2.3 NASA; 2.6 Bureau International des Poids et Mesures (BIPM), Paris; 2.11 jmaehl / iStockphoto.com; 2-16 Dr. Gerald Opelt, Wien; 2.18 Bureau International des Poids et Mesures (BIPM), Paris; 2.19 Kristina Afanasyeva / iStockphoto.com; 3.1 ©Warner Bros / Everett Collection / picturedesk.com; 3.7 dpa Picture Alliance / picturedesk.com; 4.3 Bernd Pfarr, Frankfurt/Main; 4.6 DDr. Martin Apolin, Wien; 4.8 SD Dirk / Wikimedia Commons – CC BY SA 2.0 ; 4.25 Oliver Multhaup / dpa / picturedesk.com; 5.18 NASA; 5.31 l the_guitar_mann / iStockphoto.com; 5.31 r technotr / iStockphoto.com; 5.33 DDr. Martin Apolin, Wien; 5.37 Red Bull Stratos / Red Bull Content Pool; 5.42 DDr. Martin Apolin, Wien; 6.5 ESA; 6.8 Niedersächsische Staats- und Universitatsbibliothek Gottinger DigitalisierungsZentrum (GDZ) D - 37070 Göttingen / Galileo Galilei; 7.3 Nicole Cleary / Action Press / picturedesk.com; 7.4 HtcDerClown / Wikimedia Commons – CC BY SA 2.0 ; 7.6 NASA; 7.10 DaimlerChrysler AG, 7 Mercedesstrasse 137 D-70327 Stuttgart; 7.15 NASA; 7.16 DDr. Martin Apolin, Wien; 7.26 itsmejust / iStockphoto.com; 7.32 PaulTessier / iStockphoto.com; 7.38 DDr. Martin Apolin, Wien; 7.45 Deutsche Lufthansa AG, Flughafen-Bereich West D-60546 Frankfurt/Main; 8.6 Fleckus / iStockphoto.com; 8.7 Dr. Gerald Opelt, Wien; 8.10 KotVadim / Wikimedia Commons – CC BY SA 4.0; 8.14 Niedersächsische Staats- und Universitatsbibliothek Gottinger DigitalisierungsZentrum (GDZ) D - 37070 Göttingen / Galileo Galilei; 8.15 Zentrum fur Sportwissenschaft und Universitatssport, Wien; 8.19 MichaelMaggs Edit by Richard Bartz / Wikimedia Commons – CC BY SA 3.0; 8.22 Frank Kleefeldt / EPA / picturedesk.com; 8.23 How Hwee Young / EPA / picturedesk.com; 8.27 Blanc Kunstverlag / SZ-Photo / picturedesk.com; 8.33 Kleefeldt Frank / dpa / picturedesk.com; 9.1 Landesmuseum fur Vorgeschichte, Sachsen-Anhalt/Karol Schauer, D-06114 Halle/Saale; 9.3 NASA; 9.4 NASA; 9.7 NASA; 9.8 NASA; 9.10 NASA; 9.12 Technisches Museum, Wien; 9.22 ESO (European Space Organisation) /H. Drass et al.; 9.24 NASA; 9.26 NASA; 9.27 NASA; 9.28 NASA; 9.29 NASA; 9.31 NASA; 9.34 NASA; 10.6 NASA; 10.16 NASA; 10.18 NASA; 10.23 NASA; 10.27 NASA; 10.29 NASA; 12.6 NASA; 12.9 NASA; 12.12 electriceye – Fotolia.com; 13.3 l DDr. Martin Apolin, Wien; 13.3 r DDr. Martin Apolin, Wien; 13.6 Dr. Josef Schreiner, Wien; 13.12 NASA; 13.17 Wienbibliothek im Rathaus / Magistrat der Stadt Wien - MA 9; 13.20 Physikalisches Institut der Universität München; 13.21 DDr. Martin Apolin, Wien; 13.22 DDr. Martin Apolin, Wien; 13.24 Martin Rietze, D-82223 Eichenau; 13.26 Dr. Josef Schreiner, Wien; 13.29 TU-Clausthal, Clausthal-Zellerfeld; 13.30 California Institut of Technology's Information Technology Service, Pasadena; 13.31 Benh LIEU SONG / Wikimedia Commons – CC BY SA 4.0; 13.32 California Institut of Technology's Information Technology Service, Pasadena; 15.1 DDr. Martin Apolin, Wien; 15.6 Mag. Peter Nussbaumer, Perschling; 15.7 Institut fur Quantenoptik, Universität Ulm.

Register

abgeschlossenes System	78	Atomuhr	15
absolute Leistung	76	Auftrieb	47
absoluter Nullpunkt	112, 136	Auftriebskraft	33
Actio est reactio	67		
Adams	102	Bar (Einheit)	135
Adhäsionskraft	63	Baryzentrum	106
adiabatisch	141	Basiseinheiten	9, 10
adiabatische Expansion	141	Basisgrößen	10
Airbag	58	Beschleunigung	35, 40
Allgemeine Gasgleichung	140	Beschleunigung, negative	41, 43
Allgemeine Relativitätstheorie	7, 107	Beschleunigung, positive	41, 43
allgemeines Gasgesetz	140	Beschleunigungsarbeit	72
Altersweitsichtigkeit	73	Beschleunigungsleistung	76
Andromedanebel	11	Betrag (Vektor)	19
Anströmfläche	47	Bewegungsarten	34
Aphel	88, 101	Bewegungsenergie	72, 109
Arbeit	69, 147	Bewegungsgleichung	59, 61
Archimedes	33	Bezugssystem	22
Aristoteles	4, 84	Bimetallthermometer	124
ART	7, 107	Bogen	52
Arterie	73	Bolt, Usain	76
Asteroidengürtel	93	Boltzmann-Konstante	140
Astronomische Einheit	90	Bose-Einstein-Kondensat	145
Äther	85	Brahe, Tycho de	88
atm (Einheit)	135	Bremsverzögerung	44
		Bremsweg	42, 44
		Brennkammer	148

Brown, Robert	110	Einstein, Albert	7, 8, 35, 107, 110
Brown'sche Bewegung	109, 110	Eiskasten	142
Bruttoenergie	81	Ekliptik	90
Bubka, Sergej	79, 80	elastisch	64
		Elle	9
Cal (Einheit)	18	Ellipse	88, 103
Caloricum	114	Energieerhaltungssatz	77
Celsius (Einheit)	111	Energieumsatz	83
Celsius, Anders	111	Entropie	78, 79, 109, 115
Columbus, Chrisoph	84	Epizykel	85
Corioliskraft	87	Eratosthenes	84
		Erdbeschleunigung	39
Dampfmaschine	147	Erstarren	129
Deduktion	7	Erstarrungswärme	129
Dichte	17	Erster Hauptsatz der Thermodynamik	114
Diesel, Rudolf	146	Erstes Keplersches Gesetz	88
Dieselmotor	147, 148	Erstes Newton'sches Grundgesetz	58
Diffusion	125	Eustach'sche Röhre	139
Drittes Keplersches Gesetz	90	Expansionsgefäß	124
Drittes Newton'sches Grundgesetz	67	Experiment	4, 5
Druck	33	extrasolarer Planet	91
Druckeinheiten	135		
Druckgleichung	134, 136	Fahrenheit (Einheit)	111
Durchlauferhitzer	113	Fahrenheit, Daniel	111
Durchschnittsgeschwindigkeit	48	Fallbewegung	5
dynamisches Gleichgewicht	125	Falltiefe	40

160 Lösungen